KB110026

칸트철학과 『철학연구』

이남원 편

다르샤나

▌총서 간행사 ▌

대한철학회는 1963년 11월 9일 한국칸트학회라는 이름으로 발족하여, 1965년에 한국철학연구회로 개칭하였다가 1983년에 다시 대한철학회로 개칭하여 현재에 이르고 있다. 2023년은 대한철학회가 창립된 지 60주년을 맞이하는 해이다. 학회 학술지『철학연구』는 2023년 5월 31일자로 166집을 간행하였으며, 현재 한국의 철학 학술지로는 가장 많은 지령을 보유하고 있다. 그동안 수많은 우수한 연구자들이『철학연구』를 통해 연구 성과를 발표하였는데, 무려 2,500편이 넘는 논문들이 소개되었다.

본 학회는 창립 60주년을 기념하여 학술연구총서 발간을 기획하게 되었다. 학회 임원들과 법인 이사회에서 이번 기회를 맞아 학회지에 발표된 연구 결과물을 학계와 사회에 보다 널리 알릴 필요가 있다는 점에서 의견 일치를 보았다. 지식과 정보 공유의 과정이 점점 더 간편해지고 요약화되는 시대를 맞이하여, 학회지에 게재된 연구 성과를 주제별로 분류하여 단행본의 형태로 지식인 사회에 제공하는 것은 또 하나의 중요한 문화적 창조 활동이다. 모쪼록 이 총서가 발간 취지에 부응하여 한국철학계에 선한 영향력을 끼치고, 한국 사회의 새로운 미래 형성에도 조금이나마 기여할 수 있기를 소망한다. 기념사업위원회에서는 총 8권의 총서를 기획하였다. 우선 동양과 서양철학 분야를 각각 세 주제별로 분류하여 총 6권의 도서를 발행한다. '동서철학사상의 수용과 탈식민철학의 가능성', '자아철학', '환경생태철학'이라는 특색 있는 세 가지 주제를 선택하였다. 이 외에, 초창기 본 학회의 중심 연구주제였던 칸트철학 관련 연구서 1권, 그리고 우리나라 철학계의 선구자적 인물이자 본 학회 창립의 주역인 하기락 선생 관련 연구서 1권을 별도로 출간한다. 분야별로 편집 책임자를 지정하였는데, 김상현(동양철학), 류의근(서양철학), 이남원(칸트철학), 이재성(하기락철학) 네 분 선생님께서 많은 수고를 하였다. 이 자리를 빌려 우선 편집자 선생님들께 학회를 대표하여 깊은 감사를 드린다.

현재 한국 사회에서 인문학 특히 철학 분야의 학문 여건이 매우 어려운 실정이다. 대학에서 수많은 학과가 사라지고 있으며, 관련 교양과목들조차 대폭 축소되거나 아예 없어지고 있는 상황이다. 이로 인해 학문 후속세대의 성장이 정상적으로 이루어지지 않고 있으며, 철학회의 운영 여건 또한 날이 갈수록 어려워지고 있다. 대한철학회는 명실

공히 한국의 철학계를 대표하는 학회의 하나로서 그간 우리 사회에서 많은 중요한 역할을 해왔다. 이러한 전통이 앞으로도 계승되어 뿌리 깊은 나무로 자라가고 더욱 많은 열매를 맺기 위해서는 그 어느 때보다 함께 고민하고 노력해야 할 시기에 이르렀다. 이번 총서의 간행사업 또한 그러한 노력의 일환이라 할 수 있다.

총서 간행을 위해 실무팀 책임자 역할을 기꺼이 맡아주신 이상형 선생님, 이재현 선생님 두 분과 팀원 여러분들께도 감사를 드리며, 아울러 상업성이 크지 않은 전문 서적을 출판해주신 다르샤나와 관계자 여러분들께도 진심으로 감사드린다.

2023년 6월
대한철학회장 장윤수

▌편집자 서문 ▌

1.

처음에는 두 권 정도로 생각했다. 그렇게 해도 좋다는 허락도 받았다. 그래서 그리 어렵지 않게 논문을 선정할 수 있었으며, 그렇게 선정된 목록을 제출하였다. 목록 제출 후 얼마 안 가 연락을 받았다. 출판사의 사정으로 한 권으로 줄였으면 좋겠다는 내용이었다. 그래서 40여 편의 논문을 21편으로 줄일 수밖에 없었다. 40여 편의 선정과는 비교할 수 없을 정도의 어려운 작업이었다.

논문 일차적 선정 기준은 "구색 맞추기"이었다. "구색 맞추기"라는 이 진부한 기준은, 가급적 피할 필요가 있지만, 칸트가 다룬 많은 주제 중 한쪽으로 편중되는 일을 막기 위해 불가피하게 선택되었다. 논문의 한 저자당 하나의 논문을 초과할 수 없다는 자체의 기준을 세웠다. 다양한 주제로 다수의 칸트 논문을 게재한 학자들이 여럿 있었다. 이런 학자들의 경우에는 두세 논문이 선정되어도 무방했다. 그 논문들 하나하나가 선정되기에 충분한 자격(구색 맞추기와 다른 여러 측면에서)을 갖추었기 때문이다. 그러나 이 자체 기준 때문에, 이 학자들의 논문도 한 편으로 줄일 수밖에 없었다.

대한철학회에서 칸트의 논문만 뽑아 따로 출판한 경우가 두 번 있었다. 『칸트철학과 현대사상』(제38집, 제39집, 1984년 10월 특집호)와 『칸트와 현대철학』(1995년, 현동 하영석 교수 회갑 기념논문집 특집호)가 그것이다. 이 두 권의 편집과 분류가 나의 편집본 선정에 여러 가지 도움을 주었다.

허재윤 교수의 『전비판기 칸트의 천체이론』에 관해 잠깐 언급할 필요가 있다. 2023년 4월 3일 열린 편집회의에서 결정한 사항인 "주석에 있는 한문이나 영어는 한글로 바꾸지 않고 그대로 표기한다"의 기준을 이 논문에 한해서는 적용하지 않았다. 이 논문은 칸트의 원문을 독일어 그대로 논문의 본문 중에 삽입하였다. 인용문이 길뿐더러, 인용문을 알아야 논문의 논지를 이해할 수 있다고 생각하여, 독일어 인용문을 그것의 번역문(편집자 번역)과 함께 실었다.

21편의 논문의 원문은 거의 수정하지 않고 그대로 실었으며, 문법적인 면에서 수정할 필요가 있다고 생각한 최소한만 수정하였다. 또한 어떤 논문에서는 "독일관념론"이라 표기하고, 어떤 논문에서는 "독일 관념론"이라 표기하며, 어떤 논문에서는 "칸트철학", "헤겔철학"이라 표기하고 어떤 논문에서는 "칸트 철학", "헤겔 철학"이라 표기하였다. 어느 것을 써도 무방하겠지만, 일관성을 위해 "독일관념론", "칸트철학", "헤겔철학"으로 통일하였다. 기타 여러 단어도 일관성을 위해 띄어쓰기의 변경을 적용하였다. 그리고 다른 경우에도 꼭 필요하면 띄어쓰기를 변경했음을 부기해둔다. 그리고 외국 철학자의 한글 표기도 최근의 사용 추세에 근거하여 변경했다.

인용문이 한 단락을 차지해서 독립된 문단을 구성한 경우, 그 인용문의 글자 크기를 한 포인트 줄였다. 어떤 논문의 경우는 본문의 글자 크기와 같고, 어떤 경우는 본문의 글자 크기보다 한 포인트 작았다. 편집 구조상 일관성을 갖추기 위한 작업이었다.

제목, 작은 제목은 논문 저자의 의견을 존중하여, 이전에 게재된 형식을 그대로 따랐다. 일관성이 없다는 단점이 있으나, 제목 붙이는 방식도 논문에서 논문 저자의 의도와 깊은 관계가 있다는 생각에서 그렇게 하였다.

논문 저자의 소속은 소속 기관명만 썼다. 원논문에서 작성된 직책이나 직위 등은 모두 삭제하였다.

다소 아쉬운 부분은 최근 젊은 연구가들의 칸트 논문이 현저하게 적다는 점이다. 따라서 전체적으로 보아 노장 학자들의 논문에 편중된 것은 불가피한 일이다.

이 편집본은 다음과 같이 4부로 구성되어 있다. "제1부 칸트의 이론철학", "제2부 칸트의 실천철학", "제3부 칸트와 독일관념론", "제4부 칸트와 현대". 이하는 각 논문에 대한 짤막한 소개다.

2

"제1부 칸트의 이론철학" 중 「전비판기 칸트의 천체이론」과 「칸트 초기 저술에서 옵티미즘」은 칸트의 비판기 이전의 저술에 관련된 논문이다. 「칸트의 비판적 선험철학의 과제-순수이성비판의 과제」는 칸트의 인식 이론에 관련된 논문이고, 「칸트철학에서 이론과 실천의 문제」는 칸트의 이론철학과 실천철학의 연관에 관한 논문이다. 「칸트에 있어서 영혼의 인격성」은 칸트의 이론철학 중 형이상학에 관련된 논문이다.

「전비판기 칸트의 천체이론」(허재윤, 제2집, 1965년 5월)은 『일반 자연사와 천체이론 또는 뉴턴의 원칙에 따라 다룬 우주 전체의 구조와 기계적 기원에 관한 시론』(1755)이라는 긴 제목의 칸트 저술에 대한 소개와 그 저술이 이어를 피력한 논문이다. 근대 이후 필연성의 법칙을 존중하는 자연과학의 이론과 종교적 교의는 상충하는 것으로 여겨지곤 했다. 그러나 칸트는 이 두 관점이 서로 지양되어 조화를 이룰 수 있다고 생각하였다. 칸트의 위 저술은 자연과학 중 천문학을 원용하여 이런 입장을 전개하였다. 논문의 저자는 칸트의 이런 입장이 비판철학의 맹아로서 일찍이 칸트에게서 싹트고 있었다고 주장한다. "우주현상의 질서와 조화는 법칙에 따르는 자연필연성에서 나온 것이다(자연과학적 입장). 그러나 그렇다고 해서 그것이 모두 자연에서 나온 것이라고는 할 수 없다(종교적 입장)'는 것이 그의 우주론의 근본명제인 한편, '모든 우리의 인식이 비록 경험과 더불어 비롯되는 것이지만(경험론적 입장), 그러나 그렇다고 해서 그것이 모두 경험에서 나온 것은 아니다(이성론적 입장)'라는 것이 비판의 중심명제라는 것을 생각한다면 순수이성비판의 맹아는 이미 일찍부터 있었다"는 진술이 저자가 자신의 논문에서 말하고자 한 결론이었다.

「칸트 초기 저술에서 옵티미즘」(이남원, 제115집, 2010년 8월)은 칸트가 아직 합리론적 사고에 머물러 있었던 젊은 시절 변신론(辯神論), 즉 옵티미즘에 관한 칸트의 단상들을 소개한 글이다. 악이 결정근거율에 따라 정당화될 수 있다는 주장을 하거나(『형이상학적 인식의 제1원리들에 관한 새로운 해명』(1756), 라이프니츠의 옵티미즘의 결점을 지적하거나(*Reflexionen* 3703-5), 크루지우스와 라인하르트 옵티미즘 비판에 대해 라이프니츠의 옵티미즘을 옹호하는(『낙관주의에 관한 몇 가지 시론적 고찰』(1759) 등 칸트의 옵티미즘(낙관주의)에 관한 생각들은 시절에 따라 약간씩 바뀌었다. 그러나 생각의 이러한 변화 과정에서도 칸트는 언제나 창조의 목적으로서의 전체의 완전성과 세계에서 인간이 가지고 있는 위치의 하찮음을 보여주고자 한다. 이러한 생각의 일단은 "지진의 유용성"에 관한 설명에서 드러난다. 칸트는 『지난해 말 유럽의 서방 국가들을 덮쳤던 비운을 계기로 살펴본 지진의 원인』(1756)이라는 논문에서 지진의 유용성을 설명하는 데 한 절을 할애하고 있다. 칸트는 이 논문에서 완전히 조화로운 전체의 존재를 위해 지진의 발생이 필요하다는 점을 보여주고자 한다. 자연이 때로는 인간에 대해 타격을 주는 끔찍스러운 피해는 자연의 숭고함과 무한함을 증명하는 방식들인 셈이다.

「칸트의 비판적 선험철학의 과제」(하영석, 제40집, 1985년 2월)는 『순수이성비판』의 과제를 "형이상학의 학적 정초를 위해 인간 주관의 근원적 인식상태를 특징 지우고 그 결과 객관적 인식에 이르는 길을 밝히려는 '인식론적 준비"로 보고 있다. 이것은 '선천적 종합판단은 어떻게 가능한가'라는 명제의 해명을 통해서 준비될 수 있는 일이었다. 칸트는 이런 자신의 목표를 해결하기 위해서 인간의 주관 저편에 있는 대상들에 눈을 돌린 것이 아니라, 인간의 심성을 분석하였다. 그래서 이 논문은 비판적·선험적 인식론의 관점이 형이상학에 대한 칸트의 의도와 양립할 수 있다는 논점을 보여주고자 한다. 칸트철학이 언제나 "비판적 종합"에 근거해 있음을 알 수 있다.

「칸트철학에서 이론과 실천의 문제」(강영안, 제45집, 1989년 11월)는 "순수 이성의 절대적 자발성을 기초로 이론과 실천의 통합(더 정확하게는 실천에 대한 이성적 지배)은 이른바 '코페르니쿠스적 전회'로 알려진 '사고방식의 혁명'을 일관되게 적용한 결과임을 보여주고자 한다." 즉 "인간 자신이 자연 존재이면서 동시에 자유 존재라는 사실에서 이성과 경험, 자유와 자연, 초감성적인 것과 감성적인 것, 이론과 이성의 갈등이 발생하지만, 이 갈등은 변증법적으로 지양하기보다는 우리 자신의 '사고방식' 자체를 변경할 것을" 칸트가 요구한다는 것이다. 여기서 중요한 것은 '관점의 변화'이다. 칸트는 인간이 근본적으로 두 세계(현상계와 가상계)를 한 몸에 안고 있는 인간이 관점의 변화를 통해 자연 인과성에 종속하지 않고 스스로 무제약자로서 '가상적 원인'이 될 것을 철학적으로, 이성적으로 호소하고 있다는 것이 이 논문의 핵심 주장이다.

「칸트에 있어서 영혼의 인격성」(박중목, 제84집, 2002년 11월)은 오류추리를 다루는 장이 영혼의 인격성의 논의를 통해 영혼의 인식 불가능성을 일반적으로 논증하고 있다고 본다. 그러나 선험적 변증론과 선험적 오류추리의 의미를 체계적으로 분석한다면, 칸트는 단순히 자아의 인식 불가능성만을 논의한 것이 아니라, 규제적 사용을 위한 영혼의 인격성을 추론하고 있다. 따라서 이 논문은 "선험적 변증론과 선험적 오류추리의 의미 분석을 통해 어떤 관점에서 칸트가 영혼의 인식 불가능성을 입증하고 있으며, 어떤 관점에서 규제적 사용을 위한 영혼의 인격성이 추론될 수 있는지를 논한다". 이를 위해 이 논문은 "선험적 가상'과 '오류'의 차이점을 밝히고 이를 근거로 선험적 오류추리를 '형식적 오류추리'와 '선험적 가상의 추리'로 구분"하고, "이성추리의 대전제와 소전제에서 다루고 있는 '인격성의 개념'과 '자아' 및 '자아의 동일성'의 의미를 분석"함으로써, "선험적 가상이 지니고 있는 이중적인 의미, 즉 '속이지 않는 가상'과 '속이는 가상' 때문에 칸트가 한편으로는 영혼의 인격성에 대한 규제적 사용의 필연성과 다른 한편 영혼의 인식

불가능성을 주장하고 있음을" 보여주고자 한다.

3.

"제2부 칸트의 실천철학"에서 『도덕형이상학』(칸트)에 대한 사회윤리적 독해」와 「칸트 윤리학에 있어 형식과 실질」은 칸트의 윤리학에 관한 논문이고, 「칸트의 종교철학」과 「근본악과 희망의 문제–칸트의 『종교론』을 중심으로」는 칸트의 종교철학, 「칸트의 역사철학」은 칸트의 역사철학에 관한 논문이다.

「『도덕형이상학』(칸트)에 대한 사회윤리적 독해」(김종국, 제81집, 2002년 2월)는 다음을 보여주고자 한다. 첫째, 칸트에 있어 관건인 것은 제도적 행위냐 개인들 간의 행위냐가 아니라 행위가 외형적으로 제도적 행위이건 개인들 간의 행위이건 간에 그것의 구속성의 방식이 법적 입법이냐 아니면 덕적(윤리적) 입법이냐 하는 것이다. 둘째, 칸트의 협의의 사회 윤리는 ① 실정법의 토대가 되는 ② 인권의 윤리이며 이는 ③ 그의 도덕철학에서 정당화된 인격 개념의 법적 차원의 번역이다. 셋째, 칸트 사회 윤리에서 인권의 원칙과 함께 광의의 사회 윤리를 구성하는 또 하나의 원칙은 ① 자유로운 자기 강제에서 비롯된 ② 사회적 연대성의 원칙이며 이는 ③ 행복론이 아니라 의무론에 의해, 혹은 자연적 행복이 아니라 공동 인간의 이념에 의해 정당화된다. 넷째, 칸트 사회 윤리의 응용 규칙은 ① 이 완전한 의무의 불완전한 의무에 대한, ② '타인에 대한 의무'의 '자기 자신에 대한 의무'에 대한 우위이다. 그러나 동시에 칸트 사회 윤리는 ③ 적용에 있어 긴급한 경우를 고려한다.

「칸트 윤리학에 있어서 형식과 실질」(이윤복, 칸트 특집호, 1995)은 칸트의 윤리학을, 흔히 오해하는 것처럼, 오로지 형식주의적 관점에서만 볼 수 없으며, 실질적인 측면에서 살펴볼 수 있다는 점을 보여주고자 한다. 그래서 이 논문은 "칸트의 도덕철학에서의 목적개념의 의미와 기능을 중심으로 하여 그의 도덕성에 관한 주장을 각각 해명함으로써 그가 목적론적 윤리학자도 아니며, 그렇다고 실질 내용적인 것을 떠난 형식주의자도 아니고 더구나 그의 이론이 일관성을 갖지 못한 것이 아님을 보여"주고자 한다. 여기서 목적은 "의지의 실질 내용으로서 욕구능력의 대상"을 의미하기 때문에, 칸트 윤리학에서 "실질"의 의미가 축소되어서는 안 된다.

「칸트 도덕철학의 자율적 자유 개념의 루소적 기원」(문성학, 제116집, 2010년 11월)은 칸트 도덕철학에서의 자율적 자유 개념이 루소에게서 영향을 받았다는 일반적인 논점을 긍정한다. 그러나 이 논문이 보여주고자 하는 점은 "칸트가 자신의 자율적 자유 개념을 형성함에 있어서 그리고 자유를 자기 철학체계의 요석으로 간주함에 있어서 루소로부터 영향을 받았음이 사실이라 하더라도, 루소 자유론의 어떤 측면이 칸트 자유론의 어느 부분에 영향을 주었는가에 대해서는 아직 세부적인 연구가 이루어지지 않았다"는 사실이다. 좀 더 구체적으로 이 논문은 루소가 인간의 본성을 자유로 보았음을 밝히면서, 칸트가 언급하는 다양한 자유 개념들의 루소적 기원을 살펴보고자 한다. 즉 "칸트는 루소의 자연적 자유 개념으로부터 의지의 자발성의 요소를, 루소가 말하는 시민적 자유의 개념으로부터 자기입법성을, 루소가 말하는 도덕적 자유의 개념으로부터 보편성을 받아들였음을 밝히고자 한다". 저자는 자유와 관련하여 다음과 같은 말로써 양자의 관계를 핵심적으로 지적하고 있다. "칸트야말로 루소의 자유개념이 가진 폭발력을 가장 정확하게 파악하고 그 문제점을 가장 정밀하게 선험철학적 지평에서 해결하려고 한 사람이라고 말할 수 있을 것이다." 루소 자유론의 세 요소가 칸트의 "선험철학적 지평에서 유기적으로 통합"되고 있기 때문이다.

「칸트의 종교철학: 칸트에 있어서 근본악(根本惡)과 신」(신옥희, 제38-39집, 1984년 10월)은 그동안 칸트 연구가들이 주로 관심을 가졌던 종교철학이 주로『순수이성비판』과『실천이성비판』에 한정되어 있다는 점을 적시하면서,『이성의 한계 안에서의 종교』의 종교철학을 다룸으로써만 더 심화되고 설득력 있는 형식과 내용을 갖춘 칸트 종교철학 연구가 이루어질 수 있음을 피력한다. 그래서 이 논문을 세 가지 측면에서『실천이성비판』에서의 도덕적 신 존재 증명을 수정하고 보완하고자 한다. 첫째, "근본악'의 개념은『실천이성비판』에서 신존재증명의 매개체로 사용되고 있는 '최고선'의 개념보다 훨씬 더 자연스럽고 생생하게 도덕과 종교 사이의 긴밀한 관련을 성립시켜 준다." 둘째, "도덕과 종교, 도덕적 인격과 신의 존재 사이의 관계를 순수 예지적인 피안의 차원에서밖에 설정할 수 없는『실천이성비판』의 이론적 한계를 돌파하고 도덕적 인격이 그의 차안적 시간적인 현실 속에서 만나게 되는 신의 존재의 가능성을 증명하여 준다." 셋째, "신의 존재는 도덕적 인격이 윤리의 왕국 곧 신국의 건설이라는 공동적인 도덕적 목적을 위하여 구성하는 윤리적 공동체에 대해서도 필연적 요청으로서 실천적 타당성을 가진다고『종교론』주장하는 것이『실천이성비판』에서는 볼 수 없는" 특이점이다.

「근본악과 희망의 문제–칸트의『종교론』을 중심으로–」(최소인/정제기 제149집, 2019년 2월)는『종교론』에서 칸트가 근본악, 즉 인간에게 근절할 수 없이 자리하고 있는 악의 성향을 강조하고 있음을 주목한다. 이는 곧바로 칸트의 실천철학 체계와 충돌한다. 이로 인해 "근본악은 극복되어야 한다/근본악은 근절될 수 없다"의 이율배반이 생겨난다.『종교론』은 이를 해소하고자 한다. 여기서 등장하는 개념이 "희망"이다. "도덕적 주체는 심정의 혁명과 점진적인 도덕적 개선을 위해 끊임없이 노력해야 하지만, 이러한 중단 없는 노력의 토대에는, 인간의 근원적인 선의 소질이 결코 완전히 부패되지 않았으며, 언젠가는 선의 소질을 회복할 수 있을 것이라는 희망, 도덕적 개선에 대한 당위적 명령에서 나오는 희망, 그리고 더 상위의 협력을 통해 결국에는 심정의 혁명을 완수하리라는 희망이 놓여 있다. 이러한 희망은, 비록 도덕적 주체가 자신의 유한한 한계로 인해 실제로 근본악을 완전히 극복할 수 없다 해도, 그럼에도 언젠가는 근본악을 극복할 수 있을 것이라는 믿음을 가능하게 해 준다." "자신의 한계를 인정하면서도 끊임없이 탈한계를 기투하는 인간 – 바로 이 지점에 유한한 도덕적 인간의 숭고함이 놓여 있"는 것이다.

「칸트의 역사철학」(백승균, 제40집, 1985년 2월)은 칸트의 역사철학을 다른 학문과의 관계, 칸트 이전과 이후의 역사철학과의 관계, 칸트 시대 역사철학의 특징, 칸트의 역사철학을 일별하고 있다. 칸트의 전후 시대 역사철학의 관심은 두 방향으로 나타난다. 하나는 자연주의의 영향을 받았고, 다른 하나는 관념주의의 영향을 받았다. 전자는 자연에 앞서는 신적 존재가 불가능하므로, 역사에서의 섭리도 불가능하다고 본 반면에, 후자는 인간 정신 안에 내재적 원리가 있으므로 세계 속에서 실현되고 만물의 진행을 결정적으로 관리하는 이성적 정신이 있다고 본다. 후자의 관점에서 보면 이성적 이념들은 역사 속에서 작용할 뿐 아니라 이성적인 궁극목적으로 발전한다. 칸트는 이 후자의 입장에 선 철학자이다. 칸트에 있어 역사적 사건의 진행은 이성적 예지이며, 이 예지가 인간을 도구로 사용한다. "그렇다면 인간이 오직 자신의 관심에만 따라 행동하나 그것은 이미 자신의 관심이 아니고 무의식적으로 최고의 목적을 위해 행동하는 것이 된다. 이 말을 확대시킨다면 역사에서의 진보란 신의 섭리에 근거하고 있음을 의미한다는 것이다." 칸트 역사철학의 이러한 특징은 독일관념론에 큰 영향을 미치게 된다.

4.

"제3부 칸트와 독일관념론"에는 세 편의 논문이 포함된다. 「칸트에서 헤겔에로」에서 칸트와 피히테, 칸트와 셸링의 관계가 언급되어 있지만, 이 세 논문은 모두 칸트와 헤겔의 관계에 관한 내용이 적극적으로 피력되어 있다. 칸트와 피히테, 칸트와 셸링의 관계를 자세히 논한 논문이 없어서, 편집자는 이 세 논문만 언급하고자 한다.

「칸트에서 헤겔에로」(한단석, 제33집, 1982년 3월)는 칸트와 독일관념론 사이의 특이한 관계를 논하고 있다. "즉 한편으로는 독일관념론이 칸트철학의 발전임과 동시에 다른 한편으로는 독일관념론과 칸트철학 사이에는 단순히 발전이라고만 볼 수 없을 만큼 너무나도 큰 본질적인 차이가 있는 것이다." "칸트·피히테·셸링·헤겔의 4인 사이에는 이미 논한 것처럼 친근한 관계가 있음과 동시에, 다른 학파에 있어서는, 다른 곳에서는 비할 수 없을 만큼 적대 의식이 존재하고 있었다." 이렇게 말할 수 있는 근거는 무엇인가? 첫째, 칸트의 순수한 의도와 이 의도를 은폐하고 있는 편견이 동시에 혼재한다. 전자로써 칸트의 철학은 칸트 이전의 철학과 구별되지만, 후자로써 칸트는 종전의 철학을 무반성하게 계승하게 되고, 여러 가지 문제를 남기게 된다. 둘째, 독일관념론은 칸트가 남긴 문제를 올바로 파악하고, 그 문제를 해결하고자 노력하였다. 그러나 칸트철학은 이성주의적 지반에서 이루어진 것이었다. 이러한 지반의 무분별한 발전이 곧 전통적 형이상학으로의 복귀라는 결과를 낳았다. 셋째, 헤겔과 관련하여, 독일관념론은 이성주의적 입장의 철저화를 통해서 오히려 이성주의적 입장의 한계를 자각하게 된다. 헤겔의 철학은 어떤 측면에서 이성주의적 입장을 극복하려는 첫 시도라 할 수 있다.

「칸트의 선험적 주관과 헤겔의 자기의식」(이강조, 제37집, 1984년 4월)에서 저자는 근대의 인식 이론이 데카르트의 'Cogito'의 확실성에서 출발하여, 칸트의 선험적 주관을 거쳐, 헤겔의 자기의식의 변증법적 전개로써 일단 완결되었다고 본다. 데카르트 이래 서양 근대철학은 '믿을 만한 인식이 어떻게 가능한가?'의 문제에 초점이 맞추어져 있다. 데카르트는 이 문제의 해결을 위해 회의적 방법을 동원한다. 데카르트는 철저한 회의를 통해서 '사유하는 존재로서의 나'라는 기본적 진리에 도달한다. 이 '나' 안에서 도달한 자기의식은 진리와 확실성이 적극적으로 존속하는 통일이다. 데카르트의 이 '나'의 개념이 모든 관념론의 모범이 된다. 따라서 독일관념론은 데카르트 사상에서 정립된 귀결을 도출한다. "이 귀결의 내용은, 첫째 대상지를 '현상'에 관한 지에로 환원시키는 일이고, 둘째 아는 자아와 알려진 자아에 필연적으로 부속해 있는 양자의 차이성을 매개로 하여 양자의 동일성을 지향하는 자아—개념을 제조하는 일이다." 이 논문은 데카르트의 자아 개념 위에 칸트와 헤겔의 자기의식 구조가 존립하고 있다고 보고, 칸트의 선험적 주관과 헤겔의 자기의식에 관한 논지를 구체적으로 전개하고 있다.

「칸트와 헤겔에서 지식과 믿음」(김석수, 제111집, 1919년 9월)은 '지식과 믿음'에 관한 관점이 칸트와 헤겔에서 어떻게 다른가를 규명하는 일에 초점이 맞추어져 있다. 지식은 '정당화된 참된 믿음'이다. 이와 관련하여 두 가지 입장이 있다. 지식보다 믿음이 더 근원적이라고 보는 입장은 정당화의 한계를 지적하는 데 반해서, 지식이 믿음보다 더 근원적이라고 보는 입장은 정당화되지 않는 믿음을 부정하려고 한다. 이 문제에서 근대의 칸트와 헤겔은 대립 상태에 놓여 있다. 칸트는 지식과 믿음 사이의 양립을 주장하는 데 반해, 헤겔은 지식과 믿음의 통일을 주장한다. 더 나아가 헤겔주의자들은 칸트의 지식과 믿음 사이의 양립을 미완성으로 파악하고, 이를 헤겔의 입장으로 수렴하려고 한다. 이런 식의 이해는 칸트의 참된 주장을 왜곡할 수 있다. 저자는 이런 왜곡에 대해 강력하게 반론을 제기한다. 이하가 바로 반론의 요약이다. "칸트는 믿음과 지식을 분리하거나 통일시키는 것이 아니라 이들 사이를 구별하면서 동시에 상호 협조하도록 설정하고 있다. 칸트는 믿음의 영역에까지 지식이 침범하여 독단적 형이상학을 일삼는 것에 대해서 비판함과 동시에, 맹신적 상황에 매몰되어 지식을 무시하는 광신주의를 배격하고자 한다. 그는 이를 위하여 지식에 한계를 설정하고, 믿음의 영역에 대해서 실천적 정당화를 시도한다. 그러므로 지식과 믿음의 관계에 대한 칸트의 입장은 헤겔로 수렴되어야 할 미완성의 단계가 아니라 헤겔과는 다른 길로 향해 있다."

5.

"제4부 칸트와 현대"에는 7편의 논문이 포함된다. 여기에는 칸트와 현대철학 일반, 칸트가 현대철학에 미친 영향, 칸트와 롤즈, 칸트와 비트겐슈타인, 칸트와 분석철학, 칸트와 포스트모더니즘 등에 관한 논의가 포함된다.

「칸트와 현대철학」(한명수, 제1집, 1964년 5월)은 모든 현대철학이 칸트의 입장과 대결하고 있다고 하여, 칸트가 현대철학에 미친 영향이 막대하다는 점을 부각하고자 한다.

여기서 논문의 저자가 들고 있는 현대철학은 셋으로 요약되고 있다. 첫째, 신칸트학파의 인식론적 조류로서, 이 학파는 칸트의 근본 자세를 긍정하고, 이것을 받아들여 칸트의 비판론을 형이상학적 전(前)비판적 잔재로부터 정화하고자 한다. 둘째, 현상학적 존재론적 입장으로서, 이 입장은 칸트와는 다른, 또는 극히 비 칸트적 입장에서 출발하지만, 결국 칸트철학의 중심 문제인 선험적 주관의 개념에 도달하고 있다. 셋째, 논리실증주의와 분석철학이 기도하는 근본적, 비판적 입장이다. 이 입장은 칸트의 비판론을 신칸트학파와 같이 인식론적차원에서 이해하고 이것을 본질적 근본적으로 비판하는 동시에 칸트철학의 재평가를 기도하고 있다.

「현대철학사상의 반형이상적 경향과 칸트철학」(손봉호, 제40집, 1985년 2월)에서 저자는 칸트를 서양철학에서 플라톤과 아리스토텔레스의 반열에 올리면서, 현대철학에서 칸트를 비판하든지, 칸트를 추종하면서 철학 논의를 시작할 수 있으나, 칸트 없이는 그렇게 할 수 없다는 말로써 칸트가 현대철학에서 차지하고 있는 중요성을 강조하고 있다. 저자는 현대의 반형이상학적 경향에 상당한 영향을 끼친 인물이 로크와 흄임을 분명히 한 후, 이들은 형이상학에 아예 담을 쌓고 도랑을 내어 차단하려 했던 인물들인 데 반해서, 칸트는 형이상학적 사고를 서서히 유도하여 현대철학이 결과적으로 반형이상학적이 되게 이끈 인물이라고 평가한다. 저자에 따르면 현대의 반형이상학적 성향은 다양한 형태로 나타난다. "도덕처럼 중요한 것들은 이론적으로 감히 취급도 할 수 없다는 비트겐슈타인의 논리철학논고의 입장이 있는가 하면, 오히려 윤리적 언어란 사(私)언어요 감정어(感淸語)이기 때문에 학문적으로 논할 가치도 없다는 논리적 실증주의가 있고, 행동은 이론에 선행한다고 보는 마르크스(Marx)주의자들이 있는가 하면 행위는 의지의 무조건적 결단에 의한 것이란 실존주의도 있다. 그 어느 것도 칸트의 본래 의도에 충실한 것은 없으나, 이론적 이성과 실천적 이성을 떼어 놓은 칸트철학의 먼 후손들이라 할 수 있다."

「롤즈에 전해진 칸트의 유산」(황경식, 제40집, 1985년 2월)은 세 가지 점을 규명하고 있다. 첫째, 정치철학자로서의 루소와 도덕철학자로서의 칸트를 비교함으로써 칸트의 윤리학이 더 깊은 성층구조에서 정치 및 사회철학과 맞닿아 있음을 규명한다. 특히 계약론의 전통이 로크에서 루소를 거쳐 칸트에 이르는 근세 정치철학의 주요한 전통임을, 그리고 바로 이점이 롤즈가 자신의 정의론을 전개하고, 그 정신적 뿌리를 칸트에서 찾고 있음을 보여주고자 한다. 둘째, 롤즈가 칸트의 도덕철학을 형식주의적으로 보아 온 종래의 해석방식을 비판하고 있으며, 칸트의 윤리설이 절차주의적 또는 구성주의적인 특성을 견지하고 있음을 보여주고자 한다. 이때 칸트의 정언명법에 대한 새로운 해석이 시도되고 있으며, 정언명법이 구성 절차로서 구체적으로 적용되는 사례가 예시된다. 셋째, 순수이성과 실천이성을 비대칭적으로 이해한 종래의 통념을 지양하고, 두 이성 간에는 구조적 동형성 내지는 동궤성이 있다는 점을 확인한다. 다시 말하면 "칸트는 이론 이성에 있어서도 구성주의적 인식론자였지만 실천이성에 있어서도 마찬가지로 구성주의적 도덕론자였음을 밝히고 그것이 갖는 현대윤리학적 의의에도 논급하고자 한다."

「칸트와 비트겐슈타인의 비판철학」(엄정식, 제40집, 1985년 2월)에서 저자는 칸트가 합리론의 독단론과 경험론의 회의론을 "이성비판"을 통해 철학에 새로운 장을 열었다고 본다. 이때 현대철학에 남겨진 불순물이 인식론적 차원의 "선험성(apriority)과 존재론적 측면의 본체(noumenon)라고 불리는 신비스러운 대상이었다." 따라서 현대철학의 "당면한 과제는 칸트의 이 유산을 어떻게 이해하고 수용하며 또 극복할 수 있을 것인가의 문제로 집약"된다. 칸트를 정식으로 연구하지 않은 현대철학자 비트겐슈타인이 문제 해결을 위해 제시한 "언어비판철학"은 "놀랍게도 문제의 제기와 해결에 있어서 칸트와 매우 유사한 양상을 보이고 있"다. 저자는 이 점에 착안하여 논의를 전개한 후, 다음과 같은 결론을 내린다. "비트겐슈타인이 칸트의 문제에 대해 전정한 의미의 해결점을 제시해 주었다는 것이 아니고 그것을 언어의 문제로 전환시켰을 뿐이라는 사실이다. 따라서 그는 칸트가 남긴 문제점들을 정면에서 해결한 것이 아니라 언어적인 관점에서 재조명했다고 볼 수 있다. 결과적으로 그에게 남겨진 것은 언어의 선험성이라는 문제와 본체를 흡수한 언어적 '현상'이라는 개념"이다.

「최근 분석철학의 칸트적 경향」(김재권, 제41집, 1985년 5월)에서 저자는 "현대의 영미철학이 20세기 중반까지 지배적이었던 논리실증론과 협소한 "언어분석"을 벗어나, 약 10~15년 전쯤부터 전통적인 철학 방법과 철학관으로 돌아가기 시작하였다고 본다. "이 전환은 '칸트적'인 전환이라고 말할 수 있다는 것이 나의 생각이다." 저자는 현대 영미철학의 대강을 설명한 뒤, 도널드 데이비슨을 통해 자신의 논지를 전개하고 있다. "우리한테 흥미 있는 것은 데이비드슨의 이론이 콰인의 이론과 달리할 때 그 이유는 빈번히 칸트적이라고 말할 수 있기 때문이다. (콰인의 이론을 칸트적이라고 말할 수 없는 것이 유감이다.) 나는 칸트는, 데이비드슨의 철학 안에 살아가고 있다고 말해도 과장이 아니라고 생각한다." 저자는 결론적으로 다음처럼 진술한다. "칸트와 데이비드슨의 공통점은 관념론적인 철학적 관점이라고 할 수 있다. 칸트의 관념론에 대해서는 여기서 더 언급할 필요가 없다. 내가 개략한 데이비드슨의 철학적 전략이 관념론적이라는 것이 여러분에게 뚜렷하게 나타나기를 희망한다. 이런 맥락에서 주목할 데이비드슨의 주장은, 우리의 믿음이 전반적으로 참이라는 것은, 언어와 사고의 가능성의 전제조건이라는 것이다. 개별적인 믿음이 참이냐 아니냐는, 물론, 개별적으로 검증하여야 한다. 그러나 믿음이 일반적으로 참이라는 것은 선험적인 철학적 논증의 결론으로 증명할 수 있다는 것이 그의 주장이다. 이런 선험적인 논증이 칸트의 선험적 논증과 중요한 공통점이 있다는 것이 이 강연의 한 테마이었다."

「선험철학과 포스트모더니즘: 칸트, 리오타르, 아펠에서 해체와 구성의 가능 근거」(김진, 제59집, 1997년 3월)에서 저자는 칸트에 의해 확립된 "선험철학이 객관성과 합리성에 기초한 경험의 가능성 조건들을 철학적 사유의 주제로 삼고 있는 반면에, 포스트모더니스트들은 비합리성과 불일치를 중시하고 있"으므로, 전자는 '구성'을 후자는 '해체'를 중시하고 있다고 본다. 그러나 '해체'도 특정한 구성을 목표로 하고 있으므로 최소한의 토대 근거를 마련해야 한다는 것이 저자의 논점이다. 따라서 "포스트모더니즘의 진리 주장이 의미 있게 되기 위해서는 그 선험철학적 지평이 마련되지 않으면 안 된다." 이것은 두 논의에서 어떤 것이 우월한가에 의해 판정될 수 없고, 전자는 오히려 후자를 전제해야 한다는 것이 저자의 주장이다. 로버트 슈페만이 「현대성의 종말」에서 지적하고 있듯이 '모더니즘'이란 항상 고유한 현재성을 뜻하는 상대적인 개념으로서, '모더니즘의 종말'이 있는 것이 아니라 이전에 현대적이었던 옛것은 새로운 현대성에 의하여 해체될 뿐이다." 저자는 자신의 논지를 구체화하기 위해 두 철학자를 논거로 삼는다. 저자에 따르면 리오타르는 칸트를 해체 작업을 수행한 철학자로서 '포스트모던의 선구자'로 보고 있지만, "해체 작업이 보다 확실한 구성을 위한 예비 작업이라는 사실을 간과하고 있다". 이를 통해 확인할 수 있게 되는 것은 "포스트모던적 진리 주장이 의미를 가질 수 있는 선험철학적 지평이 확보되지 않으면 수행적 자체모순에 빠질 수밖에 없다는 사실"이다. 이런 논의를 주도하고 있는 철학자가 아펠을 중심으로 한 선험화용론자들이다.

「칸트의 이성비판과 리오타르의 포스트모더니즘」(이현복, 칸트 특집호, 1995)에 따르면, 리오타르는 결코 비이성주의자가 아니다. 리오타르가 이성 혹우 합의의 테러리즘을 비난했을 때, 그는 총체적 이성 또는 하나의 이성을 옹호하는 입장을 비난하고 있는 것이지, 결코 다수의 이성이 존재한다는 것을 부인하고 있는 것은 아니다. 리오타르에 따르면, "참과 거짓이 문제가 되는 '인지적 담론', 정의와 불의가 문제시되는 '정치적 담론', 선과 악이 문제시되는 '윤리적 담론' 그리고 미와 추가 문제시되는 '미학적 담론'은 각기 상이한 규칙 체계에 종속되기 때문에 상호 이질적인 것이다. 규칙 체계들이 전적으로 이질적이라 함은 다양한 문장들 혹은 언술 행위들이 만족시켜야 하는 (선천적인) 조건들이 서로 동일하지 않다는 것이며, 이는 칸트가 '제1비판'에서 '제2비판'으로 이행할 때 보여준 것, 즉 이성의 이론적 사용과 실천적 사용은 완전히 상이한 것이라는 입장과 동일하다는 것이다. 따라서 하나의 이성(메타이성·초월적 이성·절대적 이성·사변적 이성) 혹은 하나의 담론(메타담론·초월적 담론·절대적 담론·사변적 담론)만을 고집하는 것은 '초월적 환상' 혹은 '문법적 환상'이라는 것을 칸트와 비트겐슈타인에서 차용하고 있다." 저자는 이러한 논점을 정당화하기 위해, "전략적으로" "리오타르가 이해하고 수용하고 비판한 칸트의 모습만을 살펴보고, 이것을 토대로 리오타르의 포스트모더니즘의 특징이라고 말할 수 있는 차이의 철학 그리고—여타 포스트모더니스트들과는 구별되게—그가 정열적으로 개진하고 있는 포스트모던적 미학(숭고의 미학)을 중심으로 논의를 전개"한다.

2023년 6월
편자 이남원

contents

| 목 차 |

contents

제1부

칸트의 이론철학

전비판기(前批判期) 칸트의 천체 이론

허재윤(경북대)

1. 서론

주지하는 바와 같이 칸트(Kant)의 사상은 비판 전기와 비판 후기로 나누어서 고찰되는데, 대체로 보아 일방적으로 후자의 편에 그 연구가 편중되는 반면 전자는 너무나 소홀히 다루어져서 초기 칸트의 사상이 어둠에 파묻혀 있는 듯한 감이 없지 않은바, 이것은 그를 폭넓게 그리고 깊이 있게 이해하는 데서나 그의 내면적인 사상적 발전의 연관을 파악하는 데 있어서의 올바른 태도라고 볼 수 없을 것이다. 이러한 실정에 비추어 본문에서는 그의 초기 자연과학적 저작의 하나로서 우주설을 쓴 "Allermeine Naturgeschichte und Theorie des Himmels"(편집자 주—이 논문 제목의 한글 번역은 다음과 같다. 『일반 자연사와 천체이론 또는 뉴턴(Newton)의 원칙에 따라 다룬 우주 전체의 구조와 기계적 기원에 관한 서론』)를 살펴봄으로써 그의 유명한 우주발생설과 그의 사상을 일관하고 그 밑바닥을 이루는 기조를 생각해보고자 한다.

칸트의 초기저술은 주로 자연과학—특히 그 당시의 지배적인 뉴턴의 역학적—인 것인데 그중에서 여기에 소개하는 천체이론은 가장 대표적인 것이라고 일반적으로 인정되고 있다. 칸트의 자연과학적 지식에 대한 확신은 거의 절대적인 것이어서 뉴턴까지도 천문학에 있어서 자연법칙의 한계로서 그어 놓았던 곳을 뛰어넘어 그 타당성을 확장시켜 보려고 하는 한편, 우주만물을 창조하고 섭리하는 신에 대한 경건한 종교적 신앙도 그에 못지 않게 아니 오히려 전자보다 더 강력하게 비치어 보인다. 질서와 조화와 미를 나타내는 무릇 자연현상(특히 천체의 조화적인 운행)을 설명함에 있어서 그것을 자연필연성에 의해서 설명하면 곧 신을 부정하는 유물론적 입장에 빠지게 되고 최고지성체요 최고존재체인 신의 섭리로서 이를 설명함으로써만 신과 종교에 대해서 적극적이요 긍정적인 태도를 유지할 수 있다는 식의 사고는 비단 칸트시대에 한해서가 아니라 오늘날까지도 상당한 영향력을 갖고 있다고 생각된다. 그러나 칸트에 의하면 이러한 일면적인 입장은 종합지양될 수 있다고 믿어졌고, 여기에 생각이 미치자 "이때껏 주저하던 마음이 안개처럼 걷히고 한걸음 한걸음이 확신에 찬 발걸음이 되었다."

종교적 의무감에 대해서 스스로 안전하다는 것을 확인한 후 칸트는 천문학적 대상의 내적 곤란성에 관해서 가질 수 있는 우려를 해소시켜 놓았다(적어도 그의 생각한 바로는). 그에 의하면 성체(星體)는 자연적 생성물 중 가장 단순한 형성체이며 그 운동은 가장 순수하고 단순하다. 그리하여 좀 과장해서 다음과 같이 말하고 있다. – Gebet mir Materie, ich will euch zeigen, wie eine Welt daraus entstehen soll(칸트 Werke I. Leibzig Ausgabe. S.231 f. 편집자 번역 – "나에게 물질을 준다면, 그 물질을 가지고서 우주를 세울 것이다"). 그러나 과연 우리가 한 포기의 잡초, 한 마리의 애벌레에 관해서 이렇게 말할 수 있을까? – Gebet mir Materie, ich will euch zeigen, wie eine Raupe erzeuget werden könne(ebd.S.231. 편집자 번역—"나에게 물질을 주면, 나는 한 마리의 애벌레가 어떻게 생겨날 수 있는지를 당신에게 보여줄 것이다"). 칸트에 의하면 그 기원과 운동을 설명하는 한에서 모든 자연과학 중 천문학에서 가장 확실하고 정확한 지식을 얻을 수 있다고 한다.

이렇게 천문학의 가능성을 조심스럽게 다짐한 후, 그는 천체이론을 전개해가는 것이다. 이제 우리는 칸트의 생각에 따라 항성체계(Fixsternensystem)와 우주발생론을 간추려 보고자 한다.

2. 항성천(恒星天, Fixsternenhimmel)의 체계적 조직

밤하늘에 찬란히 빛나는 무수한 별들을 자세히 관찰하노라면, 그것들이 서로 무질서하게 산포(散布)되어 있는 것이 아니라, 은하수(Milchstraße)를 중심으로 하여 그 분산도가 다름을 볼 수 있으니, 그 부위에서 별들은 그 밀집도가 가장 크고 거기서 멀어질수록 그 분산도가 커지는 것을 알 수 있다. 만일 우리가 천공(天空)을 관통하는 어떤 평면을 상정해 놓고 그 위에서 이 평면을 내려다본다면 은하수는 그 평면상에 타원형의 성군체(星群體)로 나타나게 될 것이다. 이 은하수로 불리워지는 타원형의 성군은 우리의 태양계(Sonnensystem, od. Sonnenwelt, od. planetischer Weltbau)도 그 밑에 포섭하는 고차적인 천체의 질서체계이며 이 평면이야말로 은하수를 이루는 모든 항성들이 공동으로 관계하고 있는 관계면(關係面, Beziehungsfläche)이 된다. 한편 영롱하게 빛나는 그 항성들 하나하나가 중심체로서의 태양이 되어 우리의 유성계(遊星系 또는 태양계)와 같은 체계를 이룩한다.

그런데 천공에 자리잡고 있는 그 항성들이 과연 그 이름과 같이 그리고 우리의 육안이 말해주는 것처럼 정지해 있는 것일까? 칸트에 의하면 모든 항성들도 역시 우리의 태양계에서의 유성(Planeten, od. Wandelsterne)과 같이 어떤 중심체를 중심으로 하여 회전운동(Umlaufsbewegungen)을 하고 있다는 것이다. 유성계에서 제(諸) 유성의 궤도(Laufkreise, od. Umlaufbahnen)를 동일평면에 있게 하고 그것들로 하여금 하나의 체계를 이룩할 수 있도록 하는 힘을 준 원인, 즉 구심력(Zentripetalkraft, od. Senkungskraft)이 또한 보다 높은 체계를 이룩하는 항성계에서 각 항성(보다 저차(低次)의 체계에서는 항성이지만 보다 높은 세계의 유성이 되는)을 하나의 공통관계면(共通關係面)에 붙들어 매고 상호간의 편차(Abweichung)를 제한하는 힘이 되는 것이다.

한편 모든 천체의 질서는 상하관계로 단계를 이루고 있다. 우리의 태양계는 제 유성(이 태양을 중심체로 하고서 형성하고 있는 질서체계이지만 유성은 또한 달(Monde, od. Trabanten)을 가짐으로써 보다 작은 체계의 중심점이 되는 것이다. 우리의 태양계에서 그 중심점이 되었던 태양은 보다 큰 체계의 유성이 될 것이요, 이보다 큰 체계의 중심점을 이루던 항성은 이번에는 또 다른 체계의 유성이 될 것이다.

천체의 질서가 이렇게 되어 있다면 우리는 항성체계를 우리의 태양계와의 유비(類比)에서 짐작할 수 있고 그것을 우리들 태양계의 확대한 것으로 생각할 수 있다.

Die Gestalt des Himmels der Fixsterne hat also keine andere Ursache, als eben eine dergleichen systematische Verfassung im Großen, als der planetische Weltbau im Kleinen hat, indem alle Sonnen ein System ausmachen, dessen allgemeine Beziehungsfläche die Milchstraße ist; die sich am wenigsten auf diese Fläche bezieheride werden zur Seite gesehen, sie sind aber eben deswegen weniger gehäufet, weit zerstreuter und seltener. Es sind sozusagen die Kometen unter den Sonnen. (ebd. 편집자 번역―"그러므로 항성 하늘의 형태는 소규모 행성계가 갖고 있는 체계와 동일한 체계적 구조를 가진다는 것 외에는 다른 원인을 갖지 않는다. 모든 태양은 하나의 체계를 이루며, 그것의 일반적 관계평면이 은하이기 때문이다. 이 평면과 최소한의 관계를 가지고 있는 것들은 이 평면의 한 측면에 있는 것으로 보이지만, 덜 집중되어 있다. 정확하게 이유를 말한다면 이들은 더 넓게 분산되어 있고, 띄엄띄엄 있기 때문이다. 말하자면 이들은 태양들 사이에 있는 혜성들이다"). 모든 항성계의 기원과 그 운동원인은 우리의 태양계에 있어서와 동일한 것이요 모든 항성계의 궁극적 공통관계면은 은하수이며, 은하수에서 떨어져 있는 별들은 우리의 태양계에서의 혜성(Kometen)에 견주어진다. 이렇게 볼 때 우리가 무심히 보는 밤하늘을 가로지르는 젖빛같은 빛줄기는 단계적으로 질서 세워져 있는 무수한 세계들의 집합체, 제(諸) 세계들의 세계, 질서있게 짜여진 전체(ein zusammengeordnetes Ganze)이다. 모든 천체현상은 하나의 전체적 영향권내에서 상호관계하며 질서 있는 단계적 체계를 이룩하는 것이다.

3. 우주발생설

1) 유성계일반의 기원

보다 큰 항성계는 우리의 유성계를 확대한 것으로 생각되고 그 생성과 운동에 있어서 우리의 유성계의 것과 다른 어떤 것을 갖고 있지 않는 한에서, 칸트는 먼저 손쉽게 유성계에서 그 기원을 살펴보고 이것을 확대하여 항성계에까지, 그리고 무한에까지 뻗쳐 생각해본다.

유성계의 질서를 이룩하는 것은 각 유성이 대개 공통관계면인 태양적도면(Aquatorsfläche der Sonne)을 연장한 평면상에서 각각의 궤도를 그리면서 공동중심체 주위의 회전운동을 한다는 데 있다. 이 질서를 뉴턴처럼 신의 손에 돌리는 것은 부당하고 태양과 유성체에 그 원인이 있을 것으로 보고 그 원인을 찾아 유성계의 기원에까지 기슬러 올라간다.

칸트는 세계형성에 있어서 자연필연성 및 근원물질(根源物質) 이외의 그 어떠한 것도 인정하지 않고, 세계는 오직 근원물질속에 간직되어 있는 자연적 성질이 그것들로 하여금 운동케하고, 이렇게 일으켜진 근원물질의 운동이 필연적 자연법칙에 따라 만들어 낸 자연적 소산이라 한다. 그는 스스로 가설이라 전제하고 다음과 같이 기술하고 있다.

Ich nehme an, daß alle Materien, daraus die Kugeln, die zu unserer Sonnenwelt gehören, alle Planeten und Kometen, bestehen, im Anfange aller Dinge, in. ihren elementarischen Grundstoff aufgelöset, den ganzen Raum des Weltgebäudes erfüllet haben, darin jetzo diese gebildete Körper herumlaufen (ebd. S.265. 편집자 번역-"나는 우리의 태양계에 속하는 구체, 즉 모든 행성과 혜성을 구성하는 물질이 모두 만물의 시작에서처럼 요소적인 근원물질로 해체되었을 때, 이 모든 물질이 이들 형성된 천체가 현재는 회전하는 우주의 전 공간을 채웠다고 생각한다"). 태초에 아직 아무런 태양도 유성도 혜성도 있기 전에 근원물질(Urstoff, od. Grundstoff, od. elementarische Materie)이 분해된 채로 온 우주공간에 분산, 산재되어 있었다. 어둠에 싸여 있고 냉냉한 채, 오직 넓은 천공에 미소물질(微少物質)이 흩어져 앞으로의 세계형성의 꿈을 꾸면서 고요하게 머물러 있는 상태-이것이 무(無)의 뒤에 오는 자연의 원초적인 모습이라 한다. 여기에는 아직 아무런 꿈틀거림도 움직임도 없어 이러한 상태를 카오스(Chaos)라 할 수도 없다.

이러한 정적(靜的)인 미소물질의 분산상태에서 세계형성을 일으킨 것 -그것은 무엇이냐? 칸트는 그것을 모든 물질이 본질적으로 갖고 있는 인력(Anziehungskraft)에서 찾고 있다. 최초의 움직임을 가능케 하는 것은 다종다양한 근원물질의 밀도상의 차이인즉, 밀도가 큰 것은 작은 것보다 더 큰 인력을 가지게 되므로 주위에 있는 보다 가벼운 미소물질을 끌어 당겨 한 덩어리를 이룩하고 이것은 다른 곳에서 형성된 보다 더 비중이 큰 덩어리에 합쳐지고 해서 이러한 과정이 즉 진행됨으로써 근원물질의 동요와 집결 현상이 일어나고 카오스 상태가 이룩된다.

Die zerstreuten Elemente dichterer Art sammeln vermittelst der Anziehung aus einer Sphäre rund um sich alle Materie, die sie mit sich vereinigt haben, sammeln sich in den Punkten, da die Teilchen von noch dichterer Gattung befindlich sind, diese gleichergestalt zu noch dchteren und so fortan (ebd. S. 266. 편집자 번역 – "흩어져 있는 요소 중 밀도가 높은 종류는 인력에 따라 자기 주위의 어떤 영역에서 비중이 더 가벼운 물질을 모은다. 그러나 이들 요소 자체는 자신과 결합했던 물질과 함께 밀도가 더 높은 부분으로 모인다. 이런 일들은 계속 이어진다").

이렇게 인력의 일방적인 작용 아래에 점점 대규모의 집결현상이 일어나 인력이 큰 점에 있어서 모든 주위 물질의 강하운동이 일어나지만, 여기에 또 자연이 물질 속에 간직해 둔 다른 하나의 힘, 즉 척력(Zurückstoßungskraft)이 작용하게 된다.

"Durch diese Zurückstoßungskraft … werden die zu ihren Anziehungspunkten sinkende Elemente durcheinander von der geradlinichten Bewegung seitwärts gelenket, und der senkrechte Fall schlägt in Kreisbewegungen aus, die den Mittelpunkt der Senkung umfassen (S. 267. 편집자 번역 – "이 척력 때문에 인력점들을 향해서 하강하는 요소들은 직선 운동에서 서로에 영향을 주어 측면으로 방향을 바꾸게 하며, 수직의 낙하 운동은 결국 낙하의 중심점을 포함하는 원운동으로 바뀌게 된다"). 광막한 공간의 어떤 점에서 그 주위의 어디보다도 강력한 인력이 작용하면 그 점으로 향하여 주위에 산재해 있던 근본물질이 추락해 올 것이요 그리하여 이 점에서 한 구체(Körper)가 형성되며 이 구체의 질량(Masse)이 커지면 커질수록 주위물질의 하강운동속도는 증가해지고, 이렇게 하여 이 구체의 형성운동이 어느 정도에 이르게 되면 저 멀리에 있는 미소물질은 그것들 상호간에 작용하는 척력으로 말미암아 직선적 강하운동에서 측면이탈운동을 일으키고 이것은 다시 구심력의 작용을 받아 중심체 주위의 회전운동으로 됨으로써 미소물질의 커다란 선회운동이 일어나게 된다. 그런데 이 물질들의 운동궤도는 각양각색이어서 높은 것도 있고 낮은 것도 있으며 이쪽 방향으로 도는 것이 있는가 하면 저쪽 방향으로 회전하는 것도 있고 서로 평행하는 것도 있거니와 좌충우돌, 교차하는 것도 있으며, 회전운동의 규정조건에 맞는 것이 있는가 하면 맞지 않은 것도 있을 것이다. 그러나 그중 회전운동 규정조건에 맞지 않은 것, 중심체 가까이 부유(浮遊)하고 있던 다량의 가벼운 미소물질이 중심체로 추락해 버리면 드디어 이 미소물질들의 선회운동은 점차 균형을 얻어 안정된 상태로 들어가 동일한 방향으로 평행한 궤도를 그리게 될 것이다. 그리고 그 중심에는 유성체계의 중심체로서의 태양이 이루어진 것이다. 칸트는 태양이 그

맹열한 활성(活性)을 띤 불꽃을 가질 수 있음은 그것의 형성과정에서 오는 필연적인 결과로서 그 표면상에 많은 가벼운 부유물질이 있음에 있다고 했다. 왜냐하면 이 가벼운 부동성(浮動性)물질이야 말로 불을 지탱하는 데 있어 가장 활성적인 것이므로 그것이 부가됨으로써 이 중심체는 훨훨 불꽃을 일으키는 구체, 즉 태양이 될 보다 유리한 조건이 갖추어지는 까닭이다. 이에 반해서 보다 무겁고 비활성적인 물질은 이와 같은 불을 지탱할 수 없음으로써 그것으로서 만들어지는 유성은 다만 차가운 죽은 덩어리에 불과하다고 한다.

부분물질의 중심체주위의 선회운동은 상술한 바와 같이 처음에는 각양각색이요 서로 불균형상태에 있지만. 역학적 법칙에 의해서 차츰 태양의 황도면상(黃道面上)에서 그다지 이탈되지 않은 곳에서 그 회전운동을 할것이며, 그런 물질 중 그 고도상(高度上)에서 구심력과 원심력이 균형되어 있어 원형에 가까운 운동을 하고 서로 평행하여 비교적 안정된 부위에서는 다른 곳보다 더 큰 인력이 작용하여 주위물질을 끌어당겨 새로운 구체(球體)를 형성케 되는데 이것이 곧 유성이다. 이 유성은 그 구성물질의 이전의 방향에로의 운동을 여전히 계속함은 당연하다. 만일 그 구체형성공간이 작아서 부분물질들의 회전운동 상호간의 차이가 적으면 거기서 형성된 유성의 궤도는 원형에 가깝고, 반대로 형성공간이 커서(이것은 부분물질들의 산재도(散在度)가 큼을 뜻한다. 따라서 태양에서 먼곳에 있는 공간에서는 구체형성에 더 넓은 공간을 요한다.) 그 안에 있는 물질의 회전운동의 차이가 크면 거기서 이루어지는 구체는 편차가 심한 타원형의 궤도를 그리게 된다. 유성의 편차문제는 생성문제를 떠나서 운동의 역학자체에 의에서도 설명이 되어진다. 중심체인 태양이 미치는 구심력(인력)은 가까운 곳에서 강하고 멀리 갈수록 약하며 따라서 회전물체를 중심체에로 끌어당기려는 인력으로서의 구심력에 대한 반작용으로서의 원심력, 즉 중심체에서 이탈하려는 힘도 강한 것이다. 그런데 태양 가까이 있는 유성은 양 힘이 거의 균형되어 있어 원형에 가까운 궤도를 그리지만 태양에서 점점 멀어질수록 그 인력도 약하여져서 태양은 유성이 그 체계 밖으로 이탈하는 것을 막을 정도의 인력을 작용시킴으로써 그 유성은 편차가 심한 타원형의 궤도를 달리게 된다.

유성궤도의 편차는 태양에서 멀수록 커지는데 이것은 혜성에 이르러서 그 극단에 이른다. 가장 바깥에 있어 가장 편차가 심한 타원형 궤도를 그리는 유성이라 할지라도 그 공통관계면인 태양의 황도면을 그리 이탈하지 않는다. 그러나 혜성은 본디 이 공통면에서 벗어나 자유롭게 회전운동을 하는 물질에서 생긴 것인즉 궤도는 전혀 이 공통면에서 벗어나 있다. 혜성을 태양계의 한 가족으로 만드는 것은 전혀 그것이 태양을 중심으로 하는 회전운동(편차가 심한 타원형이긴 하나)을 한다는 점이다. 그러나 혜성과 유성을 편차로서 구별짓는 것은 단계적인 구분이라고도 할 수 있으나 절대적인 것은 아니다. 만약 앞으로 토성 바깥에 새로운 유성이 발견된다면-그럴 가능성은 농후하다(그 당시는 아직 유성이 수성, 금성, 지구, 화성, 목성, 토성의 6개밖에 발견되어 있지 않았다)-그것은 편차가 매우 심하여 혜성의 궤도와도 비슷할 것이기 때문이다. 한편 혜성을 유성으로부터 구별 짓는 외부형태상의 표징으로서의 혜성의 꼬리(Schweife)와 구상운무물질(球狀雲霧物質, Dunstkugeln)은 오로지 상술한 편차문제에서 오는 부대적인 것이다. 혜성은 태양계에서 가장 가벼운 물질로 구성되어 있으므로 그것이 태양에 접근할 때 태양열에 의하여 표면상의 물질이 증발하여 형성된 것이 곧 그 꼬리인 것이다.

그렇다면 어떻게 해서 혜성이 가장 가벼운 물질로 구성되어 있다고 할 수 있는가? 칸트는 이제 태양계를 이루고 있는 천체일반의 밀도 및 질량문제에 대해서 논급한다. 우주형성이론에 따라 생각해 볼 때 중심체인 태양은 모든 종류의 물질이 집결융합되어진 것으로 보아진다. 그러나 유성은 태양으로부터의 거리에 따라 그 밀도를 달리하는 것이니, 태양에서 가까운 유성은 그 밀도가 큰 반면 멀어질수록 밀도가 작아진다. 왜냐하면 중심체를 향하여 일반적인 하강운동을 할 때 밀도가 큰 물질은 완만한 저항은 뚫고 내려가 보다 깊숙히 태양 가까이 내려갈 수 있으나 보다 가벼운 물질은 중심체에로의 추락운동이 태양에서 먼 거리에 있는 채로 곧 저항을 받아 중단되어 버리기 때문이다. 상술한 우주생성론에 따라 유성이 이러한 물질들로 이루어짐으로써 태양에서 가까운 것은 그 밀도가 크고 먼 것은 그 밀도가 작다는 것은 자명한 사실이라 하겠다(여기에 물론 물질의 고도(高度)의 상이(相異)에 의하여 상이한 밀도의 물질도 한 구체형성에 가담하지만 결정적인 요소가 된다고는 할 수 없다). 태양계의 가장 바깥편을 돌고 있는 혜성은 이렇게 본다면 가장 가볍고 미세한 물질로 되어 있음은 이론(異論)의 여지가 없다. 질량문제로 보더라도 중심체를 이루고 있는 태양의 질량이 가장 큰 것은 당연하지만, 원칙적으로 가까이 있는 유성은 그 형성시 태양의 보다 강력한 인력의 방해로 말미암아 큰 질량으로 집결될 수 없었으므로 작고, 보다 멀리 있는 것은 그 질량이 큰 것이지만, 여기에 또 태양으로부터의 거리관계 외에도 가까이 있는 유성상호간의 영향도 물론 고려되어야 하는 것이다.

다음에 달의 형성과 유성의 자전운동(Achsendrehung)을 살펴본다. 유성의 형성과정이 곧 그의 자전운동과 위성의 형성원인이 된다. 그런데 태양과 유성과의 관계는 그대로 유성과 위성과의 관계로 옮겨 놓을 수 있는 것이다. 달의 생성도 그 운동도 모두가보다 큰 체계의 태양과 유성과의 관계에서 설명되어 진다. 즉 달은 그 중심체로 되는유성(Hauptplaneten)의 인력에 의하여 형성되어지고 거의 한 평면상에 그들의 운동궤도를 가진다. 또한 각 위성의 회전방향(서에서 동으로의)은 주(主) 유성의 회전방향과 일치하는데 이것도 달의 역학적 생성방식에서 오는 당연한 결과이다. 그런데 모든 유성이다 달을 가질수 없다. 왜냐하면 그 질량과 태양과의 거리관계라는 두 가지 조건이 달을형성하기에 알맞아야 하기 때문이다. 한편 위성을 형성하고 그 운동을 규정했던 주 유성의 작용력이 반사적으로 그 자신에까지 확장되어 서에서 동에로의 일반적 방향으로자전운동을 하는 것이요. 이 자전운동의 속도도 또한 동일한 연관에서 설명되어 진다.무릇 모든 유성은 그 형성과정에 있어서의 법칙에 따라 그 회전면(Umlaufsfläche)과 그방향이 일치되는 축(軸)회전운동을 하게되며 그 축은 또 유성계의 공통관계면에 원칙적으로 수직으로 선다.

마자막으로 칸트는 태양계가족의 명물인 토성의 환(環, Saturnsring)을 고찰한다. 전술한 바와 같이 유성과 혜성은 본질적 차이가 있는 것이 아니고 단계적 차이가 있을 따름이므로, 유성 중 제일 바깥편에 있는 토성은 초기상태가 아마도 혜성과 비슷하여서운동궤도의 편차는 심하였고 그 구성물질이 심히 가볍고 미세하여 혜성의 꼬리와 같은형상의 것을 이루었을런지 모른다. 그러다가 토성의 궤도가 차츰 지금의 것으로 되면서 토성은 태양 가까이서 그것이 이전에 받던 열을 잃어버리고 그 주위를 둘러싸고 있던 물질은 이제 꼬리를 형성 못하게 되지만 여전히 선회운동을 계속함으로써 환을 이룩하여 이전의 꼬리의 표징을 거기서 갖게 하고 토성자체는 이전에 그것이 갖던 열을 발산하여 지금과 같이 조용하고 고정된 유성이 된 것이다. 이 환의 형성도 순전히 역학적으로 설명된다. 시초에 태양열에 의하여 토성으로부터 솟아올랐던 운무상물질(雲霧狀物質)은 솟아오른 후에도 여전히 토성표면에 있을 때의 회전운동을 계속할 것이요 그 부유물질의 회전운동은 운동의 일반적 법칙에 의해서 토성의 적도부근에서 가장 빠르고양극에 가까울수록 느리며 그 비중에 따라 물론 그것이 위치하는 고도가 상이하다 (이

환이 다른 위성처럼 일반적인 근본물질에서 형성된 것이 아니고 토성을 이루고 있던 가벼운 표면상물질의 상승에 의하여 이루어졌음은 그 환이 다른 위성처럼 유성운동의 일반적인 관계면에 있지 않다는 사실에서 짐작된다). 운동이 진행됨에 따라 정확한 운동규정조건에 맞는 것만 남고 나머지 것은 도태되는 동시에 점차로 토성의 적도면의 연장면상에 대개 모이게 되고, 이렇게 일평면상에 모이게 된 물질들은 바깥쪽은 태양광선에 의하여 그리고 안쪽은 유성의 적도선상운동에 의하여 원형으로 규정됨으로써 드디어 환상(環狀)의 모습이 갖추어진다. 이렇게 하여 토성의 주위를 선회하는 환상물질(環狀物質)은, 그러나, 중심점에서의 거리에 따라 각각 상이한 주기(周期, periodische Umlaufszeit)를 갖게 된다. 이렇게 되면 부분물질 상호간의 저항 내지 교호작용으로 말미암아 환이 파괴되지나 않을까 하고 생각할 수도 있지만, 사실은 오히려 그렇게 됨으로써 이 환은 몇개의 동심원적(同心圓的)인 원환(圓環, konzentrische Zirkelstreifen)으로 분할되고(주기의 동일성에 따라) 그 사이에는 이 원환상간의 교호작용을 막기 위한 공간(Zwischenräume)이 이루어져 환을 더욱 안정된 상태에 있게 한다. 그런데 여기서 생각될 수 있는 것은 만약 토성에 환이 있다면 그와 동일한 조건하에서 다른 천체에도 환이 있을 수 있다는 것이다. 칸트를 따라 상상력을 발휘하여 지구가 그러한 환을 가졌을지도 모르는 시대를 상정해보자. 그때 지구상에는 낮이 더 길었을 것이요 밤은 보다 더 환하게 밝았을 것이다. 규칙적인 운동을 하면 이 환이 아마도 불의(不意)의 혜성의 인력이나 부분물질의 냉각으로 말미암아 증기상물질(蒸氣狀物質)이 응결하여 구름덩어리가 되어 지구상에 내려와 마침내 공전무후(空前無後)한 폭우를 쏟아 노아(Noa)로 하여금 방주(方舟)를 타도록 한 천재(天災)를 일으킨 것이 아닐까?

2) 시간상으로나 공간상으로 무한한 우주의 창조

우리의 태양계는 전혀 원래 확산되어 있었던 모든 세계물질의 기본적 질료로서 형성되어 나온 것이다. 한편 그저 흩어져 있는 것처럼 보이는 항성들도 우리의 태양계와 비슷한 체계의 중심체임을 알았다. 이렇게 미루어 볼 때 우리는 이러한 다른 태양계도 역시 우리가 살고 있는 태양계와 같이 신이 지배하는 무한한 빈 공간을 채우고 있던 극히 작은 기본적 물질에서 생기(生超), 형성된 것임을 알 수 있다.

우리의 태양계에서 생각해 보았던 우주형성이론을 확대시켜 무한한 세계공간의 항성체계에 적용시켜 보자. 태초에 아직 아무런 세계와 세계질서도 존재하지 않았을 때 다만 무한한 우주공간에 미세한 근원물질만이 산포(散布)되어 있었을 것이요 가장 강한 인력이 작용하는 점에서 태양계에서 생각했던 것과 같은 방식으로 전(全) 자연과 모든 세계의 중심체가 형성될 것이며 이 성체(聖體)는 그 어떠한 다른 천체보다 그 질량이 더 클 것이요 그 광휘(光輝)가 더 빛날 것이다. 다만 우리가 그것을 뚜렷하게 찾아내지 못하는 것은 그 엄청난 거리 때문이리라. 이 공통의 중심체뿐만이 아니라 모든 그 주위를 가까이 회전하는 체계가 그들의 인력을 합쳐서 멀리 떨어진 체계에 그 힘을 미치게 된다. 이렇게 볼 때 무한한 공간에 걸쳐 있는 전 자연을 유일한 체계로 파악함이 가능하다. 만일 전 우주를 통제하는 아무런 인력의 작용도 없이 각 세계가 제대로 산만하게 전체에 대해 아무런 관계없이 존재한다면 조그마한 충격도 이 위태로운 균형을 깨뜨려서 우주의 파멸을 초래할 것이다.

다시 우주형성에 돌아가 보자. 가장 강한 인력이 작용하는 곳이 모든 우주일반의 시발점이요 중심점이 되는데 이 중심체 가까이서는 분산된 미소물질의 비중이 크고 먼 곳에서는 작아진다는 사정과 아울러 중심체 가까이서는 그 인력의 영향도 가장 강력하기 때문에 일반적인 세계형성은 그 점 가까이서 먼저 시작되어 점차 밖으로 우주형성운동을 확장시켜 나갈 것이다. 만일 우리가 어떤 일정한 범위를 넘어설 수 있다면 우리는 거기서 아직 우주형성운동을 시작하지 않은 채 카오스와 기본물질들의 분산상태가 지배하고 있는 무한한 우주공간을 볼 수 있을 것이다. 그러나 이러한 자연의 황무지에도 언젠가 창조의 힘이 미칠 것이다. 창조활동은 무한히 계속해 간다. 칸트에 의하면 이미 완성된 자연의 범위는 언제나, 장래(將來)할 세계의 씨앗을 그 속에 간직하고 있어 언젠가는 카오스 상태로부터 발전해 나오려고 하는 것의 총화(總和)에 비하면 무한히 작은 한 부분에 불과하다고 한다. 창조의 업은 시작은 있을망정, 끝은 없기 때문이다.

한편 모든 유한한 것, 그 시초가 기원을 가지는 모든 것은 소멸할 운명을 갖고 있다. 언젠가 세계와 세계질서는 드디어 영원히 심연에 삼켜지게 될 것이요, 그런가 하면 창조의 업(業)은 다른 편의 천공(天空)에서 새로운 형성에 종사할 것이다. 우리의 이 세계도 언제 그 종말의 날을 볼런지 모른다. 그러나 그 비운을 슬퍼하지 말자—모든 유한한 것은 그 할 일을 마친 후 무대에서 사라지는 것이 정칙(定則)이요 또 새로운 생성이 있으니까. 오히려 이것을 흡족한 마음으로 바라보자. 세계의 쇠멸은 일반적인 자연법칙에 따라 모든 우주의 중심점에 가장 가까이 있는 것부터 먼저 시작될 것이다. 왜냐하면 그 형성시기가 다른 것보다 앞서기 때문이다. 이 파괴와 소멸운동은 중심점 가까이서 시작되어 점점 밖으로 뻗어나가 드디어 전세계가 카오스 내에 묻히게 될 것이다. 그러나 한 편 형성되어진 자연의 저 밖에서 자연은 부지런히 새로운 세계를 창조해 가고 있다. 그 관계를 필자의 궁색한 솜씨로 도시(圖示)하면 대략 하도(下圖)와 같다.

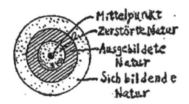

(편집자 번역 − Mittelpunkt(중심점), Zerstörte Natur(소멸된 자연), Ausgebildete Natur(완성된 자연), Sich

bildende Natur(자기 형성적 자연).)

그런데 카오스에서 나와 질서를 이룩했던 자연이 그 운동력의 약화로 인하여 빠지게 되는 이 새로운 카오스에서 다시 회복되어 제이(第二)의 생성을 이룩할 수는 없을까? 한 체계내의 운동력의 약화는 드디어 유성과 혜성을 모두 태양으로 추락시키고 그때 질량이 커진 태양은 새로운 물질(특히 혜성의)의 보급을 받아 맹렬한 불길을 일으킬 것이요 그 표면의 모든 물질을 다시 분해시켜 우주공간에 확산시키던 여기서 제일(第一)의 생성에서와 같은 방식으로 새로운 세계가 재생되어 나올 수 있다고 칸트는 생각한다. 칸트는 이것을 500년마다 한 번씩 스스로의 몸을 불태워 그 재속에서 소생하여 다시 젊어져 날아간다는 자연의 불사조(Phänix der Natur)라 이름 붙이고 자연의 무한한 창조활동에 대해서 숙연한 경탄에 빠질 뿐이라 한다. 그는 또 덧붙인다.─이렇게 거대한 자연의 쇠멸을 못마땅하게 여기는 자 있으면 그 눈길을 자기자신의 영혼으로 돌리면 좋다. 영혼이야말로 이 모든 변화를 넘어서 존속하는 것이니까.

4. 우주의 기원 및 질서를 기계론적으로 설명함의 정당성

Man kann das Weltgebäude nicht ansehen, ohne die trefflichste Anordnung in seiner Einrichtung und die sicheren Merkmale der Hand Gottes in der Vollkommenheit seiner Beziehungen zu kennen (ebd. 편집자 번역-"우리는 우주의 구조가 배치에서 매우 탁월한 질서를 가지고 있고, 그 관계들의 완전성에서 신의 손의 확실한 특성이 있다는 사실을 인정하지 않고서 우주를 바라볼 수 없다"). 우리가 세계질서의 아름다움과 우수성을 고대 원자론자처럼 단순한 우연에 돌릴 수 없는 것이라면 그 원인으로서 최고의 예지와 무한한 힘이 있어야겠다고 한다. 그러나 일단 이러한 전제에서 출발한다고 해도 두 가지 입장이 또 갈라지게 된다. 즉 자연질서의 본질적인 규정이 미리 최고의 예지에 의하여 마련되어 있어서 자연이 점차로 그 질서와 조화를 정연하게 전개시켜 나가는 것이냐, 아니면 세계를 이루고 있는 각 부분의 일반적인 성질이 전혀 무질서하게 아무런 상호관련성도 없어서, 자연은 그가 보여주는 완전성과 미(美)에 도달하는데 직접적인 어떤 다른 힘을 필요로 하는 것이냐가 곧 그것이다. 칸트의 취하는 바는 전자이다. 그 역시 신을 적극적으로 긍정하고 강력하게 옹호한다. 그러나 덮어놓고 모든 질서와 조화를 직접적인 신의 소치(所致)로 돌리기는 그의 자연법칙에 대한 확신이 너무나 강하였다. 우주의 조화적인 질서와 완전성을 보고 그 누가 신을 부정할 수 있으랴? 그러나 그렇다고 해서 맹목적이고 무질서하게 움직이는 자연력에 일일히 신의 손이 개입함으로써만이 질서와 조화가 나올 수 있다고 생각한다면 자연에 대한 탐구도 있을 수 없고 자연과학도 거추장스러운 것이 되어버린다. 다만 사람들은 자연의 현상 하나하나에 경탄하면서 신을 찬미하는 수밖에 다른 도리는 없다. 자마이카(Jamaica) 섬에서 그 호된 무더위를 식혀주는 시원한 바람, 모든 생물에 그 생명을 주는 비, 비 온 뒤 하늘의 영롱한 무지개—모든 것이 신의 은총과 섭리로 돌려지게 된다.

칸트에 의하면 자연상태에서 질서와 미가 필연적으로 전개되어 나오는 것이요, 이것은 존재자체와 그 최초의 운동법칙의 근원을 그 속에 간직하고 있는 최고존재체에 대한 자연의 의존성의 강력한 증거가 된다. 그에 있어서 신은 태초의 원시적 창조주요 모든 자연일반의 근원자로서의 신이다. 이 신의 최고예지안에서 모든 물질적 제(諸) 성질은 그 무한한 다양성과 더불어 미리 마련된다는 것이다. 일단 그런 다음에는 자연은 조화적인 질서를 산출하지 않을 수가 없다. Die nach öhren(편집자 주-'öhren'이 아니고 'ihren'임) allgemeinsten Gesetzen sich bestimmende Materie bringt durch ihr natürliches Betragen oder, wenn man es so nennen will, durch eine blinde Mechanik anständige Folgen hervor, die der Entwurf einer höchsten Weisheit zu sein scheinen (ebd. S. 227. 편집자 번역-"가장 일반적인 법칙에 따라서 규정되는 물질은 그것의 자연적인 작용에 따라 혹은 그런 이름을 사용하고자 한다면 맹목적인 기계적 작용에 따라 가장 지혜로운 분의 계획인 것처럼 보이는 질서 정연한 결과를 낳는다"). 칸트는 또 다음과 같이도 말하고 있다. Alles, was sich aufeinander zu einer gewechselten Harmonie bezieht, muß in einem einzigen Wesen, von welchem es insgesamt abhänget, untereinander verbunden werden (ebd. S. 336. 편집자 번역-"상호 조화 속에서 서로 관계하는 모든 사물은 그들이 모두 의존하는 유일의 존재 안에서 서로 결합한다"). 세계의 질서와 조화가 자연적인 필연성에 따라 전개되는 것이면서 그 기원은 함께 최고존재체인 신에게 둔다는 것에 흥미로운 해결방식을 엿볼 수 있다.

칸트는 또 우주현상과 그 기원의 기계론적 설명의 정당성의 근거를 들고 있다. 한 체계내의 모든 유성의 운동은 모두가 하나처럼 자전이건 공전이건 간에 그 방향(서에서 동으로의)이 완전히 일치하고 있으며 운동궤도 또한 태양적도면에서 거의 벗어나지 않는다는 것, 그리고 각 유성의 운동속도가 중심점에서 멀어질수록 늦어지고 그 궤도 역시 중심점에서 멀어질수록 편차가 심해진다는 것은 인력과 원심력에 의한 기계론적 설명 이외는 용납이 안 된다. 만일 모든 유성의 궤도가 일평면상에 있는 것이 최적하다면 왜 거기에 완전히 일치시키지 않았으며, 그 궤도가 원형이 되는 것이 최선이라면 왜 완전한 원형으로 하지 않았을까? 또 그 운동방향도 하필이면 하나로 균일하게 통일할 필요는 없을 것이다. 이런 사정하에서도 기계론적 설명을 버리고 모든 것을 신의 손에 돌릴 수 있을까? 다음에 유성의 밀도와 질량관계가 우주발생의 기계론적 설명을 뒷받침해 준다. 유성이 태양에서 가까울수록 밀도가 크고 멀수록 적다는 것, 그리고 유성을 합친 것이 밀도가 대개 태양의 밀도와 거의 같다는 것(토성, 목성, 지구, 달의 질량을 총화해서 하나로 하여 낸 비중 640은 태양의 650과 거의 같다)과 아울러 그 유성 각자의 질량은 중심체에서 가까울수록 작고 멀수록 커진다는 것은 모든 자연의 원초적인 운동력인 인력과 원심력에 의한 그들의 기계론적 발생이론을 뒷받침해 주는 가장 강력한 근거가 되는 것이 아니냐?

칸트는 세계의 기원과 현상을 오직 신의 섭리로만 돌리려고 함은 세계의 조화로움과 아름다움의 면만을 본 데서 오는 편견이라 규정하고 그 눈을 더 넓은 곳으로 돌려 보라고 권한다.

Eben dieselbe unbeschränkte Fruchtbarkeit derselben(Natur) hat die bewohnten Himmelskugeln sowohl als die Kometen, die nützlichen Berge und die schädlichen Klippen, die bewohnbaren Landschaften und öden Wüsteneien, die Tugenden und Laster hervorgebracht(ebd. S.350. 편집자 번역—"자연은 이처럼 무한히 다산적이기 때문에 생물이 거주하는 천체뿐만 아니라 혜성도 생산하며, 유익한 산과 유해한 낭떠러지도, 풍요로운 전원과 황령한 사막도, 덕과 악덕도 생산한다").

5. 각 성체상(星體上)에서의 사유적(思惟的) 존재자의 생존가능성

다른 성체상에도 우리의 지구에서와 같은 이성적 존재자가 서식하고 있는 것일까? 원칙적으로 생각해보건대 그 생존의 자연적 조건만 구비되어 있다면 훌륭히 생존할 수 있을 것이지만 그렇다고 해서 모든 천체가 다 생물서식가능하다고 주장할 것까지는 없다고 그는 생각한다. 어떤 성체에는 이성적 존재자가 살고 있을 것이요 다른 어떤 성체에는 그렇지 않을 것이다. 아직 이성적 존재자의 거주처가 되어 있지 않은 성체 중에서 또 어떤 것은 미래의 어떤 때를 위해 준비를 마련하고 있는지도 모른다. ─우리의 지구도 미생물로부터 식물, 동물 그리고 드디어 인간을 서식시킬 수 있기까지 몇억 년의 세월이 흘러갔던가? 또 지구 외에 다른 성체(星體)에 인간이 살고 있다면 그들의 정신능력은 어떨 것인가?

먼저 칸트에 따라 유성의 중심체로서의 태양으로부터의 거리에 따라 결정되는 구성 물질의 완전성의 정도를 살펴보고자 한다. 우주일반의 형성이론에 따라 태양으로부터 가까운 거리에 있는 유성은 조야하고 무거운 물질로 구성되어 있을 것이요, 먼 곳에 있는 유성은 정세(精細)하고 가벼운 물질로 이루어져 있을 것이다. 그런고로 태양으로부터 가까운 거리에 있는 유성상의 물질들은 그 운동이 거칠고 우둔할 것임에 반하여, 먼 곳의 유성상에서는 그 물질들의 움직임이 정세하고 민활할 것이다. 물질의 정세도(精細度)로 보건대 중심체에서 가까울수록 낮고 멀수록 높다는 결론이 나온다.

한편 모든 것은 자연필연성에 따라 생기소멸하는 것이라면 생물도 그 가장 낮은 단계인 아메에바로부터 가장 고차적인 인간에 이르기까지 자연적인 생기 이외의 방식으로 존재하는 것은 아니라 한다. 또 인간 역시 당초부터 오늘날과 같은 우월한 정신능력을 갖는 것이 아니었다. 그것은 단순한 동물적 욕구만족능력에서 발전된 것이리라. 그러나 여기에서 인간(생물)의 발생기원론을 벌려 놓고자 하지는 않는다. 사유적인 존재자인 인간 역시 물리학적인 자연필연성에 의해서 생기출현한 것이라는 것이 여기서는 중요하다.

그런데 인간의 사회능력이 인간의 신체를 이루고 있는 물질과 어떤 관계를 갖고 있는 것은 아닐까? 만일 신체의 구성물질이 거친 것이라면 그 사유능력도 조야할 것이요 정세한 것이라면 사유능력 또한 민활하게 되지 않을까? 칸트는 서슴치 않고 그렇다고 단정한다.

Des unendlichen Abstandes ungeachtet, welcher zwischen der Kraft zu denken und der Bewegung der Materie, zwischen dem vernünftigen Geiste und dem Körper anzutreffen ist, so ist. es doch gewiß, daß der Mensch, der alle seine Begriffe und Vorstellungen von den Eindrücken her hat, die das Universum vermittelst des Körpers in seiner Seele erreget, sowohl in Ansehung der Deutlickeit derselben, als auch der Fertigkeit, dieselbe zu verbinden und zu vergleichen, welche man das Vermögen zu denken nennet, von der Beschaffenheit dieser Materie völlig abhängt, an die der Schöpfer ihn gebunden hat (ebd. S. 357. "사고력과 물질 운동 사이의, 즉 이성적 능력과 신체 사이의 무한한 거리에도 우주가 그의 신체를 통해서 영혼 속에 불러일으키는 인상에서 자신의 모든 개념과 표상을 받아들이는 인간은 이들의 명료성에 관해서도 이들을 결합하고 비교하는 솜씨, 즉 우리가 사고력이라고 부르는 솜씨에 관해서도 창조자가 인간을 묶어버린 물질의 성질에 완전히 의존한다"). 인간의 신체의 구성물질이 조야하냐, 정세하냐에 그 정신적인 사유활동의 우월성의 정도가 결정됨은 물론이요 일체의 개념과 표상은 외부물질세계의 인상에서 오는 것

이라 함이 주목된다.

　정신적 존재는 물질세계에 대하여 필연적인 의존관계를 갖고 있으므로 양종(兩種)의 자연의 완전성을 유일한 연관에서 규정함은 당연하다 한다. 물질세계건 정신세계건 중심체에서 가까울수록 거칠고 멀수록 정세(精細)하여지는 것이니, 완전성의 정도는 중심체에 대한 거리에 따라 비례적으로(수학적인 엄밀성에서가 아니지만) 증대한다는 결론이 나온다. 이 일치는 하등 놀라운 것이 아니다. 왜냐하면 정신세계는 물질세계에 갑자기 이질적인 것으로 들어 온 것이 아니라, 물질적 자연의 보편적 조직속에 점차적으로 짜여 들어온 것이므로서이다. 그리하여 어떤 성체 위에서는 그린랜드인이나 아프리카인이 뉴턴 행세를 할 수 있는 한편, 다른 성체에서는 뉴턴을 마치 원숭이라도 보는 것처럼 기이하게 바라보는 광경이란 얼마나 진기한 것이랴! 도덕적 죄악을 논할 수 있는 것은 완전한 우둔상태와 완전한 미덕사이에서이다. 그렇다면 지구상에 서식하고 있는 인간은 그 중간적 위치를 점하고 있어서 어떤 때는 감각적 충동의 일방적인 지배 아래서 죄악을 저지르는가 하면 한편으로 이성의 통제 아래 그것을 억제하기도 한다. 이렇게 볼 때 지구 (및 화성)이야말로 물리적으로나 정신적으로 유성계의 한가운데를 차지한다고 볼 수 있을지 모른다고 한다.

　이상에서 우리는 "이성과 상상력을 길잡이로 해서" 우주론을 전개시켜 보았지만, 우리 인간오성의 힘이 우주의 신비를 풀어 주는 것은 아니라고 한다. Bei der allgemeinen Stille der Natur und der Ruhe der Sinne redet das verborgene Erkenntnisvermögen des unsterblichen Geistes eine unnennnbare Sprache und gibt unausgewickelte Begriffe, die sich wohl empfinden, aber nicht beschreiben lassen (ebd. S.369. 편집자 번역―"자연의 일반적 정숙함, 감각의 평온에서 불멸의 정신의 감추어진 인식 능력은 말로 표현할 수 없는 언어를 말하고 느끼기는 하지만 쓸 수는 없는, 풀어낼 수 없는 개념들을 제공한다"). 일체의 감각을 떠나 자연과의 고요한 교섭에 잠김으로써 모든 피조물의 근원일 신을 인식하게 되고 불멸의 영혼이 최근원자인 신에게 돌아가게 될 때 참다운 행복을 누릴 수 있을 것이다.

6. 결론

이상에서 칸트의 우주론을 개략적으로 살펴보았지만, 그 기조를 이루는 두 가지는 경건한 종교적인 감정과 자연과학적 지식에 대한 확신이라고 볼 수 있다. 그에게는 이 두 가지 중 그 어느 것도 버리지 못할, 그 어느 한쪽도 다른 쪽보다 더 중하다 못할 것으로서 꼭같이 중요 한 것이었고 나란히 그의 우주론적 사상을 뒷받침하고 있다. 자연적 우주현상의 질서와 조화를 설명함에 있어서 종교적 입장에 서면 자연과학을 부정케 되고, 자연과학의 편에 서면 종교를 부정케 되는 결과를 가져온다는 것은 칸트에 의하면 편협한 편견에 불과하다. 양 대립적, 일방적 입장은 지양될 수 있다. 즉 창조주인 신을 인정하면서 동시에 필연적인 자연의 법칙성에 의한 설명은 훌륭히 가능할 뿐만 아니라, 오히려 일방이 타방을 요구하면서 보충하는 관계에 있는 것이다. 이러한 그의 학문적 방법은 후기에까지 그대로 계속되어 철저화됨으로써 비판서를 낳게할 소지를 이루었다 할 수 있다. "우주현상의 질서와 조화는 법칙에 따르는 자연필연성에서 나온 것이다(자연과학적 입장). 그러나 그렇다고 해서 그것이 모두 자연에서 나온 것이라고는 할 수 없다(종교적 입장)"는 것이 그의 우주론의 근본명제인 한편, "모든 우리의 인식이 비록 경험과 더불어 비롯되는 것이지만(경험론적 입장), 그러나 그렇다고 해서 그것이 모두 경험에서 나온 것은 아니다(이성론적 입장)"라는 것이 비판의 중심명제라는 것을 생각한다면 순수이성비판의 맹아는 이미 일찍부터 있었다 하겠고 그의 우주론적 논문이 그가 가정교사로 있다가 쾨니히스베르크(Königsberg)의 사강사(私講師)로 들어갈 무렵(1755)에 나와서 적어도 20여 년이란 사이를 두고(1781) 비판이 나왔다는 것은 그의 조심스러운 준비기간이 오래되었음을 또 한번 증명해 주는 것이다.

그러나 그의 우주론은 한편 위와 같은 기초-즉 우주의 창조적 목적을 인정하는 라이프니츠-볼프(Leibniz-Wolff)의 형이상학적 입장(또는 종교적 입장)과 뉴턴의 역학을 중심으로 하는 자연과학적 입장이 종합되어진 입장에 서 있었으므로 너무나 무리한 억측과 신비적인 요소가 지나치게 짙은 곳이 상당히 많다. 칸트 자신도 엄밀하고 확실한 자연과학적인 설명이 미치지 못하는 곳에서는 유추와 상상력에 의한 추정도 있어야겠다고 했고 부단히 계속되는 세계들의 형성운동과 쇠멸운동, 그가 자연의 불사조라고 한 세계의 재생, 중심체에 대한 위치관계에서의 완전성의 정도 결정, 지구 외의 많은 유성에 지금 아니면 미래의 인간서식을 인정하고 그들의 정신능력을 또한 중심체에 대한 거리관계에서 규정한 것 등등은 우리가 엄격한 자연과학적인 입장에서 받아들이기 곤란한 부분이며 그도 이것을 인정하고 있다. 그러나 우주론을 대담하게 체계적으로 전개할 수 있었고 독자적인 우주기원설을 내 놓은 것은 역시 그의 천재적인 공적을 증명하고 있는 것이다.

끝으로 주목되는 것은 그의 유물론적인 색조이다. 칸트는 자기의 이론과 고대 원자론자의 이론의 유사성을 말하고 그 본질적인 차이로서 신의 유·무를 들었지만, 한편으로 정신능력이 물질세계의 발전과정에 서서히 짜여들어 온 요소라고 말한 것이라든지, 인간의 정신은 그 구성체인 신체에 결정적으로 의존해 있다고 하는 것이라든가 인간의 표상은 신체를 통한 외부물질세계의 자극에 의해서 형성되어지는 것이라 본 것 등은 전형적인 유물론적 사상이다.

학설 자체로 보아서는 뉴턴 역학과 볼프(Wolff)의 형이상학이 무비판적으로 받아들여져 혼용되어진 것으로 볼 수 있을런지 모르나 이것은 그의 자연과학적 부문에서 이루어 놓은 업적에 비하면 넉넉히 보상되고도 남는다. 그의 우주발생설은 성운설(星雲說)이라 하여 우주발생을 설명하는 주요한 하나의 입장으로 열거되고 있음은 철학자로서의 칸트에 못지 않게 자연과학자로서의 칸트의 모습을 우리에게 뚜렷이 부각시켜 주는 것이며, 오늘날의 우리들에게 어떤 뜻깊은 암시를 주는 것이 아닐까 생각된다.

칸트 초기 저술에서 옵티미즘

이남원(부산대)

I. 서문

옵티미즘[1]에 관한 당시 유럽의 광범위한 논쟁은 라이프니츠가 1710년 『신정론』 (*Essais de Théodicée*)을 출판하면서 시작되었다. 우리가 살고 있는 이 세계가 있을 수 있는 모든 세계 중 최선이라고 하는 라이프니츠의 주장은 많은 철학자에 의해 공격을 받았다. 프랑스에서는 베일(Bayle), 클라크(Le Clerc), 독일에서는 볼프(Wolff), 다리어스(Daries), 크루지우스(Crusyus) 등이 라이프니츠를 공격하였다. 이에 앞서 영국에서는 샤프츠베리(Schaftesbury)가 이 문제를 독자적으로 천착하였다(*Enquiry*(1699) & *The Moralists*(1709)). 영국의 시인이자 통속철학자인 포프(A. Pope)는 샤프츠베리의 영향 하에서 이 주제에 대한 철학적으로는 조잡하지만 통속적인 담론을 제시하였다(*Essay on*

---

1) 칸트에 따르면 "**옵티미즘**은 무한히 완전하고, 자비스러우며, 전능한 창조적 신이 존재한다는 것을 가정함으로써 세계 내에서 악이 존재한다는 것을 정당화하는 이론이다. 이 이론은 일체의 모순에도 불구하고 이 무한히 완전한 존재에 의해 선택된 것은 가능한 모든 것 중에서 최선이지 않으면 안 된다는 점을 제시함으로써 정당화된다." I. Kant, *Kants gesammelte Schriften*, Herausgegaben von Königlich Preussischen Akademie der Wissenschart, 17, *Reflexion 3704*, 230-231. 칸트의 이 전집은 이하에서는 *Ak*로 표기함. 낙관주의 혹은 낙관론이라 번역하지 않고 옵티미즘이라는 영어식 발음을 쓴 것은, 이 논쟁이 역사철학적 혹은 윤리학적 논의라는 오해를 불러일으킬까 하는 염려에서이다. 이 논쟁은 악의 정당화에 관한 논쟁이고 그런 점에서 어느 정도의 역사철학적 혹은 윤리학적 의미를 함축하고 있지만(이한구는 이 주제와 관련된 칸트의 논문 「낙관주의에 관한 시론」을 칸트의 논문 모음 번역집 『칸트의 역사철학』(서광사, 1992)에 포함시키고 있다), 본질적으로 형이상학적 의미를 담고 있다.

Man(1733-4). 포프의 옵티미즘은 크루지우스에 의해 날카롭게 비판을 받았는데, 프러시아의 로얄 아카데미는 포프의 옵티미즘을 주제로 하여 1755년 현상 논문으로 공모한다는 사실을 1753년 8월에 공지하였다. 많은 철학자들이 참여했고(멘델스존(Mendelssohn), 레싱(Lessing), 빌란트(Wieland), 라인하르트(Reinhard)), 크루지우스의 추종자인 라인하르트가 당선되었다. 그 후 멘델스존과 레싱이 공동으로 이 주제에 관해 논문을 발표하면서(*Pope ein Methaphysiker!*, Danzig, 1755) 논쟁이 격화되었다. 칸트는 이 현상 논문 공모에 참여하기 위해 몇 개의 예비적인 단편 글을 썼지만(<*Reflexionen, 3703-5*>), 알려지지 않은 이유로 공모에는 참여하지 않았다. 그리고 옵티미즘에 관한 정식 논문이 1759년에 출간(*Versuch einiger Betrachtungen über den Optimismus*, 1759, Ak 2, 27-35, 이하에서는 <옵티미즘에 관한 시론>으로 명명)되었다.[2]

본 논문은 프러시아의 로얄 아카데미에 의한 현상 논문 공지 주제와 관련하여 당시 칸트의 사상을 일별하기 위한 목적으로 작성되었다. 논문은 다음과 같은 순서로 진행된다. 우선 라이프니츠의 옵티미즘에 대한 사상을 정리해보고자 한다. 라이프니츠는 자신의 많은 단편 저술들에서 이에 대한 견해를 피력하였고, 『신정론』에서 상세한 논의를 전개한다. 본 논문은 이 과정을 요약하는 일로부터 시작한다.

그 다음으로 <형이상학적 인식의 제1원리>에 나타난 칸트의 견해를 짤막하게 살펴볼 것이다. 옵티미즘에 대한 칸트의 사고의 일단은 옵티미즘 공모 이전부터 있었던 것 같다. <형이상학적 인식의 제1원리>에서 칸트는 이 문제를 그렇게 중요하게 취급하고 있지 않은 듯하다. 이 논문에서 칸트의 주 관심사는 형이상학적 인식의 원리들에 대한 해명이다. 그 중 가장 중요하게 다루어진 원리가 결정근거율이다. 이와 함께 결정근거율이 타당하다면 인간에 있어 자유가 어떻게 존재하는가의 문제, 즉 필연성과 자유의 양립 가능성 문제가 또한 관심 있게 논의되었다. 필자는 지난해에 발표한 논문에서 앞의 주제를 다루었다.[3] 악의 문제와 관련하여 칸트는 필연성과 자유가 양립할 수 있다면 세계 창조의 필연성과 악이 양립할 수 있지 않을까 생각했던 듯하다. 즉 신이 전지전능하다면 그리고 지선하다면, 신에 의해 창조된 세계에서 어떻게 자유가 있을 수 있느냐

---

2) 본 단락은 다음을 참조했음. *The Cambridge Edition of Works of Immanuel Kant, Theoretical Philosophy*, 1755-1770, liv-lvii. 참조, Eds, P. Guyer and A. W. Wood (Cambridge University Press, 1992), General introcuction, OPTIMISM

3) 이남원, 「자유, 필연성, 신 – 칸트의 『형이상학적 인식의 제1원리』(1755) <명제 9>」, 『哲學硏究』 제111집, 2009. 8. 209-236쪽.

의 문제는 그런 세계에서 악이 어떻게 가능한가의 문제와 연관될 수밖에 없다는 것이 칸트의 생각이었다. 〈형이상학적 인식의 제1원리〉에서 칸트가 제시하고자 하는 견해는 결국 옵티미즘에 대한 옹호였다. 그러나 이 논문에서 칸트의 관심은 옵티미즘 그 자체는 아니었고, 옵티미즘의 문제는 결정근거율에 대한 크루지우스의 견해에 대한 비판 과정에서 파생된 것이었다.

그 다음으로 현상 공모에 응하고자 하면서 자신의 생각을 정리한 〈*Reflexionen, 3703-5*〉의 논리를 살펴보고자 한다. 프러시아 아카데미는 현상 논문의 공모를 공지하면서 논문에서 어떤 것을 다루어야 하는지를 매우 구체적으로 적시하고 있다. 즉 포프의 체계와 옵티미즘의 장단점의 비교 등 매우 구체적인 요구 사항을 제시하고 있다. 칸트의 이 단편들은 이런 구체적인 요구 사항에 대한 답변의 준비 과정으로서 작성되었다. 그래서 칸트는 이 양 이론의 장단점을 비교하고자 하였으며, 그런 과정에서 라이프니츠의 옵티미즘이 안고 있는 논리적인 문제점을 적시하고자 했다. 본 논문은 이 과정을 비교적 소상히 밝히고자 한다.

마지막으로 본 논문은 체계적인 논문 형식으로 발표된 〈옵티미즘에 관한 시론〉의 핵심 내용을 정리하고자 한다. 이 논문은 앞의 두 저술과 달리 옵티미즘 그 자체를 주제로 삼고 있으며, 라인하르트의 현상 논문 당선 이후 뜨거워진 옵티미즘 논쟁에 본격적으로 참여하기 위한 의도를 가지고서 서술되었다. 논리적 지향점은 크루지우스 및 그로부터 절대적인 영향을 받은 논문 당선자 라인하르트를 직접 거론하여 비판하는 데로 향해 있다. 〈형이상학적 인식의 제1원리〉에서 칸트는 결정근거율이라는 핵심 문제에서 크루지우스를 비판하면서 짤막하게 옵티미즘에 대한 언급을 하였다면, 이 논문에서는 크루지우스의 옵티미즘 비판 그 자체를 문제로 삼아 논의를 전개하고 있다. 당시 명망을 얻고 있는 한 철학자에 대한 야심만만한 도전의 성격이 담겨 있다고 볼 수 있다.

본 논문은 칸트의 이론을 따라 이런 과정을 추적할 것이다. 논의의 편의를 위해 라이프니츠의 신정론에 관한 입장을 요약하면서 논문을 시작할 것이다. 라이프니츠에 대해서는 '가능한 세계 중 최선'이라는 개념에 초점이 맞추어질 것이다.

Ⅱ. 라이프니츠에서 '모든 가능한 세계 중 최선'의 의미

라이프니츠는 신에 의해 창조된, 현재 우리가 살고 있는 이 세계가 모든 가능한 세계 중 최선이라고 주장한다. 이 주장은 두 가지를 함축하고 있다. 첫째, 우리가 살고 있는 이 세계 말고 다른 세계를 신이 창조할 수도 있었다는 것을 함축한다. 이 세계는 무수히 많은 가능한 세계 중의 하나이며, 따라서 이 세계는 절대적·필연적으로 존재해야 할 세계는 아니다. 그럼에도 신은 이 세계를 창조했다. 따라서 왜 신이 다른 세계가 아니라 이 세계를 창조했는지에 대한 납득할 만한 설명이 있어야 한다. 즉 "신의 관념은 무한한 수의 가능적 세계를 포함하고 있고 그중에서 단지 하나의 세계만이 존재할 수 있으므로, 이러한 신의 선택에 있어, 신에게 하나의 세계를 다른 세계들보다 더 선호하도록 규정하는 충분한 근거가 있어야 한다."[4] 둘째, 무한히 많은 가능한 세계 중 이 세계가 최선의 세계임을 함축하고 있다. 이 또한 왜 그런지 설명되어야 할 부분이다. 즉 "신의 지혜를 통하여 인식되고, 그의 선을 통하여 선택되고, 그의 능력을 통하여 창조되는 최선의 것이 존재하게 되는 원인은 여기에 있다."[5]

이 두 가지 함축에 대한 해명은 '충분한 근거'가 무엇인지에 관련되어 있다. 즉 신은 다른 세계가 아니라 이 세계를 창조한 근거 혹은 이유가 무엇이며, 다른 세계가 아니라 이 세계가 최선인 근거 혹은 이유가 무엇인가 하는 두 가지 물음이 해명되어야 한다.[6]

라이프니츠의 대답은 한편으로는 논리적인 것이면서 다른 한편으로는 형이상학적인

---

4) G. W. Leibniz, *La Monadology* (1714), 윤선구 옮김, 라이프니츠의 소논문들의 번역 모음집 『형이상학 논고』(대우고전총서, 아카넷, 2010) 중 「모나드론」 53절.

5) Leibniz, 「모나드론」 55절. 라타는 이 절에 대해 다음과 같은 설명을 하고 있다. "이 절은 라이프니츠의 옵티미즘의 원리들을 짤막하게 진술하고 있다. 이 원리들은 완전히는 『신정론』에서 해명되고 방어된다. 악으로부터 완전히 자유로운 세계는 신 자신과 구별될 수 없을 것이다. 세계의 악은 피조물들의 본질적 한계—이들의 본질로서의 한계 혹은 가능성으로서의 한계로부터 전적으로 발생한다. 따라서 악은 신에 의해 창조된 것이 아니다. 신은 최소한의 악이 존재하는 우주를 창조했으며, 이런 악은 어떤 사물들의 체계에서도 피할 수 없는 것이다." R. Latta, Leibniz, *The Monadology and Other Philosophical Writings* (London: Oxford University Press, 1898), p. 248, 주) 87.

6) 이 용어에 대해 다양한 번역이 있을 수 있다. '충족이유율', '충분근거율', '결정근거율' 등이 그것이다. 필자는 지난 논문에서 '결정근거율'이란 번역어를 사용하였다. 이남원, 앞의 논문, 212쪽. 그러나 본 논문에서는 편의를 위해 다른 용어를 사용하더라도 의미에서의 큰 차이는 없다.

것이다. 가능한 세계에서 '가능한'은 논리학에서 양상의 개념이다. 즉 라이프니츠는 자기모순을 포함하지 않은 명제는 가능한 명제라고 설명하고 있다. 반면에 자기모순을 포함하고 있는 명제는 불가능한 명제이다. 다른 한편 라이프니츠는 논리적 가능성, 혹은 논리적으로 가능한 명제에 대해서 이야기하고 있을 뿐만 아니라, 가능한 세계에 대해서도 이야기하고 있다. 이런 주장은 형이상학적인 내용을 함축하고 있다. 따라서 라이프니츠의 체계에는 논리학과 형이상학이 서로 착종되어 있다. 즉 모순 없음은 가능한 명제의 근거일 뿐만 아니라 가능한 세계의 근거이기도 하다.

라이프니츠에 있어 '가능한' 세계는 가능할 뿐인 세계이지, 현실적인 세계는 아니다. 논리적인 면과 형이상학적인 면이 착종되어 있는 라이프니츠의 철학 체계를 고려해 볼 때, 두 가지 최상의 원칙이 존재한다. 하나는 모순율[7]이요 다른 하나는 충족이유율 혹은 결정근거율[8]이다. 모순이 없다면 그 세계는 존재 가능하다. 따라서 가능적 세계에 관한 최상의 원칙은 모순율이다. 반면에 모순율에 어긋나지 않는 세계가 있다고 해서 그 세계가 존재하는 것은 아니다. 그 세계가 존재하기 위해서는 다른 하나의 원칙이 요구된다. 다른 하나의 원칙이 바로 충족이유율이다.

세계 존재의 가능성·불가능성·현실성에 대해 논의하기 전에, 이런 논의의 근거가 되는 두 유형의 명제 혹은 진리의 구분에 관한 라이프니츠의 견해를 먼저 살펴보기로 한다. 라이프니츠에 따르면 모든 진리는 이성의 진리이거나 사실의 진리이다. 이성의 진리는 필연적인 진리로서 그것을 부정하면 모순에 빠지게 되는 명제이다. 즉 그 역(逆)이 불가능한 명제이다. 칸트식으로 명명하면 분석명제이다.[9] "이성의 진리는 필연적이

---

7) 라이프니츠는 *New Essays on Human Understanding* (trans & ed. by P.Remnant & J. Bennett, London, Cambridge University Press, 1981)에서 모순율을 다음처럼 다양하게 표현한다. "무언가가 존재하면서 동시에 존재하지 않는다는 것은 불가능하다"(p.75). "동일한 것이 존재하면서 [동시에 존재하지 않는다는 것은 불가능하다"(p.82). "하나의 명제는 참이면서 동시에 거짓일 수 없다"(p.362). "어떤 명제가 참도 아니고 거짓도 아닌 경우는 있을 수 없다"(p.362). "동시에 참인 두 명제가 서로 완전히 모순되는 것은 있을 수 없다"(p.498). 「모나드론」에서는 다음처럼 표현된다. "우리는 이것[모순율]을 통하여 모순을 포함하는 모든 것은 거짓이라고 판단하고, 거짓인 것과 대립되거나 모순되는 모든 것을 참이라고 판단하는 것이다", 31절.

8) 이 공리는 다음처럼 표현된다. "어떤 것도 이유[근거] 없이 발생하지 않는다" (Leibniz, *New Essays on Human Understanding*, p.179). "이[결정근거율]를 통하여 우리는, 비록 대부분의 경우에는 우리에게 그 근거들이 알려지지 않는다 해도, 어떤 것이 왜 이래야 하고 달리 되어서는 안 되는지에 대하여 충분한 근거가 존재하지 않는다면 어떤 사실도 참된 것으로 또는 존재하는 것으로 증명될 수 없고 어떠한 명제도 참인 것으로 증명될 수 없다고 생각한다"(「모나드론」, 32절).

며,… 이성의 일차적 진리들은 내가 '동일성'이라 명명한 진리이다. 왜냐하면 그것들은 우리에게 어떤 것도 이야기하지 않고 단지 동일한 것을 반복하는 것 이외 하는 일이 없기 때문이다.… 예를 들면 '존재하는 것은 존재하며, 각각의 것은 바로 그 자신이다'. … '등변의 직사각형은 직사각형이다' '이성적 동물도 여전히 동물이다'."[10] 따라서 이성적 진리를 지배하는 최상의 명제는 모순율이다. 이성적 진리의 참·거짓의 판정은 그 진리가 모순율을 어기고 있지 않는지에 달려 있다.

반면에 사실의 진리 혹은 우연의 명제들은 그 역이 가능한 명제들이다.[11] "대한민국의 수도는 서울이다"는 사실의 진리이다. 이 명제를 부정하여 "대한민국의 수도는 서울이 아니다"고 주장하여도 모순율을 어기는 것은 아니다. 즉 "서울이 수도가 아닌 대한민국"은 얼마든지 성립할 수 있다. 지난 정권에서 대한민국의 수도를 서울이 아닌 곳으로 옮기려고 시도하였으며, 헌법재판소에서 위헌 판정만 나지 않았더라면 몇 년 뒤 "대한민국의 수도는 서울이다"는 명제는 거짓 명제로 될 뻔 했다. 그러나 "대한민국의 수도는 서울이다"는 2010년 현재로서는 참된 명제이고, "대한민국의 수도는 서울이 아니다"는 명제는 거짓이다. 더 나아가서 이 명제가 참인 것은 우리가 살고 있는 이 세계에 대해서 참이지, 만약 신이 다른 세계를 창조했더라면, 그 다른 세계에 대해서는 참이 아니다. 그렇다면 이 명제들의 참·거짓은 어디서 성립하는가? "대한민국의 수도는 서울이다"는 명제가 참이라면, 그 명제가 왜 참인가에 대한 근거가 제시되어야 한다. 이렇게 해서 라이프니츠는 우연적인 명제가 참이 되려면 그렇게 된 충분한 근거 혹은 그렇게 결정된 근거가 있어야 한다고 주장한다. 어떤 것도 근거 없이 발생할 수도 없고, 따라서 모든 우연적 명제의 최고 원리는 결정근거율이라는 것이 라이프니츠의 입장이다.[12]

---

9) 존재에 관한 진리는 결코 이성의 진리가 될 수 없지만, 라이프니츠에서는 하나의 예외가 있다. 왜냐하면 라이프니츠에서는 '신은 존재한다'는 필연적인 명제이기 때문이다. 이것은 대륙합리론 철학자들이 모두 공유하고 있는 사상이다. 물론 칸트는 이런 입장을 거부하고 있다.

10) Leibniz, *New Essays on Human Understanding*, p.361.

11) Leibniz, 「모나드론」 33절.

12) 메이트는 라이프니츠를 해석하면서 하나의 가능한 세계에 대해 참이거나 거짓된 문장은 우연의 명제이며, 모든 가능한 세계에 대해 참인 명제는 이성의 진리 혹은 필연의 진리라고 설명한다. "하나의 문장과 하나의 가능한 세계가 주어지면, 그 문장은 그 가능한 세계에 **대해서** 참이거나 거짓이다. 그리하여 '시저가 루비콘 강을 건넜다', '아담은 첫 번째 인간이었다'는 문장은 현재의 세계에 대해서 참이지만 무수히 많은 다른 가능한 세계에 대해서는 거짓이다. (사실상 계속 이어지어는 논의에서 보겠지만, 그 문장들은 현재의 세계에 대해서만 참이라는 점이 밝혀진다.) 반면에 '시저는 루비콘 강을 건넜거나 건너지 않았다'는 문장은 그가 그렇게 했던 것은 사실이거나 사실이 아니라는 의미

라이프니츠에 따르면 우리가 살고 있는 이 세계는 신에 의해서 창조되었다, 신은 전혀 세계를 창조하지 않았을 수도 있었고, 아니면 이 세계가 아니라 다른 세계를 창조했을 수도 있었다. 따라서 이 세계의 존재에 대한 진술은 필연적인 진리가 아니라 우연적인 진리이다. 우연적인 명제의 진리는 결정근거율에 의거한다. 즉 다른 세계가 아니라 이 세계가 존재하게 된 것은 그럴 만한 근거나 이유가 있었기 때문이며, 그런 이유가 없었다면 이 세계는 존재하지 않았을 것이다. 라이프니츠는 다음처럼 주장한다. "그런데 신의 관념은 무한한 수의 가능적 세계를 포함하고 있고, 그중에서 단지 하나의 세계만이 존재할 수 있으므로, 이러한 신의 선택에 있어, 그에게 하나의 세계를 다른 세계들보다 더 선호하도록 규정한 충분한 근거가 있어야 한다."[13]

이와 연관해서 라이프니츠는 가능성과 공존가능성(compossibility)이라는 매우 중요한 개념 구분을 시도한다. 신의 관념 속에는 무수하게 많은 가능한 세계가 포함되어 있다. 그러나 그 세계들은 가능하기는 하지만 공존가능한 것은 아니다. "나는 가능한 개체들이 모두 다 현재의 크기로 있는 이 우주 속에서 공존가능한 것은 아니며, 이런 사실은 동일한 시간에 존재하는 사물들에 관해서뿐만 아니라 사물들의 계기 전체에 관해서도 적용된다고 믿을만한 근거들을 가지고 있다. 다른 말로 하면 나의 견해는 결코 존재한 적이 없었고 앞으로도 결코 존재하지 않을 개체들이 있음에 틀림없다는 것이다. 왜냐하면 이런 개체들은 신이 선택한 일련의 피조물들과 양립할 수 없기 때문이다."[14]

우리는 라이프니츠에 있어 논리학과 형이상학이 서로 착종되어 있다는 점을 이미 밝혔다. 하나의 가능한 세계는 공존가능한 개체들의 집합체이다. 동시에 하나의 가능한 세계는 공존가능한 개념들의 집합체이다. "복합 양태들의 관념은 그 양태들이 마음에 의존하든지 의존하지 않든지 간에 그것들이 **가능한** 한에서만 실재한다. 혹은 같은 말이지만 판명하게 이해가능한 한에서만 실재한다. 이러한 사실은 그것들의 구성 요소가 **공존가능하다**는 점을, 즉 서로 일치 속에 있을 수 있다는 점을 요구한다." 그러므로 하나

에서 현재의 세계에 대해서 참일 뿐만 아니라 모든 가능한 세계에 대해서 참이다. 라이프니츠는 그러한 문장들을 **필연적 진리**('이성의 진리', '영원한 진리'…)라 부른다. 모든 가능한 세계에 대해서가 아니라 현재의 세계에 대해서 참인 문장은 **우연적 진리**('사실의 진리')이다." B. Mates, "Leibniz on Possible Worlds," in *Leibniz, A Collection of Critical Essays* (Notre Dame, London: University of Notre Dame Press, 1976), p.337.

13) Leibniz, 「모나드론」 53절.

14) Leibniz, *New Essays on Human Understanding*, p.307.

의 가능한 세계 A 안에 있는 모든 개별자들은 혹은 그것의 개념들은 서로 함께 실재할 수 있으며, 따라서 이것들은 공존가능하다. 하나의 가능한 세계 B에 대해서도, C에 대해서도 그렇게 말할 수 있다. 따라서 세계 A에 대해서 참인 문장은 사실에 관한 진리를 담고 있으며, 세계 A에 대해 참인 다른 문장과 공존가능하다. 그러나 그 문장들은 가능한 세계 B, C 등등에 대해서는 참이 아니다. 세계 A, B, C 등등은 공존가능한 세계들이 아니기 때문이다. 따라서 신이 현재 우리가 살고 있는 세계를 창조하기로 선택했다면, 다른 세계는 우리의 현 세계와 공존가능하지 않기 때문에, 신의 관념 속에서는 가능하지만, 존재적으로는 불가능하다. 공존가능하지 않은 두 세계의 존재 혹은 창조는 모순율에 어긋나기 때문이다.

우리가 살고 있는 이 세계는 신이 창조하기로 결정하였고, 그래서 실재하게 되었다. 그리고 다른 가능한 세계들은 실재할 수 없게 되었다. 그러나 이러한 진술만으로는 왜 이 세계가 존재하게 되었고, 다른 세계가 존재할 수 없게 되었는지 충분히 설명될 수 없다. 왜냐하면 왜 신이 다른 세계가 아니라 이 세계를 창조했는가에 대한 대답이 남아 있기 때문이다. 신이 아무런 근거 없이 이 세계를 창조하기로 결정했다는 것은 라이프니츠의 결정근거율에 어긋난다. '이 세계는 모든 가능한 세계 중에서 최선'이라는 것이 답이다. 이 세계가 모든 가능한 세계 중에서 최선이라는 근거에서 신은 이 세계를 창조하기로 결정하였다. 그래서 라이프니츠의 논의는 '이 세계가 모든 가능한 세계 중에서 최선'임을 입증하는 데로 나아간다.

신은 이 세계를 자유롭게 선택했다. 여기서의 선택은 임의적이라기보다는 어떤 근거에 따른 선택이다. 신은 전지전능하며 지선인 존재이기 때문에, 이 선택은 최선의 선택이며, 따라서 우리가 살고 있는 이 세계는 최선의 세계이다. 공존가능한 요소들의 집합인 현재의 세계를 다른 공존가능한 요소들의 집합인 다른 세계들, 무한히 있을 수 있는 다른 세계들과 무한한 지성을 가지고서 비교해보았을 때, 다른 어떤 세계보다도 현재의 세계가 최선이며, 그리고 가능한 각각의 세계들은 공존가능하지 않기 때문에, 신은 최선인 현재의 세계를 선택했다. 그러므로 이 세계를 선택한 것은 신의 자유로운 의지였지만, 또한 그렇게 선택할 수밖에 없는 근거가 있다는 점에서 필연적이다. 라이프니츠는 이 세계가 가능한 최선의 세계임이 틀림없다는 점을 다음처럼 주장한다.

… 즉 그들은 우리가 우주의 질서를 충분히 이해하게 된다면, 신이 실제로 일어나도록 한 것이 가장 지혜로운 자들의 소망을 능가한다는 것과, 일반적으로 전체를 위해서 뿐만 아니라, - 건축가와 우리 존재의 작용인으로서 뿐만 아니라, 우리 의지의 전 목적이어야만 하고 홀로 우리의 행복을 실현할 수 있는 우리의 주인과 최종 목적으로서의, 전 우주의 창조자에게 정당한 방법으로 우리가 승복하는 경우에, - 특별히 우리들 자신을 위해서도 이 세계를 현재의 세계보다 더 잘 창조하는 것은 불가능하다는 것을 발견하게 될 것이라는 것을 인정하였던 것이다.[15]

신의 이 최고의 완전성으로부터 그는 우주를 창조함에 있어서 가능한 한 가장 좋은 계획을 선택하였다는 결론이 나온다. 그 계획 속에서는 가장 큰 다양성이 가장 큰 질서와 결합되고, 대지, 장소 그리고 시간이 최선의 방식으로 사용되며 가장 큰 결과가 가장 단순한 방식으로 획득된다. 그리고 그에 따라 피조물들에게는 우주가 허용할 수 있는 가장 큰 능력, 가장 큰 지식, 가장 큰 행복 그리고 가장 큰 선이 주어진다. 왜냐하면 신의 오성 안에서는 모든 가능성들이 그들의 완전성의 정도에 따라 존재를 얻으려 노력하기 때문에, 이 모든 노력들의 결과가 모든 가능한 세계 중에서 최선의 세계로서의 실제 세계이어야만 하기 때문이다. 이러한 전제가 없이는 왜 사물들이 달리 진행되지 않고 그렇게 진행되는지에 대하여 이유를 제시한다는 것은 불가능할 것이다.[16]

라이프니츠는 이처럼 최선의 세계의 창조가 필연적이라는 점을 주장하지만, 그러나 여기서 말하는 이 필연성은 모순율의 필연성, 즉 절대적 필연성이 아니라 다른 종류의 필연성 혹은 상대적 필연성이다. 코플스톤은 다음처럼 이야기한다. "이에 대한 라이프니츠의 대답은 논리적 또는 형이상학적 필연성과 도덕적 필연성 사이의 구별에서 발견된다. 그에 따르면 신이 최선의 것이 실현되도록 자유롭게 선택하였다라고 말하는 것은 신이 최선의 것이 실현되도록 작용하는지 그렇지 않은지가 불확실하다고 말하는 것이 아니라는 것이다. 신이 최선의 것이 실현되도록 작용하여야만 한다는 점은 이미 도

---

15) Leibniz, 「모나드론」, 90절.
16) Leibniz, 윤선구 옮김, 라이프니츠의 소논문들의 번역 모음집 『형이상학 논고』(대우고전총서, 아카넷, 2010) 중 「자연과 은총의 이성적 원리」 10절.

덕적으로 필연적인 것이며 그래서 신은 이런 방식으로 작용하였다. 그러나 신이 최선의 가능 세계를 선택하여야만 한다는 것은 논리적으로 또는 형이상학적으로는 필연적이지 않다. '우리는 어떤 의미에서… 신이 최선의 것을 선택하여야만 하는 것이 필연적이라고 말할 수 있다. …그러나 이러한 필연성은 우연성과 양립 불가능하지 않다. 왜냐하면 이 필연성은 내가 논리적, 기하학적 또는 형이상학적이라고 부르는, 즉 모순율을 포함하고 있는 모든 것을 부정하는 필연성이 아니기 때문이다.'[17]

그러면 라이프니츠에 있어 '최선의 세계'란 무엇을 의미하는가? 라이프니츠는 '적절성' 또는 '완전성'이란 개념을 도입한다. "이 근거는 오로지 적절성 내지는 이 세계들이 포함하고 있는 완전성의 정도 안에서 찾아질 수 있다. 모든 가능적인 것은 자신 안에 포함되어 있는 완전성의 정도에 따라 존재를 요구할 수 있는 권리가 있다."[18] "이와 같이 하여 우리는 가능한 최고의 질서를 갖는, 가능한 한 가장 큰 다양성을 얻게 된다. 즉 우리는 이와 같이 하여 가능한 한 가장 큰 완전성을 얻게 된다."[19] 즉 라이프니츠는 결정근거율을 보완하기 위해 완전성의 원리를 제시한다. "완전성의 원리란 신은 항상 그리고 확실하게, 하지만 자유롭게, 객관적으로 최선인 것을 선택하며 인간은 확실하게, 하지만 자유롭게, 자신에게 최선으로 보이는 것을 선택한다는 원리이다. 신의 창조가 절대적으로 필연적이지는 않다. 그러나 만일 신이 창조를 한다면 그는 확실하게, 하지만 자유롭게, 가능한 최선의 세계를 창조할 것이다. 따라서 라이프니츠의 우연성의 원리는 바로 완전성의 원리이다… 그렇다면 완전성의 원리는 충족 이유율의 원리와 동일하지 않다. 왜냐하면 전자는 선의 개념을 도입하는 반면 후자는 그 자체만으로는 선에 관한 어떤 언급도 하지 않기 때문이다."[20]

이제 마지막으로, 신이 창조한 세계가 최선의 세계라고 한다면, 이 세상에 존재하는 악은 어떻게 설명될 것인지에 대한 해명이 이루어져야 한다. 이에 대한 적극적인 해명

---

17) F. Copleston, *A History of Philosophy, Vol. IV Descartes to Leibniz* (The Newman Press, 1961), 김성호 옮김, 『합리론』(서광사, 1994), 459쪽. °로 되어 있는 라이프니츠 저술에 대한 코플스톤의 인용은 동일한 곳 주 "37) Theodicy, 282: G., 6, 284". 코플스톤의 라이프니츠 저술 표기 G.는 C. I. Gerhardt가 편집한 *Die philosophischen Schriften von G. W. Leibniz*, 전7권(1875~1890)을 나타냄.

18) 『모나드론』 54절.

19) 『모나드론』 58절.

20) F. Copleston, 『합리론』 461쪽.

이 신정론(神正論)이다. 즉 "신이 지선하면서도 동시에 전능일 수 있는 이유를 설명하려는 이론을 철학에서는 변신론(辯神論, theodicy), 혹은 신정론이라 한다."[21] 라이프니츠에 따르면 세 종류의 악이 고려될 수 있다. 형이상학적 악, 물리적, 악, 도덕적 악이 그것이다. 형이상학적 악이란 일종의 불완전성으로서 라이프니츠는 중세철학자들과 생각을 공유하고 있다. 즉 악은 적극적인 존재라기보다는 일종의 결핍 혹은 유한함이나 불완전함이라는 것이다.[22] 나머지 두 악에 대한 라이프니츠의 설명은 다음과 같다 "신은 도덕적 악을 전혀 의욕하지는 않으며 단지 허용할 뿐이다. 반면에 신은 물리적 악 또는 고통을 절대적으로가 아니라 단지 조건적으로 ― 즉 예를 들면 고통이 고통을 겪는 사람의 더 큰 완전성에 기여함으로써 좋은 결과를 낳는 수단으로 사용될 수 있다는 조건하에서만 ― 의욕한다."[23]

III. 〈형이상학적 인식의 제1원리〉(1755)에서의 칸트의 입장

칸트의 〈형이상학적 인식의 제1원리〉는 다섯 가지의 원리, 즉 동일률, 모순율, 결정근거율, 계기의 원리, 동시존재의 원리를 증명하고 이 원리들의 효용성을 제시하고자 한다. 제1장에서는 동일률과 모순율이, 제2장에서는 결정근거율이, 제3장에서는 결정근거율로부터 도출된 나머지 두 원리가 논의된다. 자유와 필연성의 양립가능성의 문제와 악의 존재 및 그것에 대한 책임의 문제는 제2장 결정근거율을 다루는 곳에서 논의된다. 라이프니츠, 볼프로 이루어지는 당시 독일의 주류 철학자들은 악의 발생의 책임은 신에게로 돌려져서는 안 되고, 신은 본성상 이 세계를 가능한 세계 중 최선으로 창조했다는 점을 결정근거율을 통해서 증명하고자 했다. 이에 반해 크루지우스는 당시 볼프 및 그 후계자들의 결정근거율 개념을 자유 및 악의 문제와 관련하여 다음처럼 비판하였다. 첫째, 결정근거율이 절대적으로 적용되면 자유란 결코 성립될 수 없게 되어버리기 때문이다.[24] "둘째, 모든 사건이 결정근거를 가진다면, 후속하는 사건은 선행적 결정근거를 가

---

21) 문성학, 『철학, 삶 그리고 윤리』(형설출판사, 1996), 179쪽.
22) 같은 쪽 참조.
23) F. Copleston, 『합리론』, 528쪽.
24) 오창환에 의하면 크루지우스의 볼프주의자들에 대한 비판은 두 가지로 요약된다. 첫째, "현실세계에서 근거율이 절대적으로 적용된다면 '존재하는 모든 사물 혹은 일어나는 모든 사태에 있어 피할

지게 되고, 이 선행적 결정근거 또한 하나의 사건이기 때문에 이 선행적 결정근거는 그보다 앞선 선행적 결정근거를 가지게 된다. 이러한 연결고리는 무한히 계속될 것이고, 결국 최초의 결정근거인 신에 이르러서야 멈출 것이다. 그렇게 되면 세계 내에서 발생하는 모든 악―그것이 도덕적 악이든 자연적 악이든―에 대한 근거는 결국 신에게로 돌아가게 된다."[25] 악을 신의 책임으로 돌린다는 것은 올바른 사태 해결 방법이 아니라는 것은 당대 합리론적 전통에 입각해 있는 모든 철학자들의 공통된 견해였다.

크루지우스는 이 두 가지 근거 위에서 볼프주의자들을 비판하면서, 자신의 대안을 제시한다. 첫째, 자유의 세계는 자연의 세계와 다르고, "그렇기 때문에 크루지우스는 실천적 관점에서 자유의 영역에 속하는 근거와 자연의 영역에 속하는 근거를 구별한다. 그는 전자를 가리켜 '충분근거'라 부르며 후자를 '규정근거'라 부른다. 그는 '규정근거율' 이라는 새로운 명칭을 도입하여 자연법칙에 따라 결정되어 있는 물리적인 자연현상 및 영혼 없는 사물들에 있어서는 근거율이 타당하게 적용될 수 있으며 근거에 대한 확실한 인식이 획득될 수 있다고 승인한다. 그리고 '충분근거율'이라는 기존의 명칭을 이성적 존재자의 실존과 자유로운 행위에 적용한다. 왜냐하면 자유로운 행위는 '규정되고 결정된 행위가 강요되는 것이 아니라 행위에 충분한 능력이 공급되는 것'이기 때문이다".[26]

둘째, 절대적 혹은 무조건성 필연성과 상대적 혹은 조건적 필연성에 대한 비판이다.[27] 우리는 앞에서 라이프니츠가 논리적 혹은 형이상학적 필연성과 상대적 혹은 도덕적 필연성을 구별하고, 전자에 대해서는 모순율이, 후자에 대해서는 결정근거율 혹은 충족이유율이 지배하고 있다고 주장한 바를 밝힌 바 있다. 크루지우스는 필연성에 대한 이런 구별을 비판하고 있다. "라이프니츠-볼프학파가 반대의 가능성, 즉 우연성을 지니고 있어서 조건적으로 필연적인 현실세계로부터 선택의 자유를 도출해낸 것과 달리 크루지우스는 의지가 '무차별적 평형'(indifferentiae aequilibrium)의 상태에 있을 경우에만 자유로운 선택이 가능하며, 이러한 의지의 평형을 전제로 하여, 어떤 것을 하거나 하지

수 없고 절대 변경할 수 없는 필연성을 초래'할 것"이다. 둘째, "볼프가 믿었던 것과 달리, 근거율은 모순율로부터 입증될 수 없다". 「칸트의 『새로운 해명』(Nova Dilucidatio)에서 근거와 자유의 문제」, 『칸트연구』 제25집 (한국칸트학회), 2010. 6. 인용은 각각 123쪽과 124쪽. 또한 이남원, 앞의 논문, 224쪽 참조.

25) 이남원, 같은 쪽.
26) 오창환, 앞의 논문, 125쪽. 여기서 '규정근거'란 필자가 '결정근거'라 번역한 단어와 같은 것임.
27) *Ak*, 1, 399.

않을 '모순의 자유'(libertas contradictionis)와 이것 대신 다른 것을 선택하고 행할 수 있는 '반대의 자유'(libertas contrarietatis)가 성립할 수 있다고 주장한다. 전통적으로 이러한 의지의 무차별성에 바탕을 둔 자유는 '무차별성의 자유'(libertas indifferentiae)라 불린다. 무차별성의 자유는 후기 스콜라철학에서 유래하는 개념으로 '절대적으로 동일한 두 대상 중에서 임의로 하나를 선택하는 것'을 의미하기 때문에 더 정확히는 '무차별한 의지선택의 자유'라 불러야 할 것이다."[28]

칸트는 라이프니츠와 볼프의 결정근거율에 대한 크루지우스의 비판을 간략하게 소개하면서, 자신의 관점에서 크루지우스를 반박하고, 자유와 필연성이 양립가능함을 그리고 신이 최선의 세계를 창조하였음을 해명한다.

첫째, 칸트는 '무차별적 평형' 혹은 '균형중립'의 옹호자인 크루지우스에 대해 다음과 같은 비판을 가한다. "칸트는 균형중립의 옹호자를 어떤 자유 행위에 대해서도 인간의 의지는 중립이라고 생각하는 사람으로 간주한다. 칸트는 다음의 예를 든다. '수중에 감추어진 콩알의 수가 짝수인가 홀수인가를 정확히 맞출 때 내기에서 이기는 놀이의 경우, 우리는 어떤 고려도 없이, 어떤 선택 근거도 없이 짝수라거나 홀수라고 대답할 것이다. 그들은 어떤 왕에 관한 이야기도 그것과 유사한 예로 제시한다. 왕은 어떤 사람에게 무게도 형태도 스타일도 완전히 같은 두 개의 작은 상자를 보여주고 어떤 것을 자유롭게 선택하도록 했다. 그런데 이 두 개의 상자 중 하나에는 납이, 다른 하나에는 금이 들어 있다.' (*Akademie* B I, 406.) 칸트가 보기에는 이 양자 중 어느 쪽을 선택하든 그것은 자유로운 선택이 아니다. 칸트에 의하면 자유로운 선택은 반드시 어떤 결정근거를 가지는 선택이기 때문이다."[29] 크루지우스는 결정근거가 없는 선택을 자유로운 선택이라고 한 데 반하여, 칸트는 어떤 자유로운 선택에도 그것을 선택한 근거가 있다고 주장한다.

둘째, 라이프니츠와 볼프의 필연성의 구별에 대한 크루지우스의 비판에 관해 칸트는 어느 정도 일리가 있다고 옹호한다. "나는 이 점에 관해서 그들의 유명한 논적인 크루지우스의 견해에 찬성한다. 그리고 나는 그와 함께 이 보편적으로 인정된 구별은 필연성의 강도나 결정의 확실성을 조금도 줄이지 않는다고 주장한다. 왜냐하면 참된 것보다 더 참된 것은 생각할 수 없고, 확실한 것보다 더 확실한 것은 생각할 수 없는 것과 마찬

---

28) 같은 논문, 129쪽. 오창환에 의해 '무차별적 평형'이라 번역된 것을 필자는 '균형중립'이라 번역한 적이 있다. 이남원, 앞의 논문, 221쪽.
29) 이남원, 221쪽.

가지로 결정되어 있는 것보다 더 결정되어 있는 것은 결코 생각될 수 없기 때문이다."[30] 그러나 칸트는 그렇다고 해서 단 하나의 필연성만 존재하는 것은 아니라고 주장한다. 칸트는 크루지우스가 이 점을 놓치고 있다고 본다. 칸트는 도덕적 필연성도 기계적 인과적 필연성에 못지않게 필연적이라고 생각한다. 즉 라이프니츠, 볼프는 도덕적 혹은 조건적 필연성은 그 반대의 발생 가능성을 함축하고 있다고 생각했지만, 칸트는 크루지우스와 함께 도덕적 필연성도 그 반대가 가능한 필연성은 아니라고 본다. 그러면서 칸트는 "문제의 요점은 사건의 발생이 어떻게 필연적으로 되는가 하는 것이 아니라, 무엇에 의해서 필연적으로 되는가"[31]에 있다고 주장한다. 칸트에 의하면 신은 이 세계를 자유롭게 창조했다. 그렇지만 다른 세계를 창조하는 일은 불가능했다. 왜냐하면 그것은 신의 무한한 지성이라는 개념과 모순되기 때문이다. 동시에 자유롭게 창조했다. 그 역시 부정될 수 없다. 마찬가지로 그것은 신의 무한한 지성이라는 개념과 모순되기 때문이다. 신의 행위가 자연의 기계적 운동에 의해 결정된다는 것은 있을 수 없는 일이다. 그럼에도 신에 의해 창조된 이 세계 말고 다른 세계의 창조가 불가능하기 때문에 이 세계의 창조는 결정되어 있다. 이와 유사하게 인간의 행위도 자유롭고 또한 그것이 결정한 사건은 그 반대를 배제한다. 자유로운 행위가 지성에 따른 의지의 산물이라는 점에서 인간과 신은 유사하다. 비지성적인 동물의 움직임은 기계적, 물리적 운동에 불과하다. 그런 점에서 인간의 자유로운 선택에 의한 결정근거는 물리적 기계 운동의 결정근거와는 다르다.[32] "자신을 자발적으로 결정할 수 있는 능력이 부여된 지적인 존재의 의지에 따라 생겨난 것은 모두 내부적 원리로부터, 즉 의식적 욕구로부터, 다시 말하면 두 가지 중 하나를 선택할 수 있는 자유로부터 발생한 것이다. 따라서 자유로운 행위에 앞선 상황이 어떤 근거에 의해서 어떤 식으로 확정되어 있다 하더라도, 그리고 이성적 존재자가 장차 반드시 도덕적 악을 발생시키는 상황의 연쇄에 엮여 들어가고, 그럼에도 스스로 그것을 예견할 수 있다 하더라도, 그것의 현실화는 행위를 자유의지에 따라 악의 방향으로 향하게끔 하는 근거에 의해서 결정된다. 그 때문에 사람들이 좋아서 했던 악에 대한 책임은 그 사람에게 있다고 말해야 한다. 그리고 금지된 쾌락을 탐내었던 것

---

30) *Ak*, 1, 400.
31) 같은 쪽.
32) 같은 쪽 참조.

의 대가로서 벌을 받는 것은 충분히 정의로운 일이다."[33]

이제 남은 것은 신이 무엇 때문에 인간에게 자유의지를 부여하고, 그렇게 함으로써 도덕적 악을 발생하도록 허용했느냐, 더 나아가서 그렇게 허용했기 때문에 세상의 악에 대한 궁극적 책임은 신에게 돌아가야 하지 않는가에 대한 대답이다. 여기서 칸트가 제시하고자 하는 개념은 신의 전지전능함 및 지선과 그에 따른 최선의 창조라는 개념이다. 신은 지선하기 때문에 악을 창조했을 리 없고, 전지전능하기 때문에 신에 의해 창조된 세계는 최선의 세계라는 것이다. "스스로를 계시하는 이 무한한 노력에서 신의 선의는 근거의 질서에 따라서 그 후에 발생했던 사건들의 완전한 계열을 위해서만 진력한 것은 아니었다. 그뿐 아니라 신은 낮은 정도의 선까지도 빠뜨리지 않으려고 배려했다. 왜냐하면 말하자면 우주는 그것의 광대함에서 유한자에 허용된 한의 최고도의 완전성을 구비한 것에서부터 저급의 정도의 것, 심지어는 극히 보잘 것 없는 것까지 모든 것을 포괄해야 한다는 것이 신의 의도였기 때문이었다. 따라서 신은 많은 악이 그의 계획 중에 혼입해 들어오는 것을 허용했고, 신의 지혜는 그 악들로부터 무언가 선을 이끌어내었으며, 신의 영광의 무한한 다양성을 제시하려 했다. … 그러므로 신은 악을 허용했다. 말하자면 인정했다. … [그러나] 신이 지향하는 진정한 목표는 악의 청산에 있다. 따라서 인간은 상당히 노력해서 악을 선으로 바꾸어야 하며, … 이렇게 함으로써 신은 악이 뻗어나가는 가지를 잘라내고, 인간의 자유를 침범하지 않는 범위 안에서 악을 억제한다."[34]

위의 논거를 살펴볼 때 칸트는 〈형이상학적 인식의 제1원리〉에서 악의 문제를 논하면서 '가능한 한 최선의 세계'를 창조했다는 라이프니츠의 견해에 동조한다. 칸트는 라이프니츠, 볼프를 향한 크루지우스의 비판에 대해 한편으로는 찬성을 보내지만, 다른 한편으로는 크루지우스의 견해를 반박한다. 칸트는 자유와 필연성이 양립 불가능하다는 크루지우스의 견해를 반박하면서, 함의적으로 옵티미즘에 관한 라이프니츠의 견해에 동조하는 듯하다. 칸트는 〈형이상학적 인식의 제1원리〉에서 옵티미즘이라는 표현은 쓰지 않았지만, 전반적인 문맥으로 보아 이 견해를 지지하고 있다.

---

33) *Ak*, 1, 404.
34) *Ak*, 1, 404-405.

IV. 〈*Reflexionen, 3703-5*〉(1753-54)에서의 칸트의 입장

〈서문〉에서 잠깐 밝혔지만, 이 세 개의 단편은 1755년 현상 공모를 위해 칸트가 준비한 것이었다. 프러시아의 로얄 아카데미는 1753년 8월 27일자로 된 공지에서 주제를 다음처럼 명시했다. "모든 것은 선하다는 언명에 포함된 포프의 체계에 관한 검토. (1) 저자의 가설에 따라서 그 명제의 참된 의미를 명시할 것. (2) 저자의 가설과 옵티미즘의 체계 혹은 최선의 것의 선택을 비교하되, 그들 간의 특수한 유사성을 가능한 한 정확하게 확립하고 그들 간의 차이를 명시할 것. (3) 그 체계를 확립하거나 파괴하기 위하여 가장 중요한 논증들을 제시할 것."[35] 칸트는 공모 기간 전에 논문을 쓰기 위한 준비로서 단편들을 작성했으나 알려지지 않은 이유로 현상에 공모하지는 않았다. 그러나 우리는 이 단편들을 통해서 당시 칸트의 옵티미즘에 대한 생각의 일단을 읽을 수 있다.

칸트는 이 세 단편에서 다른 초기의 저술들과는 달리 라이프니츠의 옵티미즘에 대해 다소 비판적인 입장을 견지한다. 포프가 제시한 체계[36]가 라이프니츠의 옵티미즘보다 우월하다는 것이 칸트의 생각이었다. 'Reflexion, 3704의 소제목들 중 하나가 〈포프의 체계와 옵티미즘의 비교: 전자의 우월성〉이다. 그러나 칸트가 왜 이런 평가를 제시했는지는 그렇게 분명하지 않다. 어쨌든 라이프니츠와 포프 양자의 사상을 비교해보기 위하여 칸트가 본 그들의 사상을 각각 살펴보기로 한다.

우선 라이프니츠의 사상을 살펴보자. 칸트는 라이프니츠의 옵티미즘을 다음처럼 간략하게 요약한다. "옵티미즘은 무한히 완전하고, 자비스러우며, 전능한 창조적 신이 존재한다는 것을 가정함으로써 세계 내에서의 악의 존재를 정당화하는 이론이다. 이 이론은 일체의 명백한 모순에도 불구하고 이 무한히 완전한 존재에 의해 선택된 것은 가능

---

35) *The Cambridge Edition of Works of Immanuel Kant, Theoretical Philosophy*, 1755-1770, lv.

36) 레싱과 멘델스존 등은 포프의 옵티미즘을 "평이한 옵티미즘(easy optimism)"이라 부르며 그를 조롱했다. 반면에 칸트는 시인 포프를 마음에 들어 했으며, 자주 인용하면서 그의 사상을 심각하게 받아들였다. 러브조이(Arthur O. Lovejoy)에 따르면 "칸트 우주론의 상당 부분이 『인간론』(*Essay on Man*) 제1 서한에 나타난 '철학의 산문조의 확대와 연장이라고 하여도 그렇게 지나친 말은 아닐 것이다." *Encyclopedia of Philosophy*, Second Edition, Donald M. Borchert(Editor in Chief), Thomson Gale, 2006. vol., 7. 항목 'Pope, Alexander'(pp.686-688) p.687 참조.

한 모든 것 중에서 최선이지 않으면 안 된다는 점을 확립함으로써 정당화된다. 악의 현존은 신의 적극적인 승인의 선택에 귀속하는 것이 아니라, 유한한 존재는 본질적으로 결함을 가지게 된다는 불가피한 필연성에 귀속한다. 이러한 결함들은 창조의 계획 속에 들어오게 되었지만, 신의 편에서 볼 때는 신이 그것들을 허용하기로 결정했기 때문에 생겨난 것은 아니었다. 그럼에도 불구하고 신의 지혜와 선함은 그들을 전체의 이익이 되도록 했고, 그래서 이 결함들을 따로 떼어 놓고 보면 불쾌한 것들이지만, 이 불쾌들은 전체적으로 볼 때는 신의 선이 마련해줄 수 있는 보상에 의해서 완전한 가치를 가지게 되는 것이다."[37] 이 세계가 최선의 세계인 까닭은 다음과 같다. 신은 "악을 볼 때 그것들이 그렇게 많이 선한 성격의 사람들을 괴롭힌다는 것에 대해 진정 불쾌함을 느낀다. 그러나 라이프니츠는 신의 선함, 지혜, 권능에 호소함으로써, 이런 선함, 지혜, 권능은 재론의 여지가 없는 이유를 고려할 때 충분히 알려진 것인데, 그런 결함들은 전체적으로는 은혜에 의해서 균형을 이루게 될 것이라고 희망하게 할 만한 이유를 그 사람들에게 제시한다. 또한 라이프니츠는 그 사람들에게, 악들이 결국 심지어는 최선의 계획까지 망쳐놓을 수 있다 하더라도, 이 악들은 심지어는 보다 큰 불규칙성을 산출하지 않고서는 완전히 제거될 수 없다고 믿을 만한 이유를 제시한다."[38]

반면에 포프에 의하면 이 세계는 가장 완전한 세계이다. 완전한 세계란 무엇을 의미하는가? 모든 가능성을 포함하는 세계가 완전한 세계이다.[39] 이에 반해 우리가 앞에서 살펴보았듯이 라이프니츠는 무수히 많은 가능한 세계가 있을 수 있지만 신이 선택한 세계는 우리가 살고 있는 바로 이 세계이며, 따라서 가능하다고 해서 현실화될 수 있는 것은 아니라고 주장한다. 그러나 포프는 가능하지만 현실화될 수 없는 세계는 완전한 세계가 아니라고 보는 듯하다. 포프는 '존재의 연쇄'라는 개념을 사용하고 있다. 이 개념은 플라톤의 〈티마에우스〉에서 비롯된 것으로서, 한 극단에서 신의 머리로부터 다른 극단에서 가장 낮은 원자에 이르기까지, 그리고 천사의 순수 이성과 낮은 동물의 순수 본능 사이를 잇는 중간 단계로서의 인간을 아우른다. 모든 존재는 신으로부터 '충실성 (plenitude)의 원리'에 따라서 존재의 연쇄를 이루게 된다. 그러므로 악은 선과 마찬가지

---

37) *Ak*, 17, 231.
38) *Ak*, 17, 232.
39) *Ak*, 17, 234 참조.

로 필연적이지 않으면 안 된다.[40]

칸트는 포프의 이러한 체계를 물리적 의미에서도 도덕적 의미에서도 보편적 완전성을 가지고 구성되어 있는 세계로 보고 있다. "세계의 완전함의 주요 규칙은 그것이 최상의 정도에서 완전하다는 것, 가능한 모든 것은 존재한다는 것, 도대체 존재할 수 있는 어떤 것도 존재들의 연쇄에서나 존재들이 겪는 다양한 변화에서나 결코 결핍적일 수 없다는 것이다."[41] 즉 존재하지 않는 것, 즉 무(無)만큼 더 큰 결함은 없다는 것이다. 이 점은 도덕적인 것에도 그대로 적용된다. "사람들이 이야기하건대, 나의 지성이 덜 흐려졌었기를 원하고, 나의 감성적 욕구가 덜 격렬했기를 원한다. 단지 내가 덕을 향한 경향성 이외에 다른 경향성을 가지지 않았을 만큼 행운아였더라면 하고 말이다. 대부분의 사람들이 다음의 사실을 기억한다면, 즉 그들의 본성에서의 변화를 전제하는 그런 속성들을 스스로 원함에 있어 결국 그들은 자신들이 전혀 존재하지 않았기를 원하고 있고, 요구된 구성과 함께 다른 존재가 자신들의 자리를 차지하고 있기를 원하고 있다는 사실을 기억한다면, 그들은 그것에 대해 보다 잘 생각하게 될 것이다. 왜냐하면 자기애(自己愛)는 끔찍한 절멸을 가져다주고, 그 끔찍한 것에 주어졌던 상태에 만족하면서 영면하기를 바라고 있기 때문이다."[42]

칸트는 라이프니츠와 포프의 사상을 요약해서 제시하고는 포프의 그것이 라이프니츠의 그것보다 우월하다고 주장한다. 칸트의 다음과 같은 진술이 그런 의미를 담고 있는 듯하다. "라이프니츠는 마치 진짜 장애물인 것처럼 선한 성격의 사람들을 괴롭히는 불규칙성과 장애물들이 실은 진짜 장애물이었다는 점을 인정했다."[43] 라이프니츠의 옵티미즘은 선량한 사람들을 괴롭히는 장애물들을 진짜 장애물로 간주했다. 선량한 사람이 괴로움을 당하는 세계는 정의롭지 못할 것이다. 더 나아가서 칸트는 포프의 체계에 대해서는 결점을 지적하지 않지만 라이프니츠의 옵티미즘에 대해서는 두 가지 "대단히 심상치 않은"[44] 결점을 지적한다.

첫 번째 결점에 관련해서 칸트는 라이프니츠의 옵티미즘이 어떤 종류의 모순 혹은 충돌을 내포하고 있다는 점을 지적하고 있다. 옵티미즘은 예외를 필연적 결함으로 보면

40) *Encyclopedia of Philosophy*, p.686 참조.
41) *Ak*, 17, 235.
42) *Ak*, 17, 235-236.
43) *Ak*, 17, 233.
44) *Ak*, 17, 236.

서, 최선의 세계는 신에 의해 자유롭게 선택되었다는 점을 주장한다. 이것이 가지고 있는 약점은 칸트의 비유를 통해서 분명해진다. 이것은 "마치 뱃사람이 자신의 배와 나머지 적하물(積荷物)들을 구하기 위하여 일부의 적하물들을 희생시키고 있는 것과 같다."[45] 유한한 인간은 최선의 상황을 선택하기 위해 예외를 둔다. 인간은 그럴 수밖에 없다. 신도 그럴 수밖에 없다면 신의 지혜와 선함이 무한하다고 말하는 것은 모순이 아닐까? 사물의 본질적 규정은 신의 선택에 의해 이루어진 것이기 때문에 각각 완전하지만, 이 완전성들은 서로 충돌을 일으킨다. 악들은 신이 원한 것은 아니지만, 신이 이 악들을 배제하고자 할 때는 결과적으로 더 큰 악들이 생겨난다. 그럼에도 신은 이 악들에 대해 불쾌함을 느낀다. 그러면서 동시에 신은 최선의 세계 전체에 대해서는 만족해한다. 이것을 일종의 모순이라고 칸트는 생각한 듯하다. "세계의 존재는 신이 그 세계가 그렇게 되기를 원했기 때문만으로 현재대로 되어 있는 것이 아니라, 또한 그 세계가 다른 방식으로 가능하지 않았기 때문에 현재대로 되어 있는 것이다."[46]

라이프니츠 옵티미즘의 두 번째 결점에 대해서 칸트는 다음과 같은 논변을 제시한다. "잘못은 세계 안에서 지각되는 악과 장애물들은 신이 존재한다는 가정에서만 양해가 된다는 사실 속에 성립한다. 그러므로 그 잘못은, 만약 세계의 배열들이 본질적으로 그리고 그 단독으로 존재하는 것으로 인정될 수 있다면, 세계의 배열들의 보편적 일치 그것으로 신의 존재에 대한 가장 아름다운 증명 그리고 모든 사물이 신에 보편적으로 의존한다는 사실에 대한 가장 아름다운 증명이 제시될 수 있지만, 이런 사실을 믿는 대신에, 신의 작품인 것으로 간주되는 세계가 아름답고 규칙적이라는 사실을 사람들이 확신할 수 있기에 앞서서 미리 무한하게 자비롭고 무한하게 완전한 존재가 현존한다고 믿는다는 사실 속에 성립한다."[47] 칸트의 입장은 다음과 같다. 전통적인 목적론적 신 존재 증명은 이 세계의 완전한 배열·합목적성·규칙성의 존재는 그 근거를 가지며, 그 근거가 바로 신 이외 다름 아니라는 방식으로 전개된다. 이에 반해 라이프니츠의 옵티미즘은 신의 존재를 가정 혹은 전제하고 있다. 그런 다음에 악의 존재가 정당화된다. 이로써 "모든 것을 충족시키고 무한하게 자비로우며 무한하게 지혜로운 존재의 실재성에 대한, 즉 세계가 도처에서 드러내는 탁월한 배열을 관찰한 결과로서 인정된 그 무엇에 대한

---

45) *Ak*, 17, 236.
46) *Ak*, 17, 238.
47) *Ak*, 17, 238.

가장 신뢰할 만하고 가장 손쉬운 증명은 라이프니츠의 체계에 의해서 무너진다.”[48]

V. 〈옵티미즘에 관한 시론〉(1759)에서의 칸트의 입장

칸트의 이 논문은 1755년 현상 논문 공모에서 당선된 라인하르트 및 그에게 지대한 영향을 미쳤던 크루지우스의 옵티미즘 공격의 허점을 논박하면서 라이프니츠를 옹호하기 위해서 발표되었다. 라인하르트는 그의 당선작에서 라이프니츠의 옵티미즘과 포프의 체계가 동일하다는 주장을 펴면서 크루지우스의 논리에 따라 옵티미즘을 공격하였다. 라인하르트의 논문은 상당한 반향을 불러 일으켰으며, 칸트의 이 논문은 이런 논란의 와중에서 발표된 것이었다.[49]

칸트의 라인하르트와 크루지우스에 대한 비판 혹은 라이프니츠에 대한 방어는 두 가지 측면에서 제시된다. 라이프니츠의 옵티미즘에 대한 두 사람의 비판 중 하나는 최선의 세계는 둘 이상이 가능하며, 따라서 오직 하나의 최선의 세계만을 가정한 라이프니츠의 오류를 지적하고 있다. 두 번째 비판은 '더 이상 생각할 수 없는 최선의 세계'라는 라이프니츠의 개념은 자기모순을 범하고 있다는 것이다. 이 두 비판에 대해 칸트는 자신의 독특한 논리를 제시하면서 라이프니츠를 옹호하고 있다.

우선 첫 번째 주제를 논의하기로 한다. 더 나은 세계를 생각하는 것이 불가능한 최선의 세계가 존재한다는 칸트의 증명을 살펴보기로 한다. 증명은 다음의 형식을 취한다.

(1) **대전제** : 만일 더 나은 세계를 생각하는 것은 불가능한 그러한 세계, 즉 최선의 세계를 생각할 수 없다면, 최고의 지성[신의 지성]은 모든 가능한 세계에 대한 인식을 가질 수 없게 된다.

(2) **소전제** : 최고의 지성이 모든 가능한 세계에 대한 인식을 가질 수 없다는 것은 거짓이다.

(3) **결 론** : 그러므로 최선의 세계를 생각하는 것은 가능하다.[50]

---

48) *Ak*, 17, 238.

49) *The Cambridge Edition of Works of Immanuel Kant, Theoretical Philosophy, 1755-1770*, lv. 참조.

이 증명에 대한 라인하르트의 비판은 이상의 결론으로부터 하나의 세계만이 가장 완선하다는 결론이 도출되는 것은 아니라는 것이다. 만약 둘 혹은 그 이상의 세계가 완전성에서 동일하다면, 비록 둘 중 하나보다 더 나은 세계가 생각될 수 없다 하더라도, 그 둘 중 어느 것도 최선의 세계일 수 없다. 왜냐하면 두 세계 모두 동일한 정도의 선을 갖고 있기 때문이다. 따라서 크루지우스를 대변하고 있는 라인하르트는 하나의 세계가 다른 세계와 동일한 양의 실재성을 가지지만 다만 성질에서 다른 경우를 고려하면서, 이 두 다른 세계는 동일한 정도의 완전성을 가진다고 주장한다.[51]

라이프니츠는 이에 대해 아마도 동일한 완전성을 가진 둘 혹은 그 이상의 세계는 공존할 수 없다고 대답했을 것이다. 칸트의 방어는 좀 더 치밀하게 전개된다. 칸트는 라인하르트의 이런 주장에 대해 절대적 완전성은 같은 정도의 실재성을 가지고 있다고 하면서 실재와 실재는 그 자체로는 결코 구별될 수 없다고 주장한다. 왜냐하면 두 개의 사물이 서로 구별된다면, 이 구별은 한쪽에서는 존재하지 않고 다른 쪽에서는 존재하는 바의 것에 의해 생겨날 수 있기 때문이다. 그러나 실재를 그 자체로 고찰한다면, 실재성 안의 모든 징표는 긍정적이다. 만약 실재들이 실재들과 서로 구별된다면, 한 실재 속에 있는 어떤 긍정적인 것이 다른 실재 속에는 없어야 한다. 따라서 한 실재 속에 있는 어떤 부정적인 것이 사유될 것이고, 그렇게 됨으로써 그 실재는 다른 실재와 구별된다. 즉 실재와 실재는 그 두 실재 중의 하나에 속해 있는 부정, 부재, 제한 등을 통해서 서로 구별된다. 그리고 그것은 실재의 성질의 관점에서가 아니라 정도의 관점에서 구별된다. 그러므로 사물들이 서로 구별된다면, 그것은 언제나 그 사물들의 실재의 정도에 의해서만 구별되며, 구별되는 사물들은 결코 같은 정도의 실재를 가질 수 없다. 따라서 두 개의 상이한 세계들은 결코 같은 정도의 실재를 가질 수 없다. 즉 동일하게 선하고 동일하게 완전한 두 개의 세계가 존재하는 것은 불가능하다.[52]

칸트는 다음과 같은 논리를 제시하면서 다시 한 번 라인하르트의 잘못을 지적한다. 다른 세계가 동일한 정도의 완전성을 가진다면, 이 두 개의 실재성의 어느 한 쪽에 다른

---

50) *Ak*, 2, 30 참조. 이한구 편역, 「낙관주의에 관한 시론」, 137쪽.
51) 칸트의 비판의 대상이 되었던 이 라인하르트의 견해는 그의 현상 논문 당선작 *Vergleichung des Lehrgebaudes des Herrn Pope von Vollkommenheit der Welt mit dem System des Herrn von Leibniz* (1757), pp.62-63의 내용이다. *The Cambridge Edition of Works of Immanuel Kant, Theoretical Philosophy, 1755-1770*, p.424의 '주' 9 참조.
52) *Ak*, 2, 31 참조. 이한구 편역, 138쪽.

쪽에는 없는 그 무언가가 존재해야 한다. 즉 그 실재들은 A라는 규정과 ~A라는 규정에 의해 구별된다. 이때 한 실재는 언제나 다른 실재의 완전한 부정이 된다. 그러므로 실재들이 구별되는 것은 그 실재의 제한 내지 정도에 의한 것이며, 성질에 의한 것이 아니다. 왜냐하면 부정은 어떤 실재의 성질일 수 없으며, 실재를 제한하고 그 정도를 결정하는 것이기 때문이다. 그러므로 모든 가능한 세계 중에서 한 세계가 가장 완전한 세계이며, 따라서 그 완전성을 능가하거나 혹은 그 완전성에 필적할 만한 세계는 어디에도 존재하지 않는다.[53]

라이프니츠에 대해 라인하르트가 가한 두 번째 비판은 모든 세계 중 가장 완전한 세계라는 개념은 자기모순적 개념이라는 라인하르트의 주장에 대한 반박의 형식을 가진다.[54] 칸트에 의해 요약된 라인하르트의 논증은 다음과 같다. "모든 세계 중 가장 완전한 세계는 모든 수 중 가장 큰 수와 마찬가지로 모순적인 개념이다. 왜냐하면 마치 어떤 수의 집합체에다 다른 수의 집합체를 더하여도 극대치가 나오지 않듯이, 어떤 세계의 실재의 총합계에다 약간의 더 많은 실재를 더해도 가장 완전한 세계는 도출되지 않기 때문이다."[55]

이런 비판에 대해 칸트는 '그것보다 더 큰 크기를 생각할 수 없는 그러한 크기' 예컨대 가장 큰 수 혹은 가장 빠른 운동이라는 개념과 '모든 세계 중 가장 완전한 세계'라는 개념은 동일한 유형의 개념이 아니기 때문에, 전자를 통해서 후자에 접근하는 것은 옳지 않다고 변호한다. 칸트에 따르면 라이프니츠도 이미 전자의 개념이 인간에 의해서도 신에 의해서도 생각될 수 없기 때문에 기만적 개념(notiones deceptrices)임을 지적하고 있다는 것이다.[56]

칸트의 논변은 수와 실재성의 개념이 다르다는 점을 보여주는 데 초점이 맞추어져 있다. 수에 관련해 이야기한다면, 가장 큰 유한수라는 개념은 다수성이라는 추상적인

---

53) *Ak*, 2, 31-32 참조. 이한구 편역, 139쪽.
54) 이런 비판에 가담한 사람은 베일(Bayle), 클라크(Le Clerc), 볼프(Wolff), 다리어스(Daries), 크루지우스(Crusius) 등이 포함된다. 또한 가장 완전한 세계라는 개념과 가장 큰 수라는 개념이 유사하다는 것은 라인하르트의 *Vergleichung des Lehrgebaudes des Herrn Pope von Vollkommenheit der Welt mit dem System des Herrn von Leibniz*, p.68 및 크루지우스의 Entwurf (1745), § 386에서 주장되었다. *The Cambridge Edition of Works of Immanuel Kant, Theoretical Philosophy, 1755-1770*, p.424의 '주) 10과 주) 11' 참조.
55) *Ak*, 2, 32. 이한구 편역, 140쪽.
56) *Ak*, 2, 32 참조. 이한구 편역, 139쪽.

개념이다. 다수성이란 유한하지만, 동시에 더 많은 것이 더해질 수 있다. 따라서 다수 내에서는, 크기의 유한성은 아무런 규정적인 제한을 받지 않고 단지 일반적인 제한을 받게 되며, 그 때문에 어떤 수에도 가장 크다고 하는 술어를 사용할 수 없다. 그리고 또한 이 유한성이라는 것은 아무런 결점도 되지 않는다. 반면에 어떤 세계의 실재의 크기라는 것은 일반적으로 규정된 어떤 것이며, 가능한 한 가장 큰 세계의 완전성에 적용되는 제한들은 일반적인 것일 뿐 아니라, 세계 속에는 반드시 결여되어 있어야 하는 정도를 통해서 결정되는 것이다. 독립성, 자기 충족성, 모든 장소에서의 현존, 창조적 힘 등은 어떤 세계도 가질 수 없는 완전성들이다. 세계의 경우에서는, 유한한 실재와 무한한 실재의 간격이 그 차이를 성립시키는 어떤 특정한 크기에 의해 결정된다. 또 세계는 존재들의 사다리의 연쇄로 이루어져 있으며, 그 속에는 측정이 불가능할 정도로 많은 완전성의 정도들이 차이를 이루고 있다. 그리고 이러한 완전성의 정점에 신이 위치한다. 칸트는 이러한 세계를 유한한 모든 것 중에서 가장 완전한 것이라 부른다.[57]

이상의 논의를 통해서 칸트는 신이 창조한 이 세계는 모든 가능한 세계 중 최선이며, 동시에 그런 세계는 둘 이상 있을 수 없다는 매우 단호한 결론을 내린다.

VI. 결론

칸트는 〈*Reflexionen 3703-5*〉을 제외하고는 적어도 합리론적 영향을 받은 시기 동안에는 일관되게 옵티미즘에 대해 긍정적인 생각을 갖고 이 사상을 적극 옹호하고 있는 듯이 보인다.

크루지우스는, 본 논문 '주) 24'에서 밝혔듯이, 만약 볼프의 관점에 따라 근거율이 타당하다면 존재하는 모든 사물 혹은 일어나는 모든 사태는 필연적으로 그렇게 될 수밖에 없으며, 따라서 절대적 필연성의 법칙이 지배하게 될 것이라고 하여 볼프의 근거율을 비판하였다. 그러므로 크루지우스에 있어 자유가 성립하기 위해서는, 따라서 악의 책임을 신이 아니라 인간에게 돌리기 위해서는 근거율은 폐기되어야 한다. 그러나 칸트의 생각은 달랐다. 〈형이상학적 인식의 제1원리〉에서 칸트는 결정근거율이 타당하더라도, 악의

---

57) *Ak*, 2, 32-33 참조. 이한구 편역, 140-141쪽.

책임은 신이 아니라 인간에게 돌릴 수 있다는 논지를 폄으로써 결정근거율을 옹호하면서 동시에 옵티미즘에 대해 긍정적인 견해를 피력한다. 여기서의 일차적인 목적은 결정근거율에 대한 크루지우스의 비판적 입장을 분쇄하는 것이었으며 옵티미즘에 대한 옹호는 부차적인 것이었다.

〈옵티미즘에 관한 시론〉에서 칸트는 철두철미하게 옵티미즘을 옹호하고 있다. 개인의 인격에 대해 지극한 존경심을 표하는 칸트의 비판기 윤리 사상과는 달리 합리론적 전통에 서 있었던 초기 칸트의 사상에서는 오직 우주 전체의 아름다움과 완전함이 관심의 대상이었던 것 같다. 논문 〈옵티미즘에 관한 시론〉은 "**전체는 최선의 것이며, 그리고 모든 것은 전체를 위하여 좋은 것이다**"[58]라는 옵티미즘에 대한 긍정적인 찬사로 끝을 맺는다. 그러나 이 논문의 핵심은 크루지우스 및 그의 절대적 영향력 하에 있는 라인하르트에 대한 비판이다. 칸트는 크루지우스에 대해 극찬을 아끼지 않는다. 그러면서도 칸트는 그에 대해 철저하게 비판적인 태도를 취한다. 칸트는 〈형이상학적 인식의 제1원리〉에서 다음처럼 이야기한다. "결정근거율을 비난하는 사람 중 제1인자이며, 그들 중 자신의 입장을 유지할 수 있는 유일한 사람은 저 명민한 크루지우스이다. 나는 독일의 철학자라고까지는 말할 수 없지만, 철학의 장려자 중에서는 그에 비견할 수 있는 인물은 한 사람도 존재하지 않는다고 생각한다."[59] 따라서 칸트의 〈옵티미즘에 관한 시론〉에서의 옵티미즘에 대한 옹호는 〈형이상학적 인식의 제1원리〉에서의 결정근거율에 대한 옹호와 마찬가지로 명민한 철학자인 크루지우스와의 철저한 대결 의식에서 나온 것이라는 해석이 가능하다.

〈*Reflexionen 3703-5*〉에서의 칸트의 관심은 크루지우스와의 대결이 아니라 현상논문 공고의 공지 사항을 훌륭하게 준수하는 것이었다. 더욱이 본 논문 '주) 36에서도 본 것처럼 러브조이의 평가가 타당하다면 칸트의 초기 형이상학은 포프로부터 상당히 영향을 입고 있다. 현상 논문의 준비 과정에서 칸트가 포프에 대해 호의를 가졌던 것은 당연한 일이었다. 또한 이 세 단편은 "몇 가지 이유 때문에 철학적인 흥미를 끈다. 이들 단편은 사물들의 가능성으로부터 신의 존재를 도출하는 칸트의 증명을 예견하는 내용을 담고 있다. 이 논증은 다소 믿기 어렵겠지만 그 출처가 포프 자신의 것으로 추정된다. … 'Reflection 3703'은 포프의 『인간론』(1733-4)의 제4 서한의 논증의 개관을 담고 있

---

58) *Ak*, 2, 35. 이한구 편역, 144쪽.
59) *Ak*, 1, 398.

다."[60]

〈*Reflexionen 3703-5*〉에서의 이유 있는 예외 말고는, 그리고 크루지우스와의 대
결의 주제가 무엇이었든 간에, 대체로 칸트는 옵티미즘에 대해 호의적인 생각을 갖고
있었던 듯하다. 앞에서 소개된 두 논문 말고 다른 논문에서 간헐적으로 칸트의 이런
생각이 나타난다. 〈천체의 일반적 자연사와 이론〉(*Allgemeine Naturgeschichte und
Theorie des Himmels*, 1755)에서 칸트는 다음처럼 주장한다. 세계라는 기계에서 아주
하찮은 기능의 역할을 하는 인간은 우주의 영원한 발전에서의 한순간에 불과하다. 전
체로서의 자연은 모든 측면에서는 철저한 안전, 완전한 적응을 보여줄 것이다. 왜냐하
면 창조의 목적은 전체의 완전성이지, 그것의 하찮은 부분들의 일시적인 안녕은 아니기
때문이다.[61] 또한 "〈지진의 원인〉(*Von den Ursachen der Erderschutterungen*, 1756)이
라는 과학 논문에서 칸트는 지진의 유용성을 설명하는 데 한 절을 할애하고 있다. 그는
완전히 조화로운 전체의 존재를 위해 지진의 발생이 필요하다는 점을 보여주고자 한다.
자연이 때로는 인간에 대해 타격을 주는 끔찍스러운 피해는 자연의 숭고함과 무한함을
증명하는 방식들이며, '인간은 결코 인간 이상일 수 없다는 모욕적인 암시'이다."[62]

---

60) *The Cambridge Edition of Works of Immanuel Kant, Theoretical Philosophy*, 1755-1770,
   p.77. 'Reflection 3703'은 포프의 『인간론』(1733-4)의 제4서한의 논증의 개관을 담고 있다는 진술
   은 *Ak*, 17, 229의 각주에서도 나온다.
61) K. Ward, *The Development of Kant's View of Ethics* (Oxford: Basil Blackwell, 1972), p.11 참
   조. 워드가 요약한 칸트의 입장은 *Ak* 1, 322에 나온다.
62) 같은 책, pp.11-12. 워드가 요약한 칸트의 입장은 *Ak* 1, 472에 나온다.

칸트의 비판적선험철학의 과제
-『순수이성비판』의 과제와 근본사상 -

하영석(경북대)

1. 서언

칸트(Kant, 1724~1804)에 의하면, 자선이 시도하고 있는 비판철학(批判哲學)의 작업은 경험에 의존함이 없이 자발적인 한에서의 인간의 인식능력을 탐구하는 것이라고 한다. 따라서 칸트철학의 출발점은, 경험을 구성하고 있는 요소들 중, 경험에 대해서 필연성과 보편성을 보증할 수 있는 선천적 원리를 확립하는 일이다. 당시 이미 학(學)으로서의 보편성과 필연성이 인정된 수학과 자연과학(특히 물리학)에 대해서 먼저 이들이 보장된 근거를 밝힘으로써, 다시 이 토대 위에서 형이상학의 학적 정초도 가능하리라는 것이 칸트의 생각이었다. 물론 칸트는 형이상학을 부정하려고 했는데, 그것은 소위 종래의 암중모색 상태에 있던 독단적 형이상학을 말한다. 칸트의 표현에 따르면 일찌기 「만학의 여왕(萬學 女王)」이라고 불리던 형이상학에 대해서 「갖은 모욕을 표시하는 것이 이제야 시대의 유행이 되어서, 형이상학의 노녀는 추방되고 버림을 받아 탄식하고 있는 중이다.」(A VIII).[1] 칸트는 이러한 독단적 형이상학의 실패의 원인을 밝혀냄으로써 새로운 확고한 토대 위에 형이상학을 재건하려고 한 것이다.

따라서 「순수이성비판」의 과제는, 형이상학의 학적(學的) 정초를 위해 인간 주관(主觀)의 근원적 인식상태를 특징지우고 그 결과 객관적 인식에로 이르는 길을 밝히려는 「인식론적 준비」라고 볼 수 있겠다. 칸트가 「순수이성비판」에서 원래 의도하고 있던 바

---

1) A는 「순수이성비판」 초판을, B는 재판을, 숫자는 면수를 지칭한다.

는 경험론의 비판을 극복하면서 동시에 자연과학적 인식의 근거를 제시하는 것이었다. 이러한 태도는 「선천적 종합판단은 어떻게 가능한가」라는 명제를 통해서 요약될 수 있다. 칸트는 이러한 자신의 목표를 해결하기 위해서 인간의 주관 저편에 있는 대상들에 눈을 돌린 것이 아니라, 인간의 심성(心性)을 분석하기 시작했고 이러한 분석에 의해서 자신의 목표가 달성된 것으로 믿었다.

흄(Hume)과 같은 회의론자들은 그들이 회의적 공격의 대상으로 삼았던 형이상학자를 독단론자라고 불렀다. 칸트자신은 자기의 입장을 제3의 입장으로서 이들 두 입장에 대치시켜 비판주의(Kritizismus)라고 부르고 있다. 어떤 의미에서는 회의론도 독단적이기 때문이다.

「순수이성비판」은 형이상학을 다루는 것이 아니고 형이상학과 그 가능성 자체를 그 주제로 하고 있다. 칸트는 형이상학에 대한 이러한 연구를 선험철학(Transzendentalphilosophie)이라고 한다. 칸트는 인간의 인식능력을 이성(Vernunft)이라는 총괄적 명칭으로 나타내고 있다. 그러므로 선험철학은 인간의 이성의 자기인식으로서 수행되지 않으면 안 된다. 더구나 이성은 무엇을 할 수 있고, 무엇을 할 수 없는가 하는 것이 문제이다. 이러한 분리(scheiden), 구별(unterscheiden)을 희랍어로 크리네인(κρίνειν)이라 한다. 이 구별이 하나의 비판 (Kritik)이다. 그러므로 하나의 이성비판이다. 그러나 칸트의 이 저작의 표제는 「이성비판」이 아니고 「순수이성비판」이다. 「순수」란 칸트에 있어서는 「경험의 도움을 빌리지 않고서 선천적(a priori)」이라는 것이다. 따라서 문제로 되고 있는 것은 선천적으로 인식하는 이성의 비판이라는 것이다. 이 이성의 비판은 두 가지 역할로 등장한다. 즉 이성은 한편으로는 비판적 법정으로서 판결을 내리고, 또 한편 동시에 이성자신을 이 비판의 대상으로 한다는 것이다. 「현대는 참된 의미에서의 비판의 시대이고, 모든 것은 비판받아야 한다. 종교는 그 신성성(神聖性)에 의하여, 입법(立法)은 그 존엄성에 의해서, 일반적으로 이 비판을 피하려고 한다. 그러나 이때에 종교와 입법은 자기들에 대한 당연한 의혹을 일으키게 하고, 거짓 없는 존경을 요구하지 못하는 것이다. 이에 대해서 이성은 그의 공명정대한 검토에 배겨낸 내용에 대해서만 거짓 없는 존경을 허용하는 것이다」(A XI, Anm.). 「이성의 법정은 이성의 정당한 요구에 대해서는 이성을 보호하지만, 그에 반하여 모든 근거 없는 월권은 강권명령에 의해서가 아니라, 이성의 영원불변한 법칙에 의하여 거절할 수 있다. 그래서 이 법정이 바로 순수이성의 비판 그것인 것이다」(A XIf.).

본 연구는 이상과 같은 중요한 비판적·선험적 인식론의 관점이 형이상학에 대한 칸트의 의도와 양립할 수 있다는 논점을 채택할 것이다. 칸트에 있어서 인식론의 주장이 형이상학적인 주장과 결코 대치될 수 없다는 표현은 오로지 「자연의 형이상학」만 가능하다는 것을 의미하지는 않는다. 칸트의 철학을 전체적으로 고찰해 보면 「변증론」이 비록 「첫째 부문의 형이상학」이 내린 평가의 결과가 진리였음을 재음미(반증)하는 실험의 역할을 포함한다고(B XX) 하더라도 「자연의 형이상학」과 「도덕의 형이상학」이 분리되어서 설명될 수 없기 때문에 「변증론」의 중요성이 부각된다.

2. 문제적 개관

「순수이성비판」은 인식의 대상과 방법을 묻는데서 출발하여, 신·자유·영혼의 불멸 등 인간의 불가피한 관심인 이념(理念)의 형이상학에 이르러, 인식의 한계와 새로이 가능한 시도를 제시함으로써 끝맺는다. 앞의 문제는 「선험적 분석론」에서, 뒤의 문제는 「선험적 변증론」에서 다루고 있다. 전체가 선험적 방법으로 일관되어 있기에, 전 과정을 선험철학이라 한다. 아래에 그 방법과 출발점 및 목적을 간추려 보기로 한다.

선험적 방법 : 인식은 선천적(a priori) 판단일 때 보편타당성을 가지며 종합적(synthetisch)일 때 지식의 확장에 기여한다. 선천적인 것은 경험으로부터 도출되지 않고 따라서 경험에 의해 와해되지 않으며, 오히려 경험의 전제가 되기에 그런 지식은 확실성, 객관성을 갖는다. 종합적 판단은 서로 다른 두 개념을 결합함으로써, 각각의 개념 속에는 없는 새로운 지식을 준다. 수학적, 물리학적 인식이 그 대표적인 경우라고 한다. 철학 또한 선천적·종합적 인식을 구한다면, 그것은 불변적이며 지식을 확장한다는 의미에서 진정한 학문이 될 수 있을 것이라 한다.

그러나 철학은 수학과 다르다. 철학은 개념의 종합적 정의에서 시작되는 이성인식인데 반하여, 수학은 개념구성(개념에 일치하는 선천적 직관의 표현)의 학으로서 종국에 개념을 얻는다. 철학은 보편자 속에서 특수자를 보나, 수학은 선천적이면서도 특수자 속에서 보편자를 찾는다(B 741f.).

철학은 물리학과도 다르다. 철학은 개념에서 출발하는 이성인식의 체계(Schulbegriff)이거나, 인간이성의 기본목적에 관한 학문(Weltbegriff)임에 반하여, 물리학은 자연에 관한 학으로서 경험적 인식에 관한 원리의 체계이다. 철학은 자연에 관한 학문(Physik)이 아니라, 그런 학문의 가능성을 근거 짓는다는 의미에서 자연에 관한 학문을 넘어선 학문 즉 형이상학(Metaphysik)이라 할 수 있다.

그러나 그 방법은 확실한 경험을 근거로 원리와 법칙을 찾는다는 점에서 뉴턴의 물리학적 방법과 유사하다. 한편 물리학과는 달리 철학은 자연에 관한 경험적 지식의 원리를 찾는 것이 아니라 그런 원리의 가능성을 근거짓고, 초월적(초경험적, transzendent) 대상에 관한 인식이 불가함을 해명한다는 의미에서 선험적(transzendental)이라한다. 즉 「감각과 오성의 산물 속에 포함된 것과 나아가 경험적 판단이 가능한 방법」을 알기 위하여 경험일반을 분석한다. 동시에 이 방법은 주관이 대상에 적응하여 인식하려는 것이 아니라, 반대로 대상을 오성의 선천적 규칙에 따라 인식한다는 점에서 종래의 형이상학 내지 인식론과 구별된다.

선험적 분석론(分析論) : 경험적 인식은 직관의 잡다(雜多, das Mannigfaltige)에 범주(순수오성개념)가 적용될 때 가능하다. 대상은 시간·공간의 제약 아래에서 드러나고 현상된다(erscheinen). 우리는 감성의 촉발을 받아 이 경험적 대상 곧 현상을 직관한다. 감성적 직관은 경험적 表象을 받아 들이는 것, 곧 수용성이며, 이 표상은 잡다하다. 따라서 아직 인식이 아니다. 이 잡다함을 일정한 규칙에 의해 정리하고 결합하는(verbinden) 것이 곧 오성능력이며 이 오성 개념은 곧 도식(圖式)으로서의 범주이다. 이 도식은 경험에서 얻는 것이 아니라 비경험적·선천적인 것이다. 직관의 잡다가 인식의 내용이면, 범주는 그 내용을 정리하고 잡다를 결합하는 형식이다. 이 형식 즉 오성개념은 인간이 사유함으로써(Ich denke) 직관의 내용에 적용된다. 사유는 자의식(Selbstbewußtsein)의 자발적 활동으로서 표상의 잡다한 내용을 범주에 따라 결합함으로써 대상에 관하여 통일된 인식을 얻는다. 구슬이 서말이라도 꿰어야 한다는 말이 있다. 비로소 하나의 장신구가 된다는 뜻일까. 표상의 잡다도 상호연관되고 결합될 때 「하나」의 인식이 주어진다.

감성적 직관이 인간에게 공통되고, 순수오성개념이 비경험적·선천이라는 점에서 보편타당성을 갖는 한, 직관에 오성개념이 적용되어 생기는 인식은 오성능력을 갖는 모든 존재에게 객관성을 갖는다고 하겠다. 그러나 이 인식론은 역시 경험적 지식이 아니라, 경험적 지식의 가능성을 근거지운다는 점에서 순수철학이라 할 수 있다.

그러나 모든 인식은 감성과 함께 시작하여 오성의 규제를 받아 성립되지만, 종국에는 이 오성인식은 이성에서 끝맺는다. 오성능력이 감성적 재료를 결합·통일하는 것이라면, 이성능력은 이 오성인식을 다시 최고의 통일 아래 가져다 주는 능력이다. 인간에게는 이 이성의 능력한계를 넘어서서 더 이상의 인식능력을 찾아 볼 수 없다.

선험적 변증론(辨證論) : 「변증론」은 고대 희랍의 현자에게 있어서는 논리적 형식을 본따 왜곡되게 상대방을 공격하는 데 쓰였던 일종의 오류추리로서의 논리적 가상이기도 했고, 아리스토텔레스 이후에는 그런 오류를 비판하는 형식논리를 뜻하기도 했다. 「선험적 변증론」은 논리적 오류를 만드는 방식 혹은 그 오류를 지적하는 형식논리가 아니라, 판단의 내용에 관한 오류를 비판하는 논리이다. 가령 사람이 바닷가에 섰을 때 수평선은 사람의 키보다 더 높은 곳에 있는 듯이 보인다. 즉 경험적(광학적) 가상(假象)이다. 사유에는 순수이성으로부터 나오는 가상, 곧 선험적 가상이 있을 수 있다. 순수오성개념이 직관에 의한 표상의 잡다한 내용이 없이도 마치 있는 듯이 적용될 때 얻는 결론이 선험적 가상이다. 「선험적 변증론」은 이 가상을 비판하는, 곧 가상에 관한 논리이다. 이런 오류는 필연적으로 이율배반의 자기모순으로 드러난다.

가령, 1) 세계는 시간·공간적으로 시초가 있는가 2) 복합적 현상속에는 불가분의 단일요소가 있는가 3) 자연의 인과율 외에 자유에 의한 원인성(인과율)이 별도로 있는가 4) 세계의 궁극적 원인으로서의 필연적인 존재(神)가 있는가 하는 문제에 대한 찬반의 주장은 자기 모순의 이율배반에 빠진다는 것이 논증된다. 이런 문제는 수학처럼 순수직관으로부터 나오는 선천적 원리도 아니고, 사유의 형식으로서의 논리학도 아니다. 이러한 판단은 후천적·경험적 직관을 필요로 하는 것이면서도, 그 판단을 이루는 개념은 경험의 한계를 초월하는 초감성적인 것이다. 감성적 직관에 적용되는 오성개념을 초감성적 대상에 적용할 때, 그 판단은 자기모순에 머물 수밖에 없다.

이율배반은, 현상의 종합의 무제약적 전체성으로서의 「세계」는 오직 사유 속에서만 주어질 수 있는 것이며, 「자체적」으로 존재하는 것이 아님을 인식함으로써 해결될 수 있다. 이율배반 의 찬반주장에 관한 논증은 현상과 현상의 원인인 물자체(物自體)를 구분하지 않음으로써, 논증과정에서 매개념 다의(多義)의 오류를 범함으로써 자기모순이 생기며, 이를 지적함으로써 해결될 수도 있다. 한편 오성의 모순대당에서는 양편이 다 참이거나 거짓일 수가 없다. 그러나 이율배반은 이성의 모순대당, 즉 논리적으로나 경험적으로 논증불가한 문제에 관한 모순대당으로서 양편이 모두 거짓이거나 모두 참일 수 있다, 「모든 신들은 오후 3시에 아침식사를 한다」는 판단과 「약간의 신들은 오후 3시에 아침식사를 하지 않는다」는 판단의 대립과 같다. 이런 명제는 경험의 한계를 초월하는 것이기에 이미 오성의 모순이 아니라 이성의 모순으로 진리의 가상(허위)이다. 논리적 실증주의에서 말하는 「무의미」한 명제에 유사하다.

한편, 오성능력이 규칙에 의하여 경험적·논리적 인식을 얻는 능력이라면 이성은 이 오성을 규제하는 최고의 인식능력으로서 잡다한 오성인식을 다시 통일하는 능력, 곧 규칙이 아니라 원리에 관한 능력이다. 이성은 경험의 대상에 적용되는 것이 아니라 잡다한 오성인식에 선천적 통일을 부여하는 능력이다. 이러한 통일은 순수이성개념으로서만 가능하며, 다만 사유되어질 뿐 논증되지는 않는다.

인간은 논증할 수 없으나 그러나 생각하지 않을 수도 없는 문제들을 숙명적으로 가지고 있다. 이런 불가피한 관심이 곧 신·영혼의 불멸·자유의 문제이다. 이는 모든 오성인식을 종합하여 생기는 이성개념이다. 오성개념을 아리스토텔레스의 용어에 따라 카테고리, 이성개념은 플라톤의 용어에 따라 이념(Idee)이라 부른다. 모든 인간의 인식은 직관과 함께 시작하여 개념에 이르고, 이념과 함께 한계에 부딪친다. 이념은 곧 객관적 인식의 한계이다. 인간의 관심은 오성인식에 만족하지 못하고, 초경험적인 것에까지 이른다. 그러나 인식능력은 경험계를 벗어나지 못한다. 인식욕구와 인식능력의 불일치에서 생기는 것이 가상이고, 그 가상이 오류임을 밝히는 것이 곧 순수이성의 능력에 대한 비판이다. 공중을 날으는 비둘기는 공기의 저항에 부딪쳐 마치 공기가 없으면 더 가볍게 날 수 있으리라고 기대할른지 모른다. 그러나 인간이성은 그 사변적 사용에 있어서 경험의 영역을 섭렵하고 또 거기서 만족을 얻지 못하고 다시 사변적 이념에 이르고 거기에서도 기대를 충족시키지 못한 채, 인식의 한계만을 알 뿐, 다시 지상으로 되돌아 오지 않을 수 없다.

이제 인간은 자기능력으로써 할 수 있는 일이 무엇이 남았는가를 새삼 물을 수밖에 없다. 순수이성을 실천적으로 사용할 길은 없는가, 또 그것은 인간이 가진 이성의 최고 목표인 이념과 일치하지 않나하고 다시 물을 때 그 질문은 다음과 같이 요약된다. 즉 ① 인간은 무엇을 알 수 있는가. ② 무엇을 해야만 할 것인가. ③ 무엇을 소망할 수 있는가(B 83).

첫째 질문은 방법과 한계가 이미 드러났다. 둘째 질문은 윤리적인 것이다. 셋째는 행복에 관한 소망이다. 그러나 행복은 소망대로 이루어지는 것이 아니다. 인간은 다만 행복할 자격이 있도록 노력할 수 있을 따름이다. 이점에서 셋째 질문은 다시 윤리적인 질문과 결합되고, 여기에서「순수이성비판」은「실천이성비판」에로 이행할 길이 열린다.

칸트에 의하면「내 이성의 모든 관심은 사변적이든 실천적이든 위의 세 물음으로 통합된다」(B 832f.)고 한다. 따라서 칸트의 사상은 인식문제에서 출발하여 실천적 윤리문제에로 나아가 마침내 도덕적 신앙의 문제에 이르러 완성되는 것이라고 생각할 수 있겠다.

「순수이성비판」은 인식을 경험적인 것과 논리적인 것으로 제한했고 논증불가한 초월적 문제를 가상의 오루로 부정했다는 점에서 논리적 실증주의의 한 선구를 보는 듯도 하다. 그러나 초월적인 것에 대한 인간의 불가피한 관심을 배척하지 않았다. 오히려 인간이성의 이념으로 끌어 올렸다는 점에서 플라톤적 관념론이라고도 한다. 그의 실천철학을 법칙주의 혹은 형식주의라고도 하나, 행복보다 차라리 행복할 자격을 먼저 구한다는 점에서 오히려 행복에 대한 더욱 심오한 갈망이 있음을 부정하기 힘들다.「순수이성비판」은 인간의 인식능력을 절대적 초월자에 의존하지 않고 인간능력의 범위안에 제한함으로써 한계에 부딪쳤다는 점에서 비관적인 것도 같다. 한편 눈길을 지상에 되돌려 이성의 실천적 능력에서 이념을 찾으려 했다는 점에서 낙관적인 것도 같다. 아울러 비관적 낙관론이라고 할지. 어쩌면 이것은 인간의 공통된 숙명일지도 모른다.

3. 비판적 선험철학의 의도

「순수이성비판」은 경험에 의존함이 없이 자발적인 한에 있어서 인간의 인식능력을 탐구한다. 인식능력을 탐구함에 있어서 순수이성은 인식자체에 눈을 돌리기 보다는 선천적 인식에 관계하는 자기자신을 탐구의 대상으로 삼는다. 결국 여기서 문제가 되는 것은 인식하는 능력의 자기인식이며 이러한 태도는 인간 인식능력의 전면적인 구조를 분석함으로써 밝혀진다.

인식능력의 구조를 분석한다는 측면에서 「비판」[2]은 세 가지 주요한 과제를 포함한다. 첫째 감각적 표상(表象)을 수용하는 감성능력(感性能力)의 분석이요, 둘째 이러한 표상을 사고하는 오성능력의 분석이요, 셋째 오성의 사고를 체계적으로 통일하는 이성능력 분석이다. 그러므로 「순수이성 비판」이란 표제가 시사하는 바 비판은 이성이 스스로의 능력을 반성하고 검토하며 분석한다는 의미를 내포하고 있다.

이리하여 「비판」이 의도하고 있는 가장 중요한 문제는 인간의 인식능력이 「경험으로부터 완전히 독립해서 무엇을 그리고 어느 정도까지 인식할 수 있는가」(A XVII)하는 것이다. 따라서 칸트는 이러한 능력이 「인간의 인식에서 어떤(any) 역할을 하느냐 하는 문제에 관심을 쏟은 것이 아니라 … 타(他)에 의존함이 없이 독자적으로 인식의 원천이 된다고 말할 수 있는지 여부에 관해 … 즉 타에 의존하지 않는 자기원천으로부터 진리를 산출할 수 있는지 여부」[3]에 관해 관심을 기울였다.

이러한 그의 철학적 태도를 분명하게 이해하기 위해 당시 그가 살았던 시대의 철학사적 배경을 살펴보는 것이 중요하다. 칸트는 자신이 살고 있던 시대의 형이상학이 처해진 상황을 초판 「머리말」에서 대체로 다음과 같이 서술하고 있다(A I~III). 칸트에 의하면, 원래 형이상학은 독단론자들의 전횡을 대변하고 있었다. 즉 형이상학은 합리성이라는 강한 기반을 토대로 해서 만학의 여왕으로서 군림한 적이 있었다. 그러나 이러한 상황은 오래 가지 않았고 내란으로 인하여 무정부상태에 이르게 되었다. 그러나 이런 상황 속에서 결국 형이상학적 인식에 대한 회의주의가 승리를 거두게 되었다. 그리하여 칸트의 시대에 와서는 형이상학은 더 이상 학적 근거를 지탱하지 못하게 되었다. 이런 상황 속에서 독단론적 형이상학자들의 전횡물이었던, 경험이 가르쳐 주는 바를 넘어서 있는, 직관에서 완전히 고립된 사변이성(思辨理性)의 학(형이상학)은 포기되지 않으면 안 되었다(B XIV).

이러한 시대적 배경 속에서 칸트는 전통적인 의미에서의 형이상학이 아니라 새로운 의미에서의 형이상학 정초(定礎)의 가능성을 찾게 되었고, 결국 「경험의 한계 내에서 경험에 의존하지 않는 인식의 가능성을 확립하여 형이상학의 운행을 안전하게 하는 방법을 도모하였다. 즉 칸트는 종래의 형이상학자처럼 경험의 한계를 넘어서서 객관적 진리

---

2) 앞으로 특별한 의미가 없는 한 「비판」은 「순수이성비판」을 지칭한다.
3) W.H. Walsh, *Kant's Criticism of Metaphysics*(Chicago, The University of Chicago Press, 1975), p.1.

에 도달하고자 의도한 것이 아니라 바로 경험의 한계 내에서 그러한 진리에 도달할 수 있다고 믿었던 것이다. 이런 태도를 견지함으로써 회의주의로부터 형이상학을 보호하고 형이상학을 학(學)의 안전한 길 위에다 올려놓을 수 있다고 생각했다. 「비판」의 숲 과제는 「학으로서의 형이상학은 어떻게 가능한가」하는 물음으로 요약될 수 있으며 이러한 과제는 「비판」 전체를 통해서 일관되어 있다고 말할 수 있겠다. 이런 의미에서 「순수이성의 비판은 학으로서의 형이상학의 창립에 선행해야만 한다. 이 비판은 '방법에 관한 논문이지 학의 체계 자체는 아니다.'(B XXII)」[4]

칸트가 관심을 기울였던 형이상학은 초험적(超驗的)인 문제를 다루는 그런 형이상학은 아니었다. 칸트는 그의 「비판」에서 형이상학을 「첫째 부문의 형이상학」과 「둘째 부문의 형이상학」으로 구분하고 있다. 「첫째 부문의 형이상학」(선험적 분석론)은 선천적 개념들을 다루는 것이요, 이런 개념들에 대응하는 대상들은 선천적 개념들에 적합해서 경험 중에 주어질 수 있다(B XIX). 그러나 「둘째 부문의 형이상학」(선험적 변증론)은 첫째 부문의 형이상학과 완전히 다른 것으로서 나타나지는 않는다. 「경험의 한계를 넘어서려는 것이 형이상학의 본질적인 관심이긴 하지만, 인식하는 선천적 능력으로써는 가능한 경험의 한계를 넘어설 수 없다는 것이다. 이 둘째 부문의 형이상학에는 재음미하는 실험이 포함되어 있다. 즉 선천적인 이성의 인식은 현상에만 상관하고, 이와 반대로 물자체 그것을 확실히 그것만으로 실재(實在)시키기는 하되 우리에게 인식되지는 않는 것으로 실재시킨다고 하는 것이 선천적인 이성의 인식에 관한 첫째 평가의 결과였는데, 이런 결과가 진리였음을 재음미하는 실험이 포함되어 있다」(B XIX~XX).

이런 관점에서 「비판」의 정합성은 유지되어진다. 칸트의 의도는 독단적 형이상학에 대립하는 새로운 형이상학의 창안에 있었다기 보다는 종래의 형이상학이 독단적 형이상학임을 증명해 보이는 학으로서의 형이상학 정초에 있었다고 할 수 있다.

물론 칸트는 비판철학의 전(全) 체계에서 이상에서 서술했던 형이상학의 가능성만을 확보하려는 의도는 아니었던 것 같다. 칸트는 「순수이성비판」에서 다루고 있는 「자연의 형이상학」 이외에도 「실천이성비판」에서 「도덕의 형이상학」에 대해서도 다루고 있다. 칸트는 「비판」에서 첫째 부문의 형이상학과 둘째 부문의 형이상학의 정합성을 유지하려고 노력했던 것과 꼭 마찬가지로 자연의 형이상학과 도덕의 형이상학이 어떻게 서로 조화

---

4) F. Kaulbach, *Immanuel Kant*(Berlin, Walter de Gruyter, 1969, S.108.

를 이룰 수 있는가 하는 문제에도 깊은 관심을 가졌다. 「실로 인간의 가상적(可想的) 성격인 물자체에서 순수이성과 선험적 자유는 합치하며 인간의 당위(當爲) 규정능력 상에서 자유와 인과법칙은 조화를 이룬다. 그러나 '순수이성비판'이 그 자체만으로 실천적이 됨으로 해서 이성의 자유는 이제 선험적 자유가 아니라 실천적 자유가 되며, 도덕적 자유가 된다.」[5] 이러한 태도는 「이율배반론」의 제3이율배반의 해결에서 강력하게 시사되고 있다. 칸트의 근본의도가 「자연의 형이상학」과 「도덕의 형이상학」의 조화·통일이라고 보아질 수 있다면, 그리고 칸트가 의도하고 있는 비판의 대상이 이성의 자기비판이라면, 이러한 통일은 인간의 주관에서밖에 찾을 수 없을 것이다. 따라서 「칸트는 가상계와 현상계가 둘이면서 하나 속에 공존하는 그런 하나의 영역을 인간 주관의 영역에서 발견한다. 인간이 바로 그런 하나의 영역임을 확증한 칸트는 여기에 그의 형이상학이 성립할 근거를 확보하였던 것이다.」[6]

그러나 본 논구는 순수이성비판의 과제를 집중적으로 다룰 것을 의도하고 있다. 그래서 우리가 여기서 다루고 있는 주요 부분은 「자연의 형이상학」이다. 이런 관점에서 칸트의 「자연의 형이상학」이라는 일관된 주제를 안전한 학으로서의 형이상학정초를 위한 「인식론적 준비」로 보고 이러한 문제의 해결을 위해서 칸트는 인간 인식능력의 구조를 분석하기 시작했고, 이러한 작업의 방법론적 근거로서 「코페르니쿠스적 혁명」이라는, 철학사에 있어서 획기적인 태도 변화를 감행했던 것이다. 이와 같은 태도 변화를 통해서만 선천적이면서 종합적인 인식의 가능근거를 확립할 수 있고, 이러한 인식의 가능근거를 확립하는 일이 곧 「비판」에 있어서 형이상학의 확립이라는 등식이 성립할 수 있겠다. 「감성론」과 「분석론」의 전 논증과정은 선천적 종합적 인식의 가능근거를 확립하는 논증으로 일관되어 있으며 「변증론」은 대체로 이를 재음미하는 작업으로 일관되어 있다고 말할 수 있겠다. 이러한 인식의 확립근거는 바로 인간의 심성 즉 감성·오성·이성을 탐구하는 작업이라고 할 수 있다. 왜냐하면 대상이 인식하는 주관에 준거해야 한다는 가정을 기반으로 해서 선천적 종합적 인식이 성립하는 것이기 때문이다. 이러한 관점에서 「비판」은 형이상학의 학적 정초라고 하는 근본과제와 이것을 받쳐주는 여러개의 과제들, 즉 선천적 종합판단의 가능근거문제, 현상과 물자체의 문제, 코페르니쿠스적 가설의

---

5) 金鍾文, Kant에 있어서의 理性의 자유, 『哲學硏究』제35집, 1983, 98쪽. (鹿北大學院 博士學位論文)
6) 같은 논문, 97쪽.

도입문제들로 이루어져 있다[7]고 할 수 있다. 이러한 여러 과제들은 서로 긴밀한 연관성을 가지고 있음은 두말할 나위도 없다.

4. 현상과 물자체

일반적인 견해에 따르면 우리가 인식하는 세계는 우리들의 주관적 의식과는 독립해서 그들 자체적으로 존재하는 사물들의 세계이며, 우리들의 감관기관은 이러한, 자체적으로 존재하는 사물이 가지고 있는 모습을 오직 수동적으로 마치 거울과 같이 그대로 반영한다. 로크(Locke)의 제1성질(primary qualities)에 관한 이론이 이러한 견해를 잘 대변해 주고 있다. 로크의 견해에 따르면 제1성질은 사물이 원래 가지고 있는 성질·힘(power)으로서 인간의 감관을 촉발한다. 이리하여 인간은 외적 대상을 지각하게 된다. 이때 인간의 오성능력(悟性能力)은 단지 수동적 역할 이상의 아무 것도 하지 못하고, 감관을 통해서 들어온 단순관념(simple ideas)을 결합해서 실체(實體, substance) 등과 같은 복합관념(complex ideas)을 형성할 때 비로소 능동적인 역할을 수행할 수 있을 뿐이다. 그러나 로크는 모든 성질이 다 사물 속에 내재해 있는 것으로 보지는 않았다. 제2성질(secondary qualities) 즉 색·맛·냄새 등의 성질은 크기·모양 등의 제1성질과는 달리 사물에 내재해 있지 않고 단지 그런 성질의 관념을 낳게 하는 힘만이 사물 속에 있으며, 따라서 제1성질이 객관성을 띠고 있는 성질이라고 한다면 제2성질은 주관적 요소가 다분히 내포되어 있다.

현상과 물자체 또는 실재에 관한 논의의 착상은 로크의 영향을 입은 것이 분명하다. 이론을 단순화시키는 데에는 많은 문제점이 있겠지만 자신 속에 제1성질들을 가지고 있는 사물, 즉 그 성질의 담지자(擔持者, upholder)로서의 실체를 로크가 가정하고 있고 또한 이러한 기체(基體)로서의 실체를, 성질들을 담지하고 있다는 것 이외에는 아무 것

---

7) 순수이성의 문제를 실천이성에로 나아가는 다리로 간주할 때 「자연의 형이상학」은 「도덕의 형이상학」의 학적 정초를 위한 인식론적 준비라고 할 수 있다. 칸트 자신도 「도덕적 신앙에 자리를 마련키 위해 지식을 버려야(제한해야) 한다」(B XXX)고 서술하고 있다. 이런 관점에서 볼 때 「변증론」 특히 이율배반론」의 중요성이 부각된다. 또한 이와같은 과제들 이의에도 여러 중요한 문제들이 있다. 가령 시간·공간의 본성(本性)에 관한 문제, 인과율에 관한 문제, 자아동일성(自我同一性)에 관한 문제, 철학적 사고의 특성에 관한 문제들도 매우 중요하다고 할 수 있다.

도 알지 못하는 어떤 것(I-know-not-what)으로 파악하고[8] 있다는 점에서 칸트의 물자체와 대비해 볼 수 있겠다. 또한 관념을 현상에 비교할 수 있으며 제1성질의 관념을 객관적 현상에, 제2성질의 관념을 주관적 현상에 대비시킬 수 있겠다. 그러나 두 사람의 견해는 근본적인 측면에서는 동일하지 않다. 우선 칸트에 있어서는 인간 정신의 기능이 적극적인 역할을 하는데 반해서 로크에 있어서는 그렇지 않다는 것을 지적할 수 있고, 칸트의 이론에서 물자체의 비중의 중요성에 비추어서 이들의 차이점을 지적할 수 있다. 칸트의 물자체 개념은 전(全)「비판」을 통하여 칸트의 논증을 적극적으로 해명해 주고 있지만,[9] 필연적으로 현상론으로 귀착해야만 하는 경험론의 입장에서 볼 때 담지자로서의 실체의 설정 그 자체가 잘못된 것이라고 볼 수 있겠다. 따라서 착상에 있어서만 유사점을 발견할 수 있을 뿐, 그 이외에는 어떠한 공통점도 발견할 수가 없다.

그렇다면 칸트에 있어서 물자체란 무엇인가. 물자체가 실재하지 않는다면 우리의 인식도 불가능할 것이다. 「만약 현상계의 배후에 물자체가 존재하지 않는다면 어떻게 될 것인가. 이것은 경험적 실재성의 세계—사물, 사건들 그리고 우리들과 함께 살아가는 사람들—가 가상(假象)이어야 한다는 것을 의미하게 될 것이다. … 이것은 버클리의 관념론인 것이다.」[10] 그러나 이처럼 —우리의 인식을 위해서 필연적인— 물자체를 인식할 수는 없다. 우리의 모든 인식대상은 현상에 한정되어야 하기 때문이다. 그러나 우리는 물

---

8) J. Locke, *An Essay Concerning Human Understanding*. ed. P.H. Nidditch (Oxford University Press, 1979), pp.295~6 참조.

9) 이러한 관점은 물자체의 개념이 칸트에 있어서 반드시 동일한 의미로 사용되는 것이 아니라, 그 사상의 전개에 따라서 의미가 변화되어진다는 사실속에서 드러난다. 「선험적 감성론」에서 물자체의 개념은 우리의 감성을 촉발하는 그 무엇으로서 현상의 원인이며, 현상의 배후에 존재하면서 우리의 감관을 촉발하는 것으로 볼 수 있다. 「선험적 분석론」에서 물자체의 개념은 결코 그 존재를 적극적으로 주장할 수 없는 것으로서, 다만 한계개념으로서 소극적인 의미를 가진다. 물자체는 오성적 인식에 한계를 주는 한계개념, 즉 직관을 물자체에까지 확대하려는 감성의 월권을 제한하기 위한 한계개념으로 설명된다. 「선험적 변증론」에서 칸트는 물자체의 개념에 적극적인 의미를 부여하려 한다. 즉 자연의 인과율에 의해 규정될 수 없는 자유의 세계를 물자체라고 생각한다(자유의 주체로서의 물자체의 개념). 인간의 가상적 성격을 물자체의 성격이라 한다(B.567). 이것은 촉발하는 것(물자체)과 예지체(Intelligible)와 가상체(Noumenon)를 동일한 영역으로 보고 하는 말이다. 칸트는 이러한 선험적 대상들을 모두 물자체라는 개념으로 집약시켜 말하고 있다. 가상적(可想的) 존재는 모든 경험적 제약에서 독립하여 있고, 그러면서도 모든 현상을 가능케 하는 근거가 된다(B.590). 그리고 「순수이성」의 입장에서 개연적으로만 승인된 물자체는 「실천이성」의 입장에서는 객관적 실재성이 주어지고, 실천적 자유로서의 의미를 지니게 된다.

10) N. Hartmann, *Einführung in die Philosophie*(Luise Hankel Verlag, 1949.) S. 49~50.

자체를 논리사고적 측면에서 우리의 현상의 배후에서 우리의 감성능력을 촉발하여 현상을 가능하게 하는 그 무엇이라고 생각해 볼 수는 있겠다. 그리하여 칸트는 물자체를 인식할(erkennen) 수는 없으나 생각할(denken) 수는 있어야 하는」(B XXVI) 어떤 것으로 규정하고 있다.

이상의 논점에서 볼 때, 동일한 사물이 물자체와 현상이라는 두가지 방식으로 존재하게 된다. 첫째로 사물의 현상은 우리에게 인식되는 방식으로 존재하고, 둘째로 물자체는 우리의 인식에 독립해서 그들 자체적으로[11] 존재하며 우리에게 다만 사고될 뿐이다. 그렇다면 동일한 사물의 다른 모습인 현상과 물자체의 문제는 어떠한 것인가. 우리의 인식대상인 현상은 물자체가 우리의 감관을 촉발함으로써 일어나는 것이기 때문에 물자체는 현상의 원인이라고 말할 수 있겠는가. 따라서 물자체와 현상은 인과적 관계에 있는 것인가. 만약 인과적 관계가 있다면 물자체와 현상에 인과성이라는 범주를 적용할 수 있을 것이다. 그러나 인과성의 범주는 시간적 계기(繼起)를 요구하지 않는가. 그러나 시간적 계기니 범주니 하는 것은 오직 주관의 형식일 뿐이며 따라서 현상의 세계에서만 이런 것들을 고려할 수밖에 없지 않겠는가. 물자체의 가정이 현상이 가능하기 위한 논리적인 요구라 하더라도 이와 같은 문제점들은 여전히 승인될 수 없는 난점을 내포하고 있다.[12]

칸트는 물자체를 가정함으로써 이와 같은 난점들을 피할 수 없었다. 그러나 이와 같은 난점들은 칸트의 물자체를 인식론적으로만 해결하려는 시도에서 생길 수 있는 것으로서 칸트 사상을 전체적으로 고려해 볼 때, 즉 도덕의 형이상학의 확립까지도 염두에 둘 때 이러한 난점들은 어느 정도까지는 해소될 수 있을 것으로 보인다. 그러나 물자체의 개념이 도덕형이상학의 정초를 위해 요청되는 개념으로 이해되지 않고, 다만 인식론적 관점에서 고려된다 하더라도, 그렇게 함으로써 위에서 제시했던 많은 비판을 감수한다고 하더라도 칸트가 물자체와 현상을 구별한 것은 그의 「비판」에 있어서, 즉 선천적 종합판단의 가능근거를 확립함으로써 형이상학을 확립하려는 그의 철학적 야심에 있어서 필연적으로 요구되는 것이었다. 이러한 요구는 적어도 역사적인 것이었다. 칸트가

---

11) 〈인간 의식에 독립해서〉란 뜻이다.

12) 이와 같은 문제점들에 대해서는 H. J. Paton의 *Kant's Metaphysic of Experience*(Lodon, George Allen & Unwin LTD, 1970). pp.61~67 참조. 여기서는 이런 난점들이 있을 수 있다는 사실을 예로서 제시했을 뿐이다.

물자체를 상정한 일은 전통적 독단적 형이상학을 비판하고 자신의 새로운 형이상학을 전개하는 것과 필연적인 연관을 맺고 있다. 다시 말한다면 칸트가 형이상학을 정초하는 일은 물자체의 가정과 논리적 필연성을 가지고서 결합되어 있다.

칸트가 인식론에서 주로 관심을 가진 것은 전술한 바와 같이 인간이성이 독자적으로 필연적 인식을 산출할 수 있는가 하는 문제였다. 물론 이와 같은 일은 이미 칸트 이전의 독단적 형이상학자들에 의해서 같은 의도에 따라서 시도된 것이었다. 그러나 그들은 선천적인 인식이 실재세계 또는 물자체의 세계에 타당한 것으로 생각했기 때문에 경험론자들의 비판을 면할 수가 없었다. 현상론으로 귀착할 수밖에 없는 경험론자들은 모든 인식을 관념 또는 인상에 환원시켜 버림으로써 외계(外界)의 실재에 관한 우리의 인식이 불가능하다고 주장하거나 심지어는 외부 세계의 존재마저 거부해 버렸다. 그들에게 있어서 실재는 관념의 실재일 뿐이다. 그러나 관념의 발생은 경험에 의존하는 것이었기 때문에, 그들의 견해에 따르면 우리의 학적 인식은 필연적인 것이 아니라, 기껏해야 「개연적」인 것에서 만족하지 않으면 안 된다. 그러나 이와 같은 인식을 연구하는 것은 칸트의 의도가 아니었다. 그는 필연적이고도 보편타당한 인식을 목표로 했기 때문에, 경험론자들의 전제로서는 그러한 목표에 도달될 수 없다. 그렇다고 해서 합리론자들의 견해에 따르면 물자체까지도 인식할 수 있다는, 칸트가 본래 비판하고자 했던, 난점이 뒤따른다. 이런 관계 속에서 물자체와 현상의 구별이라고 하는 이원론은 칸트에게는 필수적인 요구사항으로 받아들여졌던 것이다.

칸트에 의하면 현상의 세계는(비록 관념의 세계이기는 하지만) 필연성과 보편타당성을 요구하는 과학적 탐구의 대상이 될 수 있는 세계이다. 왜냐하면 현상의 세계는 시간·공간적인 세계이고 범주적인 성격을 띠고 있는 세계이며 이러한 성격은 바로 우리 인간의 이성이 현상의 세계에 부과한 것이기 때문이다. 현상세계의 필연성은 사물들이 자체적으로 가지고 있는 성격에 의해서 확보될 수 있는 것이 아니라 인간의 의식구조에 의존함으로써만 확보될 수 있는 것이다. 현상적 세계의 구조는 바로 인간의식의 구조에 의해서 설명될 수 있기 때문에, 현상적 세계의 필연성과 보편타당성은 인간의 의식구조 자체 속에서 확보될 수 있는 필연성과 보편타당성이지 않으면 안 된다. 그리하여 이러한 세계는 모든 사람에게 공통적이며 객관적인 세계로 나타난다. 인식될 수 없는 물자체를 추구하기를 멈추고, 필연성이 확보될 수 있는 현상세계에 관심을 집중하고 경험의 한계 내에서 필연성을 확보함으로써 학의 안전한 길에 진입할 수 있는 것이다 이로써 독단적이며 사변적인 형이상학은 사라져 버리고 그 대신 칸트가 본래 의도했던 형이상학이 등장하게 된다.

5. 코페르니쿠스적 전회(轉回)

칸트가 형이상학의 가능성을 「선천적 종합판단은 어떻게 가능한가」라는 물음의 해결에서 찾았다고 본다면 그리고 이러한 물음의 해결이 종래의 철학과는 다른 양상을 띠운다면, 종래의 방법과는 다른 철학적 방법의 모색이 칸트에게 요구되었으리라 생각된다. 칸트는 이와 같은 새로운 방법의 조건으로서 현상과 물자체를 구별하였다. 결국 이러한 구별은 선천적 종합판단의 가능근거를 위한 전제조건이 되는 것이다.

칸트는 선천적 종합판단의 가능근거가 요구하는 새로운 방법론적 태도변화를 재판 「서문」에서 강하게 시사하고 있다. 칸트해석가들은 칸트의 이러한 태도변화를 「코페르니쿠스적」 전회 또는 혁명이라고 부르고 있다. 말하자면 칸트는 철학 또는 형이상학에서 하나의 혁명을 수행하고자 했던 것이다. 철학사에 있어서 혁명적 시도에는 항상 방법론적 모색이 뒤따랐다.[13] 칸트의 목표는 학으로서의 형이상학의 가능근거를 확보하는 것이었다. 갈릴레이(Galilei)와 토리첼리(Torricelli) 등이 실험적 방법을 도입함으로써 물리학의 발전에 지대한 공헌을 하게 되고, 코페르니쿠스적 가설은 천문학에서 획기적인 발견으로서 받아들여진다. 이러한 시대적 상황 때문에 칸트는 「이성의 인식들로서의 두 학문(수학과 자연과학)이 형이상학과 유사함을 허락하는 한에서, 형이상학에 있어서 두 학문의 실례는 적어도 시험적으로 이 두 학문을 모방하기 위해서 주목할만한 것」(B XVI)이라고 한다. 따라서 종래의 형이상학은 모든 인식이 대상에 준거한다고 믿었지만, 자연과학의 성공을 목격한 칸트는 「대상이 우리의 인식에 준거해야 한다는 가정이 형이상학의 과제해결에 더 효력이 있다」(B XVI)고 생각했던 것이다.

칸트에 의하면, 우리는 우리의 주관에서 독립하여 객관적으로 존재하는 대상을 있는

---

13) 고대 소크라테스(Socrates)의 「무지(無知)의 지(知)」 근세 합리론의 시조 데카르트(Descartes)의 「방법적 회의」와 수학적 방법을 모방한 「연역적 방법」 그리고 베이컨(Bacon)이 실험적 방법을 철학에 도입한 것 등은 하나의 방법론적 모색이라고 할 수 있다.

그대로 인식하는 것이 아니라, 우리의 주관에 선천적으로 존재하는 인식형식에 의하여 우리에게 주어지는 소재(素材)를 질서 있게 통일함으로써 우리가 대상을 구성하는 것이라고 한다. 대상이 우리의 인식에 준거한다는 말은 우리의 주관 속에 선천적 인식형식이 있기 때문에 우리는 이 형식을 우리에게 주어지는 모든 감각적 경험과 소재 속에 투입(投入, hineinlegen)함으로써 대상을 구성한다는 뜻이다. 「우리 자신이 사물 속에 투입한 것만을 우리는 그 사물에 관해서 선천적으로 인식한다」(B XVIII)는 것이다. 이때 이 「투입」은 선천적인 주관의 형식의 투입이며, 투입되는 것은 조금도 경험적 요소를 지니지 아니한 완전히 경험에서 독립된 주관적 원리이다.

아리스토텔레스(Aristoteles)나 토마스 아퀴나스(Thomas Aquinas)의 인식론에 따르면 인식의 본질은 대상의 모방에 있다.[14] 즉 진리란 대상과 표상의 일치라는 것이다. 이러한 진리론을 우리는 흔히 모사설(模寫說) 혹은 일치설(一致說)이라고 부른다. 이러한 진리론에 따르면 진리란 인식주관이 대상을 있는 그대로 모사할 때 성립하므로 인식에 있어서 진리의 기준은 주관에 있는 것이 아니라, 객관 즉 대상에 있게 된다. 그러나 우리의 의식 밖에 대상이 실재한다는 실재론(Realismus)과 결합하고 있는 이러한 모사설에 대해서는 일반적으로 다음과 같은 중요한 문제가 제기된다. 첫째로 우리는 의식 내부에서 어떤 표상을 가진다. 그러나 그 표상에 대응하는 어떤 실재물이 의식 외부에 실제로 존재한다는 사실을 어떻게 알 수 있는가. 만약 이것이 증명되지 않는다면 일치설은 이미 일치되어야 할 관계의 양항(兩項) 중 하나를 결(缺)하므로 성립불가능하다. 둘째로 의식 외부에 실재하는 사물이 있다 하더라도 이 양자가 일치 되었는지 그렇지 않은가를 알기 위해서는, 나는 이미 나의 의식 외부에 실재하는 사물을 알고 있어야 한다. 왜냐하면 의식 밖에 있는 사물이 무엇인지 모른다면, 내가 나의 표상을 의식 외부의 실재물과 비교하여 그 일치여부를 판단하는 것이 애초부터 불가능하기 때문이다. 그러나 내가 이미 나의 의식 외부에 실재하는 사물이 무엇인지 알고 있다면 나는 이미 그 사물에 대한 인식을 소유하고 있는 것이요 따라서 나는 의식 내부에 있는 나의 표상이 의식 외부의 사물과 일치하고 있는지 여부를 알려고 할 필요가 없어진다. 요컨대 일치의 기준이 대상 쪽에 있기 때문에, 일치의 기준인 대상을 알지 못하고서는 일치 여부를 논할 수 없고, 일치 여부를 논할 수 있기 위해서는 이미 대상을 알고 있어야 한다는 것이 모

---

14) 이에 대한 자세한 논의는 다음의 책을 참고 바람. Johannes Hessen, *Lehrbuch der Philosophie*, Bd. I. (Ernst Reinhardt Verlag, 1964), S. 193~202.

사설이 빠지게 되는 딜레마이다.

모사설의 이와 같은 난점 이외에, 칸트는 다음과 같이 말하고 있다. 「직관이 대상의 성질에 준거해야 한다면 어떻게 해서 대상의 성질에 관한 내용을 선천적으로 알 수 있는가 하는 것을 나는 아는 바가 없다.」(B XVII). 결국 경험적 소여로부터는 필연성과 보편타당성을 확보할 수 없을 것이고, 따라서 선천적 종합판단의 근거를 찾아낼 수 없을 것이다. 왜냐하면 우리는 경험적 사건으로부터는 인과율의 필연성을 찾아낼 수 없을 것이기 때문이다. 그리하여 마음(主觀)이 대상에 따라야 한다는 가정은 인과율의 필연성을 지지해 주는 기반을 상실한다. 필연적이고도 보편타당한 인식을 확신했던 칸트로서는 이런 전통적인 견해, 특히 경험주의자들의 견해를 따를 수가 없었다. 그리하여 칸트는 새로운 가정 즉 마음이 대상에 준거하는 것이 아니라 대상이 마음에 준거해야 하는 것이 아닌가 하는 가정을 하기에 이르렀다. 물론 이와 같은 가정이 모든 실재가 인간의 마음에 환원되어질 수 있다는 가정을 의미하는 것은 아니다. 다만 우리가 대상을 인식할 때 우리의 마음이 미리(논리적으로 선행해서) 대상을 어떤 방식으로 구성·확정지운다는 것을 의미한다. 다시 말하면 우리가 대상을 인식할 때 대상의 선행조건으로서 대상을 시간·공간적으로 그리고 인과율에 따른 방식으로 대상을 인식한다는 것이다. 대상은 시간·공간적으로 인식되기 때문에 시간·공간적인 것이다. 시간·공간은 인간이성의 인식방식이라고 하는 점에서는 주관적 성격을 띠지만, 그러나 모든 대상이 공간을 채우고 있으며 시간적인 방식으로 지속하지 않으면 안 된다는 사실 때문에 필연성과 보편타당성이 확보되는 것이다. 칸트는 이와 같은 자신의 태도를 코페르니쿠스의 이론에 비유하고 있다. 칸트에 의하면 코페르니쿠스는 「모든 성군(星群)이 관찰자의 주위를 돈다고 가정했을 때 천체운동의 설명이 성공 못한 이후로, 이제야 관찰자를 돌도록 하고 도리어 별들을 고정시켰을 때 설명이 더 잘 성공할 것이라는 기도를 하였다. 대상의 직관에 대한 한 형이상학에 있어서도 우리는 코페르니쿠스와 같은 방식의 기도를 할 수 있다.」(B XVI~XVII).

코페르니쿠스는 자기이전의 시대에 오랫동안 진리인 것으로 믿어왔던, 천문학에 있어서의 천동설(天動說)이 무근함을 공박하고 이에 대치해서 지동설(地動說)을 주장한 사람이었다. 즉 그는 지금까지의 지구중심의 설명을 태양 중심의 설명으로 대치했다. 이러한 이유 때문에 많은 사람들은 칸트가 코페르니쿠스의 태도를 철학에서 사용할 것을 시사했을 때, 코페르니쿠스의 태도를 천동설과 지동설에 있어서 태양과 지구와의 위치관계의 역전이라는 태도로 생각했다. 그러나 문제의 해결은 그렇게 간단한 것은 아니다. 왜냐하면 코페르니쿠스의 지동설에 따르면 태양은 고정되어 있고, 지구가 움직이는 것을 가설로 내세우고 있다. 따라서 중심은 지구 위에 있는 관찰자가 아니라 오히려 관찰되는 태양이 되는 셈이다. 그러나 칸트의 태도는 인식이 대상에 준거해야 하는 것이 아니라 대상이 인식에 준거해야 한다는 사실을 가정함으로써 인식하는 자(관찰자)가 중심이 되고, 인식되는 대상은 중심의 지위에서 밀려나게 되었다. 코페르니쿠스에 있어서 태양과 지구 사이의 위치관계와 칸트에 있어서 주관·객관 사이의 관계는 일치하지 않으며 오히려 칸트 이전 철학자들의 견해와 일치하는 듯이 보인다. 이런 관점에서 칸트의 코페르니쿠스적 전회라고 하는 것은 일반적으로 생각하는 것처럼 그렇게 간단히 해결될 문제는 아니다. 그러나 칸트 자신이 이러한 상황 속에서 코페르니쿠스에서 무엇을 본질적인 것으로 보았는가 하는 것이 중요한 문제이지, 우리들이 코페르니쿠스에서 무엇을 본질적인 것으로 보는가 하는 것이 중요한 문제가 아니라고 할 수 있다. 칸트의 관심은 코페르니쿠스의 혁명(지동설)에 있었던 것이 아니고 다만 코페르니쿠스의 方法에 있었다고 보아야 할 것이다.[15]

이런 관점에서 페이튼(H. J. Paton)이 지지한 켐프 스미스(N. K. Smith)의 견해는 매우 고무적인 것으로 생각된다. 즉 코페르니쿠스는 천체의 외관상의 운동을 지구 위에 있는 관찰자의 운동에 의존하는 것으로서 설명했다. 칸트는 이와 비슷하게 실재(實在)의 외관상의 성격은 인식하는 자의 마음에 의존하는 것으로 설명하고 있다.」[16] 가령 「우리가 붙박이별(fixed stars)을 그들 자체 움직이지 않는 것으로서 생각하면, 칸트의 비유를 쉽게 이해할 수 있을 것이다. 왜냐하면 그렇게 생각한다면 그 별들의 외관상 운동은 완전히 관찰자에 의존하는 것으로 된다. 마찬가지로 우리는 물자체를 공간적인 것도 시간적인 것도 아닌 것으로 간주해야 한다. 물자체가 공간·시간적으로 현상한다는 사실은 완전히 인간의 마음의 본성(本性)에 의존하는 것이다.」[17]

우리는 또한 코페르니쿠스적 전회를 일종의 이성실험(理性實驗)으로 파악해 볼 수도

---

15) 文成學, 칸트 哲學의 Kopernicus的 轉回에 대한 考察, 27쪽, 1983.(慶北大 大學院 哲學科 碩士學位 論文)

16) H. J. Paton, *Kant's Metaphysics of Experience*, p.75.

17) a.a.O., p.75 주) 2.

있겠다. 자연과학의 성공을 가설적 방법의 성공이라고 본 칸트는, 이와 유사한 방법을 도입함으로써 철학에 있어서도 자연과학이 이룩한 바와 같은 학적인 성공을 거둘 수 있다고 믿었다. 철학에 있어서 실험적 방법 즉 이성실험의 방법 즉 코페르니쿠스적 전회로 파악하려는 태도는 상당히 설득력이 있다.

켐프 스미스가 코페르니쿠스적 전회를 천동설과 지동설의 관계비유로서 설명하기를 거부했듯이, 카울 바하(F. Kaulbach)도 코페르니쿠스적 전회로 고려되는 철학적 이성의 실험은 특정한 이론을 가정적으로 받아들이고 다른 것을 거부하는데서 성립하는 것이 아니라, 대상에 대해서 理性이 미리 특정한 입장(가설)을 시험적으로 설정하고, 그러한 설정이 타당성을 가지게 될 때 성립하는 것이라고 한다.[18] 「코페르니쿠스는 태양의 장소를 선택했고 이때 훨씬 더 설명이 간단하여서 자기의 선택이 올바른 것이었다는 경험을 하게 된다. 이와 비슷하게 형이상학자인 칸트도 실험의 자유를 스스로 요구한다.」[19] 즉 코페르니쿠스가 인간의 시계(視界)를 넘어서서 태양으로부터 세계를 기술하는 것처럼 칸트는 종래의 방식과는 달리 대상이 「인식하는 주관」의 주위를 돈다고 가정했고 이런 가정을 하게 될 때 「종래의 전제에 의해서는 피할 수 없는 순수이성의 오류추리와 이율배반을 그 뒤에 해결함으로써 이 실험의 실제적인 성과가 실증되는 것이다. … 코페르니쿠스적 전회란 주관이 대상에 대하여 취하는 참된 입장을 표현하는 것이다.」[20] 사고방식의 전회는 인식하는 주관이 탐구대상에 대하여 취하는 의식태도의 변경이며 우리들의 지각(知覺)에 의하여 제한되고 강제된 지평을 넘어서서 자유롭게 사유하는 것이다. 따라서 코페르니쿠스적 전회를 감각적인 관점과 조망이라는 자연스러운 상태로부터, 자유에서 성립하는 사고방식에로의 변경으로 이해할 수 있다. (합리론과 경험론의, 자기비판 없는) 이성의 자연상태의 모습은 자기 모순이며 자기 분열의 모습을 보인다. 이런 상황 속에서 학문은 성립할 수 없을 것이다. 우리는 학문성이 특징의 하나로서 어떤 분야에 종사하는 연구자들이 처음에는 견해가 서로 상충되어 논쟁하는 상태에서 드디어 모두가 일치하게 되는 상태에 도달할 수 있게 되는 상황이라고 할 수 있다.[21] 이러한 상황의 획득은 자연적인 인식의 강제로부터 자유로울 때 가능하다. 이러한 자유의 요구

---

18) Vgl. F. Kaulbach, *Die Copernincanische Denkfigur bei Kant*, Kanttudien. Bd. 64(1973)
19) F. Kaulbach, *Immanuel Kant*(Berlin, Walter de Gruyter, 1969), S. 110~111.
20) a.a.O., S. 111.
21) Vgl. a.a.O., S. 106.

를 코페르니쿠스적 전회 또는 이성의 실험으로 간주할 수 있고, 이런 전회 또는 실험에 의하여 학문의 학문성(Wissenschaftlichkeit einer Wissenschaft)이 정초될 수 있다면 그 실험은 성공한 것이라고 할 수 있을 것이다. 이성실험(실험적 방법)이란 미리 이성에 의해 생각한 것을 대상 속에 투입하여 봄으로써 그 생각의 정부(正否)를 검토하는 것이었다. 그러나 이러한 이성실험의 실험도 결국 경험적 확인과 다를바 없으나, 이성이 작용하고 있다는 점에서 그 확실성을 찾고 있는 것 같은데, 그렇다면 이 이성은 경험적 실증에 있어서도 작용하는 것이 아닌가 하는 것이 문제로 될 수 있다.[22]

이상에서 우리는 코페르니쿠스적 전회가 나타난 시대적 배경, 칸트의 요구, 전회의 내용 및 몇 사람의 견해를 살펴보았다. 여기서 우리는 코페르니쿠스적 가설의 성공여부는 「선천적 종합판단」의 가능성 확립의 성공여부에 달려 있다고 간주할 수 있다. 따라서 선천적 종합적 인식의 가능근거를 확보하기만 하면 칸트의 실험은 성공한 것으로 볼 수 있을 것이다. 그러면 다음 장에서 칸트인식론의 가장 중요한 문제 중 하나인 「선천적 종합판단은 어떻게 가능한가」하는 문제를 검토해 보기로 한다.

6. 선천적 종합판단

「선천적 종합판단」의 가능근거에 관한 물음은 판단의 구분으로부터 시작할 수 있다. 칸트에 따르면 판단은 「분석판단」과 「종합판단」으로 대별(大別)되고 있다. 이러한 구별은 칸트에 의해서 처음으로 수행된 것이지만 역사적 모범에 따라서 수행된 것이었다.

우선 우리는 이러한 구별의 모범을 로크의 「무가치한 명제」와 「교훈적인 명제」(trifling and instructive proposition)의 구별에서 찾아볼 수 있다. 칸트의 구별과 전적으로 일치한다고 볼 수는 없겠으나, 전자는 칸트에 있어서 분석판단에, 후자는 종합판단에 상응한다고 볼 수 있을 것 같다. 그러나 칸트의 「종합」「분석」의 구별에 직접적인 영향을 끼친 사람으로 라이프니츠(Leibniz)와 흄을 들 수 있다. 라이프니츠에 따르면 진리는 「이성의 진리」(영원한 진리)와 「사실의 진리」(우연의 진리)로 구별된다. 「이성의 진리」

---

22) 코페르니쿠스적 전회에 대한 해석의 문제는 본 논고의 의도를 넘어선 것이지만 참고 삼아 몇 가지 논증을 시도해 보았다. 여기에 관한 자세한 논의는 文成學의 논문 「Kant철학의 Kopernicus적 전회에 대한 고찰」을 참조하기 바람.

는 순수한 오성에 의하여 찾아지는 선천적 인식, 즉 경험에 선행·독립해 있는 본유적(本有的)인 인식으로서 수학 및 형이상학적 진리는 여기에 속한다. 「사실의 진리」는 논리적 또는 수학적 추리로부터가 아니라 경험으로부터 획득되어지는 인식 또는 신 존재를 제외한 존재론적 명제를 말한다. 전자는 논리적 함의관계에 따라서 이루어지기 때문에 「모순율」에 의존함으로써 필연성을 확보하게 되고, 후자는 경험적 진리로서 「충족이유율」에 의존한다. 따라서 사실의 진리는 전지(全知)한 신적(神的) 관점에서 볼 때는 분석적 진리이고 필연성을 띠게 되지만 인간의 관점에서 볼 때는 우연적인 진리이다. 환언하면 전자는 논리적 필연성에 따라서 근본원리로부터 점차 연역되고 그 반대를 생각하는 것은 불가능하다. 그러므로 이러한 인식의 원칙은 모순율이다. 한편 후자는 인간의 관점에서 볼 때 논리적으로 연역되지 못하므로 그 반대를 생각하는 것이 가능하다. 이 경우에도 물론 하나의 사실의 원인을 찾아갈 수는 있으나, 그 찾아내어진 원인도 또 하나의 사실에 불과하며, 그렇기 때문에 우리가 어디까지 이 원인을 추구하여 가더라도, 마침내 이성의 진리에 있어서처럼 그 반대를 생각할 수 없는 확실한 근본원리에 도달할 수 없는 것이다. 즉 여기서는 모순율이 아니고 충족이유율이 타당한 것이다.

흄도 또한 인간 이성 또는 탐구의 모든 대상은 두 종류로, 즉 「관념들의 관계」(relation of ideas)와 「사실의 내용」(matters of fact)으로 나누고 있다. 직관적으로나 논증적으로 확실한 모든 주장은 전자에 속하는데 기하학·대수·산술 등이 이런 주장을 하고 있다. 반면에 후자는 결코 필연성을 가지지 못하며 다만 개연성만을 확보할 수 있다. 물리학 등이 여기에 속한다. 전자는 관념들 사이의 관계 즉 기호의 의미에만 의존하며, 후자는 경험에 의존한다.

이와 같이 칸트의 「분석」·「종합」에 관한 구분은 선행자들의 영향을 결정적으로 입고 있다. 칸트의 입장에 서서 상술한 사람들의 견해를 분류해 본다면, —물론 각 철학자가 이런 구분으로부터 자신의 철학을 해결하고 따라서 이런 구분을 함에 있어서 의도하고 있는 바가 각각 다르기 때문에, 이런 분류가 철저한 분류라고는 생각되지 않고 대체로 그렇게 생각해 볼 수 있다—「이성의 진리」·「관념의 관계」·「분석적 명제」·「필연적 명제」가 한 묶음이 되며, 「사실의 진리」·「사실의 내용」·「종합적 명제」·「후천적 명제」가 한 묶음이 될 수 있다. 그러나 칸트는 그들의 견해와는 달리 선천적이면서도 종합적인 판단 또는 명제의 가능성에 대해서 생각했다. 이런 가능성에 따라서 모든 가능한 판단의 종류를 나열해 보면 다음과 같다. ① 선천적 분석판단 ② 선천적 종합판단 ③ 후천적 분석판단 ④ 후천적 종합판단. 그러나 칸트의 논법에 따르면 후천적 분석 판단이란 열거상 가능하나 실제로는 불가능하다. 왜냐하면 분석판단은 모두 선천적이기 때문이다. 그러므로 결국 가능한 판단의 종류는 세 가지가 남게 된다.

여기서 우리는 먼저 「선천적」[23]이란 개념의 의미부터 고찰하기로 한다. 칸트에 의하면, 우리의 모든 인식은 경험과 더불어 시작한다. 그렇다고 해서 모든 인식이 반드시 경험으로부터 나오는 것은 아니다(B Ⅰ). 이렇게 볼 때 선천성은 시간적인 선행을 의미하는 것은 아니다. 시간적으로 선행하는 인식이란 결코 불가능하기 때문이다. 따라서 선천적인 인식은 경험 속에서만 발견될 수 있으나 경험적인 요소를 전혀 포함하지 않은 인식이라고 말할 수 있겠다. 그리하여 우리는 선천성을 시간적 선행성이 아니라 논리적 선행성(先行性)으로 규정할 수 있다. 칸트에 있어서 선천적인 것은 논리적으로 즉 객관적으로 선행하는 것을 말한다. 시간은 모든 변화에 객관적으로, 즉 모든 변화 가능성의 형식적 조건으로서 선행한다.[24] 그리하여 선천성의 징표는 필연성과 보편타당성으로 나타난다. 어떤 종류의 선천적 인식이든지 그 인식은 필연성과 보편타당성을 지니고 있다.

우리는 여기서 「선천성」과 「분석판단」「종합판단」의 관계를 살펴보기로 한다. 칸트에 의하면 주어-술어의 관계를 맺고 있는 모든 판단은 분석적이거나 종합적이다. 분석판단은 술어개념이 주어개념 속에 함의적으로라도 포함되어 있는 판단이요, 종합판단은 주어와 술어가 연관관계를 맺고 있다고 하더라도 술어가 주어 바깥에 놓여있는 판단이다(A 6, B 10). 예를 들면 「모든 물체는 연장적이다」는 판단은 분석판단이요, 「모든 물체는 무게를 가지고 있다」는 판단은 종합판단이다. 즉 「물체가 연장적이라는 것은 선천적으로 타당한 명제이지 경험적 명제가 아니다. 왜냐하면 경험에 호소하기 이전에 나는 이미 물체의 개념 속에 나의 판단에 요구되는 모든 조건을 가지고 있기 때문이다. 나는 다만 모순율에 따라서 물체라는 개념으로부터 요구되어진 술어를 추출해내면 그만이요, 그렇게 함으로써 동시에 그 판단이 필연성을 띠고 있음을 의식할 수 있게 된다」(B 11~12). 그러나 무게의 개념은 물체일반의 개념 속에는 결코 포함되어 있지 않고 다

---

23) 칸트에 있어서 「선천적」(a priori)이란 용어는 「순수」(rein)란 용어와 동의어로서 사용된다. 칸트는 B 2~3에서 선천적이기는 하지만 경험적인 요소를 가지고 있는 인식을 선천적 인식, 전혀 경험적인 요소를 가지고 있지 않는 인식을 순수선천적 인식으로 서술하지만, 그는 이런 구별을 고수하지 못했고 결국 그들을 동의어로서 사용했다.

24) H.J. Paton, *Kant's Metaphysics of Experience*, p.80 참조.

만 경험을 통해서 이를 알 수 있다. 따라서 칸트에 의하면「모순율은 모든 분석적 인식의 보편적이고도 완전히 충분한 원리로서 승인되어야 한다」(A 151, B 191). 예컨대 어떤 명제가 그것을 부인할 경우 자기모순에 빠지는 그런 판단이라면 그 판단은 분석적이다. 또한 그 명제의 부정이 자기모순이 아니라면 그런 명제는 종합적이다. 전자는 술어가 주어 속에 포함되어 있지 않는 어떤 것도 주어에 첨가시키지 않기 때문에「설명판단」이고, 후자는 주어와 술어가 관계를 맺기 위하여 새로운 그 무엇을 요구하고 있기 때문에「확장판단」이다.

칸트에 의하면, 분석판단의 최고원칙은 모순율이기 때문에 그리고 위에서 본 바와 같이 선천성은 논리적 선행성이기 때문에 분석판단은 그자체 모두 선천적이지 않으면 안 된다. 분석판단은 논리적 함의관계만을 문제로 하여 개념을 판명하게 하기 위한 설명 판단이기 때문에 사실에 관한 어떤 새로운 지식도 첨가시켜주지 못한다. 그리고 종합판단은 그자체 경험에 의존하기 때문에 새로운 지식을 첨가시켜주는 확장판단이긴 하지만, 칸트가 애초에 관심을 가졌던, 필연적이고도 보편타당한 학적 지식을 제공해주지는 못한다. 그자체 새로운 지식을 첨가시키면서 필연성을 확보할 수 있는 그러한 인식은 없는가. 즉 선천적이면서 동시에 종합적인 인식이란 없는가. 칸트는 물론 이러한 인식이 가능하다고[25] 믿었다. 기존의 수학과 물리학이 이러한 사실을 가르쳐 주고 있다. 논난의 가능성을 예상할 수 있겠지만 칸트는 이런 인식이 있다는 사실을 더 이상 의심하지 않았다. 다만 어떻게(wie) 가능한가 하는 문제에만 관심을 기울였다. 적어도「첫째 부문의 형이상학」은 이러한 인식의 가능근거를 제공해 준다.

「선천적 종합적 인식·판단」가능근거에 대한 칸트의 요구는 어쩌면 당연한 역사적 귀결일른지 모른다, 합리론적 전통 속에서 성장한 그가 합리론자들의 요구와 동일한 어떤 요구를 할 수 있다는 사실은 쉽사리 납득이 간다. 그러나 합리론자들의 주장은 이미 경험론자들의 비판에 의해서 와해되었다. 그러나 합리론자들의 요구를, 경험론자들의 비판을 극복해서 새로이 등장시킬 수는 없는가. 환언하면 스콜라철학의 아리스토텔레스

---

25) 수학·물리학의 명제가 이러한 종류의 인식에 속한다. 예컨대「삼각형의 내각의 총화는 2직각과 같다」,「모든 변화는 원인을 가진다」는 명제가 이에 속한다. 우리는 종합판단을 다음과 같이 해석할 수 있다. 종합판단이 주어와 술어가 관계를 맺고 있긴 하지만 주어 속에 술어 개념이 포함되어 있지 않는 판단이라면, 주어와 술어를 매개시켜주는 그 무엇이 필요할 것이다. 여기서 매개하는 그 무엇이 경험에 근거한 것이라면 그 판단은 후천적 종합판단일 것이요, 매개적인 그 무엇이 순수직관에 의한 것이라면 선천적 종합판단이 될 것이다.

주의자들에 대한 데카르트의 요구처럼 「설명의 논리」가 아니라, 「발견의 논리」를 확보할 수는 없는가. 물론 칸트는 그것을 확보할 수 있다고 믿었다. 그러나 그것은 사물 세계 저 바깥에서가 아니라 바로 인간 인식능력의 구조를 떠나서는 결코 확보될 수 없다는 사실을 알았다.

합리론자들의 주장은, 칸트식 용어를 빌린다면 아마도 선천적으로 신의 존재를 끌어올 수 있다는 것이다. 다시 말한다면 논리적 귀결로서 새로운 진리를 발견할 수 있다고 믿었던 것이다. 그러나 수학적 방법을 모방한 연역의 논리가 어떠한 새로운 지식을 제공해 주지 못한다는 사실은 당연한 것이다. 결국 합리론자들은 모순율에 의존해서 존재판단에 이를 수 있다고 믿었던 것이다. 특히 스피노자(Spinoza)의 철학이 데카르트(Descartes) 철학의 철저한 논리화라면[26] 즉 사실의 관계를 논리의 관계로 환원시킨 철학이라면, 어떻게 해서 사실적 존재에 대해서 타당한 주장을 할 수 있겠는가. 합리론자들의 논증방식은 「확실하고 유용하게 진전되는 실제적인 선천적 인식을 제공하기 때문에 이성은 자기도 모르게 이에 현혹되어서 주어진 개념에 선천적으로 전혀 다른 종류의 개념을 부가함으로써, 전혀 다른 종류의 주장을 내세우게 되는 것이다」(A 5~6, B 9~10). 비록 이러한 주장이 인간이성의 운명[27]이라 하더라도 우리는 이러한 인간이성의 월권 행위를 방관해서는 안 된다. 우리의 인식은 항상 경험의 한계 내에서만, 즉 감성의 세계 내에서만 통용되기 때문에, 그리고 다만 감관적 표상 또는 감각만을 사유·추리할 수 있기 때문에 감관적 표상을 넘어서서는 어떠한 존재판단도 무효라고 할 수 있다. 칸트의 입장에 서서 생각할 때, 합리론자들은 다만 분석판단에 불과한 것을 종합판단인 것처럼 생각했던 점에서 착오한 것이라고 볼 수 있겠다.

이상에서 본 바와 같이 선천적 종합판단은 경험적 인식의 한계 내에서만 가능하다. 사실에 관한 판단에서는 선천적인 인식이 불가능하다는 흄의 비판은 칸트에 의해서 무너진다. 왜냐하면 칸트는 선천성 즉 필연성과 보편타당성을 감관적 인상에서 구한 것이

---

26) F. Coplestone, *History of Philosophy* (Westminster Maryland, The Newman Press, 1961), p.23 참조.

27) 칸트는 다음과 같이 서술하고 있다. 「인간의 이성은 어떤 종류의 인식에 있어서는 특수한 운명을 지니고 있다. 즉 이성은 자신이 거부할 수도 없고, 그렇다고 해서 대답할 수도 없는 문제로 괴로와하는 운명이다. 거부할 수 없음은 문제가 이성자체의 본성에 의해서 이성에 과(課)해져 있기 때문이요, 대 답할 수 없음은 그 문제가 인간이성의 모든 능력 바깥에 있기 때문이다」(A VII).

아니라, 인상을 가능하게 하는 인간심성 그 자체 속에서 발견하고자 했기 때문이다. 그리하여 「선천적 종합판단은 어떻게 가능한가」하는 물음은, 그런 판단의 가능성을 묻는 것이 아니라 가능하긴 한데 어떻게 가능한가 하는 근거를 묻고 있는 것이다. 왜냐하면 실제로 수학과 물리학이 그 가능성을 보여 주고 있기 때문이다. 칸트의 견해에 따라 어떻게 가능한가 하는 물음의 해결을 위해서 우리는 코페르니쿠스적 전회를 감행해야 하는 것이었다.

여기서 우리는 「비판」의 순서에 따라서 「순수수학에 있어서 선천적 종합판단은 어떻게 가능한가」, 「순수 자연과학에 있어서 선천적 종합판단은 어떻게 가능한가」, 「어떻게 형이상학은 가능한가」의 문제를 고찰해 보고자 한다.

(1) 순수수학에 있어서 선천적 종합판단은 어떻게 가능한가

흄은 수학의 판단들을 논증적 인식에 귀속시켜 분석판단으로 이해했으나, 칸트에 의하면 이러한 판단들은 선천적이면서 즉 필연적이면서 종합적이다. 예컨대 7+5=12이라는 산술명제에 있어서 「7과 5의 합(合)」이라는 개념 속에는 12라는 개념이 포함되어 있지 않다. 7+5=12라는 명제를 숙고할 때 알려지는 것은 「7과 5의 합이라는 개념이 두 숫자를 한 가지 수로 결합했다는 것 이외에 아무것도 포함하지 않고 이 때문에 두 수를 합치는 이 한 가지 수가 무슨 수냐 하는 것은 전혀 생각되어 있지 않다는 것이다. 12라는 개념은 내가 7과 5의 결합을 생각하기만 함으로써 생각되어 있는 것은 아니다.(B 15). 그러면 이 판단의 선천성 즉 필연성은 어떻게 설명되어야 하는가. 우리는 12라는 숫자를 얻기 위해서는 「두 가지 수 중 어느 한 수에 대응하는 바의 직관을—가령 다섯 손가락이거나(제그녀가 그의 산수책에서 그렇게 했듯이) 점을—보조 삼아서 직관 중에 주어진 5란 단위를 순차로 7이란 숫자에 보탬에 의해서 두 개념 바깥으로 우리는 나가야 한다.(B 15). 칸트에 의하면, 순수수학의 선천적 종합판단이 가능한 이유는 그것이 단순히 논리성에 의거해 있기 때문이 아니라, 감성의 직관에 의존하기 때문이다. 직관이란 대상의 직접적 표상으로(B 41) 감성만이 직관을 제공한다(B 33). 그런데 칸트는 직관을 순수한 것과 경험적인 것으로 구분한다(B 74). 수학의 인식은 선천적인 것이요 그런 한에 있어서 경험적인 요소가 섞여있으면 안 되므로 수학은 오로지 선천적 직관 즉 순수

직관에 의존하지 않으면 안 된다. 그런데 칸트에 의하면 이 순수직관의 형식이 시간과 공간이다. 시간·공간은 감성의 순수직관형식에 불과할 뿐 뉴턴주의자들의 주장처럼 나의 의식 외부에 실재하는 것으로 생각해서는 안 된다. 시간·공간이 나의 의식 외부에 실재하는 것이라면 시간·공간은 나의 경험의 대상이요 그러한 한 나는 그것에 관해 보편적·객관적·필연적 인식을 갖지 못할 것이며 따라서 시간적·공간적 직관에 근거해 있는 수학이나 기하학의 선천적 종합판단의 필연성을 설명하는 것이 불가능하다. 그러나 시간과 공간이 외적 실재물이 아니라, 나의 내적 의식 특히 감성의 순수직관형식이라고 한다면 시간·공간은 만인의 의식 중에서 동일한 방식으로 작용하며 객관적 보편적 필연적으로 타당할 것이다. 따라서 수학이나 기하학의 선천적 종합의 가능성이 무리 없이 설명된다.

칸트는 순수수학에 있어서 선천적 종합판단이 어떻게 가능한가 하는 문제의 해결을 위해 감성능력을 분석함으로써, 결론적으로 시간과 공간의 「선험적 관념성」에 이르게 된다.

(2) 순수자연과학에 있어서 선천적 종합판단은 어떻게 가능한가

칸트는 흄의 인과율비판에 접하게 됨으로써 독단의 선잠에서 깨어나게 되었다고 고백하고 있거니와, 칸트의 「선험적 분석론」은 흄의 인과율비판에 대한 칸트의 답변이었다고 해도 과언이 아닐 것이다. 자연과학은 인과율에 근거해 있기 때문에 인과율의 보편타당성이 거부되면 자연과학은 성립불가능하다. 흄은 인과율을 논증적 인식에 귀속시키지 않고 추리적 인식에 귀속시켰다. 그런데 흄에 의하면 추리적 인식의 특징은 그 부정이 자기모순이 되지 않는다는데 있다. 이리하여 필연성의 근거를 오직 논리성에서만 발견하려 했던 그는 인과율의 보편타당성을 부정하기에 이른다. 그러나 칸트는 물리학에 있어서 모종의 선천적 종합판단이 현실적으로 존재한다고 믿었기 때문에, 흄처럼 인과율의 보편타당성을 부정할 수가 없었다. 우리는 여기에서 어떻게 순수자연과학이 가능한가 하는 문제를 간략하게 살펴보고자 한다.

칸트는 어떻게 순수수학이 가능한가 하는 문제의 해결을 위하여 시간·공간이 수용성으로서의 감성의 순수직관형식에 불과하다고 주장하였다. 칸트는 이제 어떻게 순수물리학이 가능한가 하는 문제를 해결하기 위하여 오성이라는 개념을 고찰한다. 「감관의 본분은 직관하는 일이요 오성의 본분은 사고하는 일이다.」[28] 사고작용은 인간인식의 자발적 능력으로서 감성이 직 관하기 위해서 그 형식이 필요하듯이, 오성이 사고하기 위해서도 역시 그 틀이 필요하다. 이 사고하는 틀을 칸트는 범주라고 한다. 그런데 범주는 아리스토텔레스의 경우에서처럼 경험에서 귀납하여 얻어진 개념이어서는 안된다. 왜냐하면 경험에 앞서서 시간과 공간이 우리 심성의 직관형식으로 존재함을 부인하면 사물이 직관의 대상으로서 우리에게 주어질 수 없듯이, 사고의 형식인 범주가 인간의 심성 속에 미리 존재하지 않는다면, 우리는 경험적 대상에 대한 객관적 인식을 획득할 수 없기 때문이다. 그런데 칸트의 관점에 의하면 현실에 있어서 우리의 지식을 확장시켜 주는 물리학적 인식이 있다. 따라서 오성의 범주가 미리 인간의 심성 속에 존재해야 한다. 「카테고리는 오성의 순수한 개념들로서 모든 가능적 대상의 인식을 선천적으로 제약한다는 점에서 대상일반의 개념 속에서 생각될 수 있는 그런 특성을 소유한 개념들이다.」[29] 칸트는 12개의 범주를 판단표에서 도출한다. 어떤 의미에서는 오성의 순수개념들인 범주가 인간의 심성 속에 이미 있다는 주장은 칸트가 모사설에 반대하여 구성설을 가정했을 때 이미 암암리에 내포되어 있었던 것이라고 할 수 있을 것이다. 따라서 오성의 순수개념들이 인간의 심성 속에 이미 있다는 주장이 어떻게 타당한가 하는 문제에 대해 칸트가 모사설로서 는 선천적 종합을 설명할 수 없고 구성설로서는 잘 설명되기 때문이라고 한다면 이것은 흔히 지적되고 있듯이 순환론법이 될 것이다.[30] 칸트는 이러한 예상되는 비판이 생겨나지 않도록 하기 위하여 범주의 「선험적 연역」의 문제를 다루지 않을 수 없었다.

칸트가 주장하고 있는 바 「내용(직관)이 없는 사고는 공허하고 개념이 없는 직관은 맹목」(B 75)이기 때문에 참다운 인식이 성립하기 위해서는 개념 즉 오성과 직관 즉 감성이 협동하지 않으면 안 된다. 그런데 칸트는 오성은 자발성의 능력이요 감성은 수용

---

28) Kant, *Prolegomena* (Verlag von Felix Meiner, 1957), S. 51.

29) 李南元, Kant의 〈先驗的 演繹〉에 있어서의 統一概念, 28쪽, 慶北大 大學院 哲學科 碩士學位論文, 1982.

30) 칸트의 「선험적 분석론」 부분에서의 순환논증시비를 해결하기 위한 방안으로서 칸트 「순수이성비판」을 이성 실험으로 해석하려는 경향에 대해서는 다음의 논문 참조바람. 金渭星: Kant의 先驗的 演繹과 Popper의 反證可能性, 특히 139~145쪽. 『哲學研究』 제35집, 한국철학연구회 1983. (慶北大 大學院, 博士學位論文, 83. 6)

성이다. 여기에서 우리는 다음과 같은 문제를 제기해 볼 수 있다. 감성이 시간·공간이라는 직관형식을 통하여 받아들인 감각적 잡다(雜多)에 어떻게 오성의 자발성이 작용할 수 있는가 하는 것이다. 오성이 자발성이고 감성은 단지 수용성에 불과하다면, 이 양자는 이질적인 것이요, 따라서 상호협동이란 어떤 의미에서는 원칙적으로 불가능한 것이 된다. 칸트의 인식론이 봉착하게 되는 최대의 난점이 여기에 놓여 있다. 칸트로서는 감성의 직관형식인 시간·공간과 오성의 순수개념인 범주들이 인간의 심성 속에 있다고 가정하는 것이 선천적 종합의 가능성을 잘 설명하기 때문에 그 가정이 옳다고 주장하는 것으로는 구성설의 진리성을 보증하기에는 불충분하다는 것을 알고 있었다. 그러한 설명은 순환의 오류에 빠진다. 구성설이라는 가정의 진리성은 그러한 가정 하에서만 경험에서 생겨나지 않은 오성의 순수개념인 범주들이 경험적 대상에 관계할 수 있으며, 적용될 수 있어서 내가 경험의 대상을 객관적·보편적·필연적으로 인식할 수 있다는 사실이 설명될 때에만 보장받게 된다. 이 문제가 곧 범주들의 선험적 연역이다. 칸트가 모사설의 가설을 배척한 이유는 바로 그 이론이 대상과 사유의 일치를 설명할 수 없다는 데 있었다. 그러므로 우리는 구성설의 입장에서 칸트에게 어떻게 대상과 사유의 일치가 가능한가 하고 들어보는 것은 당연한 질문이다. 칸트 역시 이 질문의 정당성을 인정하고 있으며(B 117), 그가 이 문제의 해결을 시도하려 했을 때 필연적으로 봉착하지 않을 수 없었던 것이 오성과 감성의 근본적 이질성에 내포된 문제였다. 만약 감성이 자신의 감각적 잡다를 오성의 범주라는 인식의 틀 속으로 집어넣는 역할을 한다면[31] 감성은 이제 더 이상 감성이 아니다. 그런 역할은 수용의 역할이 아니라 자발성(自發性)의 역할이기 때문이다. 거꾸로 수용성으로서의 감성이 의식 외부로부터의 물자체에 의하여 촉발됨으로써 수용하게 되는 감각적 잡다가 성립하는 바로 그 장면에서부터 오성이 동시적으로 작용하게 된다면 감성과 오성의 구분은 모호해질 것이다. 감성과 오성이 동시작용한다면 본질적으로 하나인 인간의 인식능력을 감성이니 오성이니 하는 말로 분해하는 것은, 설명의 편의상 용인된다 하더라도 분명히 설득력을 상실하게 될 것이다. 왜냐하면 감성과 오성의 동시작용이 용인되면, 결국 감성의 수용성 속에 오성의 자발성이 작용하게 되는 듯이 보이게 되며, 따라서 이것은 결합이 원리적으로 불가능한 두 이질성을 결

---

31) 이러한 표현은 지극히 도해적(圖解的)인 표현이어서 칸트의 의도를 오해할 수 있는 여지가 있다고 생각되지만, 단지 필자의 생각을 분명히 표현하기 위한 의도에서 이런 표현을 택했음을 밝혀 둔다.

합하는 것이 되어버리기 때문이다. 칸트는 이런 상황에서 감성과 오성의 이원론을 철저하게 관철시킬 수가 없었다. 이리하여 칸트는 결국 구상력(構想力)의 개념을 도입한다. 「감성과 오성이라는 양극단은 구상력의 선험적 기능을 매개로 하여 필연적으로 결합한다」(A 124)고 칸트는 말한다. 구상력에 대한 칸트의 설명은 결코 일관적이지도 않고 분명한 것도 아니지만, 칸트는 오성과 감성의 이원론을 끝까지 고집하지 않고 구상력의 개념을 끌어들였다. 칸트는 구상력의 개념으로써 감성과 오성의 결합을 시도했다. 「사유활동과 직관작용을 굳게 결합시키는 기능을 가진 것이 구상력이라는 이름으로 나타난다. 이 능력은 한편으로는 그것이 객관적 상(像)을 산출시키는 한에 있어서 직관의 요소를 지니고 있다. 그러나 다른 한편으로는 오성이 눈앞에 있는 대상들에 의해서 촉발되는 것을 기다리지 말아야 하는 한에 있어서 오성의 순수하고 자발적인 운동이 그 능력 속에서 보여진다.」[32] 그러나 구상력의 개념이 도입됨으로써 칸트는 결국 감성의 수용성 속에 이미 오성의 자발성이 작용하고 있는 듯한 감을 주지 않을 수 없게 되었다.

칸트는 이상의 방식으로 어떻게 오성의 순수범주가 대상에 적용되는가를 설명했다. 범주들의 「선험적 연역」을 시도한 뒤 칸트는 「원칙(原則)의 분석론(分析論)」에서 어떻게 자연과학에 있어서 선천적 종합판단이 가능한가 하는 문제를 최종적으로 해결한다. 「원칙의 분석론」에서는 범주들의 구체적 적용이 논해진다. 요컨대 칸트에 있어서 순수자연과학이 가능한 이유는 결국 인간이 자기의 심성 속에 가지고 있는 인식의 선천적 형식 곧 시간·공간과 범주 또는 원칙들을 대상 속에 집어넣어 생각하기 때문에 가능하다. 따라서 자연 속에 인과법칙이 있는 것이 아니다. 자연이 인과적인 것처럼 보이는 것은 단지 인간이 자신 속에 있는 「인과율에 따르는 계기의 원칙」을 자연 속에 집어넣어 생각하기 때문이다. 「가능적 경험의 원칙은 동시에 또한 자연의 선천적으로 인식될 수 있는 보편적 법칙이다. 이래서 우리가 당면한 둘째 물음에 어떻게 순수자연과학이 가능하냐에 포함되어 있는 과제는 해결된 것이다.」[33]

(3) 어떻게 형이상학은 가능한가

칸트는 인식론적 코페르니쿠스적 전회에 의하여 수학과 자연과학의 성립가능성을

---

32) F. Kaulbach, *Immanuel Kant*, S. 143.
33) Kant: *Prolegomena*, S. 62~63.

설명했다. 그러면 선천적 종합판단이 어떻게 가능한가 하는 문제의 해결에 형이상학의 존망이 달려 있다(B 19)고 한 칸트의 말에 따라, 이제 학으로서의 형이상학의 성립가능성이 설명되어야 한다. 그러나 기이하게도 칸트는 수학과 물리학의 성립가능성 문제는 주제적으로 다루었으면서도 학으로서의 형이상학이 어떻게 가능한가 하는 문제의 해결을 위해 『순수이성비판』에서 특별히 지면을 할애하여 다루지 않고 있음을 발견할 수 있다. 그 대신 우리가 발견하게되는 주장은 돌연 물자체는 인식할 수 없다는 것이다. 이리하여 신 칸트학파의 인식론적 해석은 칸트가 학으로서의 형이상학은 성립불가능한 것으로 간주한 것이라고 단정하게 된다. 그러나 칸트가 수학과 물리학이 어떻게 학으로 성립할 수 있는가 하는 문제에 후속해서, 어떻게 학으로서의 형이상학이 성립할 수 있는가 하는 문제를 다루지 않은 것은, 그가 수학이나 물리학의 가능근거를 제시하는 일 그 자체를 형이상학으로 이해했기 때문이다. 즉 경험일반의 가능근거를 제시하는 일이 곧 형이상학인 것이다. 이 형이상학이 소위 「첫째 부문의 형이상학」이요 또 「경험의 형이상학」이며 「자연의 형이상학」이다. 따라서 칸트는 순수수학과 물리학의 가능근거를 제시한 뒤에 별도로 형이상학의 가능근거를 제시할 필요가 없었다. 칸트는 범주의 「선험적 연역」을 위하여 많은 노고를 치루었다고 술회하고 있거니와 왜 그토록 많은 노고를 치루었던가 하는 것은 「칸트 가 분석론을 학적으로 정초된 형이상학으로 간주했다는 사실을 이해할 때만 … 정당하게 이해되는 것이다.」[34]

칸트에 의하면 수학 기하학 물리학은 오성의 학이요, 철학은 이성의 학이다. 철학적 인식이 개념에 의한 인식이라면 수학적 인식은 개념의 구성에 의한 인식이다(B 741). 철학이 추리적이라면 수학은 직관적이다.[35] 철학은 보편자 속에서 특수자를 보나, 수학은 특수자 속에서 보편자를 본다(B 742). 철학은 자연과학과도 다르다. 철학은 자연에 관한 학문(Physik)이 아니라, 그런 학문의 가능성을 근거지운다는 의미에서 자연에 관한 학문을 넘어선 학문 즉 meta의 학(형이상학)이다.[36]

칸트가 학으로서의 형이상학의 가능성을 어떻게 이해하고 있는가 하는 문제는 난해한 문제이지만, 칸트가 수학적 인식과 철학적 인식의 차이를 논하는데서, 이 문제의 해

---

34) 文成學, 「Kant 哲學의 Kopernicus的 轉回에 대한 考察」 67쪽, 경북대학교 대학원 철학과 석사 학위논문, 1983.

35) Kant, *Prolegomena*, S. 32.

36) 칸트가 사용하고 있는 〈형이상학〉이란 말의 의미는 넓은 뜻에 있어서 오늘날 우리들이 사용하고 있는 철학이라는 말과 거의 비슷하다. (金渭星, 앞의 논문, 139쪽, 주) 25 참조).

결을 위한 실마리를 구할 수 있을 것으로 생각된다.

전술한 바와 같이 칸트에 의하면「철학적 인식은 개념에 의한 인식이요, 수학적 인식은 개념의 구성에 의한 이성의 인식이다. 개념을 구성한다는 말은 개념에 대응하는 직관을 선천적으로 그려낸다는 뜻이다」(B 741). 칸트의 이 표현에서 우리는 칸트가 철학적 인식의 특징으로 이해하고 있는 바가 무엇인지를 알 수 있다. 즉 철학자는 개념에 따르는 길을 취하고 수학자는「개념에 합치하여 선천적으로 현시하는 직관에 따르는 길을 취하기 때문에」(B 745), 예컨대 삼각형을 철학적으로 사고한다는 것은 헛수고가 된다. 삼각형에 관해 새로운 지식을 획득하기 위해서는 직관의 도움이 필요하기 때문에 개념에 의한 추리적 인식 즉 철학적 인식으로써는 삼각형에 대한 새로운 지식을 획득할 수 없다. 그러나「순전히 개념에 의하는 선험적 종합도 있고 철학자만이 이런 종합에 도달한다」(B 747).

칸트의 이러한 표현에 따르면, 철학적 인식의 특징은 곧 선험적 종합에 의한 인식이 된다. 칸트는 여기에서「선험적 종합」이라는 용어를 사용하고 있지만 이에 대한 자세한 설명은 제시하지 않고 있다. 그런데 칸트에 있어서 철학적 인식이란 곧 최광의의 형이상학적 인식이기 때문에 형이상학적 인식의 특징이 곧 선험적 종합에 의한 인식이라는 것이 된다.

이러한 관점에서 본다면, 형이상학이 학문으로 성립할 수 없으며, 그 근거로써 형이상학이 수학이나 물리학에서와 같은 선천적 종합명제를 소유할 수 없다는 사실을 제시하고 있는 신 칸트학파의 칸트 해석은 잘못이 될 것이다. 오히려 칸트에 따르면 선천적 종합판단의 가능근거를 제시하는 일이 곧 형이상학의 과제인 바, 이 과제가 성공할 수 있기에 학의 안전한 길에 들어선 형이상학이 성립할 수 있는 것이요, 이렇게 하여 성립된 형이상학 즉 첫째 부문의 형이상학은 곧 선험적 종합에 의한 인식이 될 것이다.

7. 도덕형이상학에의 길

칸트는「순수이성비판」에서는 수학과 물리학이 어떻게 가능한가라는 문제를 다룬 뒤에「형이상학일반은 어떻게 가능한가」또는「학으로서의 형이상학이 어떻게 가능한가」

하는 문제를 주제적으로 다루지 않았으나, 「순수이성비판」의 난해함에서 야기되는 여러 가지 문제점과 오해를 제거하기 위하여 *Prolegomena*를 출간했을 때에는 이 두 문제를 주제적으로 다루고 있다. 칸트가 「형이상학일반은 어떻게 가능한가」하는 문제로 다루는 내용들은 곧 「순수이성비판」의 「선험적 변증론」의 주제들이다. 즉 영혼의 문제, 세계의 문제, 신의 문제가 그것이다. 칸트의 견해에 따르면, 이 세가지 주제들은 이성의 선험적 사용에서 귀착되는 최후의 대상들이라고 한다(B 826). 그러면 이러한 대상들에 대해 우리는 어떤 형이상학적 인식을 획득할 수 있는가. 칸트에 의하면, 물자체는 불가인식적 (不可認識的)이기 때문에 이러한 것들에 대한 형이상학적 인식이 불가능하다는 것이 충분히 예상될 수 있음에도 불구하고 새로이 신, 세계, 영혼에 관한 형이상학의 가능성 여부를 묻는 이유는 어디에 있는가. 그것은 칸트가 물자체의 실재성을 주장하려 했기 때문인 것이다. 특히 이율배반론에서 물자체는 「가상(假象)을 폭로하는 무기」[37]가 된다. 물자체가 가상을 폭로하는 무기가 되기 위해서 물자체는 가상으로부터 현상을 구분시켜 주는 것으로서 그 존재가 인정되지 않으면 안된다. 칸트에 의하면 순수이성의 이율배반은 모두 네 개가 있다. 그 중 무한대의 이율배반과 단순체의 이율배반인 제1, 제2이율배반의 경우 칸트는 현상에서의 양(量)의 절대적 완전성으로서의 세계는 물자체가 아니라 이념에 불과함을 지적함으로써(B 532) 현상세계는 인간의 의식에서 독립하여 존재하는 것이 아님을 즉 물자체가 아님을 논하며, 이를 근거로하여 정립과 반정립 둘 다 틀렸다고 결론 짓는다. 전체로서의 현상세계-이것은 하나의 이념이다-가 물자체가 아니기 때문에 세계가 공간상 유한하다거나 무한하다거나 하는 것은 잘못(B 533)이라고 서술하고 있다.

칸트는 수학적 이율배반의 이와 같은 해결을 통하여 물자체의 실재성을 다시금 강조한 뒤, 역학적 이율배반의 해결을 통하여 물자체를 적극적으로 주장하기에 이른다. 역학적 이율배반은 칸트의 설명에 따르면 보는 관점에 따라 둘 다 정당할 수 있다고 한다. 이리하여 특히 제3이율배반의 경우 자연필연성은 현상계에, 자유는 가상계에 타당하다고 함으로써(B 559) 도덕의 형이상학을 위한 터전을 마련하게 된다. 이런 관점에서 볼 때 이율배반을 해결하는 방식 속에 칸트철학의 진정한 의도가 드러나게 된다고 할 수 있을 것이다.

---

37) 金鍾文, 「Kant에 있어 理性의 자유」, 64쪽. 『哲學研究』第35輯, 한국철학연구회, 1983. (慶北大學校 大學院 博士學位論文, 82)

칸트가 경험의 형이상학에서 「도덕의 형이상학」에로 이행하기 위하여 「변증론」이라는 다리를 사용하지만, 이 「변증론」의 의도는 일반적으로 이해되고 있듯이, 단순히 초월적 사변형이상학의 불가능성을 「선험적 분석론」에 이어 재확인(재음미)하는 역할만을 가지고 있는 것이 아니라(둘째 부문의 형이상학), 물자체의 실재성을 확인하여, 그 위에 도덕의 형이상학을 구축하기 위한 의도를 동시에 가지고 있는 것이다. 여기에서 우리는 칸트철학의 근본에 가로놓여 있는 이중구조를 보게된다. 즉 「순수이성비판」의 전반부가 가지고 있는 이중적 역할에 평행하는 후반부의 이중구조이다.

물론 우리는 칸트가 「경험의 형이상학」 즉 「자연의 형이상학」에서 「도덕의 형이상학」에로 이행해감에 있어서 노출되고 있는 많은 문제점들을 제시할 수 있을 것이다.[38] 그러나 본고에서는 그러한 문제점들을 일단 보류해두고, 칸트가 「경험의 형이상학」에서 「도덕의 형이상학」에로 이행해가는 과정을 다음과 같이 이해해 보고자 한다.

우리는 앞서 칸트가 역학적 이율배반과 수학적 이율배반을 구분하는 것에 대해 간단히 언급했다. 논자들은 이러한 구분의 임의성에 대하여 흔히들 말하고 있치만, 이 구분은 칸트철학에 있어서 대단히 중요한 의의를 가지고 있으며, 결코 임의적인 것이 아님을 알 수 있다. 더 나아가서 그 해결방식 즉 수학적인 것은 정립과 반정립 둘 다 틀렸고, 역학적인 것은 정립과 반정립 둘 다 옳다는 결론 역시 자의적이고 설득력이 없다고 논자들은 말하고 있으나, 확실히 이러한 비판은 인식론적 입장에서 보는 한에서 타당하다고 할 수 있을 것이다. 그러나 칸트사상의 근본의도를 전체적 입장에서 이해한다는 관점에서 볼 때는 그러한 문제점을 호의적으로 이해해 줄 수 있는 측면이 있다. 즉 수학적 이율배반의 해결방식은 이론이성의 입장에서의 해결이요 역학적 이율배반의 해석은 실천이성의 입장에서의 해결이다. 그러면 칸트가 실천이성을 도입하는 근거는 어디에 있는가 라고 물어볼 수 있다. 바로 이 문제에 답함에 있어서 제3이율배반의 중요성이 부각된다. 칸트는 제3이율배반의 경우 무제약자(無制約者)를 추구하는 이성의 능력 속에서 이성의 선험적 자유라는 중대한 개념을 발견하게 된다. 「선험적 의미의 자유란 세계의 사상(事象)들을 발생시키는 특수 종류의 원인성이요, 한 상태와 이 상태의 계열의 결과를 단적으로 시작하는 능력」(B 473)으로서, 이 자유를 인정하지 않으면, 현상의 인과계열은 최초항의 존재가 없이 존재하게 되는 수수께끼에 빠지게 된다. 그렇다고 하

---

38) 이에 대해서는 다음의 논문 참조 바람. 李南元, 「Kant의 「二律背反論」에 있어서 선험적 觀念論의 役割」 특히 89~92쪽 참조. 『哲學』第37輯, 大韓哲學會, 1984.

여 제3이율배반의 경우 정립과 반정립이 둘 다 틀렸다는 식의 해결을 볼 수도 없다. 이러한 수학적 이율배반의 해결방식이 역학적 이율배반의 해결에 적용될 수 없는 이유는, 제3이율배반의 경우 그 반정립의 주장, 즉 현상계에 있어서의 인과법칙의 필연성은 「경험의 형이상학」에서 확립된 진리이기 때문이다. 그러면 반정립만이 옳고 정립은 틀렸다고 주장할 수 있을까. 결코 그럴 수는 없는 일이다. 이러한 상황에서 칸트는 이성이 선험적 자유를 가지고 있다는 점에 착안하여 이성을 이론이성과 실천이성으로 구분하며, 정립과 반정립 둘 다 옳다는 결론을 내리게 되는 것이다. 자유란 본질적으로 이론적인 것이 아니고 실천적이라는 사실이 이론이성과 실천이성을 구분하는 칸트의 태도를 정당화시켜준다. 이제 이성은 경험대상을 그 Sosein(內容存在)에 있어서 구성하는 이론이성일 뿐만 아니라 자유의 주체로서의 실천이성이기도 하다. 이런 관점에서 이해하게 될 때 수학적 이율배반과 역학적 이율배반의 해결방식의 교환가능성을 말한다는 것은 칸트의 근본의도를 이해하지 못하고서 하는 말이 되어버릴 것이다. 이성이 이론적인 것과 실천적인 것으로 분리됨으로써 인간의 형이상학적 충동은 이론적으로는 물자체라는 한계선에 의하여 통제받게 되지만 실천적으로는 오히려 물자체의 개념에 근거하여 적극적인 것으로 받아들여지게 된다. 이것이 칸트가 형이상학에서 이룩한 진정한 혁명이 될 것이다. 형이상학은 이제 사변적이기를 그만두고 실천적이어야 한다는 사상 속에서 우리는 칸트철학의 현대적 의의를 찾아볼 수 있을 것이다.

형이상학적 충동의 주체인 이성은 그 본성이 자유이며, 물자체 역시 현상의 기계적 인과성의 배후에 있다는 의미에서 자유이다. 물론 이때의 자유는 인식의 대상이 아니다. 그러나 현상계에 도덕율이 있다는 엄연한 이성의 사실(Faktum der Vernunft)[39]을 설명하기 위하여 자유는 가정되지 않으면 안 된다. 이리하여 칸트는 「분석론」에서 소극적으로 이해되었던 물자체의 개념을 적극적으로 받아들인다. 「우리가 사물의 직관방식을 무시함에 의해서 가상체(可想體)를 우리의 감성적 직관의 객체가 아닌 사물이라고 이해한다면 이런 사물은 소극적 의미의 가상체이다. 그러나 우리가 가상체를 비감성적 직관의 객체라고 이해한다면 …… 이런 가상체는 적극적 의미의 가상체다」(B 307).

칸트는 제3이율배반의 해결에서 자유의 개념을 구출하고, 이 개념을 다리로 하여 이론철학에서 배척되었던 신, 영혼의 이념이 차례로 구제된다.

---

39) Vgl. Kant, *Kritik der praktischen Verrnunft* (Verlag von Felix Meiner, 1974), S. 36f.

8. 결언

「순수이성비판」은 전체적으로 보았을 때 하나의 웅대한 건축물에 비교될 수 있을 것이다. 이 작품은 철학사적으로는 경험론과 합리론 간의 대립을 조정하려는 작품이요, 칸트 개인으로서는 자연에 대한 인간의 인격성(人格性)을 확보하려는 정신적 투쟁의 작품이라고 볼 수 있을 것이다. 우리는 칸트철학의 표면에 나타나 있는 참뜻을 이해하기 위해서는 항상 그 저류에 흐르고 있는 칸트의 인격을 감지해야 할 것이다.

칸트는 「순수이성비판」의 전반부에서 경험론에다 잠정적 승리를 안겨주고 후반부에서 합리론의 패배를 위로하고 「실천이성비판」에서 합리론자들에게 최종적인 승리를 안겨다 준다. 그러나 칸트는 합리론자가 자신의 승리에 도취되어 자만할 수 있는 근거를 제거하여 겸손하게 만들었다. 「실천이성비판」은 곧 도덕적 신앙에의 길이기 때문이다. 「나는 신앙에 양보하기 위하여 지식을 버려야 하였다」(B XXX).

칸트는 「순수이성비판」 초판 「머리말」에서 인간의 숙명적 고뇌를 말한다. 칸트의 최종적 결론에 의하면 그 고뇌는 이론에 의해서가 아니라 실천에 의해서 해결가능하다는 것이다. 테오리아(Theoria)에 대한 프락시스(Praxis)의 우위, 그 우위들어 버린 배후에 숨어 있는 철학적 사유의 근본동기 역시 인간을 기계적 필연성의 희생물이 되는 것으로부터 구출하기 위함이었음을 알 수 있다. 만약 일치가 스피노자식의 필연이라면, 인간의 도덕이 구출될 수 없다. 그러나 칸트 시대의 자연과학은 분명히 자연계의 필연성이 부정될 수 없음을 말해주고 있다. 그러면 인간의 자유는 어디에서 확보될 수 있는가. 그 방법은 필연의 법칙에 종속되어 있는 자연계는 현상에 불과하다고 봄으로써만 가능하다. 자연계가 현상이 되기 위해서는 시간·공간은 선험적 실재물이 아니라 관념적인 것이 아니면 안 된다. 그럴 때에만 물자체가 자유로운 것으로 확대되며, 물자체로서의 세계 즉 가상계는 인간의 도덕적 결단을 위한 발판이 되는 것이다. 요컨대 인간의 도덕이 구출되기 위해서는 오성의 내재적 원칙이 초월화 되어서는 안 된다. 오성의 내재적 원칙이 초월적으로 사용되면 스피노자에 있어서처럼 「숙명론」이라는 형이상학적 입장이 생겨나 인간의 자유가 부정되게 된다.[40] 칸트는 자기 시대의 발전해가는 자연과학에 의

---

40) 全在元, 「Kant에 있어서 선험적 가상과 선험적 理念의 문제」, 7쪽 참조. 경북대학교 대학원 철학과 석사학위논문, 1982.

해 인간의 자유가 파괴되는 것을 방지하려 했다. 자연의 기계적 인과성만이 존재하게 되면, 「자유와 동시에 도덕은 … 자연의 기계성을 위해 자리를 내어주어야 한다」(B. XXIX)는 것이 칸트의 염려였다. 따라서 우리는 하임수트(H. Heimsoeth)와 같이 칸트를 「예지적 자유계의 형이상학자」(Metaphysiker der intelligiblen Freiheitswelt)로 해석할 수 있을 것이다.[41]

---

41) G. Funke: *Der Weg zur ontologischen Kantinterpretation*, Kant-Studien(Bonn 1971), S. 455.

칸트철학에서 이론과 실천의 문제

강영안(계명대)

1. 이론과 실천: 문제의 확인

(1) 반성개념으로서의 '이론'과 '실천'

이론과 실천의 문제는 철학에서뿐만 아니라 일상생활에서도 중요한 문제이다. 만일 이론이 실제적인 결과와 다르다면 그 이론을 신빙할 것인가, 아니면 이론을 다시 수정해서 바라는 바의 실천을 유도할 것인가? 대개의 이른바 '실천가'들은 이론보다는 오히려 실제 현실을 택할 것이고 실제 현실을 설명하고 바꾸는데 유용한 이론을 참된 이론으로 받아들일 것이다. 그러나 조금만 더 깊히 생각해 보면 '이론'과 '실천'이란 말 자체가 한 사물이나 사태를 단적으로 지칭하는 말이 아니라 사태 연관을 반성하고 그 관계를 해명하는 반성개념이라는 것을 알 수 있다. 실제 현실을 더 중시하는 사람들이 말하기 좋아하는 "이론은 옳지만 현실은 그렇지 않다"는 말도 어느 정도 반성적인 요소가 없는 것은 아니지만 이러한 언표는 이론의 불충분성, 이론의 적용 불가능성 등을 지칭할 뿐 이론과 실천의 관계가 왜 문제시되는가를 노출하고 그것을 철저히 해명하기보다 오히려 이론적 반성을 은폐하고 손쉽게 현실적인 요구에 순응하게 만든다.

철학하는 사람들도 일상인들과 마찬가지로 '자연적인 태도'로 이론과 실천의 관계를 보는 경우가 허다하다. 실천은 이론과 상관없이, 이론과 떨어져서 저기 저 밖에 따로 존재하고 이론은 그것을 기술하고 그것에 적용되기 위한 하나의 지적인 노력이라고 보는 것이다. 이러한 '자연적 태도'는 우리가 말하는 '실천'이 언제나 하나와 이론적 반성의 결과임을 간과한다. '실천'은 그것이 자연과학적 이론이 적용되는 자연 현실이든 혹은 윤리적 이론이 관계하는 도덕적 현실이든 간에 그 자체로 존재하는 '실체적인' 현실이 아니라 일정한 이론을 통해 비쳐지고 그 이론을 통해 확인되며 파악되는 현실이란 사실을 간과하는 것이다. 이론과 실천은 다같이 '이미 만들어진 것', '이미 존재하는 것'이 아니라 현실 가운데서 방향을 설정하고 의미를 부여하며 책임있게 행동하려는 인격적인 주체인 인간의 반성행위와 밀접한 관계가 있다.

(2) 이론과 실천의 관계에 대한 논쟁에서 칸트의 위치

칸트는 근대철학자들 중에서 누구보다도 예리하게 이 점을 꿰뚫어 보았고 그의 철학적인 저작은 크게 볼 때 이론과 실천의 관계에 대한 새로운 철학적 반성의 산물이라 하겠다. 이론과 실천의 관계에 대한 칸트의 논의는 철학사적으로도 중요한 의미를 가지고 있다. 헤겔과 맑스를 통해 철학의 근본과제 중 하나로 설정된 〈이론과 실천의 통합〉은 자본주의의 발생으로 인한 사회 변동과 불란서 혁명을 사회적, 실천적 지반으로 출발하지만 철학적 사유의 전통에서 볼 때 사실상 칸트철학에서 그 이론적 단초를 찾아볼 수 있다. 독일철학에서 이론과 실천의 관계에 대한 논쟁은 칸트가 1793년 『베를린 월간지』(Berlinische Monatschrift) 9월호에 「이론은 옳을 수 있지만 실천에는 아무 소용이 없다'는 속설(俗說)에 관하여」라는 글을 발표한 것이 계기가 되어 시작되었다.[1] 이 칸트의 이 글에 대해서, 한때 그의 제자였던 겐츠(Friederich Gentz)가 「이론과 실천의 관계에 대한 칸트 교수의 논의에 붙이는 글」을 그 해 같은 잡지에 발표하여 칸트의 정치 이론에 대해서 반대 의견을 내놓았고, 다시 그 이듬해 2월 하노버의 정치가며 불란서 혁명의 반대자였던 레베르그(August Wilhelm Rehberg)가 「이론과 실천의 관계에 관하여」를 발표하여 칸트를 공격하였다. 이어서 그 당시 철학의 대중화의 기수였던 가르베(Christian

---

1) I. Kant, *Ueber den Gemeinspruch: Das mag in der Theorie richtig sein. taugt aber nicht fuer Praxis*(이하 Gemeinspruch로 약칭). *Berlinische Monatschrift*. September 1793, pp.201-284. 이론과 실천의 문제를 두고 일어난 논쟁에 관해서 *Kant. Gentz. Rehberg. Ueber Theorie und Praxis*. Einleitung von Dieter Henrich. Frankfurt a.M. Suhrkamp, 1967에 실린 헨리히의 글 참조.

Garve)가 레베르그에 대한 논평을 썼다.[2] 칸트가 이론과 실천의 관계에 관해 글을 쓰게 된 동기는 도덕법과 인간의 행복을 구분하는 자기의 이론에 대해서 "머리로는 이해가 가지만 이 구분을 바라고 추구하는 마음은 내 속에서 찾아볼 수 없다"[3] 가르베의 혹평 때문이었다. 그의 이론이 단지 철학자들뿐만 아니라 일반 대중들에게까지 영향을 미치길 바랐던 칸트에게는 더욱이 혁명의 시대인 그 당시에 자기 이론의 공소성이 지적된다는 것은 커다란 아픔이 아닐 수 없었다.[4] 칸트는 비판철학의 정신을 바탕으로 실천철학의 한계 내에서 문제가 될 수 있는 개안의 윤리와 정치, 국제 관계에서의 이론과 실천의 관계를 다룸으로써 그 이후 독일철학의 한 중요한 주제를 철학의 장에 불러들인 셈이다. 칸트의 이 글은 주로 '실천에 관한 이론'의 정당성의 관점에서 도덕과 법, 그리고 국제 관계에서 이론의 위치를 논의하는 것이었다.

(3) 이론과 실천의 관계에 관련된 세 가지 문제

이론과 실천의 문제에 직면해서 다음과 같은 세 가지 질문을 던짐으로써 칸트철학에서 어떤 방식으로 문제를 풀어갔는가를 구조적으로 이해할 수 있겠다.

1) 이론의 정당화 문제: 세계 내에서 정위하는 인간의 지적 노력은 순수 이론을 지향하는가? 혹은 실천을 지향하는가? 프락시스의 이론이 아닌 이론은 이론으로서의 정당성을 상실하는가? 즉 모든 이론은—수학적 논리적 자연과학적 이론조차—실천을 위한 이론일 경우, 다만 그 경우에만 정당화될 수 있는가? 이것은 이론의 정당화 문제이다. 칸트가 「이론은 옳을 수 있지만 실천에는 아무 소용이 없다'는 속설에 관하여」라는 글을 발표하게 된 동기도 이론의 정당화 문제와 직결된 것이었다.

2) 이론 선택의 문제: 순수 이론(pure theory)과 실천 중심적 이론(praxis-oriented

---

2) Christian Garve의 글은 헨리히가 편집한 위의 책, pp.131-159 참조.
3) Chr. Garve, *Versuch ueber verschiedne Gegenstaende aus der Moral und Literatur.* 인용은 칸트의 위의 글 A222.
4) D. Henrich, *Kant. Genz. Rehberg*, pp.10-13. P.von Oertzen, "Kants《Ueber den Gemeinspruch》und das Verhaeltnis von Theorie und Praxis in der Politik", *Materialen zu Kants Rectsphilosophie.* Zwi Batscha(hrsg.) Suhrkamp, 1975. p.403 이하 참조.

theory) 중에 어떤 이론을 선택해야 하는가? 양자 중에 어떤 이론을 선택하느냐 하는 것은 이론의 성격 자체보다 근본적으로 인간의 삶의 목적이 무엇이냐는 물음과 직결되어 있다. 이것은 순수 논리적, 인식론적인 문제가 아니라 인간학적인 문제이다. 인간의 삶의 목적이 순수 이론을 구성하고, 현실과 세계의 구조를 이해하는 관조적 삶을 지향하는 것으로 보는가? 또는 인간의 삶의 목적이 지적인 행위에 있지 않고 지적인 차원을 벗어나 가령, 쾌락, 행복, 정의로운 삶, 평화로운 삶에 있는 것으로 보는가? 이 양자 사이의 선택이나 이 양자를 어떤 방식으로 조화시키는 것은 이론 선택의 원리와 직접 관련이 있는 것이다.

3) 이론과 실천의 통합 문제: 이론과 실천에 관련된 세 번째 질문은 자주 거론되는 이론과 실천의 통합의 문제이다. 만일 이론과 실천이 일치해야 한다면 이 일치는 어떤 방식으로 가능한가? 이론이 곧 실천이고 실천이 곧 이론인가? 만일 실천이 곧 이론이어야 한다면, 다시 말해, 이론이 비인식적인 행위라면 이 때 이론을 어떻게 이해해야 하는가? 혹은 이론과 실천은 근본적으로 다른 성격을 띠고 있다는 가정하에 역사적, 사회적 현실 가운데서 실천적 행동을 통해 일치된다고 보아야 하는가? 다시 말하자면 역사·사회적 실천은 이론과 실천의 일치를 위한 매개적, 중재적 행위로 볼 수 있는가?[5]

2. 이론은 그 자체로 정당화될 수 있는가?

(1) 이론의 정당화에 관한 세 가지 모형

1) 하버마스는 1965년 프랑크푸르트대학 교수 취임 강연에서 근대 이전의 서양철학에서 이론 추구의 정당성을 주장한 전형으로서 피타고라스적 전통의 예를 들고 있다.

---

5) 여기서 제기하는 질문에 해답을 찾는 것이 이 글의 목적은 아니다. 어떤 경우에 간접적으로 답을 찾을 것이다. 첫 두 질문은 N. Wolterstorff를 통해서 명시적으로 정형화된 것이다. N. Wolterstorff, *Reason within the Bounds of Religion*, Second edition. Grand Rapids, Michigan: Eerdmans. pp.117-143 참조.

"테오리아란 말은 종교적인 기원을 가지고 있다. 테오로스는 희랍의 도시들에서 공동 축제의 대표로 뽑아보낸 사람이었다. 테오리아를 통해, 즉 관조하는 것을 통해 테오로스는 거룩한 사건에 그 자신을 맡겨버린다. 철학적 언어사용에서 테오리아는 우주를 바라보는 것(der Anblick des Kosmos)을 의미하게 되었다. 우주를 바라보는 것으로서의 테오리아는 희랍의 존재론의 기초인 존재와 시간 사이의 경계 설정을 이미 전제하고 있다. 이 경계 설정은 파르메니데스의 시에서 나타나며 플라톤의 〈티마이오스〉에서 다시 나타난다. 존재와 시간을 나누는 희랍의 존재론에 의하면 영원과 확실성의 영역은 곧 '로고스'의 영역이고 시간적이고 불확실한 영역은 '독사'의 영역이다. 철학자가 우주의 불변하는 질서를 관조할 때 자연의 운동과 음악의 화음에서 볼 수 있는 일정한 비례에 맞추어 자기의 삶을 조정하지 않을 수 없다. 철학자는 자연의 조화를 모방(Mimesis)함으로써 자기 자신을 형성한다. 영혼이 우주의 운동을 닮아갈 때 테오리아는 곧 삶의 행위 속에 침투한다."[6]

이론추구는 우주의 불변하는 질서를 관조함으로써 자연의 운동과 조화에서 삶을 영위하고 조정할 수 있는 모형을 발견하고 이것을 통해 인간의 자기 개선과 완성을 가져올 수 있는 한 정당화된다. 다시 말하자면 이론은 개인의 인격적 개선과 도덕적 완성을 가져올 수 있기 때문에, 그리고 그러한 결과를 가져올 수 있는 한 그 가치가 인정될 수 있다고 보는 것이다. 이와 같은 모형은 피타고라스가 최초로 천명했기 때문에 '이론의 피타고라스적 정당화'라고 부른다.[7]

2) 우리는 베이컨에서 피타고라스적인 정당화와 구별되는 전통을 찾아 볼 수 있다. 베이컨의 유명한 '앎은 곧 힘'이란 말이 시사하듯이 이론과 지식의 가치는 그것이 행사할 수 있는 힘에 있다. 이 힘은 인간을 에워싸고 있는 주변세계에 대한 힘, 즉 자연을 지배할 수 있는 힘이다. 다시 말하자면 이론의 인식적 결과는 환경(주변세계)을 인간의

---

6) J. Habermas, *Technik und Wissenschaft als Ideologie.* Frankfurt a.M, Suhrkamp, 1981, pp.146-7. 하버마스는 피타고라스적 모형이 서양의 전형적인 이론의 정당화 모형인 것처럼 강조하고 다른 모형에 관해 언급하지 않는다.

7) N. Wolterstoff, 앞의 책, p.118 이하.

욕망과 욕구에 적합하게 변형하는 것이다. 지식이란 여기서 이론적 관조와 체계의 형성으로서 가치를 지니는 것이 아니라 주변세계를 변형하는 행동으로 정당화된다. 베이컨적인 정당화는 이론적 지식의 추구가 지식외적인 유익에 기여한다는 점에서 피타고라스적 정당화와 일맥상통하지만 지식외적인 유익이 무엇인가에 대해서는 차이가 있다. 피타고라스는 이론적 지식을 얻음으로써 개인의 인격이 도덕적으로 고양된다고 생각한 반면 베이컨은 환경을 바꿀 수 있는 힘을 얻는다고 생각했다.[8]

3) 피타고라스와 베이컨의 정당화 모형은 이론이 이론외적인 결과를 가져올 수 있을 때, 그때만이 이론추구가 정당화된다고 보는 것이라면 제3의 정당화 모형(이것은 일찍이 플라톤, 아리스토텔레스에게서 찾아볼 수 있다)은 이론자체가 내적인 가치를 가지고 있다고 보는 것이다. 그러나 어떤 사람이 이론적 지식의 소유가 내적인 가치를 지닌다고 주장한다고 해서 그러한 지식이 모두 동등한 가치를 가진다고 보는 것은 아니다. 아우구스티누스와 아퀴나스는 다 같이 영원한 것을 아는 것은 일시적인 것을 아는 것보다 더 값지다고 주장했다.[9]

여러 가지의 철학적 차이와 시대적 거리에도 불구하고 칸트는 플라톤이나, 아리스토텔레스, 아우구스티누스, 아퀴나스의 전통에 서서 이론의 내적가치를 내세운 셈이고 이론적 탐구는 그 자체로 정당화될 수 있다고 믿었다. 이론은 그것이 가져 올 수 있는 어떤 결과 때문이 아니라 바로 그 자체로 추구할만한 가치가 있다고 본 점에서는 전통적인 견해와 일치한다. 그러나 칸트와 가령, 아퀴나스 사이에는 차이가 있다. 첫째로, 지식의 우열은 지식의 대상에 의하여 결정되는 것이 아니라 지식의 형식에 의해 결정된

---

8) 맑스의 유명한 포이어바하에 관한 11번째의 논제는 사실상 근대적인 '이론' 이해에 비추어 보아야한다. 이미 베이컨이나 데카르트는 이론(적어도 자연에 관한 이론)의 세계 변혁성을 지적했다고 하겠다. 베이컨과 홉스, 흄의 경험론적 전통에서 이론과 실천의 문제에 대한 논의는 Siegfried Dangelmayr, *Die Philosophische Interpretation des TheoriePraxis-Bezugs Bei Karl Marx und ihre Vorgeschichte*. Meisenheim am Glan: Anton Hain, pp.63-107 참조. 특히 베이컨에 대해서 Nathan Rotenstreich, *Theory and Practice. An Essay in Human Intentonalities*. The Hague: Martinus Nijhoff, 1977, pp.29-38 참조.

9) 아우구스티누스는 지혜와 지식을 구별하여, 지혜는 영원한 것에 대한 인식이고 지식은 시간적인 것에 대한 인식이라고 말하면서 전자가 후자보다 우위에 있다고 주장한다.(de Trinitate, xii, 15). 토마스 아퀴나스도 아우구스티누스와 같은 노선에서 지혜는 최고 원인인 하나님을 대상으로 하기 때문에 다른 지식보다 위대하다고 말한다(*Summa Theologica*, IIa, q.66, art.5).

다. 이것을 칸트는 설명의 완전성과 체계적 동일성이라고 생각하였다. 하나의 지식은 그 설명이 너 완전하고, 더 체계적일수록 보다 나은 지식이다. 둘째로, 학자의 최종목적은 하나님에 대한 지식에 도달하는 것이라고 아퀴나스는 생각했다. 이 지식은 타인에게 전달될 수 있고 타인에게 가르칠 수 있지만 학자 개개인의 목적은 자신이 바로 이 최고의 지식을 소유하는 것이다. 그러나 칸트에게서는 이론적 지식의 완전성과 체계적 동일성은 학자 개개인으로서 이루어지는 것이 아니라 학자들의 공동과제이다(학자는 여기서 개인이기보다 지식공동체의 일원이다). 따라서 개인이 모든 지식을 소유할 필요가 없고 다만 커다란 이론적 건축물을 짓는 일에 각자가 기여할 뿐이다.[10]

(2) 칸트에게서 '이론'과 '실천'의 관계

칸트가 이론적 인식의 내적 가치를 인정한 점을 이론과 실천의 관계에 주목하여 좀 더 자세히 살펴보자. 칸트는 우선 크게 보아 이론과 실천을 구별하는 아리스토텔레스의 전통에 서 있으면서도 그와는 다른 입장을 보여주었다. 아리스토텔레스는 인간의 활동영역을 이론(혹은 관조), 실천(행위 −가령 이웃에게 도움을 주는 행위), 생산(제작)으로 나누면서 이러한 활동영역에 고유한 지식의 유형을 과학(인식), 숙고, 솜씨로 분류하고 이 것들이 지향하는 목표를 설정하였다. 이론의 목표는 행복이며 이것은 인간 자신이 신적인 요소를 소유할 때 비로소 획득될 수 있는 것으로 보았다.[11] 실천의 목표는 사람에게 적합한 대상과 부적합한 대상을 아는 삶 즉 올바른 삶이다. 생산활동이 지향하는 바는 잘 사는 것, 즉 안락이다. 아리스토텔레스에게서 주목할 것은 ① 피타고라스나 플라톤과 마찬가지로 영원성과 가변성의 구별에 충실하여 이론 영역과 실천 영역을 구분하면서도 ② 각 영역에는 고유한 지식(인식)의 요소가 있고 ③ 그 가운데서도 이론의 영역을 인간이 추구해야 할 최고의 목적으로 본 것이다.[12] 이런 관점에서 보면 행복을 추구하는 이론의 영역이 다른 영역에 대해서 우위성을 가진다. ④ 이론(형이상학, 수학, 자연학)은 인간이 변화시킬 수 없는 대상을 다루기 때문에 다만 대상의 이해를 목적으로 하지

10) 학문이란 개인의 작업이 아니라 공동체적 작업이라는 것을 칸트는 심지어 학문이 확실한 지식의 수준에 이르렀는가 이르지 않았는가의 기준으로 제시한다. Kant, *Kritik der reinen Vernunft*(이하 K.r.V.로 인용), 2판 서문.
11) 아리스토텔레스, 니코마쿠스 윤리학, 1177b.
12) Rotenstreich, 앞의 책, pp.17-18.

만, 실천과 생산행위(그리고 그것에 관한 지식)는 사람이 마음만 먹으면 변화시킬 수 있는 대상을 다루기 때문에 단지 이해뿐만 아니라 대상의 변화를 목적으로 한다, 따라서 실천과 생산은 인간과 자연에 있는 원리를 찾아내어 목적을 이룰 수 있는 수단을 계산해야 한다.[13]

칸트는 아리스토텔레스와 달리 ① 영원한 것과 가변적인 것의 구별을 기초로 이론과 실천의 관계를 보지 않았고, 또한 ② 이론의 우위성보다 실천의 우위성(이 경우 도덕적 실천의 우위성)을 주장했지만 아리스토텔레스와 마찬가지로 이론은 사물 자체를 변경하고 존재세계를 변화시킬 수 있는 기술적 지식이 아니라 사물의 존재를 설명하고 자연세계의 법칙연관성을 밝혀내는 이성 원칙이라고 생각했다. 그러나 이 원칙은 존재세계와 동떨어져 있는 것이 아니라 존재세계 자체를 구성하는 이성의 원칙들이다. 칸트는 「이론은 옳을 수 있지만 실천에는 아무 소용이 없다」는 속설에 관하여」라는 글 초두에서 '이론'을 다음과 같이 정의한다.

> "실천적 규칙을 포함하여 만일 이 규칙들이 어떤 보편성을 지닌 원칙으로 생각될 수 있다면, 그리고 이 규칙들이 수많은 조건으로부터 추상되어 있음에도 불구하고 그러한 조건에 실재로 필연적인 영향을 미친다면 그러한 규칙들의 집합을 이론이라고 부른다."[14]

칸트의 정의에서 나타난 것처럼 이론은 개별적인 상황과 조건을 벗어나 그것들을 규정하고 필연적으로 영향을 줄 수 있는 '규칙들의 집합'이고 이 규칙들에 의해서 존재세계가 기술되고 해석될 수 있는 것이다. 이 규칙들이란 순수 오성 개념들이 선험적 도식을 통해 도식화됨으로써 수립된 '종합 원칙들'이다.[15] 보다 엄밀히 말하자면 칸트철학에서 이러한 종합원칙들은 모든 이론화를 가능케하는 선험적 규칙, 즉 규칙들의 규칙의 역할을 하는 오성의 규칙이다. 오성의 규칙은 그 자체로 자연을 정복하고 조정, 관리하기 보다 자연을 기술, 규정, 구성하는 근거이기 때문에 그것이 반드시 현실적으로 유용

---

13) E. Barker, *The Political Thought of Plato and Aristotle*, Dover, 1959. pp.237-238.
14) Kant, Gemeinspruch, A201.
15) Kant, K.r.V., B169 이하 참조. 칸트의 '선험적 종합원칙'들은 그 자체로 어떤 이론이라기보다 이론의 이론화를 가능하게 하는 규칙이라고 하겠다. 이런 의미에서 '종합원칙', 그리고 더 근원적으로 '범주'와 '범주의 도식'은 '선험적 혹은 '초월적'(transzendental) 성격을 지니고 있다.

하게 사용되어야 정당성을 확보할 수 있는 것이 아니라, 오히려 현실적 적용가능선 즉, 기술적 실천 가능성이 오성규칙을 통해서 비로소 가능하다고 본 것이다.[16] '규칙들의 집합', 즉 이론은 실천을 가능케 하는 구성적 원리이다. 이러한 정신에서 칸트는 앞에서 인용한 구절에 이어 '실천'을 다음과 같이 정의한다.

> "실천은 모든 활동을 일컫는 것이 아니라 보편적인 것으로 표상된 절차의 원칙과 합치된 결과로 나타난 어떤 목적의 실현(die Bewirkung einer Zweck)만을 일컫는다."[17]

실천의 영역은 인간지성을 통해 고안된 이론이 실재로 적용되는 독립적인 영역이 아니라 이론을 통해 설정된 목적을 현실적으로 실현하는 영역을 뜻한다(여기서 칸트는 실천을 윤리적 행위에만 제한하지 않고 보다 넓게 기술적, 생산적 행위까지 두루 포괄하는 말로 쓰고 있다. 칸트의 구분법에 따르면 존재영역에서 실천은 기술적 실천이고 이것은 엄밀한 의미에서 이론의 영역에 속하며 오직 도덕적 실천만이 참된 의미에서 실천이다).[18] 그러므로 일상생활에서 어떤 이론을 실재로 적용하려고 할 때 필요한 것은 보편적인 규칙이 적용될 수 있는 개별적인 경우를 분별하는 판단력이라고 칸트는 말한다.[19] 판단력은 이론과 실천을 연결짓는 중간개념이다.[20] 어떤 사람이 의학이나 경제학에 관한 이론을 가지고 있다고 하더라도 그러한 이론의 내용을 이루는 규칙들을 구체적인 상황에 실재로 적용할 수 있는 능력이 결여될 수 있고, 이론이 불완전할 경우, 보다 능력있는 사람을 통해 새로운 규칙들이 발견됨으로써 그것은 보다 좀더 완전하게 보완될 수 있다고 칸트는 생각한다. 가령, 일반 역학이론이나 포물선에 관한 수학적 이론은 기계를 다루는 엔지니어나

---

16) '자연'의 구성에 관한 칸트의 선험적 분석론은 그 자체로 자연 지배를 정당화하지는 않는다 (Rotenstreich, 앞의 책, 49쪽 참조). 칸트는 인간에 대한 자연의 수단적 의미를 인정하지만, 동시에 자연의 균형 유지를 위한 인간의 생태학적 책임도 고려했다고 하겠다(Kant, Kritik der Urteilskraft 83 참조; 이하 K.U.로 인용).

17) Kant, Gemeinspruch, A201.

18) Kant, K.U., Einleitung xii-xiii 참조. '기술적 실천'은 자연의 인과성을 규정하는 것과 관계된다. 여기서 칸트는 고대의 프락시스-포이에시스를 '실천' 속에 통합하면서도 '기술적 실천'은 결국 이론의 영역으로 되돌린다. 실천영역에서는 다시 실천적인 것과 실용적인 것으로 구분된다.

19) Kant, Gemeinspruch, A201 이하. K.r.V., B.171 이하 참조.

20) Kant, Gemeinspruch, A201-202.

박격포를 쏘는 포병의 생각으로는 실제로 들어맞지 않는 것으로 보이지만 일반역학은 마찰에 관한 이론으로, 그리고 포물선의 이론은 공기저항의 이론으로 보완된다면 예의 이론 분야는 실천(기술적 실천)과 잘 조화를 이룰 수 있다고 주장한다.[21] 칸트의 생각으로는 어떤 이론이 이론으로서 정당성 혹은 타당성을 갖지 못하는 것은 그것이 아직 충분한 이론이 되지 못했기 때문이지 실제로 효용성이 없기 때문이 아니다. 따라서 이론의 정당성은 실천에 유용한 적용가능성을 통해서 얻어지는 것이 아니라 그것이 실천을 가능케 하는 근거라는 사실을 통해서 얻어지는 것으로 칸트는 보았다고 하겠다.[22]

(3) 도덕적 실천에 관한 이론의 정당성

이론의 정당성이 실천을 통해서 얻어지는 것이 아니라 오히려 이론이 실천을 가능케 하는 근거라는 주장은 경험의 영역인 이론이성의 영역에서뿐만 아니라 도덕적 실천의 영역인 순수 실천이성의 영역에서도 그대로 적용된다. 칸트는 실제로 인간이 어떻게 행동하며 무엇을 바라며 무엇을 현실적으로 선하게 여기는가를 검토함으로써 도덕 이론을 구성하지 않는다. 오히려 인간의 행동을 가능케 하는 의욕, 즉 욕구능력인 의지의 규정근거를 이성 자체의 법칙수립(이 경우, 도덕법칙)에 둠으로써 현실적인 실행과 실천에 앞서 도덕적 행위를 가능케 하는 선험적인 근거를 찾아낸다. 칸트는 도덕성의 원리를 교육이나 사회제도, 육체적 쾌락이나 도덕적 감정, 완전성의 추구나 신의 의지[23] 등 의지가 지향하는 대상에서 찾지 않고 의지의 보편적인 입법의 형식 혹은 의무 개념 자체에서 찾는다.[24] 도덕적 실천을 가능케 하는 실천적 원칙에 관한 인식은 따라서 경험에 의존하는 것이 아니라 오직 그것만이 절대적으로 선한 의지인 순수 실천이성의 입법성(자율성)에서 가능한 것이다. 여기서 말하는 순수 실천이성의 자율성은 부정적인 의미로는 모든 내용적(질료적) 규정근거로부터의 독립성을 뜻하고, 긍정적인 의미로는 자기규

---

21) Kant, Gemeinspruch, A203-4.
22) 칸트가 '실천' 개념을 통상적인 의미와 다르게 보편적인 규칙의 절차를 따르는 행위로 보기 때문에 보편적 규칙을 따르지 않는 실천은 이론의 공소성의 논거로 쓰일 수 없다고 외르첸은 지적한다. P.von Oertzen, 앞의 글, pp.403-4 참조.
23) Kant, *Kritik der praktischen Vernunft*(이하 K.p.V. 인용), A 69 도표 참조.
24) Kant, K.p.V., A 54 이하.

정 혹은 자기입법성을 뜻한다. [25]

3. 이론과 실천의 관계: 실천이성의 우위성

(1) 이론 선택의 원리

이론과 실천의 문제와 관련해서 논의될 수 있는 또 다른 문제는 이론의 고안이나 평가에 참여하는 학자가 순수이론을 선택할 것인가 아니면 실천 지향적 이론을 선택할 것인가 하는 문제이다. 다시 말하자면 학자는 순수한 이론적 탐구에만 몰두할 것인가? 아니면 모든 학문적 탐구는 실천적이어야 한다는 주장아래 실천을 위한 이론을 탐구할 것인가 하는 문제이다. 앞에서 논의한 여러 가지의 이론의 정당화 방식에 비추어 볼 때 손쉽게 말할 수 있는 것은 이론 선택에는 두 가지의 원리가 있을 수 있다. [26]

1) "내적인 가치를 지닌 지식의 획득을 가장 크게 약속하는 연구 방향을 선택하라"(1a) 만일 '내적인 가치를 지닌 지식'이 각자에 따라 다르다면 이것에 대한 보충원리로 "최대다수의 사람들에게 가장 큰 내적인 가치를 지닌 지식의 획득을 가장 크게 약속하는 연구의 방향을 선택하라"(1b) 만일 어떤 사람이 이러한 선택원리(인식적 선택원리, 혹은 인식자체의 고유가치에 의한 선택원리)을 택한다면 그 사람은 이른바 '순수 이론'에 관여한다고 말할 수 있다.

2) 인식적 선택 원리에 대한 대안으로서 비인식적 선택원리를 다음과 같이 정식화할 수 있다. "인간의 환경(자연과 사회)을 가장 바람직한 방향으로 변화시키는 데 유익한 지식의 획득을 가장 크게 약속하는 연구방향을 선택하라." 이 원리는 이론적 지식의 지식 외적 유익 (non-cognitive benefits)에 의한 정당화를 내세울 때 선택할 수 있는 원리이다. 만일 어떤 사람이 이 원리를 선택한다면 그 사람은 '실천 지향적 이론'에 관여한다고 말할 수 있다.

---

25) Kant, K.p.V., A58 이하. 이 부분에 대한 논의는 Otfried Hoeffe, *Immanuel Kant*, Muenchen: Beck, 1983, p.196 이하 참조.

26) N. Wolterstoff, 앞의 책, pp.128-135 참조.

(2) '실천적인 것'의 의미

칸트의 입장은 어떤가? 인식적 선택원리와 비인식적 선택원리 가운데 어느 원리를 정당한 것으로 보는가? 이론은 그것의 유용성에 의해 정당화되기 보다 오히려 실천을 가능케 하는 근거가 된다는 입장에서 보면 분명 칸트는 인간의 '가능한 경험의 영역에서나 도덕적 실천영역에서 순수이론(오직 이성에 의해 선험적으로 확립된 규칙들의 체계)을 선택할 것이다. 이론은 그것이 가진 인식적 의미에 의해, 그리고 실천을 규정하는 근거라는 의미에서 실제로 발생하고 감각적으로 경험하는 것보다 우선적이다. 감각적 경험과 기술을 통한 이론의 실현, 도덕적 경향성과 도덕감정, 쾌락과 안정은 부차적이다. 그러면 칸트는 인간 관심을 순수이론의 차원에만 제한하고 그것만이 인간의 최고 이상으로 삼았던가? 그렇지 않다.[27] 칸트는 실제로 인간의 관심은 인식적일 뿐만 아니라 도덕적(실천적)이라는 사실을 밝히고 있다.[28]

이 문제를 해명하기 전에 우선 용어상의 오해를 피하고 우리가 다루는 부분이 어떤 부분인가를 분명히 하기 위해 하나의 도표를 만들어 보자.

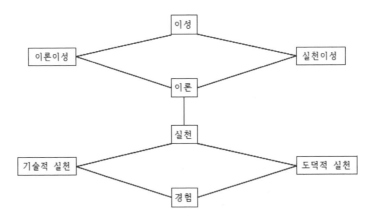

---

27) 칸트는 지식욕에 탐닉했던 청년시절을 회상하면서 진리에 대한 추구가 '인간의 명예'라 생각하고 '아무것도 모르는 보통사람들을 경멸'했지만 루소가 그것을 바로 잡아줌으로써 인간성을 존경하게 되었고 이론적인 작업이 '인간의 권리'를 확립하지 못한다면 자기 자신이 노동자보다 못하다고 생각했다고 고백한 적이 있다.(E. Cassirer, *Rousseau, Kant, Goethe.* New York: Harper & row, 1963, pp.1-2 참조.)

28) Kant, K.r.V., B832 이하와 Kant, K.p.V., A21-216, Logik A52 이하 참조.

앞에서 논의한 이론의 정당화에 관한 문제는 이론과 실천의 관계, 즉 이성(선험적인 것)과 경험(경험적 적용)의 관계에 대한 문제이다. 그러나 여기서 문제가 되는 것은 칸트의 용어로는 이론이성과 실천이성의 관계, 자연과 자유의 관계, 이론적 인식과 도덕적 인식의 관계이다. 이론적 인식과 실천적 인식의 관계를 해명하기 위해 먼저 칸트철학에서 '실천적'인 것이 무엇을 의미하는지 분명히 규정해 두어야 한다.

1) 가장 넓은 의미에서 실천의 영역은 인간본성의 경험적 구성요소에 의해 생성된다. 칸트는 "동기를 포함하는 한에 있어서 실천적인 것은 모두 감정에 관계한다"고 말한다.[29] '감정'이란 개념은 인간의 경험적인 구성을 함축한다. 따라서 칸트에 의하면 실천적 문제란 일차적으로 인간의 경험적 본성이 어느 정도 이성의 명령(Imperativ), 즉 윤리적 명령에 따를 수 있는가를 규정하는 문제이다. 그러나, 한편으로는 인간의 경험적 본성이 행위의 지배 원칙을 제공할 수 없고, 다른 한편으로는 도덕적 행위의 보편적 원칙을 제공하는 것을 목적삼는 윤리적 접근은 경험적 자료인 감정을 무시할 수 없기 때문에 두 요소를 통합하는 방식을 칸트는 다음과 같이 생각한다.

"순수 도덕의 체계를 구성할 때 이 경험적 개념들은 의무개념에 필연적으로 포섭되어야 한다. 이때 경험적 개념들은 우리가 극복해야 할 장애물로 표상될 수 있고 [행위의] 동기로 삼아서는 안될 자극으로 표상될 수 있다."[30]

칸트에 의하면 경험적 요소는 의무개념과 관계할 때만이 도덕적 의미를 가질 수 있다. 여기서 '실천적'이란 가장 넓은 의미에서 인간의 경험적 본성이다.[31]

2) 보다 좁은 의미에서 '실천적'이란 통제하고 지배하는 도덕적 명령 즉, 의지와 관계하는 말이다. 『순수이성비판』 2판에서 칸트는 "이성의 사용은 늘 대상규정에만 향하지 않고 주체와 그의 의지를 규정하는 데로 향한다."[32]고 말한다. 이것으로 미루어볼 때 실천적인 영역은 단순히 감정뿐만 아니라 주체와 주체의 의지로 기술되고 있다는 것을 알

---

29) Kant, K.r.V., B29.
30) Kant, 같은 쪽.
31) N. Rotenstreich, *Experience and Systematization*. The Hague: Martinus Nijhoff, 1972, pp.111-112 참조.
32) Kant, K.r.V., B66 각주.

수 있다. '실천적'이란 여기서 '윤리적·도덕적'인 것과 관계된다.[33] 실천적인 것과 도덕적인 것의 일치, 실천적인 것은 궁극적으로 자유와 일치한다고 볼 때 실천적 영역은 그 정의에 따라 행동(Tat)과 관계하고, 행동이란 의무의 법칙에 종속하는 한에 있어서 도덕적 행위일 수 있다.[34] 실천의 영역은 감정의 영향과 의무의 법칙(도덕적 명령)의 요구가 서로 팽팽히 긴장되어 있는 영역이다. 실천이란 칸트에서 본질적으로 자연의 경향성을 초월하는 의지의 선택이다.[35] 칸트는 도덕적 실천을 의지와 연결시킴으로써 전통과의 연관성을 보여준다. 그러나 전통철학은 의지를 순전히 욕구적인 것으로 보고 "순수의지"를 인정하지 않았기 때문에 윤리를 경험적 행위의 차원에 놓았다. 칸트는 이와 달리 의지 그 자체가 자유를 통한 자기규정으로서 자신의 행동의 원인 내지 동기가 된다는 것을 보여주었다. 윤리 행위, 즉 실천은 외적요인이나 또는 내적 요인으로 원인지워질 수 있는 경험적인 욕구 행위가 아니라 의지 자체가 절대원인으로 가능한 행위이다. 도덕적 의미의 실천은(목적수행을 위한 기술과 달리) 경험세계에 관한 이론에 근거를 두지 않고 자유에 근거를 두고 있다.[36]

(3) 실천이성의 우위성

'실천적인 것'을 넓은 의미에서는 인간의 경험적 본성을 포함하고, 보다 좁은 의미에서는 경험적 본성의 자연적 경향을 초월하여 자유를 바탕으로 의지의 자유로운 결정을 뜻하는 것으로 이해할 때, '실천적인 것'은 '존재하는 것'에 대한 대상적 인식인 이론적

---

33) "Praktisch ist alles, was durch Freiheit moeglich ist."(K.r.V. B828). 칸트가 '도덕적인 것' 혹은 '윤리적인 것'만이 진정한 의미에서 '실천'이라고 보는 것은(왜냐하면 순수이성의 활동성, 즉 자유의 인과성이 사실로서 들어날 수 있는 것은 오직 도덕적인 행위에서만 가능하기 때문이다) 그의 비판철학적 저작 전체에 깔려 있는 생각이다.

34) "Tat heisst eine Handlung, sofern sie unter Gesetzen der Verbindlichkeit steht, folglich auch, sofern das Subjekt in derslben nach der Freiheit seiner Willkuer betrachtet wird."(Kant, *Metaphysik der Sitten*, AB 22: 이하 M.S로 인용).

35) 실천에 대한 전통적인 견해는 인간의 감정과 태도가 행동을 일정한 모양으로 형성하는 성격을 강조했지만 칸트는 오히려 감정과 태도가 법칙에 종속됨을 강조함으로써 결과적으로 "실천의 영역은 본질적으로 감정의 영향과 의무 법칙의 지배 사이의 긴장의 영역"이 되었다고 로텐스트라이히는 지적한다. N. Rotenstreich, *Practice and Realization, Studies in Kant's Moral Philosophy*. The Hague: Martinus Nijhoff, 1979. p.7 참조.

36) Kant, MS., AB 19. N. Rotenstreich, *Theory and Practice*. pp.42-43 참조.

인식과 어떤 관계가 있는가? 칸트는 이성의 두 가지 관심을 다음과 같이 구분해서 논의 한다.

> "이성은 원리들의 능력으로서 모든 심성력의 관심을 규정하고 이성 자신의 관심 을 자기 자신이 규정한다. 이성의 사변적 사용의 관심은 대상을 인식하여 선험적 인 최고원리들에 도달하는데 있고 실천적 사용의 관심은 외부의 완전한 목적에 관해서 의지를 규정하는데 있다."[37]

칸트는 이어서 이성의 두 관심 사이에서 실천적 관심이 우위에 있다는 것을 주장한 다.

> "이성이 결합하는 두 사물 혹은 더 많은 사물 사이에 어떤 것이 우위에 있다는 것 은 그것이 다른 것과 결합하는데 최초의 규정근거가 된다는 뜻이다. 보다 좁은 실천적 의미에서 우위성은 그 관심이 다른 것의 관심과 나란히 있는 것이 아니라 다른 것의 관심을 종속시킬 수 있는 특권을 지시한다."[38]

칸트가 말하는 실천이성의 우위성은 인식(이론)에 대한 행위의 우위성인지 혹은 이 론적 인식에 대한 실천적 인식의 우위성인지는 분명하지 않지만, 실천적 관심이 이론적 관심에 대하여 우위성을 갖는다는 것은 분명하다. 앞에서 본 대로 사람의 실천적 관심 은 무엇을 욕구하고, 바라는 감정과 자유에 바탕을 둔 의지를 모두 포괄하고 있다. 그러 나 실천이성의 우위성은 일상적인 삶을 영위하는 사람의 욕구가 세계에 대한 인식보다 우위에 있다는 뜻은 아니다. 오히려 사람의 도덕적 실현, 윤리적 행위가 세계에 관한 인 식과 과학 기술을 통한 세계 변혁보다 더 중요하고, 이론적인 관심은 결국 도덕적 선을 실현하려는 실천적 관심에 종속된다는 뜻이다.[39] 그런데, 왜 실천적 관심이 다른 관심을 자신에게 종속시킬 수 있는 '특권'을 갖는가?

이 물음에 대한 답은 인간을 우주의 목적으로 보는 칸트의 인간 중심적 도덕적 세계

---

37) Kant, K.p.V., A215.
38) Kant, K.p.V., A214-5.
39) Kant, K.p.V., A214.

관에서 찾아볼 수 있다. 칸트에 의하면 이 우주는 최종의 목적을 가지고 있고, 그 최종 목적이 인간이다. "인간은 이 지구상의 창조의 최종목적이다. 왜냐하면 인간은 목적을 이해할 수 있고, 합목적적으로 형성된 사물들의 집합은 자기의 이성에 의하여 목적의 세계로 만들 수 있는 지상 유일의 존재자이기 때문이다."[40] 인간은 오직 도덕적 존재자로서 창조의 궁극목적일 수 있다.[41] 오직 인간만이 자연 속에 있는 각 목적의 고리를 벗어나 그것들을 상호종속시킬 수 있는 자유의 존재, 도덕적 존재가 될 수 있다.[42] 인간은 다른 피조물과 달리 세계의 궁극목적 그 자체를 자신 속에 가지고 있다. 인간은 이 궁극 목적에 전 지연을 예속시킬 수 있으며 적어도 이 궁극 목적에 상반되는 자연의 어떠한 영향에도 복종해서는 안된다. 인간에 있어서만, 그리고 도덕성의 주체로서의 인간에게 있어서만 목적에 관한 무조건적 입법이 성립하며, 따라서 이 무조건적 입법만이 인간으로 하여금 전 자연이 목적론적으로 종속하는 궁극목적일 수 있게끔 하는 것이다.[43]

세계의 목적인 인간은 또한 스스로 목적을 설정하고 궁극 목적을 향해 나아가는 존재이다. 이 궁극 목적을 칸트는 초감성적인것, 즉 우리 속에 있는 자유의 이념, 우리 위에 있는 신의 이념, 우리의 사후에 있는 영혼의 불멸성이라고 말한다.[44] 이것은 이성 자신이 선험적으로 만든 이성의 최후의 목적이다.[45] 그러나 이성의 최후의 목적인 이 세 가지의 이념은 이론 이성에 대해서는 항상 초월적이다. 왜냐하면 의지의 자유와 신의 존재, 영혼의 불멸성(영혼 동일성 과 정신성)은 자연현상을 설명하는 근거로 사용될 수 없기 때문이다.[46] 그러므로 이 세가지 이념은 앎(이론)에 대해서는 '전혀 불필요'하다.[47] 그러나 그것은 이성이 본성적으로 요구하는 것이라면 그것은 오직 '실천적인 것'에 관계

---

40) Kant, K.U., § 82.
41) Kant, K.U., § 84.
42) Kant, K.U., 같은 곳.
43) Kant, K.U., 같은 곳.
44) Kant, K.p.V., B826.
45) "Was den Begriff des Zwecks betrifft: so ist er jederzeit von uns selbst gemacht, und der des Endzweckes muss a priori durch die Vernunft gemacht sein. Dieser gemachten Begriffe, oder vielmehr. in thoretischer Ruecksicht, transzendenter Ideen sind, wenn man sie nach analytischer Methode aufstellt, drei, das Ueber-sinnliche naemlich, in uns, ueber uns und nach uns."(Kant, *Welches sind die wirklichen Forsichritte, die Metaphysik seit Leibnizens und Wolfs Zeiten in Deutschland gemacht hat*(1793)?), A105-6.
46) Kant, K.p.V., B826-827.
47) Kant, K.p.V., B827.

될 뿐이다.[48] 그런데 이 세 가지의 이념 중에서 가장 근본적이며 다른 이념을 근거 지우는 이념은 자유이며, 자유는 도덕법칙을 가능케하는 존재 근거가 된다.[49] 자유는 가능한 경험의 대상이 될 수 없고[50] 따라서 이론적 인식의 대상이 아니다. 이론이성은 자유의 이념에 어떤 실재성도 부여할 수 없다. 자유의 이념은 실천이성을 통해서, 즉 "행동을 통하여 (durch die Tat)" 증명될 뿐이다.[51] 그럼에도 불구하고 자유의 이념은 순수이성의 전 체계의 최종적인 근거(Schlussstein)이다. 실천이성은 자유의 이 념을 통해 내용적인 구성적 원리가 됨으로써 이성인식의 영역을 확장할 뿐만 아니라 이를 통해서 이론적 이성인식을 완성하고 근거 지운다. 순수이성은 그것이 근원적으로 실천적 존재임으로 인해서 결과적으로 오성인식을 통제할 수 있는 이론적 기능을 소유하게 된다. 순수이성은 자유의 확실성을 비매개적으로, 즉 그 자체로 설정하는[52] 도덕법칙의 사실 외 에는 어떤 다른 '내용'도 갖지 않는다. 인간의 인식능력의 다른 내용은 모두 필연적으로 경험에 관계 되어 있지만, 오직 순수이성만이 근원적인 입법 능력으로서 순수하게 활동적인 실천이성이다. 단적으로 표현하면 실천이성의 우위성은 칸트에게서 이론적 인식에 대한 순수 도덕적 의지의 우위성이다.[53]

그러나 칸트에게서 이론적인 것에 대한 실천적인 것의 우위성은 실천'이성'의 우위성이란 사실을 잊어서는 안된다. 즉 우위성이란 이성이 결여된 실천의 우위성도 아니고, 감성적인 욕구능력의 우위성도 아니다. '도덕적으로 실천적인 것'은 순수이성의 근원적인 활동방식(Betaetigungsweise)이다.[54] 칸트가 말하는 순수의지는 '개념에 따른' 욕구 능력이다.[55] 왜냐하면 욕구능력은 최상의 인식능력인 이성에 규정 근거를 두고 있기 때문이다. 인간의 욕구가 개념(즉 이성적 인식)에 따른 욕구라는 사실로 인해서 의지의 원인성은 기계적으로 움직이는 무생물의 운동이나 본능에 의해 작용하는 동물의 의지와 구별된다. 실천이성은 선험적, 종합적 명제인 정언명령을 설정하고 순수의지로서, 즉 개념

48) Kant, K.p.V., 같은 쪽.
49) Kant, K.p.V., A5n.
50) Kant, K.p.V., B828.
51) Kant, K.p.V., A3.
52) Kant, K.p.V., A56.
53) S. Dangelmayr, 앞의 책, 130-131쪽 참조.
54) 같은 책, 132쪽 참조.
55) Kant, K.U., Einleitung Ⅰ.

에 의한 욕구능력으로서, 보편적이고 개념적인 법칙의 형식을 통하여 자기를 규정한다. 따라서 의지는 자기의 인과성을 규칙의 표상을 통해서 규정할 수 있는[56] 능력이다. 칸트는 의지와 '실천적인 것'을 '원칙에 의해 행위할 수 있는' 능력으로 규정한다. 실천적 원칙에 따라 행위할 수 있는 능력은 이성적 존재의 '가상적 성격'을 형성한다. 감성적으로 실천적인 것은 인간을 감각에 제약된[57] 자연존재로 만들지만 인간의 본질에 놓여 있는 도덕적·실천적인 것, 즉 순수실천이성은 인간을 인간으로 만든다.[58] 칸트는 도덕적 실천성이 이론적 인식의 우위에 있다는 것을 강조하면서도 이것은 인식의 요소를 결여하지 않고 오히려 인식(도덕적 인식, 도덕적 이론)에 근거하고 있음을 분명히 하고 있다. 이론과 실천 사이에 대립적인 것이 있다면 칸트는 이론의 편에, 학문과 철학적 이성의 편에 선다. 왜냐하면 이론과 대립되는 실천은 경험적인 것의 영역에 속하고 경험적인 것에 대한 의존을 뜻하기 때문이다. 이것에 대립해서 칸트는 순수이성의 자발성과 자율성을 드러내고자 한 것이다. 실천은 「이론은 옳으나 실천에는 아무 소용없다'는 속설에 관해서」에서 보여 주듯이 보편적 원칙과 규칙을 설정하는 이론에 항상 의존적이라는 것이다. 실천의 가치는 전적으로 그것이 종속하는 이론에 적합한가 하지 않는가에 달려 있다는 것이다.[59]

4. 이론과 실천의 통합: 자연의 합목적성 이념을 통한 자연과 자유의 통합과 이론과 실천의 통합 근거로서의 순수이성

(1) 이론과 실천의 통합에 대한 칸트적 해결

이론과 실천의 관계에 대한 문제 중에서 가장 어려운 문제는 통합의 문제이다. 만일 이론이 곧 실천이고 실천이 곧 이론이란 입장을 취하거나, 이론은 실천적이고 실천은 이론적이라는 입장을 취한다면 통합의 문제는 발생하지 않을 것이다. 칸트철학에서 이론

---

56) Kant, K.p.V., A57.
57) Kant, K.p.V., A217.
58) "Diese Moralitaet, und nicht der Verstand, ist es also, was den Mensch erst zum Menschen macht."(Kant, *Der Streit der Fakultaeten*, A122).
59) Kant, Gemeinspruch, A206.

과 실천의 관계에 대한 우리의 논의를 통해서 어느 정도 이 방향에서 문제를 볼 수 있는 기능성을 시사받았다. ① '자연'에 관한 이론이나 '자유'에 관한 이론, 즉 존재에 관한 이론이나 행위에 관한 이론은 그것이 어느 정도 경험적으로 실천적일 수 있는가하는 문제는 사실상 칸트에게는 '문제'가 아니다. 칸트의 관점에서 보면 이론이란 항상 오성(또는 이성)의 산물이고 선험적이며, 존재와 행위는 이론을 통해서 규정되고 이론을 통해서 가능하다. 이론이 없는 존재는 무이거나 혹은 존재를 가정할 수 있다 하더라도 우발적인 것에 불과하고, 이론없는 행위는 단지 감성의 욕구에 의해 무규정적으로 발생한 자연사건에 불과하다. 이론 없이는 자연의 법칙적 연관성이나 행위의 도덕적 근거를 발견할 수 없다. 존재와 행위는 오성과 이성이 설정한 법칙에 종속되며 지배받는다. 이론과 실천을 이와 같은 방식으로 볼 때 이론과 실천의 통합문제는 문제가 아니 거나 잘못 제기된 문제일 뿐이다. ② 이론이성과 실천이성의 관계에서 이론과 실천의 통합문제는 문제로 등장하긴 하지만 앞에서 논의한 '실천이성의 우위성'의 관점에서 보면 곧 해소되는 것 같다. 이론이성은 오성의 형태를 취하여 존재를 규정하고 존재세계에 대한 인식을 가능케하는 근거로서 전혀 실천이성의 도움을 필요로 하지 않는다. 다만 실천적 이념으로 전환된 영혼불멸성의 이념, 자유의 이념, 신의 이념은 경험세계를 설명해주는 실제적 근거로서가 아니라 경험을 전체적으로 동일하고 새로운 것의 발견을 유도할 수 있는 '발견적 규칙'으로 사유될 수 있을 뿐이다.[60] 따라서 이론이성은 이념에 대응하는 객관적 실재성을 확립할 수 없지만, 그것이 가진 상대적 한계 속에서 자립성을 유지한다. 실천이성은 신의 존재와 영혼불멸성을 인간의 자유를 바탕으로 요청함으로써 인간의 도덕적 완성의 가능한 체계를 실현시킨다. 칸트의 철학체계 내에서 실천이성도 이론이성에 대해서 상대적 자립성을 갖는다. 인식과 행위, 사실과 가치는 상호침투적인 관계를 포기하고 나란히 공존하는 것처럼 보이지만, 칸트는 그럼에도 불구하고 이 둘을 서로 나란히 놓지는 않는다. 만일 이론이성과 실천이성이 서로 나란히 존재한다면 이론이성은 그것이 관계하는 영역에 담을 쌓음으로써 실천적 질서에 속하는 어떤 것도 그 영역에 침투하지 못하도록 할 것이다.[61] 그러나 만일 이론이성을 실천이성에 종속시키면 실천영역이 모든 것을 총괄할 수 있고 만일 필요하다면 이론영역을 실천의 욕구에 따라 모두 포괄할 수 있

---

60) Kant, K.p.V., B.699 이하.
61) Kant, K.p.V., A218.

게 된다. 이성의 "관심은 결국 모두 실천적이기"[62] 때문에 실천이성을 통하여 최고선을 실현함으로써 이성은 완전성을 획득할 수 있다. 칸트가 본 사태가 만일 참이라면, 사고하고 인식하며 행동하는 주체로서의 인간이 대상을 다루는 방식에 있어서 그것이 이론적이든 실천적이든 이성 자체 안에서는 서로 '모순'[63]을 일으키지 않는다.

이론과 실천의 통합은 인식과 행위의 주체, 즉 자유를 바탕으로 한 인간 이성의 주체적 관점에서 보면 문제가 되지 않는다. 왜냐하면 자발적 활동성(자유)을 본질로 하는 인간 이성은 이론과 실천의 통합 근거를 스스로 가지고 있기 때문이다. 이론과 실천의 통합 문제는 이성의 입법행위의 결과로 산출된 자연법칙과 도덕법칙, 자연의 인과성(필연성)과 자유의 목적성을 어떤 방식으로든지 매개해 보려고 할 때 발생한다.[64] 칸트는 이 문제를 「판단력 비판」에서 (특히 '부록'이라고 이름 붙여진 부분(§§ 79-91)에서) 해결해 보려고 한다.

(2) 자연의 합목적성 이념을 통한 자연과 자유의 매개

「판단력 비판」은 오성을 통해 법칙이 설정된 영역과 이성을 통해 법칙이 부여된 영역, 즉 자연의 영역과 자유의 영역이 존재한다는 전제에서 출발한다. 두 영역은 법칙을 부여하는 측면에서 보면 딴 영역이 아니지만 부여된 법칙의 성격으로 인하여 엄격하게 분리되어 있다.[65] 자연의 영역은 감성적이고, 자유의 영역은 초감성적이다. 이 두 영역은 엄격하게 분리되어 있지만 다른 관점에서 보면 일정하게 관련된 부분으로 생각되어야 한다. 즉 자유로부터 나온 도덕적 행위는 자연에 어떤 결과를 가져와야 한다는 것이다.

"자연개념의 감성적 영역과 자유개념의 초감성적 영역 사이에는 거대한 심연이 가로놓여 있기 때문에, 전자로부터 후자에로의(따라서 이성의 이론적 사용을 매개로

---

62) Kant, K.p.V., A219.
63) Kant, K.p.V., 같은 쪽.
64) 로텐스트라이히는 이 점을 다음과 같이 지적한다. "It is only regards content that one may justifiably speak of conflict. Thus, for example, the content of freedom might conflict with the content of necessity"(N. Rotenstreich, *Experience and Systematization*, p.118).
65) Kant, K.U., Einleitung Ⅱ.

한) 어떠한 이행도 불가능하며 마치 양 영역은 전자가 후자에 대하여 어떤 영향도 미칠 수 없는 두 개의 상이한 세계인 것 같지만. 그러나 후자는 전자에 대하여 어떤 영향을 미쳐야만 한다. 즉 자유개념은 자기의 법칙에 의하여 부과된 목적을 감성계에 있어서 실현해야만 하며, 따라서 자연도 그의 형식의 합법칙성이 적어도 자유의 법칙에 따라 자연에 있어서 실현되어야 할 목적들의 가능성과 합치하는 것으로 생각될 수 있지 않으면 안된다. 그러므로 자연의 존재에 놓여 있는 초감성적인 것과 자유 개념이 실천적으로 포함하고 있는 것과의 동일의 근거가 하나 있지 않으면 안된다. 그리고 그러한 근거에 관한 개념은 비록 이론적으로나 실천적으로나 그 근거의 인식에 도달하지 못하며 따라서 고유한 영역을 가지지는 못하지만, 그러나 한쪽의 원리들에 따로는 사유방식으로 부터 다른 쪽의 원리들에 따르는 사유방식에로의 이행을 가능케 하는 것이다."[66]

  자연의 합법칙성이 자유가 설정한 목적과 일치한다는 것을 보이기 위해서 하나의 형이상학적인 근거가 있어야 한다. 비록 자연법칙이 자율적이고, 자연도 자유와 독립적인 영역으로 설정된다고 하더라도 자연은 보다 큰 전체, 초감성적인 연관성 속에 포괄될 수 있어야 한다는 것이다. 그렇지 않으면 자유로부터 나온 원인성은 자연에 아무런 영향을 미칠 수 있는 가능성이 없다. 한걸음 더 나아가서 자연의 근저에 놓여 있는 초감성적인 것과 자유개념의 내용 사이에 통일성을 찾을 수 있는 근거가 있어야 한다. 이 근거의 개념은 자연의 영역에 적용되는 원리에 대한 사고가 자유의 영역에 적용되는 원리에 의한 사고에로의 이행을 가능케 해야 한다. 자연의 영역과 자유의 영역을 통합하기 위해 칸트가 필요로 하는 것은 오성과 이성을 매개하는 인식능력인 '판단력'과 도덕성과 자유를 기계적 자연 개념과 연결시킬 수 있는 '자연의 합목적성' 개념이다.[67]

  칸트는 판단력을 규정적 판단력과 반성적 판단력으로 구분한다.[68] 규정적 판단력은 보편적 원리에서 출발하여 개별적인 사례를 그 원리에 포섭한다. 반성적 판단력의 경우는 개별적인 사례가 주어졌지만 그것을 통일할 수 있는 원리를 찾아야 한다. 이때 원

---

(66) Kant, K.U., 같은 곳.
(67) Kant, K.U., Einleitung IV.
(68) Kant, K.U., 같은 곳.

리는 판단력 자체에 있어야 한다.[69] 이 원리를 칸트는 자연의 '합목적성'이라고 부른다.[70] 반성적 판단력의 원리인 합목적성은 자연이 목적에 대하여 가지는 관계를 생각하고 그 것을 반성하는 개념이기 때문에 자연에 필연적으로 관계하긴 하나 자연에 관한 어떤 지 식을 제공하지는 않는다.

칸트는 자연의 목적연관성을 말하면서 '목적' 개념을 목적일반, 최종목적, 그리고 궁 극목적(Endzweck)으로 세분한다. 자연 가운데는 수많은 식물들이 있어 초식동물들의 먹이가 된다. 초식 동물은 육식동물들의 먹이가 되고 이 모든 것은 인간을 위해 존재한 다.[71] 자연의 최종의 목적은 인간이다. "인간은 이 지구상의 창조의 최종 목적이다. 왜냐 하면 인간은 목적을 이해할 수 있고, 합목적적으로 형성된 사물들의 집합을 자기의 이 성에 의하여 목적의 체계로 만들 수 있는 지상 유일의 존재이기 때문이다."[72] 칸트가 말 하는 자연의 목적연관성은 다른 방식으로도 볼 수 있다. 초식동물은 식물의 성장에 균 형을 유지하기 위해 존재하고 육식동물을 초식동물의 탐식을 제한하기 위함이고, 인간 이 존재하는 것은 육식동물을 수렵하고 감소시킴으로써 자연의 산출력과 파괴력 사이 의 일정한 균형을 유지하기 위함이다. 이러한 방식으로 보면 목적은 곧 수단이 된다. 인 간은 목적일 뿐만 아니라 생태세계를 위한 수단이다.[73]

인간은 자연적 존재로서 자연에 의존해 있다. 그러므로 인간은 자연안에 존재하는 여러 목적 중에서 최종목적이긴 하지만 궁극목적은 아니다. 궁극목적이란 또 다른 목적 을 갖지 않고, 따라서 어떤 다른 것의 수단이 될 수 없을 뿐만 아니라 그 자신 속에 존 재목적을 완전히 소유하고 있는 목적이다.[74] 자연 속에 있는 것은 이 궁극목적으로 향 하지만 궁극목적은 어떤 다른 것에 의존하지 않는다. 자연의 궁극목적은 인간의 행복 일 수 없다.[75] 왜냐하면 행복이란 항상 자연에 의존적이기 때문이다. 궁극목적은 무조건

---

69) Kant, K.U., 같은 곳.

70) Kant, K.U., § 82.

71) Kant, K.U., 같은 곳.

72) Kant, K.U., § 32

73) 칸트의 '목적론' 개념이 체계로서의 학의 이념과 실천형이상학과의 관계에 관해서는 B.H. Son, Science and Person. *A Study on the Idea of Philosophy as Rigorous Science in Kant and Husserl.* Assen: Gorcum, 1972, p.52 이하 참조.

74) Kant, K.U., § 84.

75) 자연 자체가 지향하는 바는 행복이지만 이것은 인간의 궁극목표도, 창조의 궁극목표도 될 수 없 다는게 칸트의 생각이다. 창조의 궁극목표는 도덕성과 행복의 연합 또는 일치라고 칸트는 말한

적인 목적이기 때문에 자연은 그것을 소멸할 수 없다. 칸트는 이 궁극목적을 도덕적 존재로서의 인간에게서 찾는다. 도덕적 존재인 인간에 대해서는 '무엇을 위해서 존재하는가?'라고 더 물을 수가 없다. 인간의 현존재는 궁극 목적을 그 자체 속에 가지고 있기 때문에 인간은 자연을 자기에게 예속시킬 수 있다.[76]

칸트는 자연 속에 있는 합목적성이란 개념을 통해 두 가지를 실현하였다. 첫째로, 자연은 합목적성의 관점에서 도덕성과 연결된다. 목적 지향적 체계로서 자연의 궁극목적은 자연을 넘 어선 도덕적 인간에게 있다. 둘째로, 필연성의 영역인 자연은 자유의 영역과 연결지어진다. 자연을 합목적적인 것으로 보는 것은 자연 자체를 이해할 수 있기 위해 필수적이다. 이 두 가지로부터 나온 결과는 자연 속에 있는 합목적성의 원리는 자연을 그렇게 만든 자연 배후의 지성의 존재를 필연적으로 받아들이게 한다는 것이다. 자연의 합목적성이 도덕적인 인간에게서 궁극목적을 찾아야 한다면 그것은 신존재증명에로 새로운 길을 터주는 것이다.[77]

합목적성의 개념과 관계해서 최고선의 이념이 다시 등장한다. 즉, 궁극목적은 '자유를 통해 세계에서 가능한 최고선'이다.[78] 최고선의 이념 속에는 행복하게 될 가치와 행복이 서로 연결된다.[79] 궁극목적으로서의 최고선은 도덕적 세계원인을 인정할 때만이 표상할 수 있다. 왜냐하면 자연인과성으로만은 최고선을 생각할 수 없기 때문이다.[80] 따라서 자유를 통해 인간의 행위의 목적이 되는 최고선이 이 세계에 존재하고, 또한 도덕적 의미의 최고선을 파생적 의미로 생각할 수 있는 더 근원적인 최고선이 존재한다. 순수이성은 "근원적 최고선이라는 이상에서만, 파생적 최고선 즉 가상적 · 도덕적 세계의 두 요소(도덕성과 행복)를 실천적으로 반드시 결합하는 근거를 발견할 수 있다."[81]

지금까지의 논의를 다시 정리해 보자. 칸트는 이론적인 자연의 영역과 실천적인 자유의 영 역을 서로 통합하려고 시도하였다. 첫 두 비판서에서는 실천이성의 대상에 관한 이념으로부터 이 두 영역의 통합을 시도한다. 즉, 세계 안에서 가능한 최고선의 이

다.(Kant, Gemeinspruch, A210).

76) Kant, K.U., §84
77) Kant, K.U., §87.
78) Kant, K.U., §87.
79) Kant, K.U., 같은 곳.
80) Kant, K.U., 같은 곳.
81) Kant, K.r.V., B 838-839.

념에는 덕과 행복이 서로 연결되어 있다는 것이다. 실천이성의 대상 즉, 최고선을 근거로, 다시 말해, 자유 곧 도덕적 행위의 관점에서 자유와 자연의 통합을 인정한다. 「판단력 비판」에서는 자연의 합목적성이란 판단력의 원리를 통해 자연과 자유의 연결을 가능케 만들었다. 자연의 궁극목적은 자연 밖에 있어야 하고 그것은 도덕성에서 찾지 않으면 안된다는 것이다. 자연을 합목적성으로 보는 입장은 도덕성을 위해서 취한 것이 아니라 자연 자체를 바르게 이해하기 위해서 필수적이라는 것이 칸트의 생각이다. 자연의 합목적성은 도덕성을 필요로 한다. 두 비판서에서 취한 관점(즉 자유와 자연을 실천이성의 대상으로부터 통합하려는 관점과 자연의 합목적성의 이념에서 통합하려는 관점)으로부터 불멸하는 영혼(혹은 미래의 삶)과 자연 배후의 지성적 세계의 원인 즉 신을 요청한다. 미래의 삶이 요청되어야 하는 것은 도덕성의 이념, 즉 행복할 가치가 있어야 한다는 것이 지상에서 실현될 수 없을 뿐만 아니라 지상에서는 덕과 행복이 비례하지 않기 때문이다.[82] 최고선, 도덕적 세계는 이 세계 안에 실현되지 않는다. 그것은 현상계에 속하지 않는다.[83] 그러므로 도덕성과 자연의 조화로운 관계를 이해할 수 있기 위해서 최고지성을 세계원인으로 요청해야 한다는 것이다.

(3) 이론과 실천의 통합근거로서의 순수 이성

1) 가르베의 비판에 대한 칸트의 답변

이론과 실천의 괴리는 문제가 되는 사태를 이성의 관점에서 보지 않고 인간이 실제로 행동하는 방식에서, 즉 경험에 의존해서 마치 경험이 이론의 정당성을 판정하는 최후의 기준인 것처럼 보기 때문에 발생하는 문제에 불과하다. 칸트는 '경험을 사용하여 이성을 개혁하려는 노력'은 '하늘을 쳐다보도록 설계된 사람의 눈보다 경험에 고정된 두더지 눈으로 보면 더 멀리, 더 분명하게 볼 수 있을 것'이라고 착각하는 것과 같다고 말한다.[84] 경험이 이성을 개혁해야 한다는 주장을 특히 도덕성과 의무에 적용하면 매우 위험하다고 칸트는 역설한다. 왜냐하면 도덕성의 경우에는 이성의 규준이 실천과 관련하는 방식은 실천의 가치가 그것이 근거한 이론에 부합하는가, 그렇지 않은가에 전적으

---

82) H.G. Geertsema, *Van boven naar voren*. Kampen: Kok, 1980. p.237 이하 참조.

83) Kant, K.r.V., B837.

84) Kant, K.r.V., B837.

로 의존하도록 되어 있기 때문이다. 그러나 이와 반대로, 만일 도덕 법칙을 실제로 집행할 때 개입되는 경험적(따라서 우연적인) 조건이 법칙 자체의 조건이 됨으로써 실천이 이론을 지배한다면 모든 것은 상실되고 만다.[85] 이론은 실천이나 경험에 의존하지 않으며 이런 의미에서 '자기충족적'이다.[86] 칸트에 의하면 도덕과 정치, 국제관계에서 이성의 근거로부터 타당한 이론이라면 그것은 실천에도 타당하다는 것이다.[87]

칸트의 주장은 현실주의자의 귀에는 매우 관념적이고 형이상학적인 현학으로 들린다. 이미 '철학의 대중화'의 기수였던 가르베는 '어떻게 행복할 것인가'와 '어떻게 행복할 가치가 있도록 행동해야 하는가'를 구별하는 칸트의 이론에 대해서 "나로서는 내 머리 속에서는 이 이념들의 구별을 너무나 잘 이해하고 있음을 인정하지만 내 마음 속에서 이와 같은 구별을 바라고 추구하는 것을 찾아볼 수 없다"[88]고 반박하였다. 인간의 도덕적 행위의 동기를 행복추구에서 찾는 가르베[89]로서는 의무 개념에 일각한 칸트의 구별이 이론상으로는 옳지만 실천에는 도무지 들어맞지 않는다고 본 것이다. 모든 인간은 실제로 이기적인 동기에서 행동하기 때문에[90] 칸트의 구별은 "우리가 개별적인 대상을 생각할 때 벌써 희미해지지만, 실제로 행동할 때, 즉 욕망과 의도에 적용하려고 할 때는 완전히 사라지고 만다"는 것이다.[91] 칸트는 가르베가 행복과 행복할 가치의 구별을 마음 속에서는 발견할 수 없다고 한 고백에 대해서 진실된 사람인 그가 마음 속에서 의지를 규정할 때 행복과 행복할 가치, 행복과 의무의 구별을 실제로 발견하지 않을 수 없었을 것이라고 말한다.[92] 그리고 가르베 스스로 '자유의 문제는 언제나 풀리지도, 설명되지 않은 채로 남아 있을 것이라는 것이 나의 확신이다'라고 말하면서도 정언명령의 가능성을 자유의 개념에서 찾지 않고 스스로 자연 필연성의 작용에 바탕을 둔 심리학적 설명원리를 채택한 것은 모순이라고 지적한다.[93]

---

85) Kant, Gemeinspruch, A205-6.
86) Kant, Gemeinspruch, A206.
87) Kant, Gemeinspruch, 같은 쪽.
88) Kant, Gemeinspruch, A269, A284.
89) Kant, Gemeinspruch, A222.
90) Kant, Gemeinspruch, A225.
91) Garve의 철학적 위치에 관해서는 Martens의 *Einfuehrung in die Didaktik der Philosophie.* Darmstadt. 1983, pp. 57-75 참조.
92) Kant, Gemeinspruch, A225.
93) Kant, Gemeinspruch, A224.

2) 이론과 실천의 통합에 대한 경험주의적 입장에 대한 이성주의적 대응

칸트철학에서 이론과 실천의 관계에 대한 우리의 논의를 통해서 분명히 나타나는 것은 이성주의와 경험주의의 대결이다. 경험주의적 입장에서 보면 인간의 인식과 행위는 감각적인 근원을 가지고 있기 때문에 인식을 설명하는 법칙과 행위의 설명 근거는 자연 인과성 혹은 자연 필연성 뿐이다.[94] 칸트에 의하면 경험주의자들이 존재와 행위의 객관적인 근거로 보는 자연의 필연성 혹은 자연화 법칙성은 객관세계에 놓여 있는 것이 아니라 인식주관에 의해 구성된 것이며(이 점은 흄도 인정한다) 자연필연성은 흄이 생각하는 것처럼 반복적인 사건의 관찰과 경험(습관)을 통해서 형성된 설명이 아니라[95] 인간 오성이 자연에 부여한 법칙이며 감각적 경험은 오성의 구성활동(자기 정립)을 위한 자료에 불과하다. 나아가서, 인간의 행위에 적용되는 필연성과 법칙성(도덕적 의무의 무제약성)은 자연 필연성과 달리 스스로 자기 자신을 규정하는 실천이성의 자율성에 근거한다. 당위의 필연성과, 그리고 경험으로부터 당위의 추론불가능성이 정식화된 것이 정언 명령이며, 정언명령은 의무와 윤리의 두 제약성을 가장 순수하게 표현할 뿐만 아니라 경험과학적으로, 즉 자연인과성으로 이해될 수 없는 행위주체의 실천적 자기 정립을 표현한다.[96] 경험주의의 관점에서는 인간의 행위는 동물의 행동과 마찬가지로 '감정'(passions)에 의해 움직여지며 도덕적 당위의 근거로 생각되는 이성도 단지 감정의 노예에 지나지 않는다.[97] 동물이나 인간에게 동일한 이성은 과거의 경험과 현재의 경험에 비추어 감각적인 인상으로부터 결과를 추론하고[98] 참과 거짓을 발견하는[99] 본능에 불과하다. 그러면서도 이성은 '영혼 가운데 있는 놀랍고도 알 수 없는 본능'[100]이라고 흄은 말한다. 이성은 우리의 감정과 행위에 아무런 영향을 줄 수 없기 때문에 감정과 행위에 반드시 영향을 주어야 하는 도덕성의 규칙을 이성으로부터 이끌어 낼 수 없다.[101]

사태를 이와 같은 방식으로 보면 '이론'은 ―비록 추론능력으로서 이성이 바탕에 깔려

---

94) Kant, Gemeinspruch, A224-5 n.

95) Dangelmayr가 이 점에서 흄을 배경으로 칸트를 부각시키는 것은 정당하다. Dangelmayr의 앞의 책 133-134쪽 참조.

96) David Hume, *A Treatise of Human Nature* 1권 3부 14절(Selby-Bigge, 155-156쪽).

97) S. Dangelmayr, 앞의 책, 134-135쪽.

98) "Reason is and ought only to be the slave of passions."(Hume, Treatise, 2권 3부 3절, 415쪽)

99) Hume, Treatise, 1권 3부 16절(177-178쪽).

100) Hume, Treatise, 3권 1부 1절(458쪽).

101) Hume, Treatise, 1권 3부 16절(179쪽).

있다고 하더라도- 감각적 인상과 관념의 조합에 불과하다. 흄에게서 '실천'에 해당하는 '경험'과 '행위'노 원인과 결과의 고리에 불과하다. '경험'은 우발적으로 경험한 한 대상(가령, 불)이 늘 어떤 다른 대상(가령, 뜨거움)을 수반하는 현상을 과거에 여러 차례 본 기억을 바탕으로 이 둘이 늘 지속적으로 연결된다고 생각하여 전자는 원인이고 후자는 결과라고 부름으로써 두 대상의 존재 사이에 필연적인 관계, 즉 인과적 관계가 존재한다고 믿게 되는 과정이다.[102] 원인과 결과의 관념은 경험에서 생긴다. 경험은 개별대상들이 과거의 모든 경우에 서로 지속적으로 연결되었다는 것을 우리에게 알려준다.[103] 흄이 말하는 인간의 '행위'는 그것을 원인짓는 '동기와 기질, 그리고 환경과 지속적인 연합'을 이루고 있다.[104] 인간의 행위는 마치 기상변화처럼 자연 가운데 발생하는 사건과 마찬가지로 일정한 원인에 일정한 결과가 한결같이 따라오는 과정으로 관찰할 수 있다.[105] 칸트도 흄과 마찬가지로 법칙을 강조하지만 그는 자연법칙 뿐만 아니라 자유의 법칙이 가능하다고 생각한다. 자연에 관한 이론은 결국 자연의 법칙성을 바탕으로 자연을 기술하는 것이고, 도덕에 관한 이론은 행위 주체의 자유에 근거한 도덕법칙으로부터 인간이 어떻게 행위해야 하는가를 규정하는 것이다. 이와 같은 바탕에서 칸트는 이론을 '규칙들의 집합', 혹은 '원칙들의 집합'이라고 이해하고 실천은 '보편적인 것으로 포상된 절차의 원칙과 합치된 결과로 나타난 어떤 목적의 실현'[106]이라고 정의한 것이다. 이론과 실천의 관계를 설정함에 있어서 경험주의와 이성주의의 대립은 결국 인간을 어떤 존재로 보는가에 달려 있음이 이제 보다 분명해졌다.

3) 인간존재의 이중성과 행위주체인 인간의 본질로서의 자유

칸트는 인간이 이성적 존재일 뿐만 아니라 동시에 감성적 존재라는 사실, 즉 인간 존재의 이중성(ambivalence)을 분명히 인식하고 있다.[107] 육신의 평안과 안전과 행복을 바라는 마음은 유한한 존재인 인간이면 누구나 반드시 가지고 있으며 그러한 욕구는 불가

---

102) Hume, Treatise, 3권 1부 1절(457쪽 이하).
103) Hume, Treatise, 1권 3부 6절(87쪽).
104) Hume, Treatise, 1권 3부 6절(89-90).
105) Hume, Treatise, 2권 3부 1절(401쪽).
106) Hume, Treatise, 2권 3부 1절(403쪽).
107) Kant, Gemeinspruch, A201.

피하게 욕망능력인 의지를 규정하는 근거로 작용한다.[108] 인간은 다른 동물들과 마찬가지로 자기보존의 소질과 성충동 및 성적 교접에서 태어나는 것을 보존하려는 종족번식의 소질, 그리고 다른 인간들과 공동생활을 하는 소질, 즉 교제의 소질을 가지고 있다. 이러한 소질은 자기애로 규정되는 인간의 '동물성'이다. 인간은 또한 타인과 비교함으로써 자신의 행복과 불행을 판단하는 소질, 타인의 의견에 따라 자기에게 어떤 가치를 부여하는 경향을 가지고 있다. 이러한 자기애(비교하는 자기애)를 칸트는 생물이면서 동시에 이성적 존재자인 인간의 '인간성'이라고 부른다.[109] 이러한 소질은 그 자체가 선하지도 악하지도 않을 뿐더러 -물론 그 목적에 어긋나게 사용될 수 있지만- 인간이란 존재자를 존재하게 해주는 요소들이고 인간에게 필연적으로 속한 근원적인 소질이다.[110] 그러나 인간은 동물성과 인간성뿐만 아니라 '이성적이며 동시에 책임을 질 수 있는 존재'로서 '인격성'을 가지고 있다.[111] 인격성의 소질은 도덕법칙을 그 자체에 있어서 선택의 지의 충분한 동기로 존경하는 능력이다.[112] 칸트에 의하면 도덕법칙의 이념은 곧 인격성 자체이다. 이때 인격성은 오직 지성적으로만 고찰된 인간성의 이념이다.[113] 생물로서의 인간의 동물성은 이성에 근거하지 않고, 생물이면서 동시에 이성적 존재인 인간의 인간성을 실천적이긴 하지만 다른 욕구와 동기들에 봉사하는 이성에 근거하고 있다. 그러나 인격성만이 그 자체로서 실천적인, 즉 무조건적으로 법칙을 부여하는 이성에 근거하고 있다.[114] 악이란 인격성이 근거한 이성의 기반을 떠나 스스로 책임을 질 수 있는 인격적 존재인 인간이 행위의 동기를 도덕법칙에서 찾지 않고 감성적 욕구를 따라 도덕법칙을 자기애에 종속시켜 버리는 '도덕적 질서의 전도'에 불과하다.[115] 도덕적 선은 감성을 이성 아래 종속시킴으로써, 다시 말하자면 도덕법칙이 자기애를 지배함으로써 가능하다.

---

108) 칸트는 이 이중성이란 말을 쓰지 않는다. 칸트가 행위 주체인 인간의 두 가지 성격으로 구분하는 '경험적 성격' '가상적 성격'이란 자연인과성에서 보는가, 아니면 자유의 인과성에서 보는가 하는 관점의 문제, 사고방식의 문제이다. (Kant, K.r.V., B567, B573, B579).

109) Kant, K.p.V., A45.

110) Kant, *Die Religion innerhalb der grenzen der blosen Vernunft*(이하 Religion으로 인용), B15-17.

111) Kant, Religion, B 19.

112) Kant, Religion, B 15.

113) Kant, Religion, B 18.

114) Kant, Religion, B 19.

115) Kant, Religion, 같은 쪽.

인간의 삶은 -도덕, 정치, 국제관계를 포함해서- 결국 선과 악의 투쟁, 즉 감성에 대한 이성의 지배와 이성에 대한 감성의 지배 간의 투쟁의 장이지만, 이성의 지배가 이루어지리라는 것이 칸트의 기대이다.[116] 그런데 "인간의 도덕적 도야는 도덕적 실천의 개선으로부터 시작하는 것이 아니라, 오히려 사고방식 및 성격의 기반을 변혁시키는데서 시작하지 않으면 안 된다"[117]고 강조하는데서도 경험적이고 개별적이며 구체적인 실천의 개선보다 그것을 가능케 한 근원적인 뿌리인 잘못된 사고방식 자체, 잘못된 이론 자체를 변혁해야 한다는 생각이 분명하게 나타난다.

감성과 이성의 갈등, 감성적·경험적 동기에 근거를 둔 이론과 이성에 근거를 둔 이론 사이의 갈등을 극복하고 올바르게 이성이 지배할 수 있는 가능성은 이성의 자발적 활동성에 있다. 이성의 근원적·자발적 활동성('선험적 자유')은 도덕적 상황에서 인간이 감성의 충동에 의해서 강제로 행동하지 않고 자기 스스로 정하고 행동할 수 있는 자유('실천적 자유')의 근거가 된다.[118] 행위 주체의 자발적 활동성(절대적 자발성)은 감성계의 현상으로 출현하는 경험적 자아('경험적 성격')와 대립되는 선험적 자아, 즉 자기 자신을 순수통각을 통해서 의식하는 자아의 존재 및 활동방식이다.[119] 이러한 자아를 칸트는 오성 혹은 이성이라고 부르고 그것의 본질은 절대적 자발성, 즉 자유라는 것이다. 선험적 자아, 즉 순수 이성은 시간 가운데 경험적 자아로 현상할 수 있지만 그 자체로는 시간 형식에 종속되지 않으며[120] 그것이 현상계에 가지는 원인성조차도 시간적 계기를 벗어나 있기 때문에 자연법칙을 적용시킬 수 없다. 순수 이성의 절대적 자발성은 경험적 제약으로부터 독립해 있으면서도 사건들의 계열을 '스스로 시작할 수 있는 능력'[121]이며, 모든 행위를 조건지우는 무제약적 조건이다.[122] 자유를 본질로 하는 이성적 존재인 인간은 그 자신이 감성적인 것과 이성적인 것, 자연과 자유, 이론과 실천의 매개자[123]이며 자유로운 결단에 의해 감성적인 것에 대한 이성의 지배를 실현할 수 있다.

---

116) Kant, Religion, B 34.
117) Kant, Religion, B 181 이하 참조.
118) Kant, Religion, B 55.
119) Kant, K.r.V., B 561. J. Han, *Transzendentalphilosophie als Ontologie*. Wuerzburg: Koenigshausen & Neumann, 197-204 참조.
120) Kant, K.r.V., B 566-567, B 574-575 참조.
121) Kant, K.r.V., A 579.
122) Kant, K.r.V., B 561.
123) Kant, K.r.V., B 581-2.

5. 맺는 말: 관점의 변화에 대한 요청

순수 이성의 절대적 자발성을 기초로 이론과 실천의 통합(더 정확하게는 실천에 대한 이성적 지배)은 결국 칸트의 이른바 '코페르니쿠스적 전회'로 알려진 '사고방식의 혁명'을 일관되게 적용한 결과이다. 인간 자신이 자연존재이면서 동시에 자유존재라는 사실에서 이성과 경험, 자유와 자연, 초감성적인 것과 감성적인 것, 이론과 이성의 갈등이 발생하지만 이 갈등을 변증법적으로 지양하기 보다는 우리 자신의 '사고방식' 자체를 변경할 것을 칸트는 요구한다. '사고방식'의 변경이란 세계 내적 존재인 인간이 자연적으로 주어진 조건에 얽매이지 않고 스스로 절대적 자유로부터 자기의 위치와 관점, 그리고 전망을 획득하는 것이다.[124] 칸트가 말하는 '현상계'와 '가상계'의 구별도 결국은 이러한 관점의 변화를 통해서 얻어지는 개념이고 칸트철학은 근본적으로 이 두 세계를 한 몸에 안고 있는 인간이 관점의 변화를 통하여 자연 인과성에 종속하지 않고 스스로 무제약자로서 '가상적 원인'이 되도록 요구하는 철학적, 이성적 호소라고 하겠다. 이와 같은 사태를 칸트는 「도덕 형이상학의 정초」에서 다음과 같이 서술한다.

> "오성계의 개념은 이성이 자신을 실천적이라고 생각하기 위해서는 현상들의 밖에서 취할 수 밖에 없다는 하나의 관점(Standpunkt)에 불과하다. 이성이 자신을 실천적으로 본다는 것은 인간에 대한 감성계의 영향이 결정적이라면 불가능하게 될 것이다. 그러나 인간에게서 예지인(Intelligenz)으로서의 의식, 따라서 이성을 통해 활동하는 이성적이고 자유로운 작용원인으로서의 의식이 박탈되어서는 안된다면 이성이 자신을 실천적이라고 보는 것은 필연적이다."[125]

순수이성은 실천적이 될 때 그 자신은 다른 것으로부터 조건지워질 수 없는 무제약자로서 현상계에 대한 인식과 자유의 가능성을 열어줄 수 있는 자격을 갖추게 된다. 순

---

124) F. Kaulbach, Der Begriff des Standpunktes im Zusammenhang des Kantischen Denkens. in: *Archiv fuer Philosophie.* 12(1963), pp.14-45. 같은 이, Die copernicanische Denkfigur bei Kant. in: *Kant-Studien* 64(1973), pp.30-48 참조.
125) Kant, *Grundlegung zur Metaphysik der Sitten.* BA 119.

수이성은 그 자체로서, 그것의 순수 활동성에 의해 물자체로서 감성계의 영향을 줄 수 있나는 것이다.[126] 따라서 순수이성은 그 자신이 절대적 자발성의 '활동적 존재'가 됨으로써 현상계와 오성계, 이성과 경험, 이론과 실천의 통합이 가능하다.

칸트가 이론과 실천의 통합 근거로 본 이성의 자발적 활동성(자유)이란 무엇인가? 칸트는 자발적 활동성을 순수 이성이 모든 감성적 요인으로부터 독립해 있으면서, 자기 자신을 스스로 규정하는 것으로 본다. 이성의 자기 규정성은 시간 조건을 초월해 있는 순수 활동성, 순수 실천성의 성격을 띠고 있으며 이것은 자연에 대한 오성의 입법과 도덕적 행위에 대한 실천이성의 입법성을 가능케 하는 근거라고 보아야 하겠다. 칸트가 말하는 순수 활동성(실천성)으로서의 이성은 경험의 대상과 마주해서 이론이성(오성)으로, 경험을 총괄하고 전체성을 부여하는 이념과 관계해서 사변이성으로, 그리고 자연의 경향성과 동기 등과 마주해서 인간의 행위를 선험적으로 규정하는 실천 이성으로 분화되는 것으로 보아야 할 것이다. 이성의 자기 분화의 바탕에는 근원적인 절대적 활동성이 공통적으로 깔려 있고, 이러한 활동성은 다양한 것을 모두 하나로 통합하고 하나로 묶는 근원적인 통일화의 활동성이다. 이성의 활동성은 현상을 규정하고 그것을 법칙성 아래 통일하고, 비록 대상은 주어지지 않지만 현상계에 대한 경험에 전체성을 부여하는 이념(영혼, 세계, 신)을 만들어 내고 시간의 변화와 다양한 감정의 영향에도 불구하고 사람이 '인격'으로 행위 할 수 있도록 도덕법칙을 입법한다.

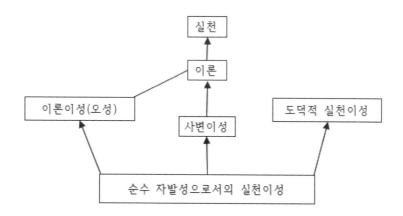

---

126) Kant, K.r.V., B556.

칸트가 이론에 그렇게 강조를 두는 이유를 바로 여기서 찾아야 한다. 이론은 사실을 서술하는 단순한 명제체계에 그치는 것이 아니라 대상을 규정하고 기획하고 구상하는 활동, 즉 순수이성의 실천적 활동을 통하여 산출된 결과물이다. 이론이 단순한 명제의 체계가 아니라 이성의 실천적 활동성의 산물이라는 것은 그것이 그야말로 '이론적' 차원에만 머물지 않고 현실적인 영향을 가져올 수 있다는 것을 뜻한다. 왜냐하면 순수 활동성으로서의 이성은 감성계와의 관계에서 원인으로서 작용할 수 있기 때문이다. 이런 의미에서 카올바하도 이성의 활동성, 즉 이성의 '프락시스'를 감성계에 미치는 '작용'(ein Bewirken)으로 이해한다.[127] 그런데, 이와 같은 작용 미침은 현상계에서 일어나는 원인과 결과의 관계와 달리 자연적인 소여가 아니라 인식과 행위 주체인 인간이 자신을 예지자로, 가상계적 존재로 스스로 규정하고 정립할 때만이 가능하기 때문에 자신의 이성을 실천적으로 보는 '사고방식'의 변화가 필수적이다. 이러한 사고방식의 변화, 즉 순수 활동성에서 세계를 보고 행위를 산출하는 것은 인간 스스로 자기의 본질을 시간과 공간의 제약성 속에 갇혀 있는 감성적 존재(경험적 자아)에서 찾지 않고 시간을 뛰어 넘어 순수 활동성으로 존재하는 가상적 존재(선험적 자아)에서 찾는다는 의미이다.[128] 이론과 실천의 문제는 결국 인간의 본질이 감성적 존재에 있는가, 아니면 이성적 존재 · 인격적 존재에 있는가에 따라 다른 방식으로 접근될 수밖에 없는 문제이다.

---

127) F. Kaulbach, Theoire und Praxis in der Philosophie Kants. in: *Philosophische Perspektiven* 29(1970), pp. 168-185. 특히 p. 171 참조.

128) 순수이성의 근원적 실천성은 이론이성의 반성적 대상이 될 수 없고 오직 도덕적 실행을 통해 스스로 의식할 수 있을 뿐이다. 이 근원적 활동성은 이론이성과 도덕적 실천이성보다 더 근원적인 활동성이라고 해야 할 것이다. 이론이성과 실천이성을 통합하는 이성의 활동성의 도덕적 표현이 '사물'과 '대상'과 구별되는 '인격' 개념이다.

제5장 칸트에 있어서 영혼의 인격성

박중목(명지대)

1. 문제제기

칸트는 영혼의 인격성 문제를 영혼의 실체성과 영혼의 단일성 문제와 더불어 선험적 오류추리의 장에서 다루고 있다. '오류추리'가 지니고 있는 부정적 의미 때문에, 우리는 칸트가 영혼의 인격성을 비판하고 있다고 본다. 왜냐하면 전통적 형이상학은 영혼의 실체성과 단일성 그리고 인격성을 통하여 "자기인식", 즉 "자아에 대한 보편적이고 객관적인 인식"을 주장한데 반하여 칸트는 이러한 주장은 잘못이며 이는 오류추리에 근거한 것이라고 보고 있기 때문이다. 이것이 일반적으로 우리에게 알려진 칸트의 영혼론에 대한 해석이다.

그러나 우리가 오류추리에서 논의되고 있는 영혼의 인격성 문제를 변증론의 전체적인 체계 내에서 분석한다면, 칸트가 단순히 영혼의 인격성을 비판했다고는 볼 수 없다. 왜냐하면 영혼의 문제를 다룬 변증론은 비록 가상의 논리학이지만, 이곳에서 칸트는 이성의 필연적인 이념을 도출하고 있으며 그와 더불어 이념의 긍정적인 역할을 제시하고 있기 때문이다. 이때 이념의 긍정적 역할은 오성의 경험적 인식을 체계적으로 통일시키는 이념의 규제적 사용을 의미한다.

따라서 본 논문은 선험적 변증론의 전체적인 맥락에서 칸트가 논의하고 있는 영혼의 인격성 문제를 분석하고자 한다. 이를 위해 필자는 우선 칸트가 선험적 변증론의 서론에서 제시하고 있는 선험적 변증론의 전체적 과제와 선험적 변증론의 본론에 해당하고 있는 선험적 오류추리의 의미를 살펴보고 그리고 선험적 오류추리의 장에서 본격적으로 논의하고 있는 영혼의 인격성에 대한 칸트의 철학적 관점이 무엇인가를 분석할 것이다. 이를 통해 어떠한 관점에서 칸트는 영혼의 인격성을 비판하고 있으며, 동시에 규제적 사용의 가능성을 주장할 수 있는지 밝힐 것이다.

2. 선험적 변증론의 과제와 이념의 특성

서론은 기본적으로 본문에서 논의할 주제를 전체적으로 조명하고 그에 대한 과제를 제시하는 도입부이다. 서론이 지니는 이러한 성격에 따라 필자는 우선 칸트가 변증론의 서론에서 제시한 변증론의 전체적 과제를 분석하고자 한다. 칸트는 변증론을 선험적 가상의 논리학이라고 규정하면서 변증론의 과제를 두 부문으로 나누어 제시하고 있다. 첫 번째 부문에서 제시된 변증론의 과제는

> "초험적 판단(das transzendente Urteil)이 가상인 까닭을 폭로하고 동시에 이 가상
> 에 속지 않도록 방지하는 것에 만족하겠다. 하지만 … 선험적 가상이 소멸하여
> 가상이기를 중지시키는 일을 선험적 변증론은 성취할 수 없다"(B354)[1]

선험적 변증론의 과제가 '초험적 판단의 가상을 폭로하는 것'이라면, 우선 우리가 주목해야 할 것은 초험적 판단이 무엇이며, 그리고 초험적 판단이 지니고 있는 가상은 어떤 가상인가이다. 서문에서 밝힌 초험적 판단은 "가능한 경험적 한계를 넘어선 판단(B352)"으로서 "순수이성의 최상 원리로부터 발생한 판단(B365)"을 의미하고 있다. 순수이성의 최상 원리란 "제약된 것이 주어져 있으면, 순차적으로 종속된 제약들의 전계열이 그 자체상 무제약자인 것으로 (대상과 그것의 연결 중에 포함되어서) 주어져 있다(B364)"는 원리이다.[2] 바로 이 원리로부터 발생된 판단이 가능한 경험적 한계를 넘어선 초험적 판단이다.

---

1) 본 논문에서 표기되는 A, B는 『순수이성비판』의 초판과 재판을 말한다.
2) 칸트가 여기에서 표현하고 있는 이성의 최상원리는 이성의 선험적 원리를 의미한다. (B363, B364 참조) 따라서 필자는 본 논문에서 앞으로 이 원리를 선험적 원리로 표기한다.

그리고 초험적 판단이 지니고 있는 가상이란 우리가 주의를 기울이면 피할 수 있는 경험적 가상과 논리적 가상과는 달리 "인간 이성에 실로 **자연스러운 그리고 불가피한 환상**(B354)"으로서 선험적 가상을 말한다. 이런 까닭에 칸트는 선험적 변증론이 선험적 가상을 폭로할 수는 있어도 이 가상을 소멸시키거나 중지시킬 수는 없다고 주장한다.

따라서 위에서 언급한 선험적 변증론의 과제에 따라 우리는 선험적 오류추리에서 다루고 있는 초험적 판단이 구체적으로 어떤 판단인지 분석하고 그리고 이 판단이 지니고 있는 선험적 가상이 무엇인지 그리고 이 가상으로 인하여 발생하는 오류가 무엇인지를 밝혀야 할 것이다. 본 논문은 바로 여기에 초점을 맞추어 영혼의 인격성 문제를 논할 것이다. 그래야만 칸트가 논의한 영혼의 인격성 문제를 정확하게 이해할 수 있다.

그런데 칸트가 두 번째 부문에서 제시한 선험적 변증론의 과제는 첫 번째 제시한 과제와는 달리 순수이성의 원리가 "객관적 정당성"을 갖고 있는지, 아니면 "한갓 논리적 지시(eine bloß logische Vorschrift)"인가의 문제를 해결하는데 있다(비교, B365). 이때 언급된 순수이성의 원리는 앞에서 말한 순수이성의 선험적 원리와는 달리 "오성의 제약된 인식에 대해서 무제약자를 발견하고, 제약된 인식의 통일을 완성하는"(B634) 이성의 논리적 준칙을 의미한다. 따라서 선험적 변증론의 과제는 이성의 논리적 준칙이 대상과 연관된 그리하여 대상을 규정하는 객관적 원리인지 아니면, 오로지 오성의 제약된 인식에 통일성을 부여하는 단순한 논리적 지시인지에 대한 문제를 해결하는데 있다.

칸트가 제시한 첫 번째 과제가 이성의 선험적 원리로부터 발생한 초험적 판단이 지니고 있는 선험적 가상을 폭로하고 오류를 방지하는데 있다면, 두 번째 과제는 이성의 논리적 준칙이 객관적 원리인지 아니면 단순한 논리적 지시인가를 판정하는데 있다. 여기에는 선험적 가상에 대한 언급이 없다. 그런 까닭에 두 과제는 서로 연관되어 있지 않은 것처럼 보인다.[3] 그러나 선험적 변증론의 전체적인 맥락에서 볼 때, 결코 상이한 과제가 아니며 단지 칸트가 달리 표현했을 뿐이다. 본 논문은 영혼의 인격성 문제와 연관하여 두 과제가 서로 어떤 연관을 지니고 있는지도 살펴 볼 것이다. 이에 대한 논의의 핵심 주제는 초험적 판단, 논리적 준칙, 객관적 원리, 논리적 지시 그리고 선험적 가상과의 의미와 그들의 연관성에 있다.

---

3) N. Kemp Smith와 A. Kalter는 이 두 과제가 서로 상이한 것으로 본다. N. Kemp Smith, *A Commentary to Kant's Critique of Pure Reason*, New York 1962, p.426f; A Kalter, *Kants vierter Paralogismus*, Meisenheim am Glan 1975, pp.62-75.

칸트가 선험적 변증론의 과제를 도입부에서 제시한 후, 선험적 변증론의 본론인 변증론의 제1편에서 이성 자체가 지니고 있는 고유한 능력인 이성추리에 따라 세가지 종류의 무제약자의 개념, 즉 세 종류의 이념을 도출한다. 그 중 하나가 본 논문의 주제인 영혼론과 연관된 "자신이 이제부터는 더 이상 객어로 될 수 없는 주관"(B379)이다.[4] 그런데 우리가 주목해야 할 점은 칸트가 이성으로부터 필연적으로 도출한 세 이념에 두 가지 특성을 동시에 부여하고 있다는 것이다. 그 하나는 이념이 "초험적"(B383, B384)이라는 것이며, 다른 하나는 "선험적"(B382, B383)이라는 것이다.

칸트가 이념을 선험적이라고 규정했을 때, 이념은 필연적으로 오성 사용과 연관하면서 모든 오성의 경험적 인식을 체계화하고 그것에 통일성을 부여한다는 의미를 가질 때이다. 이는 바로 이념의 규제적 사용을 말한다. 이에 반하여 칸트가 이념을 초험적이라고 규정했을 때, 이념은 대상과 연관했을 경우이다. 왜냐하면, 이념에 상응하는 대상은 가능한 경험의 영역에 주어지지 않기 때문이다.

그리고 우리가 주목해야 할 점은 칸트가 세 이념에 상응하는 학, 즉 선험적 영혼론, 선험적 우주론 그리고 선험적 신론을 제시한 후, "이 학에 이념의 어떤 특수한 양상들이 각각 귀속하느냐를 다음의 장에서 완전히 진술할 것"(B392)을 예고하고 있다. 본 논문의 주제와 연관하여 표현하자면, 칸트는 선험적 영혼론에 "생각하는 자아", 즉 "영혼"에 어떤 특수한 양상들이 구속하는가를 선험적 오류추리의 장에서 완전히 진술할 것임을 밝히고 있는 것이다. 그렇다면 "생각하는 자아"의 특수한 양상들이 무엇인가? 더 나아가 칸트는 스스로 "역설적"(B393)이라고 표현하면서 영혼론과 연관하여 "어떻게 이성이 정언적 추리에서 쓰이는 동일한 기능의 종합적 사용을 통해 오로지 필연적으로 생각하는 주관의 절대적 통일의 개념에 도달해야 하는가"(B392)를 상술할 것이라고 예고한다. 이 주장에 따르면 칸트는 선험적 오류추리의 장에서 이념, 즉 '생각하는 자아'의 양상과 더불어 '생각하는 자아의 절대적 통일성'의 개념을 제시할 것을 예고하고 있다. 이런 관점에서 볼 때, 칸트는 선험적 오류추리의 장에서 '생각하는 자아'의 인식 가능성에 대한 비판 뿐만 아니라, '생각하는 자아'에 대한 새로운 학을 제시할 것임을 암시하고 있다. 그렇다면 진정 칸트가 선험적 오류추리의 장에서 제시하고자 하는 '생각하는 자

---

4) 다른 두 이념은 "가언적 종합의 무제약자로서 아무 것도 전제하지 않는 궁극의 전제"이고, 그리고 "선언적 종합의 무제약자로서 한 개념의 구분을 완성하기 위해 이제부터 아무것도 필요로 하지 않는 구분지의 집합"이다. (B379)

아', 즉 '영혼'은 무엇인가?

3. 선험적 오류추리의 의미

칸트는 선험적 변증론의 제1편에서 순수이성능력으로부터 이념을 도출한 후, 제2편인 "순수이성의 변증적 추리"의 도입부(B396-B398)에서 이념에 상응하는 객관과 연관하여 이념을 "문제개념"(ein problematischer Begriff, B397)이라고 규정하면서 우선 "순수이성의 오류추리"와 "순수이성의 이율배반" 그리고 "순수이성의 이상"이 공통적으로 지니고 있는 "변증적 추리"의 특성을 다음과 같이 규정한다.

> "그런데 순수이성개념의 선험적(주관적) 실재성은 우리가 필연적인 이성추리에 의하여 그러한 이념에 도달하는데 기인한다. 따라서 경험적 전제들을 포함하지 않는 이성추리들이 있다. 그리고 이 이성추리들을 매개로 우리가 알고 있는 어떤 것으로부터 우리가 어떠한 개념도 가지고 있지 않은 다른 어떤 것을 추리하지만 그럼에도 불구하고 피할 수 없는 가상을 통해 이것에 객관적 실재성을 부여한다. 그와 같은 추리는 그 결과에서 보면 이성추리라고 보기보다는 궤변적 추리라고 말해야 한다. 그러나 그것의 동기로 봐서 역시 이성추리라는 이름을 가질 수 있다. 왜냐하면 그것은 날조된 것도 아니요, 우연하게 생긴 것도 아니며, 이성의 자연스러운 본성에서 생긴 것이기 때문이다"(B397, 강조는 필자가 한 것임).

변증적 추리는 전체적으로 세 가지의 특성을 지니고 있다. 첫째, 변증적 추리는 경험적 전제를 포함하지 않는다. 둘째, 이념은 선험적(주관적) 실재성을 지니고 있다. 그러나 변증적 추리는 우리가 알고 있는 어떤 것으로부터 어떠한 개념을 가지고 있지 않은 다른 어떤 것을 추리하되 피할 수 없는 가상으로 인해 객관적 실재성을 부여한다. 즉 선험적(주관적) 실재성을 지닌 이념이 자신의 대상과 연관될 때, 즉 영혼, 신, 세계와 연관될 때, 변증적 추리가 선험적 가상에 의하여 이 대상들에게 객관적 실재성을 부여한다. 영혼론을 다룬 선험적 오류추리와 연관하여 볼 때, 우리가 알고 있는 것은 "주관의 선험적 개념"을 말하며, 추리된 것은 "주관 자신의 절대적 통일성"이고, 우리가 어떤 개념도 가지고 있지 않는 것은 "주관 자신"을 말한다(참고, B398). 셋째, 이와 같은 추리는 결과에서 보면 궤변적 추리이고 동기로 보면 이성추리라고 한다. 즉 변증적 추리는 두가지 의미를 내포하고 있다. 그 하나는 부정적인 의미이고 다른 하나는 긍정적인 의미를 지니고 있다.

그리고 우리가 주목해야 할 것은 칸트가 선험적 오류추리 장의 도입부에서 선험적 오류추리를 다음과 같이 규정하고 있다는 점이다.

> "형식적 오류추리는 이성추리의 내용이 무엇이든간에, 그 이성추리의 형식에 관한 허위성에 있다. 그러나 선험적 오류추리는 형식에 관한 잘못된 추리를 하는 선험적 근거를 갖는 것이다. 이런 종류의 허위추리는 인간 이성의 본성 중에 근거를 지니는 것이며 그리고 풀 수 없는 것은 아니지만 피할 수 없는 환상을 수반하는 것이다."(B399)

선험적 오류추리는 형식적 오류추리, 즉 형식에 관한 잘못된 추리(매개념의 다의성에 의한 추리)를 하는 선험적 근거를 갖고 있으며, 선험적 근거는 인간이성의 본성에 기인한 것으로 피할 수 없는 환상, 즉 가상을 의미한다. 그런데 칸트는 인간 이성에 피할 수 없는 가상을 "풀 수 있다"고 본다. 그런데 무엇을 또는 무엇으로부터 풀 수 있는가? 필자의 견해로썬 가상은 이성에 불가피한 것이기에 우리는 가상 자체를 풀 수 없다. 단지 여기에서 "풀 수 있다"는 의미는 형식적 오류추리로부터 풀 수 있다는 의미로 받아들일 수 밖에 없다. 따라서 선험적 오류추리는 형식적 오류추리와 구별된다. 달리 표현하면, 선험적 오류추리 그 자체는 이성추리로서 정당성을 지니고 있지만 그러나 이 추리는 형식적 오류추리를 유발하는 이성에 피할 수 없는 선험적 가상을 지니고 있다. 바로 그런 까닭에 우리는 이 가상으로 인해 형식적 오류추리를 범하게 된다. 우리가 주목해야 할 것은 칸트가 선험적 가상과 오류를 엄연히 구별하고 있다는 것이다.[5] 이성은 선험적 가

---

5) B354, B397 참조. 칸트는 *Prolegomena*에서도 가상과 오류를 구분하고 있다: "… 그리고 이념들이 미혹하기 쉬운 가상을 지니고 있다면, 이 가상은 불가피한 것이나, 가상이 오도하지 않도록 우리는 충분히 막을 수 있는 것이다. AK. Bd. 4, 328쪽. 그러나 많은 칸트 해석자들은 선험적 가상과 오류를 구분하지 않고 동일시하는 경향이 있다. J. Bennett, *Kant's Dialectic*, Cambridge, 1974, 267-270쪽; P.F. Strawson, *The Bound of Sensce*, London, 1966, p.156.

상에서 결코 벗어날 수 없지만 그러나 이런 가상 때문에 우리는 오류 —여기에서는 형식적 오류추리—를 범한다. 이와 동일한 의미에서 칸트는 다음과 같이 표현하고 있다: "현자는 수많은 노력을 통해 오류를 막을 수 있을 것이다. 그러나 가상을 결코 완전히 벗어 날 수는 없다"(B397).

지금까지 논의한 변증적 추리의 전체 특성과 선험적 오류추리에 대한 의미를 요약한다면, 선험적 오류추리는 첫째, 경험적 전제들을 갖고 있지 않으며, 둘째 주관의 선험적 개념으로부터 주관 자신의 절대적 통일성을 추론하되 우리는 이 주관 자신에 대하여 어떤 개념도 가지고 있지 않다. 셋째, 우리는 피할 수 없는 선험적 가상에 의하여 이 주관에 객관적 실재성을 부여한다. 이러한 추리가 바로 형식적 오류추리, 즉 매개념의 다의성에 의한 추리에 해당된다. 따라서 이 추리는 그 결과에서 보면 궤변추리이다. 그러나 넷째 우리는 수많은 노력을 통해 비록 선험적 가상을 벗어날 수 없으나 형식적 오류추리는 막을 수 있다. 이러한 의미에서의 선험적 오류추리는 형식적 오류추리와는 달리 단지 "선험적 가상을 지닌 이성추리"라고 말할 수 있다.[6] 따라서 이 이성추리는 동기로 봐서 역시 "이성추리"라고 할 수 있다. 이러한 추리는 비록 이성에 피할 수 없는 가상을 지니고 있지만 오류와는 구별된다. 여기에서 선험적 오류추리는 영혼의 인식 가능성에 대한 비판적 관점과 이념의 규제적 사용의 가능성을 지닌 긍정적인 의미를 가진다.[7]

선험적 오류추리의 이러한 의미와 함께 칸트가 어떻게 영혼의 인격성을 구체적으로 도출하고 있는지를 살펴보아야 할 것이다.

---

6) 이와 동일한 관점에서 Hughes는 선험적 오류추리는 형식에 있어서 타당성을 지니고 있다. 다만 선험적 오류추리는 '인식의 가상'만을 우리에게 부여할 따름이라고 주장한다. R. I. G. Hughes, Kant's Third Paralogism, In: Kant-Studien 74(1983) S. 405, 필자는 형식적 오류추리와 구별되는 선험적 오류추리를 앞으로 가상의 이성추리라고 표기할 것이다.

7) Kalter와 Kemp Smith는 칸트가 변증론의 서문과 제1권에서 밝힌 바와는 달리 선험적 오류추리의 장에서 영혼의 이념에 대한 규제적 역할과 무제약자에 대한 이론이 완전히 배제되었다고 주장한다. A. Kalter, 같은 책, 111쪽; N. Kemp Sm ith, 같은 책, p.455 Anm. 1. 반면 K. Ameriks는 필자와 동일한 입장에서 선험적 오류추리를 통해 이념의 규제적 역할을 제시하고 있다고 본다. K. Ameriks, "Kant's First Paralogism", In: 5. Internationaler Kant-Kongress(Hrsg. G. Funke), Bonn, 1981, p.486.

4. 영혼의 인격성

칸트는 영혼의 인격성을 다음과 같은 이성추리를 통해 추론하고 있다.

> 대전제: 상이한 시간 속에서 자기 자신의 수적인 동일성을 의식하는 있는 것은 그
> 런 한에서 인격이다.
> 소전제: 영혼은 어떠어떠하다. (즉 상이한 시간 속에서 자기 자신의 수적인 동일성을 의
> 식하고 있는 것이다.)
> 결론: 따라서 영혼은 인격이다 (A361, 대전제와 소전제 그리고 결론이라는 표시와 및
> 괄호안의 내용은 필자가 보충한 것임)

4.1. 대전제의 의미 분석

칸트가 제시한 대전제는 인격에 대한 개념 규정이다.[8] 즉 인격이란 "상이한 시간 속에서 자기자신의 동일성을 의식하는 주관"[9]이다. 선험적 오류추리가 우리가 알고 있는 주관의 선험적 개념으로부터 추리한다고 할 때, 주관의 선험적 개념은 우선 인격의 개념에 해당하며, 이때 주관은 자아의 동일성을 의식하고 있는 주관이다. 따라서 대전제는 주관의 선험적 개념인 인격의 선험적 규정, 즉 선험적 의미를 말한다.

그런데 분석론에 따르면 개념이 객관적 실재성을 지니려고 한다면 가능한 경험의 대상 즉 현상에만 적용되어야 한다. 만일 감성적 직관이 개념의 근저에 없다면 이 개념은 내용이 없는 순전한 논리적 기능일 뿐이다. 따라서 우선 대전제에서 언급된 인격의 개념을 우리는 두 가지 측면에서 이해할 수 있다.

첫째, 이 개념이 객관적 실재성을 지니려면 이 개념은 현상에만 적용되어야할 개념이다. 이를 경우 대전제에서 언급된 주어는 감성적 직관의 대상이어야 한다.

---

8) P.Kitcher 역시 대전제를 Leibniz와 C. Wolff 및 Locke와 연관된 인격의 개념 규정으로 본다. P.Kitcher, "Kant's Paralogisms", In: The Philosophical Review, XCI, No. 4(1982), p.535.

9) 필자는 앞으로 "상이한 시간 속에서 자기자신의 동일성을 의식하는 주관"을 특별한 의미가 부여되지 않을 경우 간단하게 "자아의 동일성"으로 표기한다.

둘째, 만일 이 개념에 모든 감성적 조건이 제거된다면(weglassen) 인격의 개념은 내용 없는 단순한 판단기능으로서 주어는 단순한 논리적 자아일 뿐이다.

그러나 우리가 주목해야 할 점은 칸트가 분석론에서 "개념을 통하여 물자체를 생각할 수 있어야 한다"고 명백히 주장한다(B307). 이때 개념을 통하여 생각할 수 있어야 할 물자체의 개념을 칸트는 가상체(Noumenum)라고 칭하면서 이 가상체를 소극적 의미와 적극적 의미로 나눈다. 적극적 의미의 가상체는 지성적 직관의 대상으로 우리에게는 인식 불가능한 것이다. 반면 소극적 의미의 가상체는 '감성적 직관을 추상화한(abstrahieren)' 즉, '감성적 직관의 객체가 아닌 사물인 관념물(Gedankending)'[10]을 의미하며, 이 관념물은 감성을 제한하기 위해 소극적 역할을 수행하는 단순한 '한계개념(Grenzregriff)'으로서 칸트는 이를 '문제개념(ein problematischer Begriff)'이라고 칭한다.

이로부터 우리는 대전제에서 규정된 인격의 의미를 다시금 세분화시킬 수 있다.

셋째, 인격개념이 지성적 직관의 대상과 상응하면 이 개념은 적극적 의미를 지닌 물자체의 개념이다. 따라서 자아는 지성적 직관의 대상이어야 한다.

넷째, 인격의 개념이 문제개념으로서 감성적 직관을 추상화하되 물자체로 생각될 수 있어야 할 관념물이다. 따라서 자아는 감성적 직관을 추상화한 물자체로 생각될 수 있어야 할 관념물이다.

4.2. 소전제의 의미 분석

소전제를 분석하기 전에 우리가 주의해야 할 점은 선험적 오류추리의 전제들은 대전제이든 소전제이든 전제의 명제들이 거짓일 수 없다.[11] 그러나 만일 앞에 제시한 이성

---

10) 여기에서 주의해야 할 것은 개념이 '논리적 기능'만을 지닐 때 칸트는 감성적 직관을 제거한다(weglassen)고 한다. 제거는 없앤다는 의미이다. 그러나 칸트는 소극적 의미로서의 물자체 즉 관념물과 연관해서는 감성적 직관을 제거하는 것(없앤다는 것)이 아니라 항상 추상화한다(abstrahieren)고 표현한다. 이는 논리적 기능과 관념물의 의미가 서로 다름을 말한다. 우리는 'abstrahieren'을 '도외시한다'로 번역함으로써 'weglassen'과 같은 의미로 혼동하기가 쉽다. 필자는 앞으로 'abstrahiern'을 '추상화한다'로 표현할 것이다.

11) 형식적 오류추리와 연관하여 A. Kalter, E. Adickes, Kemp Smith 그리고 A, Wood는 칸트가 제시한 소전제 자체가 잘못된 명제이기에 오류추리가 아니라, 거짓 결론을 추리한 정당한 이성추리라고 보고 있다. A. Kalter, 같은 책, 124쪽; Kemp Smith, 같은 책, 466쪽; E. Adickes, *Immanuel Kants Kritik der reinen Vernunft*, Berlin, 1889, 717쪽; A. Wood, "Kant's Dial-

추리가 형식적 오류추리일 경우, 매개념이 대전제와 소전제에서 각각 다른 의미로 사용된 것이다. 또한 우리가 앞에서 논의한 바와 같이 선험적 오류추리는 형식적 오류추리와 달리 "선험적 가상의 추리"이다. 그렇다면, 칸트는 소전제에서 언급한 "영혼(생각하는 본질로서의 자아)"과 "자아의 동일성"은 어떤 의미에서 사용하고 있는가?[12]

이를 위해 필자는 자아와 자아의 동일성과의 관계에 대한 칸트의 논의를 분석하고자 한다. 먼저 칸트는 자아의 동일성을 다음과 같이 논증한다: "그런데 나는 내감의 대상이고 모든 시간은 단순히 내감의 형식이다. 그러므로 나는 나의 모든 계시적인 규정(jede meiner sukzessiven Bestimmung)을 모든 시간에서, 다시 말하면 나 자신의 내적 직관의 형식에서 수적으로 동일한 자기에게 관계시킨다. 이 때문에 자아의 인격성은 추리된 명제로 보아지지 않고, 시간에서의 자기의식을 표시하는 순전한 동일명제로 보아져야 한다"(A362). 그리고 칸트는 더 나아가 이는 "내가 이 모든 시간에 걸쳐서 수적으로 동일성을 갖고 존재한다(befindlich)고 말하는 것과 동일하다"(A362)고 보며, "따라서 인격의 동일성은 내 자신을 의식하는 가운데 발견되지 않을 수 없다"(A362)고 주장한다. 여기에서 칸트가 주장하는 것은 '나는 나의 모든 과거의 연속적인 경험을 모든 시간 속에서 동일한 자기와 관계시키며, 따라서 영혼의 인격성은 내 자신을 의식하는 가운데 발견될 수 있어야 한다'는 것이다. 달리 표현한다면, 시간2에서 사건(F)을 경험한 나는 시간1에서 사건(G)를 경험한 나와 동일하다. 따라서 시간 속에서 나는 수적으로 동일한 자아이다.

그러나 이 논증으로부터 우리는 다음의 물음을 제기하지 않을 수 없다. 첫째, 소전제에서 "자아"와 "동일한 자아"는 어떤 의미를 지니고 있는가? 여기에 논의된 자아는 내감의 대상으로서 틀림없이 '경험적 의식의 대상'을 의미한다. 이것은 단순한 논리적 자아만을 의미하지 않는다. 만일 단순한 논리적 자아의 의미만을 지니고 있다면 차후에 논의되겠지만 영혼의 인격성에 대한 추론은 "보잘 것 없고 하찮은 추리"일 것이다.[13] 그렇다면 어떻게 시간(2)에서 사건(F)를 경험한 내가 시간(1)에서 사건(G)를 경험한 나와 동

---

ectic", In: Canandian Journal of Philosophy, 5(1975), p.603. 그러나 이러한 해석은 차후 밝혀지겠지만 선험적 가상의 이미를 명확하게 이해하지 못했기 때문에 소전제에서의 '영혼'과 '자아의 동일성'의 의미를 오해한데 기인한 것이다.

12) 칸트에 있어서 "생각하는 본질로서의 자아"는 영혼을 의미하기에 필자는 앞으로 영혼을 단순히 '자아'로 표기한다.

13) Bennett 역시 만일 칸트가 이러한 의미의 이성추리를 주장한다면 이 추리는 "하찮은(trivial) 추론"이라고 비판하고 있다. J. Bennett, 같은 책, 94쪽.

일함을 증명할 수 있는가?[14] 그리고 어떤 의미에서 자아의 인격성이 추론될 것이 아니라 자기의식의 동일명제로 간주될 수 있는가? 이 물음에 대한 해결은 선험적 가상의 의미와 직결되어 있다고 필자는 보고 있다. 차후에 선험적 가상과 연관하여 논의하기로 한다.

칸트는 자아의 동일성을 논증한 후, 관찰자(타자 또는 제3자)의 관점으로부터 "자기 자신의 객관적 지속성(objektive Beharrlichkeit meiner Selbst)"을 논하고 있다. 이 논의 의 결과 칸트는 다음과 같이 주장한다: "따라서 타자는 나의 의식 속에서 그러면서도 완 전한 동일성으로서 모든 표상을 수반하는 나로부터 -비록 그가 나를 인정한다 해도- 내 자체의 객관적인 지속성을 추리하지 않는다"(A362/3). 즉 관찰자의 입장에서 자기자신의 객관적 지속성이 추론될 수 없다. 왜냐하면, 관찰자가 나를 집어 놓는 시간은 내 자신의 감성 중에서가 아니라 관찰자의 감성 중에서 발견되는 시간이기 때문이다. 다시 말해 나의 의식과 필연적으로 결합해 있는 동일성이 관찰자의 의식과 결합해 있는 것은 아니기 때문이다. 칸트가 관찰자의 입장에서 "자기자신의 객관적인 지속성"을 논의하는 것은 자아의 동일성이 객관적인 타당성을 가지고 있느냐의 물음에서 나온 것이다. 그러나 앞에서 논의된 자아의 동일성으로부터 "지속성", 즉 "자아의 동일성의 객관적 타당성"은 증명될 수 없다. 왜냐하면 나는 가능한 경험의 대상이 될 수 없으며 따라서 자아의 "지속성"은 증명될 수 없기 때문이다.

여기에서 우리는 칸트가 인정한 "자아의 동일성"과 동시에 비판의 주제가 되고 있는 "자아의 동일성"을 구별할 수 있다. 전자는 주관적 의미에서 자아(의식하고 있는 나로서 의 자아 내지 생각하는 나로서의 자아)의 동일성을 의미하며, 후자는 객관적 의미에서 자아의 동일성(가능한 경험의 대상으로서 자아)을 의미한다고 볼 수 있다. 따라서 우리는 우선 합리론의 오류는 전자의 '생각하는 나로서의 자아'를 '가능한 경험의 대상으로서의

---

14) 이 물음과 연관하여 칸트의 해석자는 상이한 관점을 보여주고 있다. Hughes는 "나의 시간축 (my' time-axis)"에 근거한다고 보고 있으며, 이와 유사하게 P.Kitcher는 "시간의 이상화(ideality of time)"에 근거한 것으로 이 논증을 자아의 "주관적 연역"으로 간주하고 있다. Hughes, 같은 책, 406쪽; P.Kitcher, 같은 책, 536쪽. 이와는 달리 Bennett는 Shoemaker의 "사이비 기억론(the theory of quasi-memory)"을 근거로 이 논증 자체에 사이비 기억으로 인한 가상 내지 오류가 내 재되어 있다고 주장한다. Bennett, 같은 책, 97-98쪽. 반면 Strawson은 이것을 "핵심적인 사실 (key fact)"로 받아들이고 단지 이 논증이 객관적인 정당성을 획득할 수 있는지의 물음에서 칸트 가 자아에 대한 관찰자의 입장을 제시하고 있다고 본다. 이런 해석으로 인해 그는 칸트가 주장 한 인격성을 물리적 기준(physical criteria)을 요한다고 강조한다. Strawson, 같은 책, 165쪽.

나'로 간주한데 있다고 볼 수 있다. 그런데 문제는 왜 또는 어떤 방식에서 합리론이 전자의 자아를 후자의 자아로 간주했으며, 그리고 이러한 오류의 근거, 다시 말해, 피할 수 없는 선험적 가상이 무엇인가이다. 특히 자아는 가능한 경험의 대상일 수 없다.

칸트는 앞의 두 논의로부터 주관적인 의미에서의 자아 동일성은 "단지 나의 사고된 것과 그리고 그것의 결합의 형식적 조건"이며, "나의 주관의 동일성을 증명하지 못한다"(A363)고 주장한다. 왜냐하면 자아가 논리적으로 동일하다고 해도 또는 주관에다 나라는 동일한 이름을 붙인다해도 그것의 지속적인 동일성을 허용하지 않는 변이가 자아에 생길 수 있기 때문이다. 여기에서 제시된 자아에는 두 가지 의미를 내포하고 있다. 그 하나는 "나의 사고된 것과 그것의 결합의 형식적 조건"으로서의 '자아'이며 이를 칸트는 "논리적 동일성으로서의 자아" 내지 "동일한 이름으로서의 자아"라고 말한다. 이것은 칸트가 분석론에서 밝힌 '선험적 통각의 자아'와 동일한 것으로 우리가 알고 있는 '자아의 선험적 개념'에 해당된다. 다른 하나는 "어떠한 변이를 허용하지 않고 동일성을 보존하는 자아"이다. 이것은 지속성을 지닌 자아를 의미한다. 그러나 이러한 지속성을 지닌 자아의 동일성은 증명될 수 없다.

그럼에도 불구하고 칸트는 인격성의 개념이 "선험적인 한, 즉 우리에게 알려지지 않는 주관의 통일을 지시하는 한에서 보류될 수 있고" 그리고 "그런 한에서 인격성의 개념은 실천적 사용을 위해서도 필요하고 충분하다"(A365)고 주장한다. 앞에서 논의 한 바에 의하면 칸트는 자아의 논리적 동일성을 인정하면서, 자아의 지속적인 동일성을 증명할 수 없다고 주장했다. 그런데 문제는 칸트가 자아는 우리에게 알려져 있지 않지만 인격성의 개념이 선험적인 한, 자아의 인격성을 인정하고 있으며, 더 나아가 자아의 인격성은 실천적 사용에 필요하고 충분하다고까지 주장한다는 것이다. 이때 말하는 인격의 동일성은 실천적 사용을 위해 단순히 자아의 논리적 동일성만을 의미하고 있지는 않다. 그렇다면 이것이 어떻게 가능한가? 더욱이 자아 자체는 우리에게 알려져 있지 않다.[15]

---

15) 칸트가 영혼의 인격성과 관련하여 선험적 오류추리 장에서 실천적 사용의 가능성을 언급하고 있지만, 필자가 보기에는 여기에서 논의되고 있는 영혼의 인격성은 실천적 사용보다는 오히려 규제적 사용과 연관하고 있다고 본다. 왜냐하면 『실천이성비판』에서 정의하는 인격성은 도덕성과 연관된 인격성을 말하고 있기 때문이다. (참고, Ak., Bd, Ⅴ, 87쪽.) Bennett 역시 선험적 오류추리의 장에서 다루는 인격성은 『실천이성비판』에서 규정하고 있는 인격성과 차이가 있음을 강조한다. J. Bennett, 같은 책, 93쪽. 따라서 필자는 앞으로의 논의의 초점을 "규제적 사용"에 맞출 것이다.

칸트는 이에 대하여 어떠한 해명도 없이 단지 우리가 순수이성을 통해 범하기 쉬운 오류만을 지적하고 있다. 즉, 순수이성이 한갓 동일한 자아라는 개념을 주관의 중단되지 않는 지속으로 그럴싸하게 우리에게 보이고 따라서 우리는 이런 순수이성에 의해 인격성의 개념과 더불어 자기인식을 확장시킨다. 이것이 칸트가 합리론을 비판하는 핵심이다. 달리 표현한다면, 합리론은 한갓 동일한 논리적 자아의 개념을 지속적으로 동일한 자아로 그럴듯하게 나타내고 있는 순수이성으로 인해 인격성의 개념을 통해서 '자기인식', '자아의 객관적 실재성'을 추론했다는 것이다. 이러한 추론은 필자가 차후 논의하겠지만 "형식적 오류추리"에 해당된다.

지금까지 칸트가 전개한 자아의 동일성에 대한 논의를 정리하면 다음과 같다. 첫째 내감의 대상으로서 자아는, 즉 경험적 의식의 대상인 '자아'는 시간 속에서 수적으로 동일하다. 이때 자아는 경험적 자아의 근거를 의미한다. 둘째, 그러나 이 자아로부터 관찰자의 측면에서 '지속적인 자아의 동일성'이 증명될 수 없다. 이때 자아는 가능한 경험의 대상을 의미한다. 셋째, 경험적 자아의 근거인 자아는 단지 나의 사고된 것과 그리고 그것의 결합의 형식적 조건인 '논리적 자아'이다. 이때 자아는 선험적 통각을 의미한다. 그러나 우리는 자아 자체에 대하여서는 알지 못한다. 넷째, 그럼에도 불구하고 만일 인격성이 선험적 의미를 지닌다면 자아자체의 인격성을 인정할 수 있다. 다섯째, 우리는 자아자체에 대하여 알 수 없지만 자아자체가 논리적 동일성을 지닌 논리적 자아이기 때문에 이성이 이것을 실재적 자아로 그럴듯하게 보이게 하여, 우리는 인격성의 개념을 통해 자기인식을 확장시킨다.

이러한 관점에서 우리는 물음을 제기하지 않을 수 없다. 순수이성이 어떤 근거에서 자아의 논리적 동일성으로부터 우리가 알지 못하는 자아자체 또는 경험적 자아의 근거인 자아에게 "지속적으로 동일한 자아"로 간주하면서 자아에 객관적 실재성을 부여하고 있는가? 이 문제를 해결하는데는 순수이성에 자연스럽고 피할 수 없는 선험적 가상의 의미를 파악하는데 있다. 바로 선험적 가상으로 안하여 칸트는 선험적 오류추리의 장에서 한편으로는 자아의 인격성에 객관적 실재성을 부여함과 동시에 자기인식을 확장시키는 합리론을 비판하고 있으며 그리고 다른 한편 자아의 인격성에 대한 긍정적 의미를 부여하고 있다.

그러나 지금까지 대전제와 소전제에서 논의된 '인격'과 '자아의 동일성' 그리고 '자아'

의 의미 분석을 통해 우리는 이 추리가 지니고 있는 다양한 관점을 제시할 수 있다. 첫째, 만일 대전제에 사용되고 있는 인격의 개념이 단순한 논리적 기능만을 지닌 주어를 의미한다면, 이는 칸트가 소전제에서 언급한 논리적으로 동일한 자아, 다시 말해 경험적 요소를 제거한 자아를 매개로 결론에서 자아의 인격성을 정당하게 추론할 수 있다. 그러나 이러한 추리는 정당하지만 보잘 것 없고 하찮은 추리이다. 특히 칸트는 자아의 인격성에 단순한 논리적 동일성보다 더 많은 것을 요구하는 것처럼 보인다.

둘째, 만일 대전제에 사용된 인격의 개념이 가능한 경험의 대상에 적용되는 개념으로 사용되었을 때, 자아는 가능한 경험의 대상이어야 한다. 그러나 소전제에서 언급된 자아는 가능한 경험의 대상이 아니라, "논리적으로 동일한 자아"이며 동시에 "대상이 될 수 없는 자아 그 자체"이다. 이럴 경우 대전제에서 언급된 자아와 소전제에서 언급된 자아는 서로 다른 의미를 지니게 된다. 만일 소전제의 자아를 대전제에 포섭시키고 자아에 객관적인 실재성을 주장한다면 이는 "형식적 오류추리"이다. 이러한 오류를 칸트는 선험적 오류추리의 장에서 비판하고 있다. 그러나 의문은 여전히 남는다. 이러한 형식적 오류추리를 범하는 선험적 근거가 무엇인가?

셋째, 만일 대전제에서 인격성의 개념이 지성적 직관의 대상에 상응하고, 다시 말해 적극적 의미의 가상체 개념을 의미하고, 소전제에서 규정된 자아가 적극적 의미의 가상체를 의미한다면, 결론에서 추론된 자아의 인격성은 타당한 것처럼 보인다. 그러나 인간은 지성적 직관의 능력을 지니지 못한다. 따라서 적극적 의미의 자아를 우리는 알 수 없다. 뿐만 아니라 생각하는 자아는 감성적 직관이든 지성적 직관이든 "대상"이 될 수 없다. 자아는 논리적으로 동일한 자아이며 "대상이 될 수 없는 자아 그 자체"일 뿐이다. 따라서 이 추리 역시 "형식적 오류추리"를 범한다고 불 수 있다. 그러나 만일 소전제의 자아가 지성적 직관의 대상을 의미한다고 가정하면, 이 추론은 정당하다고 볼 수 있으나 그렇다고 자아의 객관적인 실재성이 결코 부여될 수 없고 또한 칸트는 자아를 지성적 직관의 대상으로 보지 않는다.[16]

넷째, 만일 대전제의 인격성 개념이 문제의 개념으로 사용되고, 다시 말해 소극적 의미의 물자체의 개념으로 사용되고, 소전제의 자아도 문제의 개념을 의미한다면, 이 추

---

16) 합리론의 오류는 바로 자아를 지성적 직관의 대상으로 간주하는데서 발생한 것으로 해석할 가능성이 있다. 차모, James C. Anderson, "Kant's Paralogism of Personhood", In, Grazer Philosophische Stuien, 10(1980), p.85.

리는 정당한 추리이다. 소극적 의미의 물자체는 감성적 직관을 추상화한, 즉 감성적 직관의 대상이 아닌 물자체로서 관념물이다. 그리고 이 개념은 적어도 감성을 제한하기 위한 역할을 지니고 있다. 칸트가 변증적 추리에 대한 전체의 특성을 언급할 때, 동기의 측면에서 이 역시 이성추리라 할 수 있다고 주장했을 때, 바로 여기에 해당되는 이성 추리를 의미한다고 볼 수 있다. 또한 이렇게 추론된 자아의 인격성은 '이념의 양상'으로서 적어도 어떤 긍정적인 역할을 지니고 있음을 우리는 추측할 수 있다.

필자는 지금까지 칸트가 제시한 대전제와 소전제에서의 인격성 개념과 자아의 동일성에 대한 의미를 분석한 후, 대전제와 소전제와의 추리 가능성을 모두 언급하였다. 지금까지의 분석에 의하면, 선험적 오류추리에서 가장 문제가 되는 것은 왜 자아의 논리적 동일성이 지속성을 지닌 자아로 간주되고 그리고 인격성의 개념을 통해 자기인식으로 화장되었는가이다. 다시 말해 형식적 오류추리를 범하는 선험적 근거, 즉 이성에 피할 수 없는 선험적 가상이 무엇인가이다.

4.3. 선험적 가상과 그 역할

칸트는 선험적 오류추리의 마지막 장에서 모든 오류추리의 선험적 가상에 대하여 언급하고 있다. 우선 칸트는 순수이성은 "단지 주어진 제약된 것에 대한 제약들의 종합의 전체성 즉 무제약자"(A396)에 관여하고 있다고 강조하면서, 이 무제약자의 이념에 상응하는 선험적 영혼론을 상기시키고 있다 선험적 영혼론은 "사고된 것 일반의 조건들의 종합"(A397)이며, 따라서 "단지 이런 종합의 절대적 전체성, 즉 그 자체 무제약적인 조건"만을 다룬다.

그렇다면 선험적 영혼론과 연관하여 '사고된 것 일반의 조건'은 무엇을 의미하는가? 칸트에 의하면 '사고된 것'은 '사고된 객관의 성질, 즉 사고의 경험적 내용'을 말하고 있으며 '사고된 것 일반'은 '사고된 객관의 성질을 추상화한 사고'를 의미한다. 그리고 '사고의 내용을 추상화한 조건'은 '나', 즉 '주관'이다. 따라서 칸트가 말한 '사고된 것의 종합'은 "객관적인 것이 아니라, 사고된 것과 주관과의 종합"(A397)을 의미한다. 이러한 종합에 있어서 우리는 '주관'을 '조건(Bedingung)'으로 '사고된 것'을 '제약된 것(das Bedingte)'으로 표시할 수 있다. 따라서 선험적 영혼론에서 다루는 종합은 '사고된 것 일반'과 '주관'

사이의 이분의 관계만 맺고 있다.[17] 이러한 종합으로부터 칸트는 더 나아가 '종합의 전체성', 즉 '그 자체 무제약자의 조건'의 문제로 접근한다:

> "모든 사고에 수반하는 유일한 조건은, 내가 생각한다는 일반 명제 중에 있는 나이기 때문에, 아 조건 자신이 무제약적인 한에서, 이성은 이런 조건을 문제로 해야한다."(A398)

이 인용문을 통해 우리는 선험적 영혼론에 있어서 두 가지 점에 유의해야 한다. 그 하나는 선험적 영혼론은 '그 자체 무제약자의 조건인 이념으로서의 자아'를 문제 삼고 있으며 이 무제약자에 대한 이성의 요구는 '이분의 관계'에서 만족하고 있다. 다른 하나는 그 자체 무제약자인 조건 즉 '나'는 객관적이 아니라 단순히 논리적이고 주관적인 의미를 지니고 있다는 것이다. 그러나 무제약자로서의 자아가 단순히 논리적이고 주관적인 의미를 지니고 있음에도 불구하고 우리는 당혹하게 하는 것은 칸트가 이러한 주관이 "하나의 대상"으로 표상된다고 주장한다.

> "이러한 유일한 조건 즉 무제약적인 조건은 단지 형식적 조건이요, 즉 내가 모든 대상을 추상화한 바 모든 사고된 것의 논리적인 통일이건마는, 이런 조건이, 내가 생각하는 바 대상이라고 표상된다. 다시 말하면, 자아 자신이라고 표상되고 자아의 무조건적인 통일이라고 표상된다"(A398, 필자가 강조한 것임).

이때 하나의 대상으로 표상된 '무조건적인 자아'는 감성적 직관이나 지성적 직관일 수는 없으며, 단지 "관념물로서의 물자체"를 의미하고 있다. 따라서 무조건적인 자아는 하나의 이념이며 그리고 "관념물로서의 물자체"에 상응하는 개념이다. 칸트는 바로 여기에서 '논리적 주어'와 '내감의 대상, 즉 경험적 의식의 근거가 되는 자아'를 '무제약자로서의 자아'라는 이념 하에 결합시킨다.[18] 물론 내감의 대상인 자아는 모든 경험적 내용

---

17) Bennett는 이념이 지니고 있는 '조건들의 계열'과 연관하여 자아의 이념에는 이런 계열이 없다는 점을 비판한다. Bennett(1974), 282. 그러나 그는 자아의 이념이 단지 이분의 관계만을 지니고 있음을 간과하고 있다.

18) 바로 이런 관점에서 문성학 교수는 선험적 자아를 감성적 제약 하에서만 사고하는 자아임을 밝히고, 선험적 자아는 선험적 통각이며 동시에 선험적 이념임을 주장한다. 문성학, 「칸트에 있어

을 추상화한 자아를 의미한다.

자아에 대한 이러한 관점에서 우리는 선험적 가상의 문제에 접근할 수 있다. 변증론의 서문에서 밝혔듯이, 선험적 변증론의 첫 번째 과제는 초험적 판단의 가상을 밝히는 것이다. 초험적 판단은 제약된 것이 주어지면 무제약자가 주어진다는 순수이성의 선험적 원리로부터 발생된 판단이다. 이 원리로부터 우리가 선험적 영혼론과 연관하여 볼 때, '제약적인 것'은 '사고된 것 일반'을 뜻하며, 무제약자는 '자아 그 자체'를 말하고 있다. 따라서 선험적 영혼론은 '사고된 것 일반, 즉 경험적 내용을 추상화한 것'이 주어져 있다면, 그 조건인 '자아'(선험적 통각)로부터 '무제약적인 자아 자체', 즉 '관념물로서의 물자체'가 표상된다고 본다. 그렇다면 소전제에서 언급된 '자아는 수적으로 동일한 자아를 의식하는 것이다'라는 명제는 사고된 것 일반의 조건인 자아에서 나온 무제약적인 자아자체의 명제를 의미하고 있다. 바로 이러한 관점에서 칸트는 "자아의 인격성이 추론된 것이 아니라 자기 의식의 동일 명제로 간주될 수 있다"고 주장한다.[19] 즉 이 명제는 어떤 종류의 객관에 대한 의식에서 추론된 것이 아니다.[20] 왜냐하면 자아자체는 감성적 직관이나 지성적 직관의 대상일 수가 없기 때문이다. 그런데 칸트는 무제약자인 자아를 '대상으로 표상할 수 있다'고 주장한다. 이때 표상된 대상은 '관념물로서의 물자체'를 의미한다. 이런 점에서 '초험적'이다. 왜냐하면 관념물로서의 물자체는 가능한 경험의 영역을 벗어나 있기 때문이다. 따라서 영혼의 인격성은 초험적이다. 그런데 칸트는 초험적 판단에 언제나 이성에 피할 수 없는 선험적 가상이 자리잡고 있다고 주장한다. 따라서 선험적 가상은 '사고된 것 일반'이 주어져 있다면 그 조건인 '자아'로부터 '무제약자인 자아자체'가 관념물로서 표상되어야 한다는 데 있다.

이제 우리는 변증론의 두 번째 과제에 눈을 돌리고자 한다. 칸트가 제시한 변증론의 과제는 이성의 논리적 준칙이 단순한 논리적 지시인가 아니면 객관적인 원리인가를 해결하는 것이다. 논리적 준칙이란 오성의 제약된 인식에 대하여 무제약자를 발견하고 제

서 선험적 자아와 통각」, 『철학연구』(대한철학회), 67집(1998), 89-106쪽.

19) S. Mendus 역시 필자와 동일한 관점에서 이를 해석하고 있다. S. Mendus, "Kant's Doctrine of the Self", In: Kant-Studien(1984), pp.61-62.

20) 바로 이러한 관점에서 칸트는 "내가 생각한다고 해서 **어떠한 대상을 인식하는 것이 아니다.** … 우리는 나를 생각하는 존재로 의식함으로써 **나 자신을 인식하는 것이 아니다.**"(B406, 필자가 강조한 것임) 그리고 "사유일반에 있어서 나 자신의 의식을 아무리 분석하여도 대상으로서의 **나 자신의 인식에 관해서는 아무 것도 얻는 것이 없다.**"(B409, 필자가 강조한 것임)라고 주장한다.

약된 인식에 통일을 부여하는 원리이다. 앞에서 언급했듯이 논리적 준칙에 따라 제약된 인식에 대한 무제자를 발견했다. 이 무제약자가 선험적 영혼론에서는 '자아자체'에 해당된다. 그런데 무제약인 자아가 주어져 있다는 이성의 선험적 원리와는 달리 이성의 논리적 준칙은 무제약인 자아를 발견하고 그리고 이 자아를 동해 오성의 제약된 경험적 인식에 통일을 부여하는 것이다. 그렇다면 오성의 제약된 경험적 인식으로부터 발견된 '무제약인 자아'는 앞에서 언급된 순수이성의 선험적 원리로부터 발생된 '무제약인 자아'와 동일하다. 왜냐하면 후자의 원리가 무제약인 자아가 "주어진다"고 할 때, 이 주어진 것은 감성적 직관이던 지성적 직관이던 대상으로 '주어지는 것'이 아니라 '관념물로서 주어진 것'이기 때문이다. 따라서 논리적 준칙과 선험적 원리는 분리될 수 없는 관계이며, 그런 까닭에 칸트는 선험적 가상은 주관적 원칙인 논리적 준칙에 기인하면서 이것을 객관적 원칙으로 간주시킨다고 본다. 물론 객관적 원칙은 여기에서 물자체를 규정하는 원칙에 해당된다(비교, B353).

이러한 칸트의 주장에 따라 우리는 다음의 사실을 확신할 수 있다: 선험적 영혼론에서 논리적 준칙은 "무제약적인 자아를 발견하는 원리이다". 그런데 바로 이 논리적 준칙에서 발견된 무제약적인 자아는 관념물로서 주어진다. 그러나 비록 관념물로서의 물자체이지만, 객관적인 외양을 지니고 있다. 이것은 피할 수 없는 자연스러운 가상이다. 이 가상으로 인하여 논리적 준칙이 물자체를 규정하는 객관적 원리로 간주된다. 칸트는 이러한 의미에서 영혼론과 연관된 선험적 가상을 다음과 같이 언급하고 있다:

> "사고된 것의 종합에 있어서의 통일을, 이 생각하는 주관에 있어서의 지각된 통일이라고 생각하는 가상만큼, 자연스럽고 유혹적인 가상은 없다. 우리는 이런 가상을 실체화된 의식(실체적 통각)의 뒤바꿈(die Subreption des hypostasierten Bewußtsein)이라고 말할 수 있다."(A402)

이 인용문에서 언급된 가상, 즉 실체화된 의식의 뒤바꿈이라는 가상은 부정적인 의미를 담고 있음을 우리는 부정할 수 없다. 그러나 우리는 실체화된 의식(hypostasiertes Bewußtsein)에서의 실체화(Hypostase)의 의미와 그것의 뒤바꿈(Subreption)의 의미를 구별할 필요가 있다.[21] 왜냐하면 칸트에 있어서 실체화는 이념과 연관될 때 긍정적인 의미를 지니고 있지만, 뒤바꿈은 언제나 부정적인 의미로 사용되기 때문이다. 그렇다면 신임식 사상과 연관하여 영혼론에서 이념인 자아가 실체화된 통각일 때 지니는 긍정적인 의미가 무엇이며, 그것의 뒤바꿈이 지니는 부정적 의미가 무엇인지 선험적 변증론의 부록에서 논의된 이념의 규제적 역할을 통해 분석하고자 한다.

> "선험적 이념은 훌륭한 불가결적으로 필연적인 규제적 사용을 갖는다. 즉 오성으로 하여금 일종의 목표를 향하도록 하고, 이 목표를 노려서 오성의 모든 규칙의 방향선은 일점에 집중한다. 이 일점은 곧 이념(헛초점, focus imaginarius)이다. 이 일점은 가능한 경험의 한계 외에 있으므로 그것에서 오성의 개념들이 출발하지 않되, 그럼에도 불구하고 오성의 개념들에 최대의 통일과 최대의 확장을 주는 데에 쓰인다. 물론 이런 (헛초점)으로부터 마치 방향선이 경험적으로 가능한 인식의 분야 외에 있는 대상자체에서 발산된 듯이 착각(마치 객체의 경대면의 저편에 보이듯이)이 우리에게 생기기는 한다. 그러나 이 환상도 −(우리는 이것에 속지 않도록 이것을 막을 수는 있다) … 역시 없어서는 안될 만큼 필요한 것이다"(B672f. 강조는 필자가 한 것임).

칸트는 거울의 비유를 통해 이념을 '일점'인 '헛초점'이라고 말한다. 헛초점은 명백하게 관념물을 의미한다. 더욱이 우리가 주목해야 할 점은 칸트가 헛초점으로부터 발산되는 방향선이 대상자체에서 발산하는 것으로 착각하는 환상도 이성의 규제적 사용을 위해 필수 불가결하고 주장한다. 이때 언급된 환상은 이성에 피할 수 없는 자연스러운 가상이다. 따라서 관념물을 대상자체로 간주하는 선험적 가상은 규제적 사용을 위한 긍정적인 의미를 지니고 있으며 또한 우리는 이러한 환상에 속지 않도록 막을 수 있다. 다시 말해, 환상으로 인한 오류를 막을 수 있다는 것이다. 이러한 해석을 통해 우리는 칸트가 명백하게 구별하고 있지 않지만 선험적 가상은 이중적인 의미를 지니고 있다고 할 수 있다. 그 하나는 속이지 않는 가상이며 다른 하나는 오류를 유발하는 속이는 가상이다.[22] 만일 우리가 가상이 속이는 것을 막을 수 있다면, 이 가상은 속이지 않는 가상으

---

21) 실체화(Hyopostase)는 사고 속에 존재하고 있는 개념의 대상화를 의미한다. 그러나 뒤바꿈 (Subreption)은 논리적 의미로서 '잘못된 포섭'을 의미한다.
22) Meerbote는 칸트가 언급한 선험적 가상과 연관하여 칸트 당시 통용되었던 가상의 의미

로 긍정적 의미를 지니게 된다.

이런 점에서 칸트는 이념의 실체화(Hypostase)에 긍정적인 의미를 부여하고 이 이념의 실체화는 이념의 규제적 사용을 위해 필연적으로 요구된다고 주장한다(비교, B702, B723/4). 이러한 실체화가 선험적 영혼론에 있어서 '실체적 통각인 자아'를 말한다. 이러한 자아는 이념의 규제적 사용을 위해 필연적으로 요구된다. 물론 이념의 규제적 사용을 위해 요구된 이 대상은 결코 "실제적 대상(wirklicher Gegenstand)"일 수 없다. 이 대상은 "이념에서 주어진 대상"으로서 단지 경험적 인식의 체계적 통일에만 관계하는 "도식(Schema)"으로서의 대상이다(비교, B698). 따라서 실체화는 이념과 연관하여 이성의 규제적 사용을 위한 긍정적인 의미를 지니고 있다. 이성의 규제적 사용을 위한 자아의 이념은 앞에서 제시한 대전제와 소전제와의 추리 가능성들 중에 네 번째에 해당된 추리이다.

반면에 뒤바뀜은 부정적 의미를 지니고 있다. 이러한 부정적 의미를 칸트는 선험적 변증론의 부록에서 명백히 밝히고 있다: "뒤바뀜이라는 모든 과오는 항상 판단력의 결핍에 귀속하는 것이요, 오성이나 이성에는 귀속하지 않는다"(B671). 이때 뒤바뀜은 의심할 여지 없이 오류를 일으키는 부정적 의미로 사용되고 있다. 또한 뒤바뀜이라는 오류는 오성이나 이성에 귀속된 것이 아닌 판단력의 결핍에서 나온 것이다.

선험적 변증론의 서문에서 밝혔듯이 이성의 자리엔 언제나 피할 수 없는 가상이 자리잡고 있다. 이때 선험적 가상이 이성의 규제적 사용을 위한 실체화(Hypostase)와 연관될 때 이는 긍정적 의미를 지니고 있다. 동시에 선험적 가상이 "실체화된 것"을 '실제적 대상'으로 뒤바뀜하도록 유혹할 때, 이는 부정적 의미를 지닌다. 실체화된 대상을 실제적 대상으로서 뒤바뀜하면서 이 대상을 규정하고 인식하려고 할 때 바로 오류가 발생하며 이러한 오류는 '형식적 오류추리'에 근거한 것이며, 이것은 앞에서 제시한 대전제와 소전제와의 추리 가능성에 있어 두 번째와 세 번째에 해당된 추리이다.

를 분석하고 "속이지 않는(non-deceiving) 가상"과 "속이는(deceiving) 가상"으로 구별한다. Meerbote, *Concerning Sensory Illusion and Poetic Fiction*, New York, 1992, pp.193-201.

5. 맺는 말

선험적 오류추리에 대한 지금까지의 분석에 의하여 우리는 선험적 오류추리에 의해 추론된 영혼의 인격성을 두 가지 의미로 해석할 수 있다. 첫째, 영혼의 인격성이 단지 규제적으로 사용될 때 영혼의 인격성은 정당한 이성추리에서 추론된 것이다. 앞에서 언급했듯이 이러한 의미에서 칸트는 동기적 측면에서 정당한 추리라고 주장한다. 그러나 이 추리에는 이미 이성에 피할 수 없는 선험적 가상이 자리잡고 있다. 왜냐하면, 자아는 '이념 속에 주어진 대상, 즉 관념물로서의 자아'이며, 속이지 않는 가상으로서의 실체화된(hypostasiert) 자아이기 때문이다. 이를 통해 경험적 인식은 체계적으로 통일된다. 이런 관점에서 칸트는 이념의 규제적 사용에 한하여 이성의 선험적 원리를 주장한다. 그러나 자아 자체에 대하여 우리는 알지 못한다. 왜냐하면 자아는 결코 직관의 대상이 될 수 없고 가능한 경험의 영역을 넘어서서 '초험적'이기 때문이다, 그런데 '영혼은 인격이다'라고 판단함과 동시에 이 판단 속에 우리는 자아의 대상이 규정되고 인식된 것처럼 보인다. 그리하여 둘째, 만약 이념에 이러한 객관적 실재성을 주장할 때, 이는 이미 형식적 오류추리를 통한 추론이다. 이는 '이념 속에 주어진 대상인 자아'를 '실제적 자아'로 간주하고 동시에 인격성의 개념에 포섭시킴으로서 즉 "뒤바뀜"함으로서 오류가 발생한다. 이러한 이성추리는 결과적인 측면에서 궤변적 추리인 것이다. 궤변적 추리에서 나온 판단은 이념의 대상을 규정하고 인식을 주장하는 객관적 판단이다.

마지막으로 지금까지의 분석을 통해 우리는 이성의 논리적 준칙이 단순한 논리적 지시인지 아니면 객관적 원리인지의 물음도 해결할 수 있다. '영혼은 인격이다'라는 결론은 단순한 논리적 지시만을 의미하지 않는다. 이 결론은 이념의 규제적 사용을 위해 필수 불가결하며, 이때 자아는 이념 속에 주어진 대상이다. 따라서 이념의 규제적 사용에 비추어 볼 때, 이 결론은 선험적이다. 그렇다고 이념의 대상을 규정하고 인식하는 그러한 객관적 판단은 아니다. 양자택일의 문제로 제시된 선험적 변증론의 과제는 결국 이성의 논리적 준칙이 단순한 논리적 지시일 수 없고, 그렇다고 대상을 규정하는 객관적 원리일 수 없음을 밝힘으로서 이성을 비판함과 동시에 이 준칙이 이념의 규제적 사용을 위한 선험적 원리와 직결됨을 입증하는 것이다. 물론 선험적 원리에는 이성에 피할 수

없는 가상이 자리잡고 있고 그런 까닭에 칸트철학에 있어서 변증론은 가상의 논리학이
다.

제2부

칸트의 실천철학

김종국(고려대)

들어가는 말 – 왜 '칸트의' 사회 윤리인가?

오늘날 윤리학의 르네상스는 생의(生醫) 윤리, 환경 윤리, 기술 윤리 등의 응용 윤리가 주도하고 있다. 이는 근대이래 꾸준히 진행되어온 생활 세계의 분절화 그리고 분화된 사회 하부 영역들의 탈도덕화에 대한 윤리학의 대응으로 보인다. 인간들 간의 행위및 제도적 행위에 대한 규범적 판단의 문제가 사회 윤리의 중심 문제이고 이러한 제도적 행위에는 경제 행위, 과학 기술 행위, 정치적 행위 그리고 법적 행위 등이 포함된다. 그래서 경제 윤리, 과학 기술 윤리, 정치 윤리, 법 윤리, 생의 윤리 등은 우선 사회 윤리의 이름하에 아우를 수 있다. 반면에 근대이래 개인의 가치관이나 세계관은 개인의 선택에 맡겨진다. 따라서 사회 윤리는 '개인적 가치 선호와 양립 가능한 사회적 가치'를 모색해야만 하는 것이다.

이와 더불어 전통 윤리학의 원칙들도 사회적 차원으로 '맥락화' 되어야 한다는 과제에 직면한다. 원칙이 적용되어야할 장이 주로 사회라는 것은 사회의 규범적 문제들이주로 경제, 과학, 기술, 정치 행위 등의 '집단적, 제도적 행위'에 의해 야기된다는 사태에기인한다. 만일 윤리학의 (전통적) 원칙들이 그 원칙의 타당성을 상실함이 없이 사회적차원으로 맥락화 될 수 없다면 무용성의 혐의를 벗어날 수 없을 것이다. 다른 한편 원칙주의의 포기는 맥락주의, 혹은 상대주의로 귀결될 위험을 내포하는데 이는 현대 응용윤리의 차원이 개인적 결단의 차원이 아니라 '도덕적 일치의 공적 차원'이라는 것을 간과한 데서 기안하는 것이다.

칸트의 의무론적 윤리는 그 기획의 특성상 사회 윤리의 차원을 함축할 수 있다. '보편화 가능한 준칙에 따라 행위 하라'는 그의 정언명법에서 언표된 보편성이 원칙상 사회성을 포함할 수 있기 때문이다. 만일 이러한 보편성이 사회 윤리의 차원으로 번역될 수 있다면 이러한 사회 윤리를 칸트 윤리학의 근본 방향성에 따라 '의무론적 사회 윤리'라 부를 수 있을 것이다. 이러한 번역의 중요성은 공리주의의 '목적론적 사회 윤리'에 대비되어 '의무론적 기획'이 가질 의의를 감안하면 더욱 부각된다. 하버마스의 '칸트 실천철학의 화용론적 변형'과 롤즈의 '구성주의적 해석'은 '칸트적' 사회 윤리의 재구성에 있어 전형적 시도들이랄 수 있다.[1] 그러나 칸트의 도덕 원칙의 적용, 그리하여 '칸트의' 사회 윤리의 가능성을 함축하는 응용 윤리는 이미 칸트 자신에 의해 체계적으로 제시되었다. 칸트의 『도덕 형이상학의 정초』(1784)나 『실천이성 비판』(1788)이 도덕철학, 기초 윤리학(Fundamentalethik)이라면 여기서 정당화된 원칙의 일차적 '적용'은 그의 말년의 작품 『도덕 형이상학』(1797)에서 행해졌다. 오늘날 이 작품은 '현실에 대한 원칙의 적용'의 모범을 보여주고 있다는 점에서 주목의 대상이 되고 있다. 사실 칸트가 그의 법론에서 법을 실정법의 차원과 그것의 토대가 되는 자연법의 차원으로 나눈 것은 사회 윤리의

---

1) 하버마스는 도덕과 법의 규칙들을 검증하거나 새로운 규칙들을 생겨나게 하는 절차와 관련하여 칸트의 정언명법을 변형한다. 그래서 '특정의 규범을 보편적으로 따름으로써 나타나는 결과의 강제 없는 수용 가능성'을 제시하는 보편화 원칙 및 '담론 구성원들의 동의 가능성'을 제시하는 담론원칙을 내놓는다. (보편화 원칙에 대해서는 J. Habermas, *Moralbewußtsein und Kommunikatives Handeln*, Frankfurt am Main, 1983. p.103 참조. 그리고 담론 원칙에 대해서는 Habermas, *Erläuterungen zur Diskursethik*, Frankfurt am Main, 1991. 참조.) 롤즈도 칸트적 기획을 구성주의적으로 해석하여 '평등한 자유'와 '최소 수혜자 이익 및 기회균등'으로 구체화되는 그의 정의 원칙을 제시한다. (이에 대해서는 J. Rawls, *Theory of Justice*, Cambridge, 1971. 302ff 참조.) 말하자면 양자는 각기 나름의 방식으로, 즉 롤즈는 원초적 상태를 통해, 그리고 하버마스는 이상적 담론 상황을 통해 칸트의 정언명법을 사회적 차원에서 재구성하고 이에 입각해 사회 윤리의 원칙들을 제시한 것이다 (그리고 롤즈와 하버마스 양자의 입장의 동일성과 구별성에 대해서는 J. Habermas, Reconciliation through the Public Use of Reason, in: *The Journal of Philosophy* XCII, 1995, pp.109-131 그리고 같은 책에 있는 J. Rawls, Reply to Habermas, pp.132-180, 특히 132ff 참조.) 전체적으로 보아 하버마스와 롤즈의 기획은 '칸트의(Kants)'의 사회 윤리라기보다는 '칸트적(kantisch)' 사회 윤리의 가능성에 주목한다고 평가된다. 칸트 실천철학에 대한 이러한 현대적 해석과 변형을 사회 윤리와 관련하여 조명해보는 것은 흥미로운 일이겠지만 이는 독립적 고찰을 요한다. '칸트의' 사회 윤리를 겨냥한다면 먼저 칸트의 기획 내에서 사회 윤리의 위상을 점검해 보아야하고 이을 위해 '칸트 실천철학 내에서의 정언명법과 법론 및 덕론의 관계'에 대한 논의에서 출발해야 한다. 역으로 이러한 작업은 칸트 실천철학에 대한 현대적 변형이나 해석에 대해 시사점을 제시할 수 있을 것이다.

고유한 차원을 추출해 내고자 하는 우리의 의도에 중요한 단서를 제공해 준다. 특히 '인권의 윤리'로 대표될 수 있는 법론은 칸트 실천철학의 핵심 개념인 '인격 개념'의 법 영역에 대한 적용이라 할만하다.

물론 칸트의『도덕 형이상학』전체가 사회 윤리인 것은 아니다. 덕론의 '자기 자신에 대한 덕 의무'로서의 '자살 금지의 의무', '진실성의 의무' 그리고 '자신의 소질 계발의 의무' 등은 개인의 가치관과 관련하므로 그 성격상 사회 윤리가 아니라 개인 윤리에 속한다. 그러나 덕론의 두 번째 부분, 즉 타인에 대한 덕의무 부문은 원칙적으로 '인간들의 공생을 위한 규범에 대한 탐구로서의 사회 윤리'에 속할 수 있다. 왜냐하면 칸트에 있어 타인에 대한 덕 의무란 '타인에 대한 선행'인데 이 선행은 '타인에 대한 손상금지'와 더불어 사회 윤리의 근본 규범에 속하기 때문이다. 그러므로 법론이 제도적 행위를 다루는 반면 덕론은 개인 내적, 혹은 개인들 간의 행위를 다루기 때문에 개인 윤리에 속한다고 보는 것은 칸트 덕론에 대한 사회 윤리적 독해의 가능성을 차단하는 것이다. 현대 사회는 각기 기능적인 방식으로 자신의 역할을 수행해나가는 수많은 하부 체계들에 의해 구성되고 이 체계들은 단지 소극적 합법성뿐만 아니라 적극적 사회 복지도 지향한다. 도덕 형이상학에 대한 사회 윤리적 독해 영역에 칸트의 '동시에 의무인 것으로서의 목적'인 '타인의 행복'이 포함되어야할 필요성도 여기에 있다.

I. 인권의 원칙과『도덕 형이상학 법론』

칸트 사회 윤리의 근본 규범을 고찰함에 있어 도덕 형이상학의 법론이 일차적 대상이 되어야한다는 것은 분명하다. 왜냐하면 법론은 인간들 상호간의 행위 규범 중에서도 우선적으로 준수되어야하는 손상금지라는 '소극적' 의무, 칸트식으로 말하면 '완전한' 의무를 대상으로 하기 때문이다. 아래에서는 손상금지 의무의 칸트 사회 윤리적 표현을 그의 법원칙 및 자유권 그리고 법의무를 중성으로 살펴본다.

이에 앞서 해명되어야할 것은 이 저작이 다루는 법의 차원이다. 만일 칸트의 법론이 좁은 의미의 법, 즉 실정법에 관한 논의라면 그의 법론은 사회 윤리적 번역을 허용하는 법윤리 혹은 법철학이 아니라 (경험적) 법학으로 축소될 것이며 따라서 도덕 형이상학

법론은 실정법에 독립적인 사회 윤리를 구성해 내는 데 아무런 기여도 할 수 없을 것이다. 이와 관련하여 다음과 같은 칸트의 발언이 결정적이다. "외적 입법만이 가능한 구속적인 법칙들은 일반적으로 외적 법칙들(äußere Gesetze)이라 불린다. 이들 외적 법칙들 중에서 그것의 구속성이 외적 입법 없이 아프리오리하게 이성에 의해 인정될 수 있는 그러한 법칙은 사실 외적 법칙이간 하지만 그러나 자연적 법칙들(natürliche Gesetze)이다. 이에 비해 현실적 외적 입법 없이는 결코 구속하지 못하는 그러한 외적 법칙은, 그리하여 외적 입법 없이는 법칙이 아닐 그러한 외적 법칙은 실증적 법칙이라 불린다. 따라서 순전한 실증적 법칙만을 포함하는 그러한 외적 입법이 생각될 수 있지만 그러나 이 경우에도 자연적 법칙 즉 입법자의 권위(다시 말해 자신의 단순한 자의를 통해 타인을 구속할 권한)를 근거 짓는 자연적 법칙이 선행해야만 할 것이다."[2] 요컨대 국가든 자연법과 실정법 모두를 인간들의 외적 행위를 규제하는 법칙으로 입법할 수 있지만 실정법적 구속력의 근거, 국가의 입법의 정당화 근거는 결국 '이성에 의해 인식되는 자연법', 말하자면 자연법적 이성법에 있다는 것이다. 칸트의 법론은 바로 이러한 '실정법의 자연법적 근거'를 다룬다. 그것은 단지 도덕 형이상학이 이성의 체계이고 모든 경험을 체계가 수용하는 것이 불가능하다는 방법론적 자기 제한[3] 때문만은 아니다. 보다 중요한 근거는 칸트 법철학 기획이 지니는 이성주의적 특성에 있다. 도덕 형이상학 법론의 의의가 '도덕철학과 실증법의 매개'나 '실증법의 관념화'에 있다는 평가[4]는 이런 맥락에서 나온 것이다.

칸트는 이러한 자연법적 기획에 입각하여 법의 원칙을 제시하고 법의무의 세 가지 종류를 구별하는데 이는 (협의의) 사회 윤리의 근본 원칙과 의무라 할 만하다. 법의 원칙은 "너의 자의의 자유로운 사용이 각인의 자유와 보편적 법칙에 따라 공존할 수 있도록 외적으로 행위 하라"[5]이다. 이 원칙에서 제시된 구속성은 자아, 타자 그리고 양자의 관계라는 세 가치 측면으로 나뉠 수 있다. 즉 '보편 법칙에 입각한 자유의 공존'이라

---

2) Immanuel Kant, *Metaphysik der Sitten Metaphysische Anfangsgünde der Rechtslehre*(이하 MdSR로 약함), Akademische Ausgabe, Bd. Ⅵ, p.224

3) MdSR 205 참조

4) 이에 대해서는 Fridrich Kaulbach, Moral und Recht in der Philosophie Kants, in: *Recht und Ethik Zum Problem ihrer Beziehung in 19 Jahrhundert*, hrg. Jürgen Blühdom u. Joachim Ritter, Frankfurt am Main, 1970. p.49, 53 참조.

5) MdSR 231.

는 법원칙의 요구에는 자신의 자유에 대한 주장, 타인의 자유에 대한 분침해, 그리고 양자의 자유를 보호하기 위한 계약이 함축된다. 칸트가 내적 법의무, 외적 법의무 그리고 양자를 매개하는 의무로 분류하여 제시하는 세 가지 법의무는 이를 구체화한 것으로 볼 수 있다. 이 세 가지 법의무란 각각 "타인과의 관계에 있어 한 인간의 가치로서의 자신의 가치를 주장할 것"(자신의 권리를 포기하지 말 것), "그 누구에도 불법을 행하지 말 것"(타인의 권리를 침해하지 말 것), "각인이 자신의 권리를 유지할 수 있는 사회에 진입할 것"(법적 관계를 창출할 것)이다.[6] 이렇듯 협의의 사회 윤리의 근본 규범이 손상금지라면 칸트에서 이 손상금지는 '권리의' 손상금지이다. 그리고 이 권리는 정확히 말하자면 자원법적 이성법의 원칙에 따라 정당화되는 자유권, 칸트의 표현을 빌면 "모든 타인의 자유와 하나의 보편 법칙에 따라 공존할 수 있는 하에서 어떤 티자의 강제하는 자의로부터의 독립"[7]의 권리로서의 자유권이다. 그렇지만 칸트 기획의 특성이 분명히 나타나려면 이 권리에 '양도 불가능성'의 규정이 더해져야 한다. 이러한 자유권의 핵심 규정은 칸트에 의하면 "유일한 생득적"[8] 권리이다. 이 자유권은 실정법에 의해 비로소 가능한 그러한 권리가 아니라 이성에(의해 인식 가능한 법칙에)의해 정당화되는 자연적 권리이기 때문에 '생득적'이며 또 이 자유권은 모든 사회적 권리의 근거이기 때문에 '유일한' 생득적 권리라는 것이다. 칸트가 평등권, 독립권 표현의 자유권 등을 이러한 유일한 생득적 자유권, 한마디로 인권으로서의 자유권의 양태들에 지나지 않는 것으로 보는 것도 이 때문이다. 뿐만 아니라 자연법적으로 정당화되는 인권은 칸트가 분류한 사법과 공법상의 모든 권리들의 근거이다. 앞서 본 대로 계약하여 국가를 이룰 의무도 '보편 법칙에 따라 타인의 자유와 공존 가능할 수 있는 자의의 자유'와 본질적 연관 내에 있다.[9] 그리고 사법의 경우 칸트는 생득적 자유권을 외적 대상에 대한 점유 일반(즉 경험적 점유 및 예지적 점유)으로 확대함으로서 토대로 삼는다.[10]

　이러한 칸트 법철학의 자유권이 근대 초기의 자연법적 논의의 연장선상에 있다는 것은 분명하다. 그러나 칸트는 이러한 자연권을 근거 지음에 있어 자신의 도덕철학의 근본 명법과 관련지음으로서 '선험적' 기획의 특징을 드러낸다. 잘 알려진 대로 '준칙의 보

---

6) MdSR 236.
7) MdSR 237.
8) MdSR 237.
9) 계약하여 시민 상태에 진입할 의무와 관련해서는 MdSR 312, 313 참조.
10) MdSR 247, 252 참조.

편적 입법성'을 요구하는 정언명법은 행위가 의무에 적합해야할 뿐만 아니라 이 행위가 의무로부터, 즉 법칙에 대한 존경이라는 동기로부터 나와야함을 요구한다. 그러나 '보편 법칙에 따라 타인의 자유와 공존할 수 있도록 자의를 사용하라'는 법의 원칙의 요구는 이러한 내적 동기를 요구하지 않는다. 말하자면 법의 원칙은 정언명법의 동기화 부분을 사상으로써 도출된 것이다.[11] 그러므로 칸트의 법의 원칙은 가언명법이 아니라 '정언 명법의 법적 사용'[12]이며 따라서 순수 실천 이성으로부터 비롯된 것이지 경험에 제약된 실천이성, 즉 도구적 이성에서 비롯된 것이 아니다.[13]

II. 연대성(連帶性)의 원칙과『도덕 형이상학 덕론』

선행의 의무는 손상금지의 의무와 더불어 사회 윤리의 근본 원칙을 이룬다. 사실 19세기 중반 사회 윤리라는 명칭이 루터주의적 기독교 윤리에서 처음 등장한 배경을 이루는 것은 당시 산업 자본주의에 의해 '연대성의 원칙'이 등한시되고 있었다는 사태이다.[14] 흔히 칸트 규범 윤리는 여타의 프로그램(특히 공리주의)에 비해 선행의 의무를 소홀히 다룬다는 비판이 제기된다. 이와 같은 비판은 칸트의 사회 윤리를 '선행의 의무를 다루지 않는 법론'에만 국한하는 데서 비롯된다. 그러나 선행을 법적으로, 그것이 자연법적인 방식이건 실증법적 방식이건 강제할 수 있는가? 선행은 행위자의 희생을 포함하기 때문에 자발적 선행이 아닌 강제된 선행(그것이 어떤 타인에 의한 강제이건 아니면 사회에

---

11) "법법칙(Rechtsgesetz)은 나에게 구속성을 부과하되 이 구속성을 위하여 나의 자유를 이 법법칙이라는 조건에 제한시켜야만 한다는 것을 결단코 기대하지 않고 더욱이 요구하지도 않는다". MdSR 231.

12) 이에 대해서는 Ralph Dreier, Zur Einheit der praktischen Philosophie Kants. Kants Rechtsphilosophie im Kontext seiner Philosophie, in: *Recht Moral Ideologie, Studie Zur Rechtstheorie*, Frankfurt am Main, 1981 참조. 그에 의하면 "법적 사용 내에 있는 정언명법이 바로 법의 원칙이다"(296).

13) 카울바하는 칸트가 합법성의 두 가지 개념, 즉 윤리적 합법성과 법적 합법성 혹은 '자연법에 정향된 자연적 합법성'과 '실정법의 영역에 속하는 시민적 합법성'의 개념을 지니고 있었으며 법론의 법적 입법은 윤리적 합법성 혹은 자연적 합법성의 개념의 전개에 해당한다고 본다. 이에 대해서는 Kaulbach, Ebd. p.47 참조.

14) 이에 대해서는 H. Hühn, Sozialethik, in: *Historisches Wörterbuch der Philosophie*, hrg. J. Ritter u. K. Gründer, Basel, Bd. 9, pp.1134-1135 참조.

의런 강제이긴 건에)은 인권 손상급지의 원칙에 위배될 수 있다. 칸트가 선행의 의무를 의무화의 방식에 있어 동기를 고려하는, 즉 동기에 있어서의 자발성을 고려하는 덕론에서 다루는 것은 이와 같은 이유에서이다.[15] 그러므로 선행의 의무가 사회 윤리의 근본 원칙이라면 이를 다루는 칸트 도덕 형이상학 덕론의 타인에 대한 덕의무도 이에 포함되어야 하며 결국 사회 윤리는 단일한 구속성 하에 묶여질 수 없는 것이다.[16] 이하에서는 인권의 원칙과 함께 광의의 칸트 사회 윤리를 구성하는 것으로 보여지는 '연대성의 원칙', 칸트의 표현으로 '타인에 대한 덕의무로서의 존경과 선행의 의무'의 원칙 및 이에 대한 칸트의 정당화를 살펴본다.

칸트가 제시하고 있는 선행과 존경의 의무의 특성을 추출하려면 이에 앞서 그의 도덕철학 내어서의 덕론의 위상, 덕의무의 규정 그리고 두 가지 종류의 덕의무의 구별에 대한 고찰이 선행되어야한다. 먼저 칸트의 도덕 형이상학의 덕론은 실천이성 비판이나 도덕 형이상학의 정초처럼 '무제약적 선이나 도덕의 근본 법칙에 대한 철학적 정당화'가 아니라 이러한 선과 근본 법칙의 (법적이 아니라) 윤리적 적용이라는 것이 환기 되어야 한다.[17] 일단 윤리적 적용은 타인에 의해 강요될 수 없는 "자기 강제"를 다룬다는 점에서 "외적 강제"를 다루는 법론과 구별된다.[18] 그렇지만 덕의무를 다루는 덕론은 이러한 형

---

15) 반대로 칸트는 약속준수의 의무와 같은 법적 의무를 '외적으로 강제될 수 없는 선행의 의무'로 간주해서는 안 된다고 말한다. 이에 대해서는 MdSR 220 참조.

16) 칸트가 프랑스 혁명의 이념 중 자유와 평등을 법적 권리로 다루면서도 박애, 즉 선행의 의무나 도움에의 권리를 법론에서 다루지 않은 것은 이와 같은 사정에 관련된다. 즉 그에 있어 타인에게 도움을 요구할 권리는 인권이 포함되지 않는 것이다. 물론 본래적 의미에서의 자발적 도움이 아니라 역할 상 마땅히 해야할 도움 이라면(예을 들어 부모의 자식에 대한 도움의 의무) 이는 덕론의 주제가 아니라 법론의 주제이다. 부모의 자식에 대한 양육의 의무에 대해서는 MdSR 280, 281 참조.

17) 칸트에 의하면 의무론으로서의 도덕론(Sittenlehre, Moral)은 (의무에 따라서가 아니라) 의무화의 방식에 따라서 윤리학(Ethik, Tugendlehre)과 법론(Rechtslehre)으로 나뉜다. 이에 대해서는 Immanuel Kant Metaphysik der Sitten Metaphysische Anfangsgründe der Tugendlehre(이하 MdST로 약함), Akademie Ausgabe, Bd. VI, p.379 참조. 그래서 우리는 도덕론(Sittenlehre), 덕론(Tugendlehre), 법론(Rechtslehre)을 각각 광의의 윤리학, 협의의 윤리학, 법론이라 부을 수 있을 것이다. 협의의 윤리학과 법론은 각각 광의의 윤리학에서 제시된 도덕법의 윤리적, 법적 적용이다. 한편 회페는 덕론의 도덕을 '메타적 의미에서의 무제약적 선'(Moral 1)과 관습적 도덕(Moral 3)을 매개하는 차원으로 보고 이를 Moral 2로 명명한다. 이에 대해서는 O. Höffe, Recht und Moral: ein kantischer Problemaufriß, in: Neue Hefte für Philosophie, Heft 17, 1979, pp.7-8 참조.

18) MdST 379.

식적 특징 외에 특정의 내용을 지니는데 그것이 '목적'이다. 정언명법이 '의무로부터 의무에 적합하게 행위 하라'로 간단하게 표현될 수 있다면 덕의무의 원칙은 이 정언명법을 목적의 영역에 '적용'한 것이며 따라서 도덕 형이상학의 덕론은 말하자면 '도덕적 목적론', "순수한 실천이성의 목적들의 체계"[19]인 것이다. 이러한 도덕적 목적론의 원칙이 바로 칸트가 말하는 덕론의 최상의 원칙, 즉 "그것을 갖는 것이 모든 사람에 대해 하나의 보편적 법칙 일 수 있는 그러한 목적들의 준칙에 따라 행위 하라"[20]이다. 칸트의 덕의무는 이러한 덕원칙에 의해 정당화되는 의무랄 수 있다. 칸트의 말을 빌자면 덕의무란 "인간이 자신에게 자신의 본성의 충동에 따라 정립한 목적이 아니라" "인간아 자신에게 목적으로 만들어야만 하는 그러한 대상"[21], 말하자면 사실상 인간들이 추구하고 있는 목적이 아니라 추구해야만할 당위적 목적, 즉 '동시에 의무인 목적'이다. 마지막으로 동시에 의무일 수 있는 목적은 칸트에 따르면 자신의 완전성과 타인의 행복으로 나뉜다.[22] 그래서 자기 자신에 대한 덕의무는 자신의 소질 계발이며 타인에 대한 덕의무는 타인에 대한 선행이다. 이상의 논의를 토대로 칸트의 선행의 의무를 일단 의적으로 규정하자면 '자기 강제에서 비롯된, 당위적 목적으로서의 타인의 행복'을 추구할 의무가 된다.

칸트는 타인에 대한 덕의무로서의 사랑의 의무를 다루기 전에 이와 밀접히 연관된 존경의 의무를 다루는데 이 의무는 "타인의 인격 내에 있는 인간성의 존엄에 의해 우리의 자기평가(Selbstschätzung)를 제한하는 준칙"[23]을 가질 의무, 간단히 말해서 '자신을 타인 위로 높이지 말아야할' 의무이다. 칸트가 존경의 의무를 선행에 앞세우는 이유는 존경의 의무란 것이 하고 싶으면 하고 하기 싫으면 하지 않아도 되는 그러한 의무가 아니라 마땅히 해야하는 것, 칸트의 용어로 말하자면 책무적(schuldig)인 것이기 때문이나, 존경의 의무는 마치 법적 의무가 덕의무에 비해 소극적인 것이듯 덕론 내에서의 소극적 의무이다. 이러한 의미의 존경은 타인의 삶의 방식이나 결정에 대한 존중을 의미하는 관용(Tolerenz)의 의미를 함축한다. 이에 비해 선행의 의무, 즉 "(비도덕아지 않는

---

19) MdST 381.
20) MdST 394.
21) 이상 MdST 385.
22) 이에 비해 자신의 행복 추구는 당위가 아니라 사실이며 완전성 추구는 각 개인 자신의 일이므로 내가 타인의 완전성을 추구할 수 없다. 이에 대해서는 MdST 386 참조.
23) MdST 449.

한에서의) 타인의 목적을 나의 목적으로 만들 의무"[24]는 그것을 이행할 경우 칭송 받지만 행하지 않는다고 해서 비난받지는 않는 의무, 즉 공적적 의무이다.[25] 칸트는 결의론에서 이러한 선행의 의무의 구체적 규정으로 '선행은 자신의 손해를 감수하는 행위여야 한다'[26]는 것과 선행에 있어 자신의 능력을 소모는 다른 사람을 돕는데 능력을 소모한 나머지 "그 자신이 타인의 선행을 필요로 하지 않을 정도"[27]여야 한다는 것을 제시한다.

  내가 보기에 선행의 의무에 대한 칸트의 논의에 있어 특별히 부각될 필요가 있는 것은 이 의무에 대한 칸트의 '의무론적 정당화'인데 이는 대체로 다음의 두 가지 방식으로 나타난다. 먼저 칸트는 '너 자신처럼 너의 이웃을 사랑하라'는 황금률이 다음과 같은 정당화, 즉 "나는 나에 대한 모든 타인의 호의를 원한다. 따라서 나는 모든 타인에 대해서도 호의적이어야 한다"[28]로 사용되어서는 안 된다고 본다. 이는 다음과 같은 주장에서 확인된다. "그러나 나를 제외한 모든 타인은 모두(Alle)가 아니기 때문에 따라서 의무화에 필수적인 법칙의 보편성'을 준칙이 자신에 있어 지니지 못할 것이기 때문에 호의의 의무법칙은 나를 이 법칙의 대상으로서 실천적 이성의 명령 내에 동시에 포함할 것이다. 그러나 이 때 내가 법칙의 대상으로 포함되는 것은 내가 이 의무 법칙을 통해 '나 자신을 사랑하도록' 구속되는 듯이 포함되는 것이 아니다. (왜냐하면 나 자신을 사랑하는 것은 이 명령 없이도 불가피하게 일어나며 따라서 나를 사랑하는 것에 대해서는 그 어떤 의무화도 없기 때문이다)…"[29] 요컨대 '타인의 호의를 원하는 자아'로부터는 '타인에 대해 호의적이어야 하는 자아'가 도출될 수 없다는 것(현대적 용어로 바꾸어 말하자면 이러한 도출은 자연주의적 오류추리라는 것)이다. 오직 '타인에 호의적이어야만 하는 자아'만이 의무의 법칙에 의해 정당화되는 자아, 즉 의무의 대상으로서의 자아이며 이 자아는 타인의 호의를 원하는 경험적 자아에 오히려 대립하는 것이다. 둘째로 칸트는 선행의 의무에 대한 다음과 같은 의문, 즉 '할 수만 있다면 타인에게 신세지지 않고 나도 타인을 돕

---

24) MdST 450.
25) 칸트는 사랑과 존경을 도덕적 세계의 인력과 척력의 법칙으로 표현한다. 카울바하에 의하면 칸트에게는 세 가지 세계, 즉 덕론의 세계와 법론의 세계 그리고 순수 이성비판의 세계가 있다. 이는 각각 도덕계, 사회, 자연에 해당한다. 이에 대해서는 Kaulbach, Ebd, p.50 참조.
26) MdST 453 참조.
27) MdST 454.
28) MdST 451.
29) MdST 451.

지 않겠다는 준칙도 보편화 될 수 있지 않겠는가' 라는 의문을 고려한다. 이에 대한 칸트의 다음과 같은 대답은 시사적이다. "…자신에만 유용한 준칙은 그것이 보편적 법칙으로 된다면 그 자신에 모순된다. 즉 이 준칙은 의무에 위반된다. 따라서 공동에게 유용한 궁핍한자에 대한 선행의 준칙은 인간들의 보편적 의무이다. 그것도 다음의 이유에서 보편적 의무이다. 이 인간들은 공동인간들(Mitmenschen)로 간주되어야만 하기 때문이다, 다시 말해 이 인간들은 한 거주지에서 자연을 통해 상호 돕도록 연합된, 결여적, 이성적 존재자들로 간주되어야만 하기 때문이다"[30] 인간은 하나뿐인 지구 위에서 살아갈 수밖에 없고 생존을 위해 서로를 필요로 하는 그러한 결여적 존재이지만 동지에 인간은 이성적 존재자, 즉 그의 이성에 의해 상호 통일된 그러한 존재라는 것이다.[31] 여기서 연합된 이성적 존재자라는 표현은 연대성(Solidarity)의 사회적 존재자로서의 인간을 의미하는 것에 다름 아닐 것이다. 이처럼 칸트가 선행의 의무를 공동인간의 이념과 관련 짓고 있다는 점에 비추어볼 때 다음과 같은 주장이 등장하는 것은 이상한 일이 아니다. "행복의 재화들에 의존적인 선행의 능력은 대부분 통치의 부정의를 통한 특정인들의 우대로부터 나온 것이다. 이 부정의가 타인의 선행을 필요하게 만드는 복지의 불평등을 낳은 것이다. 이러한 상황하에서 부자가 궁핍한자에게 제시할 도움이 선행이라는 이름, 즉 공덕으로 뽐낼 만한 선행이라는 이름에 값할 수 있을 것인가?"[32] 한정된 자원이라는 조건에서 부의 불평등은 이성적 질서라기보다는 자연의 메커니즘(약육강식)의 결과인 경우가 많다. 만일 이러한 약육강식이 국가 내에서 일어난다면 이는 공동인간의 이념에 반하는 부정의이며 따라서 빈민구제는 선행이라기 보다는 차라리 부정의의 교정일 것이다.

---

30) MdST 453.

31) 칸트철학에서 자연, 즉 인간의 자연적 욕구나 인간들간의 이러한 욕구의 메커니즘이 인간들 간을 결합하는 주체일 가능성은 없다. 오직 인간의 이성만이 이러한 메커니즘으로부터 상호 원조를 위한 연합으로 인도하는 것이다. 칸트가 말하는 영구 평화란 '되물릴 수 없는 연합상태'에 다름 아니다. 이 연합체가 지상에서의 목적의 왕국인지 아니면 이와 구별되는 시민 상태인지 하는 문제는 결국 선행의 의무가 지향하는 것이 무엇인가 하는 문제와 관련된다. 자연과 이성 사이에 있는 영구 평화에 대해서는 김종국, 「이성에 의한, 자연을 통한 평화 – 칸트의 평화 개념 –」『철학』63집, 한국철학회, 2000, 135-150쪽 참조.

32) MdST 454.

III. '인권에 기초한 연대성'의 적용 규칙

이상의 칸트 사회 윤리의 원칙들과 의무들, 즉 법 원칙과 덕 원칙, 그리고 법 의무들과 덕 의무 등은 적용의 상황에서 질서 지어질 수 있어야할 것이다. 칸트 자신이 이러한 적응의 규칙을 정리된 형태로 제시하지 않았기 때문에 우리는 단편적으로 언급된 적용의 규칙을 구성해내고 이를 '칸트가 들고 있는 사례'에서 확인해 낼 수 있어야할 것이다. 이러한 규범의 적용 사례는 도덕 형이상학의 법론의 본문 혹은 응용의 사례를 다루고 있는 주해에서, 특히 도덕 형이상학의 덕론의 결의론에서 그리고 이와 동일한 논의 차원에 있는 단편적 서술들에서 등장한다.

우선 살펴보아야 할 것은 의무 갈등과 관련한 칸트의 주장이다. 그가 양자 택일을 의미하는 의무간의 갈등을 인정하지 않은 것은 그의 도덕 형이상학의 서론에서 확인된다. 이에 따르면 의무간의 일대일의 충돌은 불가능한데 이 경우 어느 한쪽은 의무에 반하는 것이다, 칸트적 시각에서 보자면 흔히들 의무들 간의 충돌인 것처럼 보이는 경우, 즉 두 가지 의무가 동시에 참인 것처럼 보이는 경우는 그러나 구속성의 근거, 즉 의무화하는 근거가 서로 다른 그런 두 가지 의무들의 사이비 대립일 뿐이며 이는 원칙적으로 해결 가능하다. 그래서 법적 의무와 덕적 의무가 충돌하는 듯이 보일 때에는 그것은 의무들 간의 충돌 상황이 아니라, 즉 양자택일이 요구되는 상황이 아니라 의무화의 근거들 간의 질서화가 요구되는 상황일 뿐이다.[33] 마찬가지로 법적 입법의 영역과 덕적 입법의 영역 내에서도 더 강력한 의무화의 정도에 따라 질서 지을 수 있는 것이다.

칸트 사회 윤리의 적용 규칙을 구성하기 위해서는 '완전한 의무와 불완전한 의무' 그리고 그 다음으로 '자기 자신에 대한 의무와 타인에 대한 의무'의 구분에 주목해야한다. 먼저 칸트가 윤리적 입법과 법적 입법에 의한 의무를 각각 불완전한 의무와 완전한 의무로 특징지은 것은 가장 일반적 의미에서의 적용의 우선 순위를 제시한 것이라 볼 수 있다. 완전, 불완전의 개념 쌍은 도덕 형이상학의 정초에서는 감성적 이익에 대한 예외의 허용 여부에 의해 규정된다.[34] 그리고 도덕 형이상학에서 이 개념 쌍은 자의에 여유

---

33) 이상 MdSR 224 참조.

34) Immanuel Kant, *Grundlegung zur Metaphysik der Sitten*, Akademische Ausgabe Bd. Ⅳ, BA p.54 참조.

공간을 마련해주느냐의 여부에 따라 좁은 의무와 넓은 의무로 표현되기도 한다.[35] 그러나 적용 우선성을 판정함에 있어 완전·불완전이 지니는 중요한 의미는 외적 강제 가능성과 불가능성이며[36] 이 경우 적용에 있어서는 외적으로 강제가능한 의무가 우선적으로 충족되어야한다.[37] 이에 대한 예로는 칸트가 덕은 선행의 의무에서 다루고 있는 선행의 의무와 법적 의무간의 질서화이다. 도움을 받을 사람의 행복의 내용에 대한, 도움을 받는 사람의 선택의 자유를 박탈하고 도움을 주는 사람의 행복의 기준에 따라 돕는 것, 이를테면 (어린이나 정신 장애자에 대한 도움을 제외한) 가부장적(väterlich) 도움은 "인간성의 폐기"이며 '이러한 공적은 피원조자의 인권 침해를 보상할 수 없다는 것이다.[38] 여기서 우리는 '적용에 있어 선행의 의무에 대한 인권 불침해의 의무의 우위'를 확인할 수 있는 것이다. 그리고 칸트는『그것은 이론에서는 맞을지 모르지만 실천을 위해서는 소용이 없다라고 들 하는 말에 대하여』(1793)에서 국가의 화를 방지하기 위한 부모 배신을 '도덕적' 긴급 상황에서 불가피 한 것으로 보고 있는데 이 또한 외적 강제(국가에 대한 피해금지라는 무조건적 의무)의 내적 강제(부모에 대한 선행이라는 조건적 의무)에 대한 적용상의 우위의 예로 볼 수 있다.[39]

다음으로 적용의 규칙의 구성과 관련하여 '자기 자신에 대한 의무와 타인에 대한 의무'의 구분에 주목해본다면 우리는 이러한 구분이 적용 규칙으로 사용될 수 있음을 알게된다. 칸트는 도덕 형이상학 서론에서 덕의무와 법의무 각각을 타자관계냐 자기관계냐에 따라 완전한 의무를 '우리자신의 인격 내에 있는 인간성의 권리'와 '인간의 권리'로 나누고 불완전한 의무를 '우리 인격 내에 있는 인간성의 목적'과 '인간의 목적'으로 나눈다.[40] 여기서 타자관계와 자기관계의 구분은 강제가능성의 하위구분으로, 그리하여 적

---

35) MdST 390 참조.
36) MdST 379 참조.
37) 그리고 우리가 칸트를 쫓아 외적 행위를 규정하는 법적 입법을 '아프리오리하게 단순한 이성을 통해' 행위를 규정하는 자연법적 입법과 '타자의 자의를룬 통해' 행위를 규정하는 실정법적 입법으로 나눈다면, 이 경우 강제 가능성의 기준에 따른 적용 규칙은 '실정법의 자연법에 대한 우위'가 될 것이다 왜냐하면 강제 가능성에 있어 실정법이 훨씬 현실적이기 때문이다. 그리고 내가 보기에 적용에 있어 설정법의 우위는 정당화에 있어 자연법의 우위와 양립 가능하다
38) MdST 454.
39) *Über den Gemeinspruch* : *Das mag in der Theorie richtig sein, taugt aber nicht für die Praxis*, in : Akademie Ausgabe Ⅷ, p.300 참조.
40) MdSR 240 참조.

용에 있어 기준으로 사용될 수 있다. 우선 법의무의 경우 이것이 의미 하는 것은 최소한 적용상 구체적 타인에 대한 의무가 추상적 사회(혹은 인류)에 대한 의무에 선행한다는 것이다. 이 같은 규칙은 칸트의 「인간애로부터 거짓말 할 사이비 권리에 대하여」(1797)라는 단편에서도 확인된다. 여기서 칸트는 거짓말이 우리의 인격 내에 있는 인간성의 권리를 손상하고 사회계약의 이념을 훼손하여 사회적 피해를 불러일으키는 것이라 할지라도 그것이 특정인에 대한 피해를 야기하지 않는 그에 대한 불법 행위가 아니며 따라서 (실정)법적 처벌의 대상이 되어서는 안 된다는 것이다.[41] 자기 관계에 대한 타자 관계의 우위라는 이러한 규칙은 외적 강제뿐만 아니라 자기 강제에 있어서도, 즉 덕적 의무화에 있어서도 확인된다. 즉 '타인의 목적에 대한 의무'가 '우리의 인격 내에 있는 인간성의 목적'에 대해 원칙상 적용의 우위를 지니는 것이다. 칸트는 덕론, 자기 자신에 대한 의무 중 거짓말 금지에서 '예외로부터의 거짓말'을 예로 들고 있다. 이 예에 나타난 원칙 적용 문제는 말하자면 타인에 대한 선행이냐 자기 자신에 대한 진실성의 의무냐의 문제이다. 만일 칸트가 암시하는 대로 예외로부터의 비진리 진술이 '잘못으로서의 거짓말'이 아닐 수 있다면[42] 이 예는 덕의무에 있어 '자기 관계에 대한 타자 관계의 적용상의 우위'의 예이다. 이 적용 규칙은 타인을 위한 자기 희생(자살)의 문제, 즉 덕론 내에서 자기 자신에 대한 자살 금지 명령이 우선인가 아니면 타인에 대한 선행의 명령이 우선인가의 문제에 대한 칸트의 판단에서도 확인될 수 있다.[43]

적용의 문제와 관련하여 그러나 간과하지 말아야할 것은 칸트가 이러한 우선 순위를 기계적으로 적용하고 있는 것은 아니라는 점이다. 소위 긴급한 상황에서의 딜레마에 대해 칸트가 단편적으로 언급하고 있다는 사실이 이를 뒷받침한다. 사실 적용이라는 것이 소수의 규범들과 다수의 사례들의 결합이고 특정 사례에 대한 해석의 가능성은 원칙적으로 무한하다는 점을 고려한다면 절대적으로 타당한 적용 규칙은 있을 수 없다. 이러한 맥락에서 우리의 관심을 끄는 것은 법론에서의 긴급권 그리고 명예를 위한 살인의 예이다. 칸트는 난파상태에서 둘 중 하나가 죽지 않으면 둘 다 죽을 상황에서 자신의 생명을 건지기 위해 살인한 경우[44]와 수치심에서 사생아를 살해하거나 혹은 명예감에

---

41) Immanuel Kant, *Über ein vermeintes Recht aus Menschenliebe zu lügen*, in: Akademie Ausgabe Bd. Ⅷ, p.426.

42) MdST 431 참조.

43) MdST 423 참조.

44) MdST 235 참조.

서 결투의 상대자를 죽인 경우[45]를 예로 든다. 그에 의하면 난파한 상태에서 타인을 살해한 경우 그리고 수치심에서 사생아를 살해한 경우 및 결투에서 상대방을 죽인 경우는 '벌을 받아 마땅하지만 벌할 수 없는 경우'에 속한다. 왜냐하면 전자는 벌의 위협이 아무런 효력을 발휘할 수 없는 물리적 긴급의 상태[46]이며 후자는 실정법의 효력 밖의 영역, 즉 자연 상태[47]이기 때문이다. 그러나 이 예들이 칸트에 있어 법의 효력의 부정되는 경우로 거론될 수는 없다. 말하자면 이들 경우는 현실적으로 실정법을 적용할 수 없는 경우인 것이다.

맺는 말 – 현대 응용 윤리와 칸트의 사회 윤리

칸트 도덕 형이상학에 대한 사회 윤리적 독해의 결과로 우리가 얻은 것은 다음과 같이 요약될 수 있을 것 같다. 첫째, 칸트에 있어 관건인 것은 제도적 행위냐 개인들 간의 행위냐가 아니라 행위가 외형적으로 제도적 행위이건 개인들간의 행위이건 간에 그것의 구속성의 방식이 법적 입법이냐 아니면 덕적(윤리적) 입법이냐 하는 것이다. 그러므로 칸트의 법적 입법의 영역을 협의의 사회 윤리로, 여기에 '타인과의 관계함에 있어서의 윤리적 입법'의 영역을 더하여 광의의 사회 윤리로 보는 것이 맞다. 둘째, 칸트의 협의의 사회 윤리는 ① 실정법의 토대가 되는 ② 인권의 윤리이며 이는 ③ 그의 도덕철학에서 정당화된 인격 개념의 법적 차원의 번역이다. 셋째, 칸트 사회 윤리에서의 인권의 원칙과 함께 광의의 사회 윤리를 구성하는 또 하나의 원칙은 ① 자유로운 자기 강제에서 비롯된 ② 사회적 연대성의 원칙이며 이는 ③ 행복론이 아니라 의무론에 의해, 혹은 자연적 행복이 아니라 공동 인간의 이념에 의해 정당화된다. 넷째, 칸트 사회 윤리의 응용 규칙은 ① 완전한 의무의 불완전한 의무에 대한, ② '타인에 대한 의무'의 '자기 자신에 대한 의무'에 대한 우위이다. 그러나 동시에 칸트 사회 윤리는 ③ 적용에 있어 긴급한 경우를 고려한다.

---

45) MdSR 335-337 참조.
46) MdSR 235 참조.
47) 이에 대해 J. K. Uleman, On Kant, Infanticide, and Finding Oneself in a State of Nature, in *Zeitschrift für philosophische Forschung* Bd. 54 (2000), pp. 173-195 참조.

내가 보기에 '인권에 기초한 연대성'으로 압축될 수 있는 칸트의 사회 윤리는 사회 윤리 상의 여타의 기획들에 비해 다음의 세 가지 의의를 지닐 수 있다. 첫째 칸트 사회 윤리는 상호 구별되면서 동시에 질서화 가능한 두 종류의 구속성을 제시하므로 사회 윤리의 다른 기획들에 비해 포괄적이고도 체계적이다. 둘째 '인권에 기초한 연대성'의 원칙은 선행을 위해 인권을 희생시키지 않는다. 셋째 칸트의 사회 윤리는 연대성의 의무에 대해 자연주의적 오류추리로부터 자유로운 정당화를 제시한다.

마지막으로 나는 현대 응용 윤리에 대한 칸트 사회 윤리의 의의를 짚어보고 싶다. 만일 응용윤리가 규범윤리의 대 개념이라면 양자의 관계는 일종의 특수와 보편의 관계에 해당할 것이다. 이 경우 응용이란 그것의 문자적 의미에서 '규범의 사례에 대한 응용'이기 때문이다. 그러나 현대 응용 윤리가 보여주는 것은 응용 윤리가 '규범 윤리'의 대 개념이 아니라 '이론 윤리'의 대개념이라는 것이다. 이점에서 응용 윤리라는 말보다는 '실천 윤리'라는 말이 더 적당할 지도 모른다. 이론의 대개념으로서의 응용과 규범의 대개념으로서의 응용은 각각 그 출발점이 사례냐 원칙이냐 라는 점에서 다르다. 규범의 대개념으로서의 응용에 있어 관건은 말하자면 '사례 포섭적 원칙'이지만 이론의 대개념으로서의 응용에 있어 관건은 말하자면 '규범 형성적(규범 모색적) 사례', 혹은 '문제 해결을 요구하는 사례'이다. 실천 윤리로서의 응용 윤리의 관점에서 본다면 칸트 도덕철학의 일차적 응용인 칸트 도덕 형이상학의 법론과 덕론은 현대적 의미에서의 응용윤리가 아니다. 도덕 형이상학에서 관건이 되는 것은 '사례 포섭적 원칙'이기 때문이다. 그러나 도덕 형이상학으로부터 구성된 칸트의 사회 윤리는 내가 보기에 현대 응용 윤리의 기초 혹은 응용 윤리의 메타이론의 역할을 할 수 있다. 응용 윤리의 메타이론은 한편으로 응용 능력에 대한 인식론적 규명[48], 예를 들어 사례에 원칙을 적용하거나 사례로부터 원칙을 찾아내는 능력으로서의 실천적 판단력에 대한 인식론적 규명이나 그 외 응용 윤리에서 사용되는 주요 개념들에 대한 분석을 다룰 수 있다. 그러나 다른 한편 현대 응용 윤리의 고유한 차원이 '사회'라는 점이 감안된다면, 그리하여 응용 윤리가 단순한 결의론이나 결단주의로 흐르지 않으려면 추상적 원칙이나 규범을 사회적 차원으로 위해 번역해 내는 작업도 중요한데 내가 보기에 이 또한 응용 윤리의 기초이론으로 분류될 수 있다. 이점에서 위에서 구성된 칸트의 사회 윤리의 원칙 및 적용 규칙은 현대 응용 윤리

---

48) 이에 대한 한 시도로 김종국, 「사회적 맥락 내에 있는 원칙: 의료 윤리와 판단력」, 『철학연구』 53집, 철학연구회, 2001, 327-342쪽 참조.

의 이론적 토대 역할을 할 수 있다.[49)]

---

49) 의료 윤리에 있어 뷰챔프와 칠드레스의 4원칙주의(손상금지, 선행, 자율, 정의)도 말하자면 응용윤리의 정초작업에 해당한다. 4원칙주의가 근본적으로 재구성적 (즉 여러 규범 윤리적 프로그램들로부터 원칙들을 조합한) 기획이라는 점에 비추어 볼 때 칸트의 사회 윤리의 근본 원칙과 적용 규칙들이 지니는 정합성이 돋보인다. 4원칙주의에 대해서는 L. T. Beuchamp a. J. F. Childress, *Principles of biomedical ethics*, New York, 1989. 참조

칸트 윤리학에 있어서 형식과 실질

이윤복(경북대)

1. 서론

칸트에 있어서 도덕철학의 근본목적은 순수이성이 그자체만으로 실천적일 수 있음을 전제로 하여, 그의 최고의 원리 즉 도덕의 법칙을 확립하고 그를 정당화하는 것이다. 그리고 이때 도덕의 법칙은 행위의 의도로서의 목적을 전제로 해서는 도출될 수 없다는 것이 칸트의 근본주장인 것으로 여겨지고 있다. 실제로 그는 『실천이성비판』 제1장에서 이성적 존재자 일반에게 타당한 도덕법칙의 확립을 시도하면서 도덕성을 목적이나 실질대상에서 확보하려는 시도를 비판함으로써, 도덕성은 실천원리의 형식에서만 가능하다는 자신의 주장을 분명히 하고 있다.[1]

한편 도덕적인 행위의 형식적인 요소에 대한 분석으로 볼 수 있는 『도덕형이상학 원론』에서 칸트는 도덕적으로 옳은 행위는 보편적으로 타당한 준칙에 따른 행위라고 주장한다. 그리하여 그는 옳은 행위의 도덕적 가치는 그의 의도나 혹은 결과에 있는 것이 아니라 오직 그의 의욕의 형식적 원리 즉 자율적 의지로서의 선의지에서 찾아져야 한다고 주장한다.[2]

이렇게 볼 때, 목적의 개념은 칸트의 도덕철학에서는 설자리가 전혀 없는 듯이 보인

---

1) Immanuel Kant, *Kritik der praktischen Vernunft*(Ph. B. Bd. 38. 9. Aufl., Hamburg : Felix Meiner Verlag, 1974), S. 23-31. 이하에서는 K.d.p.V., S. 23-31.과 같은 형식으로 약칭하겠음.

2) Immanuel Kant, *Grundlegung zur Metaphysik der Sitten*(Ph. B. Bd. 41.,6. Aufl. Leipzig : Felix Meiner Verlag, 1925), S. 393. (Academie-Ausgabe의 면수를 사용하였음) 이하에서는 Grundlegung., S. 393.의 형식으로 약칭하겠음.

다. 그것은 도덕성을 해치는 것이거나 혹은 도덕성과는 전혀 무관하고 기껏해야 가언명법의 근거로만 여겨질 수 있을 뿐인 듯이 보인다. 그리하여 그의 윤리학은 형식주의에 치우쳤다는 비판의 여지가 충분히 있는 것으로 보여지기도 한다.

그러나 목적의 개념은 또한 그의 도덕철학에서 중요한 역할을 담당하는 듯이 보이기도 한다. 실제로 그는 도덕법칙의 여러 계기들을 드러내는 의무의 명법의 여러 법식을 논의하면서, 목적자체의 법식은 정언명법이 갖는 실질내용의 계기로서의 목적의 개념과 관련됨을 밝히고 있다.

한편 칸트는 『도덕의 형이상학』에서는 도덕법칙을 불완전한 이성적 존재자인 인간에게 적용하여 구체적인 여러 의무를 제시하고 그의 근거에 관해 논의하고 있다. 그러므로 덕이론으로서의 윤리학은 도덕법칙의 형식만을 다루는 것이 아니라, 이것을 넘어서 실질내용으로서의 목적과 관계된다. 그리고 이때의 목적은 동시에 의무인 목적으로서 덕의무(Tugendpflicht)이게 된다. 이렇게 볼 때, 윤리학은 "순수실천이성의 목적들의 체계"[3]가 된다.

이처럼 칸트의 도덕철학에 있어서 목적의 개념은 한편으로는 도덕성과는 무관하거나 혹은 도덕성을 해치는 것으로 혹은 기껏해야 가언명법의 근거가 되는 것으로 여겨지기도 하고, 다른 한편으로는 그와는 달리 도덕성의 해명에 있어 중요한 역할을 하는 핵심적인 개념들 중의 하나로 파악되기도 한다.

본 논문은 이러한 문제상황을 그 출발점으로 삼고자 한다. 그리고 이러한 문제상황에서의 본논문의 목적은 칸트의 편에 서서, 이러한 목적개념들 사이에 존재한다고 여겨질 수도 있는 갭을 메우는 것이다. 즉 칸트의 도덕철학에서의 목적개념의 의미와 기능을 중심으로 하여 그의 도덕성에 관한 주장을 각각 해명함으로써 그가 목적론적 윤리학자도 아니며, 그렇다고 실질내용적인 것을 떠난 형식주의자도 아니고 더구나 그의 이론이 일관성을 갖지 못한 것이 아님을 보여주는 것이 본논문이 의도하는 바이다.

이러한 논의는 크게 세 단계로 나뉘어 진행될 수 있을 것이다. 그 첫 단계는 도덕법칙의 도출에 있어서의 목적의 개념에 대한 논의와 관련된다. 이때의 목적은 의지의 실질내용으로서 욕구능력의 대상을 의미한다.

---

3) I. Kant, *Die Metaphysik der Sitten*(Werkausgabe, hrsg. von Wilhelm Weischdel, Bd. 8., Frankfurt am Main : Suhrkamp, 1982), S. 510. 이하에서는 M.d.S., S. 510.과 같은 형식으로 약칭하겠음.

두 번째 단계는 정언명법의 제기로서의 목적개념이 목적자체의 법칙을 중심으로 다루어진다. 그리고 이때의 목적개념은 모든 이성적 존재자에게 타당한 객관적 목적으로서 인격성을 지시한다.

세 번째 단계는 『도덕의 형이상학』에 있어서의 목적개념과 관련된다. 이때의 목적의 개념은 유한한 이성적 존재자인 인간에게는 그것을 갖는 것이 의무인 목적의 개념이다. 즉 그것은 동시에 의무인 목적으로서의 덕의무이다.

2. 도덕성의 경험적 정초에 대한 비판

경험적 근거로부터는 어떠한 도덕의 법칙도 도출될 수 없다는 칸트의 논증은 두 가지로 나누어 고찰하는 것이 가능할 것이다. 첫번째 논증은 욕구능력과 그의 대상(실질)을 전제로 해서 도출된 행위의 원리는 객관적이고 보편적인 필연성을 가질 수 없다는 것이고 두번째 논증은 그 원리는 자율의 원리일 수 없고 모두 타율의 원리가 될 수밖에 없다는 것이다.

우선 첫번째 논증부터 살펴보도록 하자. 칸트에 의하면 실천원칙은 "의지의 보편적 규정을 포함하는 명제"[4]여야 하며, 또한 그것이 실천법칙이 되기 위해서는 그의 제약이 "객관적으로 타당한 것으로 즉 그것의 제약이 모든 이성적 존재자에게 타당한 것으로"[5] 간주되어야 한다. 그런데 칸트에 의하면 "욕구능력의 객관 혹은 실질이란 우리가 실현하기를 욕구하는 대상"[6]이다. 그러므로 이것으로부터 실천원리를 도출한다는 것은 결국 1) 욕구능력의 대상이 의지규정의 근거일 수 있다는 것과 2) 모든 이성적 존재자는 그 대상에 대한 욕망을 갖는다는 것을 전제함으로써만 가능할 것이다. 그런데 이경우 그 실천원리는 욕구의 대상에 의해 제약됨으로써, 모든 이성적 존재자에게 타당한 원리일 수 없을 뿐 아니라, 그것이 가질 수 있는 실천적 필연성도 객관적이고 절대적이며 정언

---

4) *K. d. p, V.*, S. 21.

5) *K. d. p.V.*, S. 21.

6) *K. d. p.V.*, S. 23-24. 한편 욕구능력의 대상을 이렇게 정의할 때 Silber가 지적하듯이 전통적인 선의 개념은 실질적 개념이 된다. 왜냐하면 도덕법칙에 앞서서 정의된 선의 개념은 의지가 달성하려고 노력하는 대상의 개념이기 때문이다. (Silber, *The Copernican Revolution in Ethics*, Kantstudien, Bd. S1. P.86.)

적인 것이 아니라, 단지 주관적이고 상대적이며 가언적이라는 것이 칸트의 주장이다.

우리는 칸트의 이러한 논증을 다시 두 가지로 나누어 고찰하고자 한다. 즉 하나는 그러한 실천원리의 도출은 의지의 규정근거로서 욕구능력의 대상을 전제함으로 해서, 그러한 실천원리는 법칙이 될 수 없다는 것이고, 다른 하나는 그러한 실천원리는 욕구능력의 대상에 대한 표상이 주관과 갖는 관계로서의 쾌 혹은 불쾌에 근거함으로써 객관적인 실천적 필연성을 갖을 수 없다는 것과 관련된다.

물론 이 두 논증은 복잡하며, 서로 관련되어 있고 또한 칸트 자신도 엄격히 구별하여 논의하고 있지는 않지만, 우리는 칸트의 첫 번째 논의를 대략 다음과 같이 요약, 정리할 수 있을 것이다. 즉,

1) 실천원리는 보편적인 의지규정을 포함해야 한다.
2) 그 실천원리가 실천법칙이 되기 위해서는, 그 제약이 모든 이성적 존재자의 의지에 타당한 것이어야 한다. 즉 객관적 필연성을 가져야 한다.
3) 그런데 욕구능력의 객관을 의지의 규정근거로 전제하여 실천원리를 도출할 수도 있다.
4) 그 경우의 실천원리는 욕구대상과 의지와의 관계를 규정하는 것이다. 즉 그 실천원리는 욕구능력의 대상을 실현하기 위한 어떤 수단이 의지의 규정에 있어서 필연적인 것임을 명령하는 원리일 것이다. 다시말하면 그 원리가 포함하는 실천적 필연성 즉 강제는 욕구 능력의 대상에 의해 제약된다.
5) 그런데 욕구의 대상은 욕구능력을 지닌 존재자에 따라 다를 수 있다. 즉 어떠한 대상을 욕구할 것인가의 문제는 각각의 주관에 달려 있으며 따라서 보편적일 수는 없고 단지 주관적이며 상대적이다.
6) 따라서 욕구능력의 대상을 전제로 해서 도출된 실천원리는 모든 이성적 존재자의 의지에 타당한 실천원리일 수는 없다. 즉 그러한 실천원리는 모두 그 대상을 욕구한 주관에 대해서만 타당한 실천원리 즉 준칙일 수 있을 뿐이다.
7) 또한 그러한 실천원리가 포함하는 실천적인 필연성은 무제약적 필연성 즉 모든 이성적 존재자에게 타당한 강제일 수는 없다. 즉 그 원리는 주관의 욕구대상에 의해 제약됨으로 해서 그가 포함하는 필연성은 정언적일 수는 없으며, 단시 수단으

루서의 필연성 즉 가언적 필연성만을 갖을 수 있을 뿐이다.

8) 그러므로 욕구능력의 대상을 전제로 해서 도출된 실천원리는 모든 이성적 존재자의 의지를 보편적으로 규정하는 원리일 수 없으며, 또한 무제약적인 실천적 필연성을 포함할 수도 없다.

9) 그러므로 그러한 실천원리는 단지 준칙일 수 있으며, 또한 가연명법 혹은 실천적인 훈계일 수 있을 뿐 결코 실천법칙일 수는 없다.

여기서 1)과 2)는 실천원리와 그것이 실천법칙이 되기 위해 충족되어야 할 근본조건으로서 칸트의 근본주장이다. 한편 3)은 도덕성의 원리를 욕구의 대상에서 도출하려는 사람들의 주장이면서 동시에 칸트도 인정하고 있는 사실이다. 4)는 1)과 3)의 결론일 것이다. 왜냐하면 실천원리가 의지의 규정을 포함해야 하고 그 실천원리는 욕구의 대상에서 도출되어야 한다면 당연히 그것은 욕구대상에 대한 의지의 관계를 규정하는 것일 것이고, 따라서 그 규정은 욕구대상에 의해 제약될 것이기 때문이다. 그리고 6)과 7)은 각각 4)와 5)에 근거하고 있으며, 8)은 6)과 7)의 결론일 것이다. 마지막으로 9)는 전체의 결론으로서 2)와 8)의 논리적 귀결이다.

이제 대상의 측면이 아니라 욕구능력을 전제로하는 실천원리의 도출에 대한 칸트의 비판을 검토해 보자.

칸트에 있어서 욕구능력의 대상(혹은 실질)이란 우리가 실현하기를 욕구하는 대상이다. 따라서 어떤 대상을 욕구함이 의지를 규정할 수 있다는 것은 결국 그 욕구함의 근거인 쾌에 의해 의지가 규정된다는 것을 의미한다. 즉 그 경우에 있어서 욕구함과 의욕함을 매개해 주는 것이 바로 쾌이다. 그런데 쾌 혹은 불쾌는 감수성이라는 주관적이고 경험적인 조건에 기인하는 것이다. 그러므로 욕구함을 전제로 해서 도출된 모든 실천원리는 경험적이다. 즉 그런 실천원리는 모두 선천적이지 못함으로 보편성과 필연성을 가질 수 없고 단지 경험적인 필연성만을 가질 뿐이다. 그것은 어떤 대상을 욕구하는 주관에 대해서만 타당한 주관적 원리 즉 준칙일 수 있을 뿐이다.

이제 의지의 자율이란 관점에서 욕구능력의 대상을 전제로한 실천원리를 검토해 보자. 이에 관한 칸트의 논증을 정리하면 다음과 같을 것이다. 즉,

1) 실천원리는 의지의 규정을 포함하는 명제이다.

2) 욕구대상의 실질이 실천적 원리의 근거이기 위해서는 그것은 의지와 관계할 수 있어야 한다. 즉 그 대상은 의지를 규정할 수 있어야 한다.

3) 그러므로 결국 이 관계는 대상에 의해 의지가 제약되는 관계일 수밖에 없다.

4) 그런데 이러한 제약은 대상자신이 의지를 규정할 수 있는 힘을 가지고 직접적으로 의지를 규정하는 것이 아니라 의지자신이 그것이 산출하리라고 기대되는 쾌나 혹은 불쾌의 감정을 통해 간접적으로 자신을 강제하는 것이거나 아니면 그 대상이 의지를 규정하는 인과적 힘을 가지고 직접적으로 의지를 강제하든가 둘중의 하나이다.

5) 전자의 경우에 있어서 도출된 실천원리는 그것이 의지의 자유를 파괴하지는 않는 듯이 보이지만 그것은 주관의 감수성에 기인한다는 측면에서 주관적이요, 상대적이다. 따라서 그 실천원리는 보편성을 그리고 객관적인 필연성을 갖지못한다.

6) 후자의 경우 즉 대상자신이 의지규정의 인과적 규정자로서 의지에게 자기자신을 강제하는 경우에는, 그 대상은 의지를 기계론적으로 결정하게 되므로서 의지자신의 인과성이 파괴되고 그리하여 의지의 자유가 불가능하게 될 것이며, 따라서 도덕성의 여지가 말살되게 된다. 왜냐하면 도덕성은 의지 이외의 것에 의한 의지의 완전한 강제를 의미하지는 않기 때문이다. 즉 이런 방식에 있어서 가능한 원리는 법칙일 수는 있으되 그것이 의지와 갖는 관계는 자연이 자연법칙과 갖는 관계와 같이 일방적인 관계가 되므로서 의지자신은 어떠한 원리도 가질 수 없게 된다.

7) 더군다나 그것이 욕구능력의 대상이라면, 그때의 의지규정은 충동이나 애착에 따를 수밖에 없게 되므로 결국 자연법칙에의 종속일 수 있을 뿐이다.

그러나 어떤 사람들은 우선 모든 이성적 존재자가 욕구하는 대상이 있다고 주장함으로서 칸트의 주장에 동의 하지 않을 수도 있을 것이요, 또는 고급의 욕구능력을 전제하여 그것은 쾌와 불쾌의 감정에 의하지 않고서도 의지와 관계할 수 있다고 함으로써 그에 근거한 실천원리가 법칙일 수 있음을 주장할 수도 있을 것이다.

우선 모든 이성적 존재가 보편적으로 욕구하는 대상이 존재한다고 주장하면서 그로부터 실천법칙으로서의 도덕법칙을 도출하려는 사람들의 논의를 비판적으로 검토해 보자, 보편적인 욕구대상이라고 주장되어질 수 있는 것은 여러 가지가 있을 수 있겠으나 그중 가장 대표적인 것이 행복이다. 따라서 우리의 비판적 검토는 행복으로부터 도덕성의 원리를 도출하려는 행복주의적인 목적론적 윤리학이 그 주된 대상이 될 것이다.

행복주의 윤리학은 여러 가지로 다양하게 정의될 수 있을 것이다. 그러나 우리는 그의 근본원리를 다음과 같이 간략히 정의하고자 한다. 즉

(1) 우리 모두는 사실에 있어서 궁극목적으로서 행복을 욕구하고 있다.
(2) 그러므로 우리는 행복을 욕구한다는 사실로부터 의지의 규정을 포함하는 어떤 실천원리를 도출할 수 있다.
(3) 그리고 그 실천원리는 우리 모두가 그것을 욕구한다는 사실에서 보편적이며 객관적인 원리이다.
(4) 그러므로 그것은 도덕의 법칙일 수 있다.

이러한 행복주의적인 윤리학에 대한 칸트의 비판은 몇 가지로 나뉘어 진행된다. 우선 행복주의자들의 논증에 대한 일반적인 검토로부터 시작해 보자.

칸트는 그들의 주장 (1), (2), (3)이 모두 인정된다고 하더라고 이들로부터 (4)가 필연적으로 귀결되는 것은 아니라고 주장한다. 왜냐하면 이러한 논의에서 확인된 것은 단지 행복으로부터 어떤 실천원리가 도출될 수 있으며, 그것은 기껏해야 그러한 존재자들에게 보편적일 수 있다는 것 뿐, 그 원리가 포함하는 의지에 대한 실천적 필연성이 필연적이고, 절대적이고 객관적이라는 사실은 밝혀지지 않았기 때문이다. 그러므로 그들의 주장 (4)는 정당하지 못하다. 왜냐하면 법칙으로서의 실천원리는 의지규정의 보편성 뿐만 아니라, 의지규정에 있어서의 실천적 필연성이 즉 강제가 필연적, 절대적, 무제약적일 것을 요구하기 때문이다.

이제 욕구의 대상으로서의 행복에 대해 살펴보도록 하자. 이 비판의 핵심은 행복주의자들의 주장 (1)과 (2)가 각각 인정된다고 하더라도, 행복의 개념이 그들 각각에 있어서 서로 다른 의미로 사용되었음으로 해서, 그로부터 그들의 주장 (3)이 필연적으로 도출되지는 않는다는 것이다.

행복주의자들도 그들의 논증에서 근본전제로 인정하고 있거니와 칸트에 따르면 모

든 유한한 이성적 존재자는 사실에 있어 불가피하게 자기자신의 행복을 추구한다.[7] 그런데 문제는 바로 여기서 발생한다. 즉 모든 유한한 이성적 존재자는 각자 자기자신의 행복을 추구하므로, 그것은 결국 그들 각자마다 다를 수 있는 것이다. 즉 우리 모두는 행복을 추구하고 있다라고 하는 그들의 주장 (1)에 있어서 행복은 유한한 존재 일반의 자신의 현존에 대한 만족, 혹은 비의존적 자족의식을 전제로하는 정복(Seligkeit)를 의미하는 일반적인 명칭일 것이다. 한편 그들의 주장 (2)에 있어서의 행복, 즉 의지의 규정을 포함하는 실천원리의 근거로서 사용되는 행복은 욕구 능력의 구체적인 대상으로서의 실질과 관계하는 것이어야만 한다. 왜냐하면 이 경우에 있어서 즉 행복이 의지의 규정근거이기 위해서, 그것은 의지와 관계할 수 있어야 하는데, 이 관계는 욕구능력을 통해서만 가능한 것이요, 욕구능력은 어떤 구체적인 실질대상에 대한 쾌 혹은 불쾌의 감정을 통해서만 의지와 관계하는 것이 가능할 것이기 때문이다. 그러므로 그들이 보편적이라고 주장하는 실천원리는 사실은 이성적 존재자 일반 혹은 유한한 이성적 존재자 모두에게 보편적으로 타당한 실천원리인 것이 아니라 단지 각자 자기자신에게만 타당한 자기행복의 보편적 원리요, 결국 자기애의 보편적 원리인 것이다.

이제 다른 반론으로서 고급의 욕구능력을 전제함으로써 칸트의 비판을 피하고자 하는 철학자들의 논의를 검토해 보도록 하자. 우선 그들의 주장은 결국 욕구능력의 규정근거로서의 대상이 오성에 기인한 표상일 수 있음을 의미한다. 그리고 이러한 사실은 칸트에 의해서도 인정된다. 즉 그에 의하면

> 욕구능력의 대상으로서의 표상들은 서로 다른 종류의 것일 수 있다. 즉 그것은
> 감관적 표상에 대립한 오성적 표상일 수 있고, 심지어 이성적 표상일 수도 있다.[8]

그러나 그 경우에 있어서도 결국 그것이 욕구의 대상일 수 있음은 그 표상이 산출하리라고 기대되는 쾌이다. 결국 그들이 말하는 저급의 욕구능력과 고급의 욕구능력을 구별하는 기준은 쾌감과 결합한 표상이 감관에 근거하느냐 혹은 오성에 근거하느냐 하는 것일 뿐이다. 그런데 어차피 그들이 욕구능력의 대상이 될 수 있음은 그들이 산출하리라고 기대되는 쾌감을 통해서만 가능하다. 그러므로 욕구능력의 대상으로서의 표상이

---

7) Vgl. *K. d. p.V.*, S. 28.
8) *K. d. p.V.*, S. 25.

그 근거를 어디에 갖느냐하는 것은 욕구능력의 규정과 관련하여 문제가 되지 않는다. 오히려 욕구능력의 규정과 관련하여서는 단지 그들이 산출할 쾌락의 양만이 문제가 될 뿐이다. 이렇게 볼 때, 그들이 말하는 정신적인 쾌란 정신적인 것-오성에 근거한 표상-에 대한 쾌일 뿐이다. 또한 그들이 말하는 감각적인 쾌란 감각적인 것-감관에 근거한 표상-에 대한 쾌이다. 그리고 이 쾌는 모두 결국 주관적인 감수성에 기인하는 것으로서 감성적이고 경험적이다.

3. 실천이성의 근본법칙

실천원리는 의지의 보편적인 규정을 포함하는 명제이다. 즉 행위규정의 일반적 원리이다. 그런데 그것이 주관에만 타당하면 준칙이다. 반면에 그것이 모든 이성적 존재자에게 보편적으로 타당한 것으로 여겨지면 객관적 원리로서의 법칙이다. 즉 주관적 실천원리는 어떤 특정한 행위자(행위의 주체)에게 있어서 실제로 그의 행위의 근거로 사용되는 실천원리이다. 따라서 주관적 원리는 구체적인 행위와 직접적으로 관련된다. 이에 반해서 객관적 실천원리는 주관적 원리를 통해서 간접적으로 구체적인 행위와 관계될수 있다. 그리고 그에 의하면 결국 도덕성이란 준칙의 법칙에의 일치에서 성립하는 것이다.

한편 보편성은 법칙의 본질적 특성이다. 즉 법칙은 모든 경우에 적용되어야 하며 어떤 예외를 허용해서도 안된다. 그리고 칸트에 의하면 실천적 원리의 이러한 보편성은 의욕의 실질내용에서가 아니라 단지 그 형식에 있어서만 가능하다. 따라서 객관적 실천원리는 그 형식에 있어서만 보편성을 확보할 수 있고 이렇게 볼 때 객관적 실천원리는 그 형식적 보편성에서 모든 행위주관에 타당할 수 있는 근거를 확보할 수가 있다. 즉 도덕법칙은 그 형식에 있어서 보편적이다.

그리고 법칙의 두번째 특성은 객관적 필연성이다. 그런데 법칙이 요구하는 객관적—실천적인 필연성은 의지의 대상으로서의 의도에서는 확보될 수가 없다는 것이 칸트의 주장이었다. 그렇다면 법칙의 가져야할 객관적—실천적인 필연성은 어떻게 확보할 수가 있을까? 물론 주관적 실천적인 필연성은 문제가 되지 않는다. 왜냐하면 이성적 존재자에 있어서 어떤 목적을 의도한다는 것은 분석적으로 그의 수단을 의욕한다는 것을 함의하기 때문이다. 그러나 보편적임을 요구하는 법칙이 행위의 의도로서의 목적을 무시할때, 과연 어디에서 무제약적인 객관적-실천적 필연성(당위)을 확보할 수가 있을까?

여기에서 등장하는 개념이 의지의 자율이다. 즉 칸트에 의하면 이성적 존재자는 욕구 혹은 경향성과는 무관하게 자신의 행위를 규정할 수 있는 능력인 의지를 지닌다. 따라서 그의 의지는 욕구나 경향성과는 무관하게 혹은 독립적으로 행위를 규정할 수 있다는 측면에서는 소극적으로 자유이다. 그러나 또한 그의 의지는 순수 의지로서 자신의 원리에 따라 행위할 수 있는 능력이기도 하다. 이런 적극적인 측면에서의 자유로운 의지는 순수의지 혹은 순수실천 이성으로서 자율의 능력이다. 이렇게 볼 때 도덕법칙의 무제약적인 객관적 실천적 필연성은 결국 의지의 자율에서 성립할 수가 있게 된다. 즉 욕구나 경향성의 영향을 전혀 받지 않는 완전한 이성적 존재자에게 있어서는 그의 의욕의 주관적 원리가 결국 객관적 원리로 타당할 것이요, 그의 의욕의 주관적 원리는 무제약적인 실천적-필연성을 갖게 된다.

그러나 우리 인간은 완전한 이성적 존재자가 아니다. 그러므로 그러한 객관적으로 필연적인 실천원리는 불완전한 이성적 존재자에게는 명령으로 즉 당위로 표시된다. 즉 명법은 "의욕일반의 객관적 법칙이 이성적 존재자의 의지의 주관적인 불완전성에 대한 관계를 표현하는 형식"[9]들이다. 그리하여 "객관적 원리의 개념은 그 원리가 의지에 대하여 강제적인 한에서(이성의) 명령이라 불리우며, 이 명령의 형식은 명법이라 불리우게 된다."[10]

이렇게 하여 칸트는 정언명법을 다음과 같이 정석화한다. 즉

> 너의 준칙이 보편적 법칙으로 될 것을 네가 동시에 그것에 의해서 의욕할 수 있는 그러한 준칙에 따라서만 행위하라[11]

그리고 그는 여러 의무의 명법들은 이 유일의 명법을 원리로 하여 도출될 수 있다고 한다. 이렇게 볼 때, 여러 의무의 명법들은 도덕법칙으로서의 정언명법이 갖는 성격을

---

9) *Grundlegung.*, S. 414.
10) *Grundlegung.*, S. 413.
11) *Grundlegung.*, S. 421.

구체적으로 드러내고 있는 것으로 그리고 정언명법이 갖는 여러 계기를 드러내는 것으로 볼 수 있을 것이다. 그리하여 우리는 원래 하나인 도덕성의 최고원리가 갖는 세 가지 측면을 그것으로부터 도출된 의무의 명법을 통해서 살필 수가 있게 된다. 정언명법이 갖는 세 가지 측면 혹은 계기는 법칙으로서의 보편성과 객관적 목적으로서의 인격성 그리고 보편성과 인격성의 결합으로서의 자율성이다. 그리고 이들은 각각 자연법칙의 법식, 목적자체의 법식, 자율의 법식 등으로 정식화된다.

4. 정언명법과 인격

칸트에 의하면 순수 실천이성에 의해 불가피하게 규정되는 의지는 이성이 경향성과는 무관하게 실천적으로 필연적이라고 인식하는 것, 즉 선으로 인식하는 것만을 선택하는 능력이다. 즉 순수실천이성이 그 자체만으로써 의지를 규정할 수 있음은 그것이 경향성과는 아무런 관계없이 실천적으로 필연적인 것 즉 선으로 인식하는 것이 의지의 규정근거일 수 있음을 의미한다. 그리고 이때 의지와 자기규정의 객관적 근거로서 의지에 봉사하는 것이 객관적 목적이다. 따라서 의지의 자기규정의 객관적 근거로서의 객관적 목적이란 의지로 하여금 이성이 경향성과는 아무런 관계없이 실천적으로 필연적인 것으로 즉 선으로 인식하는 것만을 선택하게 하는 근거요, 이는 또한 의지가 어떤 행위를 실천적으로 필연적인 것으로 표상함에 의해 자신을 규정할 수 있게 하는 근거다. 이렇게 보면 객관적 목적은 의욕의 객관적 근거로서 모든 이성적 존재자에게 타당한 동인 (Bewegungsgrund)에 기인하는 것이다. 다시말하면 그것은 순수실천이성의 개념을 매개로 해서, 따라서 주관적인 원인에서가 아니라 객관적인 원인으로부터 즉 이성적 존재자로서의 모든 이성적 존재자에게 타당한 그런 근거들로부터 객관적으로 의지를 규정하는 어떤 것이다.

이에 반해 주관적인 목적은 욕구함의 주관적 근거인 동기(Triebfeder)에 기인하는 것이다. 즉 그것은 모든 이성적 존재자에게 타당한 이성적 근거에서가 아니라, 단지 이 감관 혹은 저 감관에 대해서만 타당한 그런 주관적일 뿐인 근거로부터 즉 충동으로부터, 감각을 매개로 해서, 의지를 규정하는 어떤 것이다. 결국 주관적인 목적은 주관적이고 상대적인 원인으로부터 즉 충동으로부터 감각을 매개로 해서 의지를 규정할 수 있는 어떤 것이요, 객관적인 목적이란 객관적인 원인으로부터 즉 모든 이성적 존재자에게 타당한 그런 근거로부터, 이성을 매개로 해서, 의지를 규정할 수 있는 어떤 것이다. 물론 이두 종류의 목적은 모두 의지규정의 근거일 수는 있다. 이때 객관적 목적이란 오직 이성에 의해 자체적으로 선하다고 표상된 것이고 주관적 목적이란 자체적으로 선한 것이 아니라, 이성이 어떤 행위의 필연성을 표상함에 있어 어떤 다른 것에 대한 수단으로서 필연적인 것으로 즉 자체적으로 선한 것이 아니라 다른 무엇을 위해 선한 것으로 표상한 것이다.

그러므로 만약 모든 이성적 존재에게 타당한 도덕법칙이 존재한 어떤 객관적 목적도 또한 존재해야 한다. 그리고 도덕법칙이 지녀야할 하나의 계기로서의 이 객관적 목적은 모든 이성적 존재자에게 타당한 동인에 기인하는 것으로서, 또한 경향성과는 무관하게 그자체 실천적으로 필연적인 것이어야 한다. 즉 그것은 순수 실천이성의 표상을 매개로 해서, 객관적 필연적으로 의지를 규정할 수 있는 어떤 것이어야 한다. 따라서 그것은 욕구능력이나 경향성과의 관계에 의해 제약됨으로써 비로서 상대적인 가치를 지니는 것(주관적 목적)이 아니라 그자체 절대적인 가치를 지니는 것이며 또한 그것은 그의 실현이 욕구됨으로써 의지에 의해 비로소 설정되는 목적이 아니라 오히려 모든 주관적 목적을 제약하는 목적 즉 목적자체이어야만 한다.

그러면 이러한 조건을 만족시키는 객관적 목적은 구체적으로 무엇일수 있을까? 칸트에 의하면 이러한 객관적 목적으로 기능할 수 있는 것이 바로 이성적 존재자 일반의 인격이다. 그에 의하면 인격은 그것이 욕구됨으로 해서 비로소 의지에 의해 설정되거나 실현되어야 할 목적이 아니라, 모든 주관적 목적들을 제약하는 최상의 조건이며 목적설정의 주체로서 독립적 자체적으로 실재하는 것이다. 즉 목적자체이다. 또한 그것은 다른 모든 목적들이 수단으로서 이에 봉사해야 하는 어떤 것으로서 절대적 무제약적 가치를 갖는 것이다. 즉 그것은 의욕이나 욕구에 의거하는 상대적이고 제약적인 가치를 갖는 것이 아니라, 목적자체로서의 무제약적이고 절대적인 가치를 갖는 그런 것이다.

그러므로 이제 인격은 객관적 목적으로서 도덕법칙의 내용적 계기일 수 있게 된다. 즉 만약 최상의 실천원리—불완전한 이성적 존재자인 인간의 의지와 관련하여 그것은 정언명법으로 주어진다—가 있어야 한다면, 그것은 목적자체임으로 해서 모든 사람에 대해 필연적으로 목적이 그런 어떤 것에 대한 표상으로부터 이지이 개관저인 인리로 되는 것이어야 할 것이며, 또한 그러므로 해서 그것은 보편적 실천법칙으로 봉사할 수 있는 것이어야 한다.[12]

그런데 칸트에 의하면 인격은 객관적 목적으로서 목적자체요, 절대적 가치를 갖는 어떤 것이다. 따라서 최상의 실천원리는 인격에 대한 표상으로부터 객관적으로 구성되어야 한다. 다른 한편 이 원리는 동시에 보편적 실천법칙으로 봉사할 수 있어야 한다. 그러기 위해서는 나 자신뿐만 아니라 다른 모든 이성적 존재자도 또한 자신의 현존을 목적자체로서 그리고 또한 절대적 가치를 갖은 것으로서 필연적으로 표상해야 한다. 그런데 칸트에 의하면 "인간은 자신의 현존을 필연적으로 그렇게 표상하며, 모든 다른 이성적 존재자도 또한 나에게 타당했던 동일한 이성적 근거에 따라서, 자신의 현존을 그렇게 표상한다."[13] 그러므로 그것은 최상의 실천적 근거로서 그것으로부터 모든 의지의 법칙이 도출될 수 있어야만 하는 그런 객관적 원리의 근거이다. 즉 정언명법이 도출될 수 있는 객관적 근거이다.

그리하여 그 원리는 "너의 인격에 있어서 뿐만 아니라 다른 사람의 인격에 있어서도 인간성을 결코 단지 수단으로서만 사용해서는 안되고, 언제나 동시에 목적으로 사용하도록 행위하라"[14]라고 명령하게 된다. 이 원리는 객관적이고 보편적인 뿐만 아니라 무제약적인 의지규정으로서 정언명법이다. 그것이 객관적인 원리인 이유는 그것이 목적자체인 것으로서의 인격에 대한 표상에 근거했기 때문이다. 그리고 그것이 무제약적인 원리인 근거는 그 원리가 목적자체로서 무제약적, 절대적 가치를 갖는 인격의 표상에 근거한 의지의 규정이기 때문이며, 그것이 보편적 의지규정인 이유는 모든 이성적 존재자가 자신의 인격을 또한 그렇게 표상하기 때문이다.

이렇게 볼 때, 정언명법의 제2법식으로서의 목적자체의 법식은 이성의 표상에 따라서 객관적 원인으로부터 즉 이성적 존재자로서의 모든 이성적 존재자에게 타당한 그런 근거(객관적 목적으로서의 인격)로부터 의지를 규정하는 법식이 된다. 그리하여 그 명법은 자신이나 타인의 인격을, 자신의 의욕에 있어서, 다른 모든 목적(주관적 목적)을 제약하는 최상의 조건으로 여길 것을 명령하는 것이다.

---

12) *Grundlegung.*, S. 36.
13) *Grundlegung.*, S. 53.
14) *Grundlegung.*, S. 53.

결국 우리의 도덕적 이성이 도덕적 당위로 확인한 목적은 순수 실천이성의 능력(자율적으로 입법하는 의지)을 갖는 그런 행위자로서의 이성적 존재자 즉 인격이다. 그런데 우리가 알 수 있는 그러한 유일한 존재자는 인간들 뿐이다. 따라서 목적자체의 법식은 우리에게 모든 인간적 인격(인간성)을 절대적인 도덕적 가치를 갖는 것으로 대할 것을 명령하는 것이 된다.

그리하여 도덕법칙은 실질내용적으로 볼 때, 목적설정의 주체로서의 목적자체인 자기자신에 근거해야 한다. 그러므로 보편적, 무제약적, 필연적인 의지규정의 근거로서의 도덕법칙은 형식적으로는 보편성에, 그리고 내용적으로는 목적자체이며, 절대적 가치를 갖는 것인 인격에 근거한 의지의 자기입법이어야 한다. 이 때 정언명법으로서의 목적자체의 법식은 실질내용으로서의 목적에 관련된 의지의 자기 규정을 나타내는 법식이다. 그리고 그것의 의미는, 결국 도덕적 이성 혹은 자율적으로 입법하는 이성이 필연적, 무제약적 의지규정의 근거 즉 도덕적 당위로 확인한 목적은 목적자체로서의 인격 즉 자기자신이어야 한다는 것이다.

5. 의무와 목적 −『도덕의 형이상학』을 중심으로−

『도덕의 형이상학』에서 칸트는 도덕성의 최고 원리로부터 두 가지의 의무의 체계를 이끌어내고 있다. 그 하나는 합법적 제재에 의해 강제될 수 있는 의무의 체계로서의 법론이요, 다른 하나는 순수 실천이성에 의해서만 강제될 수 있는 의무들의 체계로서의 윤리학이다. 그에 의하면 자연의 법칙이 아닌 자유의 법칙으로서의 도덕법칙이 "단지 의적 행위에만 관계하는 한, 그리고 그의 합법칙성에만 관계하는 한 그 법칙은 법률적(juridish)인 법칙이라 불리고, 법칙자신이 행위의 규정근거이어야만 한다는 사실을 그 법칙이 요구하는 한, 그 법칙은 윤리적(ethisch)이다."[15] 그래서 우리는 법률적 법칙을 충족시키는 행위를 적법(Legalität)하다고 하고, 윤리적 법칙을 충족시키는 행위를 도덕적(Moralität)이라고 불러 이 양자를 구별할 수 있다. 따라서 법적 의무의 충족은 우리의 의지의 도덕적 태도와는 무관할 수 있으나, 윤리적 의무의 충족은 순수 실천이성 자신의

---

15) *M. d. S.*, 318.

가기강계라는 개념을 포함해야만 한다. 즉 우리의 행위는 그의 준칙과는 무관하게 의무의 법칙에 일치할 수 있다는 데서 적법성이 성립하나, 도덕성은 행위의 준칙의 법칙에의 일치를 전제로 한다는 점에서 법률적인 의무와 윤리적인 의무는 구별되는 것이다.

한편 윤리적 의무와 법률적 의무는 그들이 관계하는 자유에 의해서도 구별된다. 우선 법률적 법칙은 외적 자유에 관계한다. 왜냐하면 그것은 어떤 사람의 자유로운 행위가 다른 사람의 자유로운 행위에 대해서 갖는 외적인 관계에만 관심을 갖기 때문이다. 이에 반해 윤리적 의무의 근거인 윤리적 법칙들은 내적 자유의 법칙이다. 즉 법률적 법칙들이 우리가 어떤 것을 우리의 의지의 대상으로 여겨야만 하는가의 문제와는 무관하게 단지 그 결과로서의 우리의 행위의 외적 형식적 측면에서의 자유에만 관계하는데 반해서 윤리적 법칙은 우리의 의지가 다양한 비이성적 욕구나 경향성의 목적들에 반대해서 과연 어떤 목적들을 추구할 수 있는가, 혹은 어떤 목적들을 추구해야만 하는가하는 내적 자유에 관심을 갖는다. 그러므로 윤리적 의무는 도덕법칙의 존경과 관련하여 우리가 가져야만 할 목적과 관계된다.

또한 법률적 의무와 윤리적 의무는 그들이 지닌 구속성과 관련해서도 확실히 구별된다. 즉 윤리적 의무는 넓은 구속성을 지닌 의무인 반면에 법률적 의무는 좁은 구속성을 갖는다. 칸트에 있어서 넓은 의무는 법칙의 준수에 있어서 자유로운 의지가 어느 정도의 여유(Latitudo)를 갖을 수 있다는 것을 의미한다. 그러나 그 여유는 법칙에 따르지 않을 수도 있는 여유를 의미하는 것은 아니다. 단지 하나의 의무의 준칙이 다른 의무의 준칙에 의해 제한될 수 있다는 것을 의미할 것이다. 예를 들어 자기의 이웃을 사랑하라는 준칙은 자신의 부모를 사랑하라는 준칙에 의해 제한될 수 있다. 이렇게 볼 때, 덕의 의무로서의 윤리적 의무는 넓은 의무이다. 즉 윤리적 의무는 우리가 가져야할 목적들에 관계하기 때문에, 물론 그러한 모든 목적들을 갖는 것이 의무이기는 하지만, 그러한 목적들 중에서 어떤 것을 갖는 것이 우선적이어야 하는가에 관한 여유를 갖을 수 있다.

이에 반해 법률적인 의무는 행위자체의 법칙에의 일치를 직접적으로 요구하기 때문에 이러한 여유를 갖을 여지가 없다. 즉 그 의무는 단지 적법한가 아닌가의 여지밖에 갖을 수가 없다. 따라서 그가 갖는 구속성은 좁다. 즉 어떤 행위가 법칙에 일치하면 적법한 것이요, 그렇지 못하면 적법하지 못한 것일 뿐이다. 예를 들어 윤리적 의무에 있어서는 이웃을 사랑할 것인가 부모를 공경할 것인 가와 같은 동시에 의무인 두 가지 이상의 선택지가 가능하며 그 중에서 어떤 것을 선택한다고 하더라도 그것은 윤리적 의무의 요구를 만족시킬 수 있는 것이다. 그러나 법률적 의무의 경우에는 그러한 것이 불가능하다. 즉 그가 갖을 수 있는 선택지는 단지 거짓말을 할 것인가 아니면 거짓말을 하지 않을 것인가와 같은 상호 모순적인 것으로서 둘다가 그의 요구에 적합한 것이 아니라 두 가지 중의 하나는 그가 요구하는 것에 모순되는 것이다.

그런데 어떤 의무가 넓어 질수록 인간의 행위에로의 의무의 구속성은 불완전해진다. 그리고 그럼에도 불구하고 그가 (그의 심성에서) 이 불완전한 구속성을 준수하겠다는 준칙을 좁은 의무로 만들려고 노력하고 그를 실행한다면 그의 덕행위는 더욱 완전해진다. 그러므로 불완전한 의무는 덕의 의무일 뿐이다. 즉 불완전한 의무는 우리가 덕을 가질 것을 요구할 뿐이다. 그런데 윤리적 의무는 넓은 의무이고 따라서 불완전한 의무이며, 그러므로 결국 덕스러울 것을 요구하는 의무인 것이다. 그리하여 그를 충족시키는 것은 공적(meritum)이지만, 그것을 어겼다고 해도, 그렇게 큰 죄가 된다기 보다는 도덕적 가치의 결여로 볼 수 있는 그런 것이다.

칸트에 의하면 불완전한 의무를 충족시키고자 하는 강한 결심이 바로 덕(virtus)이다. 그러나 그 의무를 충족시킴에 있어서 약함은 악덕(vitium)이라기 보다는 덕의 결여, 도덕적 힘의 결핍(defectus moralis)이다.

그런데 앞서 우리는 불완전한 이성적 존재자인 인간의 의지는 도덕법칙에 의해 규정될 수도 있지만 또한 완전히 신성한 존재가 아니므로 오히려 경향성의 유혹에 의해 종종 도덕법칙을 어길 수 있는 존재라는 사실에서 그는 강제 아래 있음을 그리고 거기에서 의무가 성립함을 살펴 보았다. 그리고 그 때 의무의 개념이 의지의 내적 규정근거(동기)와 관련된다면 그 의무의 개념이 포함하는 강제는 (법칙의 표상을 통한) 자기강제일 뿐이라는 사실을 살펴 보았다. 이렇게 볼 때, 자연적 충동과 같은 경향성은 따라서 의무를 준수하려는 인간의 마음에 있어서 장애물이며, 또한 의무를 준수하려는 마음과 투쟁하는 상당히 강력한 힘이다. 그런데 칸트에 의하면,

> 강하긴 하지만 옳지 못한 적과 맞설 수 있는 능력과 숙고된 결심은 용기
> (fortitudo)이며, 우리 인간 안에 있는 도덕적 심정의 적과 관련하여 그에 맞서려
> 는 능력과 숙고한 결심이 덕(fortitudo moralis)이다.[16]

그러므로 외적 자유가 아니라 내적 자유에 관계된 의무의 이론은 덕론이다. 즉 인간은 불완전한 존재이기 때문에 의무로부터 행위하기 위해서는 덕이 요구된다. 또한 의무에 따른 행위에로 자신을 강제하기 위해서 우선 경향성을 극복할 수 있는 능력과 그리고 두번째 요소로서 그를 극복하려는 굳은 결심이 요구된다. 따라서 엄격한 의미에 있어서의 윤리적 의무는 단지 덕을 통해서만 수행될 수 있다. 그리하여 칸트는 그러한 엄격한 의미에서의 윤리적 의무를 덕의무로 파악하고 있다.

결국 덕이란 인간이 그의 의무를 준수하는 데 있어서의 강한 힘이다. 그리고 이 힘은 그가 극복할 수 있는 장애물을 통해서만 인식된다. 그런데 인간의 덕에 있어 이러한 방해물은 자기자신이 설정하는 자연경향성이다. 그러므로 덕은 단지 자기강제만을 의미할 수는 없다. 왜냐하면 덕을 이렇게 정의한다면 하나의 자연경향성이 다른 경향성에 의해 극복되는 것도 자기강제로서 덕에 포함될 수도 있겠기 때문이다. 그러므로 덕이란 자기강제일 뿐만 아니라 내적인 자유의 원리에 따른 자기강제, 그 원리가 갖는 필연성의 표상을 통한 자기강제라고 정의되어야 할 것이다. 즉 목적과 관련해서 본다면, 자유로운 의지의 실질적 자기규정에 있어서는 주관적인 목적(모든 사람이 실제로 갖는)을 객관적 목적(모든 사람이 그의 목적으로서 가져야 하는)에 의해 극복할 수 있는 능력이 요구되며, 이러한 요구에 상응하려는 능력이 바로 덕인 것이다.

한편 법률적 의무를 다루는 법론은 외적 자유의 형식적 조건만을 다루지만 윤리적 의무에 관한 학인 덕론은 자유로운 의지(Wilkür)의 대상으로서의 질료에도 관계한다. 왜냐하면 법률적 의무들은 의욕의 결과로서의 행위의 외적 적법성만을 문제로 삼지만 윤리적 의무들은 그것과 더불어 자유로운 의지의 내적 규정근거도 함께 문제로 삼아야 하기 때문이다.

이와 관련된 칸트의 논증을 정리해 보면 다음과 같을 것이다.

1) 윤리적 의무는 의지(Wilkür)의 내적 자유와 관계되어 있다.
2) 의지(Wilkür)의 내적 자유는 그것의 규정근거가 경향성일 수도 있으나 그에 의해 완전히 규정되지 않고 순수 실천이성을 그의 규정근거로 삼을 수 있음에서 성립한다. (그 역도 참이다)

---

16) *M. d. S.*, S. 509.

3) 순수실천이성은 어떤 행위의 필연성을 절대적 당위로 명령함에 의해 우리의 의지를 규정할 수 있다.

4) 경향성은 순수 실천이성이 절대적으로 명령하는 당위와는 반대되는 목적(의지의 내용으로서)을 통해 우리의 의지를 규정할 수 있다.

5) 그러므로 윤리적 의무는 내용적인 의지의 규정 즉 목적과 관계되지 않을 수 없다.

6) 그런데 윤리적 의무는 감성적 경향성에 반대해서 순수설천이성에 의해 우리의 의지가 결정되는 데서 성립한다.

7) 그러므로 윤리적 의무는 그 내용으로서 즉 의지(Wilkür)의 대상으로서 경향성의 목적과는 다른 순수 실천이성의 목적, 객관적으로 필연적인 목적, 인간에 관련해서는 그것을 갖는 것이 의무인 그런 목적을 갖지 않으면 않된다. 그 목적은 도덕적인 목적으로서 경향성과는 무관하게 선천적으로 주어지는 것이다.

그런데 칸트에 의하면 목적은 그의 표상을 통해 의지(Wilkür)가 행위―이 행위를 통해 표상된 대상이 산출된다―에로 규정되는 (이성적 존재자의) 의지의 대상이다.[17] 그런데 나는 다른 사람에 의해 어떤 목적에 대한 수단으로서의 행위를 강제당할 수는 있어도 어떤 목적을 갖도록 강제당할 수는 없다. 즉 오직 나자신만이 어떤 것을 나의 목적으로 만들 수 있다. 그러나 나는 또한 앞서 보았듯이 도덕적이기 위해서는 순수실천이성의 목적을 나의 목적으로 만들어야만 하는 강제 아래 있다. 그러므로 이러한 목적은 또한 동시에 그자체 의무인 목적이다. 즉 나는 어떤 것을 나의 목적으로 만들 수 있는데, 그 중에는 윤리적 의지규정의 근거로서 내가 갖지 않으면 않되는 목적이 있다. 그 목적은 경향성에 따른 목적과는 대립되는 것으로서 실천이성의 개념에 근거한 것이라는 것은 앞에서 해명된 사실이다.

이러한 목적 즉 윤리적 의무의 가능근거로서 우리가 그것을 갖는 것이 의무인 그러한 목적이 바로 그 자체 의무인 목적이라는 개념이다. 그것을 갖는 것이 의무인 이유는 그 목적은 순수 실천이성에 의해 객관적 필연적인 것으로서 절대적으로 명령되기 때문이다. 즉 윤리적 의무가 우리의 의지가 감성적 경향성에 반대해서 순수 실천이성에 의해 규정될 것을 요구하는 것을 의미한다면 그것은 결국 경향성에 근거한 목적이 아니라 순

---

17) *M. d. S.*, S. 510.

수 실천이성에 근거한 목적을 가져야 한다는 것과 같은 것을 의미학 것이기 때문이다. 따라서 순수 실천이성의 개념에 근거 한 목적을 갖는 것은 의무이다. 그리고 순수이성에 근거한 목적을 자신의 목적으로 채택할 것인가 아니면 욕구나 경향성에 근거한 목적을 채택할 것인가 하는 것은 "행위하는 주체의 자유의 활동(Akt)이지 결코 자연의 작동(Wirkung)이 아니기"[18] 때문에 이는 윤리적 의무로서의 의지의 자기강제의 개념을 포함하게 된다.

그런데 만약 목적을 규정하는 이 활동이, 수단이 아니라 목적자체를 무제약적으로 명령하는 실천적 원리를 포함한다면 이 원리는 순수 실천이성의 정언명법이 될 것이며, 그 명법은 의무의 개념과 목적일반의 개념을 연결해주는 명법이 될 것이다. 즉 그 명법은 우리의 의지로 하여금 여러 목적 중에서 순수 실천이성에 근거한 목적을 자신의 규정근거로 삼을 것을 명령할 것이다. 그리고 이것은 윤리적 의무의 내용적 원리를 포함하는 것이 될 것이다.

한편 모든 윤리적 구속력(Verbindlichkeit)에는 덕의 개념이 대응된다. 그러나 모든 윤리적 구속력이 그 때문에 덕의무(Tugendpflicht)인 것은 아니다. 칸트에 의하면 덕의무는 형식적인 측면에서 의무이어야 하며, 또한 내용적인 측면에서는 그것이 객관적인 목적과 관계해야 한다는 두 가지 요구를 만족시켜야만 한다.

> 도덕적인 의지규정에 있어서 형식적인 것에 관계하지 않을 뿐 아니라 또한 어떤
> 목적과도 관계하지 않는 것은 덕의무가 아니다.[19]

덕이란 윤리적으로 구속력을 갖는 것을 행하는 것이다. 따라서 윤리적으로 구속력을 갖는 것(예를 들어 절제, 긍지, 등)에는 덕이 상응하지만, 그러나 그것이 모두 덕의무인 것은 아니다. 왜냐하면 의무는 무제약적인 객관적 필연성을 갖는 것이어야 하는데 윤리적으로 구속력을 갖는 것 중에는 가언명법에서처럼 어떤 조건에 의해 제약된 구속력을 갖는 것도 있을 수 있기 때문이다. 그러므로 그들이 갖는 구속력은 절대적 필연성을 갖지 못한 것이고 따라서 의무이지 못할 것이다. 그리고 목적이란 의지 규정의 객관적 근거일 수 있으므로 윤리적 의지규정의 한 요소이다. 그러므로 주관적인 목적은 그러한 필

---

18) *M. d. S.*, S. 514.
19) *M. d. S.*, S. 512.

연성을 가질 수 없고 따라서 덕의무일 수가 없을 것이다. 이와 관련하여 칸트는 다음과 같이 말하고 있다.

> 우리는 여기서 그의 본성의 감각적 충동에 따라 그 자신이 설정한 목적을 다루는 것이 아니라 법칙 아래 있는 자유로운 의지의 대상(그가 그의 목적으로 가져야만 할)에 대해 다루고 있다. 우리는 전자를 기술적이고 본래 실용적인, 그리고 목적선택에 있어서의 영리함의 규칙을 포함하는 덕이론이라고 부를 수 있는 반면에 후자를 도덕적인(객관적인) 목적이론이라고 불러야 한다.[20]

그러므로 "단지 동시에 의무인 목적만이 덕의무라 불려질 수 있다."[21] 이렇게 볼 때, 도덕적인 의지규정에 있어서 단지 형식적인 것에만 관계하는 의무는, 그것이 모든 행위에 타당하기는 하지만, 단지 하나 뿐이다. 그러나 동시에 의무인 목적과 관계하는 덕의무는 여러개가 있을 수 있다. 왜냐하면 윤리적 의무는 다른 사람에게가 아니라 자유로운 자기강제에만 복종하는 것이고 또한 그 의무는 동시에 의무인 목적을 규정하기 때문이다. 다시 말하면 덕의무의 근거인 객관적 목적은 하나 뿐인 것이 아니라 여러 개가 가능하기 때문이다. 그러므로 윤리적 의무로서의 덕의무는 넓은 의무이다. 따라서 그가 갖는 구속성의 불완전하며, 그의 침범이 곧 부도덕한 악이 되는 것은 아니다. 즉 덕의무는 동시에 의무인 목적을 준칙으로 가지리라고 하는 구속성을 갖지만, 동시에 의무인 목적은 여러 개가 있을 수 있고 그 의무는 그중 특별히 어떤 것을 목적으로 하라고 구속하지 않으므로 넓은 구속성을 가진 의무이며, 따라서 어떤 특별한 행위에로의 엄격한 구속성을 지니는 완전한 의무와는 달리 단지 의지가 동시에 의무인 목적을 대상으로 삼을 것만을 요구하는 불완전한 의무일 수 밖에 없다. 그리하여 칸트는 덕이론의 최상의 원리를 다음과 같이 정식화 한다. 즉,

> 그것을 갖는 것이 모든 사람에 대해 보편적 법칙일 수 있는 그런 목적의 준칙에 따라 행위하라.[22]

---

20) *M. d. S.*, S. 515.
21) *M. d. S.*, S. 512.
22) *M. d. S.*, S. 526.

여기서 주의해야 하는 것은 이 원리는 어떤 준칙을 명령하는 것이지 구체적인 어떤 행위나 혹은 목적을 명령하지 않는다는 사실이다. 따라서 이 원리는 자유로운 의지의 내적 입법에 관계하고 있으며, 또한 객관적인 목적이 의지규정의 근거일 것을 요구함으로써 의지의 실질내용적 규정을 포함하고 있다. 그러므로 이 원리는 덕의무의 최상의 원리일 수 있게 된다. 그리고 이제 이 원리에 의해서 정언명법의 제2법식인 목적자체의 법식은 보다 분명히 이해된다. 즉 의지규정의 객관적 근거로서의 목적은 그자체 목적이며, 절대적 가치를 갖는 것이어야 하며, 그러한 것은 인격일 수 밖에 없으므로 이제 인격은 동시에 의무인 목적들로서의 덕의무의 근거이게 된다. 그리하여 목적자체의 법식은 단지 자기 자신이나 다른 사람을 수단으로 대하지 말라는 소극적인 형식적 측면 뿐만 아니라 그들을 언제나 동시에 '동시에 의무인 목적'으로 삼을 것을 명령하는 적극적인 내용적 측면도 함께 가진 명법으로 해석되어야 하는 것이다. 여기서 소극적인 측면은 좁고 완전한 의무를 그리고 적극적인 측면은 넓고 불완전한 의무를 나타내고 있다고 생각된다. 따라서 이제

> 인간이 자기자신이나 다른 사람을 단지 수단으로 삼지 않아야 한다는 것으로는 충분하지 않고, 오히려 그는 인간 일반을 목적으로 삼아야 한다는 것이 (적극적인 의미에서) 그자체 의무이게 된다.[23]

이렇게 볼 때, 의무를 침범하도록 전혀 유혹받지 않는 완전한 이성적 존재자에게는 덕론이란 필요하지도 가능하지도 않다. 그들에게는 다만 실천이성의 자율의 원리로서 실천원리가 있을 뿐이다. 반면에 불완전한 이성적 존재자인 인간에게는 실천이성의 지배로서의 도덕의 명령이 있게 되며, 또한 덕론이 필요하게 될 것이다. 이때 덕론은 결국 도덕적인 정언명법이 명령하는 것에 저항하려고 하는 자신의 경향성에 대한 지배자가 될 수 있는 능력에 관계될 것이다. 그리고 이런 측면에서 인간적인 도덕성은 덕이상의 것일 수는 없다. 왜냐하면 도덕성은 실천이성의 자율을 의미하는 것일진대 인간적인 도덕성은 실천이성의 지배로서의 덕을 전제로 해서만 가능한 것이기 때문이다.

---

23) *M. d. S.*, S. 526.

6. 동시에 의무인 목적 ―덕의무로서의 자기의 완성과 타인의 행복―

그렇다면 동시에 의무인 목적은 과연 무엇일까? 칸트에 의하면 그것은 자기자신의 완성과 타인의 행복이다.

이제 이들 각각에 대해 보다 상세히 살펴 보도록 하자. 우선 칸트는 '완성'이라는 개념은 어떤 사물이 갖는 속성들이 그사물의 목적에 대해서 갖는 조화를 의미한다. 즉 자동차의 경우를 예를 들어 본다면 자동차가 갖는 여러 속성들이 자동차가 갖는 목적을 위해 잘 기능하고 있다면, 그리고 그리하여 그 자동차가 완전한 것이 되었다면, 그 속성들은 각자 완성된 것이다. 그러므로 이러한 의미에서의 완성은 질적인 완성이고 또한 기능적인 완성이 될 것이다. 그리고 이러한 의미에서 하나의 사물은 여러 개의 질적인 완성을 갖을 수 있다.

> 인간 일반에(본래적으로 인간성에) 속하는 완성은 즉 다시말해 그것을 목적으로 만드는 것이 그자체 의무인 그런 완성에 관해 말한다면, 그것은 자연으로부터 받을 수 밖에 없는 그런 선물이 아니라 그의 실행의 결과일 수 있는 것이어야만 한다. 왜냐하면 자연의 선물은 이미 의무가 아니기 때문이다. 그러므로 그것은 그의 능력(혹은 자연 소질)의 배양 이외의 것이 아니다.[24]

그러므로 윤리적 의무는, 인격성으로서의 인간들이 가진 능력 혹은 자연적 소질들의 완성으로서, 그들이 인격성을 위해서 잘 발휘될 것을 목적으로 하라고 요구할 뿐만 아니라 의무일반을 만족시키도록 그의 의지가 규정될 것을 요구하게 될 것이다. 따라서 덕의무는 결국 자신이 가진 능력 혹은 자연소질의 배양과 의지의 도덕적인 배양을 동시에 의미하게 된다. 그런데 칸트에 의하면 인간이 가진 능력 중에서 최상의 것은 개념(물론 이 개념은 의무의 개념이다)의 능력으로서의 오성의 능력이다. 그리고 의지의 도덕적 완성은 모든 의무일반을 만족시키려는 의지의 태도에 의해 달성된다.

그리하여 윤리학이 우리에게 요구하는 완성은 자연적인 완성과 도덕적인 완성이 있

---

24) *M. d. S.*, S. 516.

을 수 있게 된다. 그래서 동물성에서 인간성(이것을 통해서 인간만이 무거울 수집될 수 있다)에로 고양시키려는 노력과 배움을 통해 자신의 무지를 보충하고 오류를 바로 잡는 것은 인간에게 있어서 의무이게 된다. 결국 칸트에 의하면 자연적 완성은 이성이 제시한 목적들의 촉진을 위해 우리의 모든 능력을 배양하는 것을 의미한다.[25]

그런데 칸트에 의하면 이러한 능력들의 배양으로서의 자연적 완성이 의무이고 또한 그자체 목적이라는 사실은 다음의 사실을 통해 알 수 있다고 한다. 즉,

> 목적을 설정할 수 있는 능력은 인간성의 특성이다. 그런데 이성적 의지는 우리 자신의 인격에 있어서의 인간성이라는 목적과 결부되어있다. 따라서 우리는 배양일반을 통해서 혹은 모든 가능한 목적들을 실현하는데 필요한 능력을 배양함으로 해서 우리 자신을 인간성의 가치가 있는 것으로 만들어야만 한다는 의무가, 우리 자신의 인격에 있어서의 인간성이란 목적과 결부되어 있음을 동시에 의미한다. 그러므로 자신의 자연적 완성을 증진하는 것은 그자체에 있어서의 의무이다.[26]

결국 이성은 자연적 완성과 관련해서 우리의 의지에 대해 우리가 갖을 수 있는 모든 목적을 실현시킬 수 있도록 우리의 능력을 배양할 것을 요구한다.

윤리학이 우리에게 요구하는 또다른 완성은 우리 자신에 있어서의 도덕성의 배양으로서의 도덕적 완성이다. 칸트에 따르면 인간의 최대의 도덕적 완성은 그의 의무를 행하는 것, 그것도 의무로부터 의무를 행하는 것이다. 그러므로 이 의무가 우리에게 요구하는 바는 의무로부터 의무를 행한다는 생각이, 모든 의무에 적합한 행위에 있어서, 의지의 규정근거가 되는 그런 준칙을 가지라는 것이다. 그리하여

> 그의 의지를 가장 순수한 덕스러운 심정(Tugendgesinnung)이 되도록 배양하는 것 (물론 이때 그의 합의무적인 행위의 동기가 되는 것은 법칙이어야 한다), 그리고 의지를 의무로부터 그 법칙에 따르게끔 배양하는 것은 의무이다. 그리고 이것은 내적인

---

25) *M. d. S.*, S. 522.
26) *M. d. S.*, S. 522.

도덕적–실천적 완성이다. [27)]

그러므로 이 도덕적 완성이라는 덕의무가 우리에게 요구하는 것은 정언명법이 어떤 행위를 할 것을 명령할 때, 우리는 그것을 행해야 하되 또한 동시에 우리가 그에 대한 자연적 경향성을 가졌는가 아닌가에 무관하게 오직 정언명령이 그것을 요구하기 때문에 그것을 행한다라고 하는 동기에서 그것을 행해야만 한다는 것으로 보아야 한다. 이리하여 자기자신의 도덕적 완성이라는 목적은 동시에 의무인 목적으로서 덕의무이게 된다. 그리고 그의 명령은 의무로부터 의무를 행하라는 것이다.

한편 칸트에 의하면 자기자신의 상태에 대한 만족(그것의 지속하리라는 확신에 대한 만족과 함께)으로서의 행복을 바라고 추구하는 것은 모든 인간의 본성에 있어서 불가피한 것이다. 그리하여 그는 행복은 바로 그 때문에 그에게 있어 동시에 의무인 목적일 수 없다고 주장한다. 왜냐하면 우선 앞서 보았듯이, 당위는 자유를 전제로 해서만 가능한 것이기 때문이다.

그러므로 이제 동시에 의무인 목적으로서의 행복의 추구는, 결코 나 자신의 행복의 추구일 수는 없고 단지 다른 사람들의 행복 추구일 수 밖에 없다. 이는 결국 다른 사람의 목적을 나는 또한 동시에 나의 목적으로 삼을 것을 요구하는 것이 될 것이다. 이렇게 해서 타인의 행복을 증진시키는 것은 나의 의무이게 된다. 그런데 다른 사람이 무엇을 그의 행복의 요소로 생각하는지는 전적으로 그에게 맡겨진 문제이다. 즉 다른 사람이 무엇을 행복으로 생각하는가하는 문제는 그에게 달린 문제이지만 그렇다고 해서 이것이 곧 나의 그의 목적을 모두 나의 목적으로 삼아야만 한다는 것을 의미하지는 않는다. 그래서 만약 그가 나에 대해 어떤 권리를 갖지 않는한 그리고 내가 도덕적이라고 판단할 수 없는 그의 목적에 대해서는 나는 그것을 나의 목적으로 삼는 것을 거절할 수 있다. 왜냐하면 다른 사람은 도덕적이지 못한 것을 행복으로서의 목적으로 갖을 수도 있기 때문이다.

타인의 행복을 증진하라는 윤리적 의무는 그것이 비도덕적이지 않는 한, 타인의 목적을 자신의 목적으로 만드는 데서 성립한다. 즉 나는 도움이 필요한 다른 사람의 행복의 증진을 추구해야 한다. 그것도 그러한 행위를 통해 어떤 것을 획득하려는 희망을 갖

---

27) *M. d. S.*, S. 517.

지 않고서 그렇게 해야만 한다. 자선은 그런 의미에서 실천적 자비로 이해된다. 그리고 그것은 타인의 행복을 증진하라는 윤리적 의무의 중요한 구성요소이다.

7. 결론

이상에서 우리는 목적개념의 의미와 역할에 주목하면서 칸트의 도덕철학을 검토하였다. 그결과 칸트에 있어서 목적개념은 대략 세 가지의 측면에서 도덕성과 관련되며 그 각각의 단계에서 목적은 의미와 역할을 달리한다는 것을 살펴보았다. 즉 칸트에 있어서 목적개념은 우선 도덕법칙의 도출과 관련되어 논의된다. 이때의 목적은 의지의 실질 대상을 의미하고, 이것은 최고의 실천원리와는 아무런 관계도 갖을 수 없으며, 오히려 그것은 도덕원리의 순수성을 해치는 장애물로 파악된다(즉 부정적으로 관련된다). 그리하여 어떤 행위의 도덕성은 그의 의도나 결과에서가 아니라 오직 그의 의욕의 형식적 원리 즉 자율적 원리에서 찾아져야 한다고 주장된다.

두번째로, 목적은 또한 정언명법과 관련하여서는 그것이 갖는 세 가지 계기 중의 하나로서 정언명법과 긍정적으로 관련된다. 이 때의 목적은 '의지의 자기규정의 객관적 근거로서 의지에 봉사하는 것'이며, 따라서 모든 이성적 존재자에게 타당한 객관적인 목적으로 정의된다. 그리고 객관적 목적은 정언명법을 가능하게 하는 하나의 계기로 혹은 정언명법이 명령하는 실질내용으로 여겨진다. 그리고 그러한 객관적인 목적은 결국 목적자체이며 절대적 가치를 갖는 인격을 의미하게 된다. 그러므로 인격은 객관적 목적으로서 도덕법칙의 근거일 수 있게 된다.

결국 이렇게 볼 때, 도덕법칙은 보편성이라는 형식적 계기와 함께, 객관적 목적으로서의 인격이라는 실질내용적 계기를 동시에 갖는다. 그러므로 보편적, 무제약적, 필연적인 의지규정의 근거로서의 도덕법칙은 형식적으로는 보편성에, 그리고 내용적으로는 목적자체이며, 절대적 가치를 갖는 것인 인격에 근거한 의지의 자기 입법이어야 한다. 이 때 정언명법으로서의 목적자체의 법식은 실질내용으로서의 목적에 관련된 의지의 자기규정을 나타내는 법식이다.

끝으로 목적은 덕이론으로서의 윤리학과 관련된다. 법률적 의무를 다루는 법론은 외적 자유의 형식적 조건만을 다루지만 윤리적 의무에 관한 학인 덕론은 그와 더불어 지유로운 의지(Wilkür)의 대상으로서의 질료에도 관계한다. 왜냐하면 법률적 의무들은 의욕의 결과로서의 행위의 외적 적법성만을 문제로 삼지만 윤리적 의무들은 그것과 더불어 자유로운 의지의 내적 규정 근거도 함께 문제로 삼아야 하기 때문이다. 이러한 목적 즉 윤리적 의무의 가능근거로서 우리가 그것을 갖는 것이 의무인 그러한 목적이 바로 그 자체 의무인 목적이라는 개념이다. 그것을 갖는 것이 의무인 이유는, 그 목적은 순수 실천이성에 의해 객관적 필연적인 것으로서 절대적으로 명령되기 때문이다. 따라서 순수 실천이성의 개념에 근거한 목적을 갖는 것은 의무이다.

그런데 만약 목적을 규정하는 이 활동이, 수단이 아니라 목적자체를 무제약적으로 명령하는 실천적 원리를 포함한다면 이 원리는 순수 실천이성의 정언명법이 될 것이며, 그 명법은 의무의 개념과 목적일반의 개념을 연결해주는 명법이 될 것이다. 즉 그 명법은 우리의 의지로 하여금 여러 목적 중에서 순수 실천이성에 근거한 목적을 자신의 규정근거로 삼을 것을 명령할 것이다. 그리고 이것은 윤리적 의무의 내용적 원리를 포함하는 것이 될 것이다. 이렇게 볼 때 두번째 논의에서의 목적이 모든 목적을 제한하는 최고의 제약으로서, 소극적인 성격을 지니는 반면에, 덕의무로서의 윤리적 의무의 근거인 목적은, 그것의 실현이 동시에 의무로서 이성에 의해 명령되는, 적극적 긍정적인 목적이다. 그리고 그와 같은 목적으로 칸트가 제시하고 있는 것은 자신의 완성과 타인의 행복이다.

이상의 논의를 통해 우리는 칸트 윤리학의 전체 체계에서 목적 개념의 의미와 역할을 결론적으로 다음과 같이 요약하여 말할 수 있을 것이다. 즉 우선 도덕법칙의 도출과 관련하여 목적은 의지의 실질로서의 대상을 의미하고, 그 역할은 부정적이다. 한편 목적은 또한 도덕법칙이 지녀야할 여러 계기들 중의 하나로서 도덕성과 관련된다. 이때의 목적은 객관적 목적으로서의 인격을 의미하게 되고 그 역할은 소극적이다. 즉 이때의 목적은 도덕법칙을 통해서 비로소 그 의미와 역할이 도덕성과 관련되게 된다. 또한 끝으로 목적은 윤리적 의무의 근거로서 도덕성과 관계된다. 이때의 목적은 동시에 의무인 목적으로서 덕의무를 의미하며, 그 역할은 적극적 긍정적이다. 즉 그것은, 그의 실현이 순수이성에 의해 적극적으로 명령되는 것이다.

끝으로 우리는 칸트의 선험적 방법과는 달리 현상학적 기반 위에서 형식과 실질내용으로서 이 목적은 종합 통일하려고 시도한 하르트만의 윤리이론을 간략히 소개함으로써 본 논문을 마치고자 한다. 하르트만은 칸트의 공적을 인정하면서도, 한편 그의 윤리학을 주관주의, 형식주의, 주지주의라고 비판하면서[28] 그러한 문제점들을 자신의 실질적 가치윤리학을 통해 극복하려고 한다.

하르트만에 의하면 '마땅히 해야할 것'의 근거는 '마땅히 있어야할 것'이다. 그리고 이러한 '마땅히 있어야할 것'을 알려주는 것은 바로 가치이다. 그리고 그에게 있어서 가치는 플라톤의 Idea와 같은 것으로 이념적 자체존재이다. 그리고 이러한 이념적 자체존재인 가치는 자기에게 모순되는 윤리적 현실에 대해 무관심하지 않다. 즉 그것은 이 모순을 대립관계로 확립하고, 자기가 지닌 이념을 거기에 대립시킨다. 그리고 이때에 우리의 도덕적 의식은 이 대립을 존재 당위(Seinsollen)로서 감수하게 된다. 그래서 하르트만에 의하면 당위의 개념은 윤리적 가치의 본질에 속하는 것이 되며, 또한 가치는 실재성에로의 경향을 지니게 된다. 그러나 그렇다고 해서 가치와 존재당위가 동일한 것은 아니다. 당위는 어떤 것으로 향한 방향이고, 가치는 이 방향이 향하는 바의 목표이다. 이리하여 가치와 이념적 존재당위는 상호 제약하고 제약받는 관계에 있게 된다. 즉 당위성은 양상적 형식적 제약이고 가치는 구조적 질료적 제약이다.

그런데 하르트만에 의하면 당위는 다시 이념적 존재당위와 사행적 존재당위(aktuales Seinsollen)으로 구별된다. 사행적 존재당위는 이념적 존재당위가 실재적 현실성과 대립해 있을 때, 즉 자체존재적 가치가 비실재적일 때에만 나타난다. 그러나 이러한 사행적 존재당위는 물론 아직 행위당위(Tunsollen)가 아니며, 또한 반드시 그것을 수반하는 것도 아니다. 왜냐하면 지금 실재하지 않지만 있어야만 할 것이라고 해서 그것이 모두 마땅히 행해야 할 것이 되는 것은 아니기 때문이다. 이리하여 사행적 존재당위는 이념적 존재당위와 실재적 행위당위의 중간에 위치하게 된다. 그런데 그 사행성이 아무리 높다고 하더라도 존재당위 자체는 자신의 내용을 실재화할 힘을 지니지 못한다. 그러므로 이를 위해서는 이념의 호소를 청취하여 그의 요구에 따를 수 있는 실천적인 행위주체가 존재하지 않으면 안된다. 이러한 행위주체가 바로 인간이다. 이리하여 대상적인 존재당위는 주체에 있어서 행위당위로 변하게 된다. 결국 도덕적 주체는 실재적 존재의 세계에 있어서의 당위성(Sollen)의 관리자이게 된다.

---

28) N. Hartmann, *Ethik*(Berlin : Walter de Gruyter & Co., 1956.), S. 98-119.

이처럼 하르트만에게 있어 도덕적 원리의 근거로서의 가치는 그 속에 이미 당위성을 본질로서 포함하고 있는 이념적 존재당위이다. 그리고 이것과 실재세계의 권역상의 불일치가 존재할 경우, 새로이 사행적 존재당위가 성립하게 되고, 이것은 다시 실천적인 행위주체를 매개로 해서 행위당위로 성립되게 된다. 하르트만에 있어서 당위성의 이러한 세 가지 양태는 그의 존재론적 권역구별의 사상이 그 배경을 이루고 있다고 볼 수 있을 것이다.

우리가 이러한 하르트만에 대한 간략한 고찰을 통해 확인할 수 있는 사실은, 칸트와 마찬가지로 하르트만 역시 도덕성에 있어서의 형식과 실질이라는 두 가지의 계기를 종합 통일하려고 했으며, 그 두 사람은 여러 가지 점에서 유사성을 가지고 있음에도 불구하고, 그들은 그들이 취하고 있는 근본적인 입장의 차이 때문에 그 종합 통일의 길도 역시 근본적인 다를 수밖에 없다는 사실이다. 즉 그들 사이의 근본적인 차이는 칸트가 객관적 목적인 인격자체의 자율적 입법에서 도덕성을 확립하는 데 반해서 하르트만은 주체를 초월한 이념적 자체존재인 가치를 모든 도덕성의 근원으로 본다는 데 있을 것이다.

칸트 도덕철학의 자율적 자유 개념의 루소적 기원[1]

문성학(경북대)

I. 서론

루소와 칸트는 기질적으로 판이하다. 루소는 방랑자적이고, 자유분방하고, 책임감이 부족하고, 감성적이고 비체계적인 저술가라면, 칸트는 기질적으로 여행을 싫어하고, 규칙적인 삶을 선호했고, 책임감이 넘치고, 이성적이고 체계적인 저술가였다. 이런 기질적인 차이만으로도 두 사람은 서로를 싫어할 것처럼 여겨진다. 거기에다가 루소는 5명의 자식을 다 고아원에 버렸다. 철저한 모랄리스트인 칸트가 이런 루소로부터 커다란 사상적 영향을 받았다는 것은 기이한 일이다. 규칙적인 산책으로 유명했던 칸트는 단 한 번 산책을 빼먹은 적이 있었다. 루소의 저서『에밀』을 읽으면서 너무 독서에 몰입한 나머지 산책을 못했다. 칸트는 자신이 루소에게서 받은 사상적 영향을 솔직히 인정한다.

나는 끝없는 지식욕을 느끼고 있으며 모든 진보에서 만족을 맛보듯이 지식에서 발전하려는 지칠 줄 모르는 열정을 느끼고 있다. 나는 한때 지식의 발전만이 인간의 영예를 구성한다고 믿었던 적이 있었다. 그리고 아무것도 알지 못하는 일반인을 무시하였다. 루소는 나를 올바로 교정하였다. 이러한 맹목적 편견은 사라졌다. 나는 인간의 본성을 존경해야 함을 배웠다.[1]

---

1) *Fragments* (ed. Hartenstein, Bd. VIII) 624. E. Cassirer, *Rousseau, Kant, Goethe* (trans. J. Gutmann, P.O. Kristeller, J. H. Randall Jr., Archon Books, 1961) pp.1~2에서 재인용.

칸트가 루소로부터 인간을 존중하는 법을 배웠다고 고백한 것이 칸트의 나이가 40세일 때였다. 이 때는 칸트가 교수가 되기 6년 전이며, 그의 첫 번째 주저인 『순수이성비판』이 출간되기 17년 전이다. 그러니까 칸트는 비판철학기 이전부터 루소의 영향을 받은 셈이다. 칸트는 1762년 그의 나이 38세 때 루소의 저술을 읽기 시작했다. 청년시절의 칸트는 뉴턴으로부터 자연과학적인 세계관찰의 원칙들을 진지하게 수용했다. 그리고 그는 루소로부터 인간에 대한 새로운 안목을 배웠다. 뉴턴과 루소는 칸트철학의 형성에 결정적인 영향력을 행사한 두 주연배우이다. 데카르트나 흄은 이들에 비하면 조연급 배우들이다. 칸트 자신은 다음처럼 말한다.

> 뉴턴은 지금까지 무질서와 혼란이 지배하던 영역에서 아주 단순한 질서와 규칙성을 발견한 사람이다. 마찬가지로 루소는 인간 모습의 다양성 아래에 깊게 숨겨 있는 인간의 본성을 그리고 신의 섭리를 정당화시켜 줄 만한 숨어 있는 법칙을 최초로 발견한 사람이다.[2]

인간의 실천적 인식에 대한 칸트의 관심은 루소를 통해 각성되었다. 칸트는 더 이상 외눈박이 거인처럼 세계의 사태에 대한 이론적 호기심만으로는 만족할 수가 없었다. 루소는 칸트로 하여금 인간 삶의 실천적 차원에 대한 안목을 부여했다.[3] 말하자면 일종의 개안이었던 것이다. 그 개안식의 감동이 얼마나 컸던지 칸트는 당연히 루소의 모든 저서를 연구 대상으로 삼았으며, 친구 루프만이 보내준 루소의 초상화만을 텅 빈 그의 서재에 걸어 놓았다.[4]

칸트는 루소를 "인간 모습의 다양성 아래에 깊게 숨겨 있는 인간의 본성"을 발견한 사람으로 높이 평가했는데, 과연 그 '인간의 본성'은 무엇인가? 그것은 인간의 자유이다.[5] 이 사실은 우리가 앞서 인용한 문장에서 칸트가 필연적 자연법칙의 발견자인 뉴턴과 루소를 대비시키고 있는 데서도 알 수 있다. 칸트철학에서 자연법칙에 대비되는 것

---

2) *Fragments* (ed. Hartenstein, Bd. VIII) 630. E. 카시러, 『계몽주의 철학』(서울, 민음사, 1995) 208쪽 에서 재인용

3) 만프레트 가이어, 『칸트평전』(김광명 역, 서울, 미다스북스, 2004) 344-345쪽 참조

4) K. 포르랜드, 『칸트의 생애와 사상』(서정욱 역, 서울, 서광사, 2001) 101쪽 참조

5) 박찬구, 「칸트 윤리학에서 자율개념의 형성과정」(한국국민윤리학회, 『국민윤리연구』 제34호, 1995) 209쪽 참조

은 도덕법칙인데, 도덕법칙은 자유의 법칙임은 칸트철학의 상식에 속하는 일이다. 칸트는 자유에 대한 루소의 열정적인 옹호에 깊히 감명받았던 것이다. 콩도르세 역시 루소를 결코 논박될 수 없고 잃어버릴 수 없는 진리들 가운데 하나가 인권의 개념임을 확립한 사람으로 간주한다.[6] 물론 자유는 인권의 기초이다. 루소의 주요 저작을 관통하고 있는 개념이 자유의 개념이라면, 칸트 역시 자유를 자기 철학 체계의 요석으로 간주하고 있다.[7]

필자는 이 논문에서, 논문제목에서 충분히 암시되었듯이 칸트 도덕철학에서의 자율적 자유 개념의 루소적 기원에 대해 고찰하고자 한다. 칸트가 자신의 자율적 자유 개념을 형성함에 있어서 그리고 자유를 자기 철학체계의 요석으로 간주함에 있어서 루소로부터 영향을 받았음이 사실이라 하더라도, 루소 자유론의 어떤 측면이 칸트 자유론의 어느 부분에 영향을 주었는가에 대해서는 아직 세부적인 연구가 이루어 지지 않았다.[8] 필자가 주목하고자 하는 부분이 바로 이것이다. 필자는 먼저 루소가 인간의 본성을 자유로 보았음을 살펴볼 것이다. 둘째로 루소의 세 가지 자유 개념을 고찰할 것이다. 루소는 자연적 자유, 시민적 자유, 도덕적 자유에 대해 고찰한다. 셋째로 칸트가 언급하는 다양한 자유 개념들을, 즉 선험적 자유, 실천적 자유, 자율적 자유의 개념들을 간략히 살펴본 뒤, 이 세 가지 자유 개념의 공통적인 요소가 자발성, 자기입법성, 보편성임을 밝힐 것이다. 마지막으로 그 세 가지 요소의 루소적 기원을 살펴보는 방식으로, 루소의 자유 개념을 해명하고자 한다. 보다 세부적으로 말한다면, 칸트는 루소의 자연적 자유 개념으로부터 의지의 자발성의 요소를, 루소가 말하는 시민적 자유의 개념으로부터 자기입법성을, 루소가 말하는 도덕적 자유의 개념으로부터 보편성을 받아들였음을 밝히고자 한다.

---

6) E. 카시러, 『계몽주의 철학』, 338쪽.
7) 칸트는 『실천이성비판』에서 "그 실재성이 실천이성의 의심의 여지가 없는 법칙에 의해서 증명되는 한에서 자유의 개념은 순수한 이성일반의, 따라서 사변이성까지의 전체계의 요석(要石)이 된다"고 말한다. (I. Knat, *Kritik der praktischen Vernunft*, (Hamburg, Felix Meiner Verlag, 1974) pp.3~4.
8) 박찬구의 연구는 적어도 국내에서는 이 분야에서 선구적인 것이지만, 적지 않은 한계를 보여주고 있다. 무엇보다도, 루소의 자유개념을 자연적 자유와 인간적(사회적) 자유로만 나누어 고찰하면서 도덕적 자유에 대해 언급조차 하지 않고 있다는 것이다. 그는 인간적(사회적) 자유에 도덕적 자유를 포함시키고 있으나(『칸트 윤리학에서 자율개념의 형성과정』 212~214쪽 참조) 이는 잘못이다.

Ⅱ. 루소의 인간본성론과 자유

사람들은 흔히 루소를 서양에서 인간의 본성은 선하다고 주장한 성선설의 대표자로 간주한다. 그리고 동양에서 인간의 본성은 선하다고 주장한 대표적인 사상가로 맹자를 든다. 그리고 이 양자의 성선설을 비교하는 논문도 발견된다.[9] 사실 루소는, 자연은 인간을 행복하고 선하게 만들었다고 생각했으며, 말년까지도 그것을 자기 사상의 대원리라고 말했다.[10] 『에밀』 제1부 첫머리에서는 다음처럼 말한다.

> 모든 것은 조물주의 손으로부터 나올 때는 더할 나위 없이 선하나 인간의 손에 들어오면 타락한다. 인간은 어떤 땅에 다른 땅의 산물을 재배하려하고, 또 어떤 나무에 다른 나무의 열매를 열리게 하려 애쓴다. … (중략) … 인간은 자연이 만든 것은 아무것도 그대로 원하지 않는다. 인간 그 자체까지도 마치 조마장의 말처럼 인간들 자신을 위해 길들여 놓는다.[11]

루소는 자연상태에서는 인간을 위시하여 만물이 선하지만, 인간이 사회상태에 진입하면서 인간을 포함하여 만물이 뒤틀리고 왜곡된다고 생각한다. 루소의 이 말을 두고 보면 루소가 인간의 본성은 선함을 주장한 사상가로 읽히는 것은 무리가 아니다. 그러나 이미 다수의 명민한 해설가들이 인정하고 있듯이 자연상태의 인간의 '선함'은 매우 특이한 것이다. 토도로프에 의하면 루소가 말하는 자연상태의 인간의 선함은 특이한데 그 이유는 다음과 같다.

> 루소에 의하면 이 '선함'은, 인간이 아직 이성을 제대로 사용할 수가 없어서, 선과 악을 구분하지 못하는 세계에서 나타나는 것이기 때문이다. 자연의 인간은 의도적으로 선량한 것이 아니다. 자연인의 행위가 선하다는 것은 자연인이 아닌 외부

---

9) 김영인, 「맹자와 루소의 인성론 비교연구」, 한국정신문화연구원 한국학대학원 박사학위논문, 1999.
10) 츠베탕 토도로프, 『덧없는 행복 : 루소 사상의 현대성에 관한 시론』(서울, 문학과 지성사, 2006) 18쪽 참조.
11) 장 자크, 루소, 『에밀』(상)(정봉구 역, 서울, 범우사, 1999) 23쪽 .

의 관점, 이를테면 우늘의 우리이 관점에서 **보았**을 때에 **확인할 수 있다**.[12]

루소는 『인간불평등기원론』에서 자연상태의 인간의 선한 삶의 모습을 세세하게 묘사하고 있다. 그러나 그는 '자연상태의 인간'(man in natural state)과 '인간의 본성'(human nature)을 뒤섞어 사용하고 있다. 자연상태의 인간은 풍부한 자연적 소산을 마음껏 사용하며, 가족도 집도 언어도 없이 외톨이 생활을 한다. 자연 상태의 인간이 갖고 있는 두 가지 감정은 자기애와 연민의 감정이다. 질병에도 잘 걸리지 않는다고 한다. 우리가 알고 있는 상식과 일치하지 않는 주장이지만, 그런 상태에서는 인간은 남과 다투거나, 남을 시기하거나, 나의 욕망을 충족시키기 위해 남을 이용하거나 할 필요가 없다. 외톨이 생활을 하기 때문이다. 당연히 자연상태의 인간은 선한 존재로 보인다. 그러나 그렇다고 그의 본성이 선한 것은 아니다. 본성이 선하려면, 인간을 둘러싼 환경이 바뀌어도 본성으로 간주되는 어떤 성질이 계속 표출되려는 강력한 경향성을 가져야 된다. 적어도 환경이 바뀌어도 그 성질이 절멸되지는 말아야 할 것이다. 예컨대 식욕이 인간의 본성이라고 하자. 그렇다면 인간은 외톨이 생활을 하건 집단 생활을 하건, 풍요로운 생활을 하건 빈한한 생활을 하건 식욕을 충족시키려는 불변적인 경향성을 갖고 있으며, 그 욕구를 충족시키려 애쓸 것이다. 그러나 루소가 말하는 자연상태의 인간의 선함은 그런 것이 아니다. 사회상태에 돌입하면 자연상태의 인간이 갖고 있었던 여러 가지 성질들이 사라진다. 물론 루소는 사회상태에서도 자연상태의 인간들이 갖고 있었던 그런 성질들을 회복해내려고 한다. 그렇게 회복될 수 있다면, 그런 성질들이 인간의 본성일 수가 있겠다. 그러나 자연상태에서는 잠재되어 있다가 사회상태에서 발현된, 사회상태의 인간들이 보여주는 성질들, 예컨대 이기심과 허영심과 경쟁심 같은 것들도 인간의 본성으로 인정되어야 할 것이다. 중요한 것은 인간이 갖고 있는 이런 저런 성질 혹은 특질들이 잠재된 상태에 있느냐 발현된 상태에 있느냐 하는 것이지, 특정한 상황과 특정한 조건에서 발현된 인간의 어떤 특질들을 인간의 본성으로 보는 것은 잘못이 될 것이다. 루소는 홉스가 전쟁 상태를 인류의 본성에서 유래한 것으로 본 것을 비판하는데, 필자가 보기에 홉스 역시 루소와 마찬가지의 잘못을 범하고 있다. 홉스가 설정한 자연상태는 인간들이 집단으로 모여 사는 상태이다. 그런데 그들이 필요로 하는 것은 비슷한데, 그것

---

12) 츠베탕 토도로프, 『덧없는 행복 : 루소 사상의 현대성에 관한 시론』 19쪽.

을 충족시켜줄 물자가 부족하다. 뿐만 아니라 자연상태의 인간들은 이타심이 매우 부족하다.[13] 그런 상황에서는 자연스럽게, 아니 필연적으로 만인에 대한 만인의 투쟁상태가 발생할 것이다. 그래서 홉스는 인간의 본성은 악하다고 말한다. 루소의 자연상태는 인간의 선한 본성이 발현하도록 설정되어 있고 홉스의 자연 상태는 악한 성향이 발현하도록 설정되어 있다.

이상의 관점에서 본다면, 루소나 홉스는 각자 자신들의 정치사상을 개진하고 싶은 방향을 정하기 위해서 필요한 방식으로 인간의 본성을 규정하고 있는 듯이 보인다. 이 점에서 인간의 본성을 둘러싼 그들의 논의는 동양에서 맹자와 순자의 논쟁과 흡사하다. 덕치를 선호한 맹자는 성선설을 주장했고 법치를 선호했던 순자는 성악설을 주장했다. 물론 역으로 인간의 본성이 선하기에 덕치가 옳고, 인간의 본성은 악하기에 법치가 옳다고 말했을 수도 있다. 그러나 인간의 본성이 선하냐 악하냐 하는 것은, 선과 악의 기준이 정해지면, 사실의 문제가 되지만, 법치가 옳으냐 덕치가 옳으냐 하는 것은 선호의 문제처럼 보인다. 이 경우 사람들은 자신이 선호하는 것을 정당화하기 위해 사실을 뒤틀어버릴 가능성이 높다. 루소 역시 자연상태에 대한 동경을 품고 있었으며, 그 자신도 자연상태의 인간처럼 외톨이의 삶을 열망했다. 루소는 심지어, 단지 거기 있어야 한다는 것 뿐 다른 의무가 전혀 없다면 바스티유 감옥에서 지낸다 한들 그다지 불행하지 않을 것이라는 말을 하기도 한다.[14] 루소는 자기가 선호하는 삶의 방식을 정당화하기 위해 자연상태의 인간을 외톨이로 묘사하고 있는 것이다.

루소의 자연인은 이성적 동물이 아니라 전이성적이고 인간에 가까운 존재일 뿐이다. 그런 자연인은 선하게도 악하게도 될 수 있다. 자연인은 선악 구분 이전의 존재이다. 스트라우스에 의하면, 자연인은 자기를 특정한 방향으로 기울게 하는 타고난 소질이나 본성을 갖고 있지 않음으로써 거의 무한히 순응할 수 있는 존재이다.[15] 그렇다면 루소가 인간의 본성을 선하게 보았다는 주장은 사람들이 생각하는 만큼 비중이 있는 주장은 아니다. 『인간불평등기원론』에서 루소 자신도 자연상태의 인간은 선도 아니고 악도 아님을 인정하고 있다.

---

13) T. Hobbes, *Leviathan* (London, Penguin Books, 1961) 184쪽 참조.

14) 츠베탕 토도로프, 『덧없는 행복 : 루소 사상의 현대성에 관한 시론』, 68-69쪽 참조.

15) L. Strauss, *Natural Right and History*, (Chicago, University of Chicago Press, 1953) p.271 참조.

이러한 상태에 있는 인간들은 서로간에 도덕적인 관계도, 분명한 의무도 갖고 있지 않아서 선인일 수도 악인일 수도 없었으며, 또한 악덕도 미덕도 가지고 있지 않았다고 생각된다.[16]

루소가 인간의 본성은 선하다고 말할 때 그것은 도덕적 선악 구분이 없는 자연상태의 독립성과 자유에 대한 열망을 말한 것이 될 것이다. 어떤 측면에서는 선악과를 따먹기 이전의 에덴동산의 선함과 같은 것이리라.

그러면 루소 사상에서 핵심적인 개념은 무엇인가? 학자들에 따라 다양한 대답을 내놓겠지만, 논자는 그것이 자유라고 말하고 싶다. 사실 루소사상의 핵심을 자유에서 찾는 루소 연구자들이 다수 있다. 예컨대 스트라우스는 루소를 자유철학의 창시자로 부른다.[17] 자유에 대한 루소의 강조는 그의 저술 도처에서 발견되고 있다. 『사회계약론』에서 "인간은 자유롭게 태어났다. 그러나 도처에서 사슬에 매여 있다"고 말한다. 그리고 같은 책에서 다음과 같은 의미심장한 말을 한다.

> 자기 자유를 내놓는 것은, 자신의 인간자격을, 인류의 권리들을, 심지어는 자신의 의무들을 내놓는 일이다. 누구건 모두를 내놓는 자에게는 아무런 보상도 있을 수 없다. 이러한 포기는 인간의 본성과 맞지 않는 짓이며, 인간의 의지에서 자유를 모조리 빼앗는다는 것은, 인간의 행동에서 도덕성을 모조리 빼앗는 것이 된다.[18]

『인간불평등기원론』에서 자유는 '인간의 영성'을 구성하는 가장 고귀한 능력으로 정의된다. 루소는 인간과 동물을 구별시키는 것은 이성이 아니라 자유로운 의지의 여부라고 주장한다.[19] "의지의 힘, 아니 좀더 정확히 말해 선택의 힘과 이 힘의 자각 속에서는 역학의 법칙만으로는 아무것도 설명할 수 없는 순전히 영적인 행위만을 발견"하게 된다.[20] 루소는 인간과 동물의 차이를 다음처럼 말한다.

---

16) 장 자크 루소, 『인간불평등기원론』(주경복·고만복 역, 서울, 책세상, 2009) 78쪽.
17) L. Strauss, *Natural Right and History*, p.279 참조.
18) 장 자크 루소, 『사회계약론』(박은수 역, 서울, 인폴리오, 1998) 126-127쪽.
19) 장 자크 루소, 『인간불평등기원론』, 61쪽.
20) 같은 책, 61쪽.

우선 나는 모든 동물을 하나의 정밀한 기계로 밖에는 보지 않는다. 자연은 그 기계가 스스로 작동할 수 있도록, 또한 그것을 고장내거나 파괴하려는 경향이 있는 모든 것에 대하여 어느 정도까지는 스스로를 지킬 수 있도록 감각이라는 것을 부여했다. 나는 인간이라는 기계도 마찬가지라고 본다. 다만 동물의 활동에서는 자연만이 오로지 모든 것을 행하는데 반해 인간은 자유로운 주체로서 자연의 활동에 협력한다는 것이 다를 뿐이다. 즉 동물은 본능에 따라, 인간은 자유로운 행위에 따라 취사선택을 하게 된다.[21]

루소가 자연상태의 인간은 선하다고 말하지만, 그 선이 자유임을 이해하면, 우리는 왜 루소가 자연상태에서는 잠재되어 있었지만 사회상태에서는 발현되는 여러 가지 것들, 예컨대 이기심과 경쟁심과 허영심을 인간의 본성으로 간주하지 않았는지를 이해하게 된다. 우리는 앞에서 본성은 환경의 변화에 따라 발현되기도 했다가 사라지기도 하는 어떤 것들이 아니라, 환경의 변화와 무관하게 발현되려는 강력한 경향이 있는 것이어야 한다고 했다. 자연상태의 자기애와 연민이나 사회상태의 이기심이나 허영심은 전자에 속하는 것들이다. 그렇기 때문에 자기애와 연민을 인간의 본성으로 본다면, 이기심이나 허영심도 인간의 본성으로 보아야 한다. 그러나 인간의 본성을 자유로 본다면, 그것은 후자에 속하는 것이다. 루소는 자연상태의 인간은 자유라고 생각했다. 물론 그것은 나중에 언급되겠지만 '자연적 자유'로 명명된다. 루소에 의하면 이 자유의 욕구는 자연상태에서나 사회상태에서나, 환경이나 상황의 변화와 무관하게 발현되려 하는 강력한 경향을 갖고 있다. 루소 사상의 핵심은 성선설이 아니라 자유에 놓여 있다. 아니 '인간의 본성은 선하다'는 말은 '인간의 본성은 자유이다'는 말의 루소식 표현일 뿐이다. 이런 식으로 루소를 읽는다면 우리는 『사회계약론』첫머리에 나오는 유명한 말, "인간은 자유롭게 태어났으나, 도처에서 쇠사슬에 묶여 있다"는 말과, 『에밀』제1부 첫머리에 나오는 유명한 말, "모든 것은 조물주의 손으로부터 나올 때는 더할 나위 없이 선하나, 인간의 손에 들어오면 타락한다"는 말이 상호 교환가능한 말임을 알 수 있다. 자연상태의

---

21) 장 자크 루소, 『인간불평등기원론』, 60쪽. 인용문에서 '인간이라는 기계'라는 표현은 오해를 유발시킬 수 있는 말이다. 루소는 아마 몸의 측면에서는 인간도 동물과 비슷한 기계적 메커니즘에 의해 작동함을 말하고 싶었던 것 같다. 인간이 자유로운 행위주체이며, 바로 그 점에서 동물과 구별된다고 생각하는 루소가 '인간이라는 기계'라는 표현을 했다는 것을 근거삼아 루소는 인간도 동물과 마찬가지로 기계로 보았다고 해석하는 것은 잘못일 것이다.

인간은 자유이며, 따라서 선하나, 사회상태에서 인간은 부자유가 되고 악하게 된다는 것이다. 루소 사상의 핵심이 자유임은 루소가 자신의 저술들 중에서 가장 공을 들였고 또 가장 중시했던 저서인 『에밀』에서 그가 끊임없이 강조하는 것도 자유임을 통해도 알 수 있다. 그는 그 책에서 자유를 자연적 자유, 사회적 자유, 도덕적 자유로 나누어 설명하고 있다. 이제 우리는 이 세 가지 개념을 차례로 다루어 보고자 한다.

Ⅲ. 자연적 자유

자연적 자유에 대한 루소의 설명은 주로 『인간불평등기원론』에서 개진되고 있다. 루소는 이 책에서 인간 불평등의 기원을 설명하기 위해 '자연상태'와 '자연인'의 개념을 도입한다. 우선 그가 묘사하는 자연상태에 대해 알아보자.

> 원시의 인간은 일도 언어도 거처도 없고, 싸움도 교제도 없으며, 타인을 해칠 욕구가 없듯이 타인을 필요로 하지도 않고, 어쩌면 동류의 인간을 개인적으로 단 한 번도 만난 적이 없이 그저 숲속을 떠돌아 다녔을 것이다. 그는 얼마 안 되는 정념의 지배를 받을 뿐 스스로 자족하면서 자신의 상태에 맞는 감정과 지적 능력만을 갖고 있었다. 원시의 인간은 자신의 진정한 필요만을 느꼈고, 눈으로 보아 흥미롭다고 여겨지는 것만 쳐다보았다.[22]

루소가 묘사하는 자연상태 혹은 자연인은 결코 역사적 사실에 대한 진술이 아니다. 그 개념은 학자들이 이구동성으로 지적하고 있듯이 루소가 당대의 사회를 비판적으로 검토하고 음미하기 위해 도입한 개념적 장치일 뿐이다. 루소 자신도 "더 이상 존재하지 않으며 어쩌면 결코 존재한 적도 없고, 아마 앞으로도 결코 존재하지 않을 듯한 어떤 상태, 그럼에도 우리의 현재 상태를 올바르게 판단하기 위해 정확한 기초지식을 가질 필요가 있는 그런 상태"[23]로 설명하고 있다. 또 이렇게 말하기도 한다.

---

22) 장 자크 루소, 『인간불평등기원론』, 89쪽.
23) 같은 책, 35쪽.

우리가 이 문제에 대해 추구할 수 있는 연구는 역사적인 진실이 아니라 다만 가설적이고 조건적인 추론이라고 보아야 한다. 그러한 추론은 사물의 진정한 기원을 증명하기보다 사물의 본성을 해명하는 데 적합하며, 우리의 자연과학자들이 이 세계의 생성에 대해 날마다 행하고 있는 추론과 유사하다.[24]

그러나 루소는 『루소 장자크를 심판하다』에서는 자신을 최초의 진실한 "인간 본성에 관한 역사가"로 묘사한다.[25] 루소의 자연상태에 대한 묘사는 그것을 역사적 사실에 대한 기술로 받아들이기에는 너무 역사적 사실들과 일치하지 않고, 추구해야 할 모종의 미래지향적 이념으로 받아들이기에는 너무 과도하게 과거지향적으로 기술되어 있고 현존 사회를 분석하는 틀로 받아들이기에는 너무 자의적인 틀이라는 것이 필자의 생각이다.[26]

루소는 자연인의 개념을 설명하기 위해 미개인의 개념을 활용하는데, 그가 말하는

---

24) 장 자크 루소, 『인간불평등기원론』, 37쪽. 강조는 필자에 의함

25) E. Cassirer, *Rousseau, Kant, Goethe*, p.24 참조. 강조는 필자에 의함. 루소는 아마 자연상태에서의 인간은 선하다는 주장을 하는 『인간불평등기원론』을 쓸 때만 해도 원죄설을 주장하는 기독교와 충돌하고 싶지 않았기에, 자연상태와 자연인에 대한 자신의 주장을 단지 현존하는 사회를 분석하는 허구의 개념틀 정도로 소개하는 것이 아닌가 한다. 그러나 그의 속마음은 그것이 아니었을 것이다.

26) 루소는 자연인을 거의 미개인과 비슷하게 생각하는데, (예컨대 『인간불평등기원론』, 35면 58-59쪽 참조) 이런 경우에 그는 마치 인류학자처럼 말한다. 그러나 루소의 '철학적 인류학'은 역사적 사실과 거리가 멀다. 인간은 결코 루소가 말하듯이 집도 없이 타인에 대해 무관심한 외톨이로 원시의 자연을 돌아다닌 존재가 아니다. 그리고 루소의 '자연상태'나 '자연인'이 현존하는 사회를 분석하는 틀이 되기에는 자의적인 이유는 홉스의 자연상태나 자연인 개념이 자의적인 이유와 마찬가지다. 홉스는 자연상태가 만인에 대한 만인의 투쟁상태라 했는데, 이 역시 인류학적 사실에 부합하지 않는 주장이다. 누구의 자연상태와 자연인 개념이 더 설득력이 있느냐 하는 것은 결국 누구의 개념이 더 역사적 사실에 부합하느냐 하는 데 달려 있을 것이다. 루소의 자연상태 혹은 자연인 개념이 우리가 추구해야 할 이념이 되기에도 문제가 있는데, 그 개념들이 과거지향적인 방식으로 설명되고 있기 때문이다. 물론 슈프랑거처럼 루소의 자연 개념을 피조된 자연, 윤리적 이상으로서의 자연, 심리학적 발전법칙으로서의 자연으로 분류한 뒤,(안인희 외, 『루소의 자연교육사상』, 50쪽) 루소가 "자연으로 돌아가자"고 말할 때의 자연은 윤리적 이상으로서의 자연 - 필자는 그것이 자유라고 생각한다 - 이라고 말할 수가 있다. 칸트 역시 "자연으로 돌아가자"라는 루소의 말을 '자연상태와 자연인에 의해 표상되는 윤리적 이상을 실현하기 위해 노력하자'는 뜻으로 풀이한다. 그럼에도 불구하고 루소는 전자의 자연 개념에서 후자의 자연개념으로 넘어갈 수 있는 어떤 정당한 논리적 근거도 제시하지 않고 있다. 루소가 하는 일은 하나의 자연 개념에 논리적으로 연결이 안 되는 물론 심리적으로는 연상법칙에 의해 연결이 될 수 있다 - 여러 가지 의미를 뒤섞어 쓰는 일이다.

자연인은 얼핏 동물과 다를 것이 없는 것처럼 생각될 수 있다. 루소가 묘사하는 바에 따르면, 자연인은 떡갈나무 아래에서 배불리 먹고 시냇물을 찾아 목을 축이고, 자기에게 먹을 것을 제공해준 바로 그 나무 아래서 잠을 잔다.[27] 자연인은 이런 우연한 방식으로 거처를 정하기 때문에 남녀의 성적인 결합도 욕망에 따라 우연히 이루어진다. 성적인 욕구가 충족되면 아버지는 떠나기 때문에 태어난 아이는 아버지가 누군지 모른다. 그리고 아이가 독립할 정도가 되면 어미도 떠나기 때문에 세월이 흐르면, 모자간에도 서로 알아보지 못한다.[28] 루소의 이런 설명을 통해 우리는 루소가 영장류로서의 인간의 특징에 대해 생물학적으로 무지하다는 것을 알 수 있지만, 루소의 자연인은 영장류인 동물들과 다를 바 없는 존재가 아닌가 하는 생각을 하게 만든다. 그러나 이미 앞에서 살펴봤듯이 루소는 "동물은 본능에 따라, 인간은 자유로운 행위에 따라 취사선택을 하게 된다"고 하면서 인간과 동물을 가르는 것이 자유라고 말한다. 그러나 루소가 말하는 자유가 구체적으로 어떤 것인지는 분명하지 않다. 그것을 알려면 루소의 다음 주장을 살펴볼 필요가 있다.

> 모든 동물들은 감각을 가지고 있으므로 관념 또한 가지고 있다. 어느 정도까지는 그 관념을 조합하기도 한다. 이 점에서 인간과 동물은 약간의 차이가 있을 뿐이다. 몇몇 철학자들은 인간과 동물의 차이보다 인간들 간의 차이가 더 크다고 주장하기까지 했다. 그러므로 인간과 동물을 구별 짓는 것은 지성이라기보다는 인간의 자유로운 주체로서의 특질이다. 자연은 모든 동물에게 명령하고 동물은 이에 따른다. 인간도 같은 영향을 받는다. 그러나 인간은 복종하느냐 저항하느냐의 선택에서 전적으로 자유로움을 인식한다. 인간 영혼의 정신성이 드러나는 것은 무엇보다도 이런 자유의 의식을 통해서이다.[29]

이 구절은 논리적으로 살펴봤을 때, '그러므로' 전후가 연결 되지는 않는 것 같다.[30]

---

27) 장 자크 루소, 『인간불평등기원론』, 51쪽 참조.
28) 같은 책, 69쪽 참조.
29) 같은 책, 61쪽.
30) 모든 동물들이 '감각', '관념' 그리고 '관념을 조합하는 능력'을 갖고 있으며, 이 점에서 인간과 동물은 약간의 차이가 있을 뿐이라 하더라도 "그러므로 인간과 동물을 구별 짓는 것은 지성이라기보다는 인간의 자유로운 주체로서의 특질이다"는 결론이 곧바로 따라 나올 수는 없을 것이다.

그럼에도 불구하고 그 구절에서 루소는 자연의 명령에 복종할 것인가 거부할 것인가를 선택할 수 있는 인간의 선택의 자유의 능력에 대해 언급하고 싶어 한다. 루소가 이 대목에서 말하고 싶어 하는 선택의 자유는 사자가 얼룩말과 들소 중에 어느 것을 사냥할 것인가 할 때 느끼는 그런 선택의 자유는 아니다. 왜냐하면 그 경우 사자가 얼룩말을 사냥하건 들소를 사냥하건 자연의 명령에 거부하는 것은 아니기 때문이다. 이는 '자연의 명령 내에서의 선택의 자유'이다. 그러나 루소가 인간에게 있다고 말한 선택의 자유는 '자연의 명령 그 자체를 따를 것인가 말 것인가' 할 때 생겨나는 선택의 자유이다. 이 사실은 다음의 구절에서 분명하게 밝혀진다.

> 동물은 자기에게 정해진 규칙에서 벗어나는 것이 자기에게 아무리 유리해도 그렇게 할 수 없으나 인간은 자신에게 해로워도 종종 그 규칙을 벗어나 행동한다. 그리하여 비둘기는 제일 좋은 고기가 담긴 그릇 옆에서도 굶어죽기 일쑤고, 고양이는 수북이 쌓인 과일이나 곡식 위에서도 굶어죽기 일쑤다. 먹을 엄두만 내면 그들이 경멸하는 음식으로 얼마든지 살아갈 수 있을 텐데도 말이다.[31]

고양이는 육식동물임을 고려한다면, 물론 위 인용문 역시 말썽거리를 제공하고 있다. 루소의 주장대로라면 사자도 마음만 바꾸어 먹으면, 구근류를 먹고 살 수 있게 된다. 그러나 인간은 자유로운 존재이고 동물은 자연의 명령에 따르는 기계임을 대비시키기 위한 예로서는 적절하지 못하게 여겨진다. 사자가 풀로 연명하지 못하듯이 인간도 물만 먹고는 연명하지 못한다. 그럼에도 불구하고 루소가 위 인용문에서 강조하고 싶었던 것은 **인간 이외의 동물들은 자연의 명령 달리 말해 자연법칙에 따르는 기계라면, 인간은 그 자연의 명령에 기계적으로 따르기만 하는 존재가 아니라 때로는 그것에 저항하는 의지를 갖고 있다는 것이다.** 주지하다시피 홉스는 인간조차도 정교한 기계로 간주했으나, 루소는 홉스의 이런 생각에 정면으로 반대하고 있다. 앞서 언급했듯이 루소가 보기에 자연상태의 인간에게는 기계론적 법칙으로는 해명이 안 되는 완전히 영적인 행위를 하는 의지능력이 있다.

지금까지의 논의의 관점에서 본다면 우리는 루소가 말하는 자연적 자유를 단지 '자

---

31) 장 자크 루소, 『인간불평등기원론』, 60쪽.

연상태의 아무런 속박과 간섭이 없이 자연인이 누리는 자연스러운 자유' 정도로 생각해서는 곤란하다는 것을 알 수 있다. 그런 자유는 자연 상태의 동물들도 누리는 자유라고 할 수 있는데, 그것은 필자가 앞서 언급했던 '자연상태 내에서의 선택의 자유'이다. 물론 루소의 자연인에게는 그런 선택의 자유가 있다. 그러나 그에게 자연법칙 그 자체를 문제시하고 그것에 저항하는 의지로서의 자유의 싹이 전혀 없다고 한다면, 그 자연인은 영원히 자연인으로 머물렀을 것이다. 당연히 사회상태로 이행해 가지도 못했을 것이고, 따라서 타락도 회복도 발전도 변화도 없었을 것이다. 물론 자연상태의 인간에게서 우리가 현실적으로 발견하게 되는 것은 대부분이 '자연상태 내에서의 선택의 자유'이다. 그러나 '자연법칙 그 자체를 문제시하고 그것에 저항하는 의지로서의 자유'가 아무리 미세하다 하더라도 그것은 결코 과소평가되어서는 안 된다. 루소는 그 자유에서 인간의 완성가능성[32]을 발견하기 때문이다. 필자는 매우 중요한 구절이라 생각하여 충분히 인용해 보고자 한다.

> 인간과 동물의 차이에 대해 좀 더 논의의 여지가 남아 있다 하더라도, 나는 양자를 이렇게 구별해도 아무도 이의를 달지 못할 또 하나의 매우 특수한 성질을 들지 않을 수 없다. 그것은 바로 자신을 개량하고 변화시킬 수 있는 가능성이다. 인간은 환경의 도움을 얻어 다른 모든 능력을 점차 발전시켜가는 이러한 가능성을 종의 차원에서와 마찬가지로 개인적 차원에서도 소유하고 있다. 동물은 태어난 지 몇 달 후면 일생동안 변치 않을 모습을 지니게 되며, 천 년의 세월이 흘러도 그 종의 최초 모습과 별 차이가 없다. 어째서 인간만이 쉽사리 어리석어지는 것일까? 그것은 인간이 이와 같이 하여 원시상태로 돌아가기 때문이 아닐까? 즉 동물은 아무것도 얻지 못했으므로 잃는 것도 없이 언제까지나 자신의 본능 그대로 있는 반면에 인간은 노쇠와 그 밖의 사고로 말미암아 그의 완성가능성 덕분에 얻게 된 모든 것을 잃어, 동물보다 더 저속한 상태로 다시 떨어지기 때문이 아닐까?

---

32) 볼커나 크랜스톤은 '완성가능성(perfectability)'으로 번역하는 것은 잘못이라고 말한다. 그들의 주장에 따르면, 루소가 인간에게 인정한 능력은 환경과의 유기적 관계 속에서 자기를 개량해 나가는 능력이기에, 그 용어를 '자기 개발능력' 혹은 '자기 개량 능력'으로 번역하는 것이 옳다는 것이다. (R. Wolker, "A Reply to Charvet : Rousseau and the Perfectability of Man", *Hisyory of Political Thought*, 1980, Vol. 1, No. 3, p. 89 참조, 그리고 M. Cranston, "Rousseau's Theory of Liberty", in *Rousseau and Liberty*, ed., R. Wolker, Manchester Univ. Press, 1995, p. 232 참조)

인간과 동물을 분명히 구별하는 거의 무제한적인 이 가능성이 인간의 모든 불행의 근원이며, 평온하고 순진무구한 나날이 계속되는 저 원초적인 상태로부터 시간의 흐름과 더불어 인간을 이끌어 낸 것도 바로 이 가능성이다.[33)

루소의 이 인용문도 인간의 완성가능성을 입증하고 있다기 보다는 동물들의 고정성을 설명해주고 있다. 자세히 읽어보면 루소는 이 인용문에서 인간은 완성가능성을 갖고 있다고 선언하고 있을 따름이다. 그는 인간의 완성가능성을 『에밀』에서는 다음처럼 설명한다.

내가 아는 한 어떠한 철학자 일지라도 아직 "이것이 인간이 도달할 수 있는 한계점이며, 인간은 이 한계점을 넘어설 수 없다"고 말할 만큼 대담하였던 사람은 없었다. 우리는 우리가 무엇이 될 수 있는가를, 자연이 우리에게 허용하는 한계점을 모른다.[34)

루소는 때로는 생물학적 무지를 드러내 보이는 말을 하기도 하지만, 때로는 현대의 철학적 인간학자들을 깜짝 놀라게 할 만한 통찰력 있는 말을 하기도 한다.

모든 동물은 자기에게 고유한 본능만을 가지고 있지만, 인간은 자기만의 어떤 특유한 본능도 갖고 있지 않아서 인지 모든 본능을 자기 것으로 만들고 …[35)

이는 현대철학적 인간학자들이 말하는 동물의 고정성과 인간의 개방성을 대비시키는 말로, 루소가 말하는 완성가능성도 이런 맥락에서 이해될 수 있을 것이다. 필자는 루소의 인간관이 인간을 가능적 무한자로 보는 필자의 인간관과 매우 흡사하다고 생각한다. 사람들에게 자연주의 교육사상가로 각인되어 있는 루소가 인간에게는 자연의 법칙에 저항하고 그것을 거부하는 의지에서 동물에 대한 인간의 차별성을 확인했다는 것은 의외적인 측면이지만, 부정될 수 없는 사실이라 하겠다.

---

33) 장 자크 루소, 『인간불평등기원론』, 61~62쪽.
34) 장 자크 루소『에밀』(상) 78쪽.
35) 장 자크 루소, 『인간불평등기원론』 51쪽.

루소가 말하는 자연적 자유의 개념을 이해하기 위해 지금까지 말한 것을 충분히 의식하는 것이 대단히 중요한데, 사람들은 종종 루소가 말하는 자연적 자유를 동물들이 자연상태에서 마음껏 누리는 자유와 혼동하는 경향이 있어 왔기 때문이다.

> 본래 루소에게도 자연적 자유는 홉스처럼 욕구의 만족에 '장애물의 부재'로 구성된다.[36]

필자 역시 처음에는 루소의 자연적 자유를 이렇게 이해했으나, 이런 이해가 잘못임을 알게 되었다. 루소가 묘사하는 자연적 자유는 그야말로 자연상태에서 아무런 속박도 없이 욕망과 능력의 조화상태에서 외톨이 생활을 하면서 향유하게 되는 것처럼 보이는 측면이 강하다. 그럼에도 불구하고, 그 자연적 자유 속에는 본능적 욕구 혹은 본능적 충동에 저항하는 의지로서의 자유의 요소 - 루소는 이것을 인간의 영성으로 생각했다 - 가 들어 있음을 인정해야 한다. 루소 자유론의 이런 측면은 사회적 자유, 도덕적 자유에서도 일관되게 흐르고 있다.

> 사회계약으로 사람이 잃게 되는 것은, 그의 타고난 자유와 그를 유혹하고 그가 얻을 수 있는 것 모두에 대한 무리한 권리이다. 사람이 얻게 되는 것은 시민적 자유와 그가 지닌 모든 것에 대한 소유권이다. … (중략) … 위에 든 것 말고는 시민 상태에서 얻는 것에다가는, 사람을 정말로 자신의 주인이 되게 해주는 유일한 것 즉, 도덕적 자유를 덧붙일 수 있을 것이다. 왜냐하면 욕망만에서 오는 충동은 종 노릇이고, 스스로 정한 법에의 복종은 자유이니까.[37]

IV. 사회적 자유

사회적 자유에 대한 루소의 설명은 주로 『사회계약론』에서 발견된다. 루소는 자연상태의 인간이 갖고 있는 선함과 자유를 회복하기 위해서 우리가 다시 과거의 자연상태로

---

36) 장세용, 「루소의 자유론」(대구사학, 제76집, 2004) 413쪽.
37) 장 자크 루소, 『사회계약론』, 138쪽.

되돌아 가야한다고 생각하지 않았다. 루소가 자연상태의 자연인을 아무리 미개인과 비슷하게 묘사하고 있다 하더라도, 루소가 『인간불평등기원론』에서 묘사하고 있는 자연상태는 결코 과거의 역사적 사실에 대한 기록이 아니다. 따라서 돌아갈 과거란 없다. '자연으로 돌아가라'는 권유에서 우리가 도달하게 되는 결론은 자연상태의 자연인이 갖고 있었던 '선함과 자유'로 돌아가라는 것이 될 것이다.[38] 그런데 문제는 우리는 이미 사회상태에서 살고 있는 시민이다. 시민은 필연적으로 타인과의 관계 속에서 자신의 삶을 영위해야 하며, 결국 타인 의존적인 삶을 살 수 밖에 없다. 의존적인 삶은 자유와는 거리가 멀다. 인간은 이제 피할 수 없는 딜레마에 직면한다. 자연상태는 좋은 것이나 우리가 일단 시민인 이상 우리는 그 곳으로 돌아갈 수 없으며, 돌아가서도 안 된다. 그렇지만 만인에 대한 만인의 의존관계로 구성된 사회 속의 시민으로서의 삶은 자연상태의 독립성과 자유를 원천적으로 봉쇄하기 때문에, 우리는 계속 시민으로 머물 수도 없다. 이럴 수도 저럴 수도 없는 이런 상황에서 빠져 나오는 방책은 무엇인가? 루소는 이 문제를 고민하면서 칸트 자유론에 결정적인 영향을 미치는 일반의지의 개념을 발견하게 된다. 일반의지의 개념을 살펴보기 전에 루소는 모든 사회 공동체가 인간을 억압하고 속박하며 사악하다고 생각한 것은 아님을 분명히 해둘 필요가 있겠다. "사악한 공동체는 그 구성원들에게 속박을 가하겠지만, 그러나 루소는 논리적으로 그러한 현상이 공동체가 사악해졌기 때문이지 그것이 바로 공동체이기 때문에 사악한 것은 아니라는 입장을 취했다."[39] 만약 공동체이기 때문에 사악한 것이라면, 우리가 앞서 언급한 딜레마로부터

---

38) 루소의 자연인 개념은 이런 점에서 우리가 추구해야할 하나의 이념으로 기능하게 된다. 그러나 그는 마치 과거 어느 시점에 이 이념이 실현된 적이 있는 듯이 기술하다가, 갑자기 미래에 실현해야 할 이념으로 제시하고 있다. 그의 이런 태도에서 우리가 혼란을 느끼는 것은 당연한 일이다. 필자 생각으로는 '자연인'이 이념으로 이해될 수 있다면, 차라리 그것은 '이상적 인간'으로 표현되는 것이 옳을 것이다. '자연인' 대신에 '이상적 인간'이란 말을 쓰면 많은 혼란이 제거될 것이다. 그러나 용어를 이렇게 바꾸어 쓰면, 혼란은 제거되겠지만 『인간불평등기원론』에서처럼, 자연인을 미개인처럼 묘사할 수 없게 된다는 난점이 있다. 왜냐하면 미개인은 이상적 인간은 아니기 때문이다. 물론 루소를 옹호하는 입장에서는 미개인은 이상적인 인간은 아니지만, 미개인에게서 이상적인 인간의 모습이 가장 많이 발견된다고 말하면서, 과거지향적이면서 동시에 미래지향적인 개념인 '자연인'이란 용어를 쓰는 것이 아무런 문제가 없다고 방어할 수 있다. 그러나 그런 식으로 나간다면, 즉 미개인의 모습에서 자연인(이상적인 인간)의 모습을 가장 많이 발견할 수 있다고 말한다면, 그 개념은 결국 과거지향적 개념이 될 것이다. 즉 루소는 '자연으로 돌아가라'는 말이 글자 그대로 미개인의 상태로 되돌아가라는 말이 아니라 주장함에도 불구하고 결국은 미개인의 상태를 동경하는 과거지향적 삶을 예찬한 것이 되어버릴 것이다.

빠져 나오는 것은 원천적으로 불가능할 것이기 때문이다 루소는 사람들로 하여금 자연상태에 머물 수 없게 만드는 어떤 힘으로 말미암아, 인류가 그 존재방식을 바꾸지 않으면 멸망하게 되는 상황이 도래하게 되었다고 말한다.[40] 존재방식을 바꾼다는 것은 무엇을 의미하는가? 그것은 자연상태의 외톨이 생활을 포기하고 자기보존을 위해 사람들이 힘을 합쳐, 단 하나의 원동력에 의해 움직이게 하고 일치해서 작용하는 것이다.[41] 루소는 사람들이 가진 힘을 '일치해서 작용하는' 방법이 사회계약이라고 생각한다.

> "공동의 힘을 다해 각자의 몸과 재산을 지켜 보호해주고, 저마다가 모든 사람과 결합되면서도 자기 자신에게만 복종해, 전과 다름 없이 자유롭도록 해주는 그러한 결합형식을 찾아낼 것." 사회계약이 그 해답을 주는 근본문제란 이런 것이다.[42]

사회계약에 의해 사람들은 자연상태에서 시민상태에로 이행해 가는데, 이러한 이행을 통해 인간에게 도덕의 지평이 열린다.

> 자연상태에서 시민상태로의 이 옮아감은, 사람의 행실에 있어 본능을 정의로 바꾸고, 사람의 행동에다 전에는 없던 도덕성을 줌으로써, 사람에게 아주 뚜렷한 변화를 가져온다. 이 때 비로소 의무의 목소리가 육체적 충동의 뒤를, 권리가 욕망의 뒤를 잇게 되어, 여태까지는 자기 자신 밖엔 생각하지 않던 사람이, 다른 원리들에 비추어 행동하고, 자기 버릇에 따르기 전에 자기 이성에 물어보아야 할 처지에 놓이게 되는 것이다. 이 상태에서 비록 그는 자연으로부터 이어받은 몇 가지 이득을 포기하게 되지만, 아주 큰 이득들을 되찾게 되니, 그의 기능들은 훈련되어 발달하고, 그의 생각들은 넓어지고, 감정들은 고상해지고, 그의 넋 전체가 하도 높아져, 이 새로운 조건을 악용해서 그가 먼저 조건 이하로 떨어지는 일만 자주 없다면 그는, 자기를 먼저 조건에서 영영 끌어내어, 미련하고 못난 짐승에서

---

39) 조지 세이빈 · 토마스 솔슨, 『정치사상사2』(서울, 한길사, 1984) 753쪽.
40) 장 자크 루소, 『사회계약론』, 131면. "사회계약은 계약 당사자들의 생명보전을 목적으로 삼는다"(루소, 『사회계약론』, 153쪽).
41) 장 자크 루소, 『사회계약론』, 131쪽.
42) 같은 책, 132쪽.

머리 좋은 존재 즉, 인간으로 만들어준 이 행복한 순간을 노상 축복하게 될 것이
다.[43]

    당연한 말이지만, 우리는 이 구절에서 루소가 맹목적으로 자연상태를 예찬하고 사회상태를 비난한 것이 아님을 알 수 있다. 오히려 루소는 자연상태의 인간에게는 그 미약한 싹만이 보였던 인간의 완성가능성은 사회상태에서 크게 촉진되고 그 결과 동물 수준에 머물던 인간이 드디어 인간다운 인간으로 완성되어 간다는 주장을 펼치고 있음을 볼 수 있다.

    그러면 루소가 말하는 일반의지란 것이 어떤 것이기에 일반의지를 따름으로써 인간은 시민적 자유를 누릴 수 있는가? 사람들은 일반의지라는 용어를 루소가 최초로 고안해서 쓴 것으로 알고 있지만, 사실은 디드로가 그 용어를 최초로 만들었다. 디드로는 '인류의 일반의지'라는 용어를 사용했는데, 그에게 있어서 그것은 자연법의 전통에 따르는 국제법의 의미를 지니는 것으로 그런 국제법은 오성의 순수한 활동의 결과로 산출된다. 그런데 루소가 말하는 일반의지는 국가 간의 질서를 규율하는 것을 목적으로 하는 것이 아니다. 그것은 모든 인류에게 보편적으로 적용되는 것이 아니라, 특정 정치공동체의 시민에게만 적용되는 것이다. 그리고 루소가 말하는 일반의지는 오성의 순수한 활동의 결과로 산출되는 것이 아니라, 다수의 인간들이 서로의 생존을 위해서 계약을 맺을 때 생성된다.[44] 사회계약을 통해 생성되는 일반의지는 전체의지와는 구분되어야 한다. 전체의지는 사사로운 이익을 추구하는 개별의지들의 합계에 불과하다. 그러나 "의지를 일반화하는 것은, 투표의 수효보다는 그 표들을 하나로 묶는 공동이익이라는 사실이 여기서 이해되어야 한다"[45]는 말에서 알 수 있듯이, 일반의지는 공동의 이익만을 추구한다. 이러한 일반의지는 항상 공명청대하고 정당하다.[46] 루소는 인간에게는 공익을 추구하는 일반의지와 사익을 추구하는 개별의지 양자가 다 들어 있으며, 이 양자가 대립하는 것으로 생각한다. 그러면 이런 대립 상황에서 어떻게 자유가 확보될 수 있는가? 사회계약의 본질을 설명하는 루소의 다음 말에 그 해답이 숨어 있다.

---

43) 장 자크 루소, 『사회계약론』, 137-138쪽.
44) 김용민, 『루소의 정치철학』(서울, 인간사랑, 2004), 36-37쪽 참조
45) 장 자크 루소, 『사회계약론』, 151쪽.
46) 같은 책, 147쪽.

우리는 저마다가 자기 몸과 모든 힘을 공동의 것으로서 일반의지의 최고 지도 아래 둔다. 그래서 우리는 각 구성원을 전체의 분할될 수 없는 부분으로서 다 함께 받아들인다.[47]

이런 관점에서 보면, 국가의 구성원인 인민은 모두 각자 스스로가 주권자의 일원인 동시에 이 주권자에 복종하는 국가의 일원인 것이다. 즉 인민은 모두 주권자인 동시에 신민이 되고, 따라서 각자가 주권자 혹은 일반의지에 복종하면서 어떻게 자유로울 수 있는가는 문제가 되지 않는다. 주권 또는 일반의지는 그 자신의 의지에 지나지 않으므로, 일반의지에 복종하는 것은 결국 자기 자신의 의지에 복종하는 것이 되기 때문이다.[48] 그러므로 특정의 정치공동체의 구성원이 진정 그 공동체에서 자유롭기를 원한다면, 자신의 사익추구적 개별의지를 공익추구적 일반의지에 복종시켜야 할 것이다. 문제는 일반의지에 거역하는 개인을 어떻게 처리해야 하는가 하는 것이다. 이에 대해 답하면서 루소는 루소 연구가들에게 문제를 안겨준 하나의 개념을 소개한다.

따라서 헛된 법전이 되지 않기 위해 사회계약은, 그것만이 다른 약속들에 효력을 줄 수 있는 그러한 약속을, 일반의지에 따르기를 거부하는 자는 누구나 다 단체 전체의 강요를 당하게 될 것이라는 약속을 은연중에 내포하고 있는 것이다. 이는 그가 자유로워지도록 강요당할 것이라는 것 말고는 다른 것을 뜻하지 않는다.[49]

이 인용문에서 루소는 '자유로워지도록 강요당한다'는 아주 역리적逆理的인 표현을 쓰고 있다. 이 구절은 루소가 전체론자임을 말해주는 결정적 표현으로 해석되었다. 각각의 정치공동체들이 그 시민들에게 일반의지에 의해 세워진 법을 강제한다면, 이는 확실히 전체주의적인 것이 될 것이다. 자연상태의 자연인이 누리는 자유는 아무리 그것에 '자연법칙 그 자체를 문제시하고 그것에 저항하는 의지로서의 자유'의 요소가 들어 있다 하더라도, 그 자유는 어디까지나 개별적 자연인이 하나의 독립체로서 아무런 제약이 없이 자기 하고 싶은 대로 살아가면서 누리는 자유이다. 이 자유에는 당위와 유혹의 갈등

47) 장 자크 루소, 『사회계약론』, 133쪽.
48) 신상초, 『루소』(서울, 의명당, 1983), 169쪽 참조.
49) 장 자크 루소, 『사회계약론』, 137쪽.

이 없다. 그러나 사회계약을 통해 성립된 사회상태에서 누리는 자유에는 아무래도 당위(일반의지)와 유혹(개별의지)의 갈등위에 있는 자유로, 이 경우 자유는 공동체의 공익에 저촉되는 것에 제동을 걸기에 개별자의 '하고 싶음'에 부정적이다. 따라서 시민에게 '자유로워지도록 강요하는' 것은 명백히 전체주의적 억압이 될 것이다. 이 대목에서 루소는 과연 개인주의자인가 전체론자인가 하는 해묵은 문제가 발생하게 된다.[50]

루소의 저술에서 자유에 관한 신념을 표현한 문장은 많지만 그 가운데 가장 유명한 말은, "인간은 자유롭게 태어났으나 도처에서 쇠사슬에 묶여 있다"는 『사회계약론』 서두의 선언일 것이다. 반면에 가장 악명 높은 문장은 "자유로워지도록 강제되어야 한다"는 말이 될 것이다. 이 두 문장에서 전자는 … (중략) … 자유와 평등을 추구하는 루소 사상의 진정한 가치를 드러내는 것으로 평가 받아 왔다. 반면에 … (중략) … 후자의 명제는 … (중략) … 자유의 이름을 내걸고 자유를 교살한 수많은 전체주의적 범죄들을 정당화하려는 의도를 숨긴 것이라고 비난 받아 왔다.[51]

루소의 일반의지 개념은 단순하지만 그 실제적 함축은 평가하기가 곤란하다. 개인의 도덕적 자유와 자율에 대한 루소의 강조는 그를 '자유의 철학자'로 생각하는 사람도 있지만, 사회적 책임에 대한 루소의 강조가 극단적인 결론에 도달하면 루소를 근대 전체주의의 선구자로 만든다고 주장하는 사람도 있다.[52]

이 문제 즉 '자유롭도록 강제되어야 한다'는 표현에 내재된 해석상의 문제에 대해 김성옥은 자유와 강제의 상치를 문제삼아 루소를 비난하는 것은 지나치다고 말하면서 블룸의 견해에 의지하여 다음과 같은 해결책을 제시한다.

루소의 강제 개념은 일반의지의 표현인 법에 복종하는 준법의식을 갖도록 교육

---

50) 이에 대해서는 J. W. Chapman, *Rousseau : Totalitarian or Liberal*, New York, AMS Press, 1968 참조. 그리고 신상초의 『루소』 162-164쪽 참조.
51) 장세용, 「루소의 자유론」, 400쪽.
52) 박성호(편역), 『루소 사상의 이해』(서울, 인간사랑, 2009), 496쪽.

되어야 한다는 의미, 인민이 집회에서는 항상 개인의 사적 의지의 관점에서가 아니라 '공익 우선의 원칙'인 일반의지의 관점에서 발언하고 투표할 수 있도록 공익의식을 가져야 한다는 의미, 파당 없이 그리고 실질적으로 자유로운 인민의 집회에서 통과된 것이라면, 그것이 곧 인민의 일반의지임을 인정하고 자신의 견해가 그와 다르더라도 승복해야 한다는 의미일 뿐이다. 루소는 분명 일반의지(법)에 의해 제한되지 않은 여타의 분야에서의 사적 의지의 활동을 강제해야 한다고 생각하지 않았다.[53]

그러나 이러한 해석 역시 루소의 다음과 같은 주장에 직면하여 설득력을 상실하게 될 것이다. "그러니 일반의지의 표명을 제대로 가지려면, 국가 안에 부분적인 사회가 없어야 한다."[54] 일반의지가 지배하는 사회에서는 그 어떤 시민 불복종 운동도 허용될 수 없을 것이다.

V. 도덕적 자유

루소가 말하는 도덕적 자유의 개념이 정확하게 무엇인가를 파악하는 것은 결코 쉬운 일이 아니다. 필자가 보기에 루소의 자유론을 집중적으로 조명하며 다루고 있는 장세용의 논문 「루소의 자유론」은 적절한 문제제기와 문제를 끝까지 붙잡고 씨름하는 학문적 끈기를 보여주고 있음에도 불구하고, 이 개념을 명료하게 설명하는 데 실패하고 있다. 그는 시민적 자유와 도덕적 자유를 명쾌하게 구분하지 못하고 있는 듯하다. 물론 다음처럼 항변할 수도 있겠다.

루소에 의하면 상호 소통이 없이 외톨이 생활을 하는 자연상태의 인간들은 미덕과 악덕의 구분, 정의와 불의의 구분도 모르고 따라서 도덕 이전의 존재요, 이들은 육체적 본능을 추종하는 형편없는 존재이며, 아직 '완전한 인간'이 아니다. 그리고 이들이 도덕적인 존재가 되는 것은 서로간의 만남을 통해 이성을 발달시키

---

53) 김성옥, 「루소의 일반의지」(『사회철학대계』 제1권, 서울, 민음사, 1993에 수록되어 있음) 335~336쪽.
54) 장 자크 루소, 『사회계약론』, 148쪽.

고 사회를 형성하면서이다. 루소 자신도 『사회계약론』에서 자연상태에서 사회상
태로의 변화는 어리석고 무지한 동물을 지적인 존재이자 인간으로 만들어준 행
복한 순간이라고 말했다. 이런 관점에서 본다면 사회생활을 하면서 인간은 도덕
과 도덕적 자유에 눈을 뜨게 되는 것이니, 결국 시민적 자유와 도덕적 자유가 동
전의 앞 뒷면인 듯이 보이며, 이 양자가 잘 구분되지 않는 것은 당연한 것이라고
말할 수 있는 측면이 있다.

그러나 루소가 비록 용어를 혼란스럽게 사용하고 또 애매하고 때로는 상호모순적으
로 보이는 발언을 하긴 하지만 그는 사회적 자유와 도덕적 자유라는 용어를 동의어로
사용한다고 말한 적이 없기에 이 양 개념은 명료하게 구분될 필요가 있다. 김용민은 도
덕적 자유에 대한 보다 나은 설명을 제시한다. 그에 의하면 자연적 자유가 공동체를 지
배하는 최고원리인 일반의지에 의해 시민적 자유로 전환되는데, 이 시민적 자유는 다음
과 같은 한계를 갖는다.

일반의지가 한 국가에 특수적인 것인 한, 시민적 자유는 인류에게 보편적인 자유
로 발전될 가능성은 없게 된다. 시민적 자유는 주권이 미치는 국가의 경계 안에
서만 보장되는 것이다. 그렇다면 사회 상태에 사는 인간에게 보편적 자유는 상실
되는 것인가? 루소는 국가란 경계를 뛰어넘어 존재하는 도덕적 자유란 개념을 통
하여 신적인 자유에로의 비상을 시도하고 있다.[55]

루소의 일반의지가 비록 항상 공명정대하고 옳은 것이라 하더라도, 그것의 효력 범
위는 특정 정치 공동체에 제한되기 때문에, 각각의 정치공동체들을 지배하는 일반의지
들 간에 충돌이 발생할 수 있다. 루소는 이 사실을 아주 분명하게 이해하고 있었으며,
이 문제를 해결하기 위해 고민했다. 그는 시민과 인류를 대비시키고 있다. 시민은 조국
애로 무장한 사람이다. 시민은 오직 조국만을 바라보며, 조국을 위해서 목숨을 바치기
도 한다. 조국과 분리되어 홀로 있을 때 시민은 아무것도 아니다. 조국이 없어지면 그
는 더 이상 존재하지 않는 것과 마찬가지이며, 죽지 않는다 하더라도 그는 죽음보다 더

---

55) 김용민, 『루소의 정치철학』 130쪽.

못한 상태에 있게 된다는 것이 루소의 생각이다.[56] 자연스런 귀결이지만 시민의 애국적 감정은 외국인에 대한 배척으로 표현된다.

루소는 『에밀』에서 다음처럼 말한다.

> 모든 애국자는 다 외국인에 대해서 냉혹하다. 외국인들은 단지 인간일 뿐이며, 애
> 국자의 눈에는 그 이외의 아무것도 아니기 때문이다. … (중략) … 스파르타인은
> 이민족에게는 야심가며 탐욕적이었으며 불공정하였다. 그러나 그들의 성벽 안에
> 서는 무욕과 공정과 화합이 넘쳤다.[57]

애국자란 인간을 희생시키면서 자기 나라 사람을 우선시 하는 사람이라면, "인간 (homme)'이란 나머지 인류를 희생시키면서까지 자기 국민을 우선시하길 원하지 않는 사람을 말한다."[58] 시민에게는 애국심이 최상의 덕목이라면, 인간에게는 인류애가 최상의 덕목이다. 그래서 루소는 『산에서 쓴 편지들』(Lettres écrites de la montagne)에서 다음처럼 말한다. "조국애와 인류애란 이를테면 그 에너지에 있어 양립할 수 없는 두 가지 미덕이다."[59] 루소는 같은 맥락에서 "한 인간을 만드느냐 한 시민을 만드느냐의 어느 한 쪽을 택할 수밖에 없다. 왜냐하면 동시에 두 부류의 사람을 만들 수는 없기 때문이다."[60] 고 말하기도 한다. 현실의 순서나 논리에서 우리는 먼저 시민이 된 뒤에 인류를 생각하게 된다. 그러니 현실적으로 시민이 다른 나라의 이익보다 조국의 이익을 우선시하는 것은 너무나 당연하다. 그런데 이성의 순서나 논리로 보면, 인류가 있고서야 시민이 있다. 인류의 외연은 시민의 외연을 포괄한다. 인류가 없으면 시민도 없다. 인류의 입장에서 보면 애국심은 편협한 감정이요, 제거되고 극복되고야 할 감정이다.

> 조국애에 내재하는 결점이란 무엇인가? 시민은 인류의 일부에 지나지 않는 것을
> 편애함으로써 근본적인 원리인 평등의 원리를 위반한다는 것이다. 즉 공공연하

---

56) 츠베탕 토도로프, 『덧없는 행복 : 루소 사상의 현대성에 관한 시론』, 56쪽 참조.
57) 장 자크 루소, 『에밀』(상), 28~29쪽.
58) 츠베탕 토도로프, 『덧없는 행복 : 루소 사상의 현대성에 관한 시론』, 55쪽.
59) 같은 책, 55쪽에서 재인용
60) 장 자크 루소, 『에밀』(상), 28쪽.

게 표명하는 것은 아니지만, 인간은 평등하지 않다는 것을 인정한다는 것이다.[61]

카토가 조국애의 논리를 대표한 위대한 시민이었다면, 소크라테스는 인류애의 논리를 대표한 위대한 세계시민주의자였다. 루소는 시민적 자유가 갖는, 앞서 말한 그러한 한계를 극복하기 위하여 도덕적 자유의 개념을 도입한 것이다.

『사회계약론』에서 규정된 시민적 자유는 법에서 찾을 수 있지만 도덕적 자유는 법에서 찾을 수 없다. 도덕적 자유는 사람의 마음 깊은 곳에 양심과 이성에 의하여 쓰여진 자연과 질서의 영원한 법에 존재한다. 『사회계약론』이 시민적 자유를 정치적 권리로 확립시키고 있다면, 『에밀』은 도덕적 자유의 회복을 목적으로 하고 있다.[62]

루소가 『에밀』 제5부 말미에서 도덕적 자유에 대해 다음과 같은 의미심장한 말을 한다.

세상에는 나쁜 짓을 하는 사람 외에는 노예라는 것은 없다. 왜냐하면 그런 자는 반드시 **자기 의사에 반대되게** 악을 행하는 자이기 때문이다. 자유는 어떠한 형태의 정부에도 없다. 자유는 자유로운 인간의 마음 속에 있다. 자유로운 인간은 어디를 가나 자유를 지니고 있다. 비열한 인간은 어디를 가나 예속성을 지니고 있다. 어떤 사람은 제네바에 있어도 노예이고 어떤 사람은 파리에 있어도 자유로울 것이다.[63]

심프슨은 시민적 자유와 도덕적 자유의 차이점을 다음과 같은 재미난 예로 설명하고 있다.

---

61) 츠베탕 토도로프, 『덧없는 행복 : 루소 사상의 현대성에 관한 시론』, 61쪽.
62) 김용민, 『루소의 정치철학』, 130쪽.
63) 장 자크 루소, 『에밀』(하), 427쪽. 김중현이 옮긴 『에밀』(서울, 한길사, 2009, 856쪽)에서는 고딕체로 강조된 부분은 '자기 의지에 반해'로 번역되어 있다. 영역본(*Emile*, London, Everyman's Library, 1974)에는 'against his will'로 되어 있다. 필자는 김중현의 번역이 더 적합한 것으로 판단한다.

그(루소)는 도덕적 자유를 자율, 혹은 '자신에게 스스로 부과한 법에 대한 복종'(『사회계약론』)으로 정의했다. 어떤 점에서 이런 종류의 자유는, 그것이 강제나 방해없이 그들 스스로 선택한 것에 따라 행위하는 개별 시민들의 힘을 언급하는 한, 시민적 자유와 유사하다. 시민적 자유가 대안적 행동들에 대한 외적 방해의 부재를 언급하는 것이라면 도덕적 자유는 적어도 부분적으로 내적 방해에 관계한다. 서론부에서 나는 요점을 설명하기 위해 몇 가지 예들을 사용했는데, 첫 번째 예에서 나는 술주정뱅이 예를 들었다. 그는 진정으로 만약 그가 금주를 한다면 자기 인생은 나아질 것이라고 믿고 있지만, 그렇게 하지 못하고 술에 절어 산다. 그런데 그가 술을 금지하지도 않지만 그렇다고 마시기를 강제하지도 않는 사회에서 살고 있다고 해보자. 이 사람은, 법이 침묵하고 있다는 의미에서, 다시 말해서 타자로부터 방해받음이 없이 그가 원하는 것을 할 수 있는 공간을 법에 의해 보호받고 있다는 의미에서, 시민적 자유를 소유하고 있다. 그러나 그는 루소가 말하는 도덕적 자유를 소유하고 있지는 못하다. 왜냐하면 무엇이 선한 것인가 하는 데 대한 그 자신의 판단에 따라 살 능력이 없기 때문이다.[64]

VI. 칸트에 있어 자율적 자유의 세 가지 구성요소와 루소

우리는 지금까지 루소의 자유론을 분석하면서, 루소의 자연적 자유에는 자연의 기계적 법칙에 저항하는 의지의 자발성의 요소가, 시민적 자유에는 일반의지의 자기입법성의 요소가, 도덕적 자유에는 시민적 자유가 갖지 못하는 보편성의 요소가 있음을 밝혔다. 이제 필자는 이 세 가지 요소가 칸트의 자유론에서 고스란히 발견되고 있음을 살펴보고자 한다. 칸트 자유론도 루소의 자유론 못지않게 복잡하게 전개되고 있는데,[65] 여기서는 칸트가 말하는 '자율로서의 자유'에 대해서만 다룰 것이다.

칸트에 의하면 도덕적 행위 주체인 인간은 현상적 측면에서는 철저하게 인과법칙의 지배하에 놓여 있다. 여기서 현상적 측면이란 곧 신체, 욕망, 감정의 측면을 말한다. 인

---

64) M. Simpson, *Rousseau's Theory of Freedom* (New York, Continuum, 2006), p.92.
65) 이에 대한 자세한 논의는 필자의 『칸트 윤리학과 형식주의』(대구: 경북대학교 출판부, 2006) 제5장, 제6장 참조.

간의 신체와 욕망과 감정은 철두철미 인과법칙의 지배하에 있는데, 인과법칙이란 곧 기계적 법칙이니, 현상적 측면에서 고찰된 인간은 기계요 따라서 자유가 없다. 그런데 만약 인간이 현상적 측면만을 갖는다면 그런 인간은 도덕적 행위주체가 될 수 없겠다. 도덕적 행위주체는 자신의 행위 결과에 대해 책임질 수 있는 존재여야 하는데 인과법칙의 지배하에 있는 존재는 책임질 수 없는 사물적 존재에 불과하기 때문이다. 그래서 칸트는 자유는 도덕법칙의 존재근거요, 도덕법칙은 자유의 인식근거라는 유명한 말을 한다.[66] 그런데 인간은 다른 한편 예지적 측면에서 고찰될 수 있다. 이 측면에서 고찰될 때 인간에게는 인과법칙으로부터 벗어나서 행위 할 수 있는 의지의 능력, 즉 자유를 갖고 있다. 칸트가 예지적 측면에서 고찰된 인간 의지의 능력으로서 자유를 말할 때, 우리는 루소가 말하는 자연적 자유의 의지 자발성을 떠올리게 된다. 앞서 살펴보았듯이 루소가 말하는 자연적 자유는 자연법칙에 저항하여 행위하는 영혼의 능력이다. 루소는 인간에게 이 능력이 없다면 인간은 동물과 구별될 수 있는 아무런 근거도 갖지 못한 것으로 생각한다. 아무리 강조해도 지나침이 없는 것은 루소가 말하는 자연적 자유는 자연상태에서 외톨이 생활을 하는 자연인이 욕망에 따라 자유롭게 행동하는 것이 아니라는 사실이다. 자연적 자유가 그런 것이라면, 그런 자유는 동물들도 갖고 있는 것이 될 것이다.

　원래 칸트가 말하는 자발성은 선험적 자유의 자발성으로서, 이 자발성은 하나의 인과계열을 스스로 개시하는 능력으로서의 자발성이다. 그러나 칸트는 이 능력을 자율적 자유에도 인정한다. 그에게 있어서 하나의 도덕적 행위를 하는 것은 하나의 새로운 인과계열을 개시하는 것이나 마찬가지이다. 그러나 이 자율적 자유의 자발성은, 루소가 말하는 시민적 자유의 자기입법성을 보탬으로써 더 완벽해진다. 루소는 인간은 어차피 평화롭던 외톨이 생활을 하던 자연상태로 되돌아 갈 수는 없는 노릇임을 인정한다. 사회상태는 되돌릴 수도 부정할 수도 없는 현실이다. 그럼에도 불구하고 루소는 이 현실 위에서 어떻게 하면 자연상태의 인간의 선성 즉 자유를 회복할 수 있을 것인가 하는 문제로 고민하게 된다. 루소는 사회 속의 인간들을 일반의지를 가진 '하나의' 인간으로 만들어 버림으로써 이 문제를 해결하려 했다. 바로 이 때문에 루소는 전체주의자로 해석될 여지를 남긴다. 이 하나의 인간은 자기가 만든 법에 스스로 복종한다. 자기입법적 자율성이 성립하게 된다. 이렇게 되면 법은 더 이상 속박이나 구속이 아니다. 일반의지가

---

66) I. Kant, *Kritik der praktischen Vernunft*, p.4 참조.

자신이 만든 법에 자신이 복종하는 것은 그야말로 일반의지의 자유이자 자율이다. 칸트 역시 의지를 자기입법의 능력을 가진 어떤 것으로 보고 있으나[67] 이는 전적으로 루소의 일반의지에 대한 이론으로부터 배운 것이다.

　루소는 하나의 사회를 일반의지를 가진 하나의 인간처럼 만들어 버리면서, 사회 전체의 의지와 개개 인간의 의지를 일치시켰고, 그러면서 시민으로서의 자기입법적 자유를 확보하게 되지만, 그 자유는 전인류적 차원의 보편성을 갖지 못한다는 치명적 문제점을 노출시키고 있음을 알아차렸다. 이 문제를 해결하기 위해 그는 도덕적 자유의 개념을 도입하였지만, 필자가 보기에 루소가 시민적 자유와 도덕적 자유의 갈등과 대립을 해결·해소하였다고 생각하지는 않는다. 루소가 만나게 된 이 갈등은 국가, 종교, 문화에 따른 각각의 지역윤리와 전 인류에게 타당한 세계보편윤리의 갈등과 같은 것으로 누구라도 해결하기 힘든 문제이다. 그러나 칸트는 이 문제를 윤리적 형식주의라는 학문적 전략을 택함으로써 해결하려 했다. 그는 윤리적 형식주의를 택하면서 단번에 자유에 그 존재근거를 두고 있는 도덕법칙은 논리적으로 보편화 가능해야 한다는 입장에 도달한다. 이 입장에 서면, 윤리학은 적어도 그 형식에 있어서 수학과 같은 학문으로 이해된다. 루소가 각각의 사회를 일반의지를 가진 하나의 인간들로 만들었다면, 칸트는 전인류를 선험적 차원에서 순수의지를 가진 하나의 인간으로 만들었다. 그러니 루소에게는 여전히 일반의지가 국경 혹은 사회의 한계를 넘어서면 다른 일반의지와 마찰을 일으키지만 - 루소의 일반의지는 여전히 지역성과 특수성을 갖고 있다 - 칸트의 순수의지(실천이성)는 자기 이외에 타자가 없기에, 불화하고 마찰을 일으킬 일도 없다. 칸트는 루소가 마주쳤던 문제를 윤리적 형식주의 전략으로 해결하려 하지만, 그의 이런 시도 역시 성공적이지는 못하다는 것이 필자의 생각이다.

Ⅶ. 결론

　카시러는 "루소의 자연 개념은 그의 가장 절친한 친구들조차도 오해했었는데, 칸트는 아마도 그 개념의 장점을 가장 공평하게 평가한 최초의 인물일 것이다"고 말하는

---

67) I. Kant, *Kritik der praktischen Vernunft*, p.50 참조.

데,[68] 우리는 더 나아가서 칸트야말로 루소의 자유개념이 가진 폭발력을 가장 정확하게 파악하고 그 문제점을 가장 정밀하게 선험철학적 지평에서 해결하려고 한 사람이라고 말할 수 있을 것이다. 물론 우리는 루소 자유론의 세 가지 요소가 칸트 자유론에서 발견된다 하더라도, 칸트 자유론의 독창성이 훼손되는 것은 아니라고 생각한다. 칸트는 루소에게서 발견되는 이 세 가지 요소를 자신의 선험철학적 지평에서 유기적으로 통합시키고 있기 때문이다.

---

68) E. Cassirer, *Rousseau, Kant, Goethe*, p.11.

칸트의 종교철학 :
칸트에 있어서 근본악(根本惡)과 신

신옥희(이화여대)

1. 문제제기

　지금까지의 칸트 연구가들은 칸트의 도덕적 신존재 증명을 취급할 때 거의 모두가 주로 「실천이성비판」(*Kritik der praktischen Vernunft*, 1788)에 관심을 집중하였다. 그리고, 이 문제와의 관련에서 거의 결정적으로 중대한 의의를 가지고 있는 종교철학적 저서 「이성의 한계안에서의 종교」*(*Die Religion innerhalb der Grenzen der blossen Vernunft*, 1793)는 경시되거나 무시되어 온 형편이다.

　그런데 이와 같이 칸트의 종교철학을 연구한다고 하면서 그에 관한 연구를 제이비판에 한정하고 「종교론」을 도외시하는 종래의 접근방식들은 칸트의 종교철학을 완전하게 파악하였다고 볼 수는 없다. 왜냐하면 칸트의 도덕적 신존재 증명은 「실천이성비판」에서 완결되는 것이 아니라 「종교론」에서의 수정, 보완 및 구체적인 예증을 통하여, 보다더 심화되고 설득력있는 형식과 내용을 갖추게 되는 것이기 때문이다.

　본 논고는 칸트의 도덕적 신존재 증명이 「종교론」에서 비로소 최종적으로 완결된 형태에 도달한다는 테제의 증명을 중심과제로 하며, 이를 통하여 칸트의 철학사상의 전체적인 발전과정 안에서 그의 「종교론」이 차지하는 중대한 의의를 밝혀보고자 한다.

　「종교론」에서 칸트는 자기의 도덕적 이성신앙의 본질을 계시 신앙과의 긴밀한 관련속에서 밝히는 방식을 취하고 있다. 따라서 이 저술속에서는 기독교의 전통적 신앙 내용들 즉, 원죄론, 구원론, 기독론, 신국론 등의 교리들이 논의의 기본소재로 등장하고 있다. 이러한 방법론적, 내용적 특성 때문에 「종교론」은 그의 철학적인 진가를 인정받지 못하고 심지어는 철학적으로는 별로 의미가 없는 신학적 호교론적 저술로 오인되기가 일쑤였다. 그러나 「종교론」은 칸트의 "철학적" 저술로서 그의 도덕철학의 연장선에 있다. 「종교론」에 있어서의 칸트의 근본 의도는 전혀 신학적인 것이 아니다. 즉 여기서 그의 근본의도는 기독교적 신앙내용을 정당화하려는 데 있었던 것이 아니라 기독교의 계시와는 전혀 다른 근원 즉 순수이성의 근원으로부터 획득된 도덕적 이성신앙의 필연성과 가능성을 기독교의 역사적 교회신앙을 매개로 하여 구체적으로 제시하려는데 있었던 것이다. 칸트의 종교철학과 기독교 신학 사이의 긴밀한 관련은 특히 「종교론」에서는 너무나도 두드러지게 드러난다.[1] 그러나 그렇다고 하여서 이 「종교론」에서의 그의 철학적인 작업을 신학으로 오인한다는 것은 두개의 서로 다른 근원들을 혼동하는 과오를 범하는 것이 된다. 사실에 있어서 칸트 자신이 이같은 혼동의 피해자로서, 문제의 이 저서 제1판 서문에서 철학과 신학의 독립된 두 영역들을 혼동한 당시의 정부 검열관들의 잘못을 책망하고 그러한 혼동의 위험성에 관하여 경고하고 있다. 그리고 칸트는 여기서 자기 자신의 입장을 "종교에 관한 철학적 연구가"(ein philosophische Religionsforscher)[2]의 입장으로 분명히 밝히고 있다.

엄밀히 말해서, 「종교론」에서의 칸트의 근본적 관심사는 도덕과 종교, 철학과 신학의 경계선에 서서 이 두 영역의 각각의 고유한 경계를 침범함이 없이 이 두 영역간의 긴밀한 상호관련을 확립하는 철학적 모험을 수행하는데 있었다.

교회신앙의 기본교리들을 매개로 하여 전개되는 「종교론」에서의 칸트의 도덕적 신존재 증명은 다음과 같은 세 가지 측면에서 제이비판서의 신존재 증명을 수정하고 보완한다.

첫째로 「종교론」의 근본주제인 소위 "근본악"의 개념은 「실천이성비판」에서 신존재증명의 매개체로 사용되고 있는 "최고선"(das höchste Gut, summum bonum)의 개념보다 훨씬 더 자연스럽고 생생하게 도덕과 종교 사이의 긴밀한 관련을 성립시켜 준다. 이 점에 대한 보다 더 자세한 논의가 이 논고의 제2장인 "근본악과 자유"의 내용이 될 것이다.

---

1) W. Schulz는 루터교 경건주의를 배경하고 있는 칸트의 철학사상과 프로테스탄트 신학과의 긴밀한 관련을 밝히는 「프로테스탄트 철학자로서의 칸트」(*Kant als Philosoph des Protestantismus*, 1961)라는 저서를 썼다.
2) Vorrede zu Zweiten Anflage, XXIII.

둘째로, 「종교론」은 도덕과 종교, 도덕적 인격과 신의 존재 사이의 관계를 순수 예지적인 피안의 차원에서 밖에 설정할 수 없는 「실천이성비판」의 이론적 한계를 돌파하고 도덕적 인격이 그의 차안적 시간적인 현실 속에서 만나게 되는 신의 존재의 가능성을 증명하여 준다. 이 문제에 대해서는 이 논고의 제3장, "도덕적 인격과 신"에서 다루게 될 것이다.

셋째로, 「실천이성비판」에서는 신존재 증명이 단지 순수예지적으로 파악된 개체적 도덕적 인격의 이념과의 관련에서 최고선의 개념을 매개로 하여 "간접적"으로 성립되고 있는데 반하여, 「종교론」은 도덕적 인격의 협동적 공동체의 이념이 직접적으로 드러내는 선의 존재의 필연성에 도달하고 있다. 「종교론」에서 도덕적 인격은 고립된 개체로서가 아니라 이 세상 안에서 타자와 함께 하는 지상에서의 윤리적 사회공동체의 一員으로서 도덕적 최고입법자인 신과의 긴밀한 관계에 들어가게 된다. 신은 개체적ㆍ도덕적 인격을 위한 필연적인 요청(Postulat)일 뿐 아니라, 신의 존재는 도덕적 인격이 윤리의 왕국 곧 신국의 건설이라는 공동적인 도덕적 목적을 위하여 구성하는 윤리적 공동체에 대해서도 필연적 요청으로서 실천적 타당성을 가진다고 주장하는 것이 「실천이성비판」에서는 볼 수 없는 「종교론」의 특이성이다.

악의 원리에 대한 선의 최후 승리인 지상에서의 신국건설의 문제와 관련된 신에 대한 논의는 본 논고의 제4장 "이성종교와 계시종교"에서 전개하게 될 것이다.

2. 근본악과 자유

「종교론」의 근본악 사상은 이성적 인격존재의 자유의지를 극히 의심스러운 것으로 만든다. 칸트는 인간을 경험적 제약성에서 독립한 예지적 자유의 주체로 부각시키는 그의 제이비판서 「실천이성비판」(*Kritik der praktischen Vernunft*, 1788)과 도덕형이상학원론(*Grundlegung zur Metaphysik der Sitten*, 1785)에서의 낙관적 인간이해의 입장을 버리고 「종교론」에서는 근본악의 영향 밑에 있는 인간존재의 어두운 비참성을 강조하는 비관적인 인간이해의 방향으로 그의 입장을 바꾸었다. 칸트의 이같은 방향전환은 그 당시의 계몽주의의 낙관적 인간긍정의 시대사조에 역행하는 것이었다. 그러므로 그의 동시대인들, 특히 괴테(Goethe, 1749-1832)는 칸트의 방향전환을 못마땅히 여기며 "칸트가 불법하게도 그의 철학의 의무를 근본악이라는 오점으로 망쳐놓았다"고 힐난하였다.[3] 쉴러(Schiller, 1759-1805)도 "근본악이라고 하는 칸트의 가정은 "화가 치밀게 하는 것이라"고 논평하였다.[4] 그러나 칸트의 근본악은 야스퍼스(Jaspers, 1883-1939)가 옳게 지적하고 있는 바와 같이 계몽주의자들의 "심미적 인간주의(ästhetischer Humanismus)의 사고방식이 보통 지나쳐 버리는 심연"을 들여다 볼 수 있게 하는 칸트 사상의 심오한 깊이를 나타내는 것이다." 칸트는 그의 근본악 사상을 통하여 계몽주의 시대의 소박한 낙관적 이성주의를 극복한 것이라고 보아서 좋겠다.

더 나아가서 「종교론」에서 비로소 개념적으로 정식화되어 이론 전개의 전면에 나서게 되는 근본악의 사상은 칸트의 소위 도덕적 신존재증명의 성격과 구조를 획기적으로 변화시키는 계기가 되었다. 「종교론」에서 근본악과의 본질적인 관련에서 파악되는 도덕적 인격의 존재구조는 「실천이성비판」에서 논의의 주제로 등장하는 도덕적 인격의 그것과 질적으로 다른 것이다. 「실천이성비판」에서도 인간존재는 감성적(感性的)이며 이성적 존재로서 그의 이중구조에서 파악되며 도덕적 행위에 대한 감성적 측면의 영향이 강조된다.[5] 다시 말하면 최고선의 이상과 관련된 실천이성의 이율배반을 야기하고 그의 해결을 위하여 영혼의 불멸을 요청하지 않을 수 없게 하는 감성적 경향의 세력은 「실천이성비판」에서도 심각한 문제로 부상하고 있음을 부인할 수 없다.[6] 그러나 「실천이성비판」의 근본적 관심사는 감성적인 경향의 세력을 강조하는데 있는 것이 아니라, 그와 같이 강력한 감성적 경향에도 불구하고 자기입법적인 인격의 존엄성을 보존할 수 있는 이성적 의지의 주체 즉 감성의 제약에서 절대적으로 자유한 예지적 자아의 객관적 실재성을 확립시키는데 있었다. 그리고 예지적 자아의 객관적 실재성은 "순수실천이성의 유일의 사실"로서의 도덕법에 의하여 확립 가능한 것이었다. 다시 말하면 「실천이성비판」에서는 감성적 자아로부터 자유한 예지적 자아의 존재는 실천적 적용에 한하여서 의심할 여지없이 확립되어 있다. "순수의지(der reine Wille), 혹은 순수 실천이성(reine praktische Vernunft)의 객관적 실재성은 도덕법에 있어서는 〈양심〉의 사실에 의해서 선천적으로

---

3) Karl Jaspers, "Das radikale Böse bei Kant," Rechenschaft und Ausblick, R.Piper & Co. Verlag, Müchen, S.107.

4) *Ibid.*, S.107.

5) I.Kant, *Kritik der praktischen Vernunft*. A39, 40.

6) *Ibid.*, A.221, 222.

주어져 있기 때문이다."[7] 이와같이 「실천이성비판」의 도덕적 주체는 "순수의지의 개념" 안에 내포된 "자유를 가진 원인성"(Kausalität mit Freiheit)[8]으로서 어디까지나 가상적(可想的) 존재이기 때문에 그의 실재성을 증명하기 위해서 경험적인 직관이 필요없는 존재이다.

이에 반하여 「종교론」에서 제시되는 도덕적 주체는 근본악의 어두운 그늘 밑에 있는 인간, 즉 악에의 성향(Hang zum Bösen)이 선천적으로 그의 본성 속에 깊이 뿌리박고 있어서 감성적 경향의 영향에서 벗어나는 것이 자력으로는 절대로 불가능한 존재이다. 여기에서 칸트가 전개하고 있는 근본악 사상에 의하면 인간은 인류라고 하는 종족의 일원인 한에 있어서 그리고 그의 자유 사용의 최초의 순간에 있어서 이미 도덕법을 어기는 악의 원리의 지배 밑에 있는 것이다. 칸트에 의하면 인간에게 있어서 악에의 성향은 "보편적"인 본성일 뿐 아니라 "생래적(生來的)"인 본성이다. 근본악의 심각성은 그것이 모든 준칙(準則)의 근거를 타락시키기 때문에 근본적이고 생득적(生得的)인 악[9]으로서 인간의 힘으로는 근절될 수 없는 것이라는 점에 있다. 악의 근절은 선한 준칙에 의해서만 가능한 것인데, 모든 준칙의 최고의 주관적 근거(der oberste subjektive Grund aller Maximen)가 타락하여 있기 때문이다.[10] 더 나아가서 칸트에 의하면 준칙의 최고의 주관적 근거로서의 인간의 본성이 어떤 원인에 의하여 타락하는 것인지, 즉 어떻게 해서 악이 인간의 본성을 타락시키는 것인지 그 원인을 파악할 수 없기 때문에 근본악의 문제는 이성의 한계 안에서는 해결될 수 없는 신비인 것이다. 다시 말하면, 칸트에게 있어서 근본악은 인간의 이성으로는 이해불가능하고 해결불가능한 도덕적 한계상황인 것이다.

이상에서 밝혀지는 바와 같이 「종교론」에서 등장하는 윤리적인 자유의 주체는 인간 일반에게 보편적인, 그리고 인간의 힘으로는 근절불가능한 본성적인 악에의 성향 때문에, 악의 세력에서 독립한 예지적 자유의 가능성이 의심스럽게 되어버린 타락한 도덕적 인격이다. 그런데 이와 같이 타락한 도덕적 인격의 심각한 이율배반은 악의 극복이 원칙적으로 불가능한 것임에도 불구하고 악에로의 성향에 대해서 그의 행위의 모든 순간

---

7) *Ibid*, A.203, 204.
8) *Ibid*, A.96, 97.
9) "Radikales, angeborenes Böse,"
   I.Kant, Religion innerhalb der Grenzen der blossen Vernunft, Felix Meiner Verlag. Herausg. von Karl Vorländer, 1956, S.33. 이후부터는 이 책은 Regligion으로 약칭한다.
10) Religion., S.39.

에 책임을 져야 한다는 것이다.[11] 다시 말하면 「종교론」의 도덕적 주체는 근본적으로 타락한, 그러나 그럼에도 불구하고 자기의 본래적인 선한 소질(Anlage)에 대한 무조건적인 책임을 의식하는 이율배반적인 역설의 주체인 것이다.

슈바이처(Albert Schweitzer)가 지적하고 있는 바와 같이, 「종교론」에서 문제가 되고 있는 자유는 순수실천이성 또는 순수의지의 선천적인 가상적 자유가 아니라, 근본적으로 타락한 도덕적 인격과 관계된 자유이다.[12] 즉 본성적으로 악함(von der Nature böse)에도 불구하고 선한 자기에 대한 책임을 절대로 면할 길이 없는 역설적(逆說的)인 상황 속에 있는 도덕적 주체의 불가사의한 자유이다. 칸트에게 있어서 악의 문제는 자연적인 경향과 직접적으로 관련된 것이 아니라, 자연적 경향에 근거한 동기를 도덕법에 의한 동기보다 우위에 놓는 위법적인 준칙을 선택하는 것과 관계되어 있다.[13] 그러므로 악에의 성향이라는 개념자체가 필연적으로 자유의 개념을 내포하고 있는 것이다.[14] 이것은 선의 개념이 필연적으로 자유의 개념을 내포하고 있는 것과 마찬가지인 것이다.

칸트의 근본악 사상의 역설적인 인간관에 의하면 악에의 성향은 인간의 근원적인 본성에 깊이 뿌리 박고 있는 것이기는 하나, 그것은 역시 인간이 스스로 그의 본성 안에 끌어들인 비본래적인 것이며, 인간은 그의 뿌리깊은 악에의 본성에도 불구하고, 선에로의 본래적 자연적 소질을 여전히 그대로 보존하고 있다.

칸트는 구약성서 창세기에 나오는 아담의 타락에 의한 원죄의 신화가 그 자신의 근본악 사상을 잘 표현하고 있음을 지적하고 있다. 원죄신화에 대한 칸트의 철학적 해석에 의하면 인류의 원조인 아담의 원죄는 감성적인 본능의 충동을 신의 명령보다 우위에 두는 준칙선택의 행위에서 비롯된 것이다. 원죄설화에 의하면 아담의 타락은 본래 그 자신 속에서 우러나오는 것이 아니라 뱀이라고 하는 외적 존재의 유혹에 의해서 일어나고 있다. 칸트는 이점에서 암시를 얻으면서 대담한 철학적 해석을 시도한다. 원죄설화는 악의 발생이 인간의 본래적 선의 타락에서 온 것이 아니라 그와는 상관없이 밖에서 들어온 것이므로 인간의 자연적 본성으로서의 선에의 소질은 그대로 남아있음을 표현하고 있으며 아직도 선에로의 전향의 가능성이 남아있다는 사실을 호소하는 것이라고

---

11) Religion., S.39.
12) Alber Schweitzer, Die Religionsphilosophie Kants(1899), 日本語譯, シュバイツァー著作集 第16券, 白水社, 23쪽.
13) Religion., S.33.
14) Religion., S.31.

한다.[15]

그러나 칸트의 근본악 사상은 불가피하게 다음과 같은 어려운 문제에 봉착하게 된다. 칸트의 근본악 사상에 따라서 인간의 자유사용의 최종적 주관적 근거가 이미 부패하여 있는 것으로 전제하는 경우 악으로부터 선에로의 전향은 불가능한 것이라고 할 수밖에 없다. 칸트 자신의 말대로, "악의 근절이란 단지 선한 준칙에 의해서만 나타날 수 있는 것인데, 만약 모든 준칙의 최고의 주관적 근거가 타락한 것으로 전제될 경우 그런 근절이란 발생할 수 없기 때문이다."[16] 칸트에 의하면 어떻게 해서 원칙적으로 그리고 절대적으로 타락할 수 없는 이성의 본질 속에 악에 의한 타락이 뿌리 박게 되는 것인지, 악의 유래를 "뱀의 유혹"이라는 신화적인 방법으로 밖에는 이해 할 수 없는 것처럼 어떻게 근본적으로 타락한 인간의 본성 속에, 선에의 소질이 그대로 보존되어 있다고 할 수 있겠는가라는 문제 곧 선에로의 전향의 가능성의 문제도 이성의 한계 안에서는 이해 불가능한 신비(Geheimnis)일 뿐이다.

「종교론」에 있어서의 칸트의 도덕적 신존재 증명은 선에로의 전향 가능성이 근본악의 사실 때문에 불가능한 것임에도 불구하고, 피할 수 없는 또 하나의 사실 즉, "우리의 영혼 속에 감소되지 않고 울려퍼지는"[17] 명령 즉, "우리는 보다 더 선한 인간이 되어야 한다"고 명령하는 도덕법의 의식 속에 내포된 역설적인 이율배반을 해결하려는 시도와 관련되어 있다.

준칙의 최고 주관적 근거가 타락한 것으로 전제하는 근본악의 입장에서 볼 때, "도덕법의 의식" 즉 "하여야 하기 때문에(sollen), 할 수 있지 않으면 안 된다"(können müssen)는 도덕 명령의 무제약적 권위는[18] 이론적으로도 실천적으로도 자명한 것이 못된다. 「실천이성비판」에서 실천적으로 정당화되었던 예지적 자아 즉 악의 세력을 초월하는 무제약적 선의지의 실재성 자체가 근본악의 사실에 의하여 의심스럽게 되어버렸기 때문이

---

15) Religion., S.47.

16) Religion., S.39. "Dieses Böse ist radikal, weil es den Grund aller Maximen verdirbt: zugleich auch als natürlicher Hang durch menschliche Kräfte nicht zu vertligen, weil dieses nur durch gute Maximen gesehern könnte, welches der oberste subjektive Grund aller Maximen als verderbt vorausgesezt wird. nicht statt finden kann."

17) Religion., S.49.

18) Religion., S.49, 55. "Wenn das moralische Gesetz gebietet, wir sollen jetzt bessere menschen sein, so folgt unumgänglich, wir müssen es auch können."(S.55).

다. 다시 말하면 근본악의 입장에서는 도덕명령의 무제약적 강제력은 이해할 수도 없고 정당화 될 수도 없는 것이다. 그러나 그럼에도 불구하고 감소되지 않고 인간의 마음속에서 울려퍼지는 양심의 명령은 무엇에 근거하는 것인가?

이와 같은 도덕법의 무제약적 정언명령(Der kategorische Imperativ)은 칸트에 의하면, 불가해한 선험적인 근거에서 나오는 것으로 밖에 이해할 수 없는 것이다. 칸트의 표현을 빌리면, "우리의 마음 속에 있는 근원적 도덕적 소질 일반은 신에게서 나온 것으로 밖에 생각할 수 없는 불가해(不可解)한 숭고한 소질인 것이다."[19] 이와 같이 하여 「종교론」에서 신의 존재는 근본악의 극복 불가능한 한계상황 안에서도 사라짐이 없이 빛나는 정언명령의 불가해한 초월적인근거로서 도덕적 인격에 대한 그의 객관적 실재성을 회복하게 된다. 근본악의 현실 안에서는 도덕법의 무제약적 명령은 그것이 불가해한 방식으로 인간 안에 주어진 신의 명령으로 밖에는 이해할 수가 없기 때문이다. 그러므로 도덕법의 무제약성을 최종적 기반으로 삼는 칸트의 도덕은 근본악 사상의 맥락에서도 역시 불가피하게 신의 존재를 요청하는 종교의 차원과 연결되는 것이다. 근본적으로 타락하였음에도 불구하고 책임을 의식하는 도덕적 인격에 있어서, 선에로의 전환 가능성에 대한 무제약적 확신은 그 같은 확신의 초월적 근거로서 이해된 신의 은혜의 의식에로 이끌어가기 때문이다. 타락한 도덕적 인격은 자기 자신의 무제약적 책임의식 안에서 그 자신의 본래적인 가능존재를 신의 은총의 선물로밖에는 이해할 수가 없는 것이다.

근본악의 개념을 매개로 한 「종교론」의 신존재 증명은 최고선의 개념을 매개로 한 「실천이성비판」의 신존재 증명보다 훨씬 더 자연스럽고 직접적이라는 장점을 가지고 있다. 「실천이성비판」에서는 순전히 도덕법과의 관련에서 인간의 무제약적 선의지意가 확립된다. 도덕의 무제약적 권위는 이성의 선천적 자율성(apriorische Autonomie)과의 관련에서 확립된다. 인간의 선의지는 도덕법의 존재근거(Seinsgrund, ratio essendi)이고 도덕법은 선의지의 인식근거(Erkenntisgrund, ratio cogroscendi)이기 때문이다. 그러므로 「실천이성비판」에서는 도덕법의 가능근거를 이해 하기 위하여 신의 존재에까지 소급할 필요가 없다. 도덕법은 예지적 존재로서의 이성的인 순수의지 즉 실천이성 자체 안에 필연적으로 내포되어 있는 것이다. 「실천이성비판」에서의 신의 요청은 주로 순수실천이

---

19) Religion., S.55. "Selbst das Unbegreiflichkeit dieser eine göttliche Abkunft ver-kündigenden Anlage muss auf das Gemut bis zur Begeisterung wirken und es zu den Aufopferungen stärken, welches ihm die Achtung für seine Pflicht nur auferlegen mag."

성의 필연적인 대상으로 상정된 최고선의 실현 가능성의 문제와 관련되어 있다. 그런데 이와 같이 최고선의 개념을 매개로 한 신존재증명은 매우 인위적이고 부자연스러운 인상을 면하기가 어렵다. 바이쉐델(Wilhelm Weischedel)이 지적하고 있는 바와 같이, 최고선 즉 "덕과 행복의 일치"(die Identität von Tugend und Glückseligkeit)가 참으로 실천적인 필연성을 가지는 것인지에 대하여 칸트가 주장하듯이 그렇게 분명하게 알 수 있는 것은 아니다.[20] 도덕법이 그의 직접적인 의식에 있어서 의지에 대하여 가지는 절대적 권위는 그의 명령의 무제약성에 있는 것이지 그의 약속에 있는 것이 아니기 때문이다. 더구나 도덕법의 무제약적 강제력이 실천이성 자체에 근거한다는 이론이 확립된 후에 또다시 최고선의 개념을 제기하고 최고선의 실현가능성을 보증하기 위해 신의 존재를 요청하는 것은, 도덕적 인격과 신의 존재 사이의 관계를 매우 부자연스럽고 간접적으로 연결시켜 줄 뿐이다.

이에 반하여 「종교론」의 근본악 사상은 유한한 도덕적 인격과 신의 존재 사이의 필연적인 관계를 보다 더 직접적이고 설득력 있는 방식으로 연결시켜 준다. 또한 근본악에 의한 신존재증명은 최고선을 매개로 한 증명이 결여하는 실재적인 정열과 신을 요청하는 신앙주체의 다이나믹한 존재구조의 심층을 파헤쳐 보여주는 점에서도 중대한 의의를 가진다. 「종교론」에서의 칸트의 구체적이며 엄숙한 인간존재의 분석은 현대철학자들에 의한 인간 실존에 대한 분석에 가까우며, 칸트가 제시하고 있는 복합적이고 창조적인 주관으로서의 도덕적 인격은 현대 실존철학이 제시하는 "실존"(Existenz)과 매우 유사한 구조에서 파악되고 있다. 바젤대학교의 살모니(H. Salmony) 교수는 만일 야스퍼스에 관하여 책을 쓴다면 "칼 야스퍼스, 첫째이자 마지막 칸트"라고 할 것이라고 하였다.[21] 현대 실존철학의 거장 칼 야스퍼스의 포괄자론적 실존철학이 바로 「종교론」에서 제시된 도덕적 인격개념의 현대적 실존론적 재구성이라는 점을 감안할 때 Kant의 인간관의 현대적 의의는 더욱 뚜렷한 것으로 확인된다.

그러나 「종교론」에서의 칸트의 신존재 증명은 칸트의 신존재 증명의 모든 방식들이 공통으로 가지는 대전제 즉, 인간은 본성적으로 도덕적 존재라고 보는 인간본질의 도덕

---

20) Wilhelm Weischedel, Der Gott der Philosophen, Bd. Ⅰ, Nymphen, Bd. Ⅰ, Nymphenbürger Verlaganstaltung, München, 1971. S.212. Kant, K.p.Ⅴ. A203.

21) Leonard Ehrlich, Karl Jaspers: Philosophy as Faith, Massachusetts Press, Amherst, 1975, p.211.

적 규정을 기반으로 하고 있다. 그러므로 칸트의 증명은 도덕성만을 종교에 이르는 유일의 통로로 절대화하고 있다는 한계를 가진다. 바이쉐델(Weischedel)이 주장하는 바와 같이, 칸트의 이성신앙은 도덕적 존재방식에로 자기 자신을 결단한 사람들에게만 타당하며 주관적 필연성을 가질 수 있는 것이다.[22] 더 나아가서 칸트의 도덕적 신존재 증명은 도덕적인 삶으로 자기를 결단하고 도덕적인 삶을 자기의 존재의 본질이며, 운명이라고 믿고 있는 사람들 중에서도, 기독교적 유신론의 전통 속에 정신적으로 익숙하여져 있고, 기독교 전통의 타당성을 시인하는 사람들에게만 설득력을 가질 수 있는 것으로 보인다. 더구나, 칸트의 근본악의 사상은 특히 기독신앙과 너무나도 직접적으로 관련되어 있으며, 칸트는 근본악의 사실을 거의 자명한 것으로 전제하고 있으므로 기독교 신앙의 맥락을 떠나서도 근본악 사상이 자명한 것으로 받아들여질 수 있는지는 문제이다. 그러나 칸트의 근본악 사상은 그 이후의 실존철학자들에 의하여 보다 더 보편적인 의미를 가지는 것으로 해석된 인간이해의 선구적 모델로서 중대한 의의를 가지게 되었다. 또한 칸트의 근본악 사상은 "원죄에 의한 타락"이라는 기독교의 특수한 교리내용에 대한 일반적이며 실존적인 해석의 가능성을 제시하므로서 역사적 종교로서의 기독교 신앙의 특수성 속에 담겨져 있는 인류공통의 보편적인 진리를 조명하는데 크게 공헌하였다고 보아야 할 것이다.[23]

---

22) Weischedel, *op. cit.*, S.212.

23) 야스퍼스(Karl Jaspers)의 Die Grossen Philosophen Bd. Ⅰ에 있는 동양사상가 Buddha, Laotze, Konfuzius, Nagarjuna에 대한 그의 연구는 칸트가 성서의 신화론을 이성종교의 빛에서 해석하므로 하나의 특수종교의 틀 속에 폐쇄되어 있던 진리를 온 인류를 위한 보편적 진리로 바꾸어 놓았듯이, 東洋의 여러 세계종교 속에서 보편적인 포괄자론적(包括者論的) 실재의 진리를 읽어내려고 한 것이다. 불교사상 속에서 칸트 사상과 비슷한 것을 찾으려고 하였던 저서로는 Ernst Hoffmann이 Die Grundgedanken des Buddhismus und ihr Verhältnis zur Gottesidee, Leibzig, 1920이 있다. 한국에서의 이 방면의 연구로는 필자가 쓴 논문, "석가와 칸트에 있어서 자아의 문제"(철학 16호, 1981 가을)가 있다. 일본에서는 玉城康四郎의 논문, "カソト の 認識論 と 唯識思想(玉城康四郎編 佛教の 比較思想論 研究, 東大出版社, 1679), "ドイシ 實存철학 と 佛教 "(講座 東洋思想 8, 東大出版社 1969) 등은 통찰에 가득찬 뜻깊은 시도라고 하겠다.

3. 도덕적 인격과 신

「종교론」제2편에서 칸트는 근본악의 한계상황을 짊어진 타락한 도덕적 인격이 어떻게 그의 선한 본성을 가장 순수하고 완전한 상태에로 회복할 수 있는가하는 도덕적 자기실현의 문제와의 관련에서 도덕적 인격과 신 사이의 필연적인 관련을 확립하고 있다. 「종교론」제1편(선의 원리와 나란히 악의 원리가 인간성에 내재한다는 것, 곧 인간성에 내재하는 근본악에 대하여)에서 전개된 근본악의 이론이 구체적이고 현실적인 인격존재의 도덕적 한계상황을 심층적으로 분석한 것이라면, 제2편(인간을 지배하려는 악의 원리에 대한 선의 원리의 싸움)에서 전개되는 "선과 악 사이의 투쟁"에 관한 이론은 근본악의 한계상황 안에서 본래적 자기를 회복하도록 책임지어진 인간이 택하지 않으면 안 되는 삶의 태도에 대한 조명이며 호소이다.

칸트에 의하면 도덕적으로 선한 인간이 된다는 것은 우리의 안에 있는 선에의 소질을 발전시키는 것과 동시에 우리 안에 있는 악의 원리와 투쟁하는 것을 의미한다.[24] 도덕적 인격의 본래적 자기의 회복은 개인각자의 내면적 투쟁을 필연적으로 요구한다. 즉 인간의 도덕적 자기의 실현은 인간 자신 안에 있는 선의 원리와 악의 원리 사이의 투쟁의 과정 속에서 성취되는 것이다.

칸트는 기독교의 그리스도 신앙을 그의 이성신앙(der Vernunftsglaube)의 빛에서 해석하고 있다. 칸트에 의하면 예수 그리스도는 우리의 이성 안에 있는 도덕적으로 완전한 인간성의 이념을 구체적으로 구현한 실재이다. 그리스도는 이성이 우리에게 제시하는 완전한 인간성의 원형인 것이다.[25] 그러므로 그리스도를 따르는 기독교 신앙은 곧 우리의 이성 안에 있는 완전한 인간성의 이념을 향하여 노력하는 이성신앙과 내용적으로 일치한다고 칸트는 믿고 있다.

그러나 우리 안에 있는 도덕적 이념 곧 그리스도에 의해 구현된 도덕적 인격이 우리들 자신에 있어서의 선의 실현 가능성을 증명하는 것은 결코 아니다. 오히려, 유한하고 타락한 인간의 존재 상태는 순수하고 높은 도덕적 실현 가능성을 의심스럽게 하는 것이다. 칸트에 의하면 도덕적 자기실현의 과정에서 필연적으로 부딪치게 되는 극복 불가능

---

24) Religion, S.67.
25) Religion, S.63, 66.

한 한계상황과 만날 때 도덕적 인격은 불가피하게(unumgänglich) 종교의 차원으로 넘어가게 된다. 도덕적 인격이 그의 자기 실현의 과정에서 불가피하게 신의 존재를 요청하게 되는 상황을 칸트는 다음과 같은 세 가지 측면에서 설명하고 있다.

첫째로 "우리가 우리 안에 실현하지 않으면 안되는 선과 우리가 그것으로부터 벗어나야 하는 악과의 사이에는 무한한 거리가 있기 때문에 법칙의 거룩함에 일치하는 행위는 언제까지라도 불가능하다"[26]는 한계상황이 완전한 도덕적 인격의 이념의 실현가능성을 의심스럽게 만든다. 칸트에 의하면 이와 같은 한계 상황에도 불구하고 도덕적인 이념의 실현은 도덕적인 인격의 피할 수 없는 의무이기 때문에 반드시 실현 가능하지 않으면 안된다는 것이 도덕적 인격의 역설적인 난경(難境)을 형성하는 것이다.[27] 이와 같은 난점이 해결될 수 있는 것은 다만 "순수한 지적 직관"을 가지고 우리의 마음 속을 관찰하며 우리의 불완전한 행위들의 무한한 계열을 완결된 전체로서 판정하는 존재를 생각할 수 있을 때 뿐이라고 칸트는 관망한다. 만약 이같은 초시간적인 순수한 지적 직관의 소유자 즉 신의 존재를 생각할 수 있다면 우리는 우리의 행위의 결함에도 불구하고 일반으로 신의 의지에 일치하게 될 것을 기대할 수 있으며, 우리의 삶이 어느 순간에 중단되어도 상관이 없다는 것이다. 여기에서 칸트가 소개하는 신의 요청의 또 하나의 특이한 양식이 소개되고 있음을 우리는 본다. "결함있는 선에서 보다 더 높은 선을 향하여 나아가는 무한한 전진의 과정에서"(ein kontinuierlicher Fortschritt von mangelhaft en Guten zum Besseren ins Unendliche) 도덕적 인격은 불가피하게 신을 요청하게 된다. 그러나 여기서는 「실천이성비판」에서 신의 요청과 함께 제기된 영혼불멸의 요청이 나타나지 않는다는 사실에 주목할 필요가 있다. 「종교론」에 있어서의 신의 요청은 어느 것이나 此岸에 있어서의 무한한 도덕적 진보의 가능성의 문제와 관련되어 있기 때문이다.

선을 향해 노력하는 인간에게 일어나는 두 번째의 어려움은 도덕적인 행복(die moralische Glückseligkeit)에 관한 것이다.[28] 여기에서 칸트가 말하는 도덕적 행복이란 선을 향하여 항상 전진하는 태도의 현실성과 지속성을 의미한다. 여기서 문제되고 있는 것은 인간은 자기가 과연 어느 정도까지 오랫동안 선을 향한 지속적인 태도를 보

---

26) Religion., S.70. "Die Entfernung des Guten, was wir in uns bewirken sollen, von Bösen, wovon wir ausgehen, ist unendlich und so fern, was die Tat, d. i. die Angemessenheit des Lebenswandels zur Heiligkeit des Gesetzes betrifft, in keiner Zeit erreichbar."

27) Religion., S.70. "Eine Sinnänderung, die auch mäglich sein muss, wei sie Pflicht ist."

28) Religion., S.71.

존할 수 있는 것인가를 알 수 없으며, 또한 자기의 행위의 최고의 주관적인 근거, 즉 자기의 근본적인 내면적 태도가 과연 순수한 것인지에 대하여 직접적인 확신을 가질 수 없다는 사실이다. 즉 인간은 단지 자기의 행 위들로부터 자기의 내면적 태도를 추측할 수 있을 뿐 그의 태도의 불변성에 대한 확실한 보증을 직접 획득할 수가 없다는데 문제가 있는 것이다.[29] 그러나 인간은 그의 생활을 반성하여 그것으로부터 간접적인 추측의 방식으로(vermutungsweise) 그 자신의 선한 동기의 확고함을 확인할 수 있다면 선을 향한 지속적인 전진이 가능함을 "이성적인 방식으로"(vernünftigerweise) 희망할 수 있다고 칸트는 믿고 있다. 칸트는 여기서 초현상적 예지적 자아의 객관적 실재성을 선천적인 필연성을 가진 것으로 확립하려고 하고 있는 것이 아니라, "공포와 전율을 가지고 행복을 창조하도록"(seine Seligkeit mit Furcht und Zittern zu schaffen)[30] 도덕적실존을 격려하는 이성적인 희망의 형이상학을 소개하고 있는 것이다. 도덕적인 행복의 문제에 대한 칸트의 해결 방법 즉 불확실한 가능성 앞에서 그럼에도 불구하고 선을 향한 무한한 전진의 가능성을 다짐하는 칸트의 희망의 형이상학은 매우 형식적이고 추상적인 결함을 내포한 「실천이성비판」에서의 영혼불멸의 요청을 도덕적 주체의 방향에서 철처하게 내면화시킨 것이라고 볼 수 있다. 선을 향한 무한한 전진의 가능성에 대한 객관적 보증을 확립하고자 한 것이 「실천이성비판」에서의 영혼불멸의 요청으로 나타났다면 「종교론」에서의 "이성적 희망"의 요청은 객관적 불확실성 앞에서의 도덕적 실존의 무한한 내면적 정열을 일깨우고 고취하기 위한 것이라고 하겠다.

「종교론」에서 칸트는 초감성적 실존(자유, 신, 영혼불멸)에 대한 이성적인 무지를 주장하는 「이론이성비판」의 비판적 인식론의 결론을 「실천이성비판」에게 보다도 더욱 철처하게 관철시키고 있음을 알 수 있다. 「종교론」에서 칸트는 「실천이성비판」에서 보다도 더욱 강력하게 선한 내면성을 직접적으로 알 수 있다고 확신하는 태도나 선을 향한 지속적인 전진가능성에 대한 직접적인 객관적 보증을 소유할 수 있다고 생각하는 종교의 도그마들을 비이성적인 광신이나 미신 또는 도덕적 불신앙으로 보고 철저하게 배격하고 있기 때문이다.

도덕적인 인격이 선을 위한 그의 투쟁 과정에서 불가피하게 당면하는 세 번째의 난점은 도덕적 심정(心情)에 항상 수반되는 죄책의식이다. 칸트는 도덕적 인격은 항상 끊

---

29) Religion., S.71.
30) Religion., S.72.

임없이 습격하는 정신적인 고뇌 문제의 해결을 위하여 신의 은혜로운 심판을 기대하는 것은 매우 "이성적"인 것이라고 주장한다.

칸트에 의하면 도덕적인 선의 추구에 고뇌와 희생이 따르는 것은 필연적이며 자연스러운 것이다. 도덕적 인격이 된다는 것은 단순한 선에로의 전진이 아니고 악과의 투쟁과 악의 극복을 통한 선의 실현과정을 의미하기 때문이다. 기독교의 용어를 빌리면, 도덕적인 회심(moralische Sinnänderung)은 반드시 옛사람(죄의 주체)의 죽음을 수반하는 새사람(선의 주체)의 탄생이다. 그러므로 악을 버리고 선에로 나아가는 도덕적인 수행은 그 자체가 고뇌이며 희생인 것이다.[31] 칸트는 예수 그리스도의 수난과 죽음을 선의 주체의 탄생에 수반되는 고뇌와 희생의 상징으로 해석하고 있다.[32] 예수 그리스도가 만인의 죄를 대속(代贖)하기 위하여 스스로 택한 십자가는 칸트에게 있어서 도덕적 수행에 수반하는 고뇌와 희생을 도덕적인 선의 실현을 위한 십자가로 알고 받아들일 때, 죄책(Sündenschuld)의 무거운 압력 밑에서도 위로와 희망을 얻을 수 있다는 사실을 전달하기 위한 상징인 것이다.

칸트는 또한 그리스도를 믿음으로만 죄인은 그의 죄책에도 불구하고 의인(義人)으로 받아들여질 수 있다는 기독교의 신앙의인(信仰義人)의 교리의 구체적인 내용에 비추어서 회심(回心)을 설명한다. 예수 그리스도가 그를 믿는 사람들의 대리자(Stellvertreter)로서, 그들의 죄를 대신 짊어지므로서 죄인들로 하여금 신 앞에서(coram Deo) 의인으로 인정받게 하여 주는 것과 같이 도덕적인 인격은 그의 모든 행위에 있어서 그 자신의 행위의 불완전성 때문에 면할 수 없는 양도 불가능한 전적으로 개인적인 죄책(aller persönlichste Sündenschuld)에도 불구하고 새사람이 되려는 그의 선한 의도 또는 그의 주체 속에 내재하는 선의 이념에 대한 그의 믿음 때문에 良心 앞에서 자기를 변호할 수 있고 죄책을 면할 수 있다는 것이다.

그러나, 여기서 도덕적 인격은 선의 이념에 의지하는 그의 믿음을 통하여 자기의 죄책의식을 면할 수 있게 될 때, 그것은 순전히 자력에 의한 것이 아니라 신의 은혜로운 심판에 의한 것이라고 생각할 수밖에 없는 것이라고 칸트는 주장한다.[33] 실현도상에 있는 도덕적 실존은 항상 결함을 가진 행위를 면할 길이 없으며 자기 자신의 내면적인 선

---

31) Religion., S.79.
32) Religion., S.79-80.
33) Religion., S.81.

한 의도에 대해서도 직접적으로 확인 불가능한 것이므로 자기 자신의 힘만으로는 자기의 의를 주장할 수 없기 때문이다. 이와 같이 칸트에 있어서 도덕적 인격의 내면적인 자기 긍정은 은혜로운 심판자로서의 신에 대한 "이성적인 믿음"과 불가피한 관련을 가진다.

이상에서 고찰한 바와 같이 칸트에게 있어서 도덕적인 인격은 그 자신 안에 있는 선의 이념을 믿고 그 실현을 향하여 투쟁해 나아가는 과정에서 필연적으로 인간의 마음을 꿰뚫어 보며 인간의 결함을 그의 내면적 의도에 비추어서 은혜롭게 심판하는 신의 의식에 도달하게 된다. 인간은 신을 직접 인식할 수는 없다. 그러나 의무(Pflicht)이기 때문에 가능할 수 있어야 한다고 하는 이성의 정언적 명령(der kategorische Imperativ) 앞에서 그의 투쟁을 계속하지 않을 수 없는 도덕적 인간은 이성적인 방식으로(ver-nünfigerweise)[34] 신의 자비와 의(義)를 기대하게 되는 것이다. 이와 같은 칸트의 관점에서 보면 도덕적 인격의 자기의식은 동시에 신의 의식이다. 그리고 도덕적 인격의 내면성의 이와 같은 이중적 구조 속에 칸트가 말하는 소위 "이성의 한계 안에서의 종교" 또는 도덕적 인격의 이성 신앙의 비밀이 있는 것이다. 「종교론」은 이성신앙에 대한 「실천이성비판」의 형식적 객관적 규정 속에 주체적 측면에서 체험된 구체적이고 역동적인 내용을 채워 넣어 준다는 점에서도 의의가 큰 것이다.

도덕적 인격과 신 사이의 필연적인 관련에 대한 「종교론」의 논의는 「실천이성비판」의 그것과 비슷한 것 같으면서도 매우 다른 특성을 나타낸다. 「종교론」에서 제시되고 있는 도덕적 주체는 현상계와 대립하는 순수한 예지적인 차원에서 가상적으로 확립되는 「실천이성비판」의 예지적 자아와는 달리 자력으로는 극복 불가능한 현실의 한계와 면할 길 없는 죄책의식의 고뇌에 휘말리면서도 은혜로운 신의 도움을 바라면서 그의 도덕적 투쟁을 계속하는 희망의 주체인 것이다. 「실천이성비판」에서는 신의 존재가 실천이성의 요청(Postulat der praktischen Vernunft)으로서 실천적인 필연성을 가지고 나타나는데 반하여 「종교론」에서는 실천적 필연성조차도 좌절되고 난파되어 버리는 도덕적 한계상황에 직면하여 그의 완전한 무지를 체험하는 한계에 직면한 이성(Vernunft an der Grenze)의 겸허한 희망 속에 임재하는 것이다. 다시 말하면, 「실천이성비판」에서는 단지 실천이성의 요청으로서 형식적, 논리적으로 증명되었던 신의 존재가 「종교론」에서는

---

34) Religion, S.72.

도덕적인 투쟁의 현실 한 가운데에서 신의 도움을 기대하면서 자기의 고통스러운 한계 상황과 대결하는 도덕적 인격의 내면적인 자기의식의 실질적인 구성원리가 되고 있다. 「종교론」에서 칸트의 사색은 단순한 도덕철학의 차원을 넘어서 "종교적 도덕철학"의 차원에로 넘어와 있음을 알 수 있다.

그러나 칸트의 「종교론」은 악의 문제를 어디까지나 자유 사용의 주체적인 최종 근거와 관련된 것으로 보고, 악의 근원의 비대상성을 강조하면서도 또 한편으로는 악의 문제를 이성일반 또는 인류일반의 보편적인 차원을 향하여 일반화하는 경향이 있다. 따라서 「종교론」에 나타난 도덕적 인격은 유일회적이며 대치불가능한 역사적 개체로서의 자기 자신의 고유한 내면성에 도달하지 못하고, 인류일반의 보편적인 본성의 한 사례에 불과한 존재로 되고만다. 다시 말하면 「종교론」에서 강조되고 있는 내면성은 역사적인 내실을 결여한 형식적 보편적 내면성일 뿐이다. 야스퍼스가 지적하고 있는대로, 칸트가 역사적 실존의식의 역설을 의식하고 있었던 것은 사실이나 칸트의 관심은 어디까지나 시간적인 세계에서 독립한 초시간적, 예지적인 自我에 관심의 촛점이 놓여 있었던 것이다. 칸트는 보편자와 특수자 사이의 구별만을 알고 있었을 뿐 보편자와 역사적 인격의 구별은 알지 못했으며, 따라서 칸트가 말하는 윤리적으로 행위하는 자유한 도덕적 인격은 "비인격적이고 보편적인 이성적 선의지로서 존재한다."[35] 다시 말하면 칸트에게 있어서 도덕적 인격은 이상과 현실 사이의 역설을 가장 구체적인 경험의 차원에서 문제삼고 있는 「종교론」에 있어서 까지도 자기자신의 고유한 유일회적(唯一回的) 역사적 현실 속에서 살고 있는 것이 아니라 인간본성 속에 있는 근본악이라고 하는 인류일반의 보편적인 현실 속에 살고 있을 뿐이다. 칸트의 도덕적 인격은 자기자신의 역사적 유일회적인 고유한 운명에 관심하고 있는 것이 아니라, 이성적인 존재일반에 공통된 보편적인 인간의 본성과 관계하고 있는 것이다. 칸트의 인격적 주체는 보편적인 자연법칙과 보편적인 도덕법칙으로 구별되는 이성의 법칙은 의식하고 있었으나 이성의 법칙을 넘는 개체실존의 보편화 불가능한 역사성의 법칙을 의식하는 데까지는 이르지 못하고 있었던 것이다. 야스퍼스가 지적하고 있는 바와 같이 칸트에게 있어서 도덕적 인격의 본질을 형성하는 도덕법의 의식은 구체적인 개체인간의 역사적인 실존의식과는 아직 거리가 먼 것이었다.[36]

---

35) Karl Jaspers, "Kant," Die Grossen Philosophen, R.Piper & Co. Verlag. München, S.605.
36) Jaspers, op. cit., S.605.

칸트가 제시하는 도덕적 인격의 보편적 비역사적 성격은 칸트에 의해 제시되는 선과 인간 관계의 추상적 비역사적 성격과 직결된다. 칸트의 도덕적 인격은 신에게 대하여서까지도 이성 일반에게 보편적으로 타당할 수 있는 것 밖에는 상정할 수 없기 때문에 이성적인 사고를 초월하는 구체적인 신앙 생활의 역사적인 현실에 참여할 수가 없다. 물론 칸트의 이성적 인격은 「종교론」에서 실천이성의 요청으로서의 신존재 증명을 넘어서 근본악과 대결하는 역설적인 자기 확신 속에서 불가해하며 초이성적인 자유의 신비 및 그의 근원으로 상정하지 않을 수 없는 신의 은총의 신비에 부딪친다. 그러나 칸트의 도덕적 인격은 도덕적인 한계 상황과 대결하는 본래적 자기 확신 속에서 이성을 초월하는 신비의 현실을 시인하지 않을 수 없음을 인정하는 것 뿐이지 그 신비 속에 스스로 참여하고 침잠하는 단계에 까지는 도달할 수 없다. 칸트의 도덕적 인격은 어디까지나 이성의 한계 내에서만 신과 관계 할 수 있기 때문이다. 이런 점을 감안할 때, 칸트의 이성종교(Vernunftreligion)가 역사종교에서 이성의 한계를 넘는 비이성적 신비의 차원을 배제하지 않을 수 없었던 이유를 이해할 수 있다. 칸트의 방식으로 신을 이해하면 신과의 인격적인 관계는 불가능해질 수 밖에 없기 때문이다. 마틴 부버가 지적하고 있는 바와 같이, "칸트에게는 파스칼에 있어서, 그리고 아브라함에 있어서 결정적인 것 즉 신의 사랑이 결여되어 있다."[37] 칸트의 이성신앙은 도덕적 실천과 관련된 신의 존재를 인정하지 않을 수 없는 필연성을 이해하고 있을 뿐, 윤리적 영역을 초월한 곳에서 신의 사랑을 체험하는 신과 인간 사이의 인격적인 관계의 신비는 알지도 못하며 또 알려고도 하지 는다. 그것은 이성의 한계를 초월하는 것이기 때문이다. 부버는 칸트가 "신을 단순한 이념에로 환원하였다"고 비판하면서 "사람은 신을 사랑할 때 비로소 이념을 넘는 신의 현실성을 알게 되는 것이라"고 주장한다.[38] 야스퍼스도 동일한 문제를 지적하면서, 칸트는 이성의 모든 영역을 탐색하고 조명하려고 하였음에도 불구하고 사랑과의 관련에서 작용하는 이성의 영역은 그의 철학의 범위를 넘어서는 것이므로 이해할 수가 없었다고 논평하고 있다.[39] 워드는 칸트에게 있어서는 신의 이념이 신과 인간과의 도덕적인 관계를 일으키는 것이 아니라 인간과 도덕법칙 사이의 관계를 보충하고 강화시키는 것 뿐이라

---

37) Martin Buber, Eclipse of God, Harper & Row, New York and Evanston, 1952, p.52.
38) Ibid., p.61.
39) Jaspers, op. cit., S.605.

고 비판하고 있다.[40]

위와 같은 비판들이 지적하고 있는 바와 같이 칸트에게 있어서 신의 존재는 단지 인간과 그의 도학적 이념과의 관계를 강화하기 위한 보조수단에 불과한 것이다. 이러한 칸트의 이성종교의 신관은 기독교의 기독론과 속죄론을 이성의 한계 안에서 해석하는 방식에도 그대로 반영되고 있다. 칸트에게 있어서 그리스도 계시는 단지 우리 안에 있는 선의 이념 또는 도덕적 인격의 이념의 현상적 도식(圖式)으로서 모방을 위한 원형으로서만 타당하다. 그리스도 신앙은 그리스도의 역사적 인격 안에서 신의 사랑과 관계하는 역사적 개인의 사랑의 관계가 아니라 도덕법칙의 무제약적 명령 앞에서 자기 속에 내재하는 선의 이념을 실현하여 나아가는 이성적, 인격 존재를 위한 지도 이념 또는 현상적 도식이며 원형일 뿐이다. 즉 그리스도 계시는 칸트의 이성적 도덕존재로 하여금 자기 자신 속에 있는 도덕적 이념의 실현 가능성을 믿고 자기 자신의 근본악 곧 근본적인 도덕적 무능력을 도덕적 인격의 자기실현을 위해서 필연적으로 받아들여야 하는 십자가로 삼으므로 도덕적 실패의 고뇌를 견디고 도덕적인 실천을 계속할 수 있도록 격려하여 주는 모범적 표본이 된다. 칸트에게 있어서 그리스도 계시는 결국 인간을 하나님과의 인격적 관계에로 인도하여 주는 것이 아니라 인간의 이성 안에 내재하는 완전한 도덕적 인격의 이념에게로 인도할 뿐이다.

4. 이성종교와 계시종교

「종교론」의 신존재 증명 방법의 또 하나의 특유한 측면은 이 저술의 제3편 "악에 대한 선의 원리의 승리 및 지상에서의 신국의 건설"에서 중심적 주제로 다루고 있는 "도덕적 공동체"(das ethische gemeinen Wesen)의 이념과 관련되어 있다.

칸트에 의하면 도덕적인 최고선(summum bonum)은 고립된 개인의 노력만으로 실현되는 것이 아니라 개개의 도덕적 인격이 동일한 목적 밑에서 상호협동하는 도덕공동체의 건설이라는 과제를 요구한다. 다시 말하면 도덕 법의 지배 밑에서 모든 인류를 결합시키는 보편적 도덕공동체 안에서만 개체인격의 도덕적 완성을 기대할 수 있다고 보

---

40) Keith Ward, The Development of Kant's View of Ethics, Oxford, Basil Blackwell, 1972, p.158.

는 것이 칸트의 근본입장이다. 칸트에 의하면, "법률적 자연상태가 만인의 만인에 대한 교전상태인 것과 같이 윤리적 자연상태(der ethische Naturzustand)도 역시 자타(自他)할 것 없이 인간 각자의 안에 있는 악의 끊임 없는 공격을 받고 있는 상태이며, 이러한 상태에서 인간들은 서로 상대방의 도덕적 소질을 부패시키고 있는 것이다.[41]

그러므로 인간은 윤리적 공동체 즉 덕의 법칙에 따르는 "보편적 공화국으로서의 전체"(das Ganze als eine all gemeine Republik nach Tugendgesetzen)의 일원이 되기 위하여 가능한 한 속히 윤리적 자연상태의 위협적인 무도덕 상태에서 탈출하지 않으면 안된다. 칸트의 윤리는 어디 까지나 개인 각자의 내면적인 자각과 성실성을 강조하면서도 개인의 도덕적 자기 실현의 가능성의 기본조건으로서, 도덕적 인류공동체의 건설을 요구하고 있다는 점에서 단순한 개인윤리의 차원을 넘어서고 있다.

더 나아가서 칸트는 도덕적인 선의 촉진을 위하여 도덕법의 지배 밑에서 인류전체를 하나로 결합시키는 보편적 공화국으로서의 도덕공동체는 신의 왕국으로서만 생각될 수 있다고 주장한다. 눈에 보이는 행위의 (외적) 적법성(die Legalität der Handlungen)만을 목표로 하는 법률적 공동체와는 달리 도덕공동체는 눈에 보이지 않는 행위의 (내면적) 도덕성(die Moralität der Handlungen)을 목표로 하고 있다.[42] 그러므로 이같은 특성을 가진 도덕공동체의 최고입법자는 인간 각자의 "마음의 가장 깊은 곳"(das Innerste der Gesinung)을 들여다 보고, 그의 소행에 알맞는 것을 부여하는 존재 즉 신이 아니면 안된다. 이러한 이유 때문에 칸트에 의하면 보편적 도덕적 인류공동체는 도덕적 세계지배자로서의 신개념 필연적으로 내포하게 된다, 신의 명령아래 있는 백성 즉, 신의 백성은 동시에 덕 법칙을 따르는 백성이다.[43] 다시 말하면 도덕적 공동체 안에서 최고선이라는 공동목표를 달성하려는 과제를 위하여 노력하고 있는 각 개인의 협동운동을 특수한 도덕적 의무로서 확립할 수 있게 하기 위하여 서는 최고선을 지향하는 도덕적 의무가 동시에 신의 명령이라고 표상될 수 밖에 없는 도덕적인 세계 지배자이며, 입법자인 신의 존재가 불가피하게 요청되게 된다.

슈바이처도 지적하고 있는 바와 같이 도덕적 공동체의 이념을 매개로 하여 수행되

---

41) Religion, S.103-104.
42) Religion, S.106.
43) Religion., S.107. "nur als ein Volk unter göttlichen Geboten, d. i. als ein Volk Gottes und zwar nach Tugendgesetzen".

는 「종교론」의 신존재 증명은 「실천이성비판」의 신존재 증명보다 훨씬 더 자연스럽게 도덕법칙과 신의 개념을 연결 시켜준다.[44] 「실천이성비판」에서는 고립태(孤立態)로 있는 각 개체의 도덕적 주체성을 감성계(mundus sensibilis)에 대립하는 예지적 자아로 파악하고 최고선의 개념 규정으로서의 "덕과 행복의 일치"(die Identität von Tugend und Glückseligkeit)의 요구를 매개로 하여 도덕적 세계 지배자를 요청하며, 최고선의 실현이 초시간적 예지계(彼岸)에서 하멸(下滅)의 예지적 자아에 대하여서만 가능한 것으로 상정되고 있다.[45] 이에 반하여 「종교론」에서는 시간적인 차안(此岸)에서 인류사회 한 가운데 건설되어야할 보편적 도덕적 공동체를 구성하는 인류의 공동체적 도덕적 협동운동을 가능케 하는 필요불가결한 조건으로서 도덕적인 세계 지배자로서의 신의 존재가 증명되고 있다. 다시 말하면 「실천이성비판」에서는 신의 존재는 단지 피안에 있는 예지계(mundus intelligibilis)에서의 덕과 복(福)의 일치를 보증하는 조건일 뿐 차안에 있는 감성계안에서 도덕의 왕국을 건설하려는 인간의 도덕적 활동에 대해서는 단지 형식적인 관련을 가지고 있었을 뿐이었다.[46] 이에 반하여 「종교론」에 있어서의 도덕적 세계 지배자로서의 신의 개념은 차안 한 가운데서 최고선의 실현을 위하여 전 인류를 포괄하는 보편적 도덕적 공동체 곧 지상에서의 신의 나라(Reich Gottes)의 건설을 보증하는 것이다. 「종교론」은 도덕과 종교, 도덕법칙과 신개념 사이의 필연적인 관련을 증명하려는 철학적 과제에 있어서는 「실천이성비판」과 다름이 없지만, 「종교론」에 있어서의 신존재 증명 방식은 「실천이성비판」의 그것과 전혀 다른 성격을 가지고 있다는 것에 대하여 주목할 필요가 있다. 간단히 그 차이를 말한다면, 「종교론」에서의 신존재 증명은 「실천이생비판」의 증명 방식이 가지고 있는 피안성(彼岸性)과 추상성을 극복하고 최고선의 개념을 지상에서 건설하여야 할 도덕적 왕국 또는 신의 나라로 구체화시키려는 것을 통하여 신의 존재로 하여금 지상에서의 인류의 구체적 관련을 가지도록 한다는 것이다.

더 나아가서 칸트는 인류의 도덕적 진보를 촉진하는 "신의 나라"의 이념이 이미 이 지상에서 기독교 교회의 역사적 발전을 통하여 구현되어 나아가고 있다고 믿었다. 칸트에게 있어서 도덕법칙을 신의 명령으로서 인식하고 따르는 도덕적 공동체의 이념이 눈에 보이지 않는 "불가시적(不可視的) 교회"(die unsichtbare Kirche)라면 현실의 역사

---

44) A. Schweitzer, *op. cit.*, p.51.

45) *Ibid*, pp.46-47 참조.

46) Religion., S.109.

적 교회는 눈에 보이는 "가시적(可視的) 교회"(die sichtbare Kirche)이다. 이와같이 칸트는 도덕적인 신의 왕국과 기독교적인 신앙공동체로서의 교회의 본질적인 일치를 주장하면서 한편 도덕적인 신의 왕국을 현실적인 역사적 교회의 보이지 않는 원형으로, 또한 편으로는 현실의 역사적 교회를 인간이 그 이념 곧 신국의 이념에 일치하는 전체를 목표로 하여서 세우는 현실의 도덕적 공동체로 이해한다.[47] 칸트에 의하면 교회의 역사적 신앙의 여러 형태의 밑바닥에 놓여있는 보편적인 기반은 유일의 절대불변하는 순수한 종교신앙이다.[48] 그리고 역사적 신앙은 단지 순수한 종교신앙을 전달하는 수단으로서 순수한 종교신앙의 본질인 내면적 도덕성의 강화와 완성을 돕기 위한 것이라고 칸트는 주장한다.[49]

칸트는 또한 순전히 이성에만 근거 하는 유일의 불변하며 보편타당적인 "순수 종교신앙"을 지도이념으로 삼으면서, 시간과 장소에 제약된 역사적 사실에 근거하는 역사적 종교의 계시신앙(Offenbarungsglaube)을 도덕종교로서의 본래적인 본질에로 변혁시키려고 노력하였다. 칸트의 「종교론」은 전체적으로 보아서 기적·은총·신비·예배와 의식의 마술적 효과에 강조점을 두는 비본질적인 요소들에 의하여 신에게 봉사하는 신앙(die gottesdienstliche Glaube) 또는 "적역신앙(賊役信仰)"(Fronglaube)으로 타락해버린 기독교 신앙을 참된 종교신앙(die wahre Religionsglaube)으로서의 그의 본래적인 모습으로 돌려 보내기 위한 철학적 작업이라고 할 수 있다. 칸트는 「종교론」 제3편의 첫머리에서 "어떻게 그토록 구부러진 나무로부터 완전히 꼿꼿한 것이 다듬어져 나올 것을 기대할 수 있겠는가?[50]라는 철학적 과제를 제기하고 있다. 이것은 역사적 기독교의 계시신앙에 대한 칸트자신의 종교철학적 과제를 비유적으로 표현한 것이다.

기독교의 역사적 계시신앙을 이성적 도덕신앙의 빛에서 조명하고자 하는 칸트의 철학적 해 석의 과제는 주로 "인간과 신 사이의 도덕적 관계"에 촛점을 두면서 기독교의 신관에서 오해되기 쉬운 의인론을 제거하고 진정한 도덕성에 적합한 기독교 신앙의 본질을 밝히는 것이었다. 칸트에 의하면 순수이성의 한계 내에 머무르는 순수 이성신앙에 대해서는 설명불가능한 신비들(heilige Geheimnis)을 기독교의 역사적 신앙은 그의

---

47) Religion., S.109.
48) Religion., S.117.
49) Religion., S.134.
50) Religion., S.8. "Wie kann man aber erwarten, daraus so krummen Holze etwas völlig Gerades gezimmert werde"

신화와 상징들을 가지고 구체적이고 생생하게 표현하여 주는 것이다. 예를 들면 칸트의 소위 "순수종교신앙"에 대해서는 불가해한 신비에 속하는 "자유의 근거"[51]의 신비, 최고 선의 실현을 도와주는 "도덕적 세계지배자의 협력"이라는 신비[52], 그리고 도덕적 세계지 배자라는 것 이외에 또한 신에게 속하는 것으로 상정할 수 있는 신의 성품의 신비 등을 이해하는데 있어서 기독교의 의인적(擬人的) 신관은 많은 도움을 줄 수 있다는 것이다. 칸트에 의하면 기독교에서 가르치는 자비롭고 의로운 하나님, 그리고 성부, 성자, 성령 으로 표상되는 기독교의 삼위일체 신은 모두가 이성신앙의 비밀을 구체적으로 전달하 는 신앙상징들로서 사용될 수 있는 것이다. 칸트에 의하면 계시종교의 의인적 삼위일체 적 신관은 이성신앙이 불가피하게 상정하지 않을 수 없는 신의 세 가지 도덕적인 성품, 즉 신성한 도덕적 입법자(der heilige Gesetzgeber), 자비로운 도덕적 부양자(der gütige Regierer und moralische Versorger), 정의의 심판자(der gerechtige Richter)로서의 신의 삼중(三重)의 특성들을 구체화하여 생생하게 제시하여 주는 기능을 가진 것으로 해석할 수 있는 것이다. 이와 같이 기독교 신앙의 교리와 상징들이 이성신앙의 근본원리에 의 하여 해석될 때, 비로소 기독교의 역사적 신앙은 그의 역사적 한계들로부터 해방되어, 인류전체에 대하여 보편적 설득력을 가지는 "참된 종교신앙"으로 고양됨으로써 지상에 서 인간의 도덕적 완성을 가능케 하는 신국건설에 이바지하게 될 수 있을 것이라고 칸 트는 생각하였다. 따라서 칸트에게 있어서 기독교의 많은 상징들을 이성신앙의 윤리 적 해석학적 원리에 의하여 해석하는 것은 매우 중요한 철학적 과제이다. 그러므로, 이 와 같은 칸트의 입장에서 볼 때 단순히 명제적이고 일의적(一義的)인 교회의 신앙고백 은 교회신앙의 고전적 의례에 불과한 것이며 그의 의미를 보편적인 이성에 호소하여 해 석하지 않고 문구에 집착한다면 "참된 종교적 심성을 개선하는것 보다는 오히려 그것 을 부패시키게 된다."(der blosse Buchstabenglaube aber die wahre Religionsgesinnung eher verdirbt als bessert)[53]

칸트의 관념론적인 윤리적 종교해석은 그가 속하여 살았던 계몽주의시대의 전형적인 특징을 잘 나타낸다. 칸트는 종교신앙으로부터 이성의 한계 내에서 수락가능한 것만을 남기고, 이성의 한계를 넘는 비이성적인 것은 제거해 버리려고 하는 계몽주의 사상가들

---

51) Religion., S.155.
52) Religion., S.156.
53) Religion., S.165.

의 사고방식을 따르고 있는 것이 분명하다. 사실에 있어서 도덕적 의무를 신의 명령이라고 인식하는 칸트의 이성종교는 다분히 이성론자들의 종교관과 비슷한 것이 없는 것은 아니다.[54] 그러나 칸트는 비판철학에서 계몽주의 시대에 속하면서도 이성의 시대의 계몽주의 사상을 넘어서는 영원한 철학(Philosophia perennis)을 세우려고 하였듯이 그의 종교관에 있어서도, 계몽주의시대의 한계를 넘어서고 있다. 야스퍼스가 밝히고 있듯이 이성의 한계를 알지 못하고 종교신앙에 대하여 철저하게 부정이었던 폐쇄적인 잘못된 계몽주의(falsche Aufklärung)의 오류를 찌르면서 내재성과 함께 초월성, 무한성과 함께 유한성, 능동성과 함께 수동성이라는 양극을 함께 주장할 수 있는 "참된 계몽주의"(wahre Aufklärung)를 말하며 신앙에 자리를 열어 놓으려고 하였다. 이 점은 야스퍼스가 이렇게 말할 때 잘 나타나고 있다. "성서종교의 근원과 진리는 참된 계몽주의 속에 살아 있다. 그리고 그것은 철학에 의해서 조명된다."[55] 보편적인 합리주의적 이성종교만을 추구하고 특수한 현실적인 역사적 종교는 비합리적이며 불완전한 미신일 뿐이라고 하며 무시하거나 거부했던 그 당시의 반종교적 이성론자들과는 달리 현실적인 역사적 종교 안에서 실천이성의 진리를 발견하고 그것을 발전시키려고 노력하였다는 점에서 칸트의 공헌을 찾아야 한다. 칸트는 역사적 종교를 비이성적 종교라고 가볍게 거부하고 배척한 것이 아니라 역사적 종교를 윤리적 이성적인 방향으로 발전시켜 나가며 이성적인 도덕적 종교의 이념과 완전한 일치에 도달하도록 하는 것이 중요하다고 생각하였다. 칸트에게 있어서 현실적인 역사적 종교는 중대한 의의를 가진다. 그는 계시종교를 이성종교의 구체화를 위한 불가결의 수단이요, 이성종교의 이해를 가능케 하는 불가결의 도식이라고 보았기 때문이다. 칸트는 특히 여러 역사적 종교들 중에서 기독교가 유일한 도덕적 종교라고 보았다. 그리고 「종교론」에서 원죄론, 기독론, 독죄론 등의 기독교 교리들이 그들의 비이성적이고 신화적인 표현 속에 이성적인 도덕신앙을 내포하고 있다는 것을 밝히는데 온갖 힘을 다하고 있다. 칸트는 역사적 종교로서의 전통적인 기독교 신앙의 본질을 새로운 방식으로 해석하고 정당함으로써 이를 보존하고자 노력 하였다는 점에서 역사적 종교를 비이성적인 광신과 미신일 뿐이라고 하여 배격한 데이비드 흄의 회의주의적인 태도와는 좋은 대조를 이루고 있다.[56] 칸트는 기독교의 유신론을 단순히 부인하거나 파괴

---

54) 佐野勝也, カソトの宗教論, 164쪽 참조.
55) Karl Jaspers, Einführung in die Philosophie, Piper, 1950, S.89-90.
56) 佐野勝也, カソトの宗教論, 理想社 出版部, 東京, 166쪽.

하고자 한 것이 아니라 역사적 계시에 근거를 두고 있는 기독교의 정통적(orthodox) 유신론을 순전히 이성에 근원을 둔 "도덕적 유신론"(moral theism)[57]으로 변혁시킴으로써, 기독교적 유신론의 의미를 새롭게 조명하고 그의 정당성을 새로운 기초 위에서 확립하려고 하였기 때문이다. 이런 점에서 워드가 지적하고 있는 바와 같이 칸트는 기독교의 전통적인 합리적 신학의 이론적인 타당성은 부인하였으나 기독교는 도덕적 실천을 위한 실천적 타당성을 그대로 보존하고 있다고 보았다. 신 앞에서의 인간의 도덕적인 무(無)역성이라고 하는 도덕적 한계 상황에 대한 칸트의 대결 방식은 최고선의 실현가능성에 관한 그의 이론이 잘 표현하여 주고 있듯이 전형적으로 "유신론적"인 것이다.[58] 여기에서 우리는 칸트의 도덕철학과 기독교 신앙 전통 사이의 긴밀한 관련을 엿볼 수 있다. 칸트의 독자적인 창조성은 그가 기독교적 유신론의 전통 안에 있으면서도 기독교 계시를 그의 역사적인 특수성과 한계로부터 해방시켜서 보다 더 이성적이고 보편적인 기반 위에 기초지울 수 있는 가능성을 인식론적인 비판철학의 체계를 통하여 제시할 수 있었다는 점에 있다. 야스퍼스의 표현을 빌리면, 칸트의 철학은 "철학의 오랜 옛 전통 안에 살면서 새로운 철학체계를 위한 초석을 마련해 놓았다"는데 있다.[59] 칸트의 새로운 점은 "인간이 수천년간 알고 있었던 것을 새로운 방식으로 의식시키는" 그의 전혀 새로운 관점과 새로운 과제에 있었던 것이다.[60] 사실에 있어서 비단 「실천이성비판」이나 「종교론」뿐 아니라, 「순수이성비판」을 비롯한 칸트의 철학적 저술 전체를 통하여 칸트는 기독교의 유일신 사상의 필연성과 타당성을 그 나름의 특유한 방식에서 증명하고 있는 것이라고 말하여도 과언이 아닐 것이다.

그러나 칸트의 철학에서 구성되어 나오는 소위 "도덕적 유신론"은 예수 그리스도의 죽음과 부활이라고 하는 역사적 사실에 근거하는 기독교의 계시신앙을 순전히 도덕법의 무제약적인 정언적 명령의 엄숙성 위에 근거하는 이성 신앙으로 대치시키며, 전통적인 계시종교의 기본교리로서 제시된 "의인론적" 삼위일체적 "인격신" 대신에, 도덕적인 주체로서의 인간의 유한한 존재 구조 때문에 불가피하게 요청되는 가정으로서의 신의 존재를 대치하지 않을 수 없다는 데 문제가 있다. 칸트가 말하는 신에 대하여서는 인간

---

57) Allen, W. Wood, Kant's Rational Theology, Cornell University Press, 1978, p. 26 참조.
58) Keith Ward, op. cit., 177.
59) Karl Jaspers, op. cit., S. 591.
60) Jaspers, op. cit., S. 518.

의 도덕적 요구에 기초하여서 상정할 수 있는 도덕적인 성품밖에는 아무것도 알 수가 없다. 즉 칸트의 신은, 실천이성의 요청이며 희망의 대상으로서, 항상 도덕법칙 배후에 숨어서 간접적으로만 인간과 관계하는 숨어계신 신(Deus absconditus)이다.

그러므로 칸트는 많은 학자들에게서 종교와 도덕을 완전히 동일시 했다는 비난을 받아왔다. 예를 든다면 로젠크란츠(Rosenkranz)는 "칸트가 종교를 도덕에 흡수 시켜버린 일면성에 빠졌다"[61]고 비난하고 있다. 그렇게 된다면 인간과 인격으로서의 신사이의 인격적인 관계는 불가능해질 뿐 아니라 신앙은 있으나마나 한 것이 된다고 한다. 사실 로젠크란츠의 위와 같은 비난은 어느정도 타당성을 가진다고 보아야 한다. 「실천이성비판」뿐 아니라 「종교론」에 있어서 까지도, 신은 도덕적 입법자, 통치자, 재판관 등의 개념으로 이해되고 있으며, 따라서 신과 인간과의 인격적인 관계는 실존적인 사랑의 관계가 아니라, 순전히 "법률적인 언어"(legalistic language)로 표상되는 관계로서 규정되고 있기 때문이다.[62] 칸트 자신이 고백하고 있듯이 인간의 최고의 도덕적인 완성의 목표는 "법의 사랑"(die Liebe des Gesetzes)[63]을 통해서 간접적으로 신의 사랑에 도달하는 것이다. 여기에서 인간은 초경험적인 존재를 체험할 수도 없고 알 수도 없다고 하는 그의 비판철학의 인식론이 일관하여 작용하고 있다. 더구나 현상계(Phenomena)와 본체계(本體界, Noumena), 감성계(mundus sensibilis)와 예지계(mundus intelligibilis)를 철저하게 이원론적으로 대립시킴으로써 인간의 실천적 자유의 모순없는 가능성을 확보하고자 하는 그의 선험적 관념론의 과제는 칸트의 신관에서도 철저히 수행되고 있다. 칸트는 신에 관한 직접적인 체험이나, 이론적인 인식을 철저하게 배격하고 있다. 칸트가 선험적 관념론의 이원론에 입각하여 신의 계시를 통한 인간과 신 사이의 직접적인 관계의 가능성을 믿는 계시신앙을 배제하고저 하는 것은, "신의 직접적인 임재(臨在)를 믿는 것이 인식론적으로 불가능한 착각일 뿐 아니라, 도덕의 기초를 침식하므로서 이성적 존재의 도덕적 자유를 파괴시키는" 유해한 것이라고 보기 때문이다.[64] 그러므로 칸트의 철학체계 안에서는 도덕법이 "하지 않으면 안된다(Sollen)"고 무제약적으로 명령하기 때문에 "할 수 있어야만 한다"(können müssen)고 생각하는 선한 도덕적 "양심"밖에는 인간을 신과

---

61) Frederick P.van De Pitte, Kant as Philosophical Anthropologist, Martinus Nijhoff, 1971. p.88.

62) Ibid., p.88.

63) Religion, S.163.

64) Religion., S.163. Keith Ward, op. cit., p.157에 인용됨.

만나게 하여 줄 수 있 는 것은 아무것도 없다.[65] 마르틴 부버나 칼 야스퍼스는 이구동성으로 칸트철학에는 신에 대한 사랑이 결여되어 있음을 지적하고 있다.[66]

그러나, 칸트가 참으로 종교와 도덕을 동일시 하였는지에 대해서는 간단하게 판단해 버릴 수 없다는 사실을 기억해야 할 것이다. 피테가 지적하고 있는 바와 같이, "칸트사상에 있어서 도덕은 중심적인 지위를 차지하고 있으며 칸트는 그의 철학전체를 '도덕법의 의식'의 기초 위 에 세웠다."[67] 그러므로 칸트의 철학사상 전체는 도덕이라는 축을 중심으로 하여 돌고 있다. 그러나, 그렇다고 하여 칸트철학 속에서, 과학, 도덕, 예술, 종교 등의 영역이 모두 도덕의 영역 속에 환원되고 있다고 말하는 것은 부당하다. 오히려 이 같은 여러 영역들 사이의 넘을 수 없는 질적인 차이를 지나치게 강조하는 것이 칸트철학의 특징이라고 보아야 할 것이다. 특히 도덕과 종교의 두 영역은 칸트철학에서 동일한 것으로 환원될 수 있는 것이 아니라 종교가 도덕에 의해서 요청되고 있다고 말하는 것이 정당할 것이다. 피테의 표현을 빌려서 말한다면 칸트에게 있어서 종교는 도덕에로 환원되는 것이 아니라, 종교는 도덕에다가 매우 중요한 그 무엇을 보태주는 것이며 종교가 도덕에게 부가해 주는 그것은 도덕에 대해서 매우 중요한 의의를 가지는 것이다.[68] 다시 말하면, 도덕은 최고선의 실현 불가능성 앞에서 "너는 하여야 하기 때문에, 할 수 있어야 한다"고 하는 실천 이성의 정언적(定言的) 명령을 제시할 뿐이다. 그러나 워드가 적절히 지적하고 있는 바와 같이 종교의 영역은 도덕의 영역에다가 최고선의 실현가능성에 대한 소망을 부가시켜준다.[69] 그러므로 "도덕은 불가피하게 종교에로 이끌어져 가게 된다." 그러므로 바로 그 이유 때문에 도덕에서 종교에로의 비약은 그 자신의 도덕적 한계 상황에 직면한 도덕적 인격에게 실천적 타당성을 가지는 것이라고 칸트는 주장하고 있다. 그러나 도덕적인 관점에 철저하게 머무르려는 그 자신의 소위 "이성신앙(Vernunftsglaube)"이야말로 유일의 보편타당한 종교이며, 특수한 역사적 신앙의 모든 양태를 평가하는 보편타당한 척도가 될 수 있다고 하는 칸트의 주장은 계몽주의 시대의

---

(65) Keith Ward, *op. cit.*, p.57.

(66) Buber, Eclipse of God, p.52.

(67) F. Pitte, *op. cit.*, p.83.

(68) Pitte, : *op. cit.*, p.89. "In many places it is clearly expressed that religion is something added to morality, something which adds greatly to the significant to morality."

(69) Keith Ward, *op. cit.*, p.157, "Religion adds hope of the consummation of the summum bonum to morality"

이성주의적 낙관주의에 속하는 철학적인 한계를 노출하고 있다고 보겠다. 현실의 제도적인 역사적 종교는 역사적 우연의 산물이기 때문에 보편타당성을 가질 수는 없으며 모든 시대와 모든 장소에서 모든 사람에 의해서 믿어질 수 있는 보편 타당성을 가지는 유일한 절대적 종교는 다만 그 자신의 도덕 종교 뿐이라고 한다.[70] 이러한 칸트의 주장에 대하여, 바이쉐델은 "칸트의 철학적 신앙은 보편 타당성을 주장할 수 없다"고 이의를 제기한다.[71] 바이쉐델에 의하면, 칸트의 이성신앙은 "너무나도 도덕적인 것에 기초하고 있기 때문에, 그것은 단지 도덕적인 실존에로, 즉 도덕적인 태도에로 자기를 결단하는 사람들에 대해서만 자명한 것으로 설득력을 가질 수 있을 뿐이다." 다시 말하면 칸트의 도덕 철학의 대전제, 즉 도덕법이 그 자체로서 무제약적 엄숙성을 가진다는 주장은 참으로 누구에게나 자명한 것은 아니라, 그것은 또 하나의 전제, 즉 도덕적 인격의 도덕적 결단을 전제하기 때문에, 그 자체로서 충분한 것은 못된다는 것이다.[72] 도덕은 불가피하게 종교에로 이끌어 간다는 칸트의 명제는 도덕적인 삶으로 자기를 결단한 도덕적 인격의 진지한 고백일 수는 있어도 칸트의 도덕 종교를 모든 시대, 모든 사람에게 보편타당적인 또 하나의 절대적인 종교로 확립 하는데 충분한 근거는 될 수 없다.

"신앙의 상징" 또는 종교적 상징에 관한 칸트의 철학적 해석학은 그의 영향 밑에 시작된 볼트만의 비신화화의 실존론적 해석학에 대하여 매우 중요한 의의를 가진다. 그러나 상징에 대한 칸트의 해석도 이성의 시대에 속하는 칸트의 시대적 제약과 한계를 들어내고 있다. 종교의 신화와 상징을 도덕적 한계 상황에 직면한 도덕적 인격의 자기 초월의 내면적 행위와 관련되고 있다고 이해하며 신화와 상징의 중요성과 가치를 인정하고 있는 점에서 칸트는 신화와 상징을 이성의 낮은 단계에 속하는 것으로 경멸하고 배척하였던 계몽주의적인 사고 방식을 넘어서고 있다. 그러나, 현실의 역사적 종교의 표현이나 진술을 보편타당한 이성신앙의 내용으로 번역해내려고 하는 이성신앙의 해석학적 원리에 맞아 들어가지 않는 부분은 비이성적이라 하여 단호하게 거부하려는 칸트의 이성의 입장은 이성의 한계에서 비로소 가능해지는 종교의 여러 원리를 이성의 한계 안에 가두어 버리는 결과를 가져왔다. 왜냐하면 야스퍼스가 지적하고 있는대로 상징해석의 자리로서의 칸트의 도덕적 주체는 사고의 한계를 넘는 신비에 직면하여 사고의 한계

---

70) Religion., S.137.

71) W. Weischedel, Der Gott der Philosophen. Bd.1. S.212.

72) *Ibid.*, S.212.

를 스스로 자각하는 심화된 이성이기는 하나, 아직도 이성의 한계 내에서 머무르는 의식 일반 곧 오성으로서 아직 이성의 한계를 돌파하지 못하고 있는 주체이기 때문이다.

야스퍼스의 표현을 빌린다면 "나는 생각한다"(Ich denke)가 종교의 차원에서 조차도 칸트의 철학적 사색의 중심이 되고 있다.[73] 야스퍼스는 칸트가 실존의 역사의식을 알지 못하고, 의식 일반의 자리에서 종교와 형이상학의 문제들을 다루고 있기 때문에, 요청(Postulat)과 상징(Symbol)과 암호(Chiffre)의 구별을 분명히 할 수 없었다고 비판하고 있다.[74] 칸트는 인식일반의 입장에서 종교의 상징들을 다루고 있었기 때문에 종교의 상징들이 가지고 있는 유일회적(唯一回的)이고 해석 불가능한 암호의 성격을 간과하고, 그것들을 보편적으로 전달가능한 이성신앙의 원리들로 환원하는 것이 가능하다고 생각한 것이다. 칸트의 이성은 이성 자신의 한계의 의식과 이성의 한계를 넘는 신비에 대한 의식에 도달하기는 하였으나 그를 향하여 이성의 한계를 돌파할 수 있게 하여 주는 실존의 정열(pathos)을 획득하지 못하고 있다. 그러므로 칸트는 보편적으로 전달 가능한 의미체로서의 상징과 유일회적 역사적 실존의 대치불가능한 자기 이해의 거울로서의 암호 사이의 구별을 하지 못했고 칸트 자신의 도덕적 종교의 이념 자체가 해석을 기다리는 또 하나의 역사적 암호임을 알지 못하였다.

칸트에게 있어서 종교적 상징해석은 이성의 한계 안에서 가능한 종교 이해만을 허락하고 실천이성의 한계를 넘는 종교의 비이성적인 영역은 배제하는 이성일반의 원리에 기초하기 때문에 그의 이성 신앙의 이념과 현실적인 역사적 종교를 관련시키려는 칸트의 시도는 만족한 결과에 도달할 수 없으며 칸트에 있어서 이성종교와 종교사의 연결은 원칙적으로 불가능한 것으로 보인다.[75]

---

73) Jaspers, *op. cit.*, S.607.

74) Jaspers, *op. cit.*, S.605.

75) 칸트의 이성종교와 종교사와의 만남은 독일 푸로테스탄트 사상사의 발전과정에서 헤겔보다는 주로 슐라이어마허(Schleiermacher)의 종교체험의 신학과의 만남에서 이루어졌다. Rudolf Otto, Ernst Tröltsch의 경우가 그 좋은 예이다.
Cf. Ernst Tröltsch, Religionphilosophie(1904-5): Die Absolutheit des Christentums und die Religionsgeschichte(1902): "Des Historische in Kants Religionsphilosophie"(1904): Die Bedeutung der geschtlichkeit Jesu für den Glauben(1911): Der Historismus und seine überwindung(1924).

5. 결어

필자는 이 소논문의 이상과 같은 전개를 통하여 칸트의 「종교론」에 나타난 신존재 증명의 특색을 「실천이성비판」의 그것과 비교하면서 고찰하여 보았다. 「종교론」에서 칸트가 제시하는 그의 이성종교는 두가지 점에서 「실천이성비판」에 나타난 종교철학을 보충하고 완성하였다고 볼 수 있다.

첫째로, 「종교론」에서 비로소 등장하는 "근본악"(das radikale Böse)의 개념은 칸트의 도덕적 인격개념 속에 새로운 실존적인 정열을 불어 넣어 주는 동시에 도덕적 인격과 신 사이의 실존적인 인격적 관계를 가능하도록 하여준다.

둘째로, 「종교론」에서 칸트는 그의 이성신앙의 목표를 예지적인 피안(彼岸)이 아니라 시간적인 차안(此岸)에서의 신국건설에 두는 것으로서 도덕과 종교, 종교와 사회와의 구체적인 관련을 조명하고자 하였다. 이것은 최고선의 현실을 초시간적인 피안에 두는 「실천이성비판」의 추상성을 시정하는 획기적인 발전이 아닐 수 없다.

더구나 칸트는 「종교론」에서 역사적 종교를 통한 이성종교의 현실적인 구현을 모색하며 이성 종교의 이념을 바탕으로 한 현실적 역사적 종교의 변혁을 호소함으로써 이성종교의 이념과 역사적 종교의 현실을 연결시키려고 노력하였다. 이것 또한 칸트의 다른 저서에서는 찾아볼 수 없는 「종교론」 특유의 발전적 측면을 나타내는 것이라고 보겠다.

그러나 이 같은 칸트의 종교철학의 위대성에도 불구하고 칸트는 그가 속하였던 시대의 계몽주의 사상의 배경에서 벗어나지 못하였다.

칸트철학의 이같은 불가피한 한계성은 그의 철학의 종착점(terminus adquem)이었으며 그 속에서 이성과 함께 실존을, 내면적 주체적인 근본적 변혁에로의 호소와 함께 윤리의 왕국 곧 신의 왕국(신국)의 건설의 과제를 밝히고 있는 종교론에서도 그대로 들어나고 있다.

첫째로, 개체인간의 주체적 근원적 변혁에 대하여 가장 엄숙하게 호소하고 있는 「종교론」에 나타난 "근본악" 사상에서도 칸트의 인간이해는 어디까지나 철저하게 이성의 입장에 한정되어 있었다. 다시 말하면 인간을 보는 그의 관심은 항상 인간의 보편적인 본질과 인류 전체의 공동적인 운명에 집중되었을 뿐 개체인간의 유일회적이고 일반화

불가능한 실존적인 자기 이해의 차원에서 도달할 수가 없었던 것이다.

둘째로, 칸트는 동시대의 계몽주의적 사상가들에게서 흔히 볼 수 있 는 바와 같이, 종교적인 신앙의 모든 측면을 윤리적인 것으로 환원하려고 하였다. 이성의 인식론적 비판을 통하여 그 한계를 밝히는 것으로서 종교와 형이상학에게 자리를 남겨 놓으려고 한 점에서 칸트는 이미 이성의 시대의 한계를 돌파하고 있었다. 그러나 종교가 가지고 있 는 신앙의 상징들까지도 다만 이성의 한계 안에서 도덕의 관점에서만 평가하고 재해석 하려고 한 칸트의 태도는 동시 대의 사상적 한계를 잘 반영하는 것이다. 역사적 종교의 특수한 신앙내용을 유일의 불변하며, 보편적으로 전달가능한 이성신앙으로 변혁하고자 한 칸트의 철학적 모험은 계몽주의시대의 사상적 특색이 아닐 수 없다.

그러나 시대사상의 흐름을 역류하여 칸트가 가졌던 이성의 한계에 대한 투철한 의식 과 이성의 피안에 있는 존재신비에 대한 심오한 통찰은 칸트가 살았던 이성의 시대를 넘어서 현대에 이르기까지 철학과 종교철학 그리고 신학의 영역에 지대한 영향을 미친 위대한 학문적인 유산이었다고 보겠다.

더욱이 역사적 종교로서의 기독교의 교리와 의식들을 그들의 역사적 제약에서부터 해방시켜서 보편적으로 전달 가능한 이성신앙의 상징들로 변화시키려고 하였던 칸트의 이성적 해석학의 시도는 보다 더 보편적인 설득력을 가진 세계 종교로서의 기독교의 변혁을 위한 과제에 위대한 통찰을 제공하고 있다.

칸트의 역사철학

백승균(계명대)

I. 칸트와 역사철학

1. 역사철학의 발단과 타 학문과의 관계

역사라는 말은 통상 과거 어느 일정한 시간 내에서 일어난 객관적인 사건을 말하나 그러한 사건의 연구와 서술까지도 말한다. 보다 구체적으로 말하면 자연계나 정신계에 속하는 사건들로서 인류의 역사, 우주의 역사, 지구의 역사 및 동물과 식물의 역사 등으로 분류하여 말할 수 있다. 그러나 대체로 사가들은 자연적 사건을 제외하거나 혹은 자연과 그 변화를 문제삼는다고 하더라도 자연 그 자체 때문이 아니고 그러한 자연이나 변화들이 인류의 발전에 대해 의미를 갖는다는 입장에서만 사건을, 다시 말하면 인간 생활의 사건을 역사로 간주한다. 그러한 인간의 생활 중에서도 자연적 특성을 띤 역사나 순수 물질적이거나 실질적인 요소 내지 자연적이고 필연적인 요소의 사건을 제외하고 오직 이성적 본질로서 자유로운 인간행위의 결과를 본래적인 역사의 대상으로 삼는다. 이를 우리는 인간의 활동성 혹은 인간의 문화적 활동성이라고 부른다. 이러한 인간의 활동성 가운데서도 인간생활의 자연적인 면을 단순히 간과하지는 않는다. 오히려 그러한 것이 어느 정도로 인간행위에 영향을 끼치는가를 연구하는 것이 사가의 관심이다.

그러한 인간행위라고 하더라도 그 모두가 다 역사일 수가 없다면 역사는 선정되어야 한다. 여기에서 역사적 특성이 제기된다; 즉 행위의 결과가 개인적 차원을 넘어 사회에 영향을 끼친다면 그러한 영향하에서 의미가 있는 것만을 사가는 역사로 선정한다는 말이다. 이것은 인류 전체를 위해 한 사건의 의미가 중요하면 할수록 그것에 대한 역사적 관심이 더욱 커짐을 의미한다. 그러나 어느 정도로 한 사건의 의미가 영향력을 행사하는가 하는 것을 정확하게 규정하기는 어렵다. 왜냐하면 그 척도는 사가에 따라 다르기 때문이고 사실내용의 무규정성 때문이다. 그래서 학문으로서의 역사개념을 베른하임(E. Bernheim)은 "역사란 시간 공간적으로 규정된 인간행위의 발전사실을 사회적 본질로서 정신적-심리적 인과성의 연관성 내에서 연구하고 기술하는 학문이다."[1]라고만 하였다.

이러한 역사에 대한 관심은 멀리 고대 희랍철학에까지 거슬러 올라간다. 플라톤(Platon)과 아리스토텔레스(Aristoteles)보다는 밀레토스(Mieltos)학파의 헤카타이오스(Hekataeus)가 사가를 산문 서술가, 즉 Logograph라 함으로써 역사서술의 대상이 Prosa의 서술, 다시 말하면 Logos의 서술이라 하게 되었고, 이 Logos라는 말이 후에 역사 혹은 연구라는 뜻의 ιστορία(Historia)가 되었으며 마침내 헤로도토스(Herodotos)가 자신의 저서를 Historia로 부르게 됨으로써 오늘날의 "역사"가 되었다고 한다. 그러나 λόγος((산문)와 εστορία(역사 혹은 연구)는 현실에 속하지 아니하고 환상에 속하므로 여기에서는 문학(ποίησις)이 주 역할을 하게 되었다는 것이다. 그러므로 역사서술과 문학은 뗄려야 뗄 수 없는 한 연관성 속의 학문으로써 개개의 사실을 체계화하는 것이 아니고 효과적으로 서술하는 것이 주목적이었다. 그러한 역사서술이 역사학으로 되어야 한다는 것은 플라톤이 학(學)을 개체성과 가변성에 관계하는 것이 아니고 보편성에 관계하는 것이라 하였고, 아리스토텔레스 역시 학을 보편성에 관계하는 것이라고 하여(개체성과 가변성에 관계하는 것은 지각이다.) 학문이야말로 보편성과 필연성의 전제임을 주장한데 기인한다. 이러한 입장에 서서 칸트(Kant)는 학문적 주장이 곧 보편적 주장이라고 하게 되었다.

이에 한 걸음 더 나아가 역사의 특성과 본질을 규정함에 있어서 역사적 사건의 합법칙성의 문제가 대두하고 역사적 인식이 어떻게 실제로 진행되는가를 밝힐 뿐만 아니라 그러한 역사인식을 위한 규범을 제기해야 한다면, 그러한 것은 단순한 역사학의 문제가 아니고 역사철학에 해당되는 문제인 것이다. 그렇다면 역사철학이란 무엇인가? 이 역사철학이라는 말을 처음으로 사용한 사람은 볼테르(Voltaire)[2]이었다고 한다. 그는 이 역

---

1) E. Bernheim: Lehrbuch der historischen Methode, Leipzig 1903. S, 9.
2) Voltaire: Essai sur les moeurs ct l'esprit des nations, 1775.

사철학을 인류사에 대한 철학적 관찰방식으로 수용하지 아니하고, 보편사로서, 다시 말하면 교의와 노력에 대한 인류의 투쟁인 세계사로서 수용하였던 것이다. 이러한 그의 의도는 역사신학을 비판하자는 것이었고, 신의 섭리가 아닌 진보사상을 주장하자는 것이었다. 이로써 역사철학에는 새로운 전기가 마련되었던 것이다.

그러나 우리는 여기서 몇가지의 개념을 분명히 밝힌 후 칸트시대의 역사철학을 고찰하고자 한다. 먼저 역사철학과 깊은 연관성의 개념은 보편사(Universalgeschichte)라는 말이다. 보편사란 사건 내지 사실 자체를 자체의 대상으로 삼기 때문에 보편사를 다루는 사가는 무엇이 일어나고 또 어떻게 일어나는가를 먼저 알려고 한다. 그러나 역사철학은 첫째, 역사적 사건의 원인과 법칙을 설정하기 위해 그리고 둘째, 역사의 최종 목표와 의미를 설정하기 위해 사가의 역사이론적 결론에서부터 출발한다. 그렇다고 하더라도 역사철학이 보편사와 함께 문제의 복합성과 의미를 지닐 뿐만 아니라 반성으로 일관된 인류사의 형식을 수용하고 있다면, 그러한 역사철학은 이미 보편사라고 할 수 있다. 그렇다면 현실적으로 역사철학과 보편사의 한계는 분명하지 않다는 말이 된다. 이러한 연관성 속에서 분명한 것은 사가란 보편사에 관계하고 철학자는 역사철학에 관계하나 역사에 대한 보다 깊은 이해를 하고자 함으로써 진정한 사가일수록 철학자를 부정할 수가 없게 된다는 것이다.

더 나아가서는 역사철학과 사회학의 관계문제이다. 사회학은 일반적으로 인간의 이익생활과 공동사회생활 전반의 본질 내지 형태, 원리 원칙과 법칙에 관해 연구하는 학문이라 할 수 있다. 더 구체적으로는 사회의 발전법칙과 형태론을 연구하고 사회의 생성문제를 연구의 대상으로 삼는 학문이라 할 수 있다면, 역사철학 역시 인간의 생활에서 사회적 의미를 구하고자 함으로써 사회학과 결코 다른 것이 아니라는 것이다. 그래서 아이슬러(Eisler)는 사회적 역동성(사회의 발전법칙)이 바로 역사철학이고 그러한 역사철학이 사회학일 때 비로소 그 정당성을 갖는다고 했는가 하면 바르트(P.Barth)는 "완전한 사회학이야 말로 역사철학이다"[3]라고 하여 역사철학과 사회학의 내적 관계를 분명히 하였다.

그럼에도 사회학과 역사철학이 독자적으로 존재할 수 있다면 사회학이란 첫째, 상대적 지속성에 관계하고 둘째 사회내의 상태에 관계하며, 셋째 사회적 생활의 발전에 관

---

3) Paul Barth: Die Philosophie der Geschichte als Soziologie Ⅰ, Leipzig 1915, S. 125.

심을 가지고, 넷째 기존 사실을 보다 더 잘 이해하고자 하는 반면에, 역사철학은 첫째 지속적인 것을 본래의 목적으로 삼지 아니하고, 둘째 그러므로 변화를 궁극적인 목적으로 삼으며, 그리고 셋째는 사실의 생성을 목적으로 삼음으로써 미래에 주관심을 둔다고 할 수 있을 것이다. 다시 말하면 사회학은 사회적 인간생활의 형식을 탐구하고, 역사철학은 그러한 형식 속에서 작용하는 내용을 탐구한다는 사실이다. 그러므로 만일 사회학이 사회적 인간생활의 형식과 내용을 다 취급한다면 넓은 의미에 있어서 역사철학의 문제도 다 포함하나 사회학의 한계는 역사의 의미에 대해서까지 물음을 제기할 수 없다는 사실에 분명한 그 한계점이 놓여있다고 할 수 있을 것이다.

2. 칸트 이전의 역사철학

엄밀한 의미에 있어서 역사철학은 아니라고 하더라도 역사에 대한 관심은 이미 암시한 바와 같이 인간의 기원과 전개 그리고 인간의 운명에 직접적으로 관계되어 고대철학에서부터 나타났다.

특히 희랍사람들은 역사의 보편적 진행을 한편으로는 몰락의 과정으로서 보았는가 하면, 다른 한편으로는 발전의 과정으로서 보았다. 전자에서는 최초에 인간이야 말로 천국에서 살았으나 역사 속에서 서서히 몰락하게 되었다고 하여 그 논거를 윤리의 몰락에서 찾았다. 다시 말하면 제1시기는 황금시대였고, 제2시기는 은시대였으며, 제3시기는 청동기시대였고, 제4시기는 철기시대였으며 바로 자신들이 살고 있던 시대를 헤시오도스(Hesiod)시대라고 생각하였던 것이다. 그러나 후자에서는 인간의 역사야말로 보다 높은 완전성을 향하는 것이므로 세계문화는 발전 진보하는 것이라고 생각하였다. 설령 인륜성과 종교는 몰락을 해도 예술과 과학은 진보한다는 주장을 하였던 것이다. 이 양자와는 달리 역사를 발전과 몰락 그 자체로 보는 사람들도 있었으나, 이 모든 주장들을 통합하여 인류의 역사와 우주의 역사는 그 출발점으로 되돌아와 거기에서 다시 시작한다는 원운동을 주장한 사람도 있었다. 그 사람이 헤라클레이토스(Herakleitos)였다. 소위 그는 순환구조적 역사관을 처음으로 암시하였던 사람이다.

그러나 희랍민족의 섭리적 신앙은 역사적 사건을 신중심적 관점에 서서 인과적으로 설명하고자 하여 자연적 원인을 신성의 의지에서 이해하였고 인간의 중요한 결단 역시 직접적인 신의 관여라고 생각하였다. 그럼에도 불구하고 희랍의 신들은 인간에게 윤리적인 면만을 강조하지 않고 인격적인 관심과 이성적인 관심 역시 강조함으로써 민족종교의 섭리적 신앙을 철학적 사유로 이행시켰다. 그 결과로 헤라클레이토스는 Logos의 이념을 그리고 아낙사고라스(Anaxagoras)는 Nous(정신)의 이념을 인식론에다 도입하게 되어 신성이야말로 존재와 작용의 연관성 속에 있는 순수이성의 원리라고 하게 되었다. 이로써 자연적 원인을 인간중심적으로 고찰하고자 하는 사가들이 등장하였고, 그 대표자들로서 투키디데스(Thukydides), 소포콜레스(Sophokles), 폴리비우스(Polibius), 타키투스(Tacitus) 등이었다. 이들은 한결같이 인간의 심리적 충동성을 주시하였고 역사적 사건에서 행동하는 인간의 인격을 지시하였으며 인간에 대한 자연의 영향 등을 고찰하였다. 극단적으로 아리스토텔레스는 민족성을 기후와 연관시켜 냉대와 북구인들은 용기를 가지고 있으나 반성의 능력과 예술성을 결여하고 있으며 독립적 생활에는 달관되어 있으나 시민적 공동체 형성에는 미숙하다고 하였는가 하면 아시아에는 반성과 예술성은 풍부하나 용기가 없어 노예가 되기 쉽다고 하였다.

　이와 같은 희랍인들의 이성적 사유는 전체의 역사를 하나의 이념 아래 설정하였으나 역사철학적 체계를 결여하였고 인간성의 통일성과 공속성을 인식하지 못하였으며 모든 민족들이 하나의 인류라는 개념을 알지도 못하여 야만인들이나 여성을 불완전한 인간으로 간주함으로써 역사철학이 대두되는 보편사의 이념을 설정하지 못하였다. 이러한 희랍정신이 설령 역사철학을 형성하지는 못하였지만 그 계기를 마련한 것은 전 인류의 내적 공속성을 주장한 스토아(Stoa) 철학 때문이었다. 이 철학은 민족종교의 다신론을 극복하여 일원론적 내지 범신론적 신관을 정립, 다시 말하면 세계의 생성과 변화는 지고의 존재 속에 현현하고 모든 민족적 한계를 초월한 보편적 사랑을 내세움으로써 기독교의 터전을 마련하였고 역사철학을 마련하였다는 것이다.

　이로써 우리는 이제 기독교의 역사철학을 일별할 수 있다면 편의상 구약시대의 역사철학과 신약시대의 역사철학으로 양분할 수 있을 것이다. 그러나 먼저 선행작업으로서 기독교 이전의 역사관을 암시하는 것이 여기서는 중요하다. 왜냐하면 기독교 이전의 역사관은 유태민족에게서 나타나나 그들은 세계관과 생활관을 규정하는 종교를 다 가지고 있었기 때문이다. 그러한 종교의 신은 선민과 전 인류에게 하나의 목표를 제시해 주기 위해 시간 속에서 계시되는 신이었으며 일원론적 윤리적인 성격을 띠는 신이었었나.

이러한 신관을 가진 그들은 고대희랍인들의 순환적 원운동과는 달리 절대적인 가치와 영원지속이라는 궁극적인 일회적 과정으로서의 불변적 가치를 위해 역사를 설정하였고, 인류의 윤리적이고 종교적인 완성을 통해 궁극의 목표인 신국이 실현된다고 믿었다.

다시 말하면 역사의 과정을 그들은 먼저 행복의 천국상태, 둘째 신으로부터 추방되어 악의 권세로 몰락, 셋째 신의 은총작업으로서 인간의 구원, 넷째, 메시아가 등장, 최후 심판에서 악의 패배와 선의 승리 그러므로 이렇나 사실에 대한 계시가 보편사와 한 연관성을 맺게함으로써 역사철학적인 계기가 구약성서에서 먼저 마련되었다는 것이다. 물론 그러한 천국의 담당자는 역사 전체를 하나로 통괄하는 유태민족이며 그들이 역사 파악이 신의 예지와 함께 정의였었다는[4] 사실이다.

그러나 신약시대의 역사철학은 복음서가 중심이 되었고, 그러한 복음서는 구약성서적 이념에 결부되어 있는 역사철학으로서 여기서는 역사의 최종목표가 신국이었다. 이러한 신국은 정치적 국가가 아니고 초국가적인 성격의 윤리적이고 종교적인 국가인 것이다. 이와 같은 인류의 역사적 발전을 기독교적 섭리에서 파악하고자 하였던 이가 사도시대의 바울(Paul)이었고, 이 바울로 인해서 신약시대의 역사철학이 설계되었던 것이다. 이러한 연관성에서 중세의 역사철학 전반을 완성한 이는 아우구스티누스(Augustinus)라 할 수 있음은 그로부터 미래지향적 시간관과 역사관이 비롯되었기 때문이다. 그에 따르면 시간이란 시작없는 반복이라는 희랍사상에 반대하여 시간이란 미래에서 현재를 거쳐 과거로 사라지는 것이라고 하였는가 하면 인류는 하나의 절대적인 시작을 가지고 하나의 절대적인 목표를 향하여 나간다고 주장하였다. 이에 따른 역사의 주체는 인간이 아닌 신이었고 그러한 신의 섭리에 인간은 따를 뿐이라는 것이다. 이러한 섭리의 사상이 칸트에게는 어떻게 수용되었는가 하는 물음도 우리의 관심 중의 하나이다.

3. 칸트시대의 역사철학

근세에 와서 까지 기독교의 역사철학을 대표하던 인물들은 신의 배려 대상으로서 교회와 계시 민족을 서술하고 나섰던 보쉬에(Bossuet)[5]와 그리스도(Christ)의 십자가를 역

---

4) 이사야, 제3장 10-11절.
5) Bossuet: Discours sur l'histoire universelle, 1681.

사의 기점으로 삼았던 요셉 괴레스(Joseph Goerres)[6] 그리고 심지어는 아우구스티누스처럼 기독교의 근본이념에서부터 역사의 진행을 이해하고자한 프리드리히 슐레겔(Friedrich Schlegel)[7]등이 있었다. 슐레겔은 역사의 목표야말로 인류의 전체 안에서 잃어버린 신상을 설정하여 신에게로 귀향하는 것이라고 하였을 뿐만 아니라 섭리에 따른 3기간을 통해 역사의 목표가 달성된다고 하였다. 그러한 3기간을 그는 첫째 발전의 기초마련으로서의 근원적 계시, 둘째 그리스도 안에 나타난 영원한 사랑의 힘 그리고 셋째 전세계에 전파해야할 기독교의 진리라고 하였다.

이에 반해서 역사의 요소를 자연적 원인으로 보거나 혹은 피조물 내에서 찾고자 하는 관심이 일어났다. 특히 가치판단 가운데서도 신의 섭리보다는 세계문화의 의미를 더 강조하고자 하였던 첫 인물이 보댕(Bodin)이었고, 그 후의 인물은 비코(Vico)[8]였다. 그는 역사와 철학을 동일시하여 각 민족들의 문화적 발전을 합법칙적으로 해석함으로써 영원한 이상적 역사의 상을 정립하였다. 그 첫 시기를 환상이 지배하는 신의 시기라 하였고, 둘째 시기를 의지가 지배하는 영웅의 시기라 하였으며 그리고 셋째 시기를 과학적 인식이 지배하는 인간의 시기라 하였다. 이로써 신중심의 사관에서 인간중심의 사관으로 전도되게 시작하였다. 역사의 목표가 Humanität이었고, 그러한 Humanität가 꽃피는 영원한 자연적 공화국에서 역사가 진행된다는 것이었다.

비코뿐만 아니라 역사의 진행을 합법칙성에서 설명하였던 콩도르세(Condorcet)와 역사철학이라는 말을 처음으로 사용하였다고 하는 볼테르 역시 원칙적으로 인간 중심의 역사파악을 시도하였다. 그렇다고 하여 진정한 의미에 있어서 그가 역사철학을 구가하였다라기 보다는 보편사를 구가하였다고 할 수 있을 것이다. 다시 말하면 특수원리로서의 역사철학이 아니고 어떤 의식을 가지고 역사에 대해 철학적으로 고찰하였다는 말이다. 이것은 볼테르의 보편사가 진보의 역사로서 발전되었다는 사실을 의미하는 것이 아니고 계몽 내지 이성적 역사의 상을 통해 인류의 운명이 순화될 수 있다는 사실을 의미하는 것이다.

이 밖의 사가들과 정치가들도 역사에 대한 일가견들을 가지게 되었다. 특히 마키아벨리(Machiavelli)는 한편으로 역사의 자연적 요인을 중시하였고, 다른 한편으로는 르

---

6) Josepf Goerres: Wachstum der Historie, 1807.
7) Friedrich Schlegel: Philosophie der Geschichte, 1829.
8) Vico: Principi della scienza nuova d'intorno alle commune nature dellenazioni, 1725.

네승스(Renaissance)의 개인주의 이념에 따라 위대한 인물을 강조하였는가하면 중세의 기독교적 보편주의에 반대하여 민족적 요소를 부각시켰다. 몽테스키외(Montesquieu)는 "법의 정신"[9]에서 국가의 형태와 법칙을 민족의 본래적 특성으로 규정하였고, 루소(Rousseau)는 "사회 계약론"[10]에서 문화문제와 사회문제를 다루었으며 레싱(Lessing)[11]은 신적 계시라는 입장에서 진보의 필연성을 극구 주장하고, 거기에서 과거를 이해하고자 함으로써 그에게 역사란 것이 신을 통한 인간성 교육이었고 신의 섭리에 따라 점차적으로 완성의 상태로 된다는 것이었다. 이에 한 걸음 더 나아가 라이프니츠(Leibniz)는 역사철학을 이성적 진보사상에서 전개하여 현재야말로 미래를 내포하는 것으로 규정하였다. 그러므로 그의 역사철학은 순수 이성의 이념에서 비롯되었다고 할 수 있을 것이다.

이러한 연관성 속에서 칸트의 역사파악은 헤르더(Herder)의 역사철학에 직결되어 나타났다. 헤르더의 역사철학적 관심은 처음엔 "인류의 인격도야에 대한 역사철학"에서 나타났고, 그 다음엔 "인류의 역사철학에 대한 이념"[12]에서 나타났다. 그러나 그에게 있어서의 철학적 역사파악은 역사를 자연법칙에서 파악한 것이 아니고 중요한 역사적 단계의 일회적 수행을 특수내용과 특수양식에서 이해한 것이다. 이러한 계기는 그의 역사철학적 관심이 계몽주의에 반대하는 문학과 철학의 비합리주의적 투쟁에 있었기 때문이었다. 특히 "이념"론에서는 헤르더의 역사철학이 두 가지로 나타나는데, 그 첫째는 역사의 진행형식이고, 그 둘째는 역사의 의미개념인 최고의 가치개념으로서 Humanität이다. 만일 이 Humanität라는 것이 신과 같은 형상이라는 의미에서 인간을 동물과 구별하는 원초적인 이성의 요소라면 이성과 Humanität는 서로 동떨어져 있는 개념들이 아니다. 오히려 한 연관성의 개념으로서 이성적 소질이 자연적으로 Humanität로 이행하는 것이라고 할 수 있을 것이다. 보다 더 적극적인 표현으로서는 그 자신이 "이성과 Humanität"[13]라는 말을 자주 쓰고 있다는 사실이다. 이러한 사실은 Humanität라는 개념이 도덕이나 종교적인 측면에 그 본래의 의미를 가지고 있음을 말한다.

이러한 것은 그가 추상적인 철학자가 아니라는 사실을 감안할 때 이 Humanität라는

---

9) Montesquieu: De l'esprit des lois, 1799.

10) Rousseau: Du contrat social, 1762.

11) Lessing: Die Erziehung des Menschengeschlechts, 1780.

12) Herder: Auch eine Philospohie der Geschichte zur Bildung der Menschheit, 1774. Ideen zur Philosophie der Geschichte der Menschhiet, 1784/91.

13) Herder: Ideen. Buch 15, Ⅲ.

말 역시 구체적인 사실을 지칭할 것이고, 그것이 바로 인류역사의 본래적인 내용을 말하는 것이 된다. 이러한 본래적 내용이란 역사의 진행과정이고, 그러한 역사적 진행과정은 자연과학적 법칙을 통해서 나타난다는 것이다. 그러한 법칙을 그는 3가지로 들고 있다; 첫째 사물의 불변상태는 그것이 최고이거나 혹은 최하이거나 간에 일종의 완전성에 근거하고 있고, 둘째 종합적이거나 분석적인 사물의 완전성과 아름다움은 그 최상에 근거하며 그리고 셋째는 한 본질이나 체계가 진선미의 불변상태에서 나온다면 내적 힘에 의해서 그러한 본질이나 체계가 접근될 수 있다는 것 등이다. 이러한 힘의 체계란 인류를 말하고 그러한 인류야말로 헤르더(Herder)에게는 개인과 사회 그리고 국가에서나 전체에서도 다양한 생동적인 힘 가운데 있는 하나의 지속적인 자연의 체계였던 것이다.

이로써 헤르더는 어느 시대나 어느 민족에게도 그들대로의 최상의 것이 존재하는 것이므로 각자의 독자적 가치론을 인정하였음은 물론 라이프니츠를 수용하여 역사의 진보사상을 긍정하였다. 다시 말하면 그는 인류를 한편으로는 인간 이하의 자연과 다른 한편으로는 불멸의 삶을 지향하는 미래의 인간 사이에 있는 한 중간자로서 고찰하여 그를 Humanität와 직결시켰던 것이다. 이러한 Humanität는 "본래적인 지상의 신국"[14]이었고, 그러한 역사철학은 생성하는 신국의 역사철학이었다. 그러므로 Humanität의 실현이 헤르더에게는 역사의 목표이었고 또 그러한 Humanität는 인간으로 하여금 이성과 자유에로 함양케 하였고, 섬세한 감정과 충동에로 함양케 하였으며 부드럽고 강한 건강에로 함양케 하였다. 결국엔 땅의 충만과 지배에로 함양케하여 역사의 목표를 이상적 상태의 종달에다 설정함으로써 역사의 전체진행을 자연적인 것에다 두었으나 신적인 세계실현을 그는 포기하지 않게 되었던 것이다.

II. 칸트의 역사철학

1. 칸트철학에 있어서 역사철학

칸트는 1781년에 주저 "순수이성비판"을 썼고, 1785년엔 "도덕의 형이상학 기초"를,

---

14) Herder: Ideen. Buch 9, V.

1788년엔 "실천이성비판"을 그리고 1790년엔 "판단력 비판"을 썼다. 다시 말하면 그는 1780년에서부터 1790년 사이 약 10년동안 그 자신의 주저를 모두 발표하였을 뿐만 아니라, 이 기간 동안에 또 역사철학에 관한 논술을 모두 완료하였다. 그 첫 번째의 글이 1784년에 발표된 "세계시민적 의도에 있어서 일반사에 대한 이념"이었고, 두 번째의 글이 1785년 "인류의 역사철학에 대한 이념"이라는 Herder의 저서에 대한 비평서였으며 그리고 마지막 세 번째의 글이 1786년 "인간역사의 가정적 시원"라는 글이었다. [15]

이로써 칸트의 역사철학은 1784년에서 1786년까지 완성되었다라고 할 수 있을 런지도 모른다. 그러나 엄밀한 의미에 있어선 1795년에는 "영구평화론"을 그리고 1798년에는 "학부의 논쟁"을 발표함으로써 그의 역사철학적 관심은 그의 말년에까지 지속되었음을 알 수 있다. 이는 칸트의 역사철학이 역사의 본질을 탐구한 것이 아니고 자신의 철학적 전체 체계 내에서의 역사적 서술을 구가한 것임을 의미한다. 그럼에도 불구하고 그의 역사철학적 관심은 역사에 대한 반성적 고찰이라기보다는 전망적 고찰이라 할 수 있을 것이다. 특히 미래를 관망함으로써 마침내 과거와 현재가 참된 의미와 그 정당성을 경험하게 된다는 것이다.

여기서 우리는 편의상 이미 암시한 칸트의 역사철학적 논술을 그 연차순대로 일별하고자 하나 먼저 1784년 이전의 칸트 저서부터 간략히 암시한 후 그의 역사철학에 있어서 절대적으로 중요한 "세계시민적 의도에 있어서 일반사에 대한 이념"을 살펴보고자 한다. 1784년 이전의 역사철학적 칸트의 관심은 인간 내지 인간이성사에 있다라기 보다 지구의 역사 내지 자연의 역사에 있었다. 그가 처음으로 역사철학적인 문제를 제기한 글은 1754년 "물리학적인 측면에서 본 지구의 연령문제"[16]였으나 정부나 교회의 지침이 인간의 심상과 인류에 얼마나 큰 영향을 끼치는가를 지적하였을 뿐 그 밖의 역사철학적 요소를 제기하지 않고 말았다.

그러나 두 번째 논문인 "일반적 자연사와 천문학의 이론"[17]에서 칸트는 모든 생물중에서 적어도 인간이야말로 개개인의 생활 속에서 자기 사명의 목적을 달성할 수 있다는 주장과 함께 인간의 동물적 본성은 타생물, 즉 식물이나 동물과 전연 다르지 아니하나

---

15) Immanuel Kant: Geschichtsphilosophie, Ethik und Politik, Hrsg. von Karl Vorländer, Hamburg, 1959, S. Ⅶ-ⅩⅩⅣ: A. Geschichtsphilosophische Schriften.

16) I. Kant: Die Frage, ob die Erde veralte, physikalisch erwogen, 1754.

17) I, Kant: Allegemeine Naturgeschichte und Theoire des Himmels.

오직 윤리적 존재라는 사실만이 다르다고 하였다. 그러한 윤리적 존재를 개개이의 생활 속에서 완전히 실현한다는 것은 사실상 불가능하다. 왜냐하면 완전한 윤리를 개개인이 실현하기엔 인간의 수명이 너무나 짧을 뿐만 아니라 원칙적으로 인간이라는 존재가 생물학적으로나 윤리적으로 결핍된 존재이기 때문이다. 그럼에도 불구하고 그러한 결핍을 극복할 수 있는 가능성을 또한 인간 자신이 가지고 있으므로 인간은 위대한 것이다. 그러한 가능성이란 그에 따르면 인간속에 내재하는 자연적 소재와 이성의 사용을 목적으로 하는 소재로서 개인에서가 아니라 집단에서 실현되는 것이라고 하였다. 여기서 우리에게 중요한 것은 첫째 인간을 윤리적 존재로 규정하고 있다는 사실과 둘째 그러한 윤리적 인간존재를 유(類)개념으로 수용하고 있다는 사실이다.

그러나 또 한편으로 역사철학적인 관심을 끄는 것은 칸트의 교수자격취득 논문인 "Nova dilucidatio"(1755)이었다. 여기에서 그가 부각시킨 문제는 의지 자유와 필연성의 문제 내지 선과 악의 문제였으나, 이는 결국 신의 계시의 장(場)으로서 시간속에서 나타나는 자연의 역사와 인간의 역사문제로 귀착되고 말았다는 사실이다. 이러한 역사적 신의 계시를 그는 변신론의 문제로 수용하여 인간의 역사를 어떠한 경우에 있어서도 신의 선의지와 일치시켜야 하는 악과 비행의 집산이라고 생각하였다. 그러므로 눈물의 골짜기에서 신음하고 있는 인간으로 하여금 절망과 좌절에서 구조하기 위하여 신의 지혜와 권능 그리고 그 위대성이 어느 때 보다도 지금 필요하다고 그는 판단하였다. 그러한 판단에는 필연적으로 첫째 교의적인 주장이 들어가게 되었고, 둘째는 윤리적인 주장이 들어가게 되었다. 그러므로 칸트의 역사철학을 윤리학과 함께 통상 고찰하고 있음은 우연이 아니다.[18] 이뿐만 아니라 위와 같은 신학적 문제제기 역시 칸트의 역사철학적 영역에 해당하지 않으나 깊은 한 연관성 속에서 다루고 있는 것이다.

그리고 1756년에는 "1755년 말에 있었던 지진의 역사"[19]라는 논문을 발표하였다. 거기에서 그는 인간의 계획을 능가해서 관리하는 신의 섭리로서 소위 말하는 "이성의 간계[20]를 말하였는가 하면 무상성의 무대를 세계와 결부시켜서 말하였다. 이로써 세계무대라는 이념이 등장하게 되었고 인간사의 연극을 말하게 되었다. 그 구체적인 것이 전쟁문제로 나타났다. 전쟁이란 불가결한 것이지만 그러한 전쟁의 공포를 줄이기 위해 평

---

18) I. Kant: Geschichtsphilosophe, Ethik und Politik, Hrsg. von L. Vorländer, Hamburg 1959.

19) I. Kant: Geschicte (…) des Erdbebens an dem Ende des 1775sten Jahres, 1756.

20) Cf, Hegel: List der Vernunft; In: Die Vernunft in der Geschichte, Hamburg 1955, S. 105.

화적인 신념을 가진 군주들은 선의 도구 내지 사자로서 관리되어야 한다는 것이고, 그것은 일종의 당위성이였던 것이다.

상기 저서를 발표한 그 다음해인 1757년에 칸트는 "자연지리학에 있어서 Collegii의 구상과 예고"[21]라는 강좌명을 택하여 기후와 환경이 인간의 사고방식에는 물론이고 인간의 사회생활에 얼마나 큰 영향을 끼치는가를 밝혔다. 다시 말하면 자연환경 내지 자연적 지리가 자연 그대로에 국한되어 있는 것이 아니고 그러한 자연을 배경으로 하여 의식주를 영위하는 인간의 사회생활 내지 정치생활에 지대한 영향을 끼친다는 것이다. 그러므로 기후와 환경을 중시하는 자연적 지리학은 인간의 역사와 불가분의 관계를 맺지 않을 수 없다는 것이고, 이때의 역사란 지역과 산물 및 인류를 다 포함하는 지리적, 경제적 풍습 내지 도덕적인 요소를 모두 갖는다는 것이다.

이 밖에도 "모스카트(Moscat)의 저서에 대한 서평"[22] 과 "상이한 인종론"[23] 에서 칸트는 역사철학적인 문제를 다루고 있다; 즉 전자에서는 이성의 씨앗이 처음부터 인간속에 들어 있고, 그러한 이성의 씨앗이 점차 커짐으로써 인간은 사회에 대해 유용하게 된다는 것이다. 이 뿐만 아니라 인간은 그러한 이성으로 인해 타동물과 구별되며 사회적 존재로서 자유함으로써 자기의 목적 설정을 자율성에서 실현한다는 것이다. 그런가 하면 후자에서는 악과 함께 선이 증가함으로써 선한 본성이 인간속에 내재하는 잠재력을 일깨워주고 또 활동하게 하여 점차 완전성에까지 발전해 나가도록 한다는 것이다. 이로써 우리는 칸트 자신이 자연과 역사, 다시 말하면 자연의 역사와 인류의 역사를 역사철학의 기틀로서 처음부터 삼고 있었음을 알 수 있다. 이 말은 일반적으로 우리들이 칸트의 역사철학을 "일반사의 이념"에서 찾고 있으나 이미 그 이전부터 역사철학적 계기는 주어져 있었다는 말이다. 이로써 우리는 칸트의 역사철학에 있어서 가장 중요한 "일반사에 대한 이념" 이전에 발표된 역사철학적 관심을 일별한 셈이다.

2. 일반사에 대한 이념

1913년 보를랜더(K. Vorländer)는 칸트의 역사철학에 대한 논술을 정리하면서 다

---

21) I. Kant: Entwurf und Ankündigung eines Collegii der Physischen Geographie, 1757.
22) I. Kant: Recension von Moscatis Schrifte, 1771.
23) I. Kant: Von den verschiendenen Racen der Menschen, 1775.

음과 같은 3편을 들었다.[24] 첫째 「세계시민적 의도에 있어서 일반사에 대한 이념」, 둘째 「인류의 역사철학에 대한 헤르더의 "이념"에 관한 서평」, 그리고 셋째 「인류역사의 가정적 시원」 등이다. 이들 세편의 논문 중에서도 가장 중요한 역사철학적 논술은 「일반사에 대한 이념」이다. 그러므로 우리는 여기서 상기의 논문을 중심으로 하여 먼저 일별하고자 한다.

우선 칸트는 여기에서 인류의 역사를 고찰하되 특수한 어느 민족사에 대한 고찰을 시도하지 아니하고 일반사를 고찰하고자 하였다. 이때의 일반사란 오직 모든 인류라는 유적 역사개념에 관계되어 나타나는 전인류의 역사를 말하는 것이다. 그래서 그는 「일반사」에 대한 내용규정으로서 「세계시민적 의도에 있어서」라는 한정구를 붙였다. 이는 개개의 국가가 와전하거나 최종적임을 의미하는 것이 아니라 필연적으로 세계시민 국가로 발전되어 나가고 있음을 의미하는 것이다. 여기에 필연적으로 따르는 것이 역사의 「이념」이다. 그래서 칸트는 세계시민적 상태야말로 지금 당장 우리 눈앞에 실현될 수 있는 사실로서 생각하지 않고 미래를 위한 사실로서 사유할 수 있는 「이념」이라고 생각하였다. 이러한 이념은 그에겐 분명히 실천적 경험개념이 아니라 이론적 이성개념이었다. 그러므로 칸트가 역사철학을 「세계시민적 의도에 있어서 일반사에 대한 이념」이라고 한 것은 모든 민족들이나 인간을 인류의 대가족으로 간주하자는 인간학적 보편주의에 있었기 때문이다.

특히 칸트에 있어서 역사적 관심은 자연의 역사와 자유의 역사에 있었다. 전자는 인류의 근원을 뒤돌아보는 것이고 후자는 도덕을 통해 인류를 실현시키고자 하는 이성의 목적을 전망하여 보는 것이다. 이 후자의 양극단이 도덕의 시원과 목표이다. 도덕의 시원을 칸트는 「인간사의 가정적 시원」에서 밝혔는가 하면, 도덕의 목표를 「일반사에 대한 이념」에서 밝혔다. 그러므로 여기에선 인간의 역사적 행위를 의지자유의 현상으로서 규정하게 된다. 이러한 사실은 칸트에 따르면 자연적 사건들이 모두 일반적인 자연법칙에 따라 규정된다는 것과 꼭 마찬가지다.

이것은 역사의 진행과정이 개개인의 주관에 얽히고 섥혀 무규칙적인 것으로 보이나,

---

24) a. Idee zu einer allgemeinen Geschichte in weltbürgerlich Absicht, 1764.
   b. Rezensionen von J.G. Herders Ideen zur Philosophie der Geschichte der Menschhiet, Teil 1.2., 1785.
   c. Mutmaßlicher Anfang der Menschengeschichte, 1786.
   In: Geschichtsphilosophie, Ethik und Politik. Hamburg 1959, S. 3-64.

그 사실은 "합규칙적인 진행"[25]에 따르고 있음을 그가 제시하고자 한 것이다. 그 예로서 그는 혼례식을 들고 있고 출생을 들고 있으며 죽음을 들고 있다. 이러한 범례들은 개개의 현상들로 반칙적이고 비규칙적이며, 더 나아가서는 변칙적이어서 정확한 숫자로 계산할 수가 없어 혼돈하나 자연법칙에 따라 식물이 성장하고 강물이 흐르듯 전체의 진행은 중단없이 동형으로 지속된다는 것이다.

사람은 동물과 같이 본능적으로 행동하나 전체로서 계획에 따라 행동은 하지 않기 때문에 해리(海狸)나 꿀벌에서 가능하였던 것처럼 "계획적인 역사"[26]를 구상한다는 것은 사실상 불가능하다. 그럼에도 불구하고 인간은 개체로서가 아니라 유(類)로서 자신들의 운명을 완전히 실현할 수 있다함은 인간 스스로가 자신의 이성을 통해서 지복(至福)을 마련할 수 있다는 것이라는 이성적 사고 때문이다. 인간의 이성적 사고야말로 칸트에 있어서는 자기 자신을 항구적으로 초월해서 미래를 인간 본질에 따라 구상토록 하는 능력이다.

그렇다고하여 칸트가 "자연의 계획"[27]을 부정한 것이 아니라 오히려 수용하여 거기에서 창조주의 질서를 읽을 수 있을 뿐만 아니라 역사 속에서 관리하는 신의 의도를 읽을 수 있다고 생각하였다. 이러한 칸트의 의도에는 섭리적 역사의 진행과정에 대한 역사철학적인 법칙을 탐구하고자 하는 의욕과 그와 동시에 변신론에 대한 관심이 내재하고 있음을 우리는 알 수가 있다. 여기에서 중요한 것은 첫째 기계적 법칙하에 있는 자연, 둘째 인식 비판적인 자연의 개념으로서 자연이란 일반법칙에 따라 규정되어 있는 한, 사물의 존재자라는 사실 그리고 셋째 그 자신이 자연을 현(賢) 내지 선(善)이라는 형이상학적인 의미로 씀으로써 "자연"을 신의 "섭리"로 수용하고 있다는 사실이다.[28]

이러한 연관성에서 볼 때 자연이란 역사진행에 대한 한 징표이고 미래에 대한 구체적인 예측이며, 더 나아가서는 원리에 따라 진행되는 세계라는 것이다. 이러한 세계의 창조자야말로 칸트에겐 최고 존재로서 선이어야 하고, 그러한 선한 창조주가 인류에게 제시된 궁극의 상태는 선일 수 밖에 없었다. 왜냐하면 그러한 창조자가 바로 선이기 때문이라는 것이다. 그러므로 그를 라이프니츠와 함께 낙천주의자로 사람들이 간주함은

---

25) I. Kant: a.a.O., S.5: "regelmäßiger Gang".
26) I. Kant: a.a.O., S.6.
27) I. Kant: a.a.O., S.6.
28) Klaus Weyand: Kants Geschichtsphilosophie. Ihre Entwicklung und ihr Verhältnis zur Aufklärung, Köln 1964, S.59.

우연이 아니다. 그럼에도 불구하고 그가 라이프니츠와 일치하지 아니함은 그의 주관심이 신학 내지 도덕철학에 있었기 때문이다.

이로써 칸트는 "일반사에 대한 이념"을 설정하기 위하여 케플러(Kepler)와 뉴턴(Newton)을 들어 "우리들이 알고자 하는 것은 역사에 대한 실마리를 우리들이 찾을 수 있을 것인가 어떤가 하는 것"[29]이라고 하게 되었다. 마침내 그는 「일반사에 대한 이념」의 명제를 9개로 나누어 제시하였다.

제1명제는 "피조물의 모든 자연적 성향은 결국 완전하게 그리고 합목적적으로 발전되게끔 규정되어 있다"[30]는 것이다. 여기에서 역사철학적인 중요한 두 개념은 합목적성이라는 말과 발전 내지 진보라는 말이다. 전자는 자연과학에 직결되어 있는 개념이고, 후자는 계몽주의 철학이라는 시대적 배경에 직결되어 있는 개념이다. 이 양자의 개념이 모두 칸트의 역사철학을 위해서는 중요한 개념이기는 하지만 전자인 "합목적성"이라는 개념이 후자인 "발전"이라는 개념보다 더욱 중요한 것은 그에겐 "합법칙적인 자연"이 선결문제가 아니고 "목적없이 유희하는 자연"이 선결문제였기 때문이다. 그래서 그는 제1명제의 끝말로서 이성의 실마리 대신에 암담한 우연적 사건이 등장하게 된다고 하였다.

제2명제는 "(지상의 유일무이한 이성적 피조물인) 인간에게서 이성의 사용을 목적으로 삼고 있는 자연적 성향은 오직 유적 인간내에서만 완전히 실현되어야 하는 것이지 개개 인간 내에서 실현되어야 하는 것이 아니다"[31]는 것이다. 이 때의 이성이란 인간의 모든 힘을 사용토록 하는 규칙과 의도를 자연적 본능 그 이상으로 확장시킬 수 있는 능력을 말한다. 그러므로 이성자체는 본능에 의존되어 있는 것이 아니고 많은 훈련을 통해서 점차적으로 발전되어야 하는 것이다. 또한 여기에서 중요한 것은 개인이 아니라 유적 인간이라는데 있다. 이러한 유적 인간이란 개개인의 통합으로서 인간의 역사를 세계시민적 관점에서 고찰하여 윤리적 교육을 가능케 한다.

제3명제는 제2명제의 인간이성과 유적 인간의 문제를 보완하기 위해 "동물적 생활의 기계적 질서를 넘어서는 모든 것을 인간이 전적으로 자기자신에게서 제시하도록 자연은 요구하고 또 인간이 본능에서 벗어나서 자기 자신을 자기 이성으로 마련하지 다른

---

29) I. Kant: Geschichtsphiosophie, Ethik und Politik, Hamburg 1959, S.6.
30) I. Kant: a.a.O., S.6.
31) I. Kant: a.a.O., S.6f.

행복이나 완전성에다 배분하지 않도록 자연은 요구한다"[32]는 사실을 밝히고 있다. 이는 먼저 이성을 사용할 수 있는 인간의 능력이란 한편으로는 스스로 목적을 설정할 수 있고 거기에 따라 행동할 수 있음을 의미하는가 하면, 다른 한편으로는 그러한 이성의 능력이 자연과 전연 무관한 관계가 아니라면 칸트에 있어서 자연은 이미 앞에서 암시한 바와 같은 도덕적 신학 내지, 더욱 적극적인 표현으로서는 신의 섭리와 일치함을 의미하는 것이다. 이것은 인간의 본성이야말로 선(善)에 근거하고 있다는 칸트의 기본적 입장에서 유래한다. 이러한 논리로 보면 인간은 끊임없이 개선될 수 있는 존재로서 궁극적인 선이며 그 양상으로서 양심의 소리가 늘 인간에게 주어져 있어 선에로의 의지를 인간행동의 최고 준칙으로 될 수 있도록 권고하고 있다는 것이다. 다시 말하면 나쁜 것에서 좋은 것으로 발전하도록 하는 것이 선에로의 의지이고 그것이 역사철학적 이념의 단초라는 것이다.

제4의 명제는 "자연이 이용하는 수단, 즉 모든 자연적 자질의 발전을 가능케 하는 수단은 사회 속에 있는 발전의 적대 작용이다. 그러한 적대작용은 결국 그러한 발전의 합법칙적인 질서원인으로 된다"[33]는 것이다. 이어서 칸트는 그러한 적대작용이 무엇인지를 아래와 같이 밝히고 있다. 적대작용이란 "인간의 비사교적 사교성"[34], 다시 말하면 인간의 이기적 본성은 타인에 대하여 적대적인가 하면 인간의 사교적 본성은 타인에 대하여 화합적이라는 것이다. 이러한 주장의 이면에는 인간이란 한편으로는 인간 그 이상이기 때문에 사회화하고자 하는 성향을 가지고 있고, 다른 한편으로는 자신의 이기심으로 인한 비사교적 특성 때문에 개인화하고자 하는 성향을 가지고 있다는 사실이 깔려 있다.

그러므로 참다운 발전이란 칸트에 의하면 미개 내지 미성년에서 본래적으로 인간의 사회적 가치 내의 존재하는 문화에로 이행하는 것이다. 그렇다고해서 단순한 자연적 자질이 인간사회에 있어서 윤리적 실천원리 내지 사회적 도덕원리로 변한다는 것을 의미하지는 않는다. 처음 1,2,3,의 명제가 모든 피조물에 있어서 발전의 일반문제를 다룸으로써 목적론적 자연론을 문제 삼았다면 이제 제4의 명제에서는 도덕적 목적론이 중요하게 됨으로써 어떠한 의미에 있어서든 발전 그 자체가 중요한 것이 아니고 특수한 발전, 즉 개인의 야비한 자유에서 벗어나 시민사회를 조직화하는 것이 중요하다고 하게

---

32) I. Kant: a.a.O., S.7.
33) I. Kant: a.a.O., S.8f.
34) I. Kant: a.a.O., S.9.

되었다. 여기에서 바로 역사철학적 계기가 제기 되었던 것이다.

그러므로 제5의 명제는 인류를 위한 최대의 문제란 보편적으로 법을 관리하는 "시민사회"[35]를 달성하는 것이었다. 이러한 시민사회에서 인간의 자유는 무제한적이어야 하는 동시에 타인의 자유를 저해해서는 안된다. 여기에 뒤따르는 것이 정당한 시민헌법을 제정하는 일이고 인간행위의 윤리적 준칙하에서 법치국가의 국가이념을 법원리에 일치시키는 일이다. 그러한 헌법을 제정하지 않고서는 인간이란 참자유를 향유할 수 없고, 따라서 역사의 이념도 설정할 수가 없다.

이러한 헌법제정의 불가피성은 말할 것도 없거니와 언젠가는 인류가 해결하지 않을 수 없는 최대의 문제이고 최고의 문제이다. 이것을 칸트는 제6의 명제로 설정하여 인간은 한 주인을 필요로 하는 동물[36]이라고 하였다. 이 말을 개인이야말로 자기 자신을 위해 특권을 누리고자 할 뿐만 아니라 위법을 해서라도 타인을 지배하고 착취하고자 하기 때문에 법이란 개인을 제압하는 주인이야 하며 그러한 법 앞에 굴종함으로써 각 개인은 참으로 자유할 수 있다는 것이다.

칸트는 그러한 최고의 원리가 그 자체로 정당해야하고 그것이 곧 인간이어야 한다고 하였다. 그러므로 완전한 해결책은 굽은 나무에서 곧은 나무가 나올 수 없음과 같이 불가능하나 그렇게 하고자 하는 이념만은 자연으로부터 우리에게 주어져 있다는 것이다. 그것을 칸트는 선한 의지(guter Wille)라고까지 생각하였다.

제7명제는 "완전한 시민헌법의 설정문제야 말로 합법적이고 외적인 국가간의 관계문제에 예속되어 있어, 그러한 국가간의 관계문제 없이는 해결될 수 없다"[37]는 것이다. 이 명제로서 칸트는 시민사회적 상태가 지속되어야 한다면 그 이전에 국가들의 적대관계가 조정되어야 한다고 생각하였다. 이러한 의미에 있어서 국가들의 합법적인 헌법이 상호 "국제연맹(Völkerbund)"[38]이라는 이름 아래 나타나게 되었다. 이러한 국제연맹이란 바로 자유국가들의 세계공화국을 의미하고 세계시민적 전체를 의미하며, 더 나아가서는 공적 국가안전의 세계시민적 상태를 의미함으로써 국가적 공동생활의 고차적 한 형태였던 것이다.

---

35) I. Kant: a.a.O., S.10: "bürgerliche Gesellschaft."
36) I. Kant: a.a.O., S.11.
37) I. Kant: a.a.O., S.12.
38) I. Kant: a.a.O., S.13.

사실 국가와 국가간의 연맹이라는 구상은 모든 개개의 사건들이 기계적 법칙성에 따라 발생하나 그 전체는 합목적적인 계획에 따라 조정되어 있다고 하는 계몽주의 철학사상에 내재하고 있던 것이다. 이를 칸트는 역사철학에다 선용하고자 하였다. 다시 말하면 인간이 세계시민적 상태를 이룩하지 못하는 한, 어떠한 의미에 있어서건 사람은 혼란의 상태에 처하게 되고, 그러한 상태를 극복하기 위해서는 일할 책임을 갖는다는 말이다. 종국의 상태가 아직 이루어지지 않았기 때문에 윤리적 발전 역시 아직 끝나지 않았다. 이로써 완전화의 작업이 지상의 과제로 남아 있는 것이다.

이러한 연관성 속에서 칸트는 제8명제로서 "사람은 인류역사 전체를 은폐된 자연의 계획이 실현되는 것으로서 간주할 수 있으며, 그로써 내적으로 또한 그러한 목적을 위해서 외적으로도 완전한 국가헌법이 유일하게 이루어질 수 있고, 그러한 상태 내에서 역사가 인간에 있는 모든 성향을 완전하게 발전시킬 수 있다"[39]고 주장하게 되었다. 여기에서 가장 중요한 것은 우리가 역사적 진행과정에서 일어나는 발전에 관해서 경험적으로 탐지할 수 없다는 사실이다. 왜냐하면 우리가 경험적으로 알고 있는 역사의 시간이란 아직 오지 않은 미래의 시간과 이미 흘러가버린 과거의 시간에 비해 보면 너무나 짧기 때문이다. 그럼에도 불구하고 자연의 의도에 따른 과정에서 어떤 것을 경험적으로 발견할 수 있다면 그것은 어떠한 의미에 있어서도 발전이 있다는 사실이라는 것이다. 그러므로 그는 철학이야말로 "천년기설(Chiliasmus)"[40]을 설정할 수 있는 것이라고 하였다.

이에 일반사에 대한 이념의 마지막 명제로서 칸트는 자연의 계획에 따른 세계사의 성립 가능성, 즉 역사서술의 방식을 문제삼았다. 그래서 그는 "인류의 완전한 시민적 통일을 목표로 하는 보편적 세계사를 자연의 계획에 따라 논구하고자 하는 철학적 탐구야말로 가능한 것으로 사료되며, 심지어는 그러한 자연의 의도를 위해서는 촉진되어야 하는 일"[41]이라고 결론을 내렸다. 자연의 계획에 따라 역사서술을 할 수 있다는 것은 역사학에 있어서 방법의 문제이다. 이러한 역사철학적 방법은 이미 그의 인식이론의 철학적 방법에 근거한다. 다시 말하면 객관에서 주관에로의 방법이 아니라 주관에서 객관에로의 방법에 근거한다는 말이다.

그렇다고 하더라도 일반 역사학에서는 사실이 중요하고 문자적 표기가 중요하였다

---

39) I. Kant: a.a.O., S.16.
40) I. Kant: a.a.O., S.16.
41) I. Kant: a.a.O., S.18.

면 칸트의 역사철학에서는 이성적 목적에 따라 세계의 진행과정이 어떻게 되어야 한다는, 즉 이념에 따라 역사를 서술하는 것이 중요할 뿐만 아니라 역사에는 "불합리한 기도(ungereimter Anshlag)"[42]도 내재한다는 사실이 중요하다. 인간에게는 의지의 자유가 주어져 있음에도 불구하고 전체의 계획을 떠나 진행되는 것이 아니라면 자연의 의도에 따른 발전의 진행과정이야말로 선험적으로 고찰되어야 할 문제라는 것이다. 그러므로 인간행위의 무계획적 집합체를 "한 체계"[43]로서 서술하는 이념이 열쇠로 될 수 있다는 것은 그로서는 당연한 것이었다. 이 때의 이념이란 행동할 수 있는 지침일 뿐만 아니라 세계시민이라는 상태로 이행토록 하는 목적설정이며, 더 나아가서는 그러한 목적을 달성해야 하는 책임이라는 것이다.

결론적으로 칸트는 모든 사실적 기술(記述)로서의 역사학을 부정하고 선험성에 따른 세계사의 이념을 주장하여 역사야말로 섭리를 전제로 하는 목적 연관성으로 이해될 수 있는 자연의 의도에 따라 설정되어야 하는 것이라고 하게 되었다. 직언하면 역사의 진행을 직시하는 것이야말로 인간의 이성이 아니고 신적 이성이라는 것이다. 설령 칸트가 역사를 순수한 인간 이성(ratio)에다 설정하였다고 하더라도 역사의 존재근거를 그는 단순히 인간행위에서 찾지 아니하고 자연과학에서와 같이 엄밀한 진술일 수가 없는 신적 예지에서 찾음으로써 그의 역사철학에서는 무엇보다도 하나의 세계사적 이념이 중요하였다.

이러한 세계사의 이념에서 그에겐 문화사가 중요하였고 정치사가 중요하였으며, 더 나아가서는 자유가 중요하였다. 이 때의 자유란 내적인 자유가 아니고 외적인 자유로서 시민의 자유였었다. 그럼에도 불구하고 사회적 관점을, 즉 경제적 요인을 역사철학에서 그가 소홀히 하였다는 사실은 그의 역사철학의 한계로서 이념을 최고의 가치개념에다 연관시키지 않고 역사 속에서 다만 일종의 독특한 가치만을 확정하였다.[44]는 비판을 면키 어렵다.

---

42) I. Kant: a.a.O., S.18.
43) I. Kant: a.a.O., S.18.
44) Grotenfelt: Wermaßstäbe, S.66: K. Weyand, S.107.

3. 인간사의 가정적 시원

이미 지적한 바와 같이 칸트의 제2 역사철학적 문헌은 그 자신의 제1서평으로서 헤르더의 저서인 「인류의 역사철학에 대한 이념」[45] 제1부이고, 그 다음에는 칸트에 대한 라인홀트의 회답으로 쓰여진 「인류의 역사철학에 대한 헤르더적 이념의 비평자를 회고함」[46]이며, 마지막 세 번째는 상기 저서의 제2부에 대한 칸트의 서평으로서 「인류의 역사철학에 대한 이념」[47]이다. 이 세편을 모두 모아 보를랜더는 「헤르더의 인류역사철학에 대한 이념에 관한 서평들, 1, 2부」라 하여 한곳에 묶어 지금까지 우리들이 논술한 「일반사의 이념」 다음에다 배열하였고 그다음에는 「인간사의 가정적 시원」을 편집하여 넣었다. 참으로 이 헤르더의 역사철학에 대한 이념이 칸트의 역사철학과 깊은 관계를 맺고 있으나 칸트 자신이 도덕의 목표를 「일반사의 이념」에서 밝혔고 도덕의 시원을 「인간사의 시원」에서 밝히고 있기 때문에 우리는 이제 여기서는 「인간사의 가정적 시원」만을 일별하면서 역사철학적인 요인을 밝히고자 한다.

이 「인간사의 시원」은 1786년 1월 베를린 월간지 제7집[48]에 실렸던 소논문이다. 여기에서 칸트는 다시 헤르더의 역사철학적 문제를 수용하여 역사의 진행에다 가정을 설정하는 것이 무엇보다도 중요하다고 생각하였다. 그래서 그는 어떻게 인간사는 그 시원을 찾고 있으며 시간 속에서 진행되는 사건이 어떻게 일어나게 되는가를 문제로 삼았다. 이러한 물음의 제기에는 적어도 역사라는 것이 결단의 자유에서 가능한 인간의 시간적 행위에서 이해되어야함을 전제로 하고 있다. 만일 인간행위의 역사를 사변적으로만 고찰한다면 그것은 분명히 지어낸 날조 내지 허구에 불과할 것이다. 그러므로 인간역사의 시원에 대해서는 오히려 "가정(Mutmaßungen)"[49]에서부터 출발하는 것이 바람직하다는

---

45) I. Kant: Geschichtsphilosophie, Ethik und Politik, Hamburg 1959; S. 3-20; Rezensionen von J. G. Herders Ideen zur Philosophie der Geschichte der Menschheitm,Teil: Ideen zur Philosophie der Geschichte der Menschheit von Joh. Gottfr. Herder.

46) I. Kant: a. a. O., S.35: Erinnerungen der Rezensenten der Herderschen Ideen zu einer Philosopher der Geschichte der Menschhiet.

47) I. Kant: a. a. O., S.38: Ideen zur Philosophie der Geschichte der Meschheit von Joh. Gottfr. Herder. Zweiter Teil.

48) I. Kant: a. a. O., S.47. (Berlinische Monatschrift, Jan. 1786, Ⅶ, S.1-27)

49) I. Kant: a. a. O., S.49.

것이다. 왜냐하면 그러한 시원은 날조되어야 하는 것이 아니고 경험에서부터 나와야 하기 때문이다. 이 때의 경험이란 시원에 있던 인간의 본성이라고 하더라도 현재에 있는 인간의 본성보다 더 좋지도 더 나쁘지도 않다는 사실이다.

모든 동물이 따르는 신의 음성으로서 본능이 신생아를 시원적인 것으로 이끌어 나갈 수는 있지만 그러한 신생아는 동물들처럼 외적 환경에만 구속되어 있지는 않고 자유한다는 것이다. 그러한 자유를 인간이 어떠한 연유로든 알고난 후엔 인간자신이 본능의 지배에 다시 예속되고자 하더라도 불가능하다는 것이 칸트의 주장이다. 여기에서 대두되는 중요한 문제가 칸트 자신이 인간의 죽음을 타피조물의 죽음과 구별하여 그러한 죽음을 유적(類的) 개념으로서가 아니라 개체적 개념으로서 취급함으로써 역사철학적 계기를 개체성에다 또한 설정하였다는 사실이다. 그러한 죽음에 대한 공포는 사실상 인간만이 가지고 있으며 실제 인간 스스로가 죽음에로 치닫고 있는 실존이기 때문에 죽음은 가장 구체적이고 적나라한 개체적인 개개인의 것임에 틀림이 없다.

여기서 칸트는 인간이야말로 본래적인 "자연의 목적"[50]임을 이성을 통해서 알 수 있다고 하였다. 이것은 인간이 전자연을 수단으로서 사용해도 된다는 사실을 알고 있음으로써 인간은 모든 이성적인 존재와 일치함을 의미한다. 이로써 이성적 인격의 인간은 무엇보다 먼저 단순한 동물적 차원을 벗어날 수 있고 본능이 지배하는 "자연의 무릎"[51]에서 벗어날 수 있다는 것이다. 이때 인간은 비로소 역사를 가지게 되고 그러한 역사의 상태에는 퇴보란 없고 오직 전진만 있게 된다. 참으로 인간이 자기자신의 운명을 알고 행동하여 사건과 관련을 맺음으로써 인간의 생활은 독자적인 의미를 가지게 되는 것이다.

칸트는 이미 "일반사에 대한 이념"에서 역사 내의 인간특성을 강조하면서 중요한 역사철학적 사상을 개진하였다. 역사에 있어서 발전은 물론이고 그러한 역사의 발전이란 그에게 개개인과는 구별되는 유적 인간을 위해 악에서 선으로 이행하는 것이었다. 그렇다면 그는 자연을 어떻게 보았고 인간의 자유를 어떻게 보았단 말인가? 그는 구체적으로 "자연의 역사는 선에서부터 시작한다. 왜냐하면 자연이란 신의 산물이기 때문이다; 그러나 인간의 자유는 악에서부터 시작한다. 왜냐하면 자유란 인간의 산물이기 때문이다."[52]라고 썼다. 이로써 자유를 자기자신에게만 한정시키는 개인의 입장에서 보면 역사

---

50) I. Kant: a. a. O., S.54: "Zweck der Natur".
51) I. Kant: a. a. O., S.54: "Mutterschoße der Natur"
52) I. Kant: a. a. O., S.56.

란 실(失)이라 할 수 있다는 것이고 인간과 더불어 목적을 유적 존재에다 설정하는 자연의 입장에서 보면 역사는 득(得)이라 할 수 있다는 것이다.

그렇다고 하더라도 칸트에게 여전히 문제로 남는 것은 어떻게 인간이 자신의 자유를 의식하게 되었는가 하는 물음이다. 엄밀한 의미에서 이러한 물음은 「어떻게」하는 방법을 묻는 물음이 아니다. 왜냐하면 역사에 있어서 가장 중요한 개념이 「시간」이기 때문이다. 여기에서의 시간이란 「언제」라는 의미로서 인간이 자신의 자유를 언제 의식하게 되었느냐 하는 물음이라는 말이다. 다시 말하면 최초에 인간이 있었다고 하는 말은 무한정 속으로 거슬러 올라갈 수 있다는 의미일 뿐 인간역사의 최초 시기를 원칙적으로 어느 사람도 이성적 결단으로서 확정할 수는 없다는 것이다.

그러나 칸트가 개인을 위한 역사의 시초를 인간의 순결성 상실과 결부시키면서 "자연의 의도"를 인정하고 그러한 자연의 의도에 의해 인간이 문명화한다고 함으로써 그가 역사의 단초를 인정하게 되었다. 결국 그는 이 「인간사의 시원」을 신학적 해석으로 마무리하여 역사를 공리주의적 관점하에서 보았던 것이다. 왜냐하면 역사적 진행이라는 것이 그에게는 인간으로 하여금 구원을 받게 하는 것이기 때문이다. 어떻든 분명한 것은 그가 인류의 역사를 선에서 악으로가 아니고 보다 나쁜 것에서부터 보다 좋은 것에로 점차적으로 발전하는 것으로 보았다는 사실이다.

이로써 칸트는 역사의 진행문제와 종국의 문제를 탐구하면서도 역사 성립가능성의 조건들이 무엇인지를 밝히지는 않았다. 오직 역사란 그에겐 인간이 자연으로 소여되어 있는 자유안에서가 아니고 인간에게 소여된 자유안에서 비로소 발단된다는 것이다. 이 말은 바로 역사라는 것이 인간자유의 역사임을 의미한다는 것이다. 다시 말하면 자유는 인간 본성의 자유가 아니고 인간 스스로가 설정한 인간행위의 자유라는 말이다. 결론적으로 말해서 칸트가 「인간사의 시원」에서 밝히고자 한 것은 인간사에는 발전이 있고 그러한 인간 발전에는 3단계가 있다는 것이다; 그 첫째의 단계가 "안락성(Geschmächlichkeit)"의 단계이고, 둘째의 단계가 "노동과 불화(Arbeit und Zwietracht)"의 단계이며 그리고 끝으로 셋째의 단계가 "사회의 통일(Vereinigung der Gesellschaft)"이라는 것이다.

이 밖에도 넓은 의미에서 역사철학과 관계되는 칸트의 저서들이 있다면 "판단력 비판", "영구 평화론(1795)", "학부의 논쟁(1798)" 심지어는 "도덕의 형이상학(1797)"까지도 들 수 있으나 상기 저서들의 주 목적이 역사철학에 있었던 것은 아니다. 그럼에도 불구하고 "영구 평화론" 등에는 국가 간의 평화 내지 그러한 평화의 보장문제가 거론됨으로써 역사철학적 계기가 내포되어 있으나 정치와 도덕 그리고 공법 등이 오히려 더욱 중요한 역할을 하고 있다. 그러므로 포를랜더(K. Vorländer)는 상기의 "영구 평화론"을 역사철학편에다 삽입시키지 않고 윤리학과 정치학편에다 넣어 "역사철학, 윤리학 및 정치학"[53] 이라는 주제를 달았던 것이다.

III. 결론적 고찰

「역사철학의 역사」[54]를 쓴 티센(J. Thyssen)은 칸트의 역사철학을 계몽주의의 역사철학에다 넣었는가 하면, 콜링우드(R.G. Collingwood)[55]는 낭만주의 이후 실증주의에 이르기 까지의 헤르더, 칸트, 실러(Schiller), 피히테(Fichte), 셸링(Schelling), 헤겔(Hegel) 그리고 마르크스(Marx)를 통틀어 "과학적 역사학의 단초자"들이라 하고 그 중의 한 사람으로 칸트를 취급하였다. 어떻든 분명한 것은 칸트의 역사철학이 근대 역사철학의 체계를 최초로 정립한 보댕[56]과 비코, 그 이후 비코의 사상을 이은 콩도르세와 독일의 라이프니츠 내지 레싱의 역사적 발전사상에 힘입은 헤르더의 역사철학 이념에 직결되어 나타났다는 사실이다.

이러한 역사철학적 관심은 두 방향으로 나타났다. 그 하나는 자연주의적 영향이었고, 다른 하나는 관념주의적 영향이었다. 전자는 자연에 앞서는 신적 존재가 불가능하다면 역사속에서의 섭리도 사실상 불가능하다는 것이고, 후자는 이미 인간 정신 속에 자연으로 내재하는 원리가 있음으로 인간의 행위와 자연의 사건은 본질적으로 다르나 세계 속에서 실현되고 만물의 진행을 결정적으로 관리하는 이성적 정신이 있다는 것이다. 그러므로 후자는 이성적인 이념들이 역사속에서 작용할 뿐만 아니라 이성적인 궁극의 목적에로 발전하여 나간다는 주장을 한다.

---

53) I. Kant: Geschichtsphilosophie, Ethik und Politik, Hamburg 1959.
54) Johannes Thyssen: Geschichte der Geschichtsphilosophe, Bonn 1970, 4 Aufl, S.31-43.
55) R. G. Collingwood: The Idea of History, Oxford 1951, pp.86-133.
56) Bodin: Methodus ad facilem historiarum cognitionem, 1566.

이들 중 정신적인 지주의 역할을 담당한 사람이 칸트였다. 그는 역사의 목적을 인간 존재 성향의 전개에서 찾고자 하여 인간을 우선 윤리적 인격 존재라고 규정하였다. 그러한 윤리적 인격존재로서 인간의 특성은 그에 의하면 정신의 진정한 자유에서만 가능하다. 그러므로 그는 자유에의 진보를 역사의 목적이라고까지 하였다. 그러나 그러한 이상이 실현될 수 있는 것은 윤리적 공동체내에서이다. 이는 지속적인 세계평화를 보장하는 민족연맹과 완전한 국가의 헌법을 마련하기 위한 전제이고, 그러한 전제가 이루어질 때 최고의 문화발전도 가능하다는 것이다.

이로써 칸트는 역사적 사건의 진행을 바로 이성적 예지라 하고, 그러한 예지가 인간을 도구로서 사용한다고 하였다. 그렇다면 인간이 오직 자신의 관심에만 따라 행동하나 그것은 이미 자신의 관심이 아니고 무의식적으로 최고의 목적을 위해 행동하는 것이 된다. 이 말을 확대시킨다면 역사에서의 진보란 신의 섭리에 근거하고 있음을 의미한다는 것이다. 그렇다고 하더라도 신이 역사 속에서 일정한 목표를 따른다는 말이 더욱 중요하다는 것이다.

어떻든 칸트의 역사철학이 칸트 이후의 역사철학에 어떠한 영향을 행사하였고 그러한 행사의 요인들 중 몇가지가 중요하다면 역사에 있어서 진보의 문제, 자유의 문제 혹은 개인과 집단의 문제 등을 들 수 있을 것이다. 먼저 진보나 발전의 문제를 칸트는 개인에게 국한시키지 아니하고 유적 인간의 발전과 개체적 인간의 발전을 구별하는데 두었다. 이러한 발전 역시 직선적인 발전이 아니나 결코 단절되지 않는다는 의미에서는 직선적이라고 할 수는 있다. 다시 말하면 역사의 진행은 어디에서나 동일 현상으로서 일어나는 것이 아니고 진취적인 저해요인으로서도 나타난다는 것이다. 이것은 경험적 사실과는 별개인 사변적이고 이성적인 것에 관계되어 있음을 의미한다. 사실상 진보라는 것이 분명하게 증명될 수 있는 것은 아니지만 자연의 합법칙성을 인정한다면 우리는 그러한 진보를 부정할 수 없다는 것이 칸트의 주장이다.

이러한 역사에 있어서 발전문제는 자연에 의존된다. 자연의 활동적 합법칙성을 사람이 그 궁극성에까지 연구할 수는 없다면 자연의 본래적 의도는 적어도 인간에게 있어서는 운명으로 이해될 수 밖에 없다. 그러한 운명을 칸트는 신의 섭리로 수용하였던 것이다. 단적으로 표현해서 역사적 사건의 무법칙성을 그는 인정하지 않는다는 말이다. 왜냐하면 우주와의 관계 속에 있는 인간이야말로 모든 법칙과 무관할 수가 없기 때문이다. 설령 그러한 법칙이 자연과학적 법칙은 안된다고 하더라도 자의적이 규칙일 수가 있는 것이다. 이로써 그는 현상계 속에 있는 인간 자유의 객관적 편의를 신의 섭리에 따른 주동기로서 수용할 수 있었던 것이다.

특히 결단의 자유와 자연의 의도가 동시에 가능하다함은 최소한 인간 이성적으로는 인식 불가능하나 신적 예지계에서는 병존가능하다. 그러므로 구체적인 역사적 사실을 궁극적으로 해명하는 것은 불가능하다고 하더라도 경험적으로 인식가능한 인과관계에서 밝힌다는 것은 언제나 가능한 것이다. 이를 칸트는 인간에게 있는 이중적 특성이라고 하여 그 하나를 경험적 특성[57]이라 하고, 그 다른 하나를 예지적 특성[58]이라고 하였다. 전자에서는 자연법칙에 따르는 현상으로서 인간의 행위가 중요하고, 후자에서는 행동의 원인으로서 가능적 경험이 중요하다. 그래서 칸트는 또한 인간의 경험적 특성을 현상내에서의 특성이라고 불렀고, 인간의 예지적 특성을 "그 자체(an sich selbst)"의 특성이라고 불렀다.

이러한 인간이 역사 속에서 개체적 존재로서 있는가 혹은 유적 존재로서 있는가 하는 물음보다 우선 그에게 더욱 중요한 것은 인간이라는 것이 사유와 행위의 자유인이라는 사실이다. 인간이야말로 자기 스스로를 사유하는 이성적 존재이고 역사의 담지자라는 것이다. 인간의 과제 역시 모든 능력을 개발하고 모든 선을 스스로 창조하여 내는 일이다. 이로써 칸트에게는 개체적 인간보다는 유적 인간이 분명 선행해야 하는 것이었다. 왜냐하면 유적 인간만이 인류의 운명을 달성할 수 있기 때문이다. 그러나 개체적 인간 역시 그의 역사철학에서 일역을 담당하고 있다함은 그가 보편적 전체발전을 위해 활동하는 한에 있어서만이 그러하다는 것이다.

이와 같은 칸트의 역사철학 이후 피히테와 셸링 그리고 헤겔도 역사적 과정 속에서 자유와 정신의 완성을 주장하고 나섰다. 심지어 이들은 정신 자체의 생성이 역사라고 하였는가 하면, 인간이라는 것이 신적인 것의 현상이라고 하였으며, 더 나아가서는 세계 전체 과정이야말로 내적 필연성에 따라 이루어진다고 주장함으로써 역사적 발전단계를 아프리오리(a priori)하게 구성하였던 것이다. 그러나 헤겔 이후 역사철학은 이념사에서 멀어지게 되었다. 역사주의가 등장함으로써 관념론적 사변이 점차로 철학에서는 사라지게 되었음도 결코 우연이라 할 수 없을 것이다. 딜타이(Dilthy)의 역사철학이

---

57) I. Kant: Kritik der reinen Vernunft, Hamburg 1956, B.567.
58) I. Kant: a.a.O., B.567.

그러하였고 실존철학에 있어서 역사의 이해문제가 더욱 그러하다 할 수 있을 것이다.

근본악과 희망의 문제
- 칸트의 『종교론』을 중심으로 -

최소인(영남대) · 정제기(영남대)

1. 들어가며

칸트의 종교철학 저작인『이성의 오롯한 한계 안의 종교』의 주요 논제 중 하나는 바로 근본악(das radikale Böse)의 문제이다. 인간이 본성적으로 악하다는 근본악 테제는 인간의 선성에 대한 전통적인 믿음과 직접 충돌하는 주장이기 때문에 그 자체로도 많은 논쟁과 반발을 불러 일으켰을 뿐만 아니라, 칸트의 도덕철학과 연관해서도 일종의 걸림돌과 같은 것으로 여겨져 왔다. 따라서 칸트의 근본악 문제에 대한 올바른 이해를 위해서는 근본악의 문제상황을 칸트의 도덕철학과 밀접한 연관 속에서 분석해 볼 필요가 있다. 이 경우에만 근본악 테제로써 칸트가 본래 우리에게 말하고자 하는 것이 무엇인지를 올바르게 이해할 수 있을 것이며, 근본악을 둘러싼 여러 논쟁점에 대해서도 그 해결책을 제시할 수 있을 것이다. 이 글에서는 특히 근본악 문제에 접근하는 본질적으로 중요한 방법들 중 하나로 희망철학적 해석방식을 제시하고자 한다.

칸트의 도덕신학은 크게 두 축으로 나누어 논의될 수 있다. 하나는『실천이성비판』의 변증론에서 본격적으로 다루어지는 최고선의 문제와 관련된 실천이성의 요청에 토대를 두고 있으며, 다른 하나는『종교론』의 근본악 문제와 연관된 지평에서 논의될 수 있다. 그런데 전자와 관련해서는 많은 연구가 있어 왔지만, 근본악의 문제상황을 희망철학적인 방식으로 이해하는 연구는 거의 찾아보기 어렵다. 특히 근본악에 대한 국내 연구들은 대체로 근본악이라고 하는 악의 문제와 그 극복가능성을『종교론』의 내재적 문맥에 머물러 분석하거나[1], 혹은 악의 보편성 문제, 즉 '인간은 본성적으로 악하다'라는 근본악 테제가 모든 인간에게 보편적으로 적용될 수 있는지를 논의하거나[2], 아니면 근본악의 문제와 개신교 신학이 맺고 있는 관계나 신학과의 양립가능성 문제에 집중하는 것들이 었다.[3] 이러한 연구들은 『종교론』에 고유한 희망철학적 측면을 간과하고 있거나, 근본악 문제에 들어있는 희망철학적 함의를 제대로 조명하지 못하고 있다.

　도덕신학이라는 명칭에서도 알 수 있듯이, 칸트의 종교철학은 철저히 도덕의 문제와 연관해서 이해되어야 한다. 왜냐하면, 칸트 스스로도 언급하듯이, "도덕은 그 자신을 위해서는 의지 규정에 앞서야만 하는 목적의 표상을 전혀 필요로 하지 않지만 … 도덕은 불가피하게 종교에 도달할 수밖에 없기" 때문이다.[4] 즉 칸트의 종교철학은 도덕과 연관해서만 그 의미와 역할을 가진다. 따라서 종교철학의 영역에 속하는 신 존재의 요청뿐만 아니라 근본악 문제 역시 마찬가지로 도덕과 종교의 상호연관 아래 다루어져야 한다. 물론 최고선 문제를 제시하고 해결하는 방식과 근본악 문제를 논의하는 방식은 세밀한 부분에서는 차이가 있을 수밖에 없지만, 궁극적으로는 동일한 종교철학적 토대 위에서 다루어질 수 있다. 따라서 이 글에서 우리는 『종교론』에서 드러난 근본악 문제를 내재적 문맥에서 분석하면서도, 근본악과 그 극복가능성의 문제가 궁극적으로는 칸트 도덕신학에 고유한 희망철학의 기본토대 위에서 해명될 수 있음을 밝혀보고자 한다. 이를 위해 특히 『실천이성비판』에서 형성된 칸트 도덕철학의 기본입장과 최고선의 문제상황을 연결하여 고찰하면서, 희망철학적 관점과 근본악의 문제를 상호 교차하는 방식으로 분석하게 될 것이다. 이런 연구의 밑바탕에는 칸트가 자신의 도덕철학에서 도덕적 주체, 종교적 믿음, 그리고 종교적 희망을 서로 연결함으로써 우리에게 궁극적으로 전달하고자 하는 의미가 무엇인지를 반성해 보려는 의도가 놓여 있다.

---

1) 이와 관련한 연구로는 신옥희의 「칸트에 있어서 근본악과 신」(『철학』 제18집, 한국철학회, 1982)이나 강영안의 「칸트의 근본악과 자유」(『철학연구』 대한철학회, 1995) 등이 있다.

2) 김화성의 「모든 인간은 본성상 악하다」(『철학사상』 제32집, 서울대학교 철학사상연구소, 2009)와 이진오의 「인간종의 한계상황으로서 칸트의 근본악」(『칸트연구』 제40집, 한국칸트학회, 2017)이 이런 방식의 연구를 대표한다.

3) 이런 방향에서 이루어진 연구로는 김정숙, 「칸트의 도덕 신학에서의 윤리적 구원론: 근본악과 회심 그리고 은총」(『조직신학논총』 제37집, 한국조직신학회, 2013)을 참조할 것.

4) Rel., Ⅵ, 4-6. 이 글에서는 칸트 원전을 인용할 경우, 『순수이성비판』은 관례대로 초판(A)와 재판(B)의 쪽수로 표기할 것이며, 그 밖의 저술들은 학술원판 전집의 권수와 쪽수로 표기할 것이다.

2. 『종교론』에서 근본악 문제

우선 칸트의 『종교론』의 핵심을 이루는 근본악의 문제, 즉 '인간은 본성적으로 악하다 (Der Mensch ist von Natur böse)'라는 『종교론』의 근본명제에 대해 살펴보자. 칸트는 인간이 본성적으로 악하다는 것, 즉 근본악을 어떻게 구체적으로 설명하는가? 『종교론』에서 칸트는 선의 소질(Anlage zum Guten)을 먼저 논의한 후, 이에 대비하여 악의 성향 (Hang zum Bösen)을 설명하면서 근본악의 문제상황을 드러낸다.

그렇다면 선의 소질이란 무엇인가? 칸트는 선의 소질을 다음의 세 가지로 구분한다: (1) 생물로서 인간의 동물성의 소질, (2) 생물이면서 동시에 이성적 존재자인 인간의 인간성의 소질, (3) 이성적이면서 동시에 책임을 질 수 있는 존재로서 인간의 인격성의 소질.[5] 먼저 동물성의 소질은 "순전히 기계적인 자기사랑"이다. 이러한 기계적인 자기사랑을 위해서는 이성이 전혀 필요하지 않다. 동물성의 소질에는 "자기 자신의 보존의 소질", "성 충동에 의한 자기 종의 번식의 소질", "다른 사람들과의 공동생활의 소질" 등이 있다.[6] 둘째, 인간성의 소질은 "비교하는 자기사랑", 즉 "타인과의 비교에서 자신이 행복한지 불행한지를 판정하려는" 소질이다.[7] 동물성의 소질과 인간성의 소질은 인간의 자기사랑, 행복 추구라는 인간의 자연적 본성을 지시하고 있다. 그리고 마지막으로 인격성의 소질은 "도덕법칙에 대한 존경의 감수성"이며, 이는 앞의 두 소질과는 비교 불가능한 인간의 고유한 도덕성의 소질이다.[8]

그런데 칸트는 법칙에 대한 존경인 인격성의 소질뿐만 아니라, 동물성의 소질과 인간성의 소질까지도 동일하게 선의 소질이라 보고 있다. 물론 인격성의 소질이 선하다는 것은 자명하다. 왜냐하면 인격성의 소질은 "도덕법칙에 대한 존경"이며, 이는 도덕적 행위의 직접적인 동기이기 때문이다.[9] 그러나 칸트는 동물성의 소질과 인간성의 소질 역시 "도덕법칙과 상충되지 않기 때문에 소극적으로 선하다"[10]라고 설명한다. 이는 단

---

5) Rel., VI, 26.
6) Ibid., VI, 26~27.
7) Ibid., VI, 27.
8) Ibid., VI, 27~28.
9) Ibid., VI, 28이나 KpV, V, 78을 참조할 것.
10) Rel., VI, 28.

지 자기 사랑의 본성이 그 자체로 악한 것은 아니며, 도덕법칙과 상충되지 않는다면 선한 것으로 간주될 수 있다는 것을 의미한다. 물론 칸트는 이러한 소극적인 선의 소질들이 그 목적과 다르게 사용될 수 있다는 것을 인정한다. 동물성의 소질과 인간성의 소질은 그 목적에서 이탈하면 각각 "동물적 패악"과 "악마적 패악"으로 빠질 위험이 있다. 그러나 칸트에 따르면 악의 근거는 "경향성을 통해 선택의지(Willkür)를 규정하는 대상들에, 즉 자연 충동(Naturtriebe)에 있지 않으며, 오히려 단지 선택의지가 자신의 자유 사용을 위해 스스로 만드는 규칙, 즉 준칙에 있다."[11] 즉 악은 "도덕법칙과 대립하는 동기가 선택의지의 동기가 될 경우"에 발생한다.[12] 따라서 동물성의 소질과 인간성의 소질은 그 자체로 악한 것이 아니라 선택의지가 이런 소질들을 어떻게 사용하느냐에 따라 패악이 될 수 있을 뿐이다. 따라서 동물성의 소질과 인간성의 소질은 소극적으로 – 즉 도덕법칙과 상충되지 않는 한 – 악한 것은 아니며, 인격성의 소질과 마찬가지로 선한 소질이자 인간의 본성을 구성하는 근원적인 요소로 이해된다.

그렇다면 악의 성향이란 무엇인가? 칸트는 선의 소질과 대비해서 악의 성향을 설명한다. 선의 소질은 인간 존재자에게서 결코 말살될 수 없는, 인간 존재자의 필연적인 구성요소인 반면에[13], 악의 성향은 "우연적인 한에서, 경향성[14]을 가능하게 하는 주관적 근거"이다.[15] 다시 말해, 선의 소질은 인간의 자연본성에서 결코 분리될 수 없는 것인 반면에, 악의 성향은 우연적으로 인간 자신으로 인해 초래되는 것이다.[16] 그런데 도덕적 악은, 칸트에 따르면, 자유로운 의사선택의 규정에 의한 것이므로 도덕적 악의 근거는 우리 주관 안에 있을 수밖에 없다. 그리고 이처럼 도덕적 악으로 향하는 주관적 근거는 인류로서 인간 종에 보편적으로 속해 있는 자연적인 성향이다. 이런 의미에서 인간은

---

11) Ibid., VI, 21.

12) Ibid., VI, 24.

13) Ibid., VI, 28.

14) 칸트에 따르면 경향성 역시 결코 그 자체로 악한 것은 아니다. "자연적인 경향성은 선하지도, 악하지도 않다[Reflexion 1124;1773-78?]." 그리고 "만약 모든 경향성의 증대에서 도덕성이 성장한다면, 모든 것은 선하게 남아있을 것이다[Reflexion 6563;1762-63?]." 따라서 경향성 자체를 악으로 이해해서는 곤란하며, 도덕법칙을 따르고자 하는 자신의 준칙을 근원적으로 완전히 전도시키고자 하는 파악불가능한 성향을 악으로 이해할 필요가 있다. 이에 대한 자세한 논의는 Rüdiger Bittner und Konrad Cramer, *Materialien zu Kants Kritik der praktischen Vernunft*(Frankfurt am Main: Suhrkamp Verlag, 1975), p. 122를 참조할 것.

15) Rel., VI, 28.

16) Ibid., VI, 29.

본성적으로 악의 성향을 가진다. 다시 말해, 인간에게는 본성적으로 악으로 향하는 주관식 근거가 있으며, 이로 인해 인간은 본성적으로 악하다.

이러한 악의 성향은 다음의 세 단계로 분류된다: (1) 인간 본성의 허약성, (2) 인간적 심정의 불순성, (3) 사악성 혹은 인간적 심성의 부패성이다. 첫째, 인간 본성의 허약성은 인간이 도덕법칙을 자신의 선택의지의 준칙 안으로 받아들임에도 불구하고, 경향성을 억누르고 도덕법칙을 실행할 의지의 강함이 부족한 상태를 의미한다.[17] 둘째, 인간 심정의 불순성은 도덕법칙을 준수하기는 하지만, 도덕법칙만을 선택의지의 동기로 삼는 것이 아니라 법칙 이외의 다른 동기들을 함께 가지고 있는 상태를 말한다.[18] 이는 『도덕형이상학 정초』에서 "의무에서 나온" 행동은 아니지만, "의무에 맞게" 행동하는 것과 동일한 사태로 볼 수 있다.[19] 셋째, 사악성 또는 인간 심정의 부패성은 "도덕법칙에서 나오는 동기를 도덕적이지 않은 다른 동기들 뒤에 놓는 방식으로 준칙들을 받아들이는 선택의지의 성향", 즉 "인간 심정의 전도성"이다.[20]

악의 성향들 중 인간 본성의 허약성과 심정의 불순성은 이성적 존재자인 인간이 자신의 의지나 심정의 본래적 결함으로 인해 도덕법칙을 온전히 준수하지 못하는 것을 의미한다. 『정초』와 『실천이성비판』에서 칸트는 바로 이러한 한계나 결함에도 불구하고 어떻게 도덕적 주체가 도덕법칙에 따라 자신의 순수의지를 규정하는 것이 가능한지를 설명하고자 한다. 그러나 『종교론』에서 칸트는 도덕적 주체가 자신의 한계로 인해 도덕법칙을 온전히 준수하지 못하는 불순성이나 허약성을 넘어서서, 유한한 인간이 도덕법칙을 따르고자 하는 자신의 준칙을 완전히 전도시키는 인간 심정의 부패성을 이야기하면서, 이를 인간 안의 악의 성향들 중 가장 심각하고 중대한 것으로 보고 있다. 왜냐하면 인간이 선의 소질을 가지고 있다 해도, 동시에 이러한 심정의 부패성이라는 악의 성향을 가지고 있다면, 그래서 인간이 도덕법칙을 따르고자 하는 자신의 준칙을 근본적으로

---

17) Ibid., VI, 29.
18) Ibid., VI, 30.
19) GMS, IV, 397. 다만 『정초』에서 칸트는 "의무에 맞는 행동"이 비록 도덕적인 행동은 아니지만, 그래도 칭찬받아 마땅한 행동이며, 도덕적 악으로는 분류하지 않는다. 그러나 여기서는 법칙 이외의 다른 동기들이 도덕법칙이라는 도덕적 의도를 근원적으로 전도시키는 상황을 악의 성향으로 분류하고 있다.
20) Rel., VI, 30.

전도시킬 수밖에 없을 정도로 부패되어 있다면[21], 인간이 도덕적으로 행동할 수 있는 가능성은 완전히 사라지는 것처럼 보이기 때문이다. 그런데 이러한 심정의 부패성은, 칸트에 따르면, "심지어 가장 선한 인간에게조차" 발견된다.[22] 이는 모든 인간에게 악의 성향이 보편적으로 있다는 것, 즉 악의 보편성을 의미한다. 따라서 '인간은 본성적으로 악하다'라는 명제는 인간 종 자체에 악의 성향이 깊게 뿌리박혀 있으며, 이러한 악의 성향은 결코 제거될 수 없다는 절망적인 상황에 대한 선언이다.[23]

3. 근본악과 이율배반 -『종교론』과『실천이성비판』의 연관성

근본악이 초래하는 심각한 문제는 근본악 테제가『정초』와『실천이성비판』에서 개진된 도덕의 가능성에 대한 설명과 직접적으로 충돌하는 것처럼 보인다는 점이다. 왜냐하면 인간의 심정이 전도되어 있다면, 즉 인간이 근본적으로 부패했다면, 인간은 실제로 도덕적으로 자유로울 수 없기 때문이다.[24] 이런 이유에서『종교론』이 출간된 이후, 당대의 수많은 학자들은 근본악 문제를 "칸트 비판철학의 오점"[25]이자, "걸림돌"[26]이라고 격

---

21) Ibid., VI, 37.

22) Ibid., VI, 30.

23) 악의 보편성 문제와 관련해서는 다음 논문을 참조할 것: 김화성, 「모든 인간은 본성상 악하다」.

24) 벡(L. W. Beck)은 도덕적 자유와 근본악이 양립 불가능하다고 주장한다. 벡에 따르면 우리는 "만약 도덕적 악이 있다면, 악은 자유롭게 행동하는 것이 실패한 결과일 수밖에 없으므로 도덕적 악은 존재하지 않고, 모든 악은 자연적 악이며, 따라서 인간의 책임으로 전가할 수 없다"는 입장을 취하던지, 아니면 "의지의 선함이 도덕적 자유와 상응하지 않는다"는 입장을 취할 수밖에 없다. 이 점에서 그는 칸트가『종교론』에서 근본악을 주장했을 때,『실천이성비판』과『종교론』사이의 불일치가 발생할 수밖에 없다고 주장한다. 이와 관련해서는 Beck, L. W., *A Commentary on Kant's Critique of Practical Reason*(Chicago&London: The University of Chicago Press, 1960), pp.203~205를 참조할 것. 이밖에도 프라우스(G. Prauss)도 근본악 이론을 "실패로 돌아간 해결시도"라고 설명하기도 한다. G. Prauss, *Kant über Freiheit als Autonomie*(Frankfurt am Main: Vittorio Klostermann, 1983), pp.83~100.

25) 콘하르트(K. Konhardt)는 근본악 개념이 자유와 일치되기 어려운 개념이며, 따라서 칸트철학의 체계적 일관성을 무너뜨리는 것이라고 주장하면서, 근본악 문제의 체계적 비일관성을 비판하는 여러 저작들을 거론한다. 예를 들어 슈바이처는 칸트의 종교철학적 주요주장들은 오히려 칸트철학 체계에 혼란을 일으키며, 체계의 통일성과 완결성을 손상시킨다고 비판한다 (*Die Religionsphilosophie Kants von der Kritik der reinen Vernunft bis zur Religion innerhalb der Grenzen der bloßen Vernunft*(Freiburg, Leipzig, Tübingen: J. C. B. Mohr Verlag, 1899),

럴하게 비판했다. 그렇다면 과연 칸트의 근본악 이론은 칸트 도덕철학 체계의 걸림돌에 불과한 것인가? 칸트가 주장한 도덕적 자유와 근본악은 그의 도덕철학의 체계 내에서 아무런 문제없이 공존할 수는 없는가? 이러한 물음에 답하기 위해 우리는 무엇보다도 먼저 칸트의 도덕철학의 체계를 제시하고 있는 『실천이성비판』과 연결해서, 근본악의 문제상황을 비판적으로 검토해 보아야 할 것이다.

우리가 『종교론』의 근본악 문제에서 주목해야 할 것은 선의 소질들 중 동물성의 소질과 인간성의 소질이 바로 자기사랑(Selbstliebe)이라는 점이다. 칸트는 동물성의 소질을 "기계적인 자기사랑"으로, 인간성의 소질을 "비교하는 자기사랑"이라고 분명히 명시하고 있다.[27] 이러한 자기사랑의 원리란 바로 "행복을 자신의 선택의지의 최고의 규정 근거로 만드는 원리"이다.[28] 그런데 물론 동물성과 인간성의 소질인 자기사랑의 원리는 소극적으로는 - 즉 도덕법칙과 상충하지 않는 한 - 선한 것이다.

그러나 이러한 자기사랑의 원리인 선의 소질은 악의 성향으로 인해 전도되고 부패하게 된다. 칸트는 선의 소질과 대비되는, 또는 선의 소질을 부패시키는 악의 성향을 다음과 같이 설명한다.

> 그러므로 인간이 선한가 아니면 악한가의 차이는 그가 준칙 안에 받아들이는 동
> 기들의 차이에 있는 것이 아니라 (동기의 실질적 내용에 있는 것이 아니라) 오히려
> 그가 이 둘 중에 어느 것을 다른 것의 조건으로 만드는가 하는 종속 관계(준칙의
> 형식)에 있다. 따라서 인간이 (가장 선한 인간이라도) 악한 것은 다만 그가 동기를
> 그의 준칙 안에 받아들일 때 동기들의 도덕적 질서를 전도시키는 것에 의해서이

---

p.v를 참조할 것. 뿐만 아니라 『종교론』 출간 당시에도, 괴테는 헤르더에게 쓴 편지에서 "칸트는 자신의 철학적 외투를 사악하게 근본악이란 오점으로 더럽혔다"라고 신랄하게 비판했으며, 쉴러 역시 "근본악이라는 칸트의 가정은 화가 치밀게 한다"고 토로했다는 것은(K. Jaspers, "Das radikale Böse bei Kant", *Rechenschaft und Ausblick*(München: R. Piper & Co. Verlag), p.107.) 매우 잘 알려져 있다. 이에 대한 좀 더 자세한 설명은 K. Konhardt, "Die Unbegreiflichkeit der Freiheit. Überlegungen zu Kants Lehre vom Bösen"(*Zeitschrift für philosophische Forschung*, Bd. 42, H. 3, Vittorio Klostermann, 1988), p.398를 참조할 것.

26) 물론 강영안은 근본악 개념이 자유를 위협하는 "걸림돌"이기는 하지만, 이는 이론철학 영역에서 "사물 자체" 개념과 같이 칸트의 지적 솔직성을 보여주는 중요한 개념이라고 설명하기도 한다. 강영안, 「칸트의 근본악과 자유」, 194쪽.

27) Rel., VI, 26~27.

28) KpV, V, 22.

다. 즉 도덕법칙을 자기사랑과 나란히 그의 준칙으로 받아들임으로써만 악한 것
이다.[29]

왜냐하면 자기사랑은 우리가 채용하는 모든 준칙들의 원리로 받아들여질 때, 악
의 근원이 되기 때문이다.[30]

위의 인용문들에 따르면 인간 심정의 전도성, 즉 법칙에서 이탈하려는 동기를 자신
의 준칙으로 삼으려는 악의 성향이란 바로 도덕법칙과 자기사랑이 충돌하는 경우에 발
생한다. 우리가 순수하게 선하기 위해서는 오직 도덕법칙만을 도덕적 행동의 동기로 삼
아야 한다. 그런데 도덕법칙과 나란히 자기사랑의 원리를 행동의 동기로 삼는 경우, 자
기사랑의 원리만을 준칙으로 받아들이는 경우, 더 나아가 도덕법칙과 자기사랑의 원리
가 전도된 종속관계에 있을 경우 악하게 된다. 도덕적 주체는 악의 성향으로 인해, 다시
말하자면 심정의 허약성이나 불순성으로 인해 도덕법칙과 나란히 자기사랑의 원리를
자신의 준칙으로 받아들이거나 심정의 부패성으로 인해 자기사랑의 원리에 도덕법칙을
종속시키게 되는 것이다. 근본악은 바로 인간에게는 본성적으로 자기사랑의 원리에 도
덕법칙을 종속시키려는 심정의 전도성에 자리한다.

그런데 이러한 도덕적 악의 문제는 칸트의 도덕철학의 기본적인 주장이기도 하다.
『종교론』과 마찬가지로『실천이성비판』에서도 칸트는 자기사랑의 원리를 소극적으로 또
는 조건적으로 선한 것으로 인정한다. 자기사랑의 원리에 따르는 동물성과 인간성의 소
질은『종교론』에서 인간 본성을 구성하는 필연적이며 근원적인 소질로 간주되며, 자기
사랑의 원리에 따르는 행동이 그 자체로는 전혀 악한 것이 아니라고 하듯이,『실천이성
비판』에서도 자기 행복이란 "이성적인 유한한 모든 존재자가 필연적으로 구하는 것"[31]으
로, "자기 자신의 행복을 확보하는 일은 (최소한 간접적으로는) 의무"[32]라고도 설명한다.
이처럼 칸트는 자기 행복이란 유한한 존재자인 인간이 필연적으로 추구할 수밖에 없는
것임을 인정한다. 그러나 문제는 자기사랑의 원리와 도덕성이 충돌할 경우이다. 이 경
우 도덕법칙이 우리의 의지의 규정근거가 아니라 "자기 행복의 원리가 의지의 규정 근

---

29) Rel., VI, 36.
30) Ibid., VI, 45.
31) KpV, V, 25.
32) Ibid., V, 93; GMS, IV, 399.

거가 된다면, 그것은 도덕성의 원리와 정반대"[33]가 된다. 이처럼 도덕성의 원리와 자기행복의 원리 사이의 전도는 결국 "도덕성을 전적으로 궤멸시킬 것"이다.[34] 따라서 자기사랑의 원리와 도덕법칙이 충돌할 때, 인간은 전적으로 행복을 도외시해야만 한다.[35] 그렇지 않다면 도덕성이 파괴되어 버릴 것이며, 인간의 근원적인 선의 소질은 부패하게 되어 인간은 타락할 것이기 때문이다. 이처럼 칸트의 도덕철학 체계 내에서 자기사랑의 원리 자체가 아니라 자기사랑의 원리와 도덕법칙 사이의 상충 또는 전도된 상호 관계가 악의 원천이며, 근본악이란 바로 인간을 이처럼 전도된 상태, 즉 악으로 이끄는 성향이 인간에게 본성적으로 내재해 있다는 것을 말하고 있다.

물론『실천이성비판』의 체계 내에서도 칸트는 도덕법칙과 자기사랑의 원리 사이의 전도성이 바로 악이라고 보지만, 도덕적인 악으로 이끄는 인간 심정의 부패성, 그리고 이런 전도성이 절멸할 수 없는 것으로 인간 본성에 보편적으로 속해 있다고 주장하지는 않는다. 그러나 근본악의 문제는 '모든 인간은 본성적으로 악하다'라는 강한 주장에서 발생한다. 왜냐하면 인간의 심정이 이처럼 전도되어 있다면, 그래서 인간에게 근원적인 선의 소질들이 악의 성향으로 인해 부패되었다면, 그럼에도 이러한 악의 성향은 절멸할 수 없는 것으로 인간에게 필연적으로 속해 있다면, 우리가 아무리 도덕적 행위가 가능하며, 자유로운 도덕적 주체가 가능하다고 강변한다 해도 그것은 헛된, 공허한 외침에 불과할 것이기 때문이다. 도덕의 가능성을 폐기시키는 근본악 테제는 그 자체로 칸트 도덕철학에 위협적인 것일 수 있다.

그런데 칸트는『종교론』에서 근본악의 보편성과 근절불가능성을 강조하면서도 다른 한편에서는 근본악이 그럼에도 극복가능하다고 주장한다.

> 그러나 누군가가 바로 직전의 자유로운 행위에 이르기까지 아직 (또 다른 본성으로서 습관이 될 만큼) 그토록 악했다 하더라도, 더 선해야 했음은 그의 의무였을 뿐만 아니라, 선해져야 함은 지금도 여전히 그의 의무이다. (…) 그는 자신을 한층 더 선하게 만들 수 있지 않으면 안 된다.[36]

---

33) Ibid., V, 35.
34) Ibid., V, 35.
35) Gemeinspruch, Ⅷ, 278~279.
36) Rel., Ⅵ, 41.

왜냐하면 그러한 퇴락에도 불구하고 '우리는 보다 선한 인간이 되지 않으면 안 된
다'라는 명령은 이전과 다름없이 우리 영혼 안에서 울려나오고 있기 때문이다. 따
라서 우리는 (…) 선한 인간이 되려고 노력하지 않을 수 없다.[37]

여기서 칸트는 우리가 비록 본성적으로는 악하다 해도, "보다 선한 인간이 되지 않으
면 안 된다"라는 명령 역시 인간의 의무로서 주어져 있음을 이야기 하고 있다. 도덕법
칙이 이성의 사실이듯, 선의 소질을 회복하라는 명령 역시 우리의 영혼 안에서 울려나
오고 있는 것이다. 그리고 『실천이성비판』에서 칸트가 도덕적 의무에서 도덕의 가능성
을 도출하듯, 여기서도 선의 소질을 회복하라는 도덕적 개선의 명령에서 근본악의 극복
가능성을 이끌어낸다. 즉 보다 선한 인간이 되어야하는 것은 우리의 의무이므로 우리는
그렇게 할 수 있어야 하며 그렇게 하지 않을 수 없다. 이러한 칸트의 주장에는 '우리는
해야만 하기 때문에 할 수 있다'[38] 라는 명제가 그 토대에 놓여 있다. 물론 이 명제는 인
간이 도덕적 의무를 실제로 실현하고 있다는 의미가 아니라, 인간이 도덕적 의무를 실
현할 수 있는 가능성을 가지고 있다는 사실을 의미한다. 바로 이런 의미에서 칸트는 '너
는 더 선하게 되어야만 한다.'라는 의무에서 '너는 더 선해질 수 있다'는 가능성을 확보
한다.

그러나 보다 선할 수 있는 가능성은 근본악의 보편성이나 근절불가능성과 충돌한다.
인간은 보다 선해야 하지만 근본적으로 악할 수밖에 없다. '인간은 보다 선하게 되어야
만 한다.'라는 의무는 인간에게 피할 수 없는 명령으로 자리하고 있으며, 그런 한에서
인간의 도덕적 개선의 가능성 역시 필연적인 요구로서 부정될 수 없지만, 다른 한편으
로는 인간의 자연적인 본성으로 인해 '인간은 본성적으로 악하며 인간의 영혼은 부패되
어 있다'는 주장 역시 보편타당성을 가진다. 여기서 근본악의 이율배반이라 할 수 있는
이율배반적인 상황이 드러난다.

정 립 : 인간이 보다 선하게 되어야만 한다는 것은 의무이다. 따라서 인간은 자신
을 보다 선하게 만들 수 있어야 한다.
반정립 : 그러나 인간은 선의 소질에 따라 도덕법칙을 자신의 준칙으로 온전히 받

---

37) Ibid., VI, 45.
38) KpV, V, 30.

아들일 수 없으며, 오히려 이를 전도시키려는 악의 성향으로 인해 근본적으로 부패되어 있다.

　물론 근본악과 관련된 이런 이율배반적 상황이『실천이성비판』의 변증론에서 최고선 문제와 관련하여 논의되는 실천이성의 이율배반과 동일 선상에 놓여 있는 이율배반이라고 말할 수는 없을 것이다. 게다가 칸트는『종교론』에서 근본악의 이율배반이라는 표현을 사용하지도, 이런 이율배반적 상황을 주제적으로 다루지도 않는다. 그러나『종교론』의 이런 이율배반적 상황도 넓은 의미에서 실천적 차원의 이율배반으로 간주할 수밖에 없다.

　최고선 문제와 관련한 실천이성의 이율배반은 '최고선이 실현되어야만 한다'는 정립과, '인간의 한계로 인해 최고선을 실현할 수 없다'는 반정립으로 구성되어 있다. 최고선과 연관된 이러한 실천이성의 이율배반은 물론 그 자체로는 근본악의 이율배반과 매우 다른 것처럼 보인다. 그러나 실천이성의 이율배반이나 근본악의 이율배반은 사실 동일한 이율배반적 사태를 그 토대에 두고 있다. 최고선과 연관된 이율배반에는 한편에서는 최상선의 실현에 대한 의무와 최상선의 실현불가능성에 대한 인정, 그리고 다른 한편에는 행복할 자격에 걸맞은 행복의 실현이 지닌 도덕적 필연성과 행복할 자격에 걸맞은 행복의 실현불가능성에 대한 인정이라는 이중의 배반적 상황이 그 토대에 놓여 있다. 그런데 이 이중의 이율배반적 상황은 넓은 의미에서 도덕적 필연성을 지닌 명령과 유한한 인간의 한계로 인한 명령의 실행 불가능성의 인정이라는 상황으로 수렴된다. 그리고 이는 근본악과 관련된 이율배반적 상황에도 그대로 적용될 수 있다. 근본악과 관련된 이율배반 역시 보다 선한 인간이 되어야 한다는 도덕적 필연성을 지닌 명령과 근본악이란 인간의 결함으로 인한 이러한 명령의 실행 불가능성에 대한 인정이 그 토대에 놓여 있기 때문이다. 따라서『종교론』에서 드러나는 근본악의 이율배반은 칸트 도덕철학의 근본적인 문제상황에서 생겨난 것이라 할 수 있다. 칸트의 도덕철학은 한편에서는 도덕적 필연성을 지닌 명령과 다른 한편에서는 유한한 한계로 인한 도덕적 명령의 실행불가능성 사이에 서 있는 도덕적 주체의 도덕적 자기개선과 자기완성의 문제를 반성적으로 고찰하고 있다. 따라서 실천철학 전반에 걸친 이율배반적 상황의 핵심은 다음과 같이 방식으로 재구성할 수 있다.

정　립 : 인간은 도덕적인 선을 실현하고 완성시켜야 한다.

반정립 : 유한한 이성적 존재자인 인간은 자신의 한계로 인해 온전히 도덕적 선을
실현하고 완성시킬 수 없다.

4. 근본악의 극복가능성과 종교적 희망

이제 우리에게 가장 중요한 문제가 남아 있다. 이러한 이율배반적 상황의 해결가능
성 여부의 문제가 바로 그것이다. 그렇다면 칸트는 근본악의 이율배반을 어떻게 해결
하는가? 다시 말해 인간은 어떻게 근본적인 악의 성향에도 불구하고 선의 소질을 회
복할 수 있는가? 이에 대한 칸트의 대답은, 한마디로 말하자면, 근본악은 "심정의 혁명
(Revolution in der Gesinnung)"[39]을 통해 극복가능하다는 것이다. 그렇다면 심정의 혁명
이란 무엇인가? 그리고 심정의 혁명을 통해 결함을 지닌 유한한 존재자인 인간이 진정
으로 근본악의 상황을 극복할 수 있는가? 이 문제를 해결하기 위해 우선『종교론』1논고
에서 칸트가 세 단계로 제시한 "희망"의 의미들을 단계적으로 분석하면서, 심정의 혁명
이 무엇이며, 그것이 진정으로 가능한 것인지 분석해 보아야 할 것이다. 이러한 분석을
통해 궁극적으로는 근본악과 관련된 이율배반이 해결되는지 여부와 그리고 그 해결방
식이 가지는 도덕철학적 의미를 반성해 볼 수 있을 것이다.

4.1. 첫째 희망

먼저 칸트가 제시한 첫째 희망을 살펴보자.[40]

이 같은 성서 설화를 통해서 모든 악 일반의 최초의 시작은 우리에게는 파악 불
가능한 것으로 (…) 여겨진다. 그러나 인간은 단지 유혹으로 인해 약속을 어긴 것

---

39) Rel., VI, 47.

40) 『종교론』에서 칸트는 이러한 희망의 단계를 명시적으로 표시하지는 않는다. 그러나『종교론』1논
고에서 희망은 세 번 언급되는데, 각각의 희망이 언급될 때마다 조금씩 다른 층위의 근본악의 극
복가능성에 대한 희망이 제시되고 있다. 이 장에서는 이러한 세 단계의 희망을 분석하면서 근본
악의 극복가능성에 대한 단초를 제시하고자 한다.

이다. 따라서 인간은 그 근거에서부터 (선의 최초의 소질에서부터) 타락한 것은 아니며, 유혹하는 영과는 달리, 즉 육의 유혹이 그의 죄과를 감해준다고는 볼 수 없는 그런 존재자와는 달리 아직도 개선의 능력이 있는 존재자로 묘사되어 있다. 심정은 비록 타락해 있어도, 선한 의지를 소유한 인간에게는 악에서 벗어나 또 다시 선으로 돌아갈 수 있는 희망이 아직 남아 있다.[41]

칸트는 여기서 악이 아무리 근본적인 것이라 해도 인간에게는 개선의 가능성이 남아 있다는 희망을 이야기하고 있다. 칸트는 인간 본성 안에 있는 악의 근원을 탐구하면서, 성경『창세기』에 나오는 최초의 인간인 아담의 타락 사건[42]에서 인류의 악의 근원을 찾는다.[43] 칸트에 따르면, 물론 성경의 설화를 통해서도 악의 최초의 시작은 이해 불가능하다.[44] 그러나 여기서 중요한 것은, 인간이 타락한 근거가 자기 자신에게서 비롯한 것이 아니라, 뱀이라고 하는 다른 존재자의 유혹이라는 점이다. 그래서 인간은 비록 타락해 있지만 그렇다고 해도 근거에서부터 타락한 것은 아니다. 즉, 선의 최초의 소질까지 타락한 것은 아니므로, "아직 개선 능력이 있는 것으로 표상할 수 있다."[45] 다시 말해, 인간은 근본적으로 타락해 있지만 그럼에도 선의 최초의 소질이 타락한 것은 아니며, 따라서 근본악은 선의 소질을 그 뿌리에서 침해하거나 부패시키고 있지 않다. 이처럼 칸트는 성경의 설화를 빌려와 악의 근본성으로 인해 침해당하지 않은, 혹은 근본악보다 더 근원적으로 인간 심정에 뿌리내리고 있는 선의 소질을 통한 근본악의 극복가능성을 암시하고 있다.[46] 물론 첫째 희망은 비록 근본악의 극복가능성을 직접적으로 제시하고

---

41) Ibid., Ⅵ, 43~44.

42) 『창세기』 3:1-20.

43) Rel., Ⅵ, 41.

44) 콘하르트(K. Konhardt)는 악의 근원에 대한 이해불가능성이 마치 선험적 자유가 어떻게 가능한지, 즉 순수 이성이 어떻게 실천적일 수 있는지를 설명할 수 없는 것과 같은 선상에 놓여 있으며, 따라서 악의 근원을 파악하는 일은 결국 이성이 자신의 한계를 넘어서는 결과를 초래하게 될 것이라고 설명한다. 이에 대한 자세한 설명은 K. Konhardt, "Die Unbegreiflichkeit der Freiheit. Überlegungen zu Kants Lehre vom Bösen", pp.415~416을 참조할 것.

45) Rel., Ⅵ, 44.

46) G. Fittbogen은 인간이 비록 근본적으로 악한 상황에 처해 있지만, 그럼에도 악이 인간의 근원적인 소질에 속하지 않는다는 점에 주목한다. 즉 인간은 근본적으로 악하지만, 근본적으로 부패되지는 않았다는 것이다. 이러한 점에서 피트보겐(Fittbogen)은 "악은 근본적이지만, 그러나 선은 훨씬 더 근본적이다"라고 설명한다. G. Fittbogen, "Kants Lehre vom radikal Bösen"(Kant-Studien

있지는 않지만, 그러나 '근본악이 극복될 수 있을 것이라는 희망'을 이야기하고 있다. 첫째 희망은 타락한 악의 상황에서 벗어나 선으로 돌아갈 수 있으리라는 희망이며, 이 희망은 근본적으로 타락했음에도 여전히 인간 안에 있는 결코 근절되지 않는 선의 소질에 근거한다.

4.2. 둘째 희망

그렇다면 근본악으로 인해 철저히 절멸되지 않은 근원적인 선의 소질을 통해 인간은 실제로 악을 극복하고 선의 소질을 다시 회복하게 되는가? 만약 그렇다면 선의 회복은 실제로 어떻게 이루어지는가? 칸트는 『종교론』 1논고에서 이러한 근본악의 실제적 극복 가능성으로 "심정의 혁명"과 "행위의 점진적 개혁"을 제시하고 있다. 그 내용을 간략히 정리하면 다음과 같다: (1) 선의 소질을 회복하는 것의 의미는 바로 "상실된 선의 소질을 회복한다는 것이 아니라", "도덕법칙에 대한 존경을 내용으로 하는 선의 동기가 상실될 수 없다"는 의미이다. 따라서 선의 소질의 회복은 "모든 준칙의 최상 근거인 도덕법칙의 순수성을 확립하는 것"이며, 도덕법칙에 대한 존경을 통해 심정의 순수성을 유지하는 것이다.[47] (2) 그러므로 선의 소질을 회복하기 위해서는 오직 순수하게 도덕법칙만을 선택의지를 규정하는 동기로 삼아야 한다. (3) 그러나 의무에 대한 표상 이외에 어떠한 동기도 필요로 하지 않는 순수한 도덕적 인간이 되기 위해서는 단순히 행위의 점진적인 개혁을 통해서는 불가능하다. 왜냐하면 이미 악의 성향으로 인해 "준칙들의 토대가 순정하지 않기" 때문이다.[48] (4) 따라서 인간은 사유방식에서는 더 이상 악을 행하지 않고 선의 원리에 따라서만 행동하는 새로운 인간이 되겠다는 굳은 결심, 즉 "인간 안에 있는 심정의 혁명"을 통해서, 그리고 감각양식에서는 "점진적인 개혁"을 통해서만 선의 소질을 회복할 수 있다.[49]

여기서 알 수 있듯이, 실제적인 선의 소질의 회복은 행위의 점진적 개혁 이전에 무엇보다도 먼저 심정의 혁명을 필요로 한다. 심정의 혁명이 없다면 불순한, 타락한 마음의

---

vol. 12, Walter de Gruyter, 1907), p. 346.

47) Rel., VI, 46.

48) Ibid., VI, 47.

49) Ibid., VI, 47.

상태에서 벗어나는 일은 근본적으로 불가능하기 때문이다. 따라서 심정의 혁명, 즉 악에서 선의로의 마음의 전회는 선의 소질을 회복하기 위해 절대적으로 요구된다. 물론 심정의 혁명이란 악으로 기울어져 있던 인간의 마음이 선으로 그 방향을 바꾸는 것이자 이러한 방향전환을 하겠다는 결단을 의미한다. 여기서 우리는 자연스럽게 다음과 같은 질문을 제시하지 않을 수 없다. 도대체 이러한 심정의 혁명이, 그것도 인간의 심정이 본성적으로 부패한 근본악의 상황에서, 실제로 어떻게 가능할 수 있는가?

그러나 심정의 혁명의 가능성에 대해서 칸트는 매우 모호한 설명만을 제공하고 있을 뿐이다.

> 그러나 만약 인간이 그의 준칙들의 근거에서 타락해 있다면, 그가 자신의 힘으로 이 혁명을 성취하고 스스로 선한 인간이 되는 것이 어떻게 가능하다는 말인가? 그럼에도 의무는 그렇게 되기를 명령한다. 그러나 의무는 우리가 할 수 있는 일 외에는 아무것도 명령하지 않는다.[50]

이 구절에서 명백히 읽어낼 수 있듯이, 칸트는 심정의 혁명의 실현가능성에 대하여, '너는 해야만 하기 때문에 할 수 있다'라는 방식의 매우 불충분한 설명만을 제공하고 있다. '너는 해야만 하기 때문에 할 수 있다'는 명제는 '근본악을 극복하고 선한 인간이 되어야만 한다'는 당위적 명령의 구체적이고 현실적인 실현가능성을 제시하는 것이 아니라, 단지 '그렇게 되어야 한다'는 당위와, 당위에서 나오는 가능성만을 제시하고 있을 뿐이다. 즉 칸트의 주장은 도덕적 필연성을 지닌 명령은 이미 그 실현가능성을 포함하고 있다는 것 이상을 보여주지 못한다.[51]

그렇다면 우리는 이러한 근본악의 극복가능성에 대한 칸트의 설명을 어떻게 이해해야 할 것인가? 바로 이 지점에서 희망이 등장한다.

---

50) Ibid., VI, 47.
51) 물론 칸트의 도덕철학이 도덕적 당위(Sollen)에서 도덕의 실현가능성(Können)을 도출해 내는 것에 의거하고 있으며, 이러한 칸트의 설명도식 자체가 도덕의 실현가능성을 전혀 입증하지 못한다는 비판은 언제나 있어 왔다. 그렇지만 실천이성비판에서 칸트는 도덕의 실현가능성을 자유의 실재성을 통해 나름의 방식으로 증명하고 있다고 강변할 수 있을 것이다. 그러나 근본악 상황에서는 이와 유사한 방식의 증명을 찾아보기 힘들다.

그러나 인간은 자연스러운 방식으로든, 직접적인 의식을 통해서든 그가 지금까지 해왔던 품행의 증거를 통해서든 이러한 변화에 대한 확신에 이를 수 없다. 왜냐하면 심정의 깊이(즉 그 준칙들의 주관적인 제일 근거)는 그 자신에게조차 탐구 불가능한 것이기 때문이다. 그러나 인간은 그러한 변화로 인도하는, 근본적으로 개선된 심정이 그에게 제시하는 길에 자기의 힘을 사용해서 도달할 것을 희망할 수 있어야 한다. 왜냐하면 인간은 마땅히 선한 인간이 되어야 하고, 그러나 그 자신이 행한 것으로 그에게 책임이 돌려질 수 있는 것에 따라서만 도덕적으로-선한 것으로 판정받을 수 있기 때문이다.[52]

이러한 칸트의 설명처럼, 사실 우리 자신이 실제로 심정의 혁명을 이루었는지 우리는 전혀 확신할 수 없다. 자신의 마음을 실제로 탐구한다는 것은 불가능하기 때문이다. 따라서 심정의 혁명을 실제로 이루었는지는 인간에게 중요하지 않다. 이에 대해 누구도 확실한 대답을 할 수 없기 때문이다. 오직 중요한 것은 인간이 심정의 혁명을 통해 악의 성향을 극복하고 선의 소질을 회복할 수 있으리라는 확신을 가지는 것, 즉 도덕적 주체 자신의 힘으로 다시 선을 회복할 수 있으리라 희망하는 것이다. 심정의 혁명을 이룰 것이라는 희망과 자기 확신만이 인간을 근본악에서 벗어나 선으로 향하게 하며 선의 소질을 회복하도록 한다.

따라서 근본악의 상황에서 실제로 벗어났는지 여부는 중요하지 않다. 근본악은 어차피 어떤 경우라도 유한한 인간에게서 완전히 제거될 수 없다. 왜냐하면 근본악은 근절될 수 없이 우리에게 뿌리내리고 있으며, 이것이 유한한 인간의 한계이자 자연적 결함이기 때문이다. 그러므로 "우리가 우리 안에서 작용하도록 해야 할 선과 우리가 벗어나야 할 악 사이의 거리는 무한"[53]하며, 우리가 아무리 심정의 혁명을 희망한다 해도 우리는 악에서 완전히 벗어나지 못할 것이다. 이러한 상황은『실천이성비판』의 요청론 중 최상선의 실현가능성 문제와도 맞닿아 있다.[54] 『실천이성비판』에서 도덕적 주체가 영혼불멸을 요청하는 이유는, 비록 현재로서는 최상선인 덕을 온전히 실현하는 것이 불가능하

---

52) Ibid., Ⅵ, 51.
53) Ibid., Ⅵ, 66.
54) 김진 역시 근본악의 극복가능성 문제와 최상선의 실현가능성 문제를 동일한 문제상황으로 제시하며, 이러한 무한한 전진이 "칸트 시대의 특유한 무한 개념이 전제되어" 있다고 설명하고 있다. 김진,『칸트 · 순수한 이성의 한계 안에서의 종교』(울산: 울산대학교 출판부, 1999), 39쪽.

지마, 그럼에도 두덕적으로 무한하게 저진하는 가운데 언젠가는 최상선이 덕을 실현할 수 있으리라는 위안적인 희망을 가지기 위해서였다.[55] 최상선은 인간이 악에서 완벽하게 - 즉 모든 순간 - 벗어나 있다면 도달할 수 있는 상태일 것이다. 따라서 최상선의 문제는 자연스럽게 근본악의 문제와 연결된다. 인간이 악의 성향으로 인해 근본적으로 부패되어 있을 수밖에 없다는 것은 인간이 처한 어쩔 수 없는 유한한 한계상황이다. 그리고 유한한 인간이 최상선에 도달하는 일이 불가능하듯, 근본악이란 자연적 결함을 지닌 유한한 인간이 이를 극복하고 선의 소질을 완전히 회복하는 일 역시 불가능하다. 『실천이성비판』에 따르면 인간은 비록 이 생에서 최상선에 도달할 수 없더라도 언젠가는 최상선을 이룰 수 있다는 희망을 가지고 지속적으로 도덕적으로 행동하려 노력해야 한다. 이와 마찬가지로 『종교론』에서 칸트는 인간은 자신의 자연적 결함에 함몰되어 선의 소질을 회복하려는 노력을 포기해서는 안 되며, 도덕적 개선을 위한 노력을 지속적으로 실행해야 한다고 말한다.

이러한 지속적인 노력과 연관하여 칸트는 법칙에 대한 존경이라는 우리 안에 있는 근원적인 도덕적 소질을 언급한다.

> 그러나 우리의 영혼 속에는, 우리가 그것을 제대로 주시한다면, 최고로 감탄하면서 바라보지 않을 수 없는, 그리고 그에 대한 경탄을 정당하게 하고, 동시에 영혼을 고양시키는 것이 있다. 다시 말하면 그것은 우리 안에 있는 근원적인 도덕적 소질 일반이다.[56]

> (…) 그리하여 의무에 대한 존경이 그에게 부과할지도 모르는 희생을 위해 마음을 굳세게 만들 것임에 틀림없다. 그의 도덕적 사명의 숭고성에 대한 이러한 감정을 자주 촉진하는 일은 도덕적 마음씨를 일깨우는 수단으로서 특별히 장려할 만하다. 왜냐하면 이러한 감정은 취해야 할 모든 준칙들의 최고의 조건인 법칙에 대한 무조건적인 존경에서, 동기들 가운데서 근원적인 도덕적 질서와 그리고 이와 더불어 인간의 심정 속에 있는 선의 소질을 순수한 그대로 회복하기 위해, 우리의 선택의지의 준칙들 안에서 동기들을 전도시키는 태생적인 성향을 저지하기

---

55) KpV, V, 123~124.
56) Rel., VI, 49.

때문이다.[57]

위의 인용문의 설명처럼, 법칙에 대한 존경은 순전히 도덕법칙에 대한 무조건적 존경과 경탄의 심정으로, 이를 통해 우리의 영혼이 고양되어, 도덕법칙을 따르려는 우리의 준칙을 전도시키려는 악의 성향을 저지할 수 있다. 『종교론』에서 드러나는 법칙에 대한 존경 개념은 『실천이성비판』의 구상을 고스란히 계승하고 있다. 칸트는 『실천이성비판』에서도 동일하게 법칙에 대한 존경이 결국 도덕법칙과 상충하는 자기사랑의 원리를 제거한다는 점에서는 일종의 불쾌감을 야기하지만, 그러나 적극적으로는 우리에게 도덕적 의무를 지킬 수 있도록 한다고 설명하고 있다.[58] 이러한 법칙에 대한 존경의 마음은 인간을 도덕적으로 고양시키고, "의지의 도덕적 강함인 덕"[59]을 갖추게 한다. 덕은 "우리 내면에 있는 도덕적 심정의 적에게 저항하는 능력과 의지"로[60], 악의 성향을 저지하는 역할을 수행한다.[61] 그러나 도덕법칙에 대한 존경이 최상선의 실현을 보장해 주지 못하듯[62], 도덕법칙에 대한 존경은 근본악을 실제로 완전히 극복하게 해주지는 못한다. 다만 이러한 노력을 통해 인간은 근본악을 극복할 수 있으리라 희망하면서, 즉 자신의 힘으로 그 길에 이를 수 있으리라 희망하면서,[63] 악의 성향에서 벗어나 선의 소질을 회복하려고 끊임없이 노력할 수 있을 뿐이다.

4.3 셋째 희망

지금까지 설명한 첫째 희망과 둘째 희망에 덧붙여 칸트는 또 다른 희망을 제시한다.

---

57) Ibid., VI, 50.
58) KpV, V, 74~75.
59) MS, VI, 405.
60) Ibid., VI, 380.
61) 이러한 점에서 덕은 '악의 압도 가능성'이 되기도 한다. 이에 대한 더 자세한 논의는 김수배, 「칸트 실천철학의 정점으로 본 '악'의 문제」(『칸트연구』 제40집, 한국칸트학회, 2017) 참조.
62) 칸트는 『도덕형이상학』 「덕이론」에서도 "도덕적으로 완전하라"가 도덕적 의도에서 자기 자신에 대해 가지는 의무이지만, "이 의무에서는 완전성을 추구하는 것이 의무이지 (현세의 삶 속에서) 그것에 도달하는 것이 의무는 아니"라고 설명하기도 한다. 이러한 점에서 칸트 도덕철학은 우리에게 최상선에 도달하든 도달하지 못하든 상관없이 도덕의 완전성을 향해 무한히 전진할 것만을 요구하고 있다고 할 수 있다. MS, VI, 446.
63) Rel. VI, 51.

그리고 이 마지막 희망은 처음의 두 희망에 토대를 두는 것이면서도 다른 한편으로는 두 희망을 가능하게 하는 보다 근원적인 희망이라고도 할 수 있다. 이 마지막 셋째 희망은 『종교론』 1논고의 마지막 부분에서 아주 짤막하게 언급되는데, 이 희망은 바로 『실천이성비판』의 신의 현존의 요청과 연결되는 희망이다.

> 그러나 도덕종교에 따르면 (⋯) 다음의 것은 근본원칙이다. 즉 보다 선한 인간이 되기 위해서는 각자는 자신의 힘이 미치는 한 최선을 다하지 않으면 안 된다. 그리고 오직 인간은 그의 타고난 재능을 묻어두지 않을 때(루카 19, 12~16)에만, 즉 그가 보다 선한 인간이 되기 위해서 선의 근원적 소질을 이용했을 때에만, 그의 능력에는 없는 것이 더 상위의 협력으로 보완될 것이라 희망할 수 있다.[64]

여기서 칸트는 선한 인간이 되기 위해서 각자 최선을 다해 노력해야만 한다고 촉구하면서, 바로 더 선한 인간이 되기 위해 노력할 때에만 "그의 능력에는 없는 것이 더 상위의 협력으로 보완될 것이라 희망"할 수 있다고 설명한다. 근원적인 선의 소질이 뿌리까지 타락하지 않았다는 희망에 근거하여, 심정의 혁명을 통해 악에서 벗어나 선의 소질을 회복할 수 있으리라는 희망을 가지고 도덕적 개선을 위해 끊임없이 노력할 때, 마지막 셋째 희망이 생겨난다. 보다 선해지려 노력할 경우에, 유한한 도덕적 주체 자신이 수행할 수 없는 것, 즉 근본악을 완전히 극복하는 일이 더 상위의 협력을 통해 비로소 가능할 것이라 희망할 수 있다. 물론 더 상위의 협력에 대한 희망이 정확히 무엇인지 칸트는 『종교론』 1논고에서 명확하게 제시하지 않는다. 그러나 지금까지의 논의를 통해 유추해 보면, 여기서 인간의 한계를 넘어서 있는 더 상위의 협력이란 바로 신의 도움, 즉 신의 은총으로 이해될 수 있다. 도덕적 주체에게 부족한 것, 즉 인간의 자연본성에 놓여 있는 근원적 결함인 근본악을 자신의 힘으로 온전히 제거할 수 없는 유한한 인간의 한계가 결국에는 신의 도움으로 채워질 것이라 희망할 수 있다는 것이다.

더 나아가 칸트가 셋째 희망, 즉 "더 상위의 협력으로 보완될 것이라는 희망"을 언급한 이유는 첫째 희망과 둘째 희망에서는 드러나지 않은 희망의 온전한 근거를 밝히기 위한 것이기도 하다. 첫째 희망과 둘째 희망만으로는, 유한한 이성적 존재자인 인간은 아

---

64) Ibid., VI, 52.

무리 도덕적 개선을 향해 무한히 전진한다고 하더라도, 자신의 삶의 전 현존의 어느 시점에서도 도덕성의 완전한 실현을 보장받을 수 없을 것이다. 그러나 여기서 셋째 희망은 유한한 인간의 유한한 능력으로는 결코 실현할 수 없는, 근본악을 완전하게 극복하도록 해주는 더 상위의 협력을 제시하고 있다. 더 상위의 협력이 있다면, 인간은 자신의 유한한 한계를 넘어서서 실제로 근본악을 극복할 것이라 믿고 희망할 수 있을 것이기 때문이다. 따라서 근본악의 극복은 "더 상위의 협력"을 통해 비로소 성취될 수 있다.[65]

이러한 "더 상위의 협력으로 보완될 것이라는 희망"은 『종교론』 2논고에서 등장하는 "신의 아들에 대한 실천적 신앙(der praktische Glaube an diesen Sohn Gottes)"[66]과 관련해서 이해할 수 있다. 이 때 신의 아들은 당연히 예수 그리스도이며, "선의 원리의 인격화된 이념"이자, "신의 뜻에 합치하는 인간성의 이념"으로 제시된다. 신의 아들에 대한 실천적 신앙을 가진 인간은 그 신앙 안에서 "신의 뜻에 합당하게 되기를 소망할 수" 있으며, "유혹과 고통에 처한다고 하더라도 신의 아들을 의지하면서", "신의 아들의 실례를 충실하게 모방하면서 그를 따를 것이라고 믿을 수" 있게 된다.[67] 신의 뜻에 합치하는 인간성의 이념은 악을 극복하고 선을 완성한 인간이며, 이러한 악의 극복과 선의 완성의 이념은 바로 신에 대한 믿음에서 생겨나는 희망을 통해 비로소 온전히 실현가능한 것으로 표상될 수 있다. 따라서 셋째 희망의 근거인 더 상위의 협력은 근본악의 극복가능성을 온전하게 - 진정한 의미에서 실현가능한 것으로 - 희망할 수 있도록 해주며, 여기에 근본악과 연결된 칸트의 도덕신앙이 자리하고 있다. 그리고 이러한 도덕 신앙에 근거해서 근본악의 극복과 심정의 혁명의 실현이 인간에게 성취 가능한 희망으로 다가서게 되는 것이다.

실제로는 결코 근본악을 온전히 극복할 수 없는 결함을 지닌 유한한 도덕적 주체는

---

65) K. Düsing은 최고선 문제와 관련해서도 이와 유사하게 설명하고 있다. 뒤징의 설명에 따르면, 최고선 문제에서도 인간은 자신의 고유한 노력을 통해서는 결코 법칙과 완전하게 일치할 수 없다. 따라서 도덕적 완전성을 포함하는 행복에도 도달할 수가 없다. 그러나 인간의 이러한 무능력에도 불구하고, 최고선의 실현가능성이 인간에게 하나의 가능성으로 남아 있어야만 한다면, 최고선은 신을 통해 "신성성의 결핍"의 보충을 필요로 하게 될 것이다. (K. Düsing, "Das Problem des höchsten Gutes in Kants praktischer Philosophie"(Kant-Studien vol. 62, Walter de Gruyter, 1971), p.13) 이는 근본악의 극복가능성을 위해 "더 상위의 협력"을 희망하는 것과 같이 최고선의 실현가능성을 설명하는 방식이다.

66) Rel. VI, 62.

67) Ibid., VI, 62.

신의 아들에 대한 실천적 신앙을 통해 스스로를 도덕적 주체이자 동시에 종교적 주체로 정립한다. 이렇게 스스로를 종교적 주체로 정립하는 인간, 즉 종교적 희망을 가진 도덕적 주체는 비록 매 순간 유혹에 흔들리고 넘어지면서도 언젠가는 신의 아들처럼 근본악을 완전히 극복하고 도덕성을 온전하게 완성할 수 있으리라 희망하게 된다. 이는 도덕적 주체가 신의 존재에 대한 믿음을 통해 언젠가는 행복할 자격에 걸맞은, 즉 도덕성과 비례하는 행복을 실제로 누릴 수 있으리라는 희망을 가지고 척박한 현실에서도 도덕적 행위를 수행할 수 있는 힘을 가지게 되는 것과 마찬가지이다. 이 점에서 칸트의 희망철학적 도덕신앙은 - 『실천이성비판』에서와 마찬가지로『종교론』에서도 - 도덕적 인간으로 하여금 자신의 한계로 인해 주저앉지 않고, 다시금 반성하며 일어나 끊임없이 자신의 한계를 넘어서 도덕적 완성의 길로 나아갈 것을 요구하며, 악의 완전한 절멸이라는 목표를 향해 끊임없이 스스로를 기투하도록 만드는 유의미성을 가지고 있다.

5. 나가는 말

지금까지의 논의를 통해『종교론』에서 드러나는 근본악의 문제와 그 극복가능성에 대한 희망철학적 접근방식을 살펴보았다. 칸트 실천철학에서 도덕은 필연적으로 종교로 이행할 수밖에 없으며, 칸트의 종교철학이 가지는 의미나 역할은 도덕철학과 관련해서 이해되어야만 한다. 이러한 칸트의 근본의도에 따라 우리는『실천이성비판』에서 드러난 칸트의 도덕철학과 연관해서 근본악의 문제상황을 단계적으로 분석했으며, 더 나아가 최고선 문제가 희망철학적으로 해결될 수 있는 것처럼, 근본악의 극복가능성 역시 동일하게 희망철학적인 방식으로 해결가능하다는 해석을 제시했다.

위에서 살펴본 것처럼, 유한한 존재자인 인간은 사실 자신의 본성적인 결함 때문에 실제로 자신의 한계상황을, 즉 근본악이라는 절망적인 상황을 결코 극복할 수 없다. 근본악의 극복가능성인 심정의 혁명과, 이러한 심정의 혁명을 통해 근본악이 극복될 수 있으리라는 희망은 결국 종교적 믿음에 기초하고 있다. 근본악의 극복가능성에 대한 희망은 우리가『종교론』1논고에서 찾아낼 수 있는 도덕적 이성신앙의 핵심적인 내용이다. 칸트의 이성신앙은 "존재하는 것에 대한(von dem, was ist)" 믿음이 아니라, 결국 "존재해야만 하는 것에 대한(von dem, was sein soll)" 믿음이다.[68] 비록 우리는 "존재해야만 하는
것"이 - 그것이 행복과 도덕성의 결합이든 근본악의 완전한 극복이든 - 실제로 존재할 수
있다는 것을 결코 객관적으로 인식할 수도 증명할 수도 없지만, 그럼에도 도덕적 주체로
서 우리는 '존재해야만 하는 것'의 존재가능성을 주관적으로는 확신할 수 있다.[69] 이런 주
관적 확신이 바로 우리의 도덕적 희망이 자리하는 곳이다. 그러므로 최고선 문제와 마
찬가지로, 『종교론』의 근본악 문제에서도 실제로 인간이 근본악의 상황을 극복할 수 있
는지 여부는 중요하지 않다. 신의 현존에 대한 주관적 확신을 넘어서서 이를 객관적으
로 증명하려는 요구가 과도한 독단적인 주장인 것처럼, 근본악의 극복가능성에 대한 객
관적 증명 역시 우리의 한계를 넘어선 과도한 요구에 불과하다. 오히려 중요한 것은 '근
본악을 극복하고 더 선한 인간이 되어야만 한다'는 것이 우리의 의무라는 점이며, 그리고
'나는 해야만 하기 때문에 할 수 있어야 한다'는 도덕적 가능성에 힘입어 '언젠가는 근본
악을 극복할 수 있을 것'이라는 강한 믿음과 희망을 가질 수 있다는 점이다. 우리가 객관
적인 실현가능성 여부와 상관없이, 근본악을 극복할 수 있을 것이라고 자유롭게 가정할
때, 근본악의 극복가능성에 대한 믿음은 그 자체로 도덕적 가치를 가지게 된다.[70]

　　칸트의 근본악 테제는 결코 넘어설 수 없는 도덕적 한계상황에 직면한 인간이 그럼
에도 불구하고 어떻게 자신의 주관적 확신이나 믿음을 통해 자신을 다시금 도덕적 주체
로 정립할 수 있는지를 보여준다. 인간은 결코 근본악을 극복할 수 없다. 유한한 인간에
게 가능한 것은 근본악이 극복될 수 있을 것이라 희망하는 것뿐이다. 인간은 근본악을
완전히 극복할 수 없는 자신의 유한성과 본성적 결함에서 결코 벗어날 수 없다. 그럼에
도 인간은 자신의 유한성에 함몰되어 근본악의 완전한 극복가능성과 선의 소질을 회복
할 수 있다는 희망마저 포기하지는 않는다. 이러한 희망을 가진 인간은 자신의 유한한
한계에도 불구하고 끊임없이 탈-한계를 지향하며, 스스로를 무한히 도덕적으로 기투할
수 있다. 자신의 한계를 인정하면서도 끊임없이 탈-한계를 기투하는 인간 - 바로 이 지점
에 유한한 도덕적 인간의 숭고함이 놓여 있다. 이는 순전히 욕구와 경향성의 지배를 받
는 동물적 존재자에게서도, 자신의 모든 욕구가 도덕성과 일치하는 신적 존재자에게서
도 발견할 수 없는, 한계와 탈-한계 사이의 인간만이 가지는 도덕적 숭고함이다.

---

68) R. Wimmer, *Kants kritische Religionsphilosophie*(Berlin: Walter de Gruyter, 1990), p.173-174.

69) Fortschritte, ⅩⅩ, 297.

70) Ibid., ⅩⅩ, 298.

제3부

칸트와 독일관념론

<table>
<tr><td>제
12
장</td><td>## 칸트에서 헤겔에로</td></tr>
</table>

한단석(전북대)

칸트에서 시작되어 피히테, 셸링을 거쳐서 헤겔에 이르는 독일 철학사상의 전개는 어떤 의미에서이든지 철학사상 보기 드문 일대 장관임에 이의를 품을 자는 아마도 없을 것이다.

칸트가 "순수이성비판"을 쓴 것이 1781년이요, 헤겔이 그 최후의 주저 "법철학"을 1821년에 간행하였으니 그 사이가 불과 40년에 지나지 않으나, 이 비교적 짧은 기간에 철학적 천재들이 계속 이어 나타나고 각기 선행자의 업적을 계승하면서도, 또한 각기 독자적인 방대한 체계를 수립하여 간 모습은 참으로 우리의 눈을 놀라게 할 만한 것이다. 금년은(1981), 칸트의 "순수이성비판"의 간행 200주년이 되는 해요, 헤겔 서거(1931) 150주기가 되는 해이기도 하다. 또한 1982년은 우리 한국철학연구회*가 발간하는 「철학연구」지가 33호를 펴내게 되고 학회창설에 결정적인 역할을 하신 창립회장 하기락(河岐洛) 박사 고희 70회 탄생의 해이기도 하다. 발족당시의 학회의 연구상황과 오늘날의 우리의 그것과 비교한다면 장족의 발전을 하였음을 자타가 공인하는 바이다.

칸트와 독일관념론은 현대의 철학에 대해서도 극히 밀접한 관련을 가지고 있다. 특히 칸트와 헤겔철학이 현대에 있어서도 얼마나 큰 직접적 영향을 주고 있는가 하는 것은 새삼 말할 필요도 없을 것이다.

칸트철학의 영향은 신칸트학파뿐만 아니라, 현대에 있어서도 여러 철학이 상이한 입

※ 한국철학연구회는 당초에 「한국 칸트학회」로 발족하였었다. 하기락 박사 고희기념호를 출간함에 있어서, 하 박사의 그간의 노고를 치하하오며 또한 우리 학회의 무궁한 발전을 빈다.

장에서 각기 칸트를 재조명하고 있으며, 또 헤겔철학은 특히 변증법적 사상으로 현대의 철학사색의 한 초점이 되어 있다. 그러기에 우리가 이들 철학의 전개과정에 큰 관심을 가지는 것은 너무나 당연하며, 아니 오히려 절대로 필요하다고까지 말할 수 있을 것이다. 물론 그렇다고 우리가 이들 철학에 대해서 긍정적인 태도를 취해야만 한다는 것은 아니다. 그러나 비록 우리가 이에 대하여 어떠한 태도를 취하든지간에 현대에 아직도 맥동(脈動)하며 철학적 생명을 지니고 있는 칸트와 헤겔을 그 처음과 끝에 지닌 이 독일철학의 전개과정을 검토하여, 이것을 참으로 자기자신의 사상 속에 소화(消化)한다는 것은, 오늘을 사는 우리의 철학적 사색에 있어서 극히 중요한 일이라고 하지 않으면 안 될 것이다.

칸트와 독일관념론 사이에는 극히 특이한 관계가 존재한다. 그것은 즉 한편으로는 독일관념론이 칸트철학의 발전임과 동시에 다른 한편으로는 독일관념론과 칸트철학 사이에는 단순히 발전이라고만 볼 수 없을 만큼 너무나도 큰 본질적인 차이가 있는 것이다.

첫째로, 독일관념론이 칸트철학의 발전이라는 것은 말할 것도 없는 것이다. 독일관념론 철학의 전개가 칸트철학을 지반으로 하고서 비로소 가능하다는 것은 누가 보아도 명백하다. 피히테는 순수한 칸트학도로서 출발하였다. 칸트의 조력(助力)으로 출판된 피히테의 종교에 관한 처녀작『모든 계시의 비판의 시도』(Versuch einer Kritik aller Offenbarung, 1972)가 익명 으로 출판되었기 때문에 이 책이 칸트의 저서로 인식되었으며, 그 때문에 피히테의 명성이 한꺼번에 유명해졌다는 것을 생각한다면 그것만으로도 우리는 칸트철학과 피히테철학과의 밀접한 관계를 알 수 있는 것이다.[1]

셸링은 또 그 출발점에 있어서는 완전한 피히테 학도이었다. 이 경우에도 셸링의 초기의 논문『철학의 원리로서의 자아에 대하여』(Vom Ich als Prinzip der Philosophie, 1795)를 평하여, 피히테가 자기철학의 명쾌한 주석자라고 말하고(Fichtes Brief an Reinhold am 2. Juli, 1795. F. Medicus, Fichtes Leben, 2 Aufl., Fichtes Werke hrg, von Medicus, Bd. 1, S.145) 있는 것을 본다면, 우리는 피히테와 셸링의 밀접한 관계를 알 수

---

1) 피히테는 1791.7. 쾨니히스베르크로 칸트를 방문한다. 칸트는 피히테에 무관심하였으나 칸트의 관심을 끌려고 처녀작을 써서 칸트에 보낸다. 이것은 칸트 자신이 아직 쓰지 않은 종교에 관한 것이었다. 당시 칸트는 삼 비판서는 썼으나 종교론인 「한갓된 이성의 한계내에서의 종교」는 미출간 때이었다. 그때 피히테는 칸트에 차금(借金)을 원했으나 칸트는 이것을 거절하고 이 처녀작의 출간을 도왔다(1792). 익명인 이 책이 칸트의 것으로 알려졌으나, 칸트가 피히테의 것으로 발표하여 피히테는 유명하게 되었던 것이다.

있는 것이다.[2]

셸링은 그 자연철학을 수립함으로써 피히테철학과 명확한 상위(相違)를 나타나게 된 때조차도, 결코 자연철학은 피히테의 지식학과 모순되는 것이 아니고, 그 보충에 지나지 않는다고 생각하였었다. 또한 우리가 셸링과 헤겔과의 관계를 볼 때, 여기에서도 우리는 전이자(前二者)에 못지않게 같은 밀접한 관계를 찾아볼 수 있는 것이다. 즉 헤겔은 『피히테와 셸링의 철학체계의 상위』(Differenz des Fichtesten und Schellingsten Systems der Philosophie, 1801)에서 분명히 피히테의 입장에 대하여 셸링의 입장을 지지하고 있다. 이와 같이 칸트에서 독일관념론에 이르는 발전에 있어서, 피히테는 칸트를, 셸링은 피히테를, 헤겔은 셸링을 각기 그 출발의 지반으로 하고 있으며, 여기에는 너무나도 명백하게 칸트에서 헤겔의 사이가 한줄기 선(線)으로 일관되어 있다는 것을 볼 수 있다. 이러한 의미에서 독일관념론은 자각적으로 칸트철학을 극복해서 나아간 것이며, 칸트철학의 발전이라고 말 할 수 있는 것이다. 그러기에 헤겔은 칸트철학을 피히테 및 셸링철학과 더불어 완전히 자기입장 속에 지양하였다고 생각하였던 것이다.

그러나 이와 같이 한편으로는 명확한 자각적 발전이 이루어졌고 칸트철학 없이는 존재할 수 없었다는 것은 의심의 여지가 없는 반면에 다른 한편으로 우리는 칸트철학과 독일관념론의 철학이 어느 점에 있어서는 정반대라고도 생각할 수 있을 만큼 전적으로 다르다는 것도 또한 부정하지 못하는 것이다.

말할 것도 없이 칸트철학은 전통적인 형이상학을 부정한 점에 그 근본적인 특징을 가진다. 칸트는 우리의 인식능력을 비판함으로써 우리의 인식은 결코 물자체(Ding an sich)에 미칠 수 있는 것이 아니며, 오직 현상(Erscheinung)의 세계의 범위 내에 한정된다는 것을 밝혔다. 그리하여 초경험적인 것을 그 연구대상으로 하였던 전통적인 형이상학은 전혀 성립될 수 없는 것이라고 생각하게 되었다. 물론 칸트철학이 모든 형이상학을 부정하였다고 생각할 수 없다. 그러나 적어도 칸트가 전통적인 형이상학을 부정하였다는 것은 확실하며 이것이야말로 바로 칸트철학의 핵심이라고 말하지 않을 수 없는 것

---

2) 1795년 피히테의 『전지식학(全知識學)의 기초』가 출간된 다음해, 셸링의 최초의 대표작 『철학의 원리로서의 자아에 관해서』에서 셸링은 피히테와 같은 입장이다. 『전지식학의 기초』는 칸트와의 관계보다는 셸링과 더욱 밀접한 관계가 있다. 피히테는 셸링의 이 논문에 대하여 라인홀트에의 편지에서 「셸링의 저서는 내가 되풀이하여 읽은 한에서는, 전적으로 나의 저서의 주석이다. 그리하여 그는 문제를 극히 잘 파악하였고, 나를 이해하지 못하였던 많은 사람들도 그의 저서는 명쾌하다고 생각한다」(1795.7.2. 부(附)편지)

이다. 그런데 이에 대하여 독일관념론 철학은 전체적으로 또다시 전통적인 형이상학에 현저하게 접근하였다는 것을 부정하지 못하는 것이다. 칸트철학의 직접적인 후계자인 피히테철학조차도 칸트에 비하면 극히 강한 형이상학적 색채를 가지고 있다. 그리고 또한 이것은 셸링, 헤겔에 있어서는 더 한층 뚜렷하게 해당되는 것이다. 헤겔이 칸트의 인식론을 물속에 들어가지 않고 수영을 배우려는 것과 같다고 비웃는 것을 볼 때, (Hegel; Encyclopädie der philosophischen Wissenschaften im Grundriss, S. 10) 이것은 무엇보다도 뚜렷한 증거라고 말하지 않을 수 없는 것이다. 이러한 점에서 독일관념론은 칸트에서 출발하면서, 칸트와는 정반대의 것으로 전화하여 갔다고 말할 수 있는 것이다.

그렇다면 이 점에 볼 때 우리가 칸트와 독일관념론과의 사이에 단순히 발전의 관계만으로 보는 데에는 의심을 가지지 않을 수 없을 것이다. 그리고 사실에 있어서, 칸트·피히테·셸링·헤겔의 4인 사이에는 이미 논한 것처럼 친근한 관계가 있음과 동시에, 다른 학파에 있어서는, 다른 곳에서는 비할 수 없을 만큼 적대 의식이 존재하고 있었다. 한때 피히테의『모든 계시의 비판의 시도』를 칭찬하여 그 출간을 도왔던 칸트가, 피히테의『지식학』에 대하여(피히테 자신은, 어디까지나 자기철학은 칸트적 입장을 떠나있지 않다고 생각하였지만)「한갓된 자기의식, 더구나 소재를 가지지 않은, 따라서 또 이에 대한 반성은 아무런 대상일 수 있는 것을 가지지 않으며, 그 자신은 논리학까지도 초월한다고 하는 한갓된 사유형식만의 자기의식은 독자에게 기묘한 인상을 준다. 이미 표제(지식학 "Wissenschaftslehre"이라는)를 보는 것만으로 거의 그 성과를 기대할 수 없다. 왜냐하면 모든 체계적으로 구성된 학설(Lehre)은 즉 학(Wissenschaft)이기 때문이다.」(Kants Brief am J.H. Tieftrunk am 5. April, 1798) 칸트에 있어서 피히테의『지식학』이 결코 자기철학의 발전이라고 생각하지 아니하였을 뿐만 아니다, 아니 오히려 허용할 수 없는 방향으로 왜곡하였다고 생각하였다는 것은 이 말속에 뚜렷하게 나타나 있다고 말할 수 있을 것이다. 그런데 이와 같이 칸트에 의해서 비난받은 피히테는 또 셸링철학에 대하여 더 한층 노골적인 비난의 화살을 던진다. 즉 셸링의 논문을 자기철학의 유능한 주석이라고 인정한 피히테는 2년 후에는(1797-1799), 점차 셸링사상이 자기의 입장에서 떠나 자아철학에서 자연철학으로 멀어져감에 따라, 셸링은「현대의 혼란을 야기한 가장 혼란된 두뇌의 한 사람」이라고 평하였고, 또 그의 동일철학의 체계는「도야되지 않은 혼란된 공상이 맹목적으로 저자로 하여금 모순과 오류와 부정합」에 이르게 한「잘못 태어난 체계」(Fichte, Bericht über den Begriff der Wissenschaftslehre u. die bisherigen Sch icksale derselben, 1806, 2 Kapitel, 11)라고 말하고 있다. 또 셸링은 젊은 날의 동창이며 철학비평잡지를 공동으로 발행하였던 헤겔철학을 격렬하게 조소하였던 것이다. 셸링의 만년의 강의를 들었던 로젠크란쯔(Karl Rosenkranz)는, 셸링이 헤겔철학을 「개념의 침 금세공(針金細工)」이라고 비난하였다고 쓰고 있다.(K, Fischer, Schellings Leben, Werke u. Lehre, S. 216)

또 헤겔이 1807년에 간행한 최초의 주저『정신현상학』에서는 셸링철학을 통렬하게 비판하여 자기자신의 입장을 선언하면서 그 서론에서 셸링의 절대자에 대한 사고방식 을 마치 「모든 소가 컴컴한 한 흑색(黑色)으로 되는 암야(暗夜)와 같다. 완전한 무차별인 절대자라는 암야에서는 차별을 가진 유한적인 소는 나오지 않는 것이다」라고 공격하였 다. 정신현상학의 출판으로 셸링과 헤겔은 결정적으로 불화를 가져오며 돌이킬 수 없는 적대관계로 진전된다.

이와 같이 칸트는 피히테를, 피히테는 셸링을, 셸링은 헤겔을, 그리고 헤겔은 셸링을 심하게 공격하고 있다는 것은 천재들에게 있게 마련인 자존심의 강력한 표현이기도 하 지만, 그러나 그것은 또 이 사람들의 철학이 내용적으로 각기 상당히 큰 상위점을 가지 며 또한 그 상위가 그 선행자의 눈으로 본다면 결코 그 발전이라고 생각 될 수 없는 것 이 있다는 것을 보여주고 있는 것이라고 생각할 수 있을 것이다. 피히테의 자아의 철학 까지도 기묘한 인상을 준다고 비평한 칸트가 만일 헤겔의 절대적 정신의 철학에 대하여 알았다면 이에 대하여 찬부(贊否)의 어떤 태도를 취하였을 것인가는 말할 것도 없이 뚜 렷할 것이다. 칸트의 눈에는 아마 독일관념론 전체가 결코 자기철학의 발전이 아니라, 오히려 그 자신이 철저하게 부정하려한 전통적 형이상학의 부활로 비쳤을 것으로 생각 된다.

이와 같이 칸트와 독일관념론과의 사이에 한편에서는 뚜렷하게 발전의 관계가 존재 하고 있다고 생각할 수 있는 반면에 다른 한편으로는 결코 발전이라고 생각할 수 없는 관계가 존재한다고 하면 우리는 이에 대하여 어떻게 해석하여야 할 것인가. 우리가 칸 트에서 독일관념론에의 전개를 탐구하려 할 때 가장 중요한 문제는 이 관계의 파악에 있다고 말하지 않을 수 없는 것이다. 물론 우리는 이 점에 대하여 극히 간단한 두 가지 의 견해를 생각할 수 있다. 하나는 어디까지나 독일관념론 자체가 생각하는 것처럼, 독일관념론을 전적으로 칸트철학의 직선적 발전이라고 생각하는 것이며, 다른 하나는 독일관념론을 칸트철학의 발전이 아니라 오히려 칸트철학으로부터의 타락이라고 생각하는 것이다. 전자의 견해는 가령 크로오너(R. Kroner)와 같은 신헤겔학파가 취하는 것이며, 후자의 견해는 신칸트학파가 취하는 바이다.

그러나 이와 같이 칸트에서 독일관념론에의 전개를 발전이라고 보는 견해나 타락이라고 보는 견해도 다같이 우리에게는 무엇인가 석연치 않는 것을 남기고 있는 것으로 생각된다. 확실히 우리가 이 두 견해 중 어느 한쪽을 취한다면, 칸트와 독일관념론과의 관계는 극히 간단하게 이해되어질 것이다. 그러나 과연 칸트에서 독일관념론에의 전개가 의미하는 바는 이와 같이 간단한 것에 지나지 않는 것일까?

우선 먼저 우리는 독일관념론을 칸트의 발전이라고 생각하는 신헤겔학파의 견해를 생각해 보자. 이 견해에 따르면 헤겔철학은 말할것도 없이 이 발전의 최고의 지위를 차지하며, 칸트철학은 전적으로 이 속으로 지양(止揚)되어 버린다고 생각된다. 따라서 칸트의 피히테에 대한 비평과 같은 것도, 다만 칸트의 피히테에 대한 몰이해를 나타내는 것에 지나지 않는 것이라고 물리치지 않을 수 없는 것이다. 그러나 우리는 과연 칸트의 피히테에 대한 비평을 전적으로 무시하는 것이 허용될 수 있을까. 오히려 우리는 독일관념론 전체에 걸쳐서 존재하고 있는 형이상학적 색채가 확실히 칸트가 의도하는 것과는 전혀 상이한 것이며, 전통적인 형이상학에 의 복귀를 보여주는 것이라는 것을 솔직하게 인정하지 않으면 안되는 것이다.

헤겔의 사후, 전성(全盛)을 극(極)했던 헤겔철학이 곧 그 권위를 상실하고, 오히려 철학 그 자체에의 강한 불신을 가졌던 실증주의적 풍조가 생겼다는 것도 독일관념론이 지닌 악(惡)한 형이상학성(形而上學性)에 있다고 하지 않을 수 없을 것이다. 이런 의미에서 독일관념론은 결코 칸트철학의 발전이라고만 해석할 수 없는 것이며, 오히려 칸트철학으로부터의 타락이라고 볼 수 밖에 없다고 말할 수 있는 것이다. 헤겔 이후의 실증주의적 풍조에 대하여 또다시 철학의 권위를 회복하려 한 신칸트학파가 「칸트로 돌아가라!」는 것을 모토로 내세운 것도 결코 무리는 아니었던 것이다.

그렇다면 우리는 이와는 반대로 독일관념론을 칸트로부터 타락이라고 생각하는 신칸트학파적인 견해를 취하여야 할 것인가. 이 견해에 의하면 말할 것도 없이 칸트철학의 체질은 전적으로 독일관념론이 의도하는 것과는 정반대의 곳에 있다고 생각된다. 즉 칸트철학은 일체의 독단적인 사변적 형이상학을 부정하고, 오직 제(諸) 과학의 정초라는 인식론적 과제를 철학의 중심에 놓는 것을 그 본질로 하는 것이며, 독일관념론은 비록 자신들은 칸트철학의 계승발전이라고 생각하였다 할지라도, 그것은 전적으로 칸트철학의 본질을 오해하고 그 오해 위에 서서 칸트철학을 그릇된 방향으로 이끌어간 것에 지나지 않는다고 생각되는 것이다. 그러나 이러한 견해도 또한 일면적인 것임은 말할 것도 없는 것이다.

　이러한 견해에 대하여 우리는 먼저 소극적으로 칸트철학이 의도하는 바는 결코 한갓 모든 형이상학을 부정하는데 있는 것이 아니라고 주장하지 않으면 안 된다. 만일, 칸트철학의 본질은 형이상학의 부정에 있다고 생각한다면, 당연히 독일관념론은 칸트로부터의 타락으로 파악할 수밖에 없을 것이다. 독일관념론에 있어서는 신칸트학파가 칸트 중심문제라고 생각하는 인식의 정초와 같은 문제는 완전히 그 모습이 사라지고 있으며, 적어도 그것은 형이상학적 문제의 배후에 숨겨져 버렸다. 따라서 독일관념론은 형이상학을 수립하였다는 이유만으로 전적으로 칸트의 진의를 오해하였다고 해석하지 않을 수 없다. 그런데, 이러한 형이상학의 부정자로서 칸트를 해석한다는 견해가 결코 그대로 유지될 수 없다는 것은 오늘날에 있어서는 거의 지적조차도 할 수 없는 것이 되었다. 이것은 우리가 단 한번이라도 『순수이성비판』의 서론을 읽어 본다면, 곧 명백히 알게 될 것이다. 칸트의 의도는 결코 형이상학의 부정이 아니라, 「형이상학의 전적인 혁명을 기도하는」데 있었다.(Kant: K.d.r.V. Vorrede, B XXII) 다시 말하면 우리의 인식이 단지 현상의 세계에 한정되는 것을 주장하는 것이 아니라 오히려 인식의 범위를 현상계에 한정함으로써 이 인식의 한계를 넘어선데에 형이상학이 존립한다는 것을 보여주는 것이었다. 즉, 「신앙에 여지를 주기 위하여 지식을 지양하는」데 있었던 것이다.(op. cit.B XXX) 막스·분트도 말하고 있는 것처럼 (M. Wundt: Kant als Metaphysiker S.122), 칸트 시대에는 이미 형이상학의 권위는 땅에 떨어져 있었다. 1740년대부터, 그때까지 절대적인 권위를 지니고 있었던 볼프(Wolf)철학은 점차 그 근저가 위협받기 시작하였다. 볼프 철학의 합리주의에 대하여 크르쥬스(Christian August Crusius) 등의 비합리주의가 또 다른 면에 있어서는 뉴턴의 자연철학적 입장으로부터의 볼프 철학에의 불신이 나타나기 시작하였다. 그리고 칸트가 나타났을 때, 독일에서의 형이상학은 그 권위가 박탈되어 버렸다. 그러기에 만일 칸트의 의도가 형이상학을 그 왕좌에서 이끌어 내리는데 있다고 해석한다면, 칸트의 전 노력은 전적으로 쓸모 없는 노력의 낭비라고 하지 않을 수 없을 것이다. 칸트가 스스로 의식적으로 다른 과제는 오히려 이와는 반대로 뉴턴의 자연철학의 결과를 독일의 전통적인 철학과의 연관 속에 받아들이고, 그리고 또 이 형이상학을 크르쥬스 등의 비난에 대하여 비록 지금까지와는 다른 형태일지라도 주장하려 한 바 있었던 것이다. 그렇다면 우리는 독일관념론이 형이상학이라는 이유로 곧 칸트철학으로부터의 타락이라고 생각할 수 없는 것은 명백하다 하겠다. 우리는 오히려 피히테·셸링·헤겔이 각기 자각적으로 그 선행자의 철학을 극복발전시켰다는 사실을 솔직하게 인정하여야 할 것이다.

물론 독일관념론 철학이 칸트가 부정하려한 악(惡)한 의미에서의 형이상학으로 역전하고 있는 것은 인정하지 않으면 안 될 것이지만 그 경우에도 우리는 그 죄를 오직 독일관념론에로만 돌릴 것이 아니라, 오히려 칸트 자신 속에 이러한 방향에의 발전을 가능케 하는, 아니 오히려 필연이게끔 하는 무엇인가가 있지 않은가를 반성하지 않으면 안 될 것이라고 생각한다.

그러나 우리는 한발 더 나아가서 객관적으로 칸트와 독일관념론의 철학을 고찰할 때, 거기에는 곧 발전이라고 불릴 만한 것이 있다는 것을 적극적으로 주장할 수 있다고 생각한다. 독일관념론의 정점에 서는 헤겔철학이 현대에 있어서도 또한 칸트철학에 못지 않는 큰 영향을 미치고 있다는 것은 말할 것도 없는 것이다. 이 사실은 과연 무엇을 의미하는 것인가. 만일 독일관념론이 다만 칸트철학의 타락에 지나지 않는다고 한다면 이와 같은 것은 전적으로 불가능한 일이라고 하지 않을 수 없다. 물론 그렇다면 헤겔철학이 어떠한 점에서 장점을 가지고 있는가에 대해서는 여러 견해가 있을 수 있을 것이나, 우리는 적어도 다음 한 가지 점에 대해서는 누구나 다 헤겔철학의 공적을 인정하지 않을 수 없을 것이라고 생각한다. 그 한 가지 점이란 헤겔에서 비로소 역사라는 것이 참으로 철학의 중심적인 문제로서 다루어졌다는 것이다. 헤겔 이전에는 역사가 결코 철학의 중심적인 문제가 아니었다. 그리고 이 점에 있어서는 칸트도 예외가 아니었다. 그런데 헤겔이 주목한 것은 언제나 본질적인 역사적 세계이었다. 역사라는 것을 제外하면 헤겔철학은 전혀 이해할 수 없는 것이다. 그리고 이 점에 헤겔철학이, 비록 악한 형이상학적 성격을 지니고 있다고 할지라도 칸트에 比한다면 큰 의의를 가지고 있는 이유가 있는 것이다.

헤겔 이후 현대에 이르기까지 역사란 것은 언제나 철학의 중심 문제이었다고 생각되는데 이와 같이 역사의식을 다루게 된 것은 헤겔에 의한 것이며, 이 점에 있어서는 적어도 헤겔철학은 칸트 이상으로 현대적 의의를 지니며, 적극적인 발전을 보이고 있다고 하지 않을 수 없는 것이다. 그렇다면 우리는 독일관념론을 전적으로 칸트철학으로부터의 타락이라고 생각하는 것이 허용될 수 없다는 것은 명백하다 하겠다. 비록 독일관념론이 칸트에 있어서 보다도 악한 형이상학적 경향이 강하고, 그런 한에서 부정적 측면이 뚜렷하다고 할지라도 헤겔에 있어서 이러한 적극적 성과가 나타나 있는 이상, 우리는 독일관념론의 전개 속에서 어떠한 의매에서 칸트철학의 발전을 찾아내지 않으면 안 되는 것이다. 이와 같이 본다면 칸트에서 독일관념론에의 전개는 한갓 발전이라고도 또 한갓 타락이라고도 볼 수 없으며, 한편 타락임과 동시에 다른 한편 발전이라는 관계가 존재하는 것이다. 그러나 그렇다면 이와 같은 관계는 어떻게 성립하는 것인가. 타락임과 동시에 발전이라고 하는, 보기에 전혀 불가능한 이 관계는 어떻게 성립하는 것인가? 이 문제에 관한 탐구는 많은 지면을 요하는 것이나, 여기에서는 극히 간단하게 결론을 맺고자 한다.

우선 첫째로 먼저 칸트에 관해서 말한다면, 우리는 칸트 속에서 적극적인 면과 부정적인 면을 구별한다. 즉 칸트철학이 가진 진실한 의도(이것은 칸트 자신이 결코 분명하게 자각하고 있다고 할 수 없지만)와 이 의도를 은폐하고 있는 편견과를 구별한다. 전자는 진실로 칸트철학을 칸트 이전의 철학과 구별하는 점이며, 후자는 칸트가 무반성하게 종전의 철학을 계승하여 자기철학 속에 수용한 점이다. 그리고 이 두 가지 면이 칸트철학 속에 혼재함으로써 혹은 오히려 칸트가 아직도 충분히 전통적인 사고방식에서 자유롭게 되지 못함으로써 칸트는 전적으로 새로운 철학적 입장을 확립하려 하면서도 이것을 철저화하지 못하고 거기에 해결할 수 없는 문제를 남겼다고 생각하는 것이다. 이것을 더욱 구체적으로 말한다면 우리는 칸트철학이 지닌 참다운 의의는 종전의 무한자의 철학을 유한자의 철학으로 전회시킨데 있다고 생각한다. 즉 칸트 이전의 철학은 무한자·신을 중심으로 하여 거기에서 모든 것을 파악하려 하였다. 그런데 칸트는 유한자·인간을 중심으로 하여 거기에서 모든 것을 생각하려 하였다. 이 점에서 바로 우리는 철학사상에 있어서 칸트의 불후의 공적을 보게 되는 것이다. 그런데 이와 같이 칸트는 인간적 입장에 서려고 하면서도, 인간의 본질은 어디까지나 이성에 있다고 생각하였었다. 이것은 말할 것도 없이 칸트 이전의 무한자적 철학에 있어서의 전통적 사상이었다. 여기에 칸트철학의 부정적인 측백이 있는 것이다. 그리고 우리는 이 때문에 칸트가 진실로 유한자적 철학에 철저하지 못하며 그 철학에 많은 모순과 혼란이 생겼으며 따라서 문제를 남기는 결과가 되었다고 생각되는 것이다.

둘째로, 독일관념론 전체에 대하여 말한다면, 독일관념론은 올바르게 칸트가 남긴 문제를 파악하고 그 해결을 위하여 한발 한발 돌진하여 갔다고 생각한다. 이 점에서 우리는 독일관념론의 전개가 칸트철학의 필연적인 발전이라는 것을 인정한다. 그러나 이와 같이 독일관념론은 문제를 올바로 통찰하면서도 그 해결은 여전히 칸트 자신에 있어서의 부정적 측면, 즉 인간의 본질을 이성이라고 생각하는 이성주의적 지반 위에서 이루어진 것이있다. 그런데 원래 칸트철학의 부정적 측면이며, 칸트가 전통적 형이상학으로부터 무반성하게 계승한 사상적 지반 위에 서서 칸트철학이 남긴 문제를 해결하려 한다는 것은, 또다시 전통적 형이상학에의 복귀라는 결과로 끝날 수밖에 없다는 것은 당연하다 하겠다.

이 점에 독일관념론이 칸트철학을 계승발전시키면서도, 또한 타락이라고 생각하지 않으면 안 된다는 소이(所以)가 있는 것이다. 칸트가 철학을 무한자적 입장에서 유한자적 입장으로 전회시키려는 의도는 전적으로 사라지고, 철학은 또다시 무한자적 입장에로 역전하여 버렸던 것이다.

셋째로, 헤겔에 관해서는 다음과 같이 생각된다. 독일관념론은 전체적으로 칸트철학으로 부터의 타락이라고 생각하지 않으면 안 되는데, 그러나 독일관념론의 전개는 결코 다만 부정적 의의만을 가진 것은 아니었다. 즉 그것은 독일관념론이 그 이성주의적 입장을 철저화하여 감으로써 자연히 이성주의적 입장 자체의 한계를 자각케 하여 준다는 것이다. 칸트에 있어서도 이성주의적 입장으로 인하여 진실로 문제의 해결이 이루어지지 않았기 때문에, 이성주의적 입장을 철저화하여 갔던 독일관념론도 마침내 문제의 해결을 이루지 못했던 것은 말할 것도 없는 것이다. 아니 오히려 거기에는 칸트 이상으로 문제의 소재가 명료하게 부각되었던 것이다. 그런고로 이 문제의 해결을 피하기 위해서는 마침내 독일관념론 자체 속에서 이성주의적 입장을 넘어서려는 시도가 이루어졌다. 이것이 즉 헤겔철학인 것이다. 물론 헤겔이 이것을 진실로 자각하였다고는 말할 수 없으며, 헤겔철학이 전체적으로 보면, 여전히 이성주의적 입장에 서 있다는 것은 부정하지 못하는 것이다. 그러나 적어도 헤겔에 있어서 이성주의적 입장의 극복에로의 한 발을 내딛었다고 우리는 생각하는 것이다.

　이상에서 논한 것이 칸트와 독일관념론의 관계에 관한 우리 견해의 개요이다. 만일, 이러한 견해가 허용된다면 우리는 독일관념론이 일면에 있어서 칸트철학의 타락이면서도 타면에 있어서는 또 그 발전이기도 하다는 일견 불가능한 관계를 충분히 이해할 수 있는 것이다.

제13장

칸트의 선험적 주관과 헤겔의 자기의식

이강조(경북대)

I. 서론

인식이론은 사유와 존재, 주관과 객관과의 관계에서 성립되는 학문이다. 인식은 주관과 객관과의 일치 또는 동일성의 연관에서 전개된다. 이때 주관이 인식이론의 전개에 있어서 어떠한 역할과 의의를 가지고 있는가를 데카르트(Descartes)의 'Cogito'에서 단서를 열어, 독일관념론의 길목에 선 칸트(Kant)의 '선험적 주관'을 거쳐, 특히 독일관념론을 완성시킨 헤겔(Hegel)의 '자기의식' 속에서 찾아보고자 하는 것이 본 논문의 목적이다.

데카르트이래 서양근대의 철학적 논의의 대상은 '믿을만한 인식은 어떻게 가능한가?'라는 문제를 결정짓는 일이었다. 여기에 데카르트의 자아–개념은 근대 관념론적 자아–철학의 전개를 위한 기초를 놓고 있다. 그런데 데카르트는 인식 즉 진리의 정초가능성(定礎可能生)에 관한 물음을 제기하면서, 어떤 인식은 그것이 객관적인 것의 인식으로서 자기자신의 확실성을 포함하지 않는 한, 어떠한 인식도 아닌 것이라 한다. 따라서 그에게는 지(知) 속에서 요구된 지와 대상과의 일치의 정초에 관한 물음은 지와 진리의 확인에 관한 물음이 되고 있다.

그는 진리확인의 이 문제를 해결하기 위하여 회의의 방법을 사용하고 있다. 이 진리와 확실성의 통일에 관한 요청에 의하면, 어떤 인식은 그 자신을 확신해야 함을 포함하고, 동시에 그것은 원리적으로 자기관계를 통하여 구성되어야 함을 뜻한다. 데카르트는 즉자적 존재자에 관한 지의 가능성을 철저히 회의함으로써 '사유하는 존재로서의 나라는 기본적 진리를 깨닫는다. '사유하는 존재로서의 나' 속에 도달한 자기의식은 자기의 척도, 즉 진리와 확실성이 적극적으로 존속하는 통일이다. 이러한 데카르트적 자아개념은 모든 관념론의 모범으로 되어 있고, 후속하는 독일관념론은 데카르트 사상속에 정립된 귀결을 도출한다. 이 귀결의 내용은, 첫째 대상지를 '현상'에 관한 지에로 환원시키는 일이고, 둘째 아는 자아와 알려진 자아에 필연적으로 부속해 있는 양자의 차이성을 매개로 하여 양자의 동일성을 지향하는 자아개념을 제조하는 일이다.[1]

이와 같은 데카르트적 자아개념 위에 칸트 및 헤겔의 자기의식의 구조가 존립하고 있다.

II. 칸트의 선험적 주관

1. 선험적 종합판단

칸트가 순수이성비판에서 전개하는 인식론은 선천적 인식의 가능성을 해명하는 일이다. 만약에 우리의 인식이 모두 경험적·후천적이라면, 결코 보편적·필연적 인식을 가지지 못할 것이다. 그러나 만약 우리의 인식이 보편성과 필연성을 가질 수 있다면, 그것은 우리 자신 속에 선천적 형석이 있다는 증거라 할 것이다.

칸트에 의하면 선천적이란 것은 경험을 성립시키는 논리적 조건으로서 논리상 경험에 앞서는 것을 가르킨다. 물론 우리의 인식은 경험에서 시작한다. 그러나 그것은 결코 선천적 형식이 이러한 논리적 조건으로서 우리의 인식능력 속에 있음을 거부하는 것은 아니다. "우리의 모든 인식은 경형과 더불어 시작한다. 그러나 모든 인식이 반드시 경험으로부터 나오는 것은 아니다."[2]라는 칸트의 말은 저간의 사정을 요약한 것이다.

그러므로 우리가 만약 인식의 선천적 형식을 발견한다면, 우리는 대상일반을 인식하는 방식을 그것이 선천적으로 가능한 한에서 파악하게 될 것이며, 이것을 파악하는데서 우리는 인식의 객관적 타당성과 그 한계를 확립하게 될 것이다. 칸트는 이런 종류의 인

1) Vgl. W. Becker, Idealistische und Materialistische Dialektik, S. 47.
2) I. Kant, Kritik der reinen Vernunft, B. I.

식을 선험적 인식이라 부르고, 슈수이성비판의 근본과제가 이 문제를 해결하는데 있다는 점에서 자기의 철학을 선험철학이라 한다. 따라서 칸트에 있어서 선천적 인식이란 있을 수 있는가라는 문제가 인식론 전개의 단서를 이룬다.

칸트는 판단을 분석판단과 종합판단으로 나누어 이 문제해결의 실마리를 찾는다. 분석판단은 오직 주어 속에 포함된 것을 그 술어에 있어서 분석해 내는데 불과한 것이다. 따라서 이러한 분석판단은 경험에 호소할 필요가 없이 주어개념을 분석만 하면 되므로 선천적으로 필연성과 보편성을 가진다고 할 수 있다. 그러나 그것은 오직 개념의 분석에 그칠 뿐이요, 실재에 관하여 알려주는 바가 없다.

이와 반대로 종합판단은 술어의 개념이 주어의 개념 속에 포함되어 있지 않은 판단이다. 이러한 판단은 경험에 의하여 후천적으로 이루어지는 것이다. 즉 주어와 주어 속에 없는 술어와의 종합이 가능한 기초는 경험에 있다는 것이다. 따라서 분석판단은 이미 주어 속에 포함되어 있는 것을 밝힘에 불과하므로 설명판단이라 할 수 있으나, 종합판단은 주어의 영역을 넘어서, 거기에서는 전연 생각되지 않았던 새로운 것, 즉 분석으로부터 도출될 수 없는 술어를 부가하는 판단이므로 이것은 확장판단이라 할 수 있다. 따라서 칸트에 있어서 요구되는 문제는 확장판단으로서의 종합판단이 그처럼 경험에 입각하지 않고, 즉 후천적으로서가 아니고, 경험적인 것을 논리적으로, 즉 선천적으로 가능할 수 없는가 하는 것이다. 그리하여 칸트의 선험적 인식논리학에서 중심과제인 판단문제는 "선천적 종합판단은 어떻게 하여 가능한가?"에 있다. 이것이 칸트의 종합의 논리, 대상의 논리, 진리의 논리의 본질적 특색이다. 그러면 이 종합은 어떻게 성립되는 것인가?

2. 직관에 있어서의 각지의 종합

칸트에 의하면 대상을 인식함에 있어서 대상과 직접 관계하는 것은 직관 뿐이다. 그런데 직관에 의하여 주어지는 것은 카오스적 다양이며, 여기에서는 아직 인식은 성립하지 않는다. 인식이 성립되려면 이 다양을 종합하는 것이 필요하다. 칸트에 의하면 "감관은 그 직관 속에 다양을 포함하고 있으므로, 감관에 개관작용이 있다고 한다면, 이 개관작용에는 언제나 종합작용이 대응하며, 그리하여 감수성은 자발성과 결합하여 인식을 가능케 한다."³⁾고 본다. 그런데 이와 같이 직관에 의하여 주어긴 것을 종합통일하여 인식이 성립한다는 것은 어떻게 가능한가. 칸트는 이 문제해결의 기초로서 우리의 인식이 모두 결국에 내관의 형식적 제약, 즉 시간에 속하며, 시간 속에서 질서 지어지고, 결합되어서, 상호관계 되어지지 않으면 안 된다⁴⁾고 한다.

직관에 의하여 다양이 주어진다. 그러나 이 다양에서 직관의 통일이 생기려면, 먼저 다양이 개관되고, 그리고 이 다양을 총괄하는 것이 필요한데, 칸트는 이 행위를 각지의 종합⁵⁾이라 부르고 있다. 그것은 직관에 의하여 다양이 주어질지라도, 어떠한 표상도 순간적인 것으로 생각하면, 그 어느 것 이건 절대로 단일적인 것이어서, 그 다양은 결코 다양으로서 표상되는 일은 없겠기 때문이다. 따라서 직관에 의하여 주어지는 다양이 곧 표상에 있어서 위 다양으로서 의식되어지려면, 마음 속에 계기하는 직관의 다양을 통일하는 것이 필요하며, 즉 다양을 개관하고 결합하는 일이 이루어져야 한다. 칸트는 이렇게 함으로써 직관의 대상이 성립된다고 본다. 그리고 그는 이와같은 종합의 작용을 각지의 종합이라 부른다.

칸트에 의하면 이 각지의 종합은 모든 직관적 표상이 성립하기 위하여 요구되는 것이다. 그리하여 그는 각지의 종합은 직관적 표상을 성립시키기 위하여 불가결한 마음의 작용인데, 그것은 경험적 직관의 경우뿐 아니라, 선천적인 직관적 표상이 성립하기 위해서도 마찬가지로 필요하다고 한다. 왜냐하면 선천적인 공간, 시간의 표상도 역시 감성에 의하여 주어지는 다양의 종합에 의하여서만 성립할 수 있기 때문이다. 그리하여 칸트는 "우리는 각지의 순수한 종합을 가진다."⁶⁾고 한다.

3. 구상력에 있어서의 재생산의 종합

칸트에 있어서 직관적 표상이 성립하기 위해서는 직관에 의하여 주어진 다양을 결합하는 각지의 종합이 필요했었다. 그렇다면 이 각지의 종합은 어떻게 하여 성립되는가?

각지의 종합은 계시적(繼時的) 인상을 개관하여, 이것을 결합하는 작용이었다. 그런

---

3) Ebd., A. 97.
4) Ebd., A. 99.
5) Ebd., A. 99.
6) Ebd., A. 100.

데 이와같은 종합이 가능하려면, 계시적 인상을 잊지 않고, 마음 속에 유지하여, 인상 그 자체는 후속하는 것으로 계속 옮아가 사라져 감에도 불구하고, 그것을 마음 속에 재생산하는 작용이 있어야 한다. 이 재생산의 작용이 구상력의 작용인 것이다.

칸트에 의하면 "구상력은 원래 대상을, 그것이 지금 현존하지 않아도, 직관에 있어서 표상하는 능력"[7]을 말한다. 따라서 이미 사라진 인상을 마음 속에서 재생산하는 능력은 구상력이라 부르지 않을 수 없다. 물론 우리가 보통 구상력이라 할 때, 이미 과거에 성립된 직관적 표상을 재차 생각해내는 능력을 의미하며, 이러한 의미의 구상력은 흄(Hume)의 경험적 연상의 법칙을 가능케 하는 것이다. 그러나 칸트에 있어서 구상력은 보다 근원적으로 이미 하나의 직관적 표상을 성립시키기 위하여 그 근저에 있는 재생산의 능력으로서 작용하고 있는 것이요, 그리하여 구상력의 재생산의 종합은 각지의 종합을 가능케 하는 것이며, 그것과 "불가분적으로 결부되어 있는 것"[8]이다.

그리하여 칸트에 있어서 이 구상력의 재생산의 종합은 경험적인 직관표상의 성립을 위하여 필요할 뿐 아니라 선천적 직관표상의 성립을 위해서도 필요하다. 그것은 선전적 직관표상의 성립을 위하여 각지의 종합이 필요함을 앞서 논하였지만, 일반적으로 각지의 종합이 가능하려면, 구상력의 재생산의 종합이 요구되기 때문이다.

4. 개념에 있어서의 재인식(再認識)의 종합

칸트는 직관적 표상의 성립 근저에는 각지의 종합이 필요하고 또 각지의 종합이 가능하려면 구상력의 재생산의 종합이 없어서는 안 된다고 보았다. 그러면 더 나아가서 구상력의 재생산의 종합은 어떻게 해서 가능한가? 칸트는 여기에 구상력의 재생산의 종합의 가능근거로서 개념에 있어서의 재인식의 종합이 있어야 한다고 본다.

재생산의 종합이란 것은 이미 사라진 인상을 마음 속에서 재생산하는 작용인데, 이 경우 이 재생산된 표상이 이전의 표상과 동일하다는 것을 개념에 있어서 재인식하는 작용이 없어서는 안 된다. 그리그 이 재인식이라는 작용에 의하여 처음으로 재생산된 것이 현재의 표상과 결합되어 하나의 직관적 표상으로 통일되는 것이다.

그러나 칸트에 의하면 이 재인식의 종합이 성립하기 위하여서는 거기에 의식의 동일

---

7) Ebd., B. 151.
8) Ebd., A. 102.

성이 없어서는 안 된다. 만일 의식이 순간순간 전적으로 다른 것이어서 동일성이 없다면 재생산된 표상이 이미 사라진 표상과 동일하다는 것은 재인식될 수 없기 때문이다. 그리하여 칸트에 있어서 "이 하나의 의식이란, 다양, 즉 순차적으로 직관된 것과 다음에 또 재생산된 결과를 하나의 표상으로 결합하는 것"[9]이기 때문에, 이 의식의 동일성이 전제되지 않으면 대상의 인식은 전적으로 불가능한 것이다. 물론 이것은 우리가 경험적으로 이 의식의 동일성을 의식하고 있는 것과는 관계가 없다. "의식은 때때로 극히 미약한 것"[10]일 수도 있기 때문이다. 그러나 이 의식의 동일성은 경험의 모든 대상이 성립하기 위한 제약으로서 존재하지 않으면 안 되는 것이다.

칸트는 이 "근원적·선험적 제약"[11]을 "선험적 통각"[12]또는 "순수 통각"[13]이라고 명명하였다. 원래 어떠한 인식도, 또 그 상호간의 결합이나 통일도, 의식의 통일 없이는 성립할 수 없으며, 따라서 이 의식의 통일은 직관의 모든 소여에 앞서며, 또 그것과 관계함으로써만 대상의 모든 표상이 가능케 되는 것이다. 이 순수한 근원적·불변적 의식이 칸트의 선험적 통각인 것이다.

5. 선험적 통각(統覺)

칸트는 직관적 표상이 성립하기 위한 제약을 찾아서 마침내 가장 근원적인 것으로서 선험적 통각을 찾아내었다. 직관에 의하여 주어진 다양이 결합 되어서 하나의 대상의 표상을 성립시키기 위하여서는 이러한 다양이 선험적 통각아래서 통일됨으로써만 가능한 것이다. 즉 "순수통각은 모든 가능한 직관의 다양의 종합적 통일의 원리를 주는 것이다."[14]

그러나 칸트에 있어서 직관의 다양에 통일을 주어 한 대상의 표상을 낳게 한다는 것은 단순히 주어진 직관의 다양을 각각 흩어져 있는대로 하나의 의식 속에 받아들인다는 것이 아니고, 직관의 다양을 종합적으로 통일하여 거기서 다양 그 자체 속에는 포함되

---

9) Ebd., A. 103.
10) Ebd., A. 103.
11) Eba., A. 106.
12) Ebd., A. 107.
13) Ebd., A. 116.
14) Ebd., A. 117.

어 있지 않는 전체적인 형상을 낳게 한다는 것을 뜻한다. 그러므로 선험적 통각에 의한 직관의 다양의 통일은 종합적 통일로서만 비로소 가능한 것이다. 주관에 있어서 다양의 통일은 종합적인 것이다. 그러므로 선험적 통각은 곧 직관의 다양에 대하여 이와같은 종합적 통일을 부여하는 기능을 가진 것이다. 그런데 칸트에 의하면 선험적 통각은 동시에 개념, 즉 규칙에 따른 모든 현상의 종합의 필연적 통일의 의식이다. 그리고 이 규칙은 현상을 필연적으로 재생산케 할 뿐 아니라 그렇게 함으로써 또 현상의 직관에 대상을, 즉 거기에서 현상이 필연적으로 연결되는바 어떤 것의 개념을 규정하는 것이다.[15]

그러나 칸트의 선천적 규칙에 따른 선형적 통각의 종합적 통일에 대하여 이해할려면 선험적 통각과 구상력과의 관계를 재음미하는 것이 요청된다. 앞서 구상력의 작용은 재생산에 있다고 하였다, 그러나 만일 구상력의 작용을 단순히 재생산의 작용이라고 한다면, 그것은 선험적 통각의 선천적 규칙과 무관계하다고 하여야 할 것이다. 그런데 구상력의 작용에 의하여 대상의 형상이 생긴다고 한다면, 그 작용은 결코 다만 재생산의 작용에만 머물러 있을 수 없다. 물론 재생산의 작용도 필요하겠으나, 그 이상으로 재생산된 표상과 지금있는 표상과의 종합하는 작용이 필요할 것이다. 그런데 칸트에 의하면 이 종합의 방식이 통각의 선천적 규칙에 따라서 이루어지는 것이다. 따라서 구상력의 작용은 단지 재생산적인 것이 아니고, 근원적으로는 형상을 만들어 낸다는 의미에서 생산적인 것이다. 그러므로 재생산적 구상력의 근원에는 또한 생산적 구상력의 선험적 작용이 있는 것이다.[16]

이와같이 구상력의 재생산의 종합의 근저에 생산적 구상력의 종합이 있다고 한다면, 각지의 종합이 성립하기 위해서도 당연히 그 근저에 생산적 구상력이 작용하지 않을 수 없다. 그것은 각지의 종합이 구상력의 재생산의 종합을 전제하고 있는데, 바로 이것의 근저에 생산적 종합이 놓여 있기 때문이다. 그러므로 계기하는 많은 표상을 종합하여 직관적 대상이게끔 하는 근저에는 통각의 선천적 규칙에 따른 생산적 구상력의 작용이 있지 않으면 안 되는 것이다. 따라서 선험적 통각의 통일이야 말로 모든 경험을 낳게 하는 근원인 것이다. 그리하여 칸트에 의하면 "자연자체가 통각이라는 우리의 주관적 근거에 따르고 있으며, 그뿐 아니라, 그 합법성에 관해서는 통각의 주관적 근거에 의

15) Ebd., A. 108.
16) Ebd., A. 123.

존하지 않으면 안 되는 것이다."[17]

이상의 것은 순수이성비판의 제1판을 기준으로 정리한 것이나, 칸트는 제2판에서 제1판의 애매한 점을 제거할 목적에서 전면적으로 새로 서술하였다. 전자의 경우는 각지의 종합에서 출발하여 마침내 선험적 통각에 도달한데 반하여, 후자에서는 역으로 선험적 통각에서 출발하여 점차 구체적인 직관의 형상의 성립에로 내려가는 방식을 취하고 있다. 그리하여 후자에서 구상력의 종합의 작용이 오성의 작용의 일종이며, 그것은 오성이 직관적 대상을 성립시키는 곳에서 작용하는 것 이외의 다른 것이 아님을 분명히 하고 있다. 이 사정을 칸트는 다음과 같이 포함하고 있다. "구상력의 종합은 역시 자발성의 소행이어서, 감성처럼 단순히 규정되는 것이 아니고, 감성을 그 형식에 관해서 통각의 통일을 좇아서 선천적으로 규정할 수 있으니까, 그런 한에서 구상력은 감성을 선천적으로 규정하는 능력이며, 범주에 따라서 이루어지는 직관의 종합은 구상력의 선험적 종합이어야 한다. 그리고 이것은 감성에 대한 오성의 작용이며, 우리에게 있어서 가능한 직관의 대상에 대한 오성의 최초의 작용이다."[18] 이렇게 함으로써 칸트는 오성의 범주에 의한 직관의 대상성립의 가능성과 범주의 객관적 타당성을 증명할 수 있었던 것이다.

그러나 이 구상력의 작용은 오성의 최초의 작용이며, 오성의 작용은 여기서 그치지 않고, 구상력에 의하여 성립된 직관적 대상에 대하여 또한 오성은 사유해 갈 수 있는 것이다. 따라서 칸트에 있어서는 오성의 종합작용에는 순수한 오성만으로 이루어지는 것과 구상력에 의하여 이루어지는 것과의 2종의 종합, 즉 지적(知的) 종합과 형상적 종합과의 두 종류가 있는 것이다.

그러나 어느 경우에 있어서나 여기서 작용하는 종합은 동일한 작용, 즉 오성 자체의 작용 이외 다른 것이 아니다. 그리하여 칸트는 "결합은 표상력의 자발성의 작용이요, 이 자발성은 오성이라 불러야 하므로 모든 결합은 우리가 그것을 의식하건 않건, 그것이 직관의 다양의 결합이건, 다종다양한 개념의 결합이건 오성의 작용이며, 우리는 이것을 일반적으로 종합이라 부른다."[19]라고 말하고 있다, 동시에 칸트는 "지각의 종합에 있어서는 구상력의 이름아래, 통각의 종합에 있어서는 오성의 이름아래, 직관의 다양에 결

---

17) Ebd., A. 114.
18) Vgl. Ebd., B. 151~2.
19) Ebd., B. 129~130.

합을 가져오는 것은 동일한 자발성이다."[20]라고 한다. 이렇게 제2판에서 칸트는 구상력을 그 자체 오성의 작용으로 봄으로써 오성과 감성의 양극단을 매개하는 제3의 능력이라고 일반적으로 생각하는 사고방식을 지양하고 있다.

그리하여 칸트의 이 선험적 통각은 모든 인식의 근저에 있지 않으면 안 되는 것이요, 모든 의식에 있어서 유일하며 동일한 'Ich denke'라는 표상을 산출하는 자기의식, 즉 선험적 주관인 것이다.

그러나 칸트는 이 선험적 주관을 어떤 형식으로 객관화시키는 확실한 대상으로 만들지 않는다. 그는 선험적 주관에 관하여 규정을 갖고 있지 않은 X로 표현하고 있다. "그러나 우리는 근거에, 단순하며 그 자체 전적으로 내용이 없는 공허한 자아라는 표상외에 다른 어떤 것도 둘 수 없다. 이 자아라는 표상에 관하여 누구도 어떤 개념이라 말할 수 없고, 모든 개념을 동반하는 단순한 의식이라 말할 수 있을 뿐이다. 사유하는 이 자아 또는 그(Er) 또는 그것(物)에 의하여 이제 사상의 선험적 주관 이상 그 어떤 것도 표상되지 않는다. 그것은 X이다. 이 X는 그것의 술어인 사상에 의하여 인식되며, 이것으로부터 분리해서 우리는 최소한의 개념도 결코 가질 수 없다."[21] 그럼에도 불구하고 칸트는 '이 자아 또는 그 또는 그것'을 '사유하는' 이란 수식 문장을 통하여 규정하지 않을 수 없었다. 만약 그렇지 않았더라면 이 X가 일종의 자기의식으로서 인식에 대하여 가질 수 있는 제약의 성격은 두드러질 수 없을 것이기 때문이다. 이 X는 사유하는 자 일반이 아닐 수 없다. 인식의 가능성의 최상의 조건으로서 '선험적 주관'이 도입되나 인식자체는 사유와 직관의 '결합'으로 나타나므로, 이 최상의 원리자체는 '결합'을 통하여 구성될 필요가 없다. 이러한 공허한 통일은 "나의 모든 표상을 동반할 수 있어야 하는"[22] 'Ich denke'라는 규정이다.

여기서 칸트의 '자기의식의 선험적 통일'이 한편으로는 '공허한 통일성'으로서, 그리고 다른 편으로는 '사유하는 자'로서 파악된다면 이 최상의 '선험적 통일성'의 규정은 필연적으로 자기의식의 구조를 가진다. 그리하여 사유하는 자는 사유하는 자아로서 파악되어야 한다. '사유하는 자'에게 더 이상의 규정으로서 '공허한 통일성'의 규정이 부여되고, 다른 편으로 사유하는 자아와 사유된 자아가 귀결에 있어서 동일성으로서 받아들여져

---

20) Ebd., B. 162, Anmerkung.
21) Ebd., B. 404.
22) Ebd., B. 132.

야 한다는 사실은 데카르트의 자아–개념과의 유사성을 증명하여 준다. 칸트의 '자기의식의 선험적 통일'은 또한 데카르트에 있어서 두드러져 나타나 있는 자기의식의 토대기능 즉 제약의 기능을 소유하고 있다.

그럼에도 불구하고 칸트는 절대적 관념론을 도출하는 일을 항상 꺼려했고, 인식을 현상의 영역에 제한하고 있다. 그리하여 칸트는 선험적 주관의 匿名을 주장하는 한편, 그 만큼 그는 또한 감성의 질료의 소여성에 대한 선험적 주관의 제약기능의 제한성을 강조한다.

III. 헤겔의 자기의식

1. 인식기관설(認識機關說) 비판

이제 우리는 헤겔에 있어서 자기의식이 그의 인식이론 전개에 있어서 차지하고 있는 의의를 그의 '정신현상학'의 '서론'을 중심으로 살펴보기로 한다.

헤겔 의 정신현상학은 주관과 객관의 동일성을 전제로 한 동일철학적 바탕에서 현상하는 정신의 절대지에 이르기까지의 자각과정을 겪는 의식의 자기인식의 역사요, 이에 대한 서술이다. 따라서 그 대상은 인식이다.

헤겔은 인식을 진리소유의 도구로서나, 진리관찰의 수단으로 간주하는 칸트적 인식기관설에 반대한다. 만일 인식이 어떤 존재를 소유하게 되는 도구라면, 어떤 사태에 도구를 적용하는 것은 오히려 사태를 있는 그대로 두지 않고, 이 사태에다 어떤 새로운 형성 또는 변화를 일으킨다는 것이 분명할 것이요, 또 인식이 진리의 빛이 우리에게 도달하게 하는 수동적 매체라면 역시 우리는 있는 그대로의 진리가 아니라, 이 매체를 통하여, 그리고 이 매체 속에 있는 진리를 확보하겠기 때문이다. 물론 우리는 이 경우에 도구의 작용 방식을 앎으로써 확보된 표상 속에서 도구에 속하는 부분을 제거할 수 있고, 그리하여 참된 사태를 인식할 수 있을 것 같기도 하다. 그러나 이러한 조치는 우리들을 사실상 도구를 사용하기 이전의 상태에로 되돌려 줄 뿐이다. 또 매체로서 표상되는 인식의 경우에도 매체를 통하여 빛의 굴절법칙은 얻게 되겠으나, 빛 그 자제 즉 진리는 인

씌되는 것이 아니다.[23]

따라서 헤겔에 의하면 인식기관설은 아직도 확증되지 않은 단정이요, 따라서 그것은 한갓된 표상일 뿐이다. 이러한 견해는, 인식을 대상으로부터 분리하여, 대상의 외부에 있으면서도 그 어떤 실재라고 보는 독단을 전제하고 있는 것이라 한다. 헤겔은 이러한 전제를 "오류에 빠지지 않을까 하는 공포가 오히려 진리에 대한 공포"[24]를 고백하는 것 이외의 다른 것이 아니라고 본다.

그리하여 헤겔은 사물과 사고, 객관과 주관, 대상과 의식, 존재와 인식을 서로 분리하는 태도를 버려야 한다고 본다. 그에 의하면 우리는 지의 본성에 관한 일체의 선입견을 버리고, "현상하는 지"[25]를 나타내도록 기도해야 한다고 한다. 그에 있어서 최초의 지는 소박한 "자연적 의식"[26]에 등장하는 현상하는 지이다. 헤겔은 어떤 구체적 인식을 이루기 이전에 추상적으로 인식일반에 관한 임무나 구조를 한정하는 따위의 시험은, 마치 공기 중에서 수영을 연습하는 것과 같은 것으로 보며, 따라서 인식하면서 인식의 본질을 천명하는 일이야말로 인식에 대한 견해를 구성하는 유일한 길이라 본다.

2. 현상하는 지(知)와 그 변증법적 전개

이상과 같이 하여 정신현상학에서 다루는 대상은 자연적 의식에 현상하는 지이다. 그런데 헤겔에 의하면 이 현상하는지는 아직도 학적 인식이 아니다. 자연적 의식에 있어서 사실로 나타나는 인식은 현상이라고 정당하게 불릴 수 있겠으나, 그것이 '현상'인 한 명백한 것이긴 하지만, 동시에 외견상으로 참답게 보이는 것, 즉 가상(假象)에 지나지 않음을 자각하지 않으면 안 된다. 이러한 자각의 길 위에서 '현상하는 지'는 마침내 학(學)으로서의 지식으로 나아가게 된다. 그러므로 정신현상학은 "자연적 의식이 참된 지

---

23) G. W. F. Hegel, Phänomenologie des Geistes, S. 64.
24) Ebd., S. 65.
25) Ebd., S. 66.
26) 자연적 의식(das natürliche Bewußtsein)은 소위 자연상태에 있어서의 인간의 의식을 말하는 것이 아니다. '자연적 의식'의 '자연적'은 '영원한' 자연이라는 뜻도 아니다. 자연적 의식은 여러 가지 형태로 나타나는 것이요, 그런 한에서 그것은 변화하는 의식이며, 역사적 의식이다. 자연적 의식은 현재의 한 형태에서 다른 형태로 변형함으로써 도야되는 의식이다. W. Marx, Hegels Phänomenologie des Geistes, S. 23.

에로까지 나아가는 길"[27]이다.

그러면 자연적 의식에 나타나 있는 그대로의 지가 그 비진실성을 벗어나는 길은 어떠한 것인가? 헤겔에 의하면 "이 길은 현상하는 지의 비진리 속으로의 의식적 통찰"[28]이다. 그리고 이 통찰은 다음과 같이 행하여진다. 자연적 의식은 직접적으로 자기가 진실한 지라고 믿고 있다. 그러나 그렇게 믿고 있는 일, 즉 그 의식의 확실성에는 아직 아무런 근거도 없다. 그러므로 진실이 아닐지 모른다고 '의심해' 본다. 이 간단한 회의적 수속이 '현상하는 지의 비진리 속으로의 의식적 통찰'인 것이다.

그러나 헤겔이 여기서 말하는 회의적 태도는 일반적으로 이야기되는 회의론이 아니다. 일반적 회의론은 단적으로 부정(否定)을 종국으로 삼는 것이요, 따라서 이 부정에 머물러 서서 오직 회의하고, 부정할 따름이다. 이러한 회의론은 정신현상학의 전개과정 중에서 지양되어야 할 현상적 인식의 한 단계의, 형태에 지나지 않는다.

헤겔의 회의적 수속은 막다른 골목이 아니고, 도구요 방법이다. 그것은 현상하는 지가 거기에 머물러 서 있는 종국의 상태가 아니라, 현상하는 지가 자기의 확실성을 전개하기 위하여 통과해야 하는 길이다. 그러므로 그것은 일반적으로 무(無)를 추상함으로써 일이 다 되었다고 하는, 따라서 일체의 진리에 대하여 적대하는 무규정적인 부정(회의)이 아니라, 부정 그 자체를 부정하는 "규정된 부정"이다.[29]

물론 이 회의적 태도는 자기의 진실성을 확신하는 자연적 의식 속에 이 확신의 동요를, 아니 오히려 절망을 일으키는 것이므로, 그러한 한에서 부정적이다. 그러나 헤겔의 회의주의는 정신으로 하여금 무엇이 진리인가를 음미하기에 능숙하도록 만든다. 그것은 진리가 아닌 것을 진리가 아니라고 말하는 것이요, 결코 단순한 부정의 운동이 아닌 것이다. 왜냐하면 "이 회의주의는 이른바 자연적 표상, 사견(私見)을 절망케 하기"[30] 때문이다.

그러므로 이 회의적 방법은 부정과 긍정의 양 측면을 동시에 가지고 있다. 헤겔에 의하면 처음의 자연적 의식의 인식이 부정됨으로써 다음의 인식이 성립되는데, 이 경우에 중요한 것은 이 부정이 지니는 보존, 고양(高揚)의 의미이다. 그는 한 개의 현상하는

---

27) G. W. F. Hegel, Phänomenologie des Geistes, S. 67.
28) Ebd., S. 67.
29) Ebd., S. 69.
30) Ebd., S. 68.

기의 가상을 부정하는 것은 곧 그것 자체의 진리를 살리는 것이라고 보기 때문이다. 지의 한 형태를 부정하는 것은 필연적으로 새로운 형태에의 이행을 일으키고, 이 새로운 형태는 그 속에 낡은 옛 형태를 고양시켜 보존하고 있다. 지는 여러 가지 형태로 현상하겠지만 그러나 결국 같은 지이다. 그런데 헤겔에 의하면 이 동일한 지의 한 형태에서 다른 형태로의 이행은 단순한 변화가 아니고 발전인 것이다.

이렇게 현상하는 지가 계기적으로 발생하는 여러 형태는 이 동일한 길에 의하여 연결되고 규정되어 있다. 여러 형태가 밟는 이 길은 바깥에서 도입한 것이 아니고, 여러 형태가 이 동일한 길 위에서 연쇄적으로 현상하는 것이다. 하나의 현상하는 지를 대상으로 하여 그 진리를 노출시킬 때, 이미 언급한 것처럼 '부정'과 '부정의 부정'(긍정)의 과정에서 의식의 발전적 여러 관계가 나타나는 것이다. 이 길을 헤겔은 "변증법적 운동"[31]이라 부르고 있다.

3. 진리음미의 척도

헤겔의 이른바 변증법적 운동에 있어서 주목해야 할 점은 현상하는 지가 지니는 확실성의 요구를 음미하고, 그것의 전리성 여부를 검사하는 일이다. 그러면 이 음미를 위한 척도는 무엇인가? 변증법은 현상하는 지의 가상을 폭로하는 방법인데, 이때 현상하는 지의 진리성을 판정하는 척도는 무엇인가?

헤겔에 의하면 의식의 제(諸) 단계는 결코 어떤 일정한 척도를 전제로 하여 그 척도에 의하여 지를 음미함으로써 진행되는 것이 아니고, 의식이 자기자신으로부터 그 경험의 과정에 있어서 자기의 지를 음미하여, 그 자신 보다 높은 단계에로 변증법적 발전을 하는 것이다. 의식은 대상의 의식인 동시에 다른 편으로는 그와 같은 대상의 지를 자각하고 있다. 이와 같이 진(眞)과 지라는 두 계기가 의식에 의존하기 때문에, 의식은 이 두 계기가 서로 참으로 일치하는지 아닌지를 그 자신 음미함으로써 점차 양자가 일치하는 보다 높은 단계에로 나아가게 되는 것이다.

헤겔에 있어서 지를 학문으로 높인다는 것은 숙지되어 있는 것을 인식된 것으로 고양시킨다는 것이요, 따라서 그는 '숙지된 것 일반은 바로 그것이 숙지되어 있기 때문에

---

31) Ebd., S. 73.

인식된 것이 아니다[32]라고 한다. 숙지되어 있다는 것은 대상에 대한 불확실한 견해, 즉 표상적 견해에 불과하다. 그리하여 이와 같은 불확실한 견해로부터 출발하여 그 결함을 깨달으면서 확실한 개념적 인식에로 나아가는 과정에서 의식의 제 형태가 등장하게 되는 것이다. 따라서 헤겔에 의하면 이 인식의 과정은 "규정된 사상으로부터 추리에 의하여 진리를 정초하려는 것"[33]이 아니다. 그러므로 그는 "철학의 이른바 원칙과 원리는 그것이 진리라 할지라도, 아직도 단순히 원칙 내지 원리인 한, 그 이유 때문에 이미 거짓이다"[34]라고 말하고 있다. 이것은 인식의 전개과정에 있어서 어떤 척도를 미리 전제하고 있지 않음을 지시하는 것이라 하겠다. 만일 헤겔이 자기의 정신현상학을 확실한 원리로부터 일체의 진리를 연역코자 하였다면, 그 원리가 거짓일 수 없다. 이것은 의식이 불확실한 입장으로부터 출발하여 그 입장의 한계를 자각하면서, 그것을 극복하여 점차 진리를 파악하여 간다는 의미 이외 다른 것이 아니다,

이것을 보다 더 자세히 설명하기 위해서 우리는 자연적 의식의 구조를 분석해 보면 될 것이다. 헤겔에 의하면 자연적 의식은 대상(즉자태)과 개념(지)[35]이란 양 계기를 갖고 있다. 이 대상과 개념의 구별은 자연적 의식에 있어서 현상하는 지에 고유한 구별이다. 모든 지는 이 두 요소의 교차로서 나타나고 이 구별이 없이는 지는 발생하지도 않으며, 또한 계기하지도 않는다. 그런데 자연적 의식에 있어서 지가 나타날 때, 그 지는 그것 자신 참일 것임을 요구한다. 그것 자신 진리임을 확신하고 있다. 곧 현상하는 지의 확실성의 요구이다. 그렇다면 이 현상하는 지의 확실성의 요구의 근거, 즉 그 진리성의 판정의 척도는 무엇인가? 그것은 위에서 지적한 두 계기 즉 대상과 개념의 일치이다. 현상하는 지의 구성계기로서의 대상과 개념과의 일치의 확신, 이것이 곧 그 지가 가지는 진리성 요구의 기초인 것이요, 동시에 진리성 판정의 척도인 것이다. 그런데 헤겔에 있어서 그것은 의부에서 부여되는 것이 아니고, 현상하는 지의 내부에 내재하는 척도이다.

만일 현상하는 지에 있어서 "대상과 개념과의 불일치가 생긴다면, 의식은 자기를 대상에 적합하게 만들기 위해 자기의 개념을 변경시켜야 한다. 그러나 개념을 변경시킬 경우, 개념은 본질상 대상에 관한 개념이기 때문에, 사실상 대상자체도 변경된다."[36] 이

---

32) Ebd., S. 28.
33) Ebd., S. 31.
34) Ebd., S. 23.
35) Ebd., S. 71.
36) Ebd., S. 72.

때 그 지기 지부하는 긴미성이 요구는 무너지고, 새로 이 일치를 보증할 수 있는 새로운 지의 형태가 의식에 나타나게 된다. 그러나 이와 같은 변경은 단순한 변화가 아니고, 연쇄적·단계적 발전인 것이요, 이 변증법적 운동은 헤겔에 의하면 "의식의 경험"[37]이라 불리는 것이다.

이 헤겔의 이른바 회의적 변증법적 방법에 의하면, 현상하는 지가 주장하는 두 계기 간의 상호일치는 실제로는 외견상의 일치, 즉 가상이요, 미망임이 분명하게 됨으로써 이 일치는 무너지고, 따라서 이 지는 부정되는 것이다. 그러나 이 부정은 다음 단계의 긍정임은 이미 변증법의 본성 규명에서 살펴본 바이다.

4. 의식의 이중적 구조

위에서 현상하는 지의 학적 지에의 진행의 원리에 관하여 살펴보았다. 우리는 이제 실제로 현상학적 논구를 실행하는 자로서 그 진행실현의 방법에 관하여 고찰하지 않을 수 없다. 우리는 인식 그 자체가 아니고, 인식하면서 동시에 이 인식을 관찰하는 연구자 이기도 하기 때문이다.

이미 살펴본 것처럼 어떤 현상하는 지를 음미하기 위해서는 일체의 선입견을 버리고, 그 지에 고유한 것을 검사하지 않으면 안 된다. 이 태도는 한편으로는 현상하는 지의 내부에로 들어가서 안쪽에서 이 지의 진리성 요구를 파악하는 동시에, 다른 편으로는 그것에 사로 잡히지 않고, 바깥에서 그 지의 상태나, 조건이나 또는 결론 등을 검사하는 일이다. 헤겔이 변증법적으로 사물을 고찰하는 태도라고 하는 것은 이렇게 이중의 구조를 갖고 있는 것이다. 변증법적 음미라는 것은 음미되어야 할 현상하는 지를 우선 재구성해 보는 일이고 다음으로는 이렇게 구성된 현상을 관찰하는 일이다. 바꾸어 말하면 첫째 현상하는 지가 어떻게 구성되는가, 그리고 둘째 우리는 거기서 무엇을 판별하게 되는 것인가라는 이중의 관심을 가지고 임해야 한다는 것이다.

의식이 대상을 인식할 때, 이 대상이 본질이요, 즉자태이다. 그러나 이 즉자태는 의식에 대한 즉자태이므로 대상은 두 개가 된다. 그러나 처음의 대상도 의식과의 관계를 통하여 변화를 겪지 않을 수 없게 되어 의식과의 관계 속에 있는 즉자태로 존재하게 된

---

37) Ebd., S. 73.

다. 그리하여 최초의 대상으로 나타나 있는 것은 의식에게는 대상의 지로 침하(沈下)되므로 이것이 새로운 대상이 되어 이 새로운 대상과 더불어 의식의 새로운 형태가 등장한다.[38] 새로운 의식의 형태는 옛 의식의 형태의 진리태요, 옛 의식의 형태를 지양해 있는 결과이다. 그러나 헤겔에 의하면 이와 같은 의식의 형태의 필연적 변화에 대응하는 새로운 대상의 발생은 의식의 형태의 변화를 관찰하는 '우리들에 대하여'(für uns) 진행되는 것이요, 의식에 대해서는 등뒤에서 일어나는 것이라 한다.[39] 물론 새로이 발생하는 대상의 내용은 의식에 대하여 있을 것이지만, 이것이 발생하는 형식적인 측면은 우리들 현상학적 관찰자만이 알고 있다는 것이다. 그리하여 헤겔이 "이렇게 발생한 것은 의식에 대해서는 단지 대상으로서 있고, 우리들에 대해서는 동시에 운동과 생성으로서 있다"[40]고 한다. 우리는 이렇게 헤겔이 동일한 의식을 그 이중적 구조에서 전개시키고 있음을 본다. 그리고 "이러한 필연성을 통한 학에의 길 자체가 어미 학이요, 이러한 학은 내용상 의식의 경험의 학"[41]이라고 한다.

이미 살펴본 바와 같이 칸트는 인식론 전개에 있어서 완성된 인식주관, 즉 자아의 규범적 개념을 전재하고 있었다. 그에게 있어서는 나의 모든 표상을 동반하는 'Ich denke'가 그 속에 주어지는 자기의식은 가장 확실한 것이었다. 그리하여 자기의식의 선험적 통일이 이미 이 탐구의 단초에 있어서 설명되어야 한다고 칸트는 본 것이다.

헤겔은 이에 반하여 자연적 의식에서 출발하는 의식의 발생과정은 현상학적 관찰자가 임시로 받아들이지 않을 수 없는 입장에 이르기까지 재구성되어야 하고, 그리하여 처음으로 우연적인 것에서 순화된 의식의 구성적 자기의식과 일치하게 된다고 본다. 그러므로 헤겔에 있어서 주관은 의식의 경험을 통한 자기확신의 결과로서 비로소 주어지는 것이다.

헤겔의 현상학적 경험은 대상의 즉자태와 의식사이에서 반성적으로 구별되는 의식이란 매체 속에서 운동하고 있다. 그리하여 즉자적으로 존재하는 대상에 관한 소박한 직관으로부터 의식에 대한 존재의 반성적 지에로의 이행은 의식으로 하여금 자기의 대상에 관한 경험을 하도록 하며, 이 경험자체는 우선 우리들(wir) 현상학적 관찰자에 주

---

38) Ebd., S. 74.
39) Ebd., S. 74.
40) Ebd., S. 74.
41) Ebd., S. 74.

어지는 것이다. 즉자태, 의식에 대한 것, 우리들에 대한 것 등의 차원은 반성의 경험이 운동하는 좌표계(座標系)를 나타내는 것이다. 그리하여 경험과정에 있어서 각 차원의 가치가 변동하는 것이다. 현상하는 지의 길이 '우리들에 대하여' 나타나는 현상학자의 입장은 그가 현상학적 경험 속에서 산출될 때까지, 선취(先取)될 수 있을 뿐인 것이다. '우리들'도 역시 반성의 각 단계에 있어서 새로이 "의식의 역전(逆轉)"[42]이라 특징지어지는 반성 속으로 이끌려 들어가는 것이다.

헤겔에 있어서 '의식의 역전'은 동일화의 해소, 고정성의 파괴인 것이다. 그리하여 극복된 의식의 상태는 동시에 하나의 새로운 반성의 입장으로 옮겨 놓는 일인 것이요, 그것은 결과 속에서 단지 순수한 무만 보는 공허한 회의주의를 방지하는 규정된 부정의 길인 것이다. 진실하지 못한 지에서 발생하는 매번의 결과는 공허한 무로 돌아가지 않고 필연적으로 그것의 결과가 무인 그러한 것의 무로 파악되어야 한다고 헤겔은 되풀이 하고 있다.[43] 헤겔에 의하면 의식은 이와 같은 변증법적 필연성에 따라 자기의 참된 실천에로 전진하면서 현상이 본질과 일치하게 되는 지점에 도달하게 된다. 그리하여 결국 의식자신이 자기의 본질을 파악하게 될 때 그 자기의식은 절대지 자체의 본성을 나타나게 된다.

이상과 같이 정신현상학은 의식의 자각과정이요, 그것은 자기의식의 자기 관계에 있어서 전개되는 데카르트적 '진리와 확실성의 통일의 요청'을 지향하고 있다. 그 때문에 자기의식의 동일성과 대상과의 도달할 수 있는 통일의 표상이 헤겔철학의 핵심을 이루고 있다.

IV. 결론

데카르트의 'Cogito'의 확실성에서 출발한 근대의 인식이론은 칸트의 선험적 주관을 거쳐 헤겔의 자기의식의 변증법적 전개로써 일단 완결된다 할 수 있을 것이다.

그런데 헤겔에 었어서 주관-객관간의 일치에 관한 개념은, 비록 그 이해의 관점상의 차이에도 불구하고, 칸트의 선험적 통일의 표상에 그 근거를 두고 있다. 칸트는 "경험일

42) Ebd., S. 74.
43) Ebd., S. 74.

반의 가능성의 조건은 경험의 대상의 가능성의 조건과 같다"[44]고 규정함으로써 그에 있어서 주관은 인식과 대상의 선천적인 동일의 근원인 것이다. 헤겔은 칸트의 선험적 통각으로부터 사유와 존재와의 동일성의 개념을 발견하여 개념은 칸트의 선험적 통각의 구조를 갖고 있다고 말한다. 이 신념이 정신현상학에 기본적 요소가 되었다.

칸트에 의하면 통각의 선험적 통일은 직관속에 주어진 모든 다양이 대상의 개념으로 통일되는 그러한 통일이었다. 이것은 선험적 통각, 순수주관성, 또는 순수자아가 객관을 구성한다는 것이요, 그 점에 있어서 직관의 다양성을 개념의 필연적 연계(連繫) 속으로 불러들인다는 것이다. 개념의 이 필연적 연계가 헤겔이 이해하는 칸트의 선험적 통각 또는 자아인 것이다. 그리고 칸트에 있어서 감성적 소여를 선천적 판단 속으로 통일하는 특수한 개념, 즉 범주는 자아 또는 개념의 양태인 것이다.

헤겔에 있어서 자아의 통일하는 이 활동성은 개념이외의 다른 것이 아니다. 그리하여 그는 칸트의 선험적 통각의 구조를 다음과 같이 해석하고 있다. 즉 자기자신을 개념으로서 충만시키는 자아의 통일성은 객관에 관한 보편적·필연적 연계의 토대이다[45]라고. 여기서 헤겔은 주관은 즉 타자, 즉 자기가 구성한 대상의 영역 속에서 다시 자신을 발견할 수 있음을 추론한다. 바로 이러한 점이 헤겔의 정신현상학의 이념에 속하게 될 것이다. 헤겔에 의하면 의식은 자기의 지에서 대상성이란 표상을 제거하며, 자아 즉 개념의 범주가 모든 타자 속에 침투되어 있음을 인식해야 한다는 것이다. 그리하여 개념적 파악은 타자속에서 자기동일적이어야 하는 것이다. 이것은 칸트에 있어서처럼 결코 형식이 없는 것을 형식화시키는 것이 아니라, 사물 속에 지배하고 있는 개념의 운동이 자기투시적으로 됨을 말한다. 헤겔의 개념은 자기의 모든 타자 속에 침투하여 자기에게로 지양된 다음에야 완전한 자기투시성에 도달하게 되는 것이다. 이렇게 증가하는 개념의 자기침투의 길이, 인식하는 그리고 인식하면서 행위하는 자아와 그 대상과의 구별 속에서 실현되는 운동인 것이요, 바로 이것이 헤겔의 정신현상학인 것이다. 이러한 연관에서 볼 때 자연과학의 경험적 인식의 객관성을 보증하기 위하여 필요했던 칸트의 순수한 자기의식과 헤겔의 자기의식과의 차이점을 또한 발견할 수 있는 것이다.

헤겔은 사유와 존재의 동일성을 현상학적 강인한 자각과정을 통하여 정신현상학으로 완성 시켰다. 그것은 자연적 의식에서 절대 지에 이르는 의식의 경험의 과정이요, 학

---

44) I. Kant, Kritik der reinen Vernunft, A. 158.
45) W. Marx, Hegels Phänomenologie des Geistes, S. 19.

문이었다.

　그러나 헤겔 이후 자기의식의 원리는 정신현상학의 이념에 좇아 전개되지 않았다. 자시의식의 원리는 철학의 도움 없이 실현되었을 뿐 아니라, 자기의식의 개념적 본성도 헤겔이 정신현상학에서 밝힌 절대지를 향하여 전개되지 않았다.

　심지어 그가 살고 있던 당시에도 자연과학의 성장하는 힘과 산업혁명의 성과에 직면하여 절대 지에 대한 요구는 관심 밖의 일이었다. 이와 같은 사변철학의 몰락에 관해서는 헤겔이 사망하기 직전에 이미 그가 예감했던 바이요, 그리하여 그는 자기의 논리학의 제2서문에서 다음과 같이 술회하고 있다. "세상사의 소음과 이 세상사에만 몰두하기를 자랑삼는 자만에 찬 저 귀를 먹게 하는 잡담들이 오직 순수한 사유 속에서만 있을 수 있는 고요한 인식에 참여할 여지를 남겨 놓을 것인지 …"[46]

　그러나 헤겔이 전개한 원리는 그 이후의 다양한 사상, 즉 인간의 본질을 이성으로 보지 않는 생(生)철학, 실존철학, 그리고 동일철학의 테두리를 벗어난 마르크스(Marx)의 노동을 통한 주관과 객관과의 종합의 이론 등을 평가하기 위한 표준으로 사용될 수 있는 것이다.

---

46) G. W. F. Hegel, Wissenschaft dex Logik, I. S. 22.

칸트와 헤겔에서 지식과 믿음

김석수(경북대)

1. 들어가는 말

지식과 믿음은 인간의 삶의 역사에서 부단히 중요한 역할을 수행해왔다. 누구나 지식과 믿음 사이를 오가면서 살아가고 있다. 인간이 완전한 존재라면 이들 사이의 간극이나 갈등은 애초부터 존재하지 않았을 것이다. 그러나 유감스럽게도 인간은 칸트의 주장처럼 모든 것을 알고 있는 신과 같은 존재도 아니고, 그렇다고 아무것도 자각하지 못하는 돌과 같은 존재도 아니다. 이처럼 인간은 중간자적 존재로서 이들 믿음과 지식 사이를 끊임없이 배회하며 살아왔다. 한편에서는 인간은 그동안 자신의 완전한 자유를 확보하기 위해 부단히 믿음의 영역을 지식의 영역으로 환원하려고 하였는가 하면, 다른 한편에서는 이런 흐름이 오히려 인간 자신을 오만하게 만들어 스스로를 위기로 내몰게 된다고 인식하여 지식보다는 믿음에 더 근원적 가치를 두려고 하였다. 이런 양면적 흐름들은 오늘날에도 여전히 계속되고 있다. 그러나 인간이 살아온 삶의 역사에는 나름대로 시대정신이 존재하였듯이, 지식과 믿음과 관련해서도 이런 면이 존재하였다. 대체적으로 고대에서 중세로 이어질 때는 믿음의 영역이 점차 강화되었다면, 근대에서 오늘에 이르면서는 지식의 영역이 점차 강화되고 있다. 물론 저 고대의 플라톤은 믿음과 지식

---

1) 플라톤은 우리의 앎을 크게 의견(doxa)의 영역과 지식(episteme)의 영역으로 나누고, 그 아래 다시 억측(eikasia)과 믿음(pistis), 추론적 사고(dianoia), 지적 직관(noēsis)으로 분류하였다(Plato, *Republic*, 509 d~e, in John M. Cooper and D. S. Hutchinson(ed.), *Plato* Vol. 2, Indianapolis/ Cambridge: Hackett, 1997).

을 엄격히 구분하고,[1] 믿음이 지식이 되기 위해서는 그 믿음이 참된 믿음이어야 할 뿐만 아니라, 또한 그것이 그러함이 설명(logos)되어야 한다고 주장하였다.[2] 이른바 그는 어떤 믿음이 지식이 되기 위해서는 '정당화된 참된 믿음'이어야 한다고 보았다. 이처럼 그는 믿음의 영역을 사적인 의견의 영역으로 보았으며, 이것은 극복되어야 하는 것으로 보았다. 그렇지만 고대의 멸망과 더불어 이러한 흐름에 회의적인 입장이 등장하게 되었다. 중세에 이르러서는 은총의 선물로 이해된 믿음을 강조한 바울의 정신이 확산되면서, 믿음의 영역이 아우구스티누스, 아퀴나스, 안셀무스 등을 거치면서 지식을 더욱 더 풍요롭게 하는 더 근원적인 토대로 자리하게 되었다.[3]

하지만 근대는 더 이상 믿음에 이런 위치를 부여하려고 하지 않았다. 근대의 계몽주의 이후 지식과 믿음의 영역 사이에 분리가 강화되었으며, 지식의 영역이 더 중요한 비중을 차지하게 되었다. 근대 계몽주의의 철학적 정신을 정초한 데카르트는 바로 이 부분에서 중요한 역할을 수행하였다. 그는 '믿음의 시대'를 '의심의 시대'로 전환시켜 놓았다. 그는 '나는 믿는다. 고로 존재한다. credo ergo sum.'라는 중세의 믿음의 시대가 낳은 어두운 그림자를 걷어내고, 근대 자유인의 새로운 모습을 담아내기 위해 '나는 생각한다. 고로 존재한다. cogito ergo sum.'라는 등식을 정립하였다. 그의 이 주장에는 의심하여 확실하지 않으면 인정할 수 없다는 강한 근대정신이 담겨 있다.[4] 그는 자신이 마주하고 있는 세계를 완전히 분해·검사하여 명석 판명하게 알 때까지 의심을 계속하는 '회의적 방법'을 추구하였다.

이와 같은 데카르트적인 의심의 정신은 다른 형태로 당대의 경험론에서도 강하게 자라났다. 이들 경험론자들은 감각경험을 통해 증명되지 않는 세계를 부정함으로써 지식의 영역이 믿음의 영역에 비해 절대적 우위를 지니도록 하였다. 그래서 경험론에 가장 충실하였던 흄은 형이상학에 관련된 모든 책들을 아궁이에 집어넣고 태워버리라는 주장까지도 하였다.

이처럼 근대는 의심을 통해 지식을 정초하는 데 집중하였다고 해도 과언이 아니다. 실제로 칸트도 근대의 이런 정신을 계승하여 한 손에는 실험을 들고, 다른 손에는 원리

---

2) Plato, *Theaetetus*, 201 d, in John M. Cooper and D. S. Hutchinson(ed.), *Plato* Vol. 1.

3) Howard Caygill, *A Kant Dictionary*, Oxford: Blackwell, 1995, p.192.

4) 르네 데카르트, 『방법서설, 정신지도를 위한 규칙들』, 이현복 옮김, 문예출판사, 1997, 168쪽.

를 들고 자연을 입법하려고 하였다.[5] 그러나 지식을 절대화하는 이런 과정에는 주체의 자기절대화라는 나르시시즘이 자리하고 있다. 아도르노는 이와 같은 점을 의식하여 계몽은 이미 신화로 역전하고 만다고 언급하였던 것이다. 칸트 역시 이와 같은 문제점을 의식하고 있었다. 칸트의 비판철학에 의하면 근대 경험론과 합리론은 각기 믿음의 영역을 지식의 영역에서 추방하거나, 아니면 그것을 지식의 영역에 환원함으로써 극단적 회의론이나 독단론에 빠지게 되었다. 칸트는 자신의 변증론에서, 특히 이율배반론에서 정립(합리론자들의 주장)과 반정립(경험론자들의 주장)의 갈등과 모순을 지적함으로써 이와 같은 면을 잘 보여주고 있다.

믿음이 지나칠 때 광신증에 빠지듯이, 의심이 지나치면 불안증에 시달리게 마련이다. 믿음에 상처를 입은 근대인들의 과도한 불안증은 인간으로 하여금 결국 자기 이외의 모든 존재를 의심하고 오로지 자기만을 신뢰하여 자기를 절대화하도록 만들었다. 이로 인해 근대인들은 스스로를 고립시킴과 동시에 서로를 사물화하는 투쟁의 장으로 내몰게 되었다. 사실 이런 상황은 자기 바깥의 절대자에 대한 믿음에서 자기를 절대화하는 믿음으로 전환한 것에 다름 아니다.

이처럼 믿음의 절대화든, 지식의 절대화든 거기에는 반드시 인간을 불행하게 만들 수 있는 요소가 담겨 있다. 바로 이 부분을 가장 예리하게 목격한 철학자 중의 한 사람이 칸트다. 그는 근대 계몽주의의 장점은 계승하되, 그 속에 잘못 진행되고 있는 문제점에 대해서는 엄정하게 비판을 시도하였다. 그래서 그는 당대의 경험론과 합리론이 믿음을 지식의 영역으로부터 추방하거나, 아니면 포섭하는 양상들 전반에 대해서 비판의 칼날을 들이대기 시작하였다. 그는 지식과 믿음의 양립과 상호 도움의 관계를 설정함으로써 지식을 폄하하거나 믿음을 무시하는 기존의 흐름들 전반에 대해서 비판적으로 종합하여 이들을 극복하고자 하였다.

그러나 똑같이 근대 계몽주의 철학과 자기 이전의 관념론 철학 일반을 비판적으로 조명하고자 하였던 헤겔은 칸트의 이런 양립론을 문제점으로 규정하고 이를 변증법적 차원에서 새롭게 종합하고자 하였다. 그래서 그는 지식과 믿음이 진행 단계에서는 서로 갈등과 모순을 겪더라도 궁극적으로는 믿음이 지식으로 수렴되어 절대지(das absolutes Wissen)에 이르러야 한다고 주장하였다. 그는 칸트의 양립론은 지식과 믿음의 갈등을

---

5) I. Kant, *Kritik der reinen Vernunft*, 아카데미판 칸트전집 Bd. 4, B XIII. (* 이하 KrV. B XII 형식으로 표기함). (* 이하 칸트 문헌은 아카데미판본임)

제대로 종합하지 못했다고 비판한다. 헤겔철학에 친화적인 사람들은 헤겔의 이런 입장에 대부분 공감을 표시한다.

하지만 이 글은 과연 칸트의 믿음과 지식 사이의 양립론이 헤겔의 비판처럼 미완성의 이론으로 규정되어도 되는지, 아니면 칸트의 이론이 나름대로 의의를 지니고 있는지를 분석해보려고 한다. 그리고 이런 작업을 성공적으로 수행하기 위해서 다음과 같은 논의 절차를 거치고자 한다. 첫째로, 이 글은 칸트와 헤겔이 믿음과 지식에 대해서 어떻게 이해하고, 이들 사이의 관계를 어떻게 설정하고자 하는지에 대해서 그들의 주장을 근거로 분석해보고자 한다. 둘째로, 이 글은 이들의 입장에 대한 선행연구자들의 연구 상황을 검토하고, 동시에 이를 근거로 칸트와 헤겔 이론의 의의를 재평가해보고자 한다.

2. 칸트와 헤겔의 지식에 대한 이해

이미 앞서 언급하였듯이, '지식'은 플라톤 이래로 '정당화된 참된 믿음'으로 이해되어 왔다.[6] 당연히 어떤 믿음이 지식이 되려면 그 믿음이 참이어야 할 것이고, 또한 정당화가 이루어져야할 것이다.[7] 칸트와 헤겔 역시 이런 관점에서 누구보다 지식의 정당화에 심혈을 기울였다고 볼 수 있다.

칸트는 지식의 정당화를 위해 기존의 지식 이론에 대해서 비판을 감행하며, 지식의 체계로서의 학문의 가능 조건에 대해서 근본적인 물음을 제기하였다. 비판철학의 근본 과제는 과연 "학문으로서의 형이상학(Metaphysik als Wissenschaft)이 어떻게 가능한가?"[8]라는 문제였다. 그는 이 문제에 답하기 위해 학문의 자격 조건에 대해서 논의하였다. 그는 학문이 제대로 된 학문이 되기 위해서는 보편성과 필연성을 지닌 지식

---

6) 물론 현대 인식론에 이르러서는 '정당화된 참된 믿음'도 지식이 될 수 없는 경우가 있다는 반박이 제기되고 있기도 하다(Edmund Gettier, "Is Justified True Belief Knowledge?", *Analysis* 23, 1963, pp.231-232).

7) Anthony Quinton, "Knowledge and Belief", in Donald M. Borchert(ed.), *Encyclopedia of Philosophy* Vol. 5, Macmillan Reference USA, 2006, p.92.

8) I. Kant, *Prolegomena zu einer jeden küftigen Metapsysik*, die als Wissenschat wird auftreten können, 제4권, p280. 칸트는 『순수이성비판』 역시 이런 '학문으로서의 형이상학'을 촉진하기 위한 예비학의 기능을 담당한다고 언급하고 있다(KrV. B XXXVI).

⁹⁾의 체계로 성립되어야 한다고 보고 있다(KrV. A 2). 그런데 그에 의하면 이런 보편성과 필연성은 경험적 인식으로부터는 주어질 수 없고 순수 인식으로부터 확보될 수밖에 없다(KrV. B 4).¹⁰⁾ 그래서 그는 바로 이 순수 인식으로부터 출발하여 대상일반에 관한 인식으로 나아간다. 즉, 대상일반의 성립 가능성과 그것에 대한 인식의 정당화를 위해 대상에 대한 경험에 앞서서(a priori) 경험을 가능하게 하는 선정험적(先定驗的, transzendental) 철학을 개진한다(KrV. B 25, B 27).¹¹⁾ 그러므로 그의 선정험적 철학은 지식의 정당화의 작업을 수행하고 있다.

익히 알다시피 그에게 있어서 인식은 감성의 수용성(Rezeptivität)과 오성(Verstand)의 자발성(Spontaneität)의 상호 협력에 의해서 이루어진다(KrV. B 74). 즉 대상 인식은 감성의 직관 형식인 시간 및 공간과 오성의 순수한 개념인 범주의 결합이 없이는 결코 성립될 수 없다(KrV. A93). 칸트에 있어서 인간은 신과 달라 감성이나 오성 그 각각으로는 대상에 관한 인식을 얻어낼 수 없다. '오성은 생각만 할 수 있을 뿐이며, 직관은 감각기관 안에서 제 기능을 수행할 수 있다.'(KrV. B 135) 아무리 인간의 오성이 대상을 생각한다(denken)고 하더라도 그것은 대상을 인식하는(erkennen) 것은 아니다(KrV. B 146).

이처럼 칸트는 바깥으로부터 주어지는 잡다한 내용들과 이것들을 종합하는 오성의 사유 형식 사이의 공조를 지식 성립의 불가피한 조건으로 설정하고 있다. 바깥에 실재하는 존재들이 어떻게 존재하든, 그것들이 최소한 우리 인간에게 보편성과 필연성을 지닌 지식체계로 통용되기 위해서는 그것들을 통일하는 공통의 능력이 선험적으로(a

---

9) 칸트는 인식(Erkenntnis), 지식(Wissen), 사유(Denken) 사이의 엄격한 구별을 하지 않고 있다. 특히 인식과 지식은 거의 혼용하여 사용하고 있다. 그래서 『순수이성비판』의 번역자인 스미스(Kemp Smith)도 인식과 지식 사이의 구별을 무시하고 번역하고 있다(Howard Caygill, *A Kant Dictionary*, p.113).

10) 칸트는 모든 인간의 인식을 "소여로부터(ex datis)로부터, 즉 단지 경험으로부터 얻게 되는 역사적 인식과 원리(ex principis)로부터, 즉 확실한 원칙으로부터 얻게 되는 이성적 인식"으로 분류하고, 그리고 이 이성적 인식 아래서 개념으로부터(aus Begriffe) 성립되는 철학적 인식과 개념의 구성으로부터 성립되는 수학적 인식을 구분하고 있다(I. Kant, *Vorlesung über Metaphysik und Rationaltheologie-Metaphysik L2*, Bd.28.2,1, p.531. 〈* 이하 L2로 표기함〉 I. 칸트, 『칸트의 형이상학 강의』, 푈리츠 엮음, 이남원 옮김, UUP, 울산대학교 출판부, 1999, 13쪽). 그는 직관을 통해 구성하는 수학보다 개념을 통해 논증하는(diskursiv) 철학을 모든 학문을 체계적으로 만드는 유일한 학문으로 보고 있다(같은 책, 532~533, 15~16쪽).

11) "선정험적(transzendental)이라는 말은 인식의 선험적(a priori) 가능성 내지는 인식에 관한 선험적 사용을 의미한다."(KrV. A 56, B 80) '선정험적'이라고 번역한 이유는 transzendetal이 경험에 앞서서 경험을 가능케 한다는 의미를 지니고 있기 때문이다.

priori) 인간에게 자리하고 있지 않으면 안 된다. 그래서 칸트는 "최소한 인간에게는 오성과 감성이 서로 결합함을 통해서만 대상을 규정할 수 있다"(KrV. B 314)고 주장하고 있다. 우리의 오성이 수행하는 통일작용이 없으면 대상은 혼란스러운 무엇일 수밖에 없으며, 우리의 감성이 수용하지 않으면 대상은 텅 빈 무엇일 수밖에 없다.

그러나 물자체로부터 감성이 수용하여 담아 놓은 여러 가지들을 오성이 통일함에 있어서 잘못 통일하는 것을 막기 위해서는 오성의 감성화, 이른바 규정적 판단력을 매개로 하는 범주의 도식화가 이루어져야 한다. 이런 과정이 제대로 수행되지 않을 때 대상에 대한 인식도 제대로 성립할 수 없다(KrV. B 177/187).[12] 이처럼 칸트는 오성의 감성화, 감성의 오성화를 통해 대상과 의식 사이의 새로운 만남을 시도하고 있다. 사물에 대한 인식에 있어서 감성의 수용성과 오성의 자발성, 그 어느 쪽에도 절대성이 부여되어서는 안 된다.[13] 따라서 인간은 '소여의 신화'(the myth of the given)나 '범주의 신화'(the myth of category), 그 어디에도 매몰되어서는 안 된다.[14]

비록 칸트는 대상에 선행해서 인간의 순수 직관(reine Anschauung)이 작동할 수 있음을 인정하지만, 이것이 결코 객관적 타당성을 지닐 수는 없다. 이것이 객관적 타당성을 얻으려면, 즉 지식의 자격을 얻으려면 경험적 직관(empirische Anschuung)에 의존하지 않으면 안 된다(KrV. B 298). 그럼에도 불구하고 누군가가 '지적 직관의 대상이 되는 그런 사유 존재를 객관적 지식인 것처럼 주장하게 되면, 그는 신비적일 수밖에 없다.'[15]

그러나 유감스럽게도 인간은 순수 직관을 객관적으로 타당한 지식의 차원으로 사용하고자 하며, 또한 순수 사유를 실재의 내용을 담고 있는 대상으로 정립하고자 한다. 인

---

12) "규정된 인식이란 도식화된 범주가 적용됨으로써 얻어지는 인식이요, 무규정적 사유란 도식화되지 않은 순수 범주가 적용될 때 얻어지는 앎이다."(문성학, 『칸트철학과 물자체』 울산대학교출판부, 1995, 19쪽)

13) I. Kant, *Vorlesung über Metaphysik und Rationaltheologie-Metaphysik L1*, Bd. 28.1, p.206. (* 이하 L1으로 표기함). I. 칸트, 『칸트의 형이상학 강의』 106쪽. 칸트는 이 작업을 위해서 '선정험적 연역'(transzendental Deduktion)과 도식론을 전개하고 있다(KrV. B 129~B 169, B 170~B 349).

14) 김석수, 「칸트의 초월철학과 범주의 역사성」 한국칸트학회 편, 『칸트철학과 현대 해석학』 철학과 현실사, 2003, 42~53쪽. 헤겔은 칸트철학에는 물자체의 절대성과 범주의 절대성이 서로 형식적으로 대립하고 있다고 지적하고 있다(G. W. F. Hegel, *Glauben und Wissen oder Reflexionsphilosophie der Subjektivität in der Vollständigkeit ihrer Formen als Kantische, Jacobische und Fichtesche Philosophie*, in Hegel Werke Bd. 2, Frankfurt a.M.: Suhrkamp, 1986, p 310, 312). (* 이하 GW로 표기함)

15) I. Kant, *L1*, 207쪽/역서, 108쪽.

간은 이런 월권에 대한 유혹을 끝없이 받고 있다. 칸트는 바로 이런 유혹으로부터 발생하는 것을 가상(Schein)이라고 규정하며, 특히 무한에 대한 갈망으로 사유 가능할 뿐인 이념을 실재하는 대상으로 전환하고자 하는 피할 수 없는 가상을 '선정험적(先定驗的) 가상(transzendentaler Schein)'이라고 한다(KrV. B 353). 칸트는 종래의 인식론이 인간 안에 자리하고 있는 이런 유혹을 엄정하게 '비판'하지 않고 진행함으로써 독단 형이상학을 초래하였다고 비판한다. 이로 인해 만학의 여왕으로 군림해온 형이상학이 마침내 버림받은 여왕 헤쿠바(Hecuba)의 신세가 되어버렸다고 그는 비판한다(KrV. A IX).

이제 그는 사유 가능할 뿐 인식 가능하지 않은 이념(자유, 신, 영혼불멸 등)을 대상화시키려는 모든 시도를 그만두도록 한계를 그음으로써 참된 지식론을 마련하고자 하였다. 그는 이런 관점에서 "우리의 시대는 비판의 시대이며,"[16] "오로지 이 비판을 통해서만 유물론·운명론·무신론·자유정신을 간직한 무신앙·광신·미신, 그리고 최종적으로는 관념론과 회의론 등을 근절할 수 있다"(KrV. B XXXV)고 선언하였다. 이처럼 칸트는 자신의 비판철학을 통하여 이념의 영역을 인식 가능한 영역으로 전환하거나, 이를 완전히 부정하는 종래의 독단론이나 회의론 모두를 비판하고 새로운 제3의 길을 모색하고자 하였다. 그의 제3의 길은 인식 가능한 영역에 대해서는 철저하게 인식하고, 그렇지 못한 영역에 대해서는 이론적 인식과는 완전히 다른 실천의 길로 나아가게 하는 것이었다.

그러나 헤겔은 칸트의 이런 지식론에 대해서, 한편에서는 이를 수용하면서도 다른 한편에서는 비판한다. 그는 인식이 주체의 능동적인 자발적 활동을 통해 성립된다는 것은 수용하였다. 그러나 그는 지식을 역사적 생성 과정의 관점에서 접근하지 못한 점에 대해서 혹독하게 비판을 가한다. 헤겔은 '진리가 실체로서만 파악되는 것이 아니라 주체로서도 파악되어야 한다'고 주장하면서, 진리를 운동하며 전체로 향해 나아가고 있는 것으로 이해하고 있다.[17] 따라서 그에게는 이성 역시 칸트와 달리 진리를 낳으면서 진리를 지양하는 운동의 주체로서 자리하고 있다(PG. 25/정신1, 57). 그는 진리를 담고 있는 학문의 토대를 개념 체계에서 마련하려고 한 점에서 칸트와 입장을 공유하고 있지만, 그는 개념을 칸트와 달리 비역사적이기보다는 부단히 운동을 통해 자신을 실현하는

---

16) I. Kant, *L2*, Bd. 28.2.1, 540쪽/역서, 28쪽.
17) G. W. F. Hegel, *Pänomenologie des Geistes*, Hegel Werke Bd. 3, 23, 24, 47쪽. 헤겔, 『정신현상학1』, 임석진 역, 한길사, 2005, 51, 55, 85쪽. (* 이하 〈PG. 23, 24, 47/정신1, 51, 55, 85〉 형식으로 표기함).

동적인 것으로 파악하고 있다.[18] 칸트의 도식은 헤겔에게는 정적(靜的)인 도식일 뿐이며, 생명을 상실한 형식주의를 벗어나기 위한 몸부림에 불과하다. 그러므로 칸트의 도식은 근원적으로 추상성을 벗어나지 못하고 있다(PG. 48~51/정신1, 87~91). 헤겔에 의하면 학문은 형식적인 도식을 넘어서 고유한 생명력을 통해서 유기적으로 조직화되어야 하며(PG. 51/정신1, 90), 오성의 형식적 개념은 이성의 생동적 개념으로 지양해 가야 한다(PG. 56/정신1, 96). 헤겔이 보기에 칸트는 오성의 형식적 개념에 이성의 역할이 묶여 있다.[19] 심지어 헤겔은 칸트의 이성조차 "경험을 단순화하고 조직화하기 위한 형식적 통일성밖에 아무것도 제공하지 못하는"[20] 절대적인 추상적 사유에 제한되어있다고 지적하고 있다. 그래서 헤겔은 반성되지 않은 전제를 가지고 있는 칸트의 연역을 '형이상학적 연역'으로 규정하고, 아무런 전제 없이 순수사유 자체를 서술하는 자신의 철학을 '내재적 연역(immanente Deduktion)'으로 특징짓는다.[21]

이처럼 헤겔의 지식 이론에서는 "인식이 절대적인 것을 획득하기 위한 단순한 도구나 진리를 모사하는 매체라는 등의 쓸모없는 생각을 버려야 한다."(PG. 70/정신1, 116) 헤겔은 칸트처럼 인식을 감성의 직관 형식인 시간 및 공간과 오성의 개념 형식인 범주가 결합하여 존재의 내용을 담아내고 파악하는 도구로만 접근하는 것을 거부한다.[22] 이들 감성형식 및 오성형식은 자신들이 마주하고 있는 존재 세계와 운동 과정을 통해서 스스로의 한계를 지양해가야 한다.[23] 의식의 영역에 속하는 감각, 지각, 오성은 제 각

---

18) 헤겔은 개념을 "앎의 운동"(Bewegung des Wissens)이라고 하며, 반면에 대상을 "정지해 있는 통일체로서의 앎"(Wissen als ruhige Einheit)으로 규정하고 있다(PG. 137/역서, 210). 이런 면에서 한자경은 "경계 안의 의식이 거듭된 실패를 경험하면서 경계 바깥의 인식으로 향해 나아간다."고 규정하고 있다(한자경, 『헤겔정신현상학의 이해』, 서광사, 2009, 39쪽). 로크모어 역시 헤겔의 지식을 역사적 운동과정으로 보고 있다(Tom Rockmore, *On Hegel's Epostemology and Contemporary Philosophy*, New Jersey: Humanities Press, 1996, p.25, 39).

19) 허워드 P. 케인즈, 『헤겔 근대 철학사 강의』, 강유원/박수민 옮김, FjB, 2005, 124, 154쪽.

20) G. W. F. Hegel, *Enzyklopädie der philosophischen Wissenschaften I*, Hegel Werke Bd. 8, 137~138쪽. (* 이하 Enz1로 표기함)

21) G. W. F. Hegel, *Wissenschaft der Logik II*, Hegel Werke Bd. 5, p.252. (* 이하 Logik2로 표기함). 이광모, 「철학은 학문(Wissenschaft)인가? - 칸트와 헤겔을 중심으로 -」, 한국헤겔학회 편, 『헤겔연구』 제19권, 2006, 271쪽.

22) 헤겔은 칸트의 범주와 관련하여 그는 '범주를 즉자대자적으로 고려하지 못하고 자기의식에 따른 주관적 형식으로 파악하는 데 머물러 있다'(Logik2, 268-269쪽)고 비판한다.

23) 강순전은 이와 같은 의미에서 칸트는 일회적 반성에 머물러버린 철학자라면, 헤겔은 지속적인 반성활동을 거듭하는 철학자로 규정하고 있다(강순전, 「칸트와 헤겔의 절대자 파악」, 한국칸트학회 편, 『칸

기 자신들이 마주하고 있는 세계를 '대상'으로 대면하면서 그 속에서 겪는 분열의 상태를 넘어 자기로 복귀하는 운동을 거듭해야 한다(PG. 90, 98~99/정신1, 144, 158). 물론 칸트의 경우처럼, 헤겔에서도 '감각적 확신'의 단계는 수용적인 단계로서, 자신이 마주하고 있는 존재 세계에 대해서 전혀 변형을 가하지 않고 직접적으로 대면하는 단계이기도 하다. 그렇지만 이는 지각과 오성을 통해서 극복되어야 한다. 감각적 확신은 그 스스로 모순을 노정하며, '여기', '지금'으로 파편화된 부분적인 앎들을 하나로 모아서 지각하는 의식작용으로 이행하지 않으면 안 된다(PG. 100/정신1, 160).[24] 그러나 이 통일이 주관 내부의 통일이 아니라 객체 그 자체의 통일로 이해되는, 그래서 객체 그 자체 내에 작동하는 힘을 발견하는 오성 단계로 이행하지 않을 수 없다(PG. 110~111/정신1, 172~173). 하지만 오성이 잠시나마 파악하는 '항구적인 피안의 세계인 물자체'는 구체적이지 못하다. 그렇지만 오성은 "물자체와 의식을 이어주는 매개 구실을 한다."(PG. 119/정신1, 184) 아직도 오성이 만나는 물자체는 '실체'를 넘어서 온전한 '주체'로 상승하지 못한다. 그러나 그 속에 자리하고 있는 힘은 이미 죽은 실체에서 살아있는 실체, 즉 주체로의 지양을 기약하고 있다(PG. 115~116/정신1, 179~180).

오성은 이제 칸트에서처럼 차안과 피안을 가르는 분열의 자리가 아니라 이들을 소통시키는 자리가 된다(PG. 117/정신1, 181).[25] 드디어 의식과 대상의 단계를 넘어 살아있는 실체로서의 주체와의 대면에 이르는, 이른바 주체와 주체 사이의 만남에 이르는 '자기의식'의 장이 펼쳐진다.[26] 이로서 인간은 "진리의 본고장"(das einheimische Reich der Wahrheit)(PG. 138/정신1, 139)인 자기의식의 영역에 진입한다. 자기의식은 이제 자기의 타자, 이른바 그저 실체로만 머물러 있는 대상으로서의 물 자체를 극복해야 한다. 결국 자기의식으로서의 나와 네가 대립을 넘어 나가 우리가 되고 우리가 나가 되는 단계에 진입해야 한다(PG. 145/정신1, 220).

트연구』 제6권, 2000, 126쪽).

24) "사물이 지닌 갖가지 성질을 하나로 뭉치게 하는 일은 오직 의식 활동이 감당할 수밖에 없다."(PG. 100/역서, 160)

25) 헤겔은 칸트철학을 이원론으로 규정하고, 그의 철학에는 지각의 세계와 이 지각을 반성하는 오성의 세계가 분열되어 있음을 지적한다(Enz1, 145).

26) 웨스트팔은 이 점과 관련하여 헤겔이 의식과 대상의 관계에 머물러 있는 칸트를 넘어 의식과 자기의식의 관계로 이행한 것으로 분석하고 있다(Merold Westphal, *History Truth in Hegel's Phenomenology*, Bloominton and Indianapolis: Indiana University Press, 1998, p.125).

이상에서 보듯이, 헤겔철학은 개념과 실재 사이의 간극을 메울 수 있을 때까지 끝없이 지양 운동을 전개하며, "개념만이 진리를 담아낼 수 있다"(PG. 262/정신1, 367)는 관점에서 표상의 단계를 부단히 지양해간다. 그래서 이성적인 것이 현실적인 것이 되고 현실적인 것이 이성적인 것이 되는, 마침내 "이성이 자기 자신을 세계로, 세계를 자기 자신으로 의식하는" 정신의 단계에까지 이르게 된다(PG. 324/정신2, 17).[27] 이 단계에 이르면 범주 역시 즉자와 대자를 포괄하는 보편적 진리의 형태를 지니게 된다(PG. 324/정신2, 18). 헤겔은 바로 이와 같은 맥락에서 칸트의 인식론에는 이념과 실재 사이의 분열이 자리하고 있으며, 그의 인식론이 객체의 절대적 우위성에 굴복하고 만다고 지적하고 있다(Enz1. 140).[28] 또한 헤겔은 칸트의 이성은 모든 권위를 상실하고 만다고 지적하고 있다(Enz1. 146). 그에 의하면 칸트의 이성은 범주에 한정된 사유에 묶여 있어 "이 사유에는 무한한 것, 참다운 것이 없고, 또한 이런 사유로부터는 무한하고 참다운 것으로 넘어갈 수 도 없다."(Enz1. 148) 칸트철학에서 인식할 수 없는 '물자체'가 남아 있다는 것은 그의 철학이 추상적인 자기 내 반성'에 머물러 있기 때문이라고 헤겔은 평가하고 있다(Enz1. 254).

이처럼 칸트와 헤겔은 지식론에 있어서 상당한 차이를 보이고 있다. 칸트는 지식을 인식 주관의 감성형식과 오성형식이 바깥의 물자체와 만나 이루어지는 것으로 파악하지만, 인식 주관이 물자체를 온전히 파악하는 차원에 이르지 못한다.[29] 그래서 주체와 객체 사이의 분열이 자리하고 있다. 반면에 헤겔은 지식을 인식 주체와 객체 사이의 상호 운동 과정으로 파악하고 있으며, 주체와 객체가 하나로 통일되는 과정으로 그리고 있다.[30] 결국 칸트와 헤겔 사이의 인식론의 차이는 인간 주체의 능력에 대한 존재론적

---

27) 헤겔, 『정신현상학2』, 임석진 역, 한길사, 2005. (* 본문에 '정신2'로 약기함)

28) G. W. F. Hegel, *Vorlesung über die Geschichte der Philosophie III*, Hegel Werke Bd. p.20, 330, 384~386. (이하 VGP3으로 표기함)

29) 권대중은 이와 같은 맥락에서 칸트의 인식론은 경험론의 잔재를 완전히 벗어나지 못해 대응론에서 정합론으로 제대로 이행하지 못했을 뿐만 아니라, 대응론으로 회귀해버린 것으로 비판하고 있다(권대중, 「관념론과 정합론으로서의 진리관 - 전통적 대응론과의 관계를 중심으로」, 한국헤겔학회 편, 『헤겔연구』 제17권, 2005, 47, 56쪽).

30) 강순전과 이광모에 의하면 헤겔에서는 객체는 이미 주체가 관계한 객체로서의 객체이다. 그러므로 헤겔에게는 칸트처럼 의식 초월적인 객체로서의 물자체가 절대화되지 못한다.(강순전, 같은 글, 127쪽. 이광모, 「철학적 증명에 관하여 - 칸트로부터 헤겔로의 전개를 중심으로 -」, 철학연구회 편, 『철학연구』 45권, 1999, 306쪽)

규정의 차이와 연관되어 있다. 칸트는 인간 주체의 능력이 근본적으로 유한하다고 보는 반면에, 헤겔은 역사적 전개 과정 속에서 부단히 발전하는 것으로 파악하고 있다. 따라서 칸트에게는 지식의 영역 바깥에 믿음의 영역이 자리하고 있다면, 헤겔에게는 이들 두 영역이 통일된다.

3. 칸트와 헤겔의 믿음에 대한 이해

칸트는 자신의 '믿음'에 대한 논의를 구체화하기 위해 '의견(Meinen)', '믿음(Glauben)', '지식(Wissen)'의 관계에 대해서 다음과 같이 설명하고 있다.

> 의견은 어떤 것을 그것이 주관적으로뿐만 아니라 객관적으로도 불충분다고 의식하면서 참이라고 여기는 경우이다. 그리고 어떤 것을 참이라고 여기는 것이 단지 주관적으로만 충분하고 동시에 객관적으로는 불충분한 것으로 여겨지면, 그것은 믿음이라고 일컬어진다. 마지막으로 주관적으로뿐만 아니라 객관적으로도 충분하게 참인 것으로 여겨지는 것은 지식이라 일컬어진다. 주관적으로 충분한 것은 (자기 자신에게만 해당하는) 확신(Überzeugung)이라면, 객관적으로 충분한 것은 (모두에게 해당하는) 객관적 확실성(Gewißheit)이다. (KrV. B 851)

여기에서 보듯이 칸트는 지식을 믿음과 명확히 구별하고 있다.[31] 그는 지난 날 형이상학이 믿음의 영역에 귀속시켜야 할 것을 지식의 영역에 귀속시킴으로써 독단을 일삼은 것에 대해서 비판을 가하였다. 그래서 그는 "나는 믿음(Glauben)을 위한 자리를 확보하기 위해 지식(Wissen)을 중단해야만 했다"(KrV. B XXX)고 주장하였다. 그의 이와 같은 태도에는 한편에서는 이념의 영역을 인식 가능한 대상으로 전환하려는 사변이성에 제한을 가하고, 다른 한편에서는 이성의 실천적(도덕적) 사용의 길을 열어놓고자 하는

---

31) 그렇다고 칸트가 의견이 지식이 될 수 없다고 보지 않으며, 오히려 이것도 점차 보완이 되면 지식이 될 수 있다고 본다. 또한 의견이 실천의 과정에서 확신으로 다가오면 믿음이 될 수도 있다. 이처럼 칸트는 이들 세 영역을 구별한 것이지, 완전히 분리한 것이 아니다(이진오, 「지식과 믿음의 갈등 - 칸트의 종교철학을 중심으로 -」, 한국칸트학회 편, 『칸트연구』 제17집, 2006, 200~202쪽).

뜻이 담겨 있었다(KrV. A XXV). 이처럼 그가 "물자체에 대해서 인식 불가능성을 주장하는 것은 인간 마음의 자유를 마련하기 위함이다."(KrV. A XXIX~XXX) 따라서 오성의 개념을 현상에 국한하는 것도 이성의 개념이 실천적으로 사용되는 길을 열어놓기 위함이었다(KrV. B 385, 772, 822, 831). 그는 물자체로 나아가는 인식을 그만 둔다고 해서 거기에 실천적으로 다가갈 수 있는 길마저 거부한 것은 아니었다. 그에게서 인식의 한계와 도덕적 믿음은 양립 가능하다(KrV. B 722). 나아가 그는 단순한 양립의 차원을 넘어 이성의 사변 분야에 한계를 설정함으로써 이성의 실천적 사용의 길을 제대로 열어놓고자 한다(KrV. B 772, 851).

그는 이와 같은 태도에 입각하여 신의 존재도 이론적으로 인식할 수 있다는 주장을 거부하였다. 우리는 신의 존재에 대해서 논리적으로 확실하다고 말할 수 없으며, 어디까지나 도덕적으로 확실하다고 말해야 한다(KrV, B 857). 적어도 인간의 이성은 이론적으로 활동할 때는 경험적 법칙이나 감각적 지각을 벗어나면 스스로 모순을 범하게 될 수밖에 없으므로 이들과 모순 상태에 빠지지 않기 위해서는 실천(도덕)의 길밖에 없다.[32] 그러므로 감각을 벗어난 자유의 세계는 실천적인 도덕의 길에서만 정당하게 확보될 수 있다. 우리 인간은 신과 같은 무제약자를 이론적으로는 인식할 수 없으며, 어디까지나 실천적으로 다가갈 수 있을 뿐이며, 또 그렇게 해야만 한다. 칸트는 바로 이와 같은 입장에서 주어진 세계에 관계하는 이론적 이성보다 당위적 세계에 관계하는 실천적 이성이 더 우위에 있어야 함을 주장한다.[33] 신과 다른 세계의 개념도 모두 도덕성과 결합되어 있지 않으면 무익하다.[34]

물론 칸트는 우리의 이론이성이든 실천이성이든 이들이 감당할 수 없는 기적(miracula/Wunder)에 대해서도 일정 부분 수용하고 있다. 기적이 우리의 삶에 가장 필요한 경우에는 허용될 수도 있다고 그는 보고 있다. 그렇지만 인간은 웬만하면 도덕성

---

32) I. Kant, *Grundlegung zur Metaphysik der Sitten*, Bd. 4, 405쪽.

33) I. Kant, *Kritik der praktische Vernunft*, 제5권, pp.119~121. (* 이하 KpV로 표기함) 이런 의미에서 문성학은 칸트철학에서 인식의 영역보다 존재의 영역이 항상 더 넓다고 주장한다(문성학, 같은 글, 184쪽). 칸트는 이와 같은 맥락에서 "신의 비밀을 밝히려고 하는 것은 불손이다."고 주장하고 있다(I. Kant, L1, 219쪽/역서, 108쪽). 로텐라이히는 이 부분과 관련하여 칸트가 이론적 관조를 우선시해온 전통철학에 대해 반란을 선포한 것으로 보고 있다(Nathan Rotentreich, "Theory and Practice in Kant and Hegel", in Dieter Henrich(Hrsg.), *Kant oder Hegel?*, Stuttgart: Klett-Cotta, 1983, p.99).

34) I. Kant, *L*1, 301쪽/역서, 237쪽

과 합치하는 삶을 유지해야만 하다.[35] 물론 칸트는 도덕성이라는 가치가 손상이 되지 않는다면 기적도 허용할 수 있다는 입장을 취하고 있다.[36] 이런 맥락에서 칸트는 계시나 은총 부분에 대해서도 전면적으로 부정하지는 않는다. 그는 도덕적 노력 뒤에 뒤따를 수 있는 은총의 가능성을 결코 부인하지 않는다.[37]

결국 칸트의 이런 입장은 인간을 이 세상에서는 감성적 직관(sinnliche Anschauung)만을 가진 존재로 보려고 하지, 정신적 직관(geistige Anschauung)도 모두 간직하고 있는 것으로 보지 않으려고 하는 데 근거하고 있다. 그에 의하면 '나'라는 인간은 이 세계와 다른 세계에 동시에 존재할 수 없듯이, 이들 두 직관을 동시에 간직할 수 없다.[38] 그래서 칸트는 인간이 현상계에서 본체계로 나아가는 길은 정신적 직관이 아니라 도덕적 믿음에 있다고 보았던 것이다. 그에게 있어서 도덕적 믿음은 현상계와 본체계를 이어주는 매개 역할을 하며 현상주의(phenomenalism)와 본체주의(noumenalism)의 독선을 막아내는 비판의 요석이 된다.

그러나 헤겔은 칸트의 이런 입장에 대해서 근본적으로 비판한다. 지식에 있어서 헤겔이 칸트를 비판하듯이, 믿음에 있어서도 마찬가지다. 헤겔은『정신현상학』의 <정신>장 부분의 '소외된 정신'이라는 곳에서 '믿음(Glaube)'과 '순수한 통찰(reine Einsicht)' 사이의 관계를 분석하고 있다. 그에 의하면 믿음의 차원에서는 절대자가 표상으로 전락하여 자기의식의 피안에 자리하고 있는데 반해서, 순수한 통찰은 "자기의식과 별도로 자립적으로 존재하는 일체의 것을, 그것이 현실의 존재이건 이념의 존재이건 그 모두를 파기하여 개념으로 화하게 한다."(PG. 394~397/정신2, 107~111) 믿음이 정신을 절대자로 받아들이는 데 반해서, 순수한 통찰은 정신을 바로 자신으로 의식한다(PG. 397/정신2, 111). 믿음과 순수한 통찰은 똑 같이 순수한 의식이면서도 형식상으로는 완전히 대립된다. 믿음은 절대자를 개념의 차원을 벗어나 있는 표상으로 만난다면, 순수한 통찰은 개념으로 이를 파악한다(PG. 400/정신2, 115~116). 그래서 순수한 통찰은 믿음이 간직하고 있는 기적

---

35) I. Kant, 같은 글, 219쪽/역서 108쪽. 칸트는 이런 맥락에서 '참된 유일의 종교는 도덕법칙들 외에는 아무것도 포함하지 않는다'고 언급하고 있다(I. Kant, *Die Religion innerhalb der Grenzen der bloßen Vernunft*, Bd. p.6, 167). (* 이하 DRi로 표기함)

36) I. Kant, *L1*, 221쪽/역서, 125쪽

37) I. Kant, *DRi.*, 174쪽. '덕성이 은총을 앞설 수는 없지만, 은총을 배격하는 것은 아니다.'(I. Kant, 같은 책, 202쪽)

38) I. Kant, *L1*, 300쪽/역서, 236쪽

이나 계시와 같은 우연성을 이성의 자기 필연성으로 재정립한다. 이른바 개념을 결여한 채 초감각적인 세계를 추구하는 믿음의 영역은 개념으로 지양되어야 한다(PG. 420/정신 2, 141).

이런 시각에서 볼 때 칸트의 믿음관은 순수한 통찰의 단계로 이행하여 믿음이 지식의 단계에 이르지 못한 것이다. 믿음을 기반으로 하는 종교는 아직도 표상적 수준에서 주객의 추상적 통일에 머물러 있지 개념적 차원에서 구체적 통일을 이루어내고 있지 못하다. 그래서 헤겔은 절대지의 단계를 종교에 두지 않고 철학에 두었던 것이다. '직관은 개념화되어야 하고, 개념은 개념적 직관이 되어야 제대로 된 지식이 된다.'(PG. 584/정신 2, 352). 그런데 칸트에서는 믿음이 하나의 요청으로 남아있지 이것이 인식의 차원으로 지양되지 못하고 있다는 것이 헤겔의 불만이다.[39] 헤겔은 칸트가 개념의 운동을 계속 진행시키지 않고 궁극적 진리를 믿음의 영역에 내맡겨버리는 것을 인간을 비하하는 마지막 단계로 보고 있다.[40] 칸트에 있어서 지식과 믿음의 구별은 헤겔에게는 '소외된 의식'으로 규정되며, 근대의 계몽정신과 믿음 사이의 분열로 파악된다. 칸트철학에서는 중세적 믿음과 근대적 계몽의 분열이 제대로 극복되지 않은 것으로 헤겔은 평가한다. 헤겔에서는 이 분열이 개념과 현실의 하나 됨의 단계인 절대지의 단계에까지 나아가야 한다(PG. 582/정신2, 348).

헤겔의 이와 같은 생각은 『믿음과 지식』(1802)이라는 글에서도 이미 잘 나타나고 있다. 헤겔은 근대 계몽주의적 이성은 중세의 신앙의 시녀의 자리를 차고 나와 독립을 선포하지만, 그 이성 역시 오성으로 축소되어 또 다시 신앙의 시녀로 전락하였다고 보며, 그 대표적인 인물로 칸트, 야코비, 피히테를 들고 있다. 그에 의하면 칸트의 이성은 신앙에 무릎을 꿇은 무력한 존재로 전락해버렸다(GW. 288). 이성이 절대자 안에 존재하는 것에 적극적으로 관여하여 개념적 접근을 하지 못하고 스스로를 비하하는 단계가 칸트철학에 담겨 있다고 헤겔은 지적한다. 칸트철학은 유한성이 신성화되고 절대화되어 절대자를 요청으로밖에 처리하지 못하는 무력함에 빠져있다는 것이다(GW. 296, 299). 그러나 헤겔은 '참된 신성화(wahre Heiligung)'를 이루어내기 위해서는 이런 유한성의 신성화 내지는 절대화를 파괴하지 않으면 안 된다. 즉 믿음은 지식으로의 이행이 이루

---

39) G. W. F. Hegel, *Enzyklopädie der philosophischen Wissenschaften III*, Hegel Werke Bd. p.10, 354. (* 이하 Enz3으로 표기함)
40) 헤겔, 『종교철학』 최신한 역, 지식산업사, 1999, 16쪽.

어져야 한다(GW. 300). 헤겔이 칸트가 도덕적 신앙을 위해 기대고 있는 "요청은 피여점인 주관성을 가질 수 있을지는 몰라도 절대적인 객관성을 갖지는 못한다."(GW. 302) 진정한 의미에서의 주객의 절대적 통일성으로서의 인식은 피안에 관계하는 믿음을 지양하여 이를 개념적으로 지양시켜내야 한다. 오히려 칸트에게서는 지성이 더 절대화되어 있어 이성이 맥을 추지 못한다(GW. 313).

나아가 이성의 이런 불행은 이론이성에만 국한되는 것이 아니고 실천이성에서도 마찬가지라는 것이다. 현실 앞에서 개념적 운동을 전개하지 못하고 양심과 의무 의식에 기대어 내면으로 달아나 그 속에 집을 짓고 사는 금욕주의의 불행이 칸트의 이성에는 여전히 지속되고 있다는 것이다. 그의 신앙은 자기 한계에 절대적으로 머무름이자, 자기 타자에 절대적으로 굴복함이라고 헤겔은 비판한다(GW. 331). 이런 헤겔의 입장에서 볼 때, 칸트의 "믿음은 초감성적인 것의 직접적인 확실성으로 나타난다."(GW. 379) 결국 진정한 믿음은 현실 속에서 자라나야 하는데, 현실을 떠난 피안에 자리를 잡음으로써 믿음도 무력하고, 지식도 무력할 수밖에 없는 지경에 이른 것이 칸트철학의 운명이라는 것이다(GW. 406). 헤겔은 지식과 믿음 이 양자가 서로 지양 운동을 통해 통일되어야 한다. 그래서 헤겔은 "믿음은 지식과 대립하지 않으며 오히려 하나의 지식이며, 단지 지식의 특수한 형태에 불과하다."[41]고 결론을 맺고 있다. 이처럼 칸트는 이론과 실천의 병행론(paraellelism)을 추구하였다면, 헤겔은 동일론(identity theory)으로 향해 있다.[42]

4. '요청'과 '지양'의 관점에서 본 지식과 믿음

칸트와 헤겔이 지식과 믿음 각각에 대해서 다르게 바라보고, 또한 이들 사이의 관계에 대해서도 다르게 주장하는 근저에는 인간에 대한 이해의 차이가 자리하고 있다. 칸트는 이 세상에 존재하는 자들을 권리와 의무 그 어느 것도 갖지 못한 자, 권리만을 가진 자, 의무만을 가진 자, 권리와 의무를 모두 가진 자로 분류하고, 인간을 이 마지막 부분에 속하는 자로 규정하였다.[43] 인간은 권리만을 지닌 신도 아니고, 그렇다고 의무만을

---

41) G. W. F. Hegel, *Enz3*, p.366.
42) Nathan Rotentreich, 같은 글, pp.127~128.
43) I. Kant, *Metaphysik der Sitten*, Bd. p.7, 241.

지닌 노예도 아니며, 나아가 이들 모두를 지니지 못한 무기물과 같은 존재도 아니다. 칸트에 의하면 인간은 자신의 권한 영역 안에 있는 부분에 대해서는 정당하게 권리를 행사하고, 그렇지 못한 부분에 대해서는 의무를 다해야 한다.

칸트의 이와 같은 정신을 담고 있는 철학이 바로 '한계철학'이자 '비판철학'이다. 그는 '한계(Grenz)'나 '비판(Kritik)'이라는 말을 중시하며, 그래서 "비판이 증명하는 것은 이성을 제한(Schranken)하는 것이 아니라 이성을 명확히 한계를 짓는 것이다."(KrV. B 789)[44]고 언급하고 있다. 그리고 그는 바로 이와 같은 입장에서 현상과 물자체를 구별하지 못하고 이들 중 어느 하나를 절대시하여 다른 한 쪽을 무시하는 입장을 독단이라고 비판한다. 그의 한계철학은 인간의 능력 바깥에 있는 존재의 영역을 무시하거나, 그것에 굴종하는 입장을 거부한다. 그러니까 그의 철학은 독단론과 회의론 모두를 거부한다. 인간은 능력 바깥과 능력 안쪽의 경계에 자리한 자로서 경계사유를 수행하지 않으면 안 된다.

인간은 자신의 능력 바깥으로 나갈 수도 없고, 그렇다고 능력 안에 머무를 수만도 없다. 칸트는 인간의 이런 상황을 "이성은 자신이 거부할 수도 없고, 그렇다고 대답할 수도 없는 문제로 괴로워할 수밖에 없는 운명이다."(KrV. A VII)라고 언급하고 있다. 이런 인간 이성의 운명은 자신이 마주하고 있는 존재세계로서의 물자체를 한계개념(Grenzbegriff)으로 인정하지 않을 수 없다. 물자체가 한계개념이라는 것은 그것이 우리 인간의 능력으로는 붙잡을(greifen) 수 없는, 그래서 한계(Grenz) 너머에 있음을 의미한다. 그러므로 인간 오성이 간직하고 있는 개념(Begriff)은 존재를 자신 안에 완전히 담을 수 있는 틀이 되지 못하며, 이로 인해 이성이 사유를 통해 갈망하는 이념(Idee)의 영역에 대해 버거움을 느낄 수밖에 없다. 이성 역시 이런 오성에 갑갑해 할 수밖에 없다.

그러나 칸트에 있어서 이성과 개념 사이의 이런 운명은 인간의 존재 상황에 대한 솔직한 고백이 아닐 수 없다. 칸트철학에 있어서 인간의 이런 운명은 그가 예로 들고 있는 비둘기와 같은 운명이기도 하다. 그에 의하면 비둘기는 공기의 저항이 없는 곳에서 더 잘 날 수 있는 것이 아니라 부단히 그 저항으로부터 통증을 느끼는 곳에서 비로소 잘 날 수 있다(KrV. A 5). 마찬가지로 인간의 이성 역시 바깥 사물로부터 자극을 받는 감각의 저항 없이는 어떤 역할도 할 수 없다. 이런 맥락에서 개념은 감각을 벗어나는

---

44) 여기에 대한 좀 더 자세한 논의는 김석수의 「소유를 통해 본 칸트와 헤겔」(새한철학회 편, 『철학논총』 제50집, 4권, 2007, 53~54쪽) 참조.

데 있는 것이 아니라 바로 그 속에서 살아야 한다.

칸트의 개념의 위치는 인간의 존재론적 조건에 연루되어 있다. 공간과 시간의 틀을 넘어설 수 없는 현실적 인간의 운명이 그의 개념의 처지이기도 하다. 그러므로 그의 개념은 이념과 통일될 수 없다. 따라서 당연히 그의 지식은 믿음과 하나가 될 수 없다. 개념화할 수 없는 영역이 남아 있는 이상, 믿음도 참되다는 것을 완전하게 정당화할 수는 없다. 오히려 칸트는 믿음의 영역을 이론적으로 정당화하기보다는 실천적으로 정당화하고자 한다. 거기에 바로 칸트의 요청 개념이 자리하고 있다. 그의 요청 개념은 인간이 자신의 존엄성과 자유를 위해 참여하지 않으면 안 되는 실천법칙에 관계하는 도덕신앙 내지는 이성신앙과 밀접하게 연관되어 있다(KpV. 122). 그러므로 이 요청은 수학에서 요구되는 가설적 차원의 요청이 아니고 인간이면 응당히 임해야 하고, 바로 그 임함 속에서 찾지 않을 수 없는 이념에 필연적으로 관계하는 차원이다(KpV. 11). 물론 이 요청은 객관적인 지식(Wissen)의 차원을 지니지 못한다. 그렇다고 이것이 변명의 차원이나 단순한 주관적 확신의 차원만은 아니다(KrV. B 285). 이것은 믿음의 지위를 가지면서 지식에서 믿음으로 나아가게 한다(KpV. 56, 135). 요청의 대상들은 이론적으로는 객관적인 실재성을 지니지 못하지만, 실천적으로는 객관적인 실재성을 지닌다. 이 요청은 주관적이면서도 참된 믿음(Glauben)의 지위를 가지는 것으로 무조건적인 이성의 필연성에 관계한다(KpV. 11). 요청은 이성의 자율성에 입각한 도덕적 삶과 신앙이 관여하는 은총을 매개하는 인간의 자기완성의 관문이다. 그는 이와 같은 관점에서 이성과 계시를 배타적으로 바라보기보다는 상호 보완 관계로 이해하려고 한다(Dri. 10~12, 202).[45] 결론적으로 칸트철학에서 요청은 인간의 무력감에 대한 표시가 아니라 오히려 위대함의 발판이 된다.

그러나 앞에서도 논의하였듯이, 헤겔은 칸트의 이 요청을 매우 무력한 상태로 규정하고 있다. 그는 인간을 타자와의 관계에서 부단히 스스로의 자유를 실현하기 위해 지양해가는 (aufheben) 존재로 파악하였다. 바로 이와 같은 맥락에서 그는 칸트의 인식론은 인식작용 이전에 인식의 틀을 먼저 설정하고 출발하는 인식도구설의 형태를 지니고 있다고 비판하였다(PG. 68~69). 그에 의하면 인식의 본질은 인식의 작용 속에서 드러나며, 인식의 한계 역시 인식작용의 역사를 통해서 논의되어야 한다.[46] 그는 이와 같은 문

---

45) I. Kant, *Streität der Fakultäten*, Bd. p.7, 6.
46) G. W. F. Hegel, *VGP3*, pp.424~427.

제의식 아래서 사유와 존재, 주체와 타자 사이의 인식의 문제를 운동적(역사적) 관점에서 접근한다. 바로 거기에 끝없이 대립과 분열을 극복해가는 변증법의 지양 과정이 자리하고 있다. 그의 지양은 분열과 대립을 극복하면서도 대립자들의 생명력을 말살하는 것이 아니라 그들의 생명력을 길러 올리면서 동시에 구체적인 통일로 나아가는 과정이다. 그러므로 그에게 있어서 개념은 대상의 잡다한 것들을 정리하는 단순한 통일의 기능을 넘어 모든 대립자들이 함께 갈등하면서도 서로 통일을 이루며 살아가는 공생의 자리이다. 이런 의미에서 개념이 운동을 하지 않으면 그것은 이미 죽은 틀에 불과하다. "진리는 바로 이 개념 속에서만 자신의 존재의 터전을 마련한다."(PG. 15)

헤겔의 이와 같은 시각은 칸트가 소극적이고 부정적으로 처리하였던 사변이성에 강한 힘을 실어주게 된다.[47] 헤겔에게 사변은 곧 개념의 운동성과 직결되어 있으며, 대립과 분열을 극복하는 활동으로 자리하고 있다. 칸트에 있어서 사변적 앎은 독단의 자리가 되지만, 헤겔에 있어서 사변적 앎은 진리의 자리가 된다.[48] 따라서 당연히 이론이성과 실천이성 사이의 구별도 통일로 이어져야 하며, 개념의 운동에 들어오지 않는 것은 존재할 수 없다. 그러므로 헤겔에서는 지식과 믿음을 매개할 요청이라는 개념이 중요한 기초로 작동할 필요가 없다. 오히려 그것은 지양되어야 하는 것이다.[49] 이미 앞장에서 언급하였듯이 믿음 내지 신앙은 표상적 단계에 머물러 있는 것으로 이는 개념적 차원으로 지양되어야 한다(PG. 582). 따라서 칸트와 달리 헤겔에서는 개념과 이념 사이에 간극이 존재할 필요도 없으며, 변증법이 변증론[50]이 되어야 할 필요도 없다.

그러나 헤겔의 이런 비판이 칸트를 완전히 굴복시킬 수 있는 것은 아니다. 아마도 칸트가 헤겔보다 뒤에 살았다면, 그는 헤겔에 대해서 그의 사변철학이 또 다시 자신이 비판하고자 했던 독단형이상학에 귀결되었다고 비판할 수도 있을 것이다.[51] 칸트는 자신

---

47) 이광모, 「철학은 학문(Wissenschaft)인가? -칸트와 헤겔을 중심으로-」 274쪽.

48) "사변적인 것은 … 오성이 분열과 대립으로밖에 보지 못하는 규정들을 구체적으로 통일하는 것"이다(G. W. F. Hegel, Enzy1, p.179).

49) 이성의 자기 역사는 차안과 피안이 "진정으로 화해하는 것(wahrhafte Versöhnung)"이 이루어질 때까지 끝없이 항해한다(G. W. F. Hegel, Grundlinien der Philosophie des Rechts, Hegel Werke Bd. p.7, 512).

50) 칸트에게 분석론은 "진리의 논리학(Logik der Waheheit)"이라면 변증론은 "가상의 논리학(Logik des Scheins)"이 된다(KrV. B 85, 86, 170).

51) 물론 강순전은 헤겔의 이런 작업을 '과도한 독단'으로 보기보다는 철학을 개념적 작업에 제한하려는 '과소한 제한'으로 파악하려고 한다(강순전, 「선험적 변증법과 사변적 변증법 - 칸트와 헤겔의 Antin-

이 애써 세워놓은 한계정신을 허물어뜨린다고 헤겔을 나무랄 수도 있을 것이다.[52] 칸트는 기본적으로 사변이성의 역사적 전개 과정이 곧 도덕적 당위성을 확보해낼 수 있다고 보지 않으며, 오히려 역사적 전개 과정은 도덕적 당위성으로 향해 있어야 한다고 본다.[53] 이런 면에서 도덕성이 역사성에 환원되는 것이 아니라 역사성이 실현해야 할 이념으로 자리하게 된다. 그래서 칸트에게는 이성의 규제적 역할이 오성의 구성적 역할이 되는 것을 경계하도록 설정되어 있다. 그는 헤겔이 이들을 변증법적으로 종합함으로써, 오히려 지식과 믿음 사이의 경계를 허물어뜨려 지난날의 독단형이상학이 범해온 불행을 다시 불러들이게 된다고 비판할 수도 있을 것이다. 비록 헤겔이 칸트와 달리 인식도구설을 떠나 인식작용의 전개과정으로부터 인식의 정당화를 변증법적으로 일구어내고자 하지만, 칸트주의자들은 헤겔이 이미 통일이라는 목적을 역사성을 초월하여 설정함으로써 종래의 목적론이 범한 잘못을 반복하고 있다고 비판할 것이다. 이런 비판은 헤겔 이후의 비판이론이나 후기구조주의 이론을 통해서 많이 전개되었다.[54]

이상에서 보듯이 칸트와 헤겔 사이에는 지식과 믿음을 놓고 근본적으로 차이점을 보이고 있다. 칸트는 지식이 지식답기 위해서는, 그래서 지식이 왜곡되거나 남용되지 않기 위해서는 믿음과 엄격히 구별되어야 한다는 입장을 취하고 있다면,[55] 반면에 헤겔은 지식이 지식답기 위해서는 믿음의 저편이 남아 그것이 우리를 기만하거나 굴종하도록 만드는 상황을 극복해야 한다고 보고 있다. 바로 이런 의미에서 헤겔은 칸트가 지식(Wissen)으로 보는 부분을 오히려 현상의 감각적 확신을 벗어나지 못하는 의견(Meinen)의 영역에 머물러 있다고 나무란다.[56] 반면에 칸트는 믿음의 영역을 지식화하

---

omie론을 중심으로 -」, 철학연구회 편, 『철학연구』 제58권, 2002, 251쪽).

52) Paul Guyer, "Thought and Being: Hegel's Critique of Kant's theoretical Philosophy", in Frederick C. Beiser(ed.), *The Cambridge Companion to Hegel*, Cambridge University Press, 1933, p.196. 이정일은 이런 맥락에서 칸트의 경우는 개념과 실재 사이의 동등권이 주장되고 있다면, 헤겔은 개념이 실재에 대한 우월권을 지닌 지배모델의 형태를 지니고 있다고 언급한다(이정일, 「헤겔과 칸트에게서 진리 문제」, 한국헤겔학회 편, 『헤겔연구』 제11권, 2002, 270, 307쪽).

53) 김석수, 「이성, 자연 그리고 역사 - 칸트의 '자연의 계획'과 헤겔의 '이성의 교지'를 중심으로」, 김형석 외 지음, 『역사와 이성』, 철학과현실사, 2000, 86~87쪽.

54) 김석수, 「'포스트' 시대의 바깥과 가난의 길」(사회와 철학 연구회 편, 『사회와 철학』 제12호, 2006) 참조.

55) 문성학은 칸트의 이런 면을 다른 관점에서 언급하고 있다. 그는 칸트철학에서 통각과 연결되어 있는 "인식론적 질료"와 그렇지 못한 "존재론적 질료"를 구별하고 있으며, 전자를 '가능적 무한자', 후자를 '현실적 무한자'로 구별하고 있다(문성학, 같은 책, 60~61쪽).

56) G. W. F. Hegel, Wissenschaft der Logik I, Hegel Werke Bd. p.5, 38.

면, 거기에 '이설적 신앙(doktrinarer Religion)'이 낳은 문제점이 유발된다고 지적한다 (KrV. B 852~B 856). 그래서 그는 '인식의 영역보다 존재의 영역이 항상 더 넓다'는 것을 포기하지 않으려고 하였으며, "인식의 영역이 도달할 수 없는 나머지 영역을 도덕과 신앙을 위하여 남겨두고자 하였다."[57] 이처럼 칸트는 지식의 이론적 정당화에 한계를 설정하고 있다면, 헤겔은 그 한계를 거부한다. 헤겔은 칸트의 실천적 정당화가 오히려 제대로 된 정당화가 아니라 주관적이고 추상적인 정당화에 그쳤다고 나무란다면, 칸트는 헤겔의 사변적 정당화는 또 하나의 독단형이상학의 불씨를 지피는 결과를 낳을 것이라고 나무랄 것이다. 따라서 칸트의 철학이 필연적으로 헤겔로 이행되어야 할 이유는 없다.[58]

5. 나가는 말

이상에서 보았듯이, 지식과 믿음 및 이들 사이의 관계에 대한 칸트와 헤겔 사이의 입장 차이는 분명히 존재하고 있다. 지식을 '정당화된 참된 믿음'으로 규정할 경우, 믿음이 참됨에 대해 정당화를 시도하지 않으면 주관주의에 매몰되고, 정당화를 성급하게 시도하면 결국 그 자체가 인간의 오만함을 낳게 된다.[59] 그래서 칸트와 헤겔은 각기 한계철학과 변증법철학, 요청철학과 지양철학을 통해 이러한 비판으로부터 벗어나고자 하였다. 칸트는 지식의 한계와 선험성에 기초하여 지식과 믿음의 관계에 대해서 규제적 관계를 설정함으로써 이 문제를 벗어나고자 했다면, 헤겔은 지식의 발전과 역사성에 기초하여 이들 사이에 변증법적 관계를 설정함으로써 이 문제를 벗어나고자 하였다.

이들의 이러한 입장 차이는 결국 지식과 믿음 사이의 차이를 인정하는 방식을 통해 극복할 것이냐, 아니면 이 차이를 역사적 과정을 거쳐 그 차이를 지양하여 통일시키는

---

57) 문성학, 같은 책, 184쪽.

58) William H. Walsh, "Subjective and Objective Idealism", in Dieter Henrich(Hrsg.), Kant oder Hegel?, Stuttgart: Klett-Cotta, 1983, p.98.

59) 햄린은 이와 같은 문제점을 다른 맥락에서 언급하고 있다. 그는 지식을 '정당화된 참된 믿음'이라고 정의할 경우, 어떤 믿음이 참되다는 것을 충분히 정당화할 수 있을 만큼 이유를 제시할 수 있으면, 이미 그 믿음은 지식이 되고 말며, 이 경우 그 믿음은 애초부터 믿음이 아니라 지식이었다고 주장한다(D. W. Hamlin, The Theory of Knowledge, New York: Anchor Books, 1970, pp.79~80).

방식을 통해 극복할 것이냐의 문제로 귀결된다.[60] 통일을 강조하는 헤겔은 차이를 인정하는 칸트의 입장에서 답답함을 느끼겠지만, 역으로 차이를 중시하는 칸트는 헤겔의 입장에서 무모함을 느낄 것이다. 통일에 대한 열정을 가지고 있는 헤겔의 시각에서 볼 때, 칸트의 차이에 대한 존중은 분리로 읽힐지 모르지만, 칸트는 결코 지식과 믿음 사이를 분리하려고 하지 않았으며, 오히려 이들 사이를 조화시키려고 하였다.[61] 또한 차이를 존중하는 칸트의 입장에서 볼 때, 헤겔의 통일의 관점이 독단적으로 보일지 모르지만, 헤겔은 기존의 형이상학자들과 달리 역사적 전개 과정을 거치지 않고 차이들을 성급하게 통일시키려고 하지 않았다. 그 역시 발전 과정 속에서는 지식과 믿음 사이의 모순과 갈등이 계속 진행됨을 인정하였다.

결국 지식과 믿음의 관계에 대한 이들 사이의 입장 차이는 인간이 처해있는 모순을 인간 자신의 능력만으로 해결할 수 없어 타자를 '요청'함으로써 해결할 것이냐, 아니면 인정투쟁의 과정을 거쳐 이를 '지양'함으로써 해결할 것이냐에 기초하고 있다. 지식의 섬과 믿음의 바다 사이에, 즉 진리의 육지와 가상의 바다 사이에 놓여 있는 인간은, 칸트처럼 요청의 돛단배를 타고 가야할지(KrV. B 294, 295), 아니면 헤겔처럼 지양의 함선을 타고가야 할지, 여기에 대해서 고민하지 않을 수 없다.[62] 우리는 여기에 대한 명확한 답을 결정할 수 없다. 그리고 이 글 역시 여기에 목적을 두고 있지는 않다. 이 글이 주목적으로 삼고 있는 것은 지식과 믿음의 관계에 대한 해명을 통해서 그동안 칸트와 헤겔의 관계에 대해서 잘못 읽혀진 것을 시정하는 데 있다. 헤겔의 눈으로 읽혀진 칸트는 항상 미완성이었고, 이는 극복되어야 하는 것이었다. 그러나 이미 밝혔듯이, 칸트의 요청의 철학과 헤겔의 지양의 철학은 방향이 다르다. 그러므로 지금까지 독일관념론 연구에 있어서 한국헤겔주의자들이 칸트의 철학을 미완성의 철학으로 규정하고, 이를 헤겔을 통해 극복해야 한다고 주장하는 것은 재고되어야 할 것이다.

---

60) 최소인, 「갈등이론에 대한 분석 - 칸트와 헤겔의 갈등이론을 중심으로 -」, 한국칸트학회 편, 『칸트연구』 제18집, 2006, 311쪽.

61) 이진오, 같은 글, 198, 207쪽.

62) Konrad Cramer, "Kant oder Hegel - Entwurf einer Alternative", in Dieter Henrich(Hrsg.), *Kant oder Hegel?*, Stuttgart: Klett-Cotta, 1983, p.148.

제4부

칸트와 현대

한명수(경북대)

칸트(Kant)철학이 근세철학사상 획기적인 공헌을 남겼다는 것은 재언할 필요도 없거니와, 그 반향은 현대철학에서도 막심하다. 현대에 있어서 칸트의 입장과 일단 대결하지 아니하는 철학적 입장은 거의 없다고 해도 과언이 아닐 것이다.

칸트에의 복귀(Zuruck zu Kant)라는 슬로건을 걸고 나섰던 소위 신칸트운동 이래 그 부침과 더불어 1세기가 경과하였다. 저간의 역사적 추세를 회고하면 신칸트운동을 통하여 일반으로 칸트철학의 중심과제는 인식론이라는 견해가 풍미했으나, 근자에는 낡은 형이상학의 파괴를 통한 새로운 형이상학의 재건이라는 해석이 지배적이다. 이러한 형이상학적 관심에 반하여, 최근의 경향은 도리어 신칸트운동의 인식론적 방향에로 복귀하는 동시에, 그 입장을 넘어서 칸트의 입장을 근본적으로 철저히 비판하고 재평가하려는 것이 현금의 추세이다. 그러나 칸트에 대한 비판적 학설들도 칸트철학의 가치를 전적으로 부정하지 않고 일정한 문제제기를 받아들이는 태도를 취하고 있다.

이 삼대조류는 칸트철학에 대결하는 입장 내지 태도의 차이를 표명하는데 첫째로 신칸트학파의 인식론적 조류는 칸트의 근본자세를 긍정하고 이것을 인수하여 칸트의 비판론을 형이상학적 전(前)비판적 잔재로부터 정화하려는 입장이다. 둘째로 현상학적 존재론적 입장은 칸트와는 다른 입장, 또는 극히 비 칸트적인 입장에서 출발하지만 결국 칸트철학의 중심문제인 선험적 주관의 개념에 도달한다. 끝으로 최근의 경향은 논리실증주의와 분석철학이 기도하는 근본적, 비판적 입장이다.

1. 칸트철학을 형이상학적 방향으로 초월한 독일관념론은 피히테(Fichte), 셸링(Schelling)을 겪어서 헤겔(Hegel)에 이르러 그 발전의 절정에 도달했으나, 헤겔 사후 곧 내부적 및 외부적 원인에서 붕괴되지 않을 수 없었다. 한편 자연과학의 가치는 각종영역에서 그 찬란한 성과에 의하여 실증되었지만, 그 추세는 드디어 조야한 유물론적 철학설을 초래하였다. 이 두 조류 사이에 처하여 그들의 철학적 참월(僭越)을 배격하고 철학의 활로를 찾아 〈칸트에의 복귀〉를 강조했던 것이 신칸트운동이다. 이 운동자들은 모두 칸트에로 복귀하므로써 철학이 공허한 사변적·형이상학에서 탈피하고 확실한 과학과의 재결합을 회복하는 동시에 유물론과 같이 과학에서 부당한 결론을 도출하는 대신, 도리어 과학 그 자체의 철학적 기초를 확립할 수 있다고 생각했다. 그런데 다른 한편으로, 심리학은 자연과학적 방법을 채용하므로써 장족적인 진보와 괄목할 성과를 거두었으며, 이것에 자극되어 인식현상은 하나의 심리과정으로서 또한 심리학의 대상이 될 수 있다는 견해가 유행하고 있었다. 여기에 있어서 신칸트학파는 칸트 인식론의 심리주의적 해석에 반대하는 동시에 이 운동의 선구자인 리프만(Liebmann), 랑게(Lange) 등의 아프리오리(Apriori)의 심리학적 잔재를 논리주의적 방향으로 순화하는 데에 주력하는 한편, 단순히 칸트에의 복귀에 머무르지 않고 일보 더 나아가서 역사적 칸트를 초월하여 칸트의 비판론을 발전시키려고 기도했던 것이다. 칸트를 이해하는 것은 칸트를 초월하는 것이라는 빈델반트(Windelband)의 말은 이것을 단적으로 표현하고 있다. 그리고 신칸트학파와는 철학적 무드가 다르기는 하지만, 칸트의 입장을 역사적 사회적 현실에 확대해서 역사적 이성의 비판을 통하여 정신과학의 기초를 확립하려는 딜타이(Dilthey)의 철학에서도 칸트 비판론에의 친근성을 볼 수 있다.

그러나 칸트의 비판론을 단순히 인식론으로서 해석하려는 입장은 일면적인 견해라는 비난을 면할 수 없다. 신칸트학파중 이른바 바덴(Baden) 학파(또는 서남독일학파(西南獨逸學派))는 존재와 가치의 이원론에 입각하여 가치가 존재를 규정하는 점에서 칸트를 이해하려고 하나 그 학설은 학문성과 문화성을 논리적으로 확립하는 데에만 전념한 나머지 인간존재를 그 근거에서 해명하여 자유로운 주체성의 확립를 등한시하고, 칸트철학의 과제를 다만 범주론과 가치론의 분석에 제한하였다. 이 점에 있어서는 마르부르크(Marburg) 학파도 동일하다. 다만 이 학파는 전자의 이원론을 배제하고, 순수사유의 자기산출적 일원론에 입각해서 학문의 기초와 문화의 확립을 기도한다. 양자는 입장과 방법이 다름에도 불구하고 그 과제에 있어서는 동일하며, 헤겔적 칸트 해석에 반대하는 점에도 보조를 같이 하고 있다. 리케르트(Rickert)의 〈타립원리(他立原理)〉(Das heterothetische Prinzip)라든가 코헨(Cohen)의 〈근원의 원리〉(Prinzip des Ursprungs)는 헤겔 변증법에 대립하는 의식적 노력의 산물이라 하겠다.

2. 그러나 칸트 비판론의 단순한 인식론적 해석에 반하여 근자에 새로운 형이상학적 해석이 대두하였다. 여태까지 인식론으로서 해석되어왔던 〈순수이성비판〉까지도 고트프리트 마르틴(Gottfried Martin)의 말을 빌린다면, "새로운 자연과학과 낡은 존재론의 두 조류가 합류하는 대해(大海)"에 비유할 수 있을 것이다.[1] 사실 신칸트학파의 최근의 경향도 인식론적 관심에서 이행하고 있다. 예를 들면 마르부르크 학파의 나토르프(Natorp)는 그 만년의 사상에서 헤겔주의에 접근하고 있으며, 동(同) 학파에서 출발한 하르트만(N. Hartman)은 이 학파와 현상학파와의 중도를 취하여 이미 하나의 형이상학에 도달하였다. 그리고 바덴(Baden) 학파에서도 라스크(Lask), 헤리겔(Herrigel)에 이르러 형이상학적 색채가 농후하게 되었다.

그러나 일반적으로 논리학적, 인식론적 관심이 득세한 신칸트학파에 반하여 현상학파에서는 형이상학적 관심이 지배적이다. 이 학파의 시조는 주지된 바와 같이 브렌타노(Brentano)이며 다시 볼차노(Bolzano)에까지 소급한다. 브렌타노는 칸트철학, 독일관념론에는 오히려 반감을 가지며 멀리 아리스토텔레스(Aristoteles), 중세 스콜라(Schola)철학, 특히 토마스(Thomas)의 사상에서 많은 영향을 받았다. 이 전통을 계승한 후설(Husserl)의 현상학적 환원방법은 전혀 비칸트적 처리법이지만, 이 방법에 의하여 정화된 선험적 의식의 본질구조의 분석에 있어서 칸트의 비판론에 접근하고 있으며, 라이닝거(Reininger)의 현실접근(Wirklichkeitsnähe)과 방법적 독재론(獨在論, methodischer Solipsismus)의 입장도 역시 칸트의 비판적 방법과는 무관한 것이나 하나의 선험적 내재론에 도달하고 있다.

그러나 칸트철학의 과제를 인간존재의 해명이라고 보고, 선험적 구상력(構像力)의 근원적 시간성에서 파악되는 인간존재의 비논리성을 강조하는 것이 하이데거(Heidegge)r의 현상학적 존재론의 입장이다. 하이데거는 후설과 같이 단순히 순수의식의 본질구

---

1) (Martin, Immanuel Knat: Ontologie und Wissenshaftstheorie, Köln 1960, Vorwort)

조에서가 아니라, 인간적 실존의 본질구조에서 칸트철학의 의의를 이해하려고 한다. 그에게는 인식이란 존재론적 인식을 의미하며, 이 근거는 초월적 형성작용으로서의 선험적 구상력이요, 근원적 시간이다. 뫼르헨(H. Mörchen)도 칸트의 구상력의 전면적 분석에서 그리고 크뤼거(G. Krüger)는 칸트의 실천이성의 내부에서 인간존재의 본질구조를 이해하려고 하고 있다.

이와 같은 구상력 일원론으로써 칸트철학을 이해하려는 것은 일면적이라는 비난을 면할 수 없으나, 신칸트학파의 소위 아프리오리의 빈약화(貧弱化, Verarmung des Apriori)에 활기를 취입(吹入)한 것도 사실이다. 그러나 칸트철학의 존재론적 의의만 강조하고 그 인식론적 의의를 무시한다면, 칸트의 진의와는 거리가 멀다고 아니할 수 없다.

3. 현대경험론 내지 실증주의와 분석철학은 칸트의 비판론을 신칸트학파와 같이 인식론적차원에서 이해하고 이것을 본질적 근본적으로 비판하는 동시에 칸트철학의 재평가를 기도하고 있다.

여태까지 칸트주의자들과 반칸트주의자들의 논쟁의 중심이 선천적 종합인식을 어떻게 해명할 것인가에 있었다고 하면, 이제 문제는 논난의 전제를 부정하므로써 이 논쟁 전체의 의의을 부정하려는 근본적 태도에 있다. 즉 선천적 종합판단의 존재를 부정하려는 것이 현금의 추세이다. 칸트와 실재론적 형이상학자들은 선천적 종합판단들을 해명하기 위해서 여러가지 가설(假說)을 탐구하였다. 그러나 이 탐구들은 실제로 시인될 수 있는 사실일 것인가? 쉴릭(Schlick), 카르납(Carnap) 등 이른바 빈 학파(Wiener Kreis)와 분석철학의 대다수 철학자들은 이것에 이론을 제기하고 있다. 그들은 선천적 종합판단의 존재를 부정하는가 하면, 때로는 칸트의 선천적 종합적 현실인식을 예리하게 비판하고 그 가능성에 부정적 태도를 취한다. 종래에 선천적 종합판단의 문제는 과대히 평가되었으나, 모든 종합적 언표는 기실 경험판단에 불과하며 이의 검토는 경험과학들에 일임되어야 한다. 철학은 개별과학들과 함께 현실에 관하여 확실하고 근거있는 언표를 조작하는 아무런 가능성도 소유하지 않는다. 그러므로 철학은 마땅히 논리학, 과학이론 및 기초연구의 영역으로 후퇴하지 않으면 안 된다는 것이 그들의 주장이다.[2]

---

2) (Vgl. Wolfgang Stegmüller, Hauptströmungen der Gegenwartsphilosophie, Stuttgart 1960, x x)

그러나 문제는 우리의 견해에 의하면 경험적 사실의 정적 분석만으로서는 충분히 해결될 수 없으며, 그러기 위해서는 소여의 사실들을 사유의 역사적 발전의 결과로서 고찰하지 않으면 안 된다. 예를 들면 칸트도 탐구한 원인-결과라는 범주의 존재여부의 증명은 어떤 의미에서는 가능하지만, 그러나 칸트의 방법으로써는 완수될 수 없다. 왜냐하면 칸트의 방법은 우리가 뉴턴(Newton)의 물리학을 인정하는 한, 우리는 그러한 범주를 사용할 수 있고 또 사용하지 않으면 안 된다는 것을 증명할 뿐이기 때문이다. 그러므로 그것은 다만 순환론법에 불과하며, 원인-결과의 범주의 증명은 자연과학적 사유의 역사를 탐구하므로써만 가능하다. 칸트의 방법은 다만 18세기의 자연과학자들이 이 범주에서 사유했다는 사실을 해명할 수 있을 뿐이다. 왜 그들이 그렇게 사유했던가는 우리가 원인-결과의 관념의 역사를 추적하므로써만 해결될 수 있다. 만일 우리가 그 이상 더 요구한다면, 즉 이 관념의 진리와 이 사고방식의 정당성에 대한 증명을 요구한다면, 그것은 사리상(事理上) 결코 만족될 수 없는 것을 요구할 뿐이다. 우리의 사유의 원리들이 만일 정당하지 않다면, 우리가 이 원리들에 따라 사추한다고 해서 어찌 그 정당성에 대하여 확신을 가지려고 하며, 그리고 우리가 우리의 사유에 있어서 회답될 수 없는 비판적 반증(反證)의 여부를 비판하려고 하는가? 우리의 과학적 연구의 근저에 있는 사유원리들의 비판은 과학 그 자체에 의하여 그 발전과정에서 해명되어야 할 과제이다. 이 비판이 인식론에 의하여 미리 수행되어야 한다는 것을 요구하는 자는 인식론이 사유의 역사를 선취(先取)해야 한다는 것을 요구하는것 이외에는 아무것도 아니다.

여하한 철학자도 시대적, 역사적 제약을 초월할 수 없다. 칸트 역시 이 제약에서 제외될 수 없었다. 이 역사적 제약의 이해 없이는 우리는 어떤 철학적 체계를 정당히 평가할 수 없다. 과학은 인간정신이 그 역사의 일정한 시기에서 획득한 전재산의 확립에 불과한 것이다. 칸트의 윤리학은 독일 경건주의(敬虔主義)의 도덕적 확신의 표현이요, 그의 〈순수이성비판〉은 뉴턴의 자연과학의 이념과 원리들을 그 당시의 철학적 문제들에 관련해서 분석한 것이다. 칸트의 문제들을 준비한 것은 데카르트(Descartes), 라이프니츠(Leibniz), 뉴턴의 견해요, 아인슈타인(Einstein), 하이젠베르크(Heisenberg), 슈레딩거(Schrödinger)의 견해가 아니었다.

칸트를 이해하는 것은 역사적 칸트를 초월하는 것이라고 하지만, 우리의 견해에 의하면 칸트를 이해하기 위해서는 칸트를 초월할 것이 아니라, 도리어 그의 시대적 제약을 솔직히 인정하고 그의 철학에 침잠(沈潛)하지 않으면 안 된다. 이렇게 본다면 칸트 비판철학의 불후의 공적은 바로 비판정신 그 자체이다. 유잉(A. C. Ewing)은 칸트의 영원한 공적으로서 ① 형이상학에서의 과학의 정화, ② 쾌락주의와 신학에서의 윤리학의 정화, ③ 미신과 윤리적 오류에서의 종교의 정화를 지적하고 있거니와[3] 이 삼대 정화도 기실 칸트의 비판정신에 기의(基依)해서만 가능하다. 칸트의 비판론은 한편으로 재래의 신학적 독단론적 형이상학을 파괴하고 합리주의의 무기인 이성에 의하여 이성 자체를 비판하는 동시에 합리주의를 비판했으며, 다른 한편으로 칸트는 이 비판을 통하여 의지 자유의 요청에 따라 자유로운 주체의 형이상학을 재건하였다. 이 재건은 한편으로는 근대적 인간상의 확립을 의미하는 동시에, 다른 한편으로 전(前) 근대적인 것의 재편성, 즉 재편성된 전 근대적인 것과의 타협적 조정을 의미한다. 그리고 이 과제의 해결에 일관된 철학적 태도가 비판정신이다. 칸트는 "우리의 시대는 비판의 시대이다. 모든 것이 비판에 굴복하지 않으면 안 된다'라고 말하였다.[4] 이 비판정신은 칸트의 이른바 "현대정신"이며, 칸트는 이것을 인류가 자기를 완성하기 위하여 부자유에서 자유에로, 무자각에서 자각에로 발전하는 역사에 견주어서 제술(製述)하고 있다.[5]

현대는 자유 없는 이성과 이성 없는 자유의 이대 사상이 대립하고 있는 위기의 시대이나, 비판은 그러한 자유 없는 이성을 비판하고 이성 없는 자유를 비판하는 동시에, 이성도 자유도 함께 철저히 비판하는 자유로운 이성의 활동이 아니면 안 된다. 철학적 정신이란 이러한 비판적 정신을 말한다. 칸트의 철학체계는 역사적 제약을 초월할 수 없지만, 그의 비판정신은 역사를 초월하여 사상의 대해(大海)에서 언제나 그 빛을 잃지 않을 것이다.

---

3) (Living Schools of Philosophy, Ed. by Dagobert D. Runes, p.232)
4) (Kritik der reinen Vernunft, A.XII Arm., Vgl. Logik Einleitung, IV, Cassirer-Ausg., s.350.)
5) (O.a.a. Einleitung)

현대철학사상의 반형이상학적 경향과 칸트철학

손봉호(서울대)

I. 입문 : 칸트(Kant)와 현대문화

한 위대한 사상가의 영향이 어느 정도 크며, 구체적으로 어떻게 작용했는지를 정확히 말하기는 어렵다. 사상을 물의 흐름에 비유하는 경우가 많은데 강의 하구에 흐르는 물이 어느 샘에서 시작되었으며, 어느샘은 어느 정도로 강의 성격에 영향을 주었는지 알기는 쉽지 않다. 물의 흐름보다 더 복잡한 인간의 사조는 말할 것도 없다.

후설(Husserl)이 그의 생활세계를 설명하면서 잘 보여주듯이, 인간의 문화는 하나의 거대한 의식의 흐름이다.[1] 수많은 사람이 이 흐름에 공헌하고, 더 많은 사람들은 이 흐름의 덕을 보며 영향을 받는다. 한 문화권내의 모든 사상은 이미 존재하는 생활세계로부터 그 동기, 방향, 재료, 그리고 기본적인 틀을 제공받는다. 그러나 그렇다고 하여, 한 문화가 영향만 끼치는 것은 아니다. 그 자체도 변형되고, 개조되고, 어떤 때는 타락하는 것이다. 그 문화 안에 모든 의식이 조금씩 이 변화에 기여하겠지만, 역시 근본적인 방향의 전환은 특별히 창조적인 두뇌에 의하여, 그리고 그 틀을 통하여 이루어진다. 그 창조적인 공헌조차도 이미 정해진 법칙에 의하여 이뤄지는지 않는지에 대해서는 여기서 논하지 않기로 하되, 역사상 근본적인 변화는 위대한 사상가들에 의하여 이루어졌다는 사실은 부인하기 어렵다. 아무리 평등사상이 강조되고 역사의 원동력으로서 민중이 중요시되더라도, 그 변화의 구체적인 말미는 특정한 사상가를 통하여 주어지고 표현되는 것이다.

---

1) 拙稿,「生活世界」韓國現象學會 編, 現象學이란 무엇인가? 서울, 1983, 147~153쪽.

칸트는 플라톤(Platon), 아리스토텔레스(Aristoteles)와 함께 서양철학의 거장이고 특히 현대에 와서는 「칸트를 비판하던지, 칸트를 추종하면서 철학할 수는 있어도 칸트 없이는 철학할 수 없다」는 말이 있을 정도로 중요하다. 그는 분명히 오늘의 서양 생활세계형성에 매우 중요한 공헌을 했고, 그 문화의 웅덩이 물의 색깔을 변하게 했다. 칸트가 없었더라면, 오늘의 서양문화는 다소 다른 양상을 띠었을 것이라 추측할 수 있다. 그리고 통신수단, 교통수단, 문화 교류를 통하여 하나의 생활세계가 형성되어 가는 오늘, 그의 사상은 우리에게도 영향을 끼치고 있다 할 수 있다.

그의 사상이 어느 정도 현대 문화에 영향을 끼쳤는지 정확하게 말하기는 물론 불가능하다. 그러나 적어도 그의 철학이 후대인(後代人)에게 커다란 관심거리가 되었다는 것은 그의 철학에 대한 연구논문의 수가 잘 나타내 주고 있다. 페어비크(Verbeek)는 1975년에 추측하기로 그때까지 칸트에 대한 저서와 논문의 수가 약 3만에서 4만에 이를 것이라 하였다.[2]

사실 현대에 유행하고 있는 어느 사상도 직접 간접으로 칸트의 영향을 받지 않은 것은 없다. 그것은 구태여 철학사상에 국한된 것이 아니고 법학, 미학, 천문학 심지어 수학, 물리학에까지 칸트의 이름이 거론되고 있다.

그러나 칸트도 역시 시대의 아들이다. 비록 천재적이고 지극히 창조적이었지만 그 시대의 제한성을 그도 가지고 있으며 그 시대의 경향을 그가 완전히 초월한 것은 아니다. 그의 철학이 뉴턴(Newton) 물리학의 커다란 영향 아래 있었고, 그가 알고 있었던 수학도 유클리드(Euclid) 기하학뿐일 수밖에 없었다. 따라서 그의 사상은 모두 그의 창조물은 아니었다. 어떤 것은 그에 의하여 새로 생각되었고, 어떤 것들은 그에 의하여 서로 연결되었으며, 또 어떤 것들은 그를 통하여 더 잘 전달되었을 뿐이다.

그러나 그는 현대사상으로 오는 중요한 길목을 형성했고, 우리가 살고 있는 생활세계에 많은 것을 공헌했다.

특히 이 소고에서는 현대사상의 일반적인 반(反)형이상학적 경향에 칸트의 위치가 어떤 것인가를 생각해 보고자 한다. 형이상학을 어떻게 이해하느냐에 따라, 현대사상이 결코 반형이상학적이라 할 수 없다는 주장이 있을 수도 있으나, 일반적으로 보았을 때, 우리의 정신적 기류는 분명히 反형이상학적이다. 현대사상이 이와 같이 된데는 여러가지

---

2) Th. Verbeek, 「Immanuel Kant. Metafysica, Ontologie of Wetenschapstheorie?」 *in Algemeen Nederlands Tijdschrift voor Wijsbegeerte*, 67(1975), 1. p.1.

이유가 있었고 그 형성과 정도 배우 복잡하다. 칸트의 사상은 이 과정에 매우 흥미로운 위치를 차지하고 있다. 한편으로는 그때 이미 시작된 반형이상학적 사상적 경향에 일부를 이룬 반면에, 또 다른 한 편으로 그 경향의 중요한 원인이 되었다 할 수 있다. 그러나 그의 본래 의도는 형이상학을 부정하는 것이 아니라, 그것을 살려 보려는 것이다. 그의 철학의 이런 역설적인 요소들이 그의 철학을 더욱 흥미롭게 하고, 역사적으로 중요한 위치를 차지하게 한다. 칸트야말로, 형이상학 시대로부터 반형이상학적인 현대로 넘어 오는 길목에 서 있었으며, 단순한 길목 이상의 역할을 감당했다 할 수 있다.

그래서 칸트철학에 대한 해석도 복잡한 양상을 보이고 있다. 19 세기 말과 20세기 초의 신 칸트 학파는 칸트철학을 주로 인식론적 관점에서 보았으며, 전형적인 과학철학으로만 취급하여, 형이상학에 대해선 부정적인 것으로 해석했고, 그런 형태로, 현대철학에 영향을 주었다. 그러나 금세기 초에 분트(Wundt)와 하르트만(N. Hartmann) 그리고 그 후에 하임수트(Heimsoeth), 하이데거(Heidegger) 등은 칸트철학을 형이상학적으로 보기 시작하였다.[3]

같은 철학에 대하여 이와 같이 상반된 해석이 나올 수 있는 것은 한 편으로는 칸트의 철학이 얼마나 풍부, 다양하며, 또 한편으로는 해석조차 얼마나 시대적 배경에 좌우되는가를 웅변적으로 보여준다. 동시에 그것은 형이상학에 대한 칸트의 입장이 얼마나 복잡한가를 증거하기도 한다.

그러므로, 우선, 현대의 반형이상학적 경향에 대한 칸트철학의 위치를 살펴보기 전에 먼저 칸트 자신의 형이상학관이 어떠했나를 살펴보고자 한다. 이것은 형이상학의 흥망사에 있어서 칸트의 특이한 위치를 더욱 잘 부각시켜 줄 것이다.

II. 칸트의 형이상학관

1. 이론적 형이상학의 불가능성

후대의 여러 가지 해석이 가져다줄 수 있는 선입견을 가능한 한 버리고 칸트 자신의

---

3) 拙稿, 「칸트에 있어서 科學으로서의 形而上學」 『哲學研究』, 9집(1974), 99쪽.

말에 정직한 귀를 기울이면 형이상학에 대한 그의 관심이 매우 컸음을 발견하게 된다. 우선 그의 주저인 「순수이성비판」의 입문서(비록 후에 쓰였지만)라고 할 수 있는 「과학으로 등장할 수 있는 모든 미래의 형이상학서설」(Prolegomena zu einer jeden künftigen Metaphysik, die als Wissenschaft wird auftreten können)이란 책의 이름이 그것을 잘 말해 주고 있다. 그리고 잘 알려진 바와 같이, 그의 주저의 주목적은 「어떻게 하여 과학(Wissenschaft)으로서 형이상학이 가능한가?」였다.

이것은 많은 사람들에게 우선 당혹감을 준다. 그의 「순수이성비판」의 최대목적은 비판에 있고, 비판의 핵심은 1부 2편의 「선험적 변증법」에서 이루어진다. 그런데 바로 그 부분에서 칸트는 전통적인 형이상학, 즉 합리적 심리학, 우주론, 합리적 신학을 비판하여 그들이 불가능함을 보여주고 있다. 그들의 대상인 영혼, 세계, 신에 대한 지식은 모든 타당한 인식이 마땅히 갖추어야 할 선험적 종합판단의 요건을 갖지 못한 것으로 나타난다.

그런데도 불구하고, 그의 모든 철학적 작업이 「어떻게 과학으로서의 형이상학이 가능한가?」에 집중되었다면 이는 얼른 보기에 커다란 모순인 것 같다. 형이상학이 불가능하다는 것을 보여주는 작업이 곧 형이상학을 가능케 한다는 이상한 논리에 빠진 것이 아닌가?

여기서 우리는 칸트가 스스로 말한 것에 좀 더 주의를 기울일 필요가 있다. 상식적으로 형이상학을 이해해서는 모순밖에 발견할 수 없다.

칸트는 우선 형이상학은 반드시 과학(Wissenschaft)이라야 한다고 주장했다. 「형이상학은 과학이라야 한다. 그 전체로서뿐만 아니라, 그 부분 부분에 이르기까지 과학이라야 한다. 과학이 아니면 그것은 아무것도 아니다.」[4] 여기서 우리는 형이상학에 대한 칸트의 관심이 그 대상에 우선적으로 있는 것이 아니라그 논리성에 있음을 알 수 있다. 형이상학의 대상인 신, 영혼, 세계가 인간의 직관능력으로는 파악할 수 없는 것임은 분명하다. 칸트도 흄(Hume)처럼, 그런 대상은 우리가 경험할 수 없고, 경험할 수 없는 것은 근거없는 것이니 학문 대상이 될 수 없다고 잘라 말 할 수도 있었고, 그것은 그의 주 사상과 일치하는 것이다. 그러나 그는 그렇게 쉬운 방법을 택하지 않았다. 그것도 하나의 독단론이 될 수 있기 때문이다.

---

4) Kant, *Prolegomena, zu einer jeden künftigen Metaphysik, die als wissenschaft wird auftreten können.* pp.199~200.

그가 택한 길은 실로 오묘하다 할 수 있다. 경험론의 입장에 서서, 경험 바깥의 것은 지식의 대상이 될 수 없다고 주장하는 독단을 피하고, 오히려 합리론의 전형적인 도구인 정합성의 원리를 이용하여 그 사실을 증명하려 한 것이다. 즉 신, 영혼, 세계에 대한 이론이 불가능하다는 것을 합리론의 방법으로 비판한 것이다. 그것을 위한 전초작업으로서, 그는 우선 형이상학은 과학이어야 한다고 주장한 것이다.

칸트가 형이상학은 과학이 되어야 한다고 했을 때, 그가 이해한 것은 과학은 곧 체계(System)라야 한다는 것이고,[5] 체계란 「이성으로부터 주어진 선천적 이념에 의하여 그 형식과 범위가 결정된 다양한 지식들의 조직」[6]이라는 것이다. 즉 지식들의 단편들이 체계를 이루어, 과학이 되려면, 그 조각들을 적당히 정리하여 나열해 놓은 것이 아니라, 하나의 선천적 이념에 서, 마치 콩 씨앗에서 콩줄기, 잎, 꽃이 자라나듯, 하나의 필연적인 체계로 자라나는 것이라야 한다는 것이다. 여기서 칸트의 세계관이 철저한 유기론적임을 알 수 있다.

따라서 지식의 단편들이 하나의 체계를 이루는 것은 그 지식들 속에서 나오는 것은 아니다. 그 체계성은 인간이성에 선천적으로 주어진 것이고, 그 체계에 그 단편들이 종속할 뿐이다. 선천적 개념들이 과학을 구성하지, 직관적인 경험이 과학을 형성하는 것은 아니다.

그러나 칸트에게 있어서 놀라운 점은 올바른 체계라면, 반드시 그 체계에 부합되는 경험적 대상이 있다는 확신이다. 라이프니츠(Leibniz)의 예정조화를 생각나게 한다. 그에게는 논리적으로 완벽하되, 거기에 상응하는 대상이 없는 체계는 상상할 수 없다. 거기에는 반드시 논리적 오류가 있기 마련이다.

이 확신으로 칸트는 선험적 변증론을 끌어 나간다. 경험적 직관의 대상이 될 수 없는 신, 영혼, 세계에 대한 체계는 반드시 체계자체가 논리적 모순을 포착하지 않을 수 없다는 것이다. 이성은 그 본성에 의하여 체계를 세우려 하고, 신, 세계, 영혼에 대한 형이상학적 체계도 이성의 본성 때문에 불가피하다는 것이다. 「그것은 바다 중앙이 해변보다도 높게 보이는 것이 불가피한 것과 같다. 뿐만 아니라, 착각은 막 돋을 때의 달이 비교적 크게 보이는 것이 불가피한 것과 같다」[7]고 하였다.

---

5) Kant, *Kritik der reinen Vernunft*, B. 89, 860.
6) Kant, 같은 책, B. 860.
7) 같은 책, B. 354~5.

그러나 불가피하다 하여 옳은 것은 아니다. 자세히 분석해 보면, 단순히 신, 세계, 영혼이 경험적 대상이 될 수 없다는 이유로, 잘못된 것만이 아니라, 그것은 그 자체의 논리적 모순을 포함하고 있어서 그 잘못이 드러난다는 것이다. 즉 영혼문제와 관계해서는 오류추리 (Paralogismus)가, 세계문제와 관계해서는 이율배반(Antinomie)이, 그리고 신문제와 관계해서는 관념에서 존재를 추리해 내려는 잘못을 범한 것이 드러난다. 역설적이게도 올바른 체계와 착각으로서의 체계를 구별하는 최후의 시금석은 경험이 아니라 논리이며, 종합판단이 아니라 분석판단이다. 다른 말로 말해서, 분석판단의 표준에 의하여 형이상학은 종합판단이 되어야 함을 증명하려 한 것이다.

그래서 칸트는 신, 세계, 영혼에 대한 이성적 체계가 불가능함을 보여 주고, 따라서 과학으로서의 형이상학은 이론적 이성의 영역에서는 성립될 수 없음을 증명한 셈이다. 앞에서도 지적한 것처럼 영혼, 세계, 신에 대한 이론적 형이상학이 불가능한 근거의 최후심판을 경험으로 하여금 내리도록 하지 않고 오히려 논리적 모순율로 하여금 내리도록 한 것이다.

2. 실천적 형이상학은 성립된다

이론적 체계로서의 형이상학이 불가능하다 하여 그것으로 이성이 만족할 수는 없다는 것이 칸트의 견해다. 이성은 그 본성에 의하여 신, 세계, 영혼 문제를 취급해야 하고, 그래야만 그 근본목적을 달성할 수 있다고 보았다. 그는 이성을 마치 하나의 유기체인 것처럼 보고 있다. 씨앗이 반드시 싹을 대고, 줄기와 잎을 내고, 꽃을 피워 열매를 맺어야 그 본래의 목적을 다 하듯이, 이성도 신, 세계, 영혼의 문제들을 취급해서 완전한 체계를 이룩해야 그 目적을 달성할 수 있는 것으로 보았다.

바로 이성의 이 본성때문에 선험적 착각이 생기는 것이다. 완전한 체계를 이뤄보려는 이성의 본성[8]은 신, 영혼, 세계를 기어코라도 도입하여 체계를 완성하려 하는 반면, 경험은 그 내용을 제공하지 못하고, 그 사실을 무시하면 체계자체가 모순에 빠지기 때문이다. 그래서 대상에 대한 지식의 체계에서는 이들이 「마치」 (als ob) 실제 대상인 것처럼 취급되되, 그것은 어디까지나 「마치」임을 알아야 한다고 칸트는 주장한 것이다.

---

8) 같은 책, B. 21, B. 765~6.

그러나 이런 비상수단(Nothülfe)[9]으로서는 이성의 목적이 이루어질 수가 없고, 이성이 요구하는 바 체계가 완성되는 것도 아니다. 따라서 이성은 이론 영역에서는 그 뜻이 완전히 이루어질 수 없음을 발견한다.

오히려 이론적 영역을 떠나서 실천적 영역에 들어갔을 때, 그것은 만족 될 수 있다고 칸트는 보았다. 실천의 영역에서는 영혼, 세계, 신의 문제가 영혼불멸, 자유, 신의 존재의 가능성문제로 바꾸어지며, 바로 이 문제들이 이성의 최대관심사라는 것이 칸트의 견해다.[10] 사실 영혼·세계·신의 문제는 객관적으로 그들이 존재하느냐 않느냐 정도의 호기심의 문제가 아니라, 과연 내가 영원히 존재할 수 있느냐, 과연 자유란 가능한가, 신은 존재해서 권선징악을 하느냐의 매우 실천적 문제들이란 생각이다. 「순수철학이라고 부를 수 있는 과목에 있어서 이성의 전장비(全裝備)는 사실상 위에 고찰한 세 가지의 과제 즉 자유, 영혼불멸, 신의 존재를 목적으로 하고 있다. 그러나 이 과제들 자체로 말하자면, 또 다른 목적을 갖고 있는데, 그것은 만약 의지가 자유롭고, 신이 존재하고, 미래의 세계가 존재한다면, 사람이 무엇을 해야 하는가 하는 것이다. 이것은 우리의 최고목적에 대한 우리의 태도와 관계되는 것이므로 이성의 구성에 있어서 우리를 위하여 현명하게 배려하는 자연의 최후 의도는 도덕적인 것에 있는 것이다.」[11]라고 칸트는 믿었다.

이리하여, 이론의 영역에서 불가능한 것으로 판명된 형이상학은 실천의 영역에서 이루어지게 되었다. 그의 「도덕형이상학기초」(Grundlegung zur Metaphysik der Sitten)와 「실천이성비판」(Kritik der praktischen Vernunft)에서 그 작업이 이루어진다. 이론적으로는 모순밖에 초래할 수 없는 신, 영혼 세계의 문제가 실천적으로는 신의 존재, 영혼불멸, 의지의 자유문제로 불가피하고 필연적인 것으로 나타나 확실해지는 것이다.

---

9) Kant, *Welches sind die Fortschritte, die Metaphysik seit Leibnizens und Wolffs Zeiten in Deutchland gemacht hat?* A. 62.

10) Kant, KrV. B. 826, 395n.

11) 같은 책, B. 828~29.

III. 현대철학의 반형이상학적 경향과 칸트 사상

1. 현대의 사상적 상황과 배경

사상적으로 우리는 제자백가의 시대에 살고 있다. 2차대전 후 전 세계에 영향을 주었던 실존주의철학이 1960년대를 고비로 퇴색되고, 이제는 어느 사조도 실존주의가 누렸던 위치를 차지하지 못하고 있다. 10여 년 전에 출판된 「20세기의 철학자들」[12]이란 책에서 그 때에 중요하게 여겨졌던 철학사조는, 마르크스 주의와 신마르크스 주의, 구조주의, 현상학과 실존주의, 분석철학, 그리고 과학철학을 들었다. 그 후 10여년간 판도가 그리 많이 변한 것은 아니다. 다만 그 때 지배적인 인상을 주었던 신마르크스 주의가 다소 후퇴하고, 현상학과 실존주의 곁에 해석학이 하나 더 머리를 쳐들었으며, 분석철학과 과학철학 곁에 신실재론이 최근 흥미를 불러일으킬 뿐이다. 그러나 제자백가 현상은 오히려 더 강화된 셈이다. 오늘의 철학도는 「이것이 오늘의 철학이다」라고 내어 놓을 것이 없음을 절감한다.

그와 함께, 현대의 대표적이라고 내세울 철학자도 없다. 포퍼(Popper)외에는 과거에 후설이나 비트겐슈타인(Wittgenstein), 사르트르(Sartre)나 하이데거(Heidegger)가 누렸던 지위를 누리는 철학자가 없고, 포퍼조차도 위에 언급한 네 철학자에 견줄 수는 없을 정도다. 전쟁에 영웅이 없어지고, 위대한 정치가가 자취를 감추어버린 시대라 그런지 철학에 있어서도 평준화 현상이 두드러진다.

그런데도 불구하고 전체적으로 현대사상들은 어떤 특정한 경향을 가지고 있음을 부인할 수 없다. 「변화된 체계의 철학」이란 방대한 책에서 저자 슐츠(Walter Schulz)는 현대철학의 특징으로 ① 과학화(Verwissenschaftli-chung), ② 내면화(Verinnerlichung) ③ 육체화(Verleiblichung) ④ 역사화(Vergeschichtlichung) 그리고 ⑤ 책임화(Verantwortung)를 들었다. 과학화 현상은 넓은 의미로서의 인식론적 현상이고, 내면화는 전통적인 형이상학의 현대적 변형이며 육체화는 현대의 인간학, 역사화는 현대의 역사철학, 그리고 책임화는 현대의 윤리학의 경향을 표현하는 것으로 취급하고 있다.[13]

---

12) C. P.Bartels en E. Petersma, ed. *Filosofen ran de 20e eeuw*, Amsterdam, 1972, pp.2~3.
13) Walter Schulz, *Philosophie in der veränderten Welt, Weinberg*, 1972. 특히 pp.8~9.

그는 형이상학 문제를 내면화 경향과 관계하여 취급하고 있지만, 다른 모든 경향에서도 역시 반형이상학적 경향이 작용하고 있음을 숨기지 않고 있다. 「오늘날 형이상학의 역할은 끝났다. 비록 그 자체로 올바로 파악한다 하더라도, 세계에 대한 전체적 이해를 발전시키겠다는 모든 시도는 이제 개인의 사사 철학으로만 인정될 뿐이다. 그리고 그것에 대하여 현대는 전혀 관심 없이 지나가 버리고 만다」[14]라고 슐츠는 그 책 첫머리에서 관찰하고 있다. 그리고 더 구체적으로는 실존주의가 「서양 형이상학의 종말」이었다고 보았다.[15]

현대의 형이상학적 경향에 대해서는 구태여 슐츠의 관찰에 의존할 필요가 없다. 분석철학의 출발점이 형이상학에 대한 반항이었고, 현상학이 그렇게 중요시하는 본질도 '근거있는 직관'이었다. 비교적 형이상학적 요소를 많이 가지고 있는 마르크스 주의나 구조주의조차도 실증중심의 과학성을 중요시 하는데 있어서는 역시 20세기의 철학이다.

오늘의 철학문헌에 신, 영혼, 세계 그 자체, 본질, 존재, 이성 등의 형이상학적 표현이 점점 줄어들고 있음은 분명하다. 비록 실증적 과학을 절대로 믿는 것은 아니나, 비과학적인 것을 신화라고 할 정도의 과학주의는 현대인에게 아직 남아 있다.

그러면 이런 반형하상학적 경향은 어떻게 해서 형성되었는가?

입문에서도 지적되었지만, 어떤 사조의 원인을 찾기는 지극히 어렵다. 마치 강의 하류에 흐르는 물의 원천을 찾는 것과 같이 복잡하다. 20세기와 철학사상들을 소개하면서 화이트(Morton White)는 20세기의 거의 모든 중요한 철학사상은 헤겔(Hegel) 철학에서 출발한다고 관찰했다.[16] 적어도 역사적으로는 그의 관찰은 상당한 타당성을 가지고 있다. 그러나 그 가운데 상당한 수는 헤겔을 따름으로 일어난 것이 아니라, 헤겔에 반대해서 일어났다. 그런 이유에서 헤겔이 20세기 철학을 지탱한다고 할 수도 없고, 부정적인 영향도 영향이라 하지 않는 한 그의 영향 아래 있다고 할 수도 없다. 더더구나 20세기 철학의 반형이상학적 경향이 헤겔에서 유래되었다고는 아무도 주장할 수 없을 것이다.

현대철학의 시조는 역시 데카르트(Descartes)니만큼 20세기의 철학도 역시 데카르트의 영향 아래 있다고 할 수 있다. 데카르트가 처음으로 지식의 대상보다는 그 추구의 방법에 관심을 모았다는 점, 지식의 확실성을 인식주체에서 찾으려 했다는 점 등은 오

---

14) 같은 책, pp.7~8.
15) 같은 책, p.9.
16) Morton White, ed. *The Age of Analysis*, 1955. New York. p.13.

늘날의 철학에서도 어느 정도 그 유산을 발견할 수 있다 하겠다. 그러나 데카르트를 오늘날의 반형이상학적 경향의 시조로 보기에는 그가 지나치게 형이상학적이었다. 로크(Locke)와 흄의 비판이 그것을 말해 주고 있다.

현대의 반형이상학적 경향에 절대적인 영향을 끼친 가장 중요한 철학자는 의심의 여지없이 로크와 흄이었다. 이에 유명론적인 영국의 철학적 전통이 비교적 반형이상학적이었지만, 생득적 관념을 부인함으로 형이상학의 가능성을 그 뿌리에서 잘라버렸다 할 수 있다.

긍정적이든 부정적이든간에, 이 두 영국 사상가가 현대의 반형이상학에 끼친 영향은 절대적임을 인정하고 난 다음, 또 한 사람의 사상가를 떼어 놓을 수 없는데 그가 바로 칸트다. 로크와 흄은 형이상학에 아예 담을 쌓고 도랑을 내어 차단하려 했다면, 칸트는 오히려 형이상학적 사고를 서서히 유도하여 결과적으로 반형이상학적이 되게 이끈 사람이라 할 수 있다. 담과 도랑 대신 출구와 다리를 놓았다고 할까?

위에서 살펴본 바와 같이 그는 형이상학을 매우 중요시했으나, 그가 가능하다고 생각한 형이상학은 결국 전통적인 형이상학은 아니었고, 전통적인 형이상학을 흔들어 놓고 만 것이다. 칸트는 형이상학의 반대자(Gegner) 혹은 비판자(Kritiker)가 아니라 형이상학을 흔들어 놓은 사람(Zerströrer)[17]이었다. 그런 의미에서 칸트는 반형이상학적 경향의 매우 중요한 길목을 만들었다 하겠다.

2. 칸트철학의 반형이상학적 계기

그러면 구체적으로 칸트철학의 어떤 요소가 현대철학의 반형이상학적 경향과 연결되었으며, 그것은 동시에 현대철학 이해에 어떤 도움을 주는가? 슐츠가 말한 다섯 가지의 현대철학 특징에 칸트의 영향이 미치지 않은 것은 하나도 없는 것으로 보이며, 슐츠도 그것을 분명히 하고 있다. 앞에서도 지적한 바와 같이 이 다섯가지 특징이 모두 반형이상학적 경향을 그 성격으로 가지고 있는 것이기 때문에 칸트가 그 경향에 끼친 영향은 거기서도 충분히 나타난다.

그러나 이 소고에서는 의도에 있어서 결코 반형이상학적이 아니었던 칸트의 선험철

---

17) Schulz, 위의 책, p.114.

학이 무엇 때문에, 그리고 칸트철학내의 어떤 요소들 때문에 결과적으로 오늘날의 반형이상학적 경향에 공헌을 하게 되었는가를 살펴보려 한다. 특히 관심을 가지고 보려하는 것은 칸트가 처음으로 만들어 낸 선험철학이 어떤 역할을 하였나 하는 것이다.

칸트가 주창한 선험철학이란 모든 타당하고 객관적인 인식의 기본조건들을 그 인식대상에서가 아니라 그 인식주체에서 찾는 철학이다. 「내가 '선험적'이라 이름하는 인식은 인식대상에 관한 인식이 아니라, 그 대상들에 대한 '우리들의 인식방법'에 대한 인식인데 그것이 선천적으로 가능해야만 하는 것이다. 그러한 개념들의 체계를 '선험철학'이라 부르게 될 것이다」[18] 라고 칸트는 어렵게 정의했다. 그러나 그가 뜻하는 것은 첫째, 모든 인식은 인식주체에 달려 있으며, 둘째, 그러나 그 조건으로서의 주체는 임의적인 인간이 아니라, 선천적(a priori)으로 이미 주어진, 따라서 보편적인 개념, 원칙, 의식일반등의 기구들이며, 셋째, 이 후자들을 밝혀냄으로써 어떻게 타당한 지식이 가능한가를 보여주는 것이 선험철학이란 말이다.

이 선험철학의 전제에는 벌써 합리론적인 요소와 로크와 흄의 심리학적 요소가 들어 있다. 인식이란 어디까지나 인간의식에 생기는 것이며, 그것에 의하여 모든 인식이 좌우된다는 사실은 분명히 영국 철학자들에게서 배운 것이다. 데카르트의 '생각하는 나'(ego cogitans)는 아직 객관주의(Objektivismus)를 벗어나지 못했다.[19] 회의주의의 위협을 무릅 쓴 영국의 두 사상가는 칸트의 Copernicus적 혁명에 절대적인 기여를 했다 할 수 있다.

그러나 그들이 가지고 있었던 회의주의에 빠지지 않기 위하여, 그는 주체들의 인식능력 안에 주어진 보편적인 개념들과 기구들을 선천적인 것들로 내어 놓았다. 그리고 잡다한 경험의 재료들을 개념에 종속시키는 판단력과 잡다한 인상으로부터 하나의 인식을 가능케 하는 통각에 능동성 혹은 자발성(Spontaneität)을 부여함으로, 경험론의 주체가 단순히 하나의 수동적인 용기로 전락하는데서 오는 약점들을 보완하려 하였다.

만약 이것으로 칸트의 종합이 머물렀다면, 그의 철학은 그의 뒤에 일어난 독일관념론과 근본적으로 다를 것이 없었을 것이고, 반형이상학적 경향과 칸트는 별 관계가 없었을 것이다. 실제로 피히테(Fichte), 셸링(Schelling), 헤겔의 관념론은 칸트의 선험철학이 없

---

18) Kant, KrV. 위의 책, B. 25.

19) E. Husserl, *Die Krisis der europäischen Wissenschaften und die transzendentale phänomenologie*, Haag, 1962, p.83 참조.

었더라면 일어나지 않았을 것이고, 칸트의 것을 조금 고침으로써 가능했던 것이다.

칸트의 선험철학은 관념론에 빠지지 않게 핵심적인 요소는 모든 선천적인 것들의 적용범위를 경험될 수 있는 것에 제한한 것이고, 그것이 바로 그의 선험철학을 비판철학으로 만들었다. 선험적 통각도 그 자발주(Spontaneität)을 경험의 범위 안에만 가능케 함으로 대상을 창조하는 관념론적 주체와는 구별되게 하였다.

칸트는 잘 알려진 바와 같이 이것을 인간의 인식능력의 제한성과 관계시켰다. 즉 인간의 사유는 추리적(diskursiv)이라서 신의 사유와 같이 직관적(intuitiv)이지 못하다는 것이다.[20] 인간적 사유는 개념과 그 내용을 동시에 생산하지 못하고, 내용을 위해서는 경험에 의존해야 한다고 본 것이다. 따라서 경험적 내용이 제공될 수 없는 신, 세계, 영혼에 대한 형이상학적 지식은 불가능한 것이다.

칸트의 선험철학은 이로 미루어 보아 데카르트나 후설의 선험철학과는 다른 동기를 가졌다고 하겠다. 데카르트와 후설에게는 지식의 확실성이 주된 문제였음에 비해서, 칸트는 인간지식의 한계 설정과 그를 통한 도덕의 가능성이었다. 데카르트는 지식의 확실성을 위하여 신의 문제를 끌어들였고, 후설은 지적 직관(intellektuelle Anschauung)의 가능성도 배제하지 않았다. 칸트의 문제는 인간이었고 지식이 아니었다. 그래서 그는 인간이성의 가장 중요한 관심사로 「나는 무엇을 알 수 있는가?」「나는 무엇을 해야만 하는가?」「나는 무엇을 바랄 수 있는가?」라는 질문들을[21] 들고는 그의 논리학강의에서 「인간이란 무엇인가?」라는 물음을 첨가하였고, 이어 말하기를 「우리는 이 모든 질문들을 모두 인간학으로 간주할 수 있는데, 그 이유는 처음 세 가지 질문은 모두 마지막 질문과 연관되어 있기 때문이다.」[22]라고 하였고, 그의 「유고」 가운데는 「선험철학의 어느 명제도 다음과 같이 요약될 수 있다. 즉 '인간으로서의 나를 시공간안에 있는 감각적 존재인 동시에 또한 지적 존재로 간주한다' 하는 것이다.」[23]라는 명료한 발언도 있다.

이것은 라이프니츠, 데카르트, 스파노자(Spinoza) 등에 대한 칸트의 비판은 그들의 인식론이 확실성을 보장하지 못했고 근거 없이 사색적이었다는 것이라기보다는 인식주체가 인간임을 망각했다는 데 있었고, 그것이 결국 부도덕, 숙명론, 무신론[24]을 초청할

---

20) Kant, KrV. B. 72~73. 拙稿, 위의 책, p.109.

21) Kant, KrV. B. 833.

22) Kant, *Logik; ein Handbuch zu Vorlesungen*, A. 25.

23) Kant, *Opus Postumum*, XXI, 44.

24) Kant, KrV. B. XXXIV.

것임을 보여 준데 있다. 그러나 그 사실은 그 후에 별로 의식되지도 않았고 강조되지도 않았다. 그 후의 독일관념론은 칸트가 그렇게 강조한 신과 인간의 구별을 깡그리 무시해 버렸고, 묘하게도 그것은 포이어바흐(Feuerbach)의 무신론과 마르크스(Marx)의 숙명론을 산출해 냈다.

인식주체의 제한성에 의한 지식의 범위축소는 결국 자연과학의 눈부신 발전과 더불어 실증위주의 인식론과 영합되었다. 칸트가 지식을 경험에 국한시킨 것은 결코 지식의 확실성을 위한 것이 아니었는데도, 경험에 국한한 사실은, 경험할 수 있는 것만 알 수 있다는 확대성 위주의 경향과 일치 할 수 있었고, 역설적이게도 이 경향에 칸트는 본의 아니게 공헌하였다. 신 칸트학파에서 칸트철학을 일방적으로 과학철학 및 인식론적으로 해석했고, 그렇게 해석된 채 칸트철학은 현대철학에 많이 공헌하였다. 전통적 철학에서 지식의 확실성을 신을 통하여 보장받으려 한 반면에 최근의 철학은 경험에서 그 보장을 찾으려 하고 있다. 묘하게도 칸트는 바로 이 이전의 매개 역할을 한 셈이고, 결국 반형이상학적 경향에 절대적인 공헌을 한 셈이다. 그러나 그것은 그의 궁극적인 의도는 아니었다.

신의 위치가 무의미하게 되자 영혼 혹은 인식주체의 위치도 흔들리게 되었다. 칸트의 선험철학이 코페르니쿠스(Copernicus)적 혁명을 가져오고 인식주체가 아르키메데스의 거점(據點)이 되는가 했더니, 오늘날 그것조차 무시되어도 좋을 것으로 되어가고 있다. 후설이 그렇게 통탄해 마지않았던 바와 같이 선험적 주체는 심리학적 주체가 되고, 최근에 와서는 구조주의에서 볼 수 있는 바와 같이 주체란 언어의 집합소 정도로 되고 말았다.

칸트와 이 무주체적 현대사상경향간의 관계를 극적으로 보여주는 것은 비트겐슈타인의 논리철학논고(Tractatus)라 할 수 있다.

논리철학논고가 선험철학의 구조를 가지고 있음은 분명하다. 자닉(Janik)[25]와 가드너(Gardner)[26]는 역사적으로 비트겐슈타인이 칸트 추종자였던 쇼펜하우어(Schopenhauer)의 영향을 받았음을 보여주었고, 폰 라이트(Von Wright)는 논리철학논고가 쇼펜하우어

---

25) A. J. Janik, "Schopenhauer and the Early Wittgenstein" in *Philosophical Studies*, 15(1966), pp. 76~95.
26) P. Gardner, *Schopenhauer*, Penguin, pp. 275~281.

류의 인식론적 관념론이라고 지적했다.[27]

논리철학논고의 선험철학적 요소는 「세계는 나의 세계다 : 이것은 언어의 한계들(내가 이해할 수 있는 유일한 언어)은 나의 세계의 한계들이란 사실에서 나타난다」[28]는 발언과 「나는 곧 나의 세계」[29]라는 말에서 잘 나타난다. 세계란 바로 내가 이해할 수 있는 언어의 총체며, 인식론적 주체는 그 언어의 전부와 다름이 없으며, 따라서 나와 세계는 동일한 것으로 나타난다는 말이다.

물론 여기에는 칸트의 자발적(spontan) 주체는 설 자리가 없다. 그러나 순수 인식론적 입장에서 보았을 때, 칸트에 있어서도 그 주체가 비트겐슈타인의 '나'와 크게 다를 바 없다. 「이 '나' '그 사람' 혹은 생각하는 '그것'을 통해서 나타나는 것은 단지 생각되어지는 것의 선험적 주체뿐이다. 그것은 하나의 X로서 그 술어, 즉 생각되어지는 것들을 통하여 알려질 뿐이다」[30]라고 칸트도 말하였던 것이다. 그 주체는 법제자이기는 하지만, 한 주체가 제정하는 법이 의식일반(Bewußtsein überhaupt)이 제정하는 법과 다를 수 없다. 따라서, 비트겐슈타인이나 구조주의가 주체를 언어의 총체로 보는 것은 어떤 면에서 보면 칸트에 매우 가깝다 할 수 있다. 흄의 「경험의 묶음」(Bundle of Experiences)이나 후설의 지향적 주체와 모두 상통하는 관점이다.

이리하여 순전히 인식론적 입장에서만 칸트의 선험철학이 이해될 때, 선험적 주체 중심의 철학이 주체 없는 결과를 낳게 된다. 오늘의 주체가 중요하지 않는 철학이 성행하는데는 칸트의 본의 아닌 공헌이 크다. 신의 문제, 영혼의 문제가 관심의 대상이 되지 않는 반형이상학적철학에 칸트가 큰 영향을 끼친 셈이 되고 말았다.

신과 영혼에 해당되는 경우는 세계문제에도 해당된다. 칸트야말로, 자연의 문제를 인식주체의 특성에 결부시킨 최초의 철학자다.[31] 뉴턴의 영향을 많이 받았다고는 하나, 절대 시간, 절대 공간을 인정하지 않으므로 뉴턴과는 근본적으로 다른 자연관을 가졌다.

여기서도 칸트와 본래 의도는 과학의 주관화나 상대화가 아니었다. 오히려 그는 흄의 회의주의에 많은 경종을 울린 사람이다. 그가 의도하였던 것은 궁극적으로 인간 의

---

27) N. Malcolm, *Ludwig Wittgenstein. A Memoir with a Biographical Sketch* by G. Von Wright, Oxford, 1958, p.5.

28) L. Wittgenstein, *Tractatus Logico-Philosophicus*, 5. 62. c)

29) 같은 책, 5. 63.

30) Kant, KrV. B.404.

31) Schulz, 위의 책, p, 93.

지의 자유를 가능케 하려는 것이었다

그러나 오히려, 그의 자연과학 이론은 오늘날 반형이상학적인 경향에 이바지했고 인용되고 있다.[32] 현대 과학철학은 과학이론과 자연법칙을 궁극적으로 하나의 설명의 모형의 성격을 띤 잠정적인 것으로 보며, 전통적인 자연자체에 내재하는 법칙으로 보지 않는다. 이것은 자연에 대하여 인식주체가 입법자의 역할을 하는 것으로 본 칸트의 견해의 연장인 것이 틀림없다. 다만 현대 과학철학이 이해하는 바 선천성(a priori)은 칸트가 생각했던 선천성과는 달리 다소 임시적이고 임의적이다. 칸트보다 훨씬 더 반형이상학적이며 회의주의적인 것은 사실이다.

그러나 오늘날의 반형이상학적 경향과 상대주의 혹은 회의주의는 칸트의 의도 가운데 하나는 잘 살렸다고 할 수 있는데, 그것은 지식이란 그 어떤 것이든지 간에 인간의 도덕적 행위와는 별 관계가 없다고 보는 점이다. 이것은 여러 가지 다양한 형태로 나타난다. 도덕처럼 중요한 것들은 이론적으로 감히 취급도 할 수 없다는 비트겐슈타인의 논리철학논고의 입장이 있는가 하면, 오히려 윤리적 언어란 사(私)언어요 감정어(感情語)이기 때문에 학문적으로 논할 가치도 없다는 논리적 실증주의가 있고, 행동은 이론에 선행한다고 보는 마르크스(Marx)주의자들이 있는가 하면 행위는 의지의 무조건적 결단에 의한 것이란 실존주의도 있다. 그 어느 것도 칸트의 본래 의도에 충실한 것은 없으나, 이론적 이성과 실천적 이성을 떼어 놓은 칸트철학의 먼 후손들이라 할 수 있다.

그리고 마르크스주의를 제외하고는 실천과 형이상학적 요소들이 어느 정도의 관계를 가진 것으로 보는 철학은 거의 없다. 이성의 본성과 윤리적 행위가 체계적인 필연성을 가진 것으로 인식되기에는 칸트의 발상 너무 기발하였고, 또한 이성의 세속화 및 도구화가 너무 빨리 이루어졌다. 그래서 칸트의 형이상학관은 사상사에 뿌리를 내리지 못한 채 잊혀졌고, 다만 그 체계를 세우는 과정에 나타나는 칸트의 천재적 창조물들의 조각들만이 목적했던 것과는 관계없이 인류의 영원한 정신적 재산으로 남아 있다.

칸트는 도덕적 형이상학을 세우기 위하여 이론적인 전통 형이상학을 파괴하였다. 그러나 그가 세우고자 한 형이상학은 인정되지 않고, 그가 파괴해 놓은 형이상학도 재기하지 못하고 말았다. 결과적으로 의도와는 달리 그는 반형이상학적 경향에 지대한 공헌을 한 사상가가 되고 말았다.

---

32) 참조, 같은 책, p.12, 45, 93, 115 등.

IV. 결론: 형이상학의 시대적 요구

칸트의 영향과는 별도로 현대사상의 반형이상학적 경향은 그 자체로 부정적인 면과 긍정적인 면을 가지고 있다.

긍정적인 점은 그것이 철학의 자기반성의 결과란 사실이다. 철학이란 후설이 지적한 것처럼 부단한 자기비판으로 발전하는 것이며[33] 테베나즈(Thévenaz)가 지적한 것처럼 계속되는 자기초월로 그 역사를 형성하는 것이다.[34] 아무리 위대한 사상가라도 인간이요 시대의 아들 딸이니만큼 반드시 결점과 약점은 있기 마련이며 이것들은 지적되고 극복되어야 한다.

전통적인 형이상학은 나이브한 일상생활을 넘어선 것이란 점에서 그 자체가 비판적 태도의 산물이지만, 인식주체의 제한성을 인정하게 되면 지나치게 무책임한 것임을 즉시 알게 된다. 칸트가 인식주체에 비판적 눈길을 향할 때, 그 결과가 사색적 형이상학의 부정이란 것은 능히 이해할 수 있다. 그의 비판은 철학본연의 성격에 완전히 부합한다고 하겠고, 철학의 성격형성에 일익을 담당했다고도 할 수 있다.

인간이 짐승과 다른 점은 자기의 위치 정립(定立, Orientation)과 행동에 있어서 의식적이고 책임을 질 수 있다는 것이라면, 그리고 그를 위하여, 신, 인간, 자연, 역사등에 관하여 어느 정도의 지식과 이해가 필요하다면, 철학적인 사유는 삶에 기본적이고, 따라서 무비판적 사색은 삶 자체를 무책임하게 만들 것이다.

이런 관점에서 우리는 현대철학의 반형이상학적 경향과, 그 중요한 길목을 이룬 칸트에 대하여 고맙게 생각해야 할 것이다.

그러나 반면에 부정적인 면도 심각하다.

철학이 전체적인 것에 관심을 쓰는 사유라면 형이상학은 철학에서 제의될 수 없다. 형이상학이 대상으로 하는 바 존재의 문제, 신의 문제, 영혼, 혹은 정신의 문제, 그리고 세계 혹은 물질의 문제를 제외시키고 어떻게 전체를 이야기 할 수 있는가? 형이상학의 포기는 철학의 포기라 할 수 있다. 슐츠가 현대철학에서 형이상학의 역할은 끝났다고

---

33) E. Husserl, "Philosophie als strenge Wissenschaft" in *Logos*, 1(1910/11), p.289.

34) P.Thévenaz, *L'Homme et sa Raison I*, Neuchatel, 1956, 207ff.

주장하는 바로 그 앞에, 현대사회에서 천하의 반언권은 없어졌다고[35] 관찰한 것은 결코 우연한 것이 아니다. 한 부분을 이야기하면서 그 분야의 전문과학보다 더 다르게, 권위 있게 말하기란 쉽지 않을 것이다.

형이상학적 대상을 무관심의 영역으로 잃어버린 철학은 하나의 유희일 수밖에 없다. 언어의 총체가 나의 세계요, 나는 곧 나의 세계라고 정의한 비트겐슈타인이 삶의 모든 중요한 문제와 의미는 세계 밖의 문제라고 표현한 것[36]은 매우 많은 것을 말해 준다. 마치 수학이나 논리학같이 철학도 하나의 두뇌의 유희로 되어 간다는 뜻이다. 유희하는 사람을 심각하게 취급하지 않는 것처럼, 형이상학을 상실한 철학의 발언권을 그리 심각하게 인정해 주지는 않을 것이다.

이런 경향에 대하여 칸트도 상당한 책임을 져야 한다. 윤리와 종교에게 자리를 내어 주기 위하여 이론적 지식은 결국 그렇게 중요하지 않은 것만을 취급하는 것으로 되어버린 셈이다. 그의 형이상학은 '형이상행(形而上行)'으로 다져지고, 그것을 가능케 하는 그의 비판철학을 끝으로 모든 이론적 작업은 별 볼 일 없는 것으로 만들고 말았다.

칸트가 시작했든, 이미 시작된 흐름을 칸트가 더욱 가속시켰든 간에 반형이상학적 경향은 신, 영혼, 세계를 책임 있는 철학적 논의에서 점점 더 추방시키고 있고, 결과적으로는 칸트가 그렇게 두려워했던 무신론, 숙명론, 부도덕이 과거 어느 때보다도 더 심각해지고 있다. 칸트철학의 커다란 역설(逆說)이라 하지 않을 수 없다.

철학이 무력하게 된 것은 현대문화가 다른 가능성이 있기 때문은 아니다. 오히려 과거 어느 때보다 더 오늘의 문화는 형이상학을 요구하고 있다. 지나친 분업으로 통일과 방향감각을 상실했고 철학이 방향을 설정해 주기를 바라고 있다.

철학의 사명은 형이상학을 되살리는 일이다. 예전처럼 무책임한 사색이 아닌 확실한 근거를 제시할 수 있되, 후설이 잘 지적한 것처럼 과학적 방법을 초월한 철학 고유의 방법을 발견하여 형이상학의 재기를 시도할 때가 되었다. 지금의 우리 문화의 위기적 상태는 하나의 근본적으로 새로운 사상을 배태시킬 준비인지도 모른다.

---

35) Schulz, 위의 책, p.1.
36) Wittgenstein, 앞의 책, 6. 52, cf. 6. 432, 6. 43, 6. 41.

롤즈에 전해진 칸트의 유산

황경식(서울대)

I. 머리말

〈롤즈에 전해진 칸트의 유산〉이라고 했지만 〈롤즈가 해석한 칸트〉라고 하는 편이 더 적합할지도 모른다. 칸트(Kant)를 본격적으로 연구해 본 적도 없이 롤즈(J. Rawls)의 「정의론」을 더듬어 온 필자로서는 어디까지가 칸트 본래의 것이고, 어디부터가 롤즈의 것인지를 구분하기가 어려운 것이 사실이다. 하지만 조상이 남긴 유품을 가보로 보존하고 신주모시듯 귀중히 여기는 일도 필요하지만 물려 받은 재산을 활용하고 증식해서 그 정신을 새롭게 살려 가는 일도 그에 못지않게 중요한 일이라면, 롤즈도 분명 칸트의 유산을 물려받은 유력한 상속인들 중 하나로 간주될 수 있으리라는 생각에서 이 글을 쓰고자 한다.

우선 우리는 실천철학적인 관점에서 칸트가 갖는 철학사적 맥락을 더듬기 위해서 그의 철학적 문제제기 및 그 해답의 실마리가 연결되고 있는 근세의 정치철학적 전통과 도덕철학적 배경을 특히 루소(J.J. Rousseau)와 관련해서 서술하고자 한다. 흔히 루소는 정치철학자로, 그리고 칸트는 도덕철학자로 알고 있는 것이 통념이기는 하나 우리는 이러한 서술을 통해서 칸트의 윤리 및 도덕철학이 보다 깊은 성층구조에 있어서 정치 및 사회철학과 맞닿아 있음을 규명하고자 한다. 특히 계약론의 전통은 로크(Locke)에서 루소를 거쳐 칸트에 이르는 근세 정치철학의 주요한 전통일 뿐만 아니라 롤즈가 그의 정의론을 전개하고 그 정신적인 뿌리를 칸트에서 찾고 있음도 바로 그러한 전통의 연상선상에서인 것이다.

　다음에 우리는 칸트의 도덕철학을 형식주의적으로 보아 온 종래의 해석방식에 대한 롤즈의 비판과 아울러 그의 새로운 해석방식에 의해 드러나는 절차주의적 혹은 구성주의적 도덕철학자로서 칸트의 윤리설을 해명하고자 한다. 그리고 이에 대한 보다 세부적인 분석으로서 칸트의 정언명법에 대한 새로운 해석과 더불어 구성절차로서의 정언명법(定言命法)이 구체적으로 적용되는 사례를 살피게 될 것이다. 그리고 끝으로 이상의 해명을 통해서도 나타나겠지만 순수이성과 실천이성의 비대칭적 이해에 근거한 종래의 통념을 지양하고 두 이성 간의 구조적 동형성(同形性) 내지 동궤성(同軌性)에 입각한 새로운 관점으로부터의 이해방식을 제안하고자 한다. 즉 칸트는 이론이성에 있어서도 구성주의적 인식론자였지만 실천이성에 있어서도 마찬가지로 구성주의적 도덕론자이었음을 밝히고 그것이 갖는 현대윤리학적 의의에도 논급하고자 한다.[1]

II. 루소의 일반의지와 정언명법

　칸트는 일반적으로도 그러했지만, 적어도 영미 문화권에 있어서는 주목할만한 사회 및 정치철학자로 간주되지 않았던 것이 사실이다. 사회 및 정치 사상가들은 칸트의 사상에 특별한 비중을 부여하지 않았으며, 설사 그를 언급한다 할지라도 헤겔(Hegel)의 출현을 예고하는 선구적인 존재로서 정도였다. 사회 및 정치 철학자로서의 칸트에 대한 이러한 무시와 오해의 이유를 알기는 어렵지가 않다. 철학사가뿐만 아니라 칸트 연구가마저도 칸트의 세 비판서에만 그들의 철학적 관심과 정력을 탕진한 까닭에 여타의 방면에 주목할만한 여유를 갖지 못한데도 이유가 있을 것이며 칸트 자신이 이들 분야에 대해서 비판서에 견줄만한 대저를 남기지 않은데도 그 원인의 일단이 있을 것으로 생각된다.

　그러나 칸트를 보는 이러한 전통적 시각은 계몽주의자로서 그의 철학전체에 대한 오해에 기인한다. 비록 단편적인 것이긴 하나, 사회철학에 대한 칸트의 저술들은 단지 우연적인 부산물들이 아니며 그의 비판철학 전체와의 유기적인 관련하에서 구상되고 전개되어 간 것으로 해석되어야 할 것이다. 사실상 칸트가 불란서혁명의 철학자라 불리는 것

---

1) 롤즈가 해석한 칸트 윤리학의 두가지 함축 즉 도덕적 자율성과 사회윤리적 함축에 관해서는 졸고 〈道德的 構成主義〉, 「哲學誌」 제16호(한국철학회, 1981 가을) 참조.

은 합당한 일이며[2] 그의 철학적 정신과 불란서 및 미국의 혁명간에는 깊은 이념적 맥락이 맞닿아있는 것이다. 왜냐하면 칸트는 권위로부터의 인간의 독립을 주장했으며, 인간의 자유에 관한 문제는 그의 사상의 핵심이 되고 있기 때문이다.

이러한 실천철학적 문맥에서 결코 과소평가되어서는 안 될 것은 칸트에 대한 루소의 영향이다. 지적인 귀족주의자로 자처하던 칸트에게 일상인에 대한 존중을 가르친 것은 루소였으며[3] 칸트에게 있어 루소는 진정 도덕의 영역에 있어서의 뉴턴(Newton)과 같은 존재였던 것이다.[4] 루소의 초상화는 그의 서재에 걸려있던 유일한 장식물이었고 「에밀(Emil)」을 읽는 며칠 동안 그는 이미 습관이 되어버린 자신의 어김없는 오후 산책마저 잊어버렸으며, 이는 시계추같이 규칙적인 것으로 알려진 그의 생애에 있어 전무후무한 일탈행위로 기록되고 있다. 우리가 루소로부터 칸트의 실천철학적 실마리를 찾고자 하는 것은 이런 뜻에서 의미가 있다할 것이다.

사회계약론자 로크에서 공리주의자 벤담(Bentham)에 이르는 근세의 정치, 사회철학적 전통이 갖는 난점을 보완하고 완성하려 했던 밀(J. S. Mill)은 개인적 자유와 사회적 통합간의 역동적인 변증법(vital dialectics)을 구상하는 일을 필생의 과제로 생각했다. 그러나 이러한 변증법이 더 이상 공리주의적 이론체계 속에서 정식화되기 어려웠음에도 불구하고 끝까지 공리주의를 고수하려 했던 점에 밀의 한계가 있다 할 것이다.[5] 자유와 통합의 변증법은 공리주의와는 다른 이론적 틀을 요구했으며 따라서 근세 정치 및 사회철학의 발전적 종합과 대단원은 대륙쪽에서 마련되지 않을 수 없었던 게 당대의 실정이었다.

공리주의적 성향의 자연주의자인 흄(D. Hume)의 동시대인이긴 했으나 루소는 당대의 영국철학자들과는 달리 홉스(Hobbes)와 로크에서 전해진 계약론적 전통을 포기하지 않았다. 그는 당시의 정치철학적 과제를 해결하고자 저술한 「사회계약론」의 서두에서 "인간은 자유롭게 태어났으나 …도처에서 구속되어 있다. 어떻게 이러한 일이 가능한가? 어떤 방식으로 이것이 정당화될 수 있는가?"라고 묻고 있다.[6] 루소가 해결하고자 했

---

2) Cf. Heine. *Sämtliche Werke*, ed. Ernst Elster, Leipzig and Vienna. n. d., IV, 245.

3) *Akademieausgabe* xx, 44(Berlin, 1902ff.)

4) *Ibid.*, p.58.

5) Harry Prosch, *The Genesis of Twentieth Century Philosophy*(New York;. Doubleday & Company, Inc., 1964) p.211.

6) J. J. Rousseau, *The Social Contract*, Maurice Canston역 (Baltimore, Penguin Books, 1968) 서

던 문제는 인간이 사회적 통제에 구속되는 일이 생겨나는 단지 사실적인 전후관계를 서술하는 일이 아니라, 그러한 사실이 합법화되고 정당화되는 근거와 방법을 찾는 철학자의 그것이었다.

루소가 해결을 시도했던 문제는 바로 모든 성원의 생명과 재산이 보호될 뿐만 아니라 각자가 자기 자신의 의지에 복종함으로써 이전과 같이 자유로운 상태로 남아있게 되는 그러한 사회의 형태를 발견하는 것이었다.[7] 그런데 루소는 이러한 사회는 반드시 성원들의 합의에 의해 성립되는 사회일 것이라고 생각함으로써 계약론적 추론방식에 따라 자신의 입장을 전개해 가고자 했다. 그리고 루소는 모든 성원들이 그 속에서 자유와 권리를 향유하기 위한 사회형태는 모든 성원의 모든 권리가 남김없이 사회에 양도되었을 경우의 계약에 의해서만 가능하다는 역설적인 전제를 내세운다. 그에 의하면 모든 사람이 자신을 남김없이 사회에 주어버림으로써만 그로부터 결과하는 것은 모든 이에게 동등할 수 있고 모두가 동등한 입장에서 서로를 규율하게 될 조건을 결정할 수 있다는 것이다.

자신이 갖는 자연권의 일부만을 양도하고 양도할 수 없는 권리들은 그대로 견지한 채 계약을 통해 시민사회에 들어가게 된다는 로크와는 달리 루소는 만일 개인들이 양도불가능한 권리를 소지하게 될 경우 그것이 모든 이의 진정한 공동이익 (즉 모든 이의 의지)에 배치되는 경우에도 사회는 개인의 그러한 사적인 권리를 존중하지 않을 수 없게 된다는 것이다. 이럴 경우 아무도 자유롭다고 말할 수 없으며 다시 말하면 아무도 스스로의 의지에서 나온 법체제 아래서 살 수 없는 결과가 생겨난다는 것이 루소의 비판이다.

이상의 논거에 의해서 그는 당시의 정치 철학적 문제에 대한 해답으로서 사회를 구성하는 개인은 본래 합리적이고 자유로우며 자신의 복리를 추구하는 평등한 존재들로서 그들이 형성하는 진정한 사회는 보편성을 지향하는 형태의 사회가 아닐 수 없다고 생각한 것이다. 즉, 그것은 특정한 개인들의 집합으로서 단순한 다수의지가 아니라 최후 일인의 의지까지도 배려된다는 의미에서 진정한 일반의지(general will)에 의거한 사회요[8] 공동의 선을 지향하고 따라서 아무도 타인의 수단이 될 수 없으며 각자가 목적적

두 참조
7) *Ibid.*, bk. 1, Ch. 6, p.60. 참조.
8) *Ibid.*, bk. 2, Ch. 7, P.64.

인 존재로 대우받는 사회 형태라는 것이다.[9]

그런데 루소가 당면하지 않을 수 없었던 난제들 가운데 하나는 사회 속에서 도덕적으로 정당한 일반의지를 발견해내는 유효한 제도적 장치를 제시하는 일이었다. 이에 대해서 그는 명백히 희랍의 도시국가에 있어서와 같은 일종의 직접민주제를 염두에 두고 있었던 것으로 보인다. 단지 법을 집행하고 판정하는 행정이나 사법에서와는 달리 법을 제정하는 입법과정에 있어서 제헌위원회는 단순히 대의원들의 집회가 아니라 국민들이 모두 직접 참여함으로써 구성되어야 한다고 생각했던 것이다. 즉 국민 모두가 직접 가담한 국민투표에 의해서 입법이 성립해야 한다는 것이다.

그런데 루소가 개인의지의 단순한 총합으로서의 전체의지와 보편적 선을 지향하는 일반의지를 엄격히 구분하고 있기는 하나 직접적인 국민투표에 의해서 확인될 수 있는 그의 일반의지는 사실상 전체의지를 통해서밖에 실현될 길이 없는 것이다. 이 점에 있어서 루소는 물론 투표절차에서 나타나는 모든 이의 의지는 개인의지의 총체일 가능성이 있기는 하나 모든 이의 총체 의지가 어떤 특정한 조건하에서라면 일반의지를 표현하는 것이 될 수 있으리라는 생각에 이르게 된다.[10] 다시 말하면 특정한 조건아래에서 표현되는 개인의지의 총합은 바로 일반의지에 부합될 수 있다는 것이다.

전체의지가 일반의지를 표현하는 것으로 간주될 수 있는 제한 조건으로서 루소가 제시한 것은 사람들의 합리적인 판단에 필요한 적절한 정보를 모두 갖게 될 것과 일반의지에 저해되는 작당이나 결탁을 위한 상호교제와 교통을 배제한다는 것이다. 이러한 조건 아래서 모든 국민이 참여한 일인일표가 이루어질 경우 다수결에 의거한 의사결정이 바로 일반의지를 구현한, 즉 공동선을 목표로 한 보편입법이 될 수 있다는 것이다. 결국 루소의 입장에 따르면 보다 일반적인 입법이 된다는 것은 그 법이 마땅히 지향해야 할 바 즉 당위에 근접해 가는 것을 말하며 그 당위란 다름 아닌 보편성인 것이다. 왜냐하면 보편적인 것이란 완전히 일반적인 것이기 때문이다. 여기에서 우리는 루소가 전체집회와 투표절차의 배후에 어떤 도덕원칙을 전제하고 있음을 보게 된다.[11]

루소는 투표에 임하는 각자가 보편의지에 관한 자신의 판단에 대해서 그것이 자신의 사사로운 이해관계에 관련된 것인지 진정으로 전체의 공익을 고려한 것인지를 자문해

---

9) *Ibid.*, bk. 2. Ch. 3, p. 72.
10) Harry Prosch, *op. cit.*, p. 226.
11) *Ibid.*, p. 230.

볼 것을 강조한다. 이는 결국 자신이 표를 던지는 쪽이 보편화 가능한 것인지 즉 모두가 거기에 참여할 수 있고 공유될 수 있으며 공동의 이익이 될 수 있는가를 묻는 것이 된다. 여기에서 일반의지를 반영하는 것과 투표인의 수효는 무관하다는 결론이 나오게 되며, 따라서 표현된 의지가 비록 전체 투표인의 의지일지라도 그 자체로서 일반의지가 아닐 수도 있는 것이다. 일반의지는 때로는 일부인의 의지 즉 편파적 의지을 갖는 자들에 반하는 일부인의 의지일 수 있다. 다시 말하면 그것은 '일반적으로 의욕하는 자들의 의지'일 뿐인 것이다. 여기에서 우리는 루소가 결국 암암리에 일반의지를 확인하는 제도적 장치에 대한 논의로부터 투표절차에서 각 시민의 숙고에 있어 지침이 되어야 할 윤리원칙의 표명에로 이행하고 있음을 알 수 있다.

루소에 있어서는 일반의지를 확인하는 제도적 장치에 대한 논술과 윤리원칙에 대한 논술이 혼용되어 있기는 하나 바로 이러한 루소의 도덕적 통찰력에 비쳐진 문제점이 칸트철학의 출발점이 되고 있음은 주목할 만하다.[12] 칸트는 여기에서 그것이 단순히 정치적 원리가 아니라 모든 도덕생활에 있어 기본원칙의 표명이라 생각했으며, 나아가서 루소의 분석과 같이 이러한 형식적 원리가 공동의 복지라는 실질적 내용과 혼용되어 있을 경우, 그것은 결코 보편적인 것이거나 충분히 일반적인 것일 수가 없다고 생각했다. 왜냐하면 실질적인 내용을 완전히 환원시키지 못할 경우 보편성이란 결국 개인적 복리의 단순한 총체일 수 밖에 없을 것이기 때문이다. 칸트는 법이 일반의지의 표현이어야할 필연성은 모든 입법에 본질적이고 기본적인 도덕원칙일 뿐만 아니라 그것은 모든 도덕적 행위를 규제해야 할 기본원리라고 생각한다.

칸트는 이러한 객관적이고 보편적인 행위원칙을 정언명법이라 했다. 이로써 그는 이성이 우리로 하여금 자연적 성향이나 욕구와는 상관없이 절대적으로 따를 것을 명하는 법칙을 의미했으며, 이러한 명령은 우리에게 의무로 나타난다는 것이다. 칸트에 의하면 정연명법은 특정한 목적을 향한 가언적(假言的)인 것일 수가 없다. 따라서 우리는 모든 특수한 목적들을 추상함으로써 정 언명법이라는 개념에 이르게 된다는 것이다. 추상의 과정을 거쳐 우리에게 남는 것은 특정한 내용이 없이 원칙에 의거해서 행위한다는 형식적인 원칙만 남게 된다. 이러한 원칙은 보편적인 것일 수가 있으며, 따라서 진정으로 정언적인 원칙은 보편적인 원칙에만 의거해서 행위하는 원칙이다. 정언명법의 공식은 정

---

12) *Ibid.*, p.231.

의(定義) 그 자체에 내포된 바 다음과 같은 표현으로 나타나게 된다. 즉 "우리가 동시에 모든 이성적 존재에게 보편적인 법칙이 되기를 의욕할 행위 준칙(準則)에 따라서 행위하라"는 것이다.[13]

정언명법은 경험이나 자연에 의해 제시되는 감정이나 욕구에 의거함이 없이 이성 스스로 생각해낸 행위의 원칙이다. 따라서 정언명법에 의거한 행위는 유일한 자유로운 행위, 즉 자연적 충동이나 원인으로 추적될 수 없는 행위이다. 그래서 칸트에 있어서는 도덕적 행위와 자유로운 행위 혹은 자율적 행위는 같은 의미를 가지면 우리가 정언명법으로부터 행위하는 도덕적 존재일 경우 우리는 자연적 인과관계로부터 벗어나서 자유를 실현하게 되는 것이다. 이상에서 우리는 보편입법에 따라야 한다는 칸트의 도덕명법이 결국은 일반의지가 지배하는 루소의 이상국가의 선결문제로서 제안된 것이며 나아가서 칸트에 있어서도 최종적인 목적은 윤리적 공화국으로서 목적왕국의 실현에 있음을 알게 된다. 이런 의미에서 칸트에 있어 도덕철학은 정치철학의 전제요, 정치철학은 도덕철학의 완성이라 할 것이다.

III. 정언명법(定言命法)에 대한 절차적(節次的) 해석

시즈윅 (Henry Sidgwick)은 「윤리학 방법론」[14] 서문에서 윤리학의 올바른 방법을 발견해야 할 긴급한 과제를 뒤로 미루고 가능한 한 입장에서 윤리학의 역사상 영향력있는 몇가지 도덕적 추론방식들을 해명하고자 했다. 롤즈는 시즈윅이 수행했던 작업의 중대성을 강조하면서도 그것이 보다 더 넓은 시야에서 이루어져야 할 필요성을 역설한다.[15] 롤즈에 따르면 시즈윅은 첫째로 윤리학 방법을 일정한 도덕관이 도덕적 추론과 정당화의 절차를 규정하는 방식으로 생각하여 대체로 도덕관의 내용 및 그 원칙체계에만 주목하고 있으며, 도덕행위 주체의 동기(自律性)나 도덕원칙의 사회적 기능에는 등한히 하고 있다는 것이다. 전통적인 대부분의 윤리학자들에 있어서도 그러하지만 그 방법이나 정

---

13) I. Kant, *Kritik der praktischen Vernunft*, S. 36.
14) Henry Sidgwick, *The Methods of Ethics*, 7th edition(New York, Dover-Publications, 1966) pp. v~vi.
15) J. Rawls, Remarks on Kant's Ethics, *Two Lectures given at Oxford* (May, 1978) 1~4.

신에 있어서 단연 현대적이라 평가되는 시즈윅마저도 윤리학의 문제를 인식론적인 문제로 보았으며 실천론적인 문제로 보지 못했다는 것이 롤즈의 비판이다.

둘째로 시즈윅은 윤리학사에 있어 영향력있는 전통적 도덕관을 세가지 유형 즉 합리적 이기주의, 직관주의, 보조적 쾌락 공리주의로 구분했다. 여기에서 롤즈는 시즈윅이 중요시했던 합리적 이기주의는 전혀 도덕관이 될 수 없다고 생각했으며 모든 도덕관에 대한 하나의 도전장으로 간주했다. 나아가서 롤즈는 시즈윅이 윤리학적 완전설(完全說)이나 칸트의 윤리설을 윤리학의 독특한 방법으로 보지 못한 점, 특히 칸트의 윤리설이 갖는 방법론적 의의를 과소평가한 점을 크게 그릇된 일이라고 비판한다. 이로 인해서 시즈윅은 완전설과 칸트의 학설을 도외시한 채 직관주의와 공리주의 중에서 결국 후자에 승점을 주는 결과를 가져오게 된 것이라고 롤즈는 말한다.

그런데 롤즈는 시즈윅이 수행한 윤리학 방법론의 작업을 결코 과소평가하는 것은 아니며 이를 도덕철학사에 있어서 혁혁한 공헌으로 간주하고 있다. 롤즈에 따르면 그것은 고전적 공리주의의 이론적 확립인 동시에 방법이나 정신에 있어 현대적인 도덕철학에 있어 최초의 학문적 성과로 평가되어 마땅하다는 것이다. 또한 그것은 도덕문제도 다른 지식이론의 분야와 마찬가지로 연구되어야 할 분야로 인식하게 된 하나의 계기가 되었다는 것이다.[16] 단지 롤즈는 윤리학 방법론을 바라보는 시각의 확대가 요청된다는 점을 규명함과 아울러 특히 칸트의 윤리설을 하나의 유력한 대안으로 등장시키기 위해 그 이론적 특징을 해명하고자 한다.

첫째 칸트의 정연명법이 순전히 형식적 원리로 해석되어서는 안 된다는 점이다. 예를 들어서 시즈윅에 있어서와 같이 어떤 사람에게 옳은 것은 그와 유사한 처지에 있는 유사한 모든 사람에게도 옳다는 식의 정의의 원리로 해석되어서는 안된다는 것이다. 시즈윅은 칸트가 그런 형식적 원리를 도덕이론의 충분한 기초라고 믿었던 것으로 해석하여 칸트가 마치 형식논리가 진리의 완전한 기준으로 생각했던 것처럼 해석하는[17] 과오를 범했다는 것이다. 이러한 칸트해석의 천박성은 철학의 통념이 되다시피 했던 것으로서 브래들리(Bradley)도 그의 「윤리학 연구」에서 헤겔의 견해를 따라 칸트의 윤리학이 순전히 형식적이고 내용이 없는 것으로 평가하고 있으며, 따라서 변증법의 초기단계로

---

16) *Ibid.*, 1~5.
17) Henry Sidgwick, *op. cit.*, p.209f.

마 파악하고 있는 것이다 [18]

둘째, 롤즈에 의하면 우리는 가능한 한 칸트의 도덕론의 구조를 선험적 관념론이라
는 그 형이상학적 배경으로부터 분리시켜 그것을 실재론적이고, 경험론적인 인식의 틀
속에서 제시해야 한다는 것이다. [19] 그렇다고 해서 롤즈가 선험적인 관념론이 그르다고
생각하는 것은 아니나 그것이 갖는 난해성이나 오해의 소지를 일단 괄호 속에 넣고 접
근해 보고자 한다는 것이다. 그리고 롤즈는 그러한 복잡한 형이상학적 배경에 대해 일
단 판단 중지를 하고서도 칸트 윤리설의 특정을 검토하는 일은 충분히 의미가 있는 것
으로 본다는 것이다.

그리고 롤즈는 자신의 목적이 칸트의 도덕관을 비판하거나 옹호하려는 것이 아니고,
시즈윅의 「윤리학 방법론」의 정신에 입각해서 칸트의 입장을 공평하게 제시해 보려는데
있다고 한다. 그래서 그의 이러한 해석이 지나치게 도식적으로 보이거나 원문에 충실한
학자에게는 다소 불단이 있을 것을 예상한다. 그러나 롤즈에 의하면 보다 더 중요한 것
은 '칸트적'이라고 생각할 수 있는, 아니면 적어도 칸트정신의 핵심을 간직하는 윤리설
이 있다는 것을 보여주는 것이라 한다. 또한 칸트의 저술은 너무 심오하고 시사적어어
서 한 가지 해석만으로 번역되기 어렵다는 점도 덧붙인다.

흔히 칸트의 정언명법을 보편화가능성의 원리로 이해하는 것이 도덕철학의 상식으
로 되어있다. 그러나 롤즈는 칸트의 윤리학에 있어서 일반성과 보편성의 위치를 강조하
는 것은 그릇된 것으로 생각한다. 그에 의하면 도덕원칙이 보편성을 띠어야한다는 것은
칸트에 있어 새로운 것도 아니며 이러한 形式的 조건들로부터 실질적인 성과가 나오는
것도 아니라는 것이다. 그와 같은 것은 도덕이론을 세우기 위해서 지극히 빈약한 기초
이며, 따라서 칸트의 학설에 대한 논의를 이러한 개념들에 국한시키는 것은 그것을 보
잘것 없는 것으로 만들어버리는 결과가 된다고 한다. [20]

롤즈의 해석법에 따르면 정연명법은 도덕규칙의 형식적 원리에 불과한 것만이 아니
라 도덕관의 내용을 규정하는데도 합당하다는 점을 주목해야 한다는 것이다. 그에 의하
면 칸트의 정언명법이 당시 형식적 원리에 머문다던 칸트 윤리설의 생명은 죽어버린 것

---

18) J. Rawls, Kantian Constructivism in Moral Theory *The Journal of Philosophy*, Vol.
   LXXV Il, No. 9 Sept. 1980, p.556.
19) Remarks on Kant's Ethics, 1~5.
20) J. Rawls, *A Theory of Justice*, p.251.

이나 다름없다고 한다. 물론 형식상의 원리도 도덕판단에 있어 중요한 요구조건이 되기는 하나 정언명법의 해석에 있어 시즈윅 마저도 칸트의 진정한 의도에 빗나간 것이라는 것이 롤즈의 생각이다. 따라서 롤즈가 우선 입증해야하는 것은 정언명법이 어떤 방식으로 특정한 윤리지침을 제시하는 기능을 해내는가이다.

우선 롤즈는 칸트의 정연명법을 하나의 절차로 해석함으로서 정언명법적 절차 (Categorical Imperative Procedure)로 부르고자 하며 그것이 다음의 단계로 구성되는 것으로 본다.[21] 첫번째 단계는 행위자의 자연적 욕구나 경향성의 관점에서 볼 때 합리적이라 생각되는 그러한 격률(maxim)의 단계이다. 동시에 이 격률은 행위자에 의해 진지하게 제시된 것, 즉 의도하는 행위에 대한 그의 이유가 현실적으로 합당한 것이어야 한다. 그래서 정언명법적 절차는 합리적 행위자가 그 자신의 이해관계에 비추어서 그리고 인간 삶의 현실적 조건에 비추어서 도달된 조건에 적용된다는 것이다. 이렇게 해서 제시된 행위자의 격률은 합리적이고 진지한 것으로서 다음과 같은 특정한 가언명법의 형태를 띠게 된다는 것이다.

1) 나는 사태 Y를 가져오기 위해 상황 C에서 행위 X을 행해야 한다. 정언명법적 절차의 두 번째 단계는 첫 번째 단계에서 도달된 격률을 단지 보편화시킨 것으로서 다음과 같이 된다.
2) 모든 사람은 상황 C에서 행위 X를 행해야 한다.

세 번째 단계에서 우리는 보편적 지침인 2)를 하나의 자연법(Jaw of nature)으로 변형시킴으로써 다음과 같은 것에 이르게 된다.

3) 모든 사람은 상황 C에서 언제나 행위 X를 행해야 한다. (마치 자연법에 의거한 것처럼)

정언명법적 절차의 네 번째 단계는 가장 복잡한 단계로서 세 번째 단계에서 도달된 하나의 자연법을 이미 알려진 기존 자연법 속에 도입함으로써 이것이 효력을 발휘하는 자연법체계에 의해 결과하는 새로운 자연의 질서가 어떤 것인지를 추정해보는 단계이다. 제1단계에서부터 생겨난 격률이 새로운 하나의 자연법으로 도입됨으로써 기존하는

---

21) Remarks on Kant's Ethics, 1~6, 이러한 해석법에 있어서 롤즈는 Onora Nell, *Acting on Principle*(New York, 1975) 특히 Ch. 5에서 시사받았다고 말한다.

자연질서에 어떤 교란이 있게 될 것이며 첨가된 자연법에 의해 생겨난 새로운 질서가 어떠한 평형상태에 이르게 되는가를 살피는 단계이다. 새로이 도달된 질서를 새로운 사회체제라 할 때 각 격률은 그에 상응하는 하나의 사회체제가 있게되는 셈이다.[22]

이상과 같은 롤즈의 해석법에 따르면 칸트의 정언명법은 이제 다음과 같이 전술될 수 있다. 즉 우리가 우리의 합리적이고 신중한 격률(제1단계)로부터 행위하는 것이 허용될 수 있는 조건은 첫째, 우리가 그러한 격률에 상응하는 사회체제에서 그러한 행위를 수행할 것을 의욕할 수 있을 경우에만 그리고 둘째, 우리가 그러한 사회체제 자체를 욕구하는 경우에만 한한다는 것이다. 우리가 그러한 사회 형태를 욕구할 수 없다면 그리고 동시에 그런 사회에서 우리 행위를 의욕할 수 없을 경우에는 그것이 비록 현재 우리의 여건(기존하는 사회)에서 합리적이고, 진지한 격률이라 할지라도 그것에 의해 행위하는 것이 도덕적으로 용납될 수 없다는 것이다.

따라서 칸트는 이상의 절차에 의거해서 의무의 체계를 노출하는 과정에 있어서, 다시 말하면 어떤 행위 준칙이 보편화 가능한지를 판정하고 구체적인 도덕판단을 선별하는 과정에 있어서 정언명법적 절차가 두가지 방식으로 작용한다고 본 것이다. 첫째는 우리의 행위준칙이 실제로 자연의 법칙이 된다면, 그래서 모든 사람이 실제로 그런 식으로 행위한다고 해도 자기모순이 생기지 않는가를 검토하는 것인데 이는 개념상의 모순(contradiction in concept)여부를 알아내는 절차라 할 것이다.[23] 칸트의 생각으로는 우리가 심사숙고의 과정으로서 이상과 같은 절차에 따를 경우 어떤 격률은 그것이 보편화된 사회 속에서 합리적 행위자가 그에 의거해서 행위하는 것이 실제적으로 불가능하기 때문에 배척될 수 있다는 것이다. 여기에서 칸트는 합리적 행위자는 그들이 수행할 수 있다고 믿을 만한 합당한 근거가 있는 행위만을 지향한다고 가정한다.

칸트는 허위약속이라는 격률을 이런 방식으로 검증하고 있는 셈인데 '어려운 사정에서라면 거짓약속을 해도 좋다'는 격률이 보편화되어 모든 사람이 그에 따라 행위했을 경우 약속이라는 관행은 효력을 상실하게 된다고 한다.[24] 아무도 허위약속인줄 알면서 그것을 받아들이지 않을 것이기에 허위약속이 실제로 보편화될 경우 그런 격률은 그 실천이 불가능하게 되고 말며 따라서 그것은 도덕원칙으로서 자기모순적인 것이 된다. 모

---

22) *Ibid.*, 1~7. 참조
23) *Ibid.*, 1~8.
24) Kant, *Grundlegung zur Metaphysik der Sitten*에 나오는 두 번째 사례, S, 48~49.

든 사람이 그에 따를 경우 모순에 빠지는 이러한 격률은 사적인 목적을 달성하는데는 유효한지 모르나 정언명법이 될 수 없는 비도덕적인 행위규칙이며 오히려 그 반대가 되는 신실한 약속이 도덕규칙으로 성립하게 된다는 것이다.

칸트는 모든 이가 서슴치않고 이러한 거짓약속을 하는 사회를 가정해 볼 때 그런 사회에서 거짓약속을 하려는 모든 시도는 성공하지 못하고 따라서 이성적 행위자는 그런 격률에 따라 행위할 욕구를 가질 수 없게 된다고 한다. 칸트는 이러한 사회의 모든 성원들은 인간의 행위가 보편적 격률에 의해 생겨난다는 것을 가정하고 있으며, 두번째 단계의 보편적 지침이 공적으로 알려진 보편적 사실이 됨으로써 세 번째 단계의 자연법이 효력을 발휘하게 된다. 전국 이상의 해석법에 따를 경우 개념적 모순기준은 제1단계의 격률에 따를 의향이 제4단계의 사회에서 합리적 행위자가 그것을 수행할 의향이 되어야 한다는 것이다.[25]

정언명법적 절차를 적용함에 있어 두 번째 기준은 제안된 격률과 합리적 존재의 본성간에 모순여부를 검토하는 것으로서 의지상(意志上)의 모순(contradiction in will) 여부를 알아내는 것이다.[26] 어떤 격률을 두고서 합리적 행위자가 그 격률에 상응하는 사회에서 그에 따라 행위할 의향을 가질 수 있다 할지라도 즉 개념상의 자기모순이 없다 할지라도 그러한 사회자체를 의욕할 수 없을 경우 그러한 격률은 배척된다는 것이다. 다시 말하면 네 번째 단계의 사회에 있어서 그러한 격률에 따라 행위할 것을 의욕하고 실제로 그것을 실천할 수 있어야 할 뿐만 아니라 그런 사회 자체를 욕구할 수 있어야 하며 그런 사회가 존재해야 한다는 우리의 의욕을 적극적으로 내세울 수 있어야 한다는 것이다.

예를 들어서 칸트가 든 네 번째 사례 즉 우리의 도움을 필요로 하는 타인에게 무관심한 그러한 사회를 우리가 욕구할 수 있을 것인지 생각해보자.[27] 칸트에 의하면 남에게 선행(善行)을 베풀지 않는 것은 그것이 설사 보편화된다 할지라도 개념상의 모순이나 실천상의 자기모순을 일으키지는 않는다고 한다. 단지 우리는 보편적 입법자로서 합리적 개인이 과연 아무도 곤경에 처한 타인을 도울 가능성이 배제된 사회에서 살기를 의욕하는가를 물어보아야 한다는 것이다. 칸트에 따르면 합리적 존재로서 인간은 자신

---

25) Remarks on Kant's Ethics, 1~8.

26) *Ibid.*

27) Kant, *Grundlegung zur Metaphysik der Sitten*에 나오는 네 번째 사례, S. 49~50.

의 본성상 기본적 욕구(basic need)를 지닌 존재이고 자기가 자족적 존재가 아님을 알고 있으며 자신의 기본적 욕구는 타인의 도움없이 충족될 수 없는 존재임을 안다는 것이다. 따라서 아무도 타인을 돕지 않기를 의욕한다는 것은 그 자신의 본성에 내재하는 기본욕구와 양립되지 않는 것이기에 곤궁에 처한 타인에게 선행을 베푸는 것이 도덕법칙으로 성립하게 된다는 것이다.

'곤궁에 처한 타인을 돕지 말라'는 격률이 보편화되고 일관되게 시행되는 사회를 생각해보는 것은 불가능한 일은 아니다. 그러나 칸트에 의하면 우리가 이런 사회를 의욕할 수 없는 이유는, 우리에게는 타인의 사랑과 동정을 필요로 하는 상황이 많이 생겨나기 때문이라는 것이다. 이러한 상황에 있어서도 앞서의 격률에 의하면, 우리는 우리가 욕구하고 열렬히 바라는 바를 박탈당하게 된다. 우리가 때때로 타인의 사랑과 동정을 필요로 하는 존재인만큼 그런 필요가 배제되는 사회는 인간의 본성상 의욕할 수가 없으며 인간의 의지에 모순되는 사회가 아닐 수 없다는 것이다.[28]

칸트는 위의 사례를 더 이상 구체적으로 해명하거나 보다 일반적으로 전개한 적이 없으나 롤즈는 인간의 진정한 필요나 기본욕구에 대한 적절한 개념에 기초해서 정언명법적 절차를 전개해 갈 경우 의지상의 모순 기준은 다음과 같이 해석될 수 있다고 한다. 즉 타인에 대해서 무관심하라는 격률에 기초한 사회가, 인간의 진정한 필요나 기본욕구에 따라 타인을 도우라는 격률에 기초한 사회보다 욕구할만한 것인가를 물어야 한다고 한다. 물론 롤즈는 여기에서 요구되는 인간의 기본욕구에 대한 견해를 칸트의 저술에서 찾기 어려운 점을 인정하고 있으며 단지 중요한 것은 최종단계의 도덕추론이 제1단계의 행위자 중심의 타산적 추론에 특정한 제약을 가하게 된다는 점과 인간의 기본욕구에 대한 입장이 전제될 경우 그에 의거해서 특정 격률에 기초한 갖가지 사회형태에 대한 평가가 가능하다는 점임을 지적한다.[29]

이어서 롤즈는 이상과 같은 정언명법적 절차에 있어서 주목할만한 세 가지 점을 지적하는데 이는 칸트의 윤리설과 롤즈 자신의 정의론을 대비함에 있어서도 본질적인 중요성을 갖는다.[30] 첫째 정언명법적 절차의 제1단계에 있어서 제시되는 행위자의 격률은

---

28) Remarks on Kant's Ethics, 1~9.

29) *Ibid.*

30) *Ibid.*, 1~10, 롤즈 자신의 정의론에 대한 Kant적 해석에 관해서는 *A Theory of Justice*, Ch. Ⅳ. Sec. 40 The Kantian Interpretation of Justice as Fairness. 참조.

인간 삶의 정상적 과정에서 생겨나며, 진지하고 합리적인 개인에 의해 견지되는 것이라는 점이다. 물론 이것은 그 절차가 현실적으로 생겨나는 격률에만 적용된다는 것은 아니고, 단지 그 절차를 검증하려 는 목적으로 자의적으로 고안된 격률을 배제한다는 뜻이라는 것이다. 이런 의미에서 정언명법 이론은 자연적 경향성에 의해 주어진 목적에서 시작되는 경험적 실천이성에 대한 이론의 일부가 되기도 한다는 것이다. 여기에서 우리는 가능한 한 칸트의 윤리설을 그 형이상학적 배경으로부터 분리시켜 경험론적인 틀 속에서 해석하고자 하는 롤즈의 의도를 엿보게 된다.

둘째, 격률에 의거해서 그에 대응하는 사회를 구성함에 있어 우리는 자연법과 정상적인 인간능력에 대해서 일반적으로 알고 있는 바에 의거한다는 점인데, 다시 말하면 보편적 지침의 검증을 위해서는 일반적인 경험적 지식이 요구된다는 점이다.[31] 셋째 정언명법적 절차의 마지막 단계의 추론은 정보에 대한 어떤 제한이 요구됨을 가정하고 있으며 인간의 기본욕구와 지식에의 제한은 모든 사람이 정언명법적 절차에 의거할 경우 유사한 결론에 이를 것을 보장하게 된다는 점이다. 칸트는 목적왕국이란 공통의 법에 의거한 이성적 존재들의 통합체라고 말했다. 법이란 모든 이에게 보편적으로 타당한 바에 비추어 목적을 결정하는 까닭에 우리는 모든 목적적 존재들이 지향하는 목적 전체의 체계적 관련을 고려해야 하는데 이는 결국 우리가 일단 개인들간의 사적인 차이점이나 사적인 목적의 내용을 추상함을 의미한다. 따라서 정언명법적 절차의 적용은 개인적 욕구나 목적의 영향을 받지 않으며 그에 대한 인지상(認知上)의 차이도 무관함으로써 사람들의 결론은 합치 내지 수렴하게 된다는 것이다. 인간의 기본욕구와 정보상의 제한없이는 그 절차가 이러한 결과를 가져오리라는 기대를 할 수 없다는 것이다. 롤즈는 위에 나온 둘째와 셋째를 통합하여 '무지(無知)의 베일'이라는 조건으로 발전시키고 있다.[32]

또한 롤즈는 실천적 추론체계로서 정언명법적 절차의 구조적 특징을 다음 세가지로 분석한다. 첫째는 경험적 실천이성과 관련된 타산적(打算的) 합리성으로서 즉 행위자의 자연적 경향성의 관점에서 볼 때 합리성에의 요구가 두 곳에서 나타난다고 한다. 그 하나는 첫 번째 단계의 격률에 이르는 행위자의 숙고과정에서이다. 따라서 그러한 격률은 우리의 목적 달성을 위한 가장 효율적 수단을 택한다는 의미에서 합리적 선택의 일반원

---

31) *Ibid.*, 1~11.
32) J. Rawls, A Theory of Justice 참조. 이점에 있어서 칸트와 롤즈의 대비점은 Robert Paul Wolff, *Understanding Rawls*, 특히 Part 3: Rawls and Kant 참조.

칙에 비추어서 내세워진 특정한 가언판단으로 표현된다. 또 하나는 의지상의 모순기준, 즉 우리가 어떤 격률에 의거한 사회를 욕구할 수 있는지를 검증할 경우에 나타난다. 제 4단계의 추론은 인간의 진정한 기본욕구에 대한 공통된 입장에서 전개되는데 물론 이 때는 우리의 자연적 경향성이 아니라 지식의 제약에 의해 규정된 보편적 관점에서 인간의 기본욕구와 관련된 합리성이다.[33]

정언명법적 절차가 갖는 두번째 구조상의 특징은 칸트가 말하는 순수 실천 이성이 절차의 네가지 단계와 그 각각의 요구조건에 의해 표현된다는 점이다. 이러한 절차의 각 단계는 인간 삶의 조건에 적용된 순수 설천이성의 요구조건을 반영하는 것으로서 이는 사회가 구성되고 평가되는 방식이기도 하다. 끝으로 구조상의 세번째 특징은 純粹 실천이성과 경험적 실천이성의 단계로서 전자가 후자에 우선하고 절대적으로 제약한다는데 있다.[34] 다시 말하면 정언명법적 절차는 두 곳에서 타산적 합리성을 내포하나 그것은 반드시 절차상의 특정 제약조건에 부응해서만 용납된다는 점이다. 즉, 행위자의 현실적, 가능적 숙고의 과정은 절차상의 계약조건에 의해 그 틀이 주어지며 제약조건에 위배되는 격률에 의거한 행위는 도덕적으로 금지된다는 것이다.

롤즈는 이상과 같은 구조적 특성을 다음과 같이 표현하기도 한다. 즉 정언명법적 절차는 두 형태의 실천적 추리를 구분하고 그 양자를 하나의 체계 속에 결합한다. 여기에서 지배하는 추리형태가 예속되는 추리형태를 이용해야하지만 그에 대해 엄격한 우선권을 행사하게 된다. 합리적 선택원리에 의해 표현된 경험적 실천추론 혹은 실천이성은 주어진 인간의 자연적 욕구나 경향성의 목적들에 적용되고 그로부터 진행한다. 이와 대조적으로 순수 실천추론 혹은 실천이성은 자연적 욕구의 목적으로부터 나아가는 것이 아니라 경험적 실천이성에 의해 생긴 격률을 평가하는 숙고의 절차를 규정할 뿐이다.[35] 이러한 절차 그 자체는 자연적 경향성이나 욕구충족의 극대화를 도모하는 것이 아니라 이러한 절차를 거친 것만을 추구하게끔 제약하는 것이다.

롤즈에 의하면 이성적 존재로서 인간은 이상의 절차를 적용하여 공유할 공적 질서를 구성하고 그 질서 속에서 충분히 계약된 자신의 자연적 목적을 실현하게 된다고 하

---

33) Remarks on Kant's Ethics, 1~11.

34) *Ibid.*, 1~12, 이점에 관해서 롤즈의 보다 발전된 견해는 Kantian Constructivism in Moral Theory 참조. 여기에서는 the rational (경험적 실천이성)과 the reasonable(순수 실천이성)로 대비하고 있다.

35) *Ibid.*, 1~13.

며, 이렇게 구성될 질서가 보편적으로 준수될 경우 목적의 왕국이라는 윤리공화국이 실현된다는 것이다. 따라서 이 왕국은 절차를 통과한 격률의 총체에 의해 성립된 사회이며 모든 사람이 도덕 법칙을 자연 법칙처럼 따르는 사회이다. 이 왕국의 성원들은 이성적 존재로서 순수 실천 이성의 원칙에 대한 관심에 의해 동기가 주어지며 목적왕국이라는 관념아래 그 원칙을 준수하고 그에 따라 자신의 욕구를 규제하게 된다.[36]

칸트는 제2비판 서문에서 제1비판에서 유추적으로 기대되는 바와는 달리 여기에서 자신이 전개할 작업은 순수 실천이성 비판이라 부를 수 없다는 것이다.[37] 왜냐하면 순수 이론이성과는 달리 순수 실천이성은 우리의 일상적인 도덕추리나 도덕적 경험 속에 명백히 들어난다고 생각했기 때문이다. 칸트는 우리가 행위의 준칙을 구성해서 그에 따르는 것이 적합한지를 반성하자마자 도덕법칙은 직각적으로 의식할 수 있다고 믿었고 이를 이성의 사실이라고 했다. 그는 우리의 일상적인 도덕적 사유 속에 도덕법칙은 선천적 종합명제(실천명제)로서 육박해 온다는 것이다.[38] 따라서 정언명법적 절차는 순수 실천이성이 인간의 도덕 경험 속에서 작용하는 방식을 정식화한 것이라 할 수 있다. 그런데 이러한 절차는 모순이나 실천적 이율배반을 결과하지 않는 까닭에 순수 실천이성의 비판은 불필요하다는 것이 칸트의 생각이다.

칸트에 의하면 그 고유한 영역을 넘어서 의지결정의 유일한 근거인양 월권을 하는 것은 오히려 경험적 실천이성인 것이다. 이같이 경험적 실천이성이 그 고유영역을 넘어서는 것은 마치 순수 이론이성이 이론적 지식의 획득에 있어 물자체를 아는체 함으로써 그 고유영역을 넘어서는 것과 유사하다.[39] 따라서 제2비판의 목적은 경험적 실천이성의 한계를 확정하고 전체로서의 실천이성의 통합된 구조 속에서 그 적절한 지위를 배정하려는 것이라고 할 수 있다. 정언명법 이론은 순수한 실천이성과 경험적 실천이성을 구분하고 후자를 전자에 절대적으로 예속시키고자 한다. 결국 제2비판의 결과로서 정언명법 이론은 우리의 자연적 경향성에 의해 욕구된 목적으로부터 출발하는 경험적 실천이성의 고유한 영역과 그 한계가 무엇인가에 대한 칸트의 대답이며 이런 뜻에서 제2비판은 칸트 자신이 이른 바와 같이 '경험적 실천이성 비판'이라 부르는 것이 합당하다 할

---

36) *Ibid.*
37) *Kritik der praktischen Vernunft*, AK, V: 3, 15f.
38) *Ibid.*, 31.
39) *Ibid.*, 15f.

것이다.[40]

IV. 이론이성과 실천이성의 동궤(同軌)

도덕적 가치의 소재를 객관적인 것으로 믿는 것이 윤리학적 절대론이라면 윤리학적 회의론은 객관적인 가치의 존재를 의심하려는 것이다. 전통적으로 가치의 객관성을 입증해 보려는 두가지 사고의 실험이 행해져온 셈인데, 자명한 원칙들을 발견해서 그로부터 도덕체계를 도출하려는 소위 데카르트(Descates)적인 방법에 기초한 직관주의 윤리설과 비도덕적 개념에 의한 도덕적 개념의 정의가능성을 전제하고 도덕적 진술도 다른 경험적 진술처럼 그 진위가 검증가능한 것으로 보는 자연주의 윤리설이 바로 그것이다. 그러나 무어(G. E. Moore)에 의해 문을 연 20세기 윤리학이 대체로 윤리학적 회의주의 내지 상대주의에 의해 지배되고 있다면 그것은 결국 절대론을 입증하고자한 전통적인 두가지 실험이 실패했다는 것으로 풀이되는 것이다.

그런데 여기에서 가능한 한 가지 대안은 인간이 전적인 무(無)로부터 도덕이나 가치를 새로이 창조하는 일이다. 이럴 경우 도덕이란 발견되어야할 무엇이 아니라 창조되어야할 그 무엇으로 생각된다.[41] 발견되기를 기다리는 객관적 가치에 대한 회의는 기존 가치의 허구성에 대한 폭로와 아울러 새로운 가치의 전적인 창조와 그에 대한 인간주체의 결단을 요구하게 된다. 니체나 실존주의자의 윤리는 철저한 허무주의에 바탕을 둔 가치창조의 윤리로서 근본으로부터의 선택(radical choice)을 내세우고 있다.

그러나 롤즈는 전통적인 발견의 윤리도 현대의 창조의 윤리도 아닌 구성의 윤리라는 제3의 가능성을 제안한다. 이것은 인간에 앞서서 미리 존재하는 객관적 도덕 원칙을 전제하지 않는다는 점에서 발견의 윤리와 질을 달리 하며 이성에 기초하지 않는 근본적 선택이나 주체의 결단을 내세우지 않는다는 점에서 창조의 윤리로부터 구별된다. 결국 롤즈의 구성주의적 윤리설의 성패는 발견의 윤리가 바탕하고 있는 독단적 환상의 암초와 창조의 윤리가 자리하고 있는 무근거적 허무의 늪을 피하는 항해술의 가능성에 달려 있다 할 것이다.

---

40) Remarks on Kant's Ethics, II-2.
41) J. L. Mackie, *Ethics*, Penguin Books Ltd, p. 106.

윤리설에 있어서 구성주의(constructivism)란 용어는 생소한 것이긴 하나 그것은 직각적으로 칸트의 철학과 어떤 관계가 있는 것임을 연상시킨다. 칸트와의 근친성은 「도덕이론에 있어서 칸트적 구성주의」라는 롤즈의 최근 논문 제명이 노골적으로 보여주고 있다. 롤즈는 자기가 이러한 논문을 쓰게 된 이유의 하나는 자신이 제시한 '공정으로서의 정의관'이 그 뿌리를 칸트의 철학에 두고 있다는 점을 해명하려는 것이고 다른 하나는 칸트적 구성주의는 다른 윤리설에 비해 잘 이해되어 있지 못하며 이로 인해서 도덕철학의 발전이 늦어짐을 밝히려는데 있다는 것이다.[42]

그런데 칸트의 철학에 있어서 구성주의는 로크를 위시한 경험론자들이 인식주관의 수동성에 기초한 대상중심의 모사설적 인식론을 전개한데 반해 이를 비판, 코페르니커스적 전회를 통해 주관의 능동적 구성에 바탕을 둔 칸트의 인식론을 의미하는 것으로 알고 있음이 철학의 상식에 속한다. 이러한 인식론적 구성주의를 도덕론의 영역에까지 확대 해석할 수 있는 가능근거를 알기 위해서 우리는 우선 칸트가 인식론적 구성주의를 통해 해결하고자 했던 당시의 이론철학적 상황과 롤즈가 도덕론적 구성주의에 착상하게 된 현대의 실천철학적 상황을 대비하고 다음에는 롤즈가 칸트의 비판철학 내에서 이론이성과 실천이성이 동일한 궤도를 달리고 있음을 내세운다는 점에 주목할 필요가 있다고 생각된다.

회의주의 연구가 폽킨(R. H. Popkin)[43]에 의하면 흄에서 비롯된 회의주의는 18세기 후반에 다시 독일에서 문제되어 칸트에 이르러 그 절정에 달하게 된다고 한다. 그러나 칸트가 흄에 의해 자신의 독단적 꿈을 깨고난 이후부터는 회의주의에 대한 관심이 새로운 전환을 맞게된다고 했다. 칸트는 흄이 인간의 능력인 이성에 대한 계몽주의적 희망을 꺾어버리는 것으로 생각하고 회의주의의 극복을 위해서는 인식론의 문제가 재검토되어야 한다고 믿었기 때문이다.

결국 칸트의 해결책은 형이상학적 지식에 대해서는 철저한 회의주의의 입장을 취하면서 가능한 경험의 조건에 대해서는 보편적이고 필연적인 지식이 존재한다고 확신하는 중도적 관점을 세워보려는 것으로 생각된다. 그는 지식이 가능하다고 전제하고 따라서 철저한 회의주의는 그릇된 입장으로 생각했다. 문제는 흄의 회의주의를 성공적으로 논박하기 위해서 그러한 보편적이고 필연적인 지식이 어떻게 가능한가를 해명하는 일

---

42) Kantian Constructivism in Moral Theory, p.515.
43) Richard H. Popkin, *The History of Scepticism*, University of California Press, 1979.

이었다.

시식은 *경험과 더불어 시작하나 경험에서 나오지는 않는다*는 주장을 통해 칸트는 자신이 회의주의적 위기에 대한 새로운 혁명적 해답을 발견했다고 생각했다. 그에 의하면 시간과 공간은 모든 가능한 경험의 필수적 형식이며 범주 및 판단의 논리적 형식은 모든 경험적 지식이 전제하는 조건이다. 칸트에 따르면 감각에 주어진 다양한 내용이 주관의 형식에 의해 통일됨으로써 인식이 성립한다. 따라서 우리가 대상에 있어서 인식하는 보편타당성은 칸트에 의하면 인식주관이 대상에다 집어넣은 것이다. 인식과 대상이 일치하는 것은 주어진 대상을 반영하는 모사(模寫)에 의한 것이 아니요 우리의 주관이 대상을 구성하기 때문인 것이다.

이는 종래의 대상중심의 모사설을 주로 하던 인식론이 칸트에 의하여 주관의 구성작용을 주로하는 인식론으로 변하였음을 의미한다. 그런데 여기에서 구성한다는 것은 대상을 그의 존재에 있어서 무로부터 만들어 낸다는 것이 아니다. 주관은 대상의 존재를 만들어낼 수는 없으며 오직 존재로 하여금 인식의 대상성을 가지게함으로써 인식의 대상이 되게 하는 것이다. 동시에 인식이 보편타당성을 가지기 위하여 주관의 구성작용도 보편타당적인 것이어야 할 것임으로 그 주관은 개인적인 주관일 수 없고 초개인적인 주관 즉 의식일반이라는 것이다. 이상이 대체로 인식론적인 의미에서 칸트적 구성주의의 요지라 하겠다.

그런데 종래의 해석에 따르면 칸트의 구성주의가 주제적으로 해결하고자 했던 바는 대체로 인식론적인 측면에 국한된 것이었고 실천적, 도덕적인 문제에 대해서는 칸트가 보다 보수주의적인 경향을 보이는 것으로 이해되어왔다. 도덕과 종교에 자리를 내주기 위해 인식과 지식이 양보해야할 것을 말하는 칸트의 요청에서 우리는 이론이성의 날카로운 칼날이 실천이성에서 그 예봉이 꺾이고 있는 것으로 생각했다. 이것이 사실이라면 칸트의 철학에 있어서 이성은 그 이론적 측면과 실천적 측면 간에 부정합성을 노출하고 있는 셈이다.

그러나 역사의 진전은 칸트의 기대처럼 도덕과 종교의 영역만을 신성불가침의 영역으로 유보해두지는 않았다. 이미 논급한 바와 같이 현대를 풍미하고 있는 윤리적 회의주의는 극단적인 메타 윤리학자들의 주장속에서 그 결정을 보이고 있다. 이러한 문맥속에서 인식론적인 회의주의에 맞서서 행해진 칸트의 작업이 윤리학적 회의주의에 대해서도 시도됨직한 일이다. 바로 이러한 시도에 착안했던 롤즈는 칸트의 인식론적 구성주의에 대응해서 자신의 윤리설을 하나의 구성주의적 입장으로 해석하고자 한다.

그런데 롤즈는 자신의 이러한 시도가 전적으로 독창적인 것이 아님을 보이기 위해 자신의 도덕적 구성주의를 굳이 도덕이론에 있어서 칸트적 구성주의라 부르고자 한다. 물론 '칸트적'이라는 관형어는 그도 밝힌 바와 같이 완전한 동일성이 아니라 그 정신에 있어서의 유사성을 의미하는 것이다.[44] 여하튼 롤즈의 칸트 해석법은 전통적인 해석과는 다른 것이 아니면 안된다. 그는 칸트철학에 있어서 인식론과 도덕론 간에는 부정함이 없으며 동궤적인 것으로 생각하고 칸트는 윤리학에 있어서도 구성주의자였던 것으로 보고자 한다.

롤즈는 칸트의 인식론과 도덕론이 동일한 틀에 의해 짜여지고 동일한 궤도를 달리고 있음을 보이기 위해 선험 론리학과 순수 의지론을 대비하고 있다.[45] 롤즈에 의하면 이론이성이나 실천이성이 나를 막론하고 이성의 역할은 배경적 조건을 구성하는 일이라는 것이다. 선험논리에 있어서 범주가 객관적 사건의 공적 질서를 구성하듯이 순수의지의 원칙은 공유하는 행위질서의 기초를 구성한다. 실천이성이 개인적, 사회적인 목적 추구를 규제하는 공공적 규율체계를 구성하는 것은 마치 이론이성이 사물에 대한 경험적 지식을 얻기 위한 공공적 형식을 구성하는 것과 동일하다는 것이다.[46]

제1비판에 있어서 칸트의 입론은 시공간 속에서 인과관계를 맺고있는 대상세계에 대해서 인간들이 경험을 공유하는 방식, 즉 선험적 형식은 흄이 생각했듯이 심리적인 연상법칙에 의해 설명될 수가 없다는 것이다. 왜냐하면 이러한 연상법칙은 인과의 법칙으로서 그것이 작용하기 위해서는 이미 어떤 시공적인 체계를 전제하고 있으며 정신이 경형세계를 만날 때 이미 무장한 이성의 규칙 (인과의 규칙)을 능동적으로 적용하는 정신의 능력을 전제하고 있다는 것이다. 제2비판도 동일한 틀에 의해 설명이 가능하다고 본다.

칸트에 있어서 순수의지의 원칙은 순수 실천이성의 원칙이며 이는 정언명법의 절차를 통해 인간생활에 적합하게 적용된다. 연상법칙의 심리적 작용이 대상인식의 틀을 세

---

44) Kantian Constructivism in Moral Theory, p.517.

45) J. Rawls. *Lecture V: Structure of Desire*, Howison Lecture given at Berkeley, May 1. 1979. p.2.

46) *Ibid.*, p.6.

울 수 없듯이 자연적 경향성이나 개인간 이해관계를 합리적으로 조정하는 특정원리가 행위의 정당한 질서를 규정할 수 없다는 것이다. 롤즈에 의하면 이러한 원리의 적용은 언제나 현실적 욕구의 상대적 강도에 의해 좌우되는 까닭에 특정한 조정원리는 사회적 역사적 여건의 우연성에 의존된 것이다. 여기에서 우리는 칸트가 윤리학에 있어서도 코페로니쿠스적 혁명을 기도하고 있음을 직감하게 된다.

그런데 롤즈는 자신의 공정으로서의 정의관은 특정한 여건 속에서 단일한 개인의 행위준칙의 정당성을 정연명법에 의해 검증하는 문제보다 개인들의 사회적 행위체계의 기초가 되는 사회의 기본구조의 정의원칙을 채택하는 문제를 선행시킴으로써 칸트 자신의 윤리설에 비해 선험 논리학에 보다 잘 상응하는 윤리설이 될 수 있다고 본다. 왜냐하면 순수 이론이성이 사물의 인식을 위한 공공적 기초를 구성하듯이 원초적 입장의 당사자들은 자신의 생애를 영위하게 될 사회적 배경체계의 공공적 기초원리를 선택하기 때문이다.[47]

롤즈에 의하면 '공정으로서의 정의관'이 사회 계약론적 언어를 사용하는 것도 바로 이러한 사회적 맥락의 본질적 중요성을 지적하기 위한 방편이라는 것이다.[48] 그리고 롤즈의 이른바 '원초적 입장(原初的 立場)'의 제여건이 함축하고 있는 바로 이러한 사회적 측면들로 인해서 칸트의 인식론과 윤리설의 동궤성이 더욱 합당하게 나타나게 된다고 한다. 당사자들은 개인적 행위의 준칙이 아니라 사회의 기본 구조를 규제할 원칙을 구성하는 일에서 시작하게 되는데 이는 기본구조 및 배경적 정의(正義)의 우선성을 주장함으로써 선험논리학과의 유사성을 더욱 강화해 주기 때문이다.

그런데 롤즈는 이상에서 말한 바와 같이 도덕의 사회적 기능을 중시하고 사회윤리적 측면을 강조하는 것이 칸트윤리학에 대한 자구적 해석을 넘어서는 것임을 인정한다. 그러나 그는 이러한 해석이 충분히 합당한 것이며, 칸트의 모든 윤리서를 함께 고려할 때 그의 학설의 핵심이 되고 있다고 한다.[49] 롤즈에 의하면 칸트의 정연명법은 일차적으로 일상 생활에서 진지하고 양심적인 개인의 사적 격률(格率)과 관련된 것이나 이러한 격률을 테스트 하는 과정에서 그것은 사회적 결과까지도 평가하게 된다고 한다. 그래서 칸트에 있어서는 일상생활의 특수한 경우에서 출발하여 그러한 과정의 결과로서 사회정의도

---

47) Ibid., p.6.
48) Ibid., p.7.
49) *A Theory of Justice*, p.252.

포함하는 완전한 원리체계가 도출된다. 그러나 공정으로서의 정의관은 반대방향에서 구성해감으로써 사회의 기본구조를 다스리는 원칙에 대한 집단적 합의에서 출발하여 그러한 선행적 합의에 따라서 모든 개인적, 집단적 의사결정이 이루어지게 된다는 것이다.

제 18 장

칸트와 비트겐슈타인의 비판철학

엄정식(서강대)

I. 머리말

이마누엘 칸트(Immanuel Kant)는 흔히 근대철학을 마무리 짓고 현대철학에 문을 열어 놓은 철학자로 평가된다. 그는 대륙 합리론이 부딪친 독단론과 영국 경험론이 결코 피할 수 없었던 회의론에 직면하여 철학이 합리성 위에 근거한다는 대명제 자체가 흔들리고 있을 때 소위 "이성비판"을 통하여 철학에 새로운 장을 마련한 것이었다. 그것은 이성의 본질과 한계를 분명히 함으로써 우리의 인식능력을 올바르게 평가하고 이 능력을 정당하게 주장하려는 노력이라 볼 수 있을 것이다. 그러나 그러한 평가의 불순물로 현대철학에 넘겨진 난공불락의 과제가 있었는데 그것이 인식론적 차원에서는 선험성 (apriority)이라는 것이었고 존재론적 측면에서는 본체(noumenon)라고 불리우는 신비스런 대상이었다. 현대철학이 당면한 과제는 칸트가 남긴 이 유산을 어떻게 이해하고 수용하며 또 극복할 수 있을 것인가의 문제로 집약될 수 있을 것이다.

현대철학의 가장 중요한 조류의 하나인 분석철학의 중심인물로 평가되는 루트비히 비트겐슈타인(Ludwig Wittgenstein)은 칸트철학의 연구가도 아니고 칸트로부터 직접적인 영향을 받은 사실도 없는 철학자였다. 그러나 그는 쇼펜하우어(A. Schophenhauer)의 사상이 지배적이었던 1900년 초에 비엔나에서 성장했으며 헤겔(Hegel)식의 관념론에 반기를 들었던 무어(G. E. Moore)와 러셀(B. Russell)에게서 배웠고 이 시대를 풍미하고 있는 약정론적(約定論的) 수학과 비본질주의적(非本質主義的) 과학사상에 심취해 있던 사람이었다. 이러한 상황에서 그는 급기야 새로운 언어관을 창출하게 되었는데 이 언어관을 바탕으로 구축한 그의 소위 "언어비판철학"은 놀랍게도 문제의 제기와 해결에 있어서 칸트와 매우 유사한 양상을 보이고 있는 것이다.

본 논문은 비트겐슈타인의 철학 안에서 이러한 구조로 나타나 있으며 그의 해결책이 갖는 한계와 그 극복이 어떠한 형태로 이루어지는지를 고찰할 것이다. 우선 II에서는 칸트의 「순수이성비판」에 나타난 중심 사상을 간단히 살펴보고 그가 독단론과 회의론에서 형이상학을 구출하기 위해 지불해야 하는 대가가 무엇인지를 지적할 것이다. III에서는 비트겐슈타인의 초기사상인 *Tractatus*를 중심으로 칸트의 이성비판의 유사점과 상이점을 검토하고 특히 이들 사이에 사유와 언어의 관계에 이견(異見)이 있음을 강조할 것이다. IV에서는 비트겐슈타인의 후기 사상인 *Investigations*의 골자를 요약하고 이것이 어떻게 칸트의 유산 즉 선험성과 본체의 문제를 해소시켜 나가는지 살펴볼 것이다. 그러나 우리의 결론은 비트겐슈타인이 칸트의 문제에 대해 전정한 의미의 해결점을 제시해 주었다는 것이 아니고 그것을 언어의 문제로 전환시켰을 뿐이라는 사실이다. 따라서 그는 칸트가 남긴 문제점들을 정면에서 해결한 것이 아니라 언어적인 관점에서 재조명했다고 볼 수 있다. 결과적으로 그에게 남겨진 것은 언어의 선험성이라는 문제와 본체를 흡수한 언어적 '현상'이라는 개념인데 본 논문에서는 이에 대한 본격적인 분석과 검토를 피하고 칸트와의 비교에 그친다. 그것은 좀 더 포괄적이고 깊이 있는 연구의 과제이기 때문이다. 이제 이러한 맥락을 따라 칸트와 비트겐슈타인의 비판철학을 개괄적으로 고찰하고 양자가 지니는 상이점과 유사점들을 살펴보자.

II. 칸트의 선험성과 본체

칸트가 1781년 「순수이성비판」을 출판하였을 때 철학계를 지배하고 있던 존재론적 및 인식론적 입장은 이원론이었다. 이 입장에 의하면 우주는 정신과 물질이라는 두 개의 실체로 되어 있으며 인식은 정신이 대상에 직접 접촉함으로써 가능해진다. 물론 존재론적 측면에서는 여러가지로 입장을 달리하였지만 인식론적 입장 즉 정신이 대상을 관념의 형태로 받아들일 때 인식이 가능하다는 점에서는 모든 근대철학자들이 의견을 같이 하였다. 그러나 흄(D. Hume)이 우리가 인식하는 것은 결국 관념에 불과한 것이 아닌가라는 문제를 제기하였을 때 근대철학은 갑자기 회의론과 유아론(唯我論) 중에 하나를 택해야 하는 난관에 봉착하게 되었다. 인식은 관념의 인식이라는 성격을 벗어나지 못하므로 대상에 대한 인식은 결코 이루어질 수 없으며 이것이 사실이라면 존재하는 것은 우리의 관념뿐이라는 결론에 도달할 수밖에 없기 때문이다. 칸트의 「순수이성비판」은 바로 이 문제에 대한 해답을 찾기 위해 쓰여진 책이었다. 말하자면 인간의 이성이 지니는 능력과 역할을 제대로 평가함으로써 인식의 타당성과 그 한계를 분명히 하고 동시에 회의론이나 유아론에서 헤어날 활로를 모색한 것이 이 책의 의도였던 것이다.

우리는 칸트의 철학을 인식론적 및 존재론적 측면에서 볼 때 다음과 같이 요약할 수 있을 것이다. 우선 철학의 임무는 인간의 이성을 초월하여 인식할 도리가 없는 것을 사색하는 것이 아니라 이성의 한계를 분명히 하기 위해 선험적 연역을 시도하는 일이다. 이러한 방법을 근거로 하여 어떤 세계가 이론이성 즉 상상이나 지각이 가능한 범위에 들어왔을 때 하나의 세계로 받아들여 진다. 한편 우리의 경험은 이론이성에 근거를 둔 '형식'과 감각을 통해 들어오는 '내용'으로 이루어진다. 여기서 참인 종합명제는 경험의 '형식'을 갖추었을 때 선천적(a priori)인 명제가 되며 내용만을 가지고 있을 때는 후천적(a posteriori)인 명제가 된다. 이처럼 선천적인 종합 명제가 있을 수 있는데 수학적 진술이나 인과의 법칙이 그것이다. 이밖에 이론이성으로서는 그 전위를 가릴 수 없는 '선험적' 명제들이 있으며 예를 들어 신이나 영혼불멸, 전체로서의 세계, 자유의지, 윤리에 관한 명제들이 이에 속한다. 이러한 명제들은 실천이성에 의해서 요청될 뿐이며 따라서 실천철학의 분야에서 다루어질 수밖에 없다. 요컨대 이론이성의 차원에서 볼 때 '물자체(Ding-an-sich)'는 선험적이다. 이것이 칸트가 이성비판을 통해 도달한 결론이었다.

칸트의 경우 비판이란, '비판적 분석'을 의미하며 그 비판의 대상은 순수이성의 기능과 한계이다. 그러나 그는 순수이성을 공박하기보다 오히려 그 가능성을 보여 주었으며 감각을 통해 우리의 지각에 묻어 들어 오는 불순한 이성보다 '순수이성'을 강조한 것이다. 이처럼 순수이성에 의한 인식이란 감관을 통해 들어오는 인식이 아니라 모든 감각적 경험에서 독립된 인식을 의미하며 마음의 선험적인 특성과 구조를 가지고 우리에게 속해있는 인식이다. 이러한 인식론의 정립에 전제가 되는 것은 인간의 심성(心性)에 관한 그의 파격적인 견해였다. 그에 의하면 인식이 대상에 의존한다는 생각을 버리고 반대로 대상이 우리의 인식능력에 의존해야 한다고 상정한 것이다. 이것을 흔히 우리는 '코페르니쿠스적 전환'이라고 일컫는데 우리들 자신이 사물 속에 투입한 것만을 우리는 그 사물에 관해 선천적으로 인식한다고 했기 때문이다. 이것은 우리의 인식능력에 선천적 형석, 즉 시간과 공간이라는 직관형식과 12개의 범주라는 오성형식(悟性形式)이 있어서, 이러한 형식을 바탕으로 해서만 인식이 가능하다는 뜻이다. 요컨대 사유나 직관만으로는 인식이 성립될 수 없기 때문에 사유가 감성적 직관의 도움을 받아야 한다는 것이다. 칸트는 이렇게 말한다.

> 우리의 인식은 심성의 두 원천으로부터 연유된다. 그 첫째 원천은 표상(表象)을 받아들이는 능력(인상(印象)의 수용성(受容性))이며 둘째 원천은 이 표상을 통해서 대상을 인식하는 능력(개념의 자발성)이다. 전자에 의해 대상이 우리에게 주어지고 후자에 의해서는 이 대상이 표상과의 관계에서 사유된다. 그러므로 직관과 개념은 인식의 모든 요소를 구성하는 것이며 어떤 식으로든 대응하는 직관을 갖지않는 개념도 그리고 개념을 갖지 않는 직관도 다같이 인식은 될 수 없다.[1]

그는 이어 "감성이 없으면 어떠한 대상도 우리에게 주어지지 않을 것이며, 오성이 없으면 어떠한 대상도 사유되지 않을 것이다. 내용없는 사고는 공허하고 개념없는 직관은 맹목이다"[2]라고 주장한다.

그러나 직관에 대한 범주의 적용이 단순히 개인적인 주관의 작용일 뿐이라면 그것은 한낱 임의적 종합에 불과할 것이며 우리를 객관적이고 보편타당한 인식으로 이끌지는 못할 것이다. 그러므로 진정한 의미의 종합이 이루어지려면, 다시 말해서 학문적 인식이 이루어지려면 범주에 의한 종합통일 이전에 무엇인가가 있어야 한다. 그것을 칸트는 이

---

1) I. Kant, *Critique of Pure reason*, trans by Norman Kemp Smith(N, Y.: St. Martin's Press, 1965), A. 50, B. 74.

2) Ibid., B.75 한편 칸트는 직관과 감성을 다음과 같이 설명한다. "인식이 어떠한 방식으로든 또는 어떠한 수단을 통해 대상과 관계를 맺든 인식이 그것에 의해 대상과 직접 관계하며 모든 사유가 수단으로 구하는 것은 직관이다. 그러나 직관은 오직 대상이 우리에게 제시되는 한 성립될 뿐이다. 그리고 대상이 제시된다는 것은 대상이 심성을 어떠한 방식으로든 촉발함으로써만 가능한 것이다. 우리가 대상에 의해 촉발되는 방식으로 표상을 받아들이는 능력(수용성)이 감성이다." Ibid., A.19, B.33.

렇게 설명한다.

> 원래 어떠한 인식도 그리고 그 상호의 결합이나 통일도 의식의 통일이 없이는 성
> 립될 수 없는 것이며, 아 의식의 통일은 직관의 모든 소여에 앞서고 또 그것과 관
> 계함으로써만 대상의 모든 표상이 가능하게 된다. 이 순수하고 근원적이며 불변
> 하는 의식을 나는 선험적 통각(統覺)이라고 부르고자 한다.[3]

이 선험적 통각을, 의식일반 혹은 초월적 자아라고도 하는데 칸트의 경우 그것은 선
험적 인식의 근거를 마련하기 위해 필연적으로 요청되는 것이었다.[4] 이와 같이 그는 코
페르니쿠스적인 전환에 의해서 인식의 중심이 주관에 있음을 명백히 하였으며 이것을
근거로 과학적 인식의 기초와 그 한계를 분명히 밝혀 주었다.

그러나 인간의 감성이 받아들이는 인식의 질료는 경험적 직관의 범위를 넘어서는 것
이 아니므로 직관형식의 통일에서 출발할 수밖에 없는 우리의 인식대상은 경험적 차원
을 넘을 수 없다. 그러므로 그것은 대상 자체가 아니라 우리의 주관이 나타난 바로서의
대상 즉 현상(phenomena)에 지나지 않는다. 그러나 '현상'이란 말이 의미를 갖기 위해서
는 그것이 '무엇'의 현상이 되지 않으면 안 된다. 칸트는 이 '무엇'을 본체(noumena)라고
부르며 알려지지 않은 대상 자체라는 뜻으로 물자체(Ding-an-sich)라고도 한다.[5] 요컨대
인식은 이러한 형이상학적 영역에까지 미치지 못하며 따라서 인식가능의 세계는 이 물
자체에 의해 촉발되는 현상에 국한된다는 것이다. 그에 의하면 "실제로 우리가 감성의
대상을 정당하게 한낱 현상에 불과하다고 간주하면, 따라서 우리는 역시 동시에 그리한
대상이 배후에 있다는 것을 인정"할 수 밖에 없지만 유감스럽게도 그것이 무엇인지를
밝혀낼 수 없으며 "우리의 감성이 이 알 수 있는 그 무엇(물자체)으로부터 촉발되는 방
식을 알 수 있을 뿐"이다.[6] 그러므로 우리는 물자체를 여러가지로 해석할 수 있지만 분
명한 사실은 그러한 것이 현상의 근저에서 원인으로 실재하며 우리의 감각을 촉발한다
는 점이다. 여기서 우리는 이러한 존재의 긍정을 통해 칸트가 관념론이나 유아론의 수

---

3) Ibid., A. 107, pp.135~161을 참조할 것.
4) Ibid., pp.135~161와 pp.341~342, pp.365~368을 참조할 것.
5) Ibid., pp.265~266, pp.441~469 참조.
6) I. Kant, *Prolegomena to any Future Metaphysics*, trans by L. W. Beck(N. Y.:The Bobbs-Merrill Co, Inc., 1950) § 32.

령에서 헤어나고자 하는 것을 느낄 수 있다.

한편 칸트는 합리론적 독단론을 극복하기 위하여 순수이성의 한계를 분명히 하고 그 남용을 경고하였다. 예를 들어 신의 존재나 영혼불멸 그리고 자유의지 등에 관해서는 순수이성에 근거한 인식이 불가능한 것임을 보여준 것이다. 이러한 것들은 초감적인 대상이므로 이러한 대상을 형이상학의 과제로 삼으면 필연적으로 독단적인 오류를 범할 수 밖에 없다. 원래 현상계에만 해당되는 범주를 무리하게 적용하기 때문이며 그러한 대상은 직관형식에 담을 수도 없기 때문이다. 그의 표현을 빌리면 이성의 '규제적(規制的) 사용(regulativer Gebrauch)'을 망각하고 '구성적(構成的) 사용(konstitutiver Gebrauch)'에 빠진 결과라는 것이다.[7] 그러므로 우리가 오류를 범하지 않으려면 이러한 대상이 선험적 가상(transzendentaler Schein)임을 인정하고 순수이성의 이율배반(Antinomie)을 받아들여야 한다. 그렇지 않으면 "자기의 요구를 포기할 수밖에 없는 그러한 모순에 말려들게" 되기 때문이다.[8] 결국 칸트는 신과 자유의지와 영혼의 문제를 도덕률의 의식에 관여하는 실천이성의 과제로 넘긴다.

이상에서 우리는 「순수이성비판」에 나타난 칸트의 비판철학의 골자를 살펴보았다. 그것은 한마디로 자아와 세계를 이분화해서만 가능한 또 하나의 형이상학적 체계였다. 이 체계를 받아들이기 위해서는 인식의 선험성과 본체의 존재성을 긍정하지 않으면 안된다. 다시 말하면 선험적 자아와 세계의 존재를 전제로 해서만 성립될 수 있는 체계라는 것이다. 이제 이러한 이성 비판의 철학이 비트겐슈타인의 '언어비판' 철학에서 어떠한 양상으로 나타나며 또 그것이 어떻게 극복되는지 살펴보자.

III. 「*Tractatus*」와 언어의 한계

앞서 지적한 바와 같이 비트겐슈타인은 칸트의 철학을 본격적으로 연구한 일이 없다. 그러나 그는 변질된 그의 철학을 쇼펜하우어의 사상 속에서 간접적으로 흡수했다고 볼 수 있다. 여기서 칸트의 본체와 현상은 "의지와 표상으로서의 세계"로 보도되어 있는데 '의지'는 칸트의 실천이성을 넘어서는 '생(生)의 맹목적 의지'를 의미하고 표상의 세계

---

7) I. Kant, *Critique of Pure Reason*, (op. cit.) B. 672.
8) Ibid., A. 407, B. 433.

는 소위 네 가지 이유율에 의해 구성된 허망한 가상(假象)의 세계에 불과한 것이었다.[9] 그런데 긴드가 문세도 삼은 '이성'의 범위와 한계는 표상의 범위와 한계로 해석되어 있었다. 그리하여 쇼펜하우어가 정리한 칸트의 철학적 과제는 언어의 범위와 그 한계를 밝히고 극복해 보려는 불가항력적인 욕구요 결과가 무엇인지는 보여주는 것으로 나타났다. 비트겐슈타인에게 언어의 문제가 철학의 중심과제로 이해된 것은 이처럼 쇼펜하우어를 통해 전달된 칸트의 비판철학에서 연유된 것이었다.[10] 또한 이러한 맥락은 칸트 이후의 철학사적 발전에서도 찾아볼 수 있다.

흄은 인간의 경험과 이성의 범위 안에서는 형이상학을 구축하기가 어렵다는 사실을 보여주었다. 그에게 회의론은 불가피한 것이었다. 그러나 앞서 지적한 바와 같이 형이상학을 재건하기 위하여 사유의 파편을 긁어모은 사람은 칸트였다. 무엇보다도 그는 이 작업을 위해 초월적 자아라는 것을 선험적 인식의 근거로 요청하였다. 그에게 인간이란 개념은 불충분했던 것이다. 이러한 자아관은 여러 가지 형태로 19세기 독일관념론에 나타났고 덜 사변적이긴 했지만 20세기의 철학에도 논의가 되었으며 특히 논리적 경험론과 「Tractatus」의 형이상학에도 등장하고 있었다.

이들에게 언어는 갑자기 중요한 과제가 되었는데 그것은 표상의 수단일 뿐만 아니라 언어에 의해 서술되는 것이면 즉각적으로 인식된다는 사실에 주목하였기 때문이다. 이처럼 언어가 도입되면서 사유와 실재의 구분이 애매해졌고 직접적으로 알려지는 것과 간접적으로 알려지는 것의 구별도 무의미해졌으며 따라서 데카르트 이후의 이원론도 별로 호소력이 없는 것처럼 보였다. 경험론자들은 감각적 경험을 이미 정신적인 것이라고 보지 않았으며 '중립적'이라는 말을 즐겨 썼을 뿐 아니라 정신과 물질은 이것으로부터 논리적으로 구성될 수 있다고 믿었다.[11] 이러한 배경속에서 형성된 「Tractatus」에도 정신과 물질의 뚜렷한 구분을 찾아볼 수 없는데 그러한 구분은 논리에서 요구하는 것이 아니므로 후험적으로만 가능하기 때문이다.[12]

---

9) A. Schopenhauer, The World As Will and Idea, trans R. B. Haldane and J. Kemp (London Routledge, 1948), Vol. l, Chap. Ⅱ 참조.

10) 자세한 논의는 Stephen Toulmin의 "Ludwig Wittgenstein," *Encounter* 32 (Jan., 1959) 참조.

11) Wlliiam James는 "neutral monism"이라는 말을 즐겨 썼으며 B. Russell도 이에 동조하고 있다.

12) Derek Bolton, *An Approach to Wittgenstein's Phiiosphy*(London: The Macmillan Press Ltd., 1979) p.82 참조.

비트겐슈타인은 이처럼 쇼펜하우어의 사상이 풍미하던 비엔나에서 성장하여 철학을 언어의 분석을 통해 세계의 구조를 이해하는 작업으로 간주했던 무어와 러셀 그리고 프레게(G. Frege)의 영향력 속에 들어감으로써 「Tractatus」의 중심 사상을 형성할 수 있게 되었다. 그것은 한마디로 칸트를 자의로 해석한 쇼펜하우어의 사상을 러셀 류의 용어에 담은 논리적 형이상학의 체계라고 할 수 있다. 그는 '표상적'으로 언어를 생각하고 있었으며 쇼펜하우어의 '단위 명제'를 '원자 사실(atomic facts)'로 이해한 다음 '논리적 전환(logical transformation)'이란 방법을 써서 표상들을 가능한 한 모두 유의미(有意味)한 명제에 담고 그 나머지를 '말할 수 없는 것(the unsayable)' 혹은 비의미적(非意味的, non-sensical)인 것으로 제한하였다. 이것이 곧 그가 「논고(Tractatus Logico-Philosophicus)」를 쓴 의도라고 볼 수 있다. 그러나 그것은 쇼펜하우어적인 것은 아니었고 오히려 칸트적인 데가 많았으며 볼턴(D. Bolton)이 지적하는 바와 같이 파격적인 사상임에 틀림없다. 그는 이렇게 말한다.

> 「논고」는 전통에 종말을 고한다. 이 전통은 근대의 자연철학, 즉 인간의 경험에는 고유한 위치를 마련할 수 없었던 철학에서 유래되었는데, 그것은 더 높은 관점을 향해 열망하였고 그것이 허락되었다고 간주되었으며 결국 탈취했기 때문이었다. 비트겐슈타인에 대한 그 즉각적인 영향력은 그의 철학의 근원을 반영해 주었다. 근대 자연철학에 가장 잘 어울리는 비트겐슈타인의 표상이론(表象理論)을 유도한 사람들은 뉴튼 물리학의 마지막 추종자들, 특히 헤르츠(Herz)였으며 비트겐슈타인에게 주체는 초월적이라는 것을 보여준 사람은 칸트적 전통에 있는 철학자, 즉 쇼펜하우어였다.[13]

그럼에도 불구하고 「논고」가 쇼펜하우어적이 아니라고 하는 이유는 그 책의 제목이 말해주는 바와 같이 이것이 본격적인 형이상학이 아니라 논리 혹은 언어에 관한 체계라는 점과 맹목적 의지를 근거로 하는 염세적 생철학이 아니라는 점 때문이다. 「논고」는 오히려 칸트의 "이성비판"철학을 닮았다고 말할 수 있는데 비트겐슈타인의 논리적 언어의 분석은 논리의 한계를 보이는데 그칠 뿐만 아니라 스테니우스(E. Stenius)가 지적한

---

13) p.88.

바와 같이 '선험적 연역'의 성격을 띠고 있기 때문이다. 그는 이렇게 말한다.

> 비트겐슈타인의 관점에서 볼 때 자기가 인식한 대로의 논리적 언어분석은 칸트
> 적 의미로 일종의 '선험적 연역'이라는 것, 그 목적이 모든 유의미한 언어에 의해
> 서 '보여줄 수 있는' 따라서 '말할 수는 없는' 경험의 선천적 형식을 시사하는데 있
> 다는 사실은 본질적인 것이다. 이렇게 본다면 「논고」는 '순수언어비판'이라고 불리
> 울 수 있을 것이다.[14]

　무엇보다도 이것은 비트겐슈타인 자신이 인정하고 있는 사실이다. 그는 「논고」의 서
문에 다음과 같이 적고 있다.

> 이 책은 … 사유하는 것에, 오히려 사유가 아니라 사고의 표현에 한계를 긋는다.
> 사유에 한계를 긋기 위해서는 우리가 이 한계의 양쪽을 모두 사유할 수 있어야
> 하기 때문이다. (따라서 우리는 사유할 수 없는 것에 대해서도 사유할 수 있어야 하기 때
> 문이다). 그러므로 그 한계는 언어에만 그어질 수 있으며 이 한계의 다른 쪽에 놓
> 여 있는 것은 한낱 비의미(非意味)에 지나지 않는다.[15]

　이러한 관점에서 볼 때 칸트와 비트겐슈타인의 유사점은 이성과 논리의 유사점에 해
당된다고 볼 수도 있다.

　비트겐슈타인에 의하면 논리라는 것은 스스로 보살피지 않으면 안 된다. 논리는 우
리가 살고 있는 세계에 속한 것이 아니기 때문이다. 그것은 사실(事實)이 아니며 경험적
현상의 일부도 아니다. 논리는 우리가 세계에 직면할 수 있도록 해주는 그 무엇이며 세
계에 의미를 부여하는 전제조건이다. 더구나 우리는 논리를 만드는 것이 아니라 그것을
전제로 하고 필요로 한다. 요컨대 언어라면 이미 그것은 논리적이고 관습적이며 쓰일
준비가 되어 있다는 것을 의미한다. 칸트적인 표현을 하자면 그것은 a priori 한 것이다.

---

14) Erik Stenius, *Wittgenstein's 'Tractatus'* (N. Y., Cornell University Press, 1960) p. 220.
15) L. Wittgenstein, *Tractatus Logico-Philosophicus* trans. by D.F. Pears and B.F.
　　MoGuiness(London: Routledge & Kegan Paul, 1969) p. 3.

이러한 입장이 비트겐슈타인의 「Tractatus」에서 출발점을 이룬다.[16] 이것은 칸트의 「순수이성비판」의 출발점과 매우 흡사함을 보여준다. 그는 언어 대신 오성의 선천적 형석을 전제로 받아들었던 것이다.

더구나 비트겐슈타인은 「논고」와 「노트」의 결론에서 칸트와 놀라울 정도의 유사점을 보여준다. 그는 결국 '말할 수 있는 것'과 '말할 수 없는 것'을 분명히 구분하며 철학의 임무는 말할 수 있는 것의 구조와 본질을 명확히 밝히는데 있을 뿐이지 신의 존재나 영혼불멸 및 자유의지 문제는 논리적 분석을 넘어서는 삶 자체의 과제이기 때문에 철학적으로는 "침묵을 지키라"고 말한다.[17] 비트겐슈타인에 있어서 논리는 선험적인 것이므로 "삶이 곧 세계"[18]이고 "논리가 세계에 스며 있다"[19]면 세계와 논리에 공통된 형식을 논리적 명제로서는 표현할 수가 없다. 그것은 세계를 보여주고 나타낼 뿐이기 때문이다. 따라서 논리는 논리의 밖에 있는, 세계를 넘어서 있는 형식으로 표상될 수밖에 없다. 바로 이 형식이 세계의 의미를 표상하기 마련이다. 결국 우리는 논리나 그 활용을 통해서는 삶의 의미에 관한 지식을 얻을 수 없으므로 삶의 문제에 대한 해결을 위해서는 다른 방법을 구사해야 한다는 것이다. 칸트적 표현을 빌리면 그것은 실천이성의 문제인 것이다. 스테니우스는 칸트의 이론이성과 비트겐슈타인의 유의미성을 비교하여 다음과 같이 말한다.

> 비트겐슈타인의 선험적 연역에 의해서 사유에 그어진 한계는 … 고유한 의미로 언어에만 그어질 수 있다. 우리는 사고가 불가능한 것을 사유할 수는 없지만 단순히 비의미적이기 때문에 사유를 표현하지 않는 언어적 표현을 형성할 수는 있다. 이와 같이 칸트의 용어로 이론이성에 속하는 것과 그렇지 않은 것의 한계는 의미와 비의미 사이의 논리적 구분에 의해 나타낼 수 있다.[20]

16) Henry Le Roy Finch, *Wittgenstein: The Later Philosophy*(N. J. : Humanities Press, 1977) p. 250.

17) Wittgenstein, *Tractatus*(op. cit.) 이 책의 마지막 문장은 "Woven man nicht sprechen kann, darüber muß man schweigen"이다. 여기서 침묵을 지켜야 하는 부분은 비의미적인 요소를 의미한다. 이 점에 대해서는 필자의 "Ludwig Wittgenstein의 言語神秘主義" 「哲學」 제18집, 가을(1982), p. 105 참조.

18) L. Wittgenstein, *Notebooks*, 1914~1916, ed G. H. von Wright and G. E. :M. Anscombe(N.Y. : Harper and Row, Publishers, 1969), p. 73.

19) Wittgenstein, *Tractatus*(op. cit.) 5, 61.

20) Stenius, *Wittgenstein's 'Tractatus'*(op. cit.) p. 222.

이러한 유사점들을 고려하여 스테니우스는 비트겐슈타인의 「논고」를 '선험적 언어론(Transcendental Lingualism)'이라고 부르며 그의 사상을 '칸트학파적(Kantian)'이라고 규정한다.

사실 비트겐슈타인의 「논고」와 「순수이성비판」 사이에는 본질적인 유사점이 많이 있다. 우선 그 형식에 있어서 언어와 이성 사이에는 차이점이 있지만 각기 그것을 비판하고 있다는 점에서, 다시 말하면 철학의 수단 자체를 비판하고 있다는 점에서 그들은 다같이 「비판철학자」들인 것이다. 그런 뜻으로 우리는 「논고」를 「언어비판」이라고 말할 수 있다. 더구나 이들은 언어와 사유의 한계를 분명히 함으로써 그 기능을 더욱 부각시키고 인식의 한계 또한 명확히 해주었다는 점에서도 유사점을 지닌다. 그러나 이 유사점을 우리는 너무 과장해서는 안 된다. 앞서 지적한 바와 같이 비트겐슈타인은 전통에 종말을 고했다는 점뿐만 아니라 철학적 문제의식에 있어서 그리고 철학의 임무와 방법에 있어서, 무엇보다도 철학관 자체에서 칸트와 현저하게 다른데가 있기 때문이다.

우선 비트겐슈타인의 문제는 인식의 조건이 아니라 명료한 의미를 지닌 언어의 조건이었다는 점에 주의할 필요가 있다. 이러한 점을 지적하여 비트겐슈타인의 문제를 바틀리(Bartley)Ⅲ는 다음과 같이 설명한다.

> 칸트는 어떻게 선험적 종합지식이 가능한지를 물었다. 그것은 흄에 의해서 부정된 것이었다. 비트겐슈타인의 문제는 "어떻게 언어가 가능한가"가 아니다. 칸트식으로 문제를 제기한 것이 아니라는 뜻이다. 그가 문제로 삼은 것은 명료한 의미를 언어가 존재하기 위해서는 어떠한 조건을 필요로 하는가 였다. 여기서 칸트적인 딜레마는 존재하지 않는다. 오히려 그것은 촘스키(N. Chomsky)의 문제였다. 그는 경험론적 접근을 거부했다는 점에서 칸트적이라고 할 수 있다. 또한 그는 칸트적 딜레마를 현대의 경험론자들을 비판함으로써 벗어나고자 하였다. 요컨대 비트겐슈타인의 문제는 칸트나 촘스키의 문제가 아니었다는 것이다.[21]

말하자면 비트겐슈타인의 「논고」는 칸트의 경우처럼 경험론자들의 문제를 해결하거나 극복하려는 야심을 담고 있지 않다. 그것은 언어의 명료화를 목표로 하고 있으며 그

---

21) W. William Bartley Ⅲ, *Wittgenstein*(N. Y. : Lippincott Co., 1973) pp.53~54.

부산물로 인식의 정당성을 기대하고 있을 뿐이다. 그러나 여기서 반드시 지적해 두어야 할 점은 비트겐슈타인이 그의 「논고」에서 "언어로 표현할 수 없는 것"과 "사유될 수 없는 것"을 동일한 것으로 간주했다는 사실이다. 비트겐슈타인의 입장에서 볼 때 사고란 언어적 표현과 동떨어져서 생각될 수는 없는 것이다. 따라서 신비적인 것은 언어와 별도로 사유되는 것이 아니며 사유와 언어에 다같이 한계를 긋는 그 무엇이다. 따라서 명료한 사유와 유의미한 언어를 제대로 구사하던 그 한계도 동지에 명료해지기 마련이다. 이러한 관점에서 볼 때 비트겐슈타인의 야심은 오히려 칸트의 것을 넘어서고 있다고까지 말할 수 있다. 칸트의 경우에는 언어의 한계가 사유나 경험의 한계를 넘는 것이어서 언어의 문제 외에도 철학적 과제가 많이 남아 있게 마련이지만 비트겐슈타인의 경우에는 그것이 서로 일치하는 것이어서 그 한계를 밝힌다는 것은 곧 철학의 임무를 다했다는 것을 의미하기 때문이다. 요컨대 「논고」는 전통적인 철학적 문제의 완전한 해결을 의도한 것이었다. 거기에는 인식의 선험성과 본체의 존재성 같은 것을 전제로 할 여지가 없으며 칸트의 선험적 자아는 "연장이 없는" 기하학적 점으로 환원되어 있기 때문에[22] 인식을 정당화하기 위한 "코페르니쿠스적 전환"을 필요로 하지 않는다. 볼턴은 이 점을 지적하여 다음과 같이 말한다.

> 내가 아는 한 「논고」에는 칸트의 '코페르니쿠스적 전환'의 징표가 없다. 「논고」에서의 주제는 사유나 인식의 수단을 지니고 있지 않으며 세계를 창출할 방도가 없다. 세계에서의 모든 가능성, 알려질 수 있는 것, 혹은 유의미하게 언표되거나 사유될 수 있는 것은 모두 대상의 형식 속에 이미 주어져 있다. 세계는 절대적이며 주체가 독립되어 있다.[23]

그렇다고 해서 비트겐슈타인의 「논고」가 「순수이성비판」을 넘어섰다고는 할 수 없다. 스테니우스가 지적하는 바와 같이 비트겐슈타인의 '선험적 언어론'에서 '경험의 한계'와 '말로 표현할 수 있는 것'의 한계가 일치한다는 사실은 그가 오히려 흄과 칸트의 사이에

---

22) Wittgenstein, *Tractatus* 5. 64. 그는 "여기서 유아론(唯我論)의 의미가 엄격하게 완전히 파악되었을 때 순수한 실재론과 합일되어 있음을 보게 될 것이다. 유아론의 자아는 '연장(延長)없는 점(點)'으로 쪼그라들며 거기 실재가 대등한 관계로 남아 있는 것이다."

23) Bolton, *An Approach to Wittgenstein's Philosophy*(op. cit.) p.83.

426 ┃ 제4부 ┃ 칸트와 현대

위치하고 있음을 보여준다. 흄은 인식의 한계가 회의론을 의미할 뿐이라고 주장하지만 칸트는 이 안에서 비로소 윤리학을 위한 적극적 활로가 된다고 생각하는 반면 비트겐슈타인은 그것을 곧 철학의 완수라고 보기 때문이다. 반 퍼슨(van Peursen)은 이렇게 설명한다.

> 칸트는 도덕적 의무의 인식에 필요한 신이나 자유 혹은 영혼의 불멸 등을 요청하고 이것을 표현할 언어를 위해 여백을 남겨 두었다. 그는 이것을 '요구' 혹은 '요청'이라는 간접적인 언어 즉 논리적으로 분석될 수 있는 것의 한계를 넘는 언어도 구성하였다. 비트겐슈타인은 심지어 그러한 구성조차도 불가능한 것으로 간주하고 의지의 구성적 작용, 도덕과 양심과 실제적 삶을 모두 철학의 범위 밖에 또는 평범한 활동의 세계에 배치해 두었다는 점에서 더욱 급진적이다. 이러한 이유로 그는 철학을 포기하고 정원사나 시골학교 선생이 되었던 것이다.[24]

비트겐슈타인의 경우 사유와 언어의 한계는 서로 일치하는 것이고 한계 안에서 유의미한 명제의 논리적 구조를 밝혀내는 것이 철학의 임무라면 이 한계를 규명했다는 것을 전제로 하여 "말할 수 없는 것에 대해서는 침묵을 지키라"는 그의 결론은 그가 철학을 포기할 충분한 이유를 찾았음을 의미하는 것이다. 실로 칸트와의 차이는 이러한 그의 철학관 자체에 있었던 것이다. 그것은 분명히 스테니우스가 지적하는 바와 같이 "말할 수 없는 것"에 대한 그의 태도에 바탕을 두고 있다.

> 사실 이것은 말할 수 없는 것에 대한 존경심이 아니다. 오히려 그것은 도피의 방법에 대한 한 표현으로 볼 수도 있을 것이다. 그가 침묵하기로 결심했을 때 그는 철학으로부터 등을 돌렸고 실제적인 생활에 뛰어들고자 하였다. 철학적 활동은 그에게 정신의 즐거운 소일꺼리가 아니었고 인생이나 실재에 관한 독자적 교설을 세워 보려는 수단도 아니었다. 그것은 자기 자신으로부터 도저히 자유스러워질 수가 없는 하나의 저열이었다. 그는 스스로 말할 수 없는 것과의 결속을 저해하는 언어의 포로로 느낀 것은 아니었지만 정말 자기 자신을 포로로 느꼈다면 그

---

24) C.A. van Pearsen, *Wittgenstein*(N.Y. : E.P.Dutton Co., Inc., 1970) p.72.

것은 철학에서였다. 따라서 철학의 본질적인 목적이 있다면 거기서 탈피하는 길을 찾는데 있는 것이다.[25]

칸트가 「순수이성비판」을 끝내고 윤리와 예술과 종교에 관한 이론적 체계의 정립에 고심하던 것과 대조적으로 비트겐슈타인은 생활 속에서 그러한 문제들과 부딪치고 있었다. 그는 시골 초등학교에서 어린이들과 소일하며 철학적 사색과 이론적 체계의 정립과는 거리가 먼 생활을 6년간이나 영위하였다. 그러나 그는 이러한 생활에 흡족할 수가 없었다. 더구나 어린이들의 언어 행위를 직접 목격하고 당시 유행하던 형태심리학과 교육이론의 발전등에 자극받아 그의 언어관은 갑자기 변질되고 있었다. 칸트의 "코페르니쿠스적 전환"에 해당하는 파격적인 변화가 비트겐슈타인의 언어관에서 일어나고 있었던 것이다. 말하자면 칸트가 인간의 心性이 인식의 대상을 수동적으로 받아들이는 거울이 아님을 역설했듯이 그는 언어가 세계를 대응적으로 표상하고 있는 것이 아니라는 사실을 발견하였다. 그리하여 칸트가 현상이 주관에 의해 능동적으로 구성된 결과에 지나지 않았음을 주장했듯이 비트겐슈타인은 현상이 인간의 다양한 언어 행위의 산물 외에 아무것도 아님을 간파한 것이었다. 그는 이러한 언어관으로 무장하고 다시 철학으로 돌아왔다. 이제 무엇보다도 그의 임무는 자신의 초기 사상인 「논고」를 수정하고 극복하는데 있었다. 그리고 동시에 그것은 언어가 사물을 지칭한다고 생각하는 모든 정통적 철학에 대한 강력한 도전을 의미하는 것이었다. 여기서 칸트의 "비판철학"도 예외가 될 수는 없었다. 이제 이러한 점을 비트겐슈타인의 「탐구(*Philosophical Investigations*)」를 중심으로 간단히 살펴보자.

IV. 「탐구」와 칸트철학의 극복

철학에서 언어가 중요시되는 이유는 철학이 존재의 본질을 규정하는 학문이고 그러한 규명은 결국 인간의 사유능력의 범위를 벗어나지 못하기 마련이며 사유된 내용은 결국 언어로 표현될 수 밖에 없기 때문일 것이다. 이처럼 언어는 철학의 유일한 방법이며

---

25) Stenius, *Wittgenstein's 'Tractatus'*(op. cit.), p. 225.

수단이 된다는 사실은 아무도 부정할 수 없을 것이다. 그러나 철학자들은 망원경의 성능에 무관심했던 신문학자서럼 언어의 본질과 기능에 무관심해 왔던 것이 사실이다. 심지어는 사유의 한계에 관심을 갖고 심성의 능력에 대한 획기적 관점을 제시했던 칸트조차도 논리를 포함한 넓은 의미의 언어에 대해 세심한 주의를 기울이지 않았던 것이다. 그에게도 전통적인 언어관, 즉 언어의 기능은 현상을 대응적으로 지칭할 뿐이라는 견해는 너무도 당연한 것이었다. 전통적인 철학이 온통 잘못된 언어관에서 비롯된다는 비트겐슈타인의 후기사상은 그것이 과연 정당한가의 문제는 차치하고라도 독단론이나 회의론이 잘못된 심성관에서 비롯된다는 칸트의 이성비판 만큼이나 참신하고 획기적인 "언어비판"의 철학이 아닐 수 없다.

비트겐슈타인의 언어관을 우리는 보통 "활용론(活用論, Use theory)"이라고 하는데 이에 따르면 언어는 고정된 의미를 지니는 각 낱말들로 구성된 것이 아니며 낱말의 의미는 정신적인 것이든 물질적인 것이든 간에 그 낱말이 지칭하는 일정한 대상을 찾아냄으로써 이해되는 것이 아니다. 다시 말해서 언어는 부단히 변하고 새로이 형성되는 사회적 관습의 산물이며 그것이 어떠한 목적으로 쓰이는가에 따라 의미가 규정되는, 그러므로 그것이 어떻게 쓰이는지를 살펴 봄으로써 의미를 이해할 수 있는 일종의 인간행위이다. 요컨대 엄밀한 의미로 이것은 하나의 이론이 아니다. 비트겐슈타인에 의하면 이론이란 특정한 전제를 바탕으로 해서 하나의 현상을 일반화하는 작업이다. 그러나 언어 행위는 너무도 다양하고 부단히 변천하는 것이기 때문에 그 본질을 찾을 수 없고 이론화의 한계를 넘어선다. 따라서 우리가 언어를 이해하기 위해서는 이론화를 포기하고 그것이 어떠한 맥락에서 실제로 무슨 뜻으로 쓰이는지 조심스럽게 살펴 봐야 한다는 것이다. 그는 "어떤 단어의 '의미'는 언어에서 쓰이는 그 단어의 용법"[26]이기 때문에 "그 용법을 살피고 거기서 배워야 한다"[27]고 말한다. 요컨대 우리는 언어에 관한 한 어떠한 이론도 가져서는 안된다. 그것은 하나의 이론이 되기에는 너무도 복잡하고 다양하기 때문이다.

비트겐슈타인은 언어의 사용을 게임과 비유한다. 언어는, 게임에 게임을 하는 사람이 있듯이 언어를 사용하는 사람이 있으며, 게임에는 여러 종류가 있고 그 종류마다 각기 다른 규칙이 있듯이 언어에도 다양성이 있으며 그 다양성에 따라 상당히 다른 규칙

---

26) Wittgenstein, *Philosophical Investigations*, trans. by G. E. M. Anscombe (N. Y. : The Macmillan Co. , 1968) § 43.
27) Ibid., § 340.

이 적용된다는 것이다. 그리고 무엇보다 언어와 게임은 한 사람 이상의 개인들이 참여해야 하는 사회적 행위라는 점에서 공통점을 갖는다. 이와 같이 '게임'으로서의 언어상황을 그는 '언어게임(language game)'이라고 부른다. 그러나 그가 언어게임이라는 비유를 사용하는 것은 거듭하거니와 언어에 대한 새로운 이론을 제시하려는 의도가 아니다. 그는 "우리의 명백한 언어게임의 예들은 장차 언어를 규칙화하기 위한 예비적 연구가 아니다… 언어게임들은…우리의 언어에 관한 사실들을 조명하도록 의도된 비교의 대상으로서 설정된 것이다라고 말한다.[28]"요컨대 그것은 하나의 이론이 아니라 실제로 벌어지고 있는 언어 현상을 구체적으로 설명하기 위한 개념적 도구로 사용되고 있을 뿐이다. 그가 스스로 말하고 있는 바와 같이 "여기서 '언어게임'이라는 말은 언어를 구사한다는 것이 활동의 일부, 혹은 삶의 한 형식이라는 사실을 나타내 보이려는 의도"[29]를 가질 뿐인 것이다.

이러한 개념적 장치를 가지고 비트겐슈타인이 시도하는 것은 전통적인 철학적 문제들을 해결하려는 것이 아니라 해소해버리려는 것이었다. 여기서 우리는 '해결'과 '해소'의 차이를 간과해서는 안된다. 해결은 제기된 문제를 액면 그대로 받아들이고 거기에 대한 해답을 제시하는데 있다. 그러나 해소는 문제의 제기 자체를 문제 삼으며 그것이 잘못된 전제 위에서 있음을 지적함으로써 진정한 문제가 아님을 밝히는데 있다.[30] 비트겐슈타인은 언어비판을 통해 이 작업을 수행해 나간다.

비트겐슈타인에 의하면 철학적 문제들은 어느 특정한 철학적 관심이나 요구 때문에 언어를 인위적으로 확대하여 사용함으로써 발생된다. 말하자면 철학자들이 어떤 문제에 대해 일반화된 전칭명제를 찾으려 할 때 문제가 발단된다는 것이다. 가령 "언어란 무엇인가?'라는 문제를 살펴 보자. 철학자들은 이 문제를 해결하기 위하여 언어의 본질을 찾고자 하며 그 필요충분조건을 제시함으로써 해답을 구하였다고 생각한다. 그러나 비트겐슈타인은 언어의 본질 같은 것은 없으며 상정된 필요충분조건이란 것도 단 하나의 반례(反例)를 제시하면 무너지기 마련이라고 주장한다. 그러므로 그는 언어의 본질이나 보편성을 찾기보다는 무수한 언어게임들 간의 유사점을 찾으라고 말한다.

---

28) Ibid., § 130.

29) Ibid., § 23.

30) 비트겐슈타인에 의하면 "참다운 발견이란 내가 철학을 그만하고 싶을 때 나로 하여금 그만둘 수 있도록 하는 것, 철학에 평안을 가져다 주어, 스스로 질문을 낳는 질문들 때문에 더 이상 고통받지 않게 하는 것, 이런 것이다."(Ibid., § 133).

이 유사점들을 특징지을 수 있는 말로서 '가족 유사성(family resemblances)'보나 너 나은 표현을 생각해낼 도리가 없다. 어떤 가족의 여러 식구들 사이에서 볼 수 있는 갖가지 유사성, 이를테면 체구나 용모, 눈의 색깔이나 걸음걸이 혹은 기질 따위는 같은 식으로 서로 겹치고 섞여 있기 때문이다. 그래서 게임들은 하나의 가족을 이룬다고 할 수 있을 것이다.[31]

비트겐슈타인에 의하면 전통적인 철학자들은 언어에서 본질이나 보편적 속성을 찾듯이 사물이나 현상에서 그런 것을 찾고자 한다. 그러나 실제로 존재하는 것은 개개의 사물이나 현상들 뿐이며 이들 사이에 나타나는 관계는 가족의 성원인 식구들간의 비체계적인 유사성 뿐이다. 이 유사성을 보편성으로 확대하여 해석하려 할 때 언어를 무리하게 잡아 늘이게 된다. 그리고 이러한 작위적 행위가 철학자들에 의해 시도될 때 소위 "철학적 문제"라는 것이 생겨난다는 것이다. 그러므로 이러한 문제들을 해결하는 방법은 그 문제들을 해소시키는 방법밖에 없다. 그는 그 해소의 방안으로 철학자들의 용어를 일상적 의미로 환원시킬 것을 제의하며 다음과 같이 말한다.

철학자들이 "지식", "존재", "대상", "자아", "명제", "이름" 등의 어휘를 사용하거나 사물의 본질을 파악하려 할 때 우리는 항상 이렇게 묻지 않으면 안된다. 도대체 그 어휘가 언어게임이 제대로 진행되고 있을 때 실제로 그런 식으로 활용된 적이 있는가?
우리의 과제는 그들이 형이상학적으로 쓰고 있는 어휘를 일상용어로 쓰도록 되찾아 오는 일이다.[32]

이러한 관점에서 볼 때 수많은 철학적 전문어들을 창안해 낸 칸트의 철학체계는 일상언어의 용법을 무시하고 무리한 이론화의 작업을 시도한 전형적인 예가 된다. 이성의 한계를 무시하고 그것을 무리하게 적용함으로써 독단론적 형이상학을 구축했다고 지적한 칸트의 이성비판이 비트겐슈타인에게는 언어비판의 대상으로 나타난다. 그에 의하면 칸트를 비롯한 모든 철학자들이 언어의 한계를 무시하고 무리한 형이상학적 체계를

---

31) Ibid., § 67.
32) Ibid., § 116.

구축하려 했기 때문이다.[33] 여기서 만약 우리가 그의 입장을 받아들인다면 칸트의 「순수이성비판」은 온통 언어의 몰이해와 남용의 필연적 소산 외에 아무것도 아닌 것으로 나타난다. 그러나 이러한 언어비판 자체도 칸트적인 전통의 산물임을 간과해서는 안된다.

바틀리가 지적한 바와 같이 비트겐슈타인이 논리적 원자론인 자기의 입장을 부정하고 나선 것은 조금도 놀라운 일이 아니다. 원자론에 대한 비판은 칸트의 영향을 받은 19세기 초반에 걸쳐 아주 흔한 것이었고 이러한 움직임은 20세기 초반에 들어와 철학이나 심리학에서 일종의 유행처럼 되어 있었기 때문이다. 여기서 칸트의 영향이란 존재에 대한 인식을 원자적 관념들의 연합에서 찾으려했던, 흄에 대한 논박을 의미한다. Bartley Ⅲ 는 칸트적인 요소를 이렇게 지적한다.

> 비트겐슈타인 후기철학의 급진적 주관주의는 초기의 실재론이 그렇지 않는 것만큼이나 비 칸트적인데가 있다. 그럼에도 불구하고 거기에 칸트를 연상케 하는 주제들이 많이 있는데 범주, 논리들, 어법(語法)들, 그리고 서로 다른 언어게임들이 세계의 구조에 대한 반영으로보다는 인간이 환경과 상호작용하는 자연사의 기록으로 나타나는 것 등이다. 여기에 칸트적인 요소가 나타난다.[34]

그러나 우리는 이 칸트적 요소들을 너무 과장해서는 안 된다. 그것은 단순히 용어상의 유사성일 뿐 전체적인 체계상의 공통점이 아니기 때문이다.

이상에서 언급한 바와 같이 비트겐슈타인에 의하면 언어는 행위에 묻어 있는 것으로써 언어의 분석은 철학적 탐구의 출발점인 동시에 종착역이 된다. 여기서 언어의 분석에 의해 실재가 파악될 수 있다는 입장은 이미 포기되는데 언어는 인간정신의 투사(投射, projection) 세계의 그림이 아니며 어떤 의미로 언어는 실재를 만들어내고 있기 때문이다. 이러한 관점에서 볼 때 칸트와의 차이가 분명해진다. 칸트의 경우 세계의 전체적인 구조는 미지의 것이고 悟性의 범주는 불변하고 고정된 것으로 되어 있지만 후기 비트겐슈타인에 있어서 언어의 범주는 부단히 변천하고 발전하고 전화하는 그 무엇이다. 그는 이렇게 말한다.

---

33) 비트겐슈타인은 철학을 "언어라는 방법으로 우리가 가지고 있는 지성의 마력에 대적하는 싸움"이라고 규정한다. (Ibid., § 109).
34) Bartley Ⅲ, *Wittgenstein*(op. cit.), p.152.

이 복합성은 고정된, 한꺼번이 주어진 어떤 것이 아니다. 언어의 새로운 유형, 새로운 언어게임이 생겨나며 다른 것은 무시되거나 잊혀진다고 말할 수 있다(우리는 수학에서의 변천에서 이와 유사한 개념을 얻을 수 있다)[35]

그러나 철학은 이러한 변화를 어떻게 할 수 있는 것이 아니다. "철학은 언어의 실제적 활용을 간섭할 도리가 없고" "모든 것을 있는 그대로 내버려 두기" 때문이다.[36] 그러므로 여기서 "받아들여져야 하는 것, 주어진 것을 삶의 형식"[37]이라고 말할 수 있다는 것이다. 이것은 곧 칸트의 표현을 빌리면 인간의 심성이 아니라 언어에 비록 그것이 부단히 변화하는 것이긴 하지만 일종의 "선험적 구조"가 있다는 것을 의미한다. 이러한 언어관을 전제로 그는 개념적 구조의 발전과 변화, 언어게임의 범위와 한계, 심리적 현상의 언어적 표현, 규칙의 준수, 철학의 본질 등을 다룬다. 이러한 식으로 문제를 다룰 때 "그 장점은 예를 들어 스피노자(Spinoza)나 칸트를 믿으면 당신의 종교적 신념이 저해 받을 것이고 나를 믿으면 그럴 필요가 없다"[38]고 그는 말한다. 심지어는 신의 존재를 믿는 것도 합리적인 증명을 필요로 하는 것이 아니라 "신얘기(God-talk)"라는 언어게임에 실제로 참여하고 있다는 언어 행위 외에 아무것도 아니기 때문이다. 여기서 우리는 자아와 세계와 사유가 언어 속에 융해되어 있음을 본다. 비트겐슈타인에게 언어의 분석이 철학적 탐구의 출발점인 동시에 종착역이 된다는 것은 바로 이러한 그의 언어관 때문이다. 이제 그가 칸트의 중심문제들을 어떻게 다루는지 간단히 살펴보자.

앞서 지적한 바와 같이 칸트의 출발점은 선천적 종합판단은 어떻게 해서 가능한 것인가였다. 그가 예를 들어 수학적 명제들이 선천적 종합판단이라고 주장하는 근거로 다음과 같은 논변을 편다. 그에 의하면 수학적 명제들은 필연적이다. 한편 선천적인 명제들만이 필연적일 수 있다. 또한 수학적 명제들은 내용을 가지고 있다. 그런데 종합적 명제들만 내용을 가질 수 있다. 따라서 수학적 명제들은 선천적 종합판단이다. 예를 들어

---

35) Wittgenstein, *Philosophical Investigations*(op. cit.), § 23.

36) Ibid., § 124.

37) Ibid., p. 226.

38) Donald Hudson, *Ludwig Wittgenstein*(Richmond: John Knox Press, 1968) p. 57. 허드슨이 지적하는 바와 같이 비트겐슈타인에 의하면 유신론(有神論)은 궁극적 의미로 볼 때 정당화될 수 있는 것도 아니고 부정될 수 있는 것도 아니다. 따라서 "신(神)얘기"라는 언어게임도 부정할 것이 아니라 그 규칙을 살펴봄으로써 그것이 어떤 종류의 게임인지 이해하는 것이 중요한 것이다.

'7+5=12'가 왜 선천적 종합판단이 될 수 있는지를 그는 다음과 같이 설명한다.

> 우리는 이 개념을 밖으로 나가야 하며 예를 들어 우리의 다섯 손가락 중의 하나
> 에 대응하는 직관의 도움을 받아 … 7이란 개념에 직관에 주어진 다섯을 단위 하
> 나씩 보태가야 한다는 것이다. … 나는 이제 7이라는 숫자에 내가 이미 5라는 숫
> 자를 형성했던 단위들을 하나씩 더해 가며 (손가락) 모양의 도움을 받아 12이라는
> 수가 나타나는지 살핀다.[39]

그러나 이러한 방법을 쓰면 손가락을 세는 동안 잘못을 범할 우려가 있으므로
7+5=12이라는 것은 하나의 규칙으로 받아들여야 한다는 것이다. 그럼에도 불구하고 이
규칙에는 개념들 간의 관계 이상의 그 무엇이 있는데 실제로 손가락을 세는 동안 우리
는 1, 2, 3, 4 … 등의 개념을 터득하기 마련이고 이러한 습득과정이야말로 수학에서 결
정할 일은 아니며 수학적 '언어'를 가능하게 하는, 비트겐슈타인의 용어를 빌리면 '수학'
이라는 언어게임을 받아들이는 사람들 간의 인간적인 동의가 되기 때문이다. 칸트가 지
적한 바와 같이 7+5=12라는 규칙 혹은 공식을 이해하기 위해서 무한하게 뻗어 갈 수도
있는 모든 숫자를 나열할 필요가 없는 이유도 바로 여기에 있는 것이다. 사실 이 규칙
이 틀린 것인지 옳은 것인지를 규정하는 기준은 우리가 수학의 언어를 구사할 것인지의
여부에 달려 있을 뿐이다.

비트겐슈타인의 후기 철학은 이 문제를 해결하는데 거의 대부분을 소모하고 있다.[40]
그는 특히 하나의 공식을 이해한다는 것이 과연 무슨 뜻인지를 상세히 밝히면서 그것이
무엇이든 간에 예를 들어 7+5=12라는 심상(心像)과 그것을 표현하는 언어가 별개의 것
이 아님을 주장한다. 언어는 이 경우 하나의 규칙이 형성되는 심리적 과정을 보고하는
역할을 하는 것이 아니라 그 규칙을 사실상 받아들이는 행위의 기능을 한다는 것이 그
의 주장이다. 그는 이 점을 다음과 같이 설명한다.

> 그러나 기다려 보자. 만약 "이제 그 원리를 이해한다"라는 문장이 "그 공식이 …
> 내게 떠오른다"라는 뜻과 같지 않다면 이러한 사실로부터 "이제 이해가 간다 …"

---

39) Kant, *Critique of Pure Reason*(op. cit.), B. 15~16.
40) Wittgenstein, *Investigations*(op. cit.), §138~ §199 참조.

혹은 "이제 계속할 수 있다"와 같은 문장을 그 공식에 대한 언급의 뒤나 옆에 일어나는 과정의 서술로 취급할 수 있을까?

"그 공식의 발언 뒤에" 무엇인가 있어야 한다면 그것은 그 공식이 나에게 나타날 때 나는 계속해나갈 수 있다고 말하는 것을 정당화해줄 특정한 상황일 것이다.

이해가 "정신적 과정"이라고 전혀 생각하지 않도록 하라. 그러한 것이야말로 당신을 혼동시키기 때문이다.[41]

이처럼 만약 '이해'라는 것이 정신적 과정이 아니라면 수학적 명제가 갖는 필연성 혹은 선천성도 정신적 과정의 표현이 아니라 "특정한 상황" 즉 수학이라는 언어게임의 긍정이라는 형태를 띤다. 여기서 아프리오리(a priori)와 아포스테리오리(a posteriori)의 구분은 이미 명확하지 않게 된다. 따라서 수학의 명제를 선천적 종합판단이라고 주장하는 것은 그러한 명제의 필연성을 인정했다는 자기 표현에 불과한 것이다. 동시에 이것은 그 필연성을 인정하지 않았을 경우도 마찬가지이다. 크립케(S. Kripke)가 지적하는 바와 같이 이러한 필연성은 수학적 판단에서 다른 사람들과 동의 하는데 "충분히 특정한 경우들"을 가지고 있느냐의 여부에 달려 있지 그 이상도 이하도 아닌 것이 비트겐슈타인의 입장이다.[42] 요컨대 수학적 판단은 가언적 성격을 지니는데 "어떤 사람이 어떠한 규칙을 따른다면 주어진 상황에서 그렇게 해야 한다"는 형식을 갖는다. 예를 들어 그가 '+'를 더한다는 뜻으로 쓴다면 5+7은 12인 것을 받아들여야 한다는 뜻이다.[43] 말하자면 이러한 판단이 제기되는 상황을 살펴야 하고 우리의 삶에서 그 기능과 유용성이 무엇인지 따져야 하는 문제일 뿐이라는 것이다. 이것은 칸트가 선험적 종합판단이라고 생각하는 자연법의 문제도 마찬가지이다.

자연법에 관한 한 비트겐슈타인은 시종일관 칸트와 어떤 점에서 의견을 같이 한다고 볼 수 있는데 그것은 흄이 주장하는 바와 같이 "끊임없는 연속"으로서의 인과율에 바탕을 둔 귀납적 결론이 아니라 우리 마음의 성향에서 도출된다는 점에서이다. 그러나 이 성향은 단순히 심리적 작용의 산물만도 아니고 선천적 오성 형석의 하나도 아니다. 그

---

41) Ibid., § 154.

42) Saul A. Kripke, *Wittgenstein on Rules and Private Language*(Cambridge: Harvard University Press, 1982) p.106.

43) Ibid., p.108.

것은 수학적 명제의 경우와 마찬가지로 언어적 상황과 사람들간의 동의에 근거한다. 그는 이렇게 말한다.

> 언어를 창안한다는 것은 자연법을 근거로 하여 (혹은 그것과 일관되게) 어느 특정한 목적을 위해 하나의 도구를 만들어 낸다는 뜻일 수 있다. 그러나 거기에는 우리가 어떤 게임의 창안에 대해 이야기 하는 것과 비유되는 또 다른 의미가 있다.[44]

그것은 반대의 의미로서 자연법이 일종의 언어게임이라는 뜻이다. 예를들어 어떤 사람이 장기를 두는 동안 그 진행과정을 모두 알려주어 "모르기 때문에 하는 것인데 그렇게 되면 우연의 게임이 될 수 없다"고 말한다면 비트겐슈타인으로서는 "아니야, 우리가 지금 모르고 있는 우연의 게임일 뿐일세. 앞으로 우리가 더 이상 무지하지 않다면 그것은 우연의 게임이 될수 없는 것이지"[45] 자연법은 이 게임과 같다는 뜻이다. 우리가 자연법을 알고 있다면 그것은 이미 자연법이 아니거나 아무런 법(게임)이 될 수 없기 때문이다. 따라서 비트겐슈타인에게는 자연법이나 인과율은 우리가 실시하는 특정한 언어게임에서 규칙 혹은 기준의 역할을 할 뿐이고 그 역할이 성공적으로 진행되는 한 하나의 법칙으로 통용될 뿐이지 자연에 내재하는 불변의 법칙이라든가 선험적인 오성형식의 규제를 받는 것이 아닌 것으로 나타난다. 엄밀한 의미에서 자연의 법칙이라는 것은 없고 법칙성을 띤 규칙들과 이러한 규칙들을 파악하는 개념적 능력의 형식들이 있을 뿐이다. 그리고 여기서 말하는 형식들이란 칸트의 범주들과 같이 고정되고 불변하는 것이 아니라 무근거성에 바탕을 둔채 그냥 주어질 뿐인 "삶의 형식"에서 우러나온 것에 불과하다.[46] 물론 그것은 칸트의 용어로 아프리오리(a priori)한 것이 사실이지만 그러나 비트겐슈타인은 이러한 특징을 설명하기 위해서 선험적 자아나 물자체 같은 것을 상정하지 않는다. 그는 실제로 일상생활에서 활용되지 않는 어휘를 사용하여 무리한 확실성의

---

44) Wittgenstein, Investigations(op. cit.), §192.

45) Ibid., §.131.

46) Finch, *Wittgenstein: The Later Philosophy*(op. cit.), Part Ⅲ의 "The Groundlessness of Action"에 자세한 논의가 전개되어 있다. 비트겐슈타인은 "어려움이 우리 믿음의 무근거성(groundlessness)를 깨닫는데 있다"고 말한다. *On Certainty*, ed., G. E. M. Anscombe and G. H. Von Wright(N.Y. : Harper & Row Pub. 1972), §166과 §253 참조.

추구를 벌임으로써 '형이상학적 게임'에 말려들어서는 안 된다고 생각하기 때문이다. 자유의지의 문제를 해결하기 위하여 도덕의 세계를 별도로 설정하지 않는 이유도 마찬가지이다.

앞서 살펴본 바와 같이 칸트는 의지의 자유와 자연법의 양립을 꾀하여 본체와 현상의 세계를 설정하였다. 그러나 비트겐슈타인은 테일러(R. Taylor)가 지적하는 바와 같이 이것을 언어의 문제로 다루어 새로운 전환점을 마련한다. 테일러는 이렇게 설명한다.

> 현대에 많은 모방가가 있거니와 자유의지 문제에 관한 칸트의 해결책이 갖는 강점은 도덕과 과학이 동시에 주장하는 점들을 정당화하려는 그의 시도에 있다. 그는 본질적으로 그 어느 것도 포기할 수 없다고 느꼈으며 자기의 '비판적' 관점을 위한 주요한 논변 중에 하나는 그렇게 해서만 양자의 정당성이 보장되리라는 점이었다. 그러나 그중에 어느 것도 제의되지 않도록 진척시키기 위해 형식적이거나 일반적인 경우를 마련한 것은 아니었다는 사실을 인정해야 할 것이다. 의심할 여지없이 비트겐슈타인은 진행 과정을 일반화했다는 점에서뿐만 아니라 성공적으로 활용되고 있다는 이유만으로 존중될 자격이 있는 하나의 생동하는 관습으로서의 언어개념을 산출해 내었다는 점에서도 칸트를 앞질러 갔다는 것이다. 단순히 지나쳐버릴 수 없는 인간 행위의 중요한 부분 즉 '삶의 형식'이라는 그의 아리송한 개념 또한 이러한 맥락에서 중요성을 지닌다.[47]

비트겐슈타인에 의하면 '의지'란 행위의 이름이 아니다. 따라서 자의적 행위의 이름이 될 수도 없다. 문제는 '의지'라는 말을 "즉각적인 비인과적 산물"로 간주하는데서 비롯된다. 나의 의지는 인과적 연속성에 개입하는 일종의 도구가 아니다. 그것은 또한 자의적으로 행동하는데 필요한 정신적 도구나 수단도 아니다. 그는 이렇게 말한다.

> 의지, 만약 그것이 일종의 원함이 아니라면 행위 자체이어야 한다. 그것은 행위를 어느 지점에서 중단하도록 허용될 수 없다." 만약 이것이 행위라면 그 말의 일상적인 의미에서도 마찬가지이다. 따라서 말하기, 쓰기, 걷기, 들어올리기, 무엇을

---

47) W. H. Walsh, *Metaphysics*(N. Y. : Harcourt, Brace and World, Inc., 1963) p. 26.

상상하기 등도 그렇다. 더구나 말하고 쓰고 물건을 들어올리고 무엇을 상상하는 것 등을 하고자 하거나 시도하며 노력하는 것도 또한 그렇다.[48]

비트겐슈타인의 입장에서는 이처럼 칸트가 구분한 현상과 본체의 세계가 하나의 "현상(現象)"에 몰입되어 있는 것이다. 그가 말하는 현상의 개념은 칸트가 전제로 하듯이 현상이 반드시 "무엇의 현상"일 필요가 없다고 봄으로써 의미를 지닌다. 예를 들어 "보는 것"과 "무엇으로 보는 것"의 차이를 인위적으로 무리하게 강조한 결과로 그러한 문제를 제기하게 되었다는 것이다.

비트겐슈타인은 "보는 것"과 "무엇으로 보는 것" 사이에는 차이가 없다는 것을 다음과 같이 설명한다.

> 이제 "보이는 것의 서술"이라는 것이 도대체 무엇을 의미하는지 살펴 보자. … 그러한 서술에서 단 하나의 진정하게 고유한, 나머지는 애매할 뿐이고 명료화되어야 할 혹은 그냥 쓰레기처럼 쓸어버려야 할 그 무엇으로 되는 경우는 없다. 여기서 우리는 정확한 서술을 해보고자 하는 큰 위험에 빠진다. 그것은 우리가 "실제로 보이는 것"을 바탕으로 물질적 대상의 개념을 정의하려는 경우와 같다. 우리가 오히려 해야 할 것은 일상적인 언어게임을 받아들이고 물질에 대한 잘못된 해석을 잘못된 것이라고 지적하는 일이다. 어린이들이 배우는 원초적인 언어게임은 정당화될 필요가 없고 그러한 시도는 거부되어야 한다.[49]

"무엇으로 보는 것"이 그냥 "보는 것" 외에 아무것도 아님을 주장함으로써 비트겐슈타인은 독특한 "현상"의 개념을 산출해 낸다. 핀치(Finch)는 그것이 전통적인 개념이 전혀 아니며 어떠한 유형의 존재론적 의미도 담지 않고 있음을 지적하고 다음과 같이 말한다.

예를 들어 그것은 본체와 대비되는 칸트적 의미의 현상으로 쓰이지 않는다. 논리적 경

---

48) 비트겐슈타인, *Investigations*(op. cit.), § 613.
49) Ibid., p. 200.

헌론자들이 다양한 의미로 쓰는 감각소여나 감각대상(sensbilia)을 뜻하는 것도 아니다. 또한 그것은 현상학에서 쓰이는 의미를 지니는 것도 아닌데 비트겐슈타인의 현상은 본질도 아니고 본질들을 가지고 있지도 않기 때문이다.[50]

비트겐슈타인이 "현상"이라고 할 때는 스스로 존재하는 "존재론적 실재"가 아니다. "그러한 실재의 외양(外樣)도 아니며" 예지적 직관의 대상도 아니고 감각이나 사유의 전제가 되는 것은 더구나 아니다.[51] 그것은 비트겐슈타인 자신이 말하듯이 우리가 시시각각으로 의식하고 일상언어를 사용하며 그 속에서 살아야 하는 "일상적인 삶의 현상"인 것이다.[52] 다시 말해서 그것은 "즉각적으로 깨닫는 현상"[53]이며 "어떤 문장을 계속 구사할 수 있는 현상"[54]이고 "무엇에 의해 부딪치는 현상"[55], "희망이라는 현상"[56], "보고 믿고 생각하고 바라는 현상"[57] 등등이다. 핀치는 이렇게 말한다.

> 비트겐슈타인 철학의 최종적인 구조는 현상(그자체로서도 아니고 대상도 아니며 결코 그렇게 보이는 것 이하도 아닌)과 의미를 구성하는 행위로서의 언어 (주체에서 도출된 것이 아니라 주체에 "속하는")이다, 여기에서 제거된 것은 아쉬워할 것이 없으며, 사실 여하간 처음부터 요구되는 것이 아니었을 뿐 우선 분명하지도 않은 것이며 서서히 혹은 급속히 분명해질 것이다. 철학이 살아남는 동안 주체와 대상은 사라진 것이다.[58]

분명히 비트겐슈타인의 철학에는 칸트의 선험적 자아나 물자체 같은 것이 없다. 그

---

50) Finch, *Wittgenstein*(Ibid.), p.172.

51) Ibid.

52) Wittgenstein, *Investigations*(Ibid.), §436.

53) Wittgenstein, *Remarks on the Foundations of Mathematics*, ed. by G. H. Von Wright and others(Oxford: Blackwell, 1964), p.123.

54) Wittgenstein, *Zettel*, ed. by G. E. M. Anscombe(Berkeley: Univ of California Press, 1967), §38.

55) Wittgenstein, *Investigations*(Ibid.), p.221.

56) Ibid., §583.

57) Wittgenstein, *Zettel*(Ibid.), §471.

58) Finch, *Wittgenstein*(Ibid.), p.223.

것은 모두 '나'라는 어휘의 문법 속에 묻혀들어가 있거나 '현상'속에 용해되어 있다. 그러나 그는 문법을 표층문법(表層文法, surface grammar)과 심층문법(深層文法, deep grammar)으로 구분하고 있으며[59] 현상 뒤에는 다만 받아 들일 수밖에 없는 "삶의 형식"이라는 것을 설정하고 있다. '나'라는 말을 좀더 잘 이해하기 위해서는 심층문법의 분석이 필요하며 현상의 분석에는 우리에게 항상 이미 주어져 있는 어떤 형식을 전제로 해야 한다. 이것을 우리는 일종의 상대주의로 볼 수도 있을 것이다. 그러나 핀치는 다음과 같이 말한다.

> 데카르트적인 구조를 모두 버리고 기이함과 새로움으로 가득하게 미지의 세계를 열어놓음으로써 칸트적인 혁명을 완수한 사람은 비트겐슈타인이었다. 그는 이것을 두 단계로 수행해 나갔는데, 첫째는 『Tractatus』에서 데카르트적인 "사유하는 자아"를 제거하고 형이상학적 주체로서의 단순한 점(세계 전체를 전혀 비추지 않은 채 나의 세계로 만드는 하나의 점(點)뿐인)만을 지킴으로써, 또한 그 자체가 유의미하다고는 말할 수조차 없는 논리적 연결사(連結辭)만을 견지함으로써, 그리고는 둘째, 『Investigations』에서는 심지어 이 주제와 이 대상들까지도 제거하고 '나'라는 어휘와 '대상'이라는 어휘로 된 언어게임의 문법에 관해서만 언급함으로써 그 작업을 해낸 것이다.[60]

그러나 비트겐슈타인이 이 작업을 과연 성공적으로 해내었는지는 극히 의심스러운 일이다. '현상'이란 어휘를 좀 더 다양한 의미로 쓴다고 해서 본체에 대한 확실성의 추구가 "삶의 형식" 속에 해소되는 것은 아니기 때문이다. 사유의 문제가 단순히 언어의 문제로 변모되어 있을지도 모른다는 것이다.

V. 맺는 말

이상에서 우리는 칸트와 비트겐슈타인의 비판철학을 간단히 살펴보았다. 칸트는 이

---

59) Wittgenstein, *Investigations*(op. cit.), § 644.
60) Finch, *Wittgenstein*(op. cit.), PP. 249~250.

성을 남용하거나 경시함으로써 야기된 독단론과 회의론을 비판하고 이성의 올바른 평가를 바탕으르 해서만 진정한 형이상학이 정립될 수 있음을 보이고자 하였다. 이러한 관점에서 볼 때 우리는 그의 철학을 "이성비판의 철학"이라고 말할 수 있을 것이다. 한편 비트겐슈타인은 철학에서 차지하고 있는 언어의 중요성을 크게 강조하여, 초기에는 언어의 명료화를 통하여 세계와 자아의 구조를 규명해낼 수 있다고 믿고 유의미한 명제와 비의미적인 명제의 구분을 명확히 하였다. 그러나 후기에 와서 그는 언어에는 체계적 이론이나 일반화가 있을 수 없다는 신념을 근거로하여 전통적인 철학이 모두 언어에 대한 오해에 기인한다고 주장하고 형이상학적 용어들을 일상언어로 되돌림으로써 철학적 문제들이 해결될 수 있다고 믿었다.이러한 측면에서 볼 때 우리는 또한 그의 철학을 한마디로 "언어비판의 철학"이라고 부를 수 있을 것이다. 그들은 철학의 방법 혹은 수단인 사유와 언어 자체를 각기 비판함으로써 철학의 출발점을 찾았다는 점에서 서로 유사점을 지니며 그러한 뜻으로 이들의 철학을 다 같이 "비판철학"이라고 부를 수 있다는 것이다. 그러나 우리는 이러한 유사점이 너무 과장되어서는 안된다는 사실을 또한 누누이 강조해 왔다.

칸트와 비트겐슈타인의 비판철학은 이성과 언어의 차이 만큼이나 서로 다른 종류의 철학임을 깨닫지 않으면 안 된다. 특히 후기 비트겐슈타인이 가지고 있던 언어관의 입장에서 볼 때 그들 사이의 차이점을 매우 현저하고 심각하다. 우리는 이것을 다음과 같이 요약할 수 있을 것이다.

첫째, 칸트는 이성의 한계 내에서 체계적인 형이상학의 정립이 가능하다고 믿었지만 비트겐슈타인은 이러한 체계조차도 언어의 인위적인 남용에 근거를 둔다고 보았다. 그러므로 철학의 목표는 체계의 정립이 아니라 일상언어의 분석에 의한 철학적 문제들 자체로부터의 탈피에 있다고 생각한 점이 다르다는 것이다.

둘째, 칸트는 체계의 정립을 위하여 물자체와 선험적 자아의 존재를 인정할 수밖에 없었지만 비트겐슈타인은 이러한 형이상학적 존재들이 언어 현상 속에 용해될 수 있다고 믿었으며 따라서 우리가 상대주의나 회의론에서 벗어날 수 있는 가능성도 그 현상의 면밀한 분석에서 찾을 수 있다고 생각하였다.

셋째, 칸트는 신의 존재나 영혼의 불멸 혹은 자유의지의 문제가 "순수이성"의 한계를 벗어나는 것으로 생각하였지만 비트겐슈타인은 그러한 문제도 "삶의 형식"에서 우러나

오는 무수한 언어게임의 일종으로 간주하여 이 게임을 잘 운영함으로써 해소될 수 있다고 믿었다. 그는 이성의 한계를 곧 언어의 한계로 보지는 않았다는 것이다.

이처럼 칸트와 비트겐슈타인의 비판철학은 표면적으로 나타난 유사성보다는 내용에 있어서 서로 상당한 상이점이 있음을 알 수 있다. 그러나 이들 사이에 진정한 공통점이 있다면 비판철학이 가지고 있는 장점과 단점을 서로 나누고 있다는 사실일 것이다. 칸트의 경우 그것을 이성의 능력과 그 한계를 밝혀냄으로써 철학 자체에 대한 자기반성의 기회를 마련했다는 점에서 큰 장점을 지녔지만 선험성과 물자체에 대한 이성의 무력함을 자인할 수밖에 없었다. 한편 비트겐슈타인의 경우에는 언어의 분석과 그 용법의 이해를 통해 철학적 문제의 해소를 시도하였지만 이러한 분석과 이해에는 분명히 한계가 있음을 스스로 노출하였다. 인간에게는 생각할 수 없는 것을 생각에 담으려는 충동과 말할 수 없는 것을 말해보려는 열망이 있고 이러한 충동과 열망을 잠재울 수 없는 한 비판철학은 스스로 그 한계를 드러낼 수밖에 없는 것이다. 요컨대 칸트의 유산은 비트겐슈타인의 언어 속에 아직 용해되지 않은채 철학의 가장 깊은 환부로 그냥 남아 있는 것이다.[61] 그것은 언어적 측면에서 조명되어 있을 뿐이며 사유할 수 없는 것으로 옮겨져 있을 뿐이기 때문이다.

---

61) 비트겐슈타인은 "철학자가 하나의 질문을 다루는 방법은 질병을 다루는 것과 같다"고 말한다. 그는 또 철학의 의도는 "파리한테 파리통을 빠져나갈 수 있는 길을 보이는 것"이라고도 한다. 그러나 그는 스스로의 질병을 치유할 수 있었는지, 더구나 하나의 파리통을 빠져나가서 다른 파리통으로 기어들지 않았는지 의심된다.

최근 분석철학의 칸트적 경향

김재권(미시간대)

　이 발표가 노리는 중요한 목적은, 어떤 명백히 확정된 철학문제에 대한 새로운 연구 결과를 발표하는 것이 아니라, 최근 영미철학의 여러가지 경향 중 여러분에게 홍미있을 것 같은 몇가지를 골라서 논의와 소개를 하고자 하는 것이다. "칸트적인 경향"이란 논제를 택함에 있어서 동기가 두 가지 있었다. 하나는 내가 듣기로「大韓哲學會」는 원래「韓國칸트學會」라는 명칭으로 발족하였으며 지금도 칸트(Kant)철학을 전문으로 연구하시는 분 및 칸트에 대해서 깊은 홍미를 가지신 분이 많이 계시다는 것이다. 또 하나는, 현대 영미철학이, 약 10~15년 전쯤부터 그 방향을 바꾸기 시작하였다고 볼 수 있는데, 이 방향변경의 역사적 의의는 20세기 중반까지 지배적이었던 논리실증론과 협소한 "언어분석"을 벗어나와, 보다 전통적인 철학방법과 철학관으로 돌아간다는데 있다고 할 수 있다. 이 전환은 "칸트적"인 전환이라고 말할 수 있다는 것이 나의 생각이다.

　왜 칸트가 이런 경향변경과 연관되는가에 대해서는 차차 설명하겠는데, 먼저 내가 명백하게 말하고 싶은 것은, 나는 칸트에 대해서 특별한 지식이 없다는 말이다. 더구나 이런 청중 앞에서 칸트의 이론을 토론할 자격이 전무하다. 또 그런 것이 나의 의도는 아니다. 이 강연의 제목에서 쓰이는 "칸트적"이라는 표현에, 더구나 "적(的)"이라는 접미사에 주목하기를 바란다. 나는 그 역사적 칸트가 주장한 명제와 논증에 대하여 자세한 언급을 하지 않을 것이며, 만일 여러분이 그런 점에 대한 질문을 한다면 나는 거기에 대답할 능력이 없다. 내가 오늘 이곳에서 하고자 하는 것은, 최근 분석철학내에서 전개되고 있는 새롭고 의미가 많은 두개의 이론의 윤곽을 그리면서, 어떤 의미에서, 이런 경향이, 현대 영미철학의 흄(Hume)의 협소한 경험론을 벗어나면서 칸트적인 철학 접근법으로 물아간다는 것을 지시하는가라는 그런 문제를 논의하는 것이다.

I. 흄과 칸트

우리의 주제에 들어가기 전에, 처음 논리실증론과 언어분석철학의 전성기에 있어서, 칸트와 흄이 어떻게 간주되었는가에 대해서 이야기해 보겠다. 잘 알려 있다시피 1920년도에 오스트리아(Austria)의 비엔나(Vienna)를 중심으로 일어난 논리실증론의 핵심적인 원칙은 소위 "의미검증론"(verifiability criterion of meaning)이었다. 물론 논리실증론은 20세기 전반과 중반의 영미철학에 있어서의 단일 철학사조는 아니었다. 영국에서는 비트겐슈타인(Wittgenstein)과 그의 제자들, 또 러셀(Russell)과 무어(G. E. Moore), 그리고 중기에서 유력한 길버트 라일(Gilbert Ryle)과 특히 존 오스틴(John L. Austin)이 지도적인 역할을 한 "일상언어분석파"(ordinary language analysis)가 있었고, 미국에서는 루이스(C. I. Lewis), 그 밑으로 셀러스(Sellars), 치좀(Chisholm) 같은 철학자가 활동하고 있었다. 그렇지만, 명석하고 공격적인 실증론자들이 20세기 전·중반의 분석철학의 어조를 세웠다고 말할 수 있다.

이 논리실증론의 역사적 영웅은 흄이라고 볼 수 있다. 초경험적 형이상학에 대한 반박과 실험적 과학방법에 대한 존경심이 논리실증론, 또 이 시대의 분석철학의 특징이었는데, 흄이 그런 태도를 상징하였기 때문이다. 그의 저서 "인간오성(悟性)연구"(*An Inquiry Concerning Human Understanding*)의 마지막 문장에서 흄은 이런 선언을 하였다.

"우리가 이런 원리를 받아들인 뒤, 도서관으로 달려가서 어떤 쑥밭을 만들어야 하는가? 우리가 어떤 책을, 특별히 신학책이나 스콜라 형이상학 (school metaphysics) 책을 손에 들 때, 이런 질문을 하자 : 이 책이 양(量)과 수(數)에 관한 추상적 이론을 포함하는가? 아니다. 그러면 이 책이 사실과 존재에 관한 실험적 이론을 포함하는가? 아니다. 그러면 이 책은 불로 태워버려야 한다. 왜냐하면 그 내용은 궤변과 환상에 지나지 않겠기 때문이다."

논리실증론의 근본원칙을 이보다 더 명백히, 더 강렬하게 표현하기 힘들 것이고, 또 희망할 필요도 없을 것이다. 흄은 이것으로, 논리와 수학에 관한 분석명제와, 경험적 사실에 관한종합명제 이외에는, 의미있는 언어와 명제가 있을 수 없다는 실증론의 기초원리를 간명하게 표현했다. 다시 말하면, 논리학과 수학, 그리고 자연과학을 제거하면, 의미있는 언어자체가 존재할 수 없다는 것이고, 남는 것은 궤변과 환상밖에 없다는 것이다.

그러므로 흄이 "새로운 과학적 철학"의 수호신이라고 간주된 것은 놀라운 일이 아니다. 그러나 20세기 실증주의와 흄의 관계는 이런 메타(meta)철학적인 태도뿐만 아니라, 더 깊고 광범위한 것이며, 실증론자들은 자기 들의 철학문제 자체를 흄으르부터 물려 받았다고 볼 수 있다. 예를 들면 라이헨바흐(Reichenbach)의 귀납법 정당화 문제의 연구는 흄의 귀납법 문제의 논증과 그에 대한 회의주의적인 해답과 직접 관련된 것이었으며, 자연법칙과 과학적 설명에 대한 실증론자의 개념은 흄의 인과론으로부터 바로 나타난 것이다. 그리고 초기의 실증론자들은 거의 모두다, 흄과 같은 현상론자(phenomenalist)였다. 그리하여, 로크(Locke)와 흄이 대표하고 있는 영국 경험론이, 약 150년을 경과한 후, 아무런 본질적 변화 없이 새로이 그의 생명을 다시 잡았다는 그런 인상이 있었다.

그러므로, 실증론자의 관점으로는, 그 150년간은 철학적 백지에 지나지 못했다는 것이었다. 사실은, 그들에 의하면, 백지보다 더 못했던 것이었다. 왜냐하면 이 기간동안 철학은 "궤변"으로 퇴폐된 것에 불과하기 때문이다. 존 스튜어트 밀(John Stuart Mill)과 에른스트 마흐(Ernst Mach)와 같은 소수 예외는 물론 있었다.) 이 동안 철학자들은 헤겔(Hege)l과 같이 비경험적이고, 순이론적인 형이상학의 체계를 성립시키기 위하여, 필연적으로 불가능한 과제를 택하여 소득없는 노력과 연구를 해왔다는 것이다. 그리고 철학이 이런 보람 없는 길로 나갔다는 것은 칸트의 탓으로 돌리는 경향이 많았다. 19세기의 Post-Kantianism과 독일관념론(German Idealism)은 칸트철학을 계승한 것이고, 그로부터 일어난 자연스러운 성장이라고 보았기 때문이다.

그리고 여러분이 기억하다시피, 실증론자들은 철학적 오류를 설명할 때 흔히 칸트를 예로 들었다. 칸트의 "순수이성비판"의 과세, 즉 선천석 종합판단이 어떻게 가능하며 정당황할 수 있느냐는 문제자체가, 아주 단순한 오해로서 유발된 무의미한 과제라고 주장되었다. "순수이성비판"에 있어서 칸트의 전제는 〈선천적, 필연적 종합판단이 있고 이 중에는 우리의 인식의 바탕이 되고 그에게 구조성(structure)을 주는 여러 가지 원칙, 예로서 인과율, 수학과 기하학의 공리들이 있다〉는 것이다. 그러니 실증론자들은 칸트철학의 출발점 자체가 철학적 오류라고 주장하였던 것이다. 왜냐하면 선천적 종합판단은 불가능하기 때문이다.

실증론자들은, 또한 윤리학의 원칙은 실천이성에서 나오는 선천적이며 필연적인 진리라는 칸트의 이념을 비웃었다. 이것은 윤리적 명제는 검증할 수 없는 무의미한 명제, 그래서 참이라던가 거짓이라던가 말할 수 없는 명제, 또는, 정확하게 말하면, 명제라고 말할 수 없는 것이라는 실증론의 주장과 바로 모순이 되기 때문이다

지금 회고를 해보면 흄의 철학적 영향의 퇴보는 최근 철학의 다른 두 추세와 시간적으로 일치했다고 말할 수 있다. 그 하나의 추세는, 논리실증론의 중요한 철학적 운동으로서의 퇴세이며, 또 하나는 현재 영미철학내에서 집행중인 철학연구에 있어서의 칸트의 영향과 역할의 상승이다. 영국의 유력 한 철학자 스트로슨(P.F. Strawson)이 칸트의 "순수이성비판"을 주석논평 한 저서, *The Bounds of Sense*"(감성의 한계)가 1966년에 발간되었는데 이것은 중요한 역사적 사건이라고 볼 수 있다. 그 이유는 스트로슨은 그 당시 영국에서 가장 유력한 철학자 중의 한사람—아마 존 오스틴이 별세한 뒤, 가장 유력한 사람—이라고 할 수 있기 때문이다. 이 사건의 의미는 분석철학의 그러한 유력한 지도적 철학자가 그에 대한 책 한 권을 쓸 만큼 칸트를 중요시했다는 점이다. 그 이전 칸트에 대한 주석은 영미에서 수권 나왔으나 (Kemp Smith, Paton, Ewing, Weldon) 이들 저자는 칸트 학자였었지, 유력하고 활발한 주류적 철학자라 할 수 없었다. 1966년에 또 조너선 베넷(Jonathan Bennett)의 "칸트의 분석론"("*Kant's Analytic*")이란 저서가 나왔고 1974년에 같은 저자가 지은 "칸트의 변증론"("*Kant's Dialectic*")이 나왔다. 베넷도 언어철학과 심리철학에 중요한 이론적 저작을 많이 내었던, 많은 존경을 받는 주류적인 영미철학자이다.

이런 책들의 출판으로 칸트를 둘러싸는 분위기가 근본적으로 변화되기 시작하였고 칸트의 철학적인 지위가 복구되어갔다. 미국 대학원에서 칸트가 더 활발하고 신중하게 연구되기 시작했고 칸트에 대한 진지하고 중요한 연구 논문들이 영미의 중요철학지에

점차 나타나기 시작했다.

이것보다도 더 중요한 현상은 1960년대부터 칸트는 진지한 철학연구의 대상 이상이 되었으며 분석철학내의 주요철학자의 저작에 칸트의 영향이 출현하기 시작한 것이다. 현세기에서 영어로 쓰고 있는 윤리학자 중에서 존 롤즈(John Rawls)라는 이름이 뚜렷하게 나타나며 이 세기에서 영자로 쓴 윤리학 중 철학사에 나타날 서적을 한 권 선택한다면, 아무래도 롤즈의 "정의론"이 라고 할 수밖에 없을 것이다. 롤즈의 윤리학의 근본 접근법이 칸트의 윤리학의 기본과 본질적으로 다름이 없다는 것이라고 많이 논평되었으며, 이것은 롤즈 자신도 부정하지 않은 것이다. 우리가 롤즈의 윤리학이 칸트적이라고 말할 때 그의 대조점은 흄, 그리고 19세기의 영국 경험론자 존 스튜어트 밀이다. 그리하여 찰스 스티븐슨(Charles Stevenson)이나 리처드 브랜트(Richard Brandt) 같은 도덕철학자를 흄과 밀의 경험론과 공리론의 전통 밑에 들어간다고 보면, 롤즈는 그와 대조되는 칸트의 철학 전통에 속한다고 할 수 있다.

주로 롤즈의 영향 때문에 지금 미국의 젊은 윤리철학자의 한 세대(世代)가 흄, 벤담(Bentham)과 밀에서 내려오는 공리론과는 방향이 다른, 근본적으로 칸트적인 이론을 전개하려고 노력하고 있다. 이것은 윤리철학 자체는 물론이고, 그 토대가 되는 도더심리학에서도 마찬가지이다. 그런 젊은 철학자 중에서 토마스 네이글(Thomas Nagel), 스티븐 다월(Stephen Darwall) 같은 철학자가 저명하다고 할 수 있다.

칸트의 영향은 윤리철학 외에도 명백히 볼 수 있다. 두 가지 예를 들겠다. 미국 현대 철학에서 지도적 지위를 가지고 있는 윌프리드 셀러스(Wilfrid Sellars) 교수가 지은 "과학과 형이상학"("*Science and Metaphysics*")은 칸트적인 관점에서 연구한 인식론 및 형이상학의 저서이다. 그리고 "인격과 사물"("*Person & Object*") 이라는 저명한 형이상학 저서에서 미국의 유력한 철학자, 치좀(Roderick Chisholm)이 여러가지 중요한 철학문제(예를 들면, 인격과 의식의 본성)에 대해서 흄과 칸트를 대조해서 토론하며, 그는 궁극적으로 흄을 반박하고 칸트를 옹호하고 있다. 형이상학에 있어서의 치좀의 근본 접근법은 뚜렷하게 칸트적이라 할 수 있다. 이런 여러 철학저작을 보면 칸트가 흄에 비해서, 더 철학적으로 깊고, 통찰력이 더 체계적이고, 난해한 철학적 문제에 더 큰 빛을 던지는 사람으로 나타난다. 국부적으로 보면 흄이 칸트보다도 더 명백하고 통찰력이 많다고 하더라도, 또 칸트의 이론과 논증은 항상 난해하며 일관적인 해석이 가끔 불가능한 것 같이 보인다고 하더라도 총괄적이고 체계적인 관점에서 보면 칸트의 공헌이 더 크다는 인상을 받는다. 지금까지 언급한 철학자들, 즉 스트로슨, 롤즈, 셀러스, 치좀에 대해서는 이 강연에서 더 말하지 않겠다. 그 대신 나는 지금 영미철학에서 영향이 많고, 유력한 학자 한 분인 도널드 데이비드슨(Donald Davidson)의 이론에 대해서 얘기하고자 한다. 데이비드슨은 하버드(Harvard)에서 콰인(Quine)의 제자였으며 그에게서 많은 영향을 받았으나 데이비드슨은 독창적이고 유력한 철학자로 나타났으며 그의 영향은 현재 영국과 미국에 있어서 콰인의 영향과 비교할 수 있다. 더구나 형이상학, 심리철학과 언어철학에서 그는 콰인의 이론을 벗어나고 독자적인 세력이 되었다고 할 수 있다. 우리한테 흥미 있는 것은 데이비드슨의 이론이 콰인의 이론과 달리할 때 그 이유는 빈번히 칸트적이라고 말할 수 있기 때문이다. (콰인의 이론을 칸트적이라고 말할 수 없는 것이 유감이다.) 나는 칸트는, 데이비드슨의 철학안에 살아가고 있다고 말해도 과장이 아니라고 생각한다.

II. 심리현상의 자율성 (The Autonomy of the Mental)

데이비드슨은 그의 고전적 논문 "심리현상"("Mental Events")을 칸트를 인용하면서 시작한다.

> "인간의 자유는 아무리 교묘한 철학적 논증으로서도, 이를 부정할 수 없다. 그러므로 철학은 인간의 행위와 자연의 필연성 사이에서 진실한 모순이 있을 수 없다고 전제하여야 한다. 왜냐하면 철학은, 인간의 자유라는 이념을 포기할 수 없듯이, 자연의 필연성도 포기할 수 없기 때문이다. 「그러므로 자유가 어떻게 해서 가능한가를 이해는 못하더라도 이 모순으로 보이는 현상은 없어야 한다. 그 이유는 이렇다. 만일 자유이념이 자연적 필연성과 모순된다면, 자유이념이 포기되어야 되기 때문이다."

칸트의 문제는 어떻게 도덕적 행동의 전제가 되는 자유행동이 모든 자연 현상을 지배하는 자연적 필연성과 조화될 수 있는가 하는 것이다. 우리의 행위는 자연현상을 대상으로 하는 것이다. 우리의 행위는 자연현상의 과정에 간섭하여 이를 변경시키는 것이 목적이다. 우리의 심리현상을 비롯하여, 모든 자연현상이 불변한 자연법칙에 의해서 결정된다면 어떻게 해서 자유스러운 행위가 가능한가? 도덕은 어떻게 가능한가?

데이비드슨의 문제도 이와 비슷하다. 그의 전제는 이와 같다.

(1) 모든 물리적 현상과 사건은 예외없는 결정적인 법칙에 의해서 지배된다.

(2) 심리현상이 물리현상과 인과관계를 맺는다는 것은 우리의 통념의 한 가지이다.

(3) 인과관계가 있을 때는 필연적으로 법칙관계가 있어야 한다. ― 다시 말하면 인과 관계는 법칙관계를 함의한다.

그러면 심리현상자체가 결정적인 법칙에 의해서 지배된다고 결론을 지을 수 밖에 없는 것 같다. 왜냐하면 심리현상이 물리현상과 인과관계에 있으며, 물리현상은 법칙에 의해서 확정되며, 또 인과관계 자체가 법칙관계를 함축하는 경우에는 심리현상도 법칙적으로 확정될 수밖에 없다. 그러나 우리는 (4) 심리현상은 법칙적으로 지배되지 않는다고 믿는다. 그 이유는, 만일 그렇다면 우리의 행위가 도덕적인 자율성을 상실하기 때문이다.

그러므로 데이비드슨에 의하면 이 네명제가 모순을 함축하고 있다.

(1) 물리현상의 결정론 (Physical determinism)

(2) 심·물 인과 상호작용론 (Psychophysical causal interaction)

(3) 인과관계의 법칙성 (The nomological character of causality)

(4) 심리현상의 무법칙성 (Anomalism of the Mental)

우리는 이 (4)가 자유행동 가능성의 전제라고 인식할 수 있다면, 데이비드슨의 문제와 칸트의 문제의 유사성을 명백하게 보여줄 수 있다. 모든 심리현상이 결정적인 법칙으로 고정되어 버리면, 우리 의지의 자유, 우리의 행동의 자유가 있을 여유가 없기 때문이다. 칸트도 이 네 명제를 받아들였다고 말할 수 있을 것이다. 그러니 이 문제는 데이비드슨의 문제일 뿐 아니라, 칸트의 문제라고 볼 수 있다.

우리의 현재관점으로 볼 때, 홍미스러운 것은 데이비드슨의 문제뿐만 아니라 그의 해결도 칸트적이라는 점이다. 이 모순을 해결하는 데이비드슨의 전략을 먼저 간단하게 설명해 보고자 한다. 처음 데이비드슨은 만일 심리현상과 물리현상을 연관하는 심신법칙 (psycho-physical laws)이 존재한다면, 물리현상을 지배하는 결정론이 심리현상으로도 옮아 오게 되리라는 것을 승인한다. 이런 심신법칙은 심신환원을 가능하게 하며 그 결과로 심리현상은 물리적 지배권으로 들어가게 되기 때문이다. 그러므로 데이비드슨의 해결책은 이 다음 두개의 명제에 있는 것이다.

(1) 첫째 명제는 심신인과관계는 심신법칙이 없어도 성립할 수 있다는 것이다. 어떤 사건 x가 사건 y의 원인이 될 때, 그의 필요조건은 다름이 아니라 x와 y가 작기 $D(x)$와 $D(y)$로 기술되어서 어떤 법칙 L이 $D(x)$와 $D(y)$를 포섭(subsume)해야 한다. 그러니 어떤 법칙이 x와 y에 적용되기 전에, x와 y는 재기술될 수 있다. 어떤 심리현상 m이 물리현상 p를 유발했을 때 그 m이 물리적으로 재기술될 수 있다면 순물리적 법칙이 m과 p를 포섭할 수 있는 것이다. 모든 심리적 개별사건이 물리적으로 기술될 수 있다는 것이 데이비드슨의 소위 "무법칙적 일원론"(Anomalous Monism)이다.

(2) 둘째 명제는 심·물 무법칙론(Psychophysical Anomalism)을 나타낸다. 이것이 칸트적인 명제이다. 이 명제는 심과 물은 법칙적으로 연관될 수 없다고 주장한다. 이 명제를 옹호하는 데이비드슨의 논증은 매우 홍미스럽고 칸트적인 풍미가 있는데 상세한 내용은 나의 "Psychophysical Laws"라는 논문에 자세하게 전개되어 있기 때문에 생략한다. 그의 골자만 여기서 기술하겠다.

데이비드슨에 의하면 믿음, 욕구, 의도와 같은 지향적 심리현상은 합리성의 규범원리로 지배받고 있다. 이런 심리현상이 어떤 사람에게 있다 할 때 우리는 그 사람에게 부여하는 심리현상의 총체계를 최고도로 합리화시켜야 한다. 합리성이 없는 심리현상 체계라는 것은 불가능하기 때문이다. 심리현상이 합리성 규범에 지배된다는 것은 그 현상의 본질이 되며, 이 합리성을 상실하는 심리현상은 심리현상이라고 말할 수 없는 것이다. 그런데 만일 심물법칙이 있다면, 심리현상이 물리적 지배권으로 흡수되어 버리며, 그의 본질적인 합리성을 잃어버리게 되니다. 물리현상은 합리성이 없기 때문이다. 그러므로, 심리현상이 심리현상으로서의 정체를 잃지 않아야 한다고 전제한다면, 심물법칙은 불가능하다고 결론 지을 수밖에 없다. 이것이 데이비드슨의 논증의 요약이었다.

우리에게 흥미 있는 전제는 이런 것이다. 심리현상은 물리적 현상과 독립된 자율적인 영역 (autonomous domain)을 구성하며, 그의 독특한 합리성의 구범에 의해서 지배되고 있는 것이 그의 본질이라는 것이다. 물리현상을 지배하는 결정적 법칙은 심리현상을 지배할 수 없다. 데이비드슨의 주장은, 심리현상은 본질적인 자율성을 소유하며, 이 자율성은 심물무법칙론에 의해서 보증된다. 그리하여 데이비드슨이 칸트로부터 하나 더 인용하면서, 그의 논문 "심리현상"을 끝낸다는 것은 뜻이 있을 뿐 놀라운 일이 아니다. 칸트에서 오는 인용문은 이렇다.

"인간의 자유와 자연적 필연성의 모순을 해명하는데 있어서의 불가피한 과제는 이렇다. 즉 우리는 인간이 자유롭다고 할 때는 한 의미와 관련에서 보고, 인간이 자연법칙에 지배된다고 할 때는 다른 의미와 관련에서 본다는 것이다. 그러므로 철학은 이 두 의미가 인간내에서 공존할 수 있으며, 또 필연적으로 통합되어 있다는 것을 보여주어야 한다."

칸트는 우리가 인간으로서 거주하는 현상세계와, 도덕적 행위자로서 간주하는 실체적 세계 (Noumena의 세계)를 이야기한다. 데이비드슨은 서로 독립적인 물리적 기술과 심리적 기술에 관하여 이야기한다. 칸트가 인간의 자유의 가능성을 찾는 Noumena의 세계는 물리적 세계와 독립되어 있다. 이와 마찬가지로 데이비드슨은 우리의 행동의 자율성은 물리적 세계와 독립된 심리적 현상의 영역안에 있다고 한다. 더우기 칸트가 말하는 두 세계의 필연적 통일성은 심리적 기술과 물리적 기술이 동일 사물에게 적용된다는 데이비드슨의 이론으로써 그 명맥이 유지되고 있다고 할 수 있다. 이것이 데이비드슨의 "무법칙 일원론"이다. 심리적 기술과 물리적 기술은 논리적으로는 독립하지만 둘 다 인간에게 적합하다는 것이다. 그러니 인간한테서 이 두기술이 통일, 일치되는 것이며, 이렇게 하여 우리는 결정론이 지배하는 물리적 세계에서 공존할 수 있다는 것이 데이비드슨의 이론이다.

III. 원초해석(Radical Interpretation)과 관념론

미리 언급했다시피 "순수이성바판"에 있어서의 칸트의 총괄적인 과제는 선천적인 종합판단의 가능성을 설명하며, 또 그를 정당화하는데 있다. 선천적 종합판단이 문제가 되는 이유는 이런 데 있다. 어떤 명제가 종합적 명제라고 하는 의미는 그 명제가 개념 연관으로서만 검증되는 것이 아니고 이 세상의 사실에 대해서 어떤 정보를 내포한다는 것이다. 그런 명제가 비경험적으로 검증이 될 수 있는 것인가? 우리의 경험은 "어떤 것이 어떠하다"(what is the case)는 지식은 줄 수 있지만, "어떤 것이 필연적으로 어떠해야 된다"(what must be the case)는 지식은 줄 수 없다. 그러므로 필연적 명제의 지식은 경험에 의존할 수 없고 선천적인 지식은 필연적 지식이어야 한다. 그러니 어떻게 해서 우리의 경험적 세계에 필연적으로 적용되는 명제를 선천적으로 인식할 수 있는가?

이에 대한 칸트 비판철학의 핵심은 우리가 "칸트의 근본전략"이라고 부를 수 있는 것으로서 여러분이 알다시피, 이런 필연적 선천적 종합명제는 인식하는 마음에서 일어나는 것이라 보는 것이다. 다시 말하면 이런 명제는 인식가능성에 필요조건인 어떤 구조, 즉 인식하는 마음이 주는 구조를 표시한다는 것이다. 그리하여 칸트의 근본적 논증은 이와 같은 조건명제로 표현할 수 있다.

칸트의 조건명제 : 인식이 가능하다면 선천적 종합판단이 전제조건으로 성립되어야 한다.

단순하게 말하면 선천적 종합판단은 모든 의식과 인식의 필요조건이니, 우리의 모든 경험에 그리고 경험할 수 있는 세계에 필연적으로, 또 선천적으로 적용된다. 이런 명제는 경험자체의 필수조건이니 선천적이 아닐 수 없다. 그것이 또 인식과 사고 자체의 필요조건이니 그의 반례는 모순없이 생각할 수 없다. 칸트의 근본적 통찰은 선천적 종합판단의 가능성을 인식자체의 필수조건으로 보는데 있었다.

이제 나는 "데이비드슨의 조건명제"를 제시하겠다.

데이비드슨의 조건명제 (1) : 다른 사람의 말과 사고의 이해가 가능하려면, 이 사람의 믿음과 우리의 믿음이 대부분 합치되어야 한다.

다시 말하면, 이 사람과 우리의 믿음이 거의 일반적으로 공통되지 않으면 우리는 그런 사람의 언어를 해석할 수 없고, 그가 어떤 심리상태에 있는가도 알 수 없다는 주장이다. 해석자와 피해석자의 믿음이 일반적으로 거의 모두 합의되지 않으면 해석이 불가능하다는 말이다. 데이비드슨의 조건명제 (1)을 더 강화시켜서 그의 칸트적인 풍미를 더 현저하게 보일 수 있다.

데이비드슨의 조건명제(2) : 다른 사람의 언어와 사고의 해석이 가능하려면 그 사람의 믿음은 거의 다 참이라고 간주 되어야 한다. 그러나 데이비드슨의 조건명제 (1)에 의하면 그 다른 사람과 우리의 (우리는 해석자이다) 믿음은 거의 모두가 합치되기 때문에 다음을 연역할 수 있다.

데이비드슨의 조건명제 (3) : 해석이 가능하려면 우리의 믿음, 즉 해석자의 믿음이 대부분 참이 되어야 한다.

우리의 개념체계가 다른 사람의 언어와 사고를 해석할 능력이 있다는 것은 그 체계가 어떤 정도의 풍부성과 복잡성, 다시 말하면 어떤 구조성이 있기 때문이다. 그리고 그런 개념체계는 우리의 언어체계와 구별할 수 없으며, 언어체계는 필연적으로 해석을 위해서 사용되어 진다. 그 이유는 언어라는 것은 필연적으로 사회적 현상이며 딴 사람과 정보교환 (communication)을 하는 도구이다. 정보교환이 가능하려면 그 교환 상대자의 언어와 사고를 해석하는 것이 필수조건이란 것은 명백하며, 또 이 해석의 필요성은 교환상대자가 우리와 같은 언어를 사용하는 경우에도 마찬가지이다. 왜냐하면, 그 상대자가 우리와 같은 언어를 말한다는 것을 어떻게 우리는 검증할 수 있는 것인가? 그의 말을 해석하기 전에 이것은 검증불가능하다. 그러므로 우리의 개념·언어체계가 다른 사람의 언어와 사고를 해석할 능력이 있다는 것은 필연적인 사실이니, 데이비드슨의 제3조건명제로부터 다음 명제를 추론할 수 있다.

데이비드슨의 명제 : 우리의 믿음은 대부분 참이다.

이 논증의 가장 중요한 전제는 물론 데이비드슨의 조건명제 (1)과 (2)이다. 이 두명제를 받아들이는 이유가 증거는 무엇인가? 나는 여기에 대한 간단한 언급을 한뒤, 데이비드슨의 이런 명제들이 어떤 점에서 칸트적이냐에 대해서 좀 얘기를 하겠다.

데이비드슨에 의하면 원초해석에 대한 일반이론(general theory of radical

interpretation)은 다음 두 문제를 해결하여야 한다. 첫째 문제는 이것이다. (1) 엄밀하게 말해서 우리가 피해석자에 관한 어떤 특별한 지식이 있어야만 말(speech)을 해석·이해할 수 있는가? 어떤 언어 L을 해석하는 이론을 T라고 하자. 그러니 T를 아는 사람은 언어 L을 해석하고 이해할 수 있다는 말이다. 다시 말하면, 우리가 그 이론 T를 알고 있다면, 언어 L의 발언들 (utterances)이 어떤 의미를 가지고 있는가를 알 수 있고 또 그 발언자가 이런 발언을 하는데에 있어서 어떤 의미를 의도하는지 알 수 있다. 그러므로 L을 해석하는데 있어서 그러한 해석이론 (interpretive theory) T를 구성해야 한다. 데이비드슨의 첫째 문제는 이렇게 다시 말할 수 있다. 그런 해석이론 T는 어떤 구조를 가져야 하며, 어떠한 정보(information)를 내포하여야 하는가? 그러니 첫째 과제는 어떤 언어 L에 관한 해석이론의 본질을 확인코자 하는 것이다.

데이비드슨이 말하는 둘째 문제는 이것이다. (2) 그런 해석이론 T가 있다면 우리는 어떻게 그것을 참이라고 알 수 잇는 것인가? 어떤 증거로써 T를 검증, 또는 반증할 수 있는 것인가? 그러니 이 둘째 문제는 언어 L의 해석이론 T에 관한 검증문제다. 이 둘째 문제에 대해서 아주 짤막하고 올바른 답변이 있으나 그것은 이 문제를 해결하는 데에 있어서 충족한 답변이 되지 못한다. 언어 L에 관한 해석이론 T는 L에 있어서의 각개의 발언(utterance)에게, 해석 I를 부여한다(assign)고 볼 수 있다. 그 "짤막한 답변"은 이런 것이다. T가 L에 있을 수 있는 모든 발언 U에게 정확하고 올바른 해석 I를 줄 경우, 또 그런 경우에만, T를 참인 해석이론이라고 간주할 수 있다. 즉, T가 언어 L에서 나오는 각각의 발언 U의 의미를 바르게 해석하면, 또 그런 경우에만 T는 L에 대한 바른 해석론이라는 말이다. 이런 대답이 옳다는 것은 명백하다. 그러나 이 답변이 우리의 둘째 문제를 근본적으로 해결 못한다는 것도 명백하다. 왜냐하면 어떤 발언 U에 주어진 해석 I가 어떤 경우에 바른 해석인가에 관한 기준과 이해가 아직 없기 때문이다. 그 답변은 T가 언어 L에서 나오는 발언들을 개별적으로 바르게 해석하면, T는 L의 바른 해석론이라 한다. 그러나 T가 L의 발언을 개별적으로 바르게 해석한다는 말의 의미와 기준은 무엇인가? 이것이 데이비드슨의 둘째 문제의 근본이라 할 수 있다.

첫째 문제, 즉 해석론의 본질에 관한 문제에 돌아가 간단히 설명해 보고자 한다. 데이비드슨의 이론은 "진리조건 의미론"(truth-condition semantics)이라고 알려져 있는데 그의 대략은 이러하다. 예를 들어서 "snow is white"의 의미는 그의 진리조건, 즉 그 문장은 눈이 희다는 경우, 그리고 그런 경우에만, 참이 된다는데 있다. 그리하여 우리가 그 문장이 이런 조건 하에서 참이 된다는 것을 파악할 때, 그의 의미를 알게 된다. 또 하나 예를 들면, 우리가 "It is snowing"이란 발화의 의미를 이해할 때 우리가 파악하는 것은 그의 진리 조건, 즉 이 발화가 나오는 그때, 이 발화자의 근방에 눈이 오고 있는 경우, 또 그런 경우에만 이 발화가 참이 된다는 것이다. 그러므로 언어 L에게 적합한 의미 해석론 T는, L의 모든 단정적 발화(assertive utterance)에게 진리조건을 주어야 한다는 것이다.

그런데, T가 L의 발화 U에게 진리조건을 준다는 것은 무슨 말인가? 여기에서 데이비드슨은 타르스키(Tarsk)i의 진리론을 응용하여 이렇게 말한다. 우리가 T의 공리(axioms)로부터 다음과 같은 "T-문장"(T-sentence)를 연역할 수 있을 때, 또 그럴 때만 T가 U의 진리조건을 준다고 할 수 있다 :

(A) … 이면, 또 그런 경우에만, U는 참이다.

여기 "…"는 U의 진리조건을 표현하는 진술문장(declarative sentence) (우리의, 즉 해석자의 언어로 표현된 문장)이 들어서게 된다. 예로서

(B) 눈이 희다면, 또 그런 경우에만, "snow is white"는 참이다.
(C) 발화자의 근방에, 발화할 그 때에 눈이 오고 있다면, 또 그런 경우에만 "It is snowing"은 참이다.

(B)와 (C)가 소위 "T-문장"의 예인 것이며, 데이비드슨의 이론은 언어 L에 관한 의미 해석론 T는, L에서 나올 수 있는 모든 발화 U에게 이런 T-문장을 함축하여야 한다는 것이다. 그리고 우리가 그런 T를 구성하고 검증하였을 때, 우리는 그 언어 L을 이해하고 해석할 수 있다는 것이다.

데이비드슨의 "진리조건 의미론"에 대해서는 논평을 하지 않겠다. 우리에게 현재맥락에 있어서 중요한 점은 우리가 어떻게 하여서 (B)와 (C)같은 T-문장을, 그러니 어떤 방법으로 발화의 진리조건을, 검증 혹은 반증할 수 있느냐는 문제에 대한 데이비드슨의

이론이다.

 그 이론을 전개하기 전에 지적할 것이 하나 있다. 다름이 아니라, 데이비드슨은 해석론 T를 구성하는데 있어서, 피해석자의, 그러니 언어 L을 말하는 사람들의, 심리현상이 어떻다는 것을 알 수 있다는 전제를 하는 것은, 근본적인 오류라고 보고 있다. 그러니 그는 모든 심리적 해석론(예를 들면 폴 그라이스(Paul Grice)의 해석론)을 부인한다. 그에 의하면 언어를 해석하는데 있어서, 심리현상을 벌써 알고 있다고 전제하면 이것은 순환오류가 된다. 왜냐하면, 언어의 해석과 심리의 해석, 다시 말하면, 피해석자의 발화의 의미가 무언가 하는 문제와 피해석자의 심리현상이 어떤가 하는 문제는 상호연관·의존이 되어 있다. 따라서 한쪽을 이해하기 위하여 다른 쪽은 벌써 이해되었다고 가정할 수가 없다. 언어해석과 심리해석은 동일한 문제는 아니며, 한 쪽이 다른 쪽으로 환원하기도 불가능하지만, 그 밀접한 관계 때문에 하나가 다른 하나를 전제할 수도 없다는 것이다. 그러므로 우리가 필요한 것은 이 두가지 과제를 함께 해결하는 "종합이론"(Unified theory)이다. 그런 이론은 함께 피해석자의 말에 의미를 주며 그의 심리상태를 확인하여야 한다. 그런 종합이론이 필요하다는 것은 다음과 같은 고려를 하면 분명하다. 한 사람이 U를 발화하는 데에 두 근거가 있어야 한다 : U가 어떤 의미를 갖고 있다는 것이 하나며, 그가 어떤 믿음을 갖고 있다는 것이 둘째다. 그러니 우리의 피해석자가 눈이 희다는 믿음을 가지고 있고, 또 "Snow is white"란 발화가 눈은 희다는 의미를 갖고 있기 때문에, "Snow is white"라는 발화를 하는 것이다. 발화는, 의미와 믿음의 두 힘이 결정하는 벡터 (vector)라고 말 수 있다. 우리의 해석문제는 간단히 이렇게 말할 수 있다 : 발화를 관찰자로(data)로 삼아 의미와 믿음을 동시에 확정하라.

 T-문장의 예인 (B)와 (C)로 돌아가서 이런 문장을 어떻게 검증하는가 라는 문제를 살펴보자. 데이비드슨은 피해석자가 참이라고 간주하는 문장(sentences held true)들을 기초적인 관찰자료(basic observ. data)로 본다. 참으로 간주하는 문장을 출발점으로 하는 것의 전제는 해석자는 피해석자의 발화의 의미나 심리상태를 알 수 없어도 그가 어떤 문장을 참이라고 간주한다는 것은, 다시 말하면, 어떤 발화가 긍정적인 발화인지는 알 수 있다는 점이다. (C)를 다시 고려해 보자.

 데이비드슨에 의하면 다음 (1)이 성립되면 그것은 (C)를 확인하는 증거로 볼 수 있다고 한다.

(1) 발화자의 근방에, 그리고 그가 발화할 때에, 눈이 오고 있으면, 또 그런 경우에만, 그는 "It is snowing"을 참으로 간주한다. 이 주장은 올바른 것 같다. 우리가 "It is snowing"의 진리조건을 확인하려 할 때, 영어를 쓰는 사람들이 일반적으로 눈이 올 때, 그리고 눈이 올 때만, 이 문장을 참이라고 간주하는 것 보다 더 좋은 증거가 있을 수 있는가? 그외에 어떤 증거가 있을 수 있는가?

그런데 이 다음 점을 특히 주시해야 한다. 사람들이 "It is snowing"을 참이라고 간주할 때 그들의 믿음, 즉 눈이 온다는 믿음이 사실로 참이라는 전제가 있어야만, (1)이 (C)를 검증하는 증거가 될 수 있다는 점이다. 다시 말하면, 만일 사람들이 "It is snowing"을 참으로 간주하는 것과 "It is snowing"이 참이라는 것이 연결이 되지 않으면 (1)은 (C)를 지지하는 증거가 될 수 없다. 참으로 간주하는 것과 참이라는 것이 엄밀하게 대응하면, (C)는 (1)으로부터 직접 연역을 할 수도 있다. 그리하여 사람들이 눈이 오고 있다는 사실에 대하여 일반적으로 올바른 믿음을 갖고 있다는 것이 (C)를 지지하는 데 필요조건이다.

이 중요점은 다음과 같이 또 예증할 수 있다. 여기에 장미꽃이 하나 있다고 상상해 보자. 영어를 쓰는 사람은 이 꽃을 지적하면서 "This is red"라고 발화한다. 그런데 우리가 보기로 이 꽃은 빨갛게 보인다. 그러니 우리는 자연히 "red"를 "빨갛다"로 해석한다. 이렇게 결론짓기 위해 필요로 하는 전제는 이 사람들이 "This is red"를 참이라고 간주하면, 그 사람의 믿음이 참이란 것, 즉 이것이 실제로 빨갛다는 것이라는 것이다. 해석자의 입장으로서 〈이런 사람들은 "This is red"라고 말하지만 그들이 의도하는 것은 이 꽃이 빨갛다는 것이 아니라 이 꽃이 초록색이다라는 것이며 "red"는 초록색을 의미한다고, 그리하여 이 사람들의 색깔에 대한 믿음이 일반적으로 틀렸다고 결론짓는 것은 상상할 수도 없는 우스꽝스러운 일이다. 영어를 하는 사람들이 이 꽃을 지적하면서 "This is red"하면 "red"는 빨갛다고 해석해야 된다. 왜냐하면 이 꽃이 사실상 빨갛기 때문이다. 그의 발성 "This is red", 또 그로써 표현하는 믿음은 참이라고 간주하는 수 밖에 없다. 그런 전제가 없으면, 해석 번역이 가능하지 못하다.

그리고 위의 예를 보면 왜 해석자와 피해석자가 이것이 빨갛다는 것에 합의를 해야 하는지를 알 수 있다. 우리가 보기에 이것이 빨갛다. 사람들이 "This is red"라고 한다.

그러니 그가 이것이 빨갛다고 믿고 주장하는 것이다. 그러니 "red"는 "빨갛다"를 의미한다. 이렇게 연역하는 과정에서 우리와 사람들이 이 꽃이 빨갛다는 것에 대해 합의한다는 것이 불가피한 전제로 사용되고 있다는 것이 명백하다.

이것이 "데이비드슨 조건명제"(1)과 (2)를 위한 논증을 개략한 것이다. 다시 말해서, 우리가 어떤 사람의 말과 심리를 해석하려면 우리와 그 사람 사이에 많은 공통된 믿음이 있어야 하며, 그 사람의 믿음과 그러니 우리의 믿음이, 대부분 참이 되어야 한다는 것이다. 이런 테마가 데이비드슨의 언어·심리 철학에서 반복되어 나타나는 중요 명제이며, 그런 전제들 없이는 타인의 언어·사고를 이해 할수 없으며 궁극적으로 우리자신의 언어와 사고를 이해할 수 없다고 한다. 근본적이며 광범위한 불합의는 이해를 불가능하게 한다. 우리의 해석론에 의하면, 사람들의 믿음과 발화가 거의 전부가 거짓으로 나타날 때, 우리는 그 해석론이 옳다고 볼 근거가 없다. 이것은 물론 그 사람들의 믿음이 필 연적으로 예외없이 모두가 참이라는 것이 아니다. 우리와 같이, 그 사람들도 거짓인 믿음이 있을 것이다. 필연적인 사실은 다른 게 아니고, 그 사람들의 믿음이 대개, 일반적으로 참이라는 것이다. 오류라는 개념자체가 참이라는 개념이 전제가 되어야 이해가 된다. 그 사람들의 믿음이 거의 대부분 거짓이라는 가정을 하면, 그런 믿음의 대상을 선정할 수 없는 것이며, 그런 대상을 선정할 수 없으면, 믿음이 거짓이라는 판단이 무의미하게 되고 마는 것이다. 믿음의 대상을 선정하는 기준은, 그 믿음을 전부, 아니면 거의 전부를 참으로 만드는 그런 사물들이 믿음의 대상이 되는 것이다. 그러므로 믿음의 거의 전부가 거짓이라 가정하면 그 믿음의 대상을 상실하게 되는 것이다. 믿음이 대부분 참이라는 것은, 우리가 어떤 믿음이 있다는 것을 확인한 뒤, 믿음을 하나씩 검증해서 결론짓는 것이 아니다. 믿음이라는 개념과 진리개념을 분리할 수 없다. 우리 믿음이 거의 전부가 참이라는 것은 믿음이라는 개념 자체가 함축하는 필연적 사실이다. 이것이 데이비드슨의 논증이다.

칸트로 돌아가서 고려해 보자. 데이비드슨의 논증은 뚜렷한 칸트적인 취향이 있어보인다. 우리 믿음이 일반적으로 참이라는 것은, 우리 사고체계의 특징으로부터 나오는 필연적 결론이다. 칸트의 논증은 인식이 가능하다면, 어떤 종합판단은 필연적으로 참이다는 것이다. 데이비드슨의 논증은 말과 사고가 가능하다면, 우리 판단은 거의 전부 참이 되어야 한다는 것이다. 칸트는 그의 관념론적 논증이 회의주의(scepticism)를 논파한다고 주장하였다. 그와 같이, 데이비드슨은 자기의 논증이 인식적 회의주의, 그리고 다른 사람의 심리현상에 관한 회의주의를 논파한다고 간주하고 있다. 언어와 사고가 가능하면, 회의론은 성립할 수 없다는 것이 그의 이론이다.

칸트와 데이비드슨의 공통점은 관념론적인 철학적 관점이라고 할 수 있다. 칸트의 관념론에 대해서는 여기서 더 언급할 필요가 없다. 내가 개략한 데이비드슨의 철학적 전략이 관념론적이라는 것이 여러분에게 뚜렷하게 나타나기를 희망한다. 이런 맥락에서 주목할 데이비드슨의 주장은, 우리의 믿음이 전반적으로 참이라는 것은, 언어와 사고의 가능성의 전제조건이라는 것이다. 개별적인 믿음이 참이냐 아니냐는, 물론, 개별적으로 검증하여야 한다. 그러나 믿음이 일반적으로 참이라는 것은 선험적인 철학적 논증의 결론으로 증명할 수 있다는 것이 그의 주장이다. 이런 선험적인 논증이 칸트의 선험적 논증과 중요한 공통점이 있다는 것이 이 강연의 한 테마이었다.

---

* 이 글은 미시간 대학교 철학과 주임교수인 김재권(金在權) 교수가 84년 11월 17일 경북대학교에서 개최된 대한철학회 초청 세미나에서 행한 주제발표의 내용이다. 이 글은 그가 모국어로 작성한 첫 번째의 것이다. — 편집자

선험철학과 포스트모더니즘 : 칸트, 리오타르, 아펠에서 해체와 구성의 가능 근거

김진(울산대)

1. 포스트모더니즘과 선험적 근거의 문제

칸트에 의하여 체계화된 의식 철학은 니체와 하이데거, 그리고 푸코와 데리다와 같은 후기 구조주의자들에 의하여 결정적으로 위협받게 되었다. 이른바 탈현대성의 철학 또는 포스트모더니즘의 출현으로 합리성을 중심으로 한 철학 체계의 해체가 본격화된 것이다. 칸트 이후의 선험철학이 객관성과 합리성에 기초한 경험의 가능성 조건들을 철학적 사유의 주제로 삼고 있는 반면에, 포스트모더니스트들은 비합리성과 불일치를 중시하고 있다. 그리고 선험주의자들이 합리성에 기초한 "구성"(Konstruktion)을 강조하고 있다면, 포스트모더니스트들은 불일치에 기초한 "해체"(Dekonstruktion)를 중시한다.

지금까지의 논의는 주로 포스트모더니스트들이 선험철학의 방법과 체계를 비판하고 부정하는 형태로 진행되었다. 그러나 이제 어떤 형태의 진리 주장일지라도 그것이 의미 있는 것이기 위해서는 최소한의 토대 근거가 요구되지 않을 수 없으며, 이러한 요구는 극단적인 회의주의나 가류주의 및 포스트모더니즘에도 적용되지 않으면 안 된다는 반성이 일어나기 시작했다. 다시 말하면 어떠한 해체도 특정한 구성을 목표하고 있으며, 이를 위해서는 반드시 최소한의 토대 근거를 전제하지 않으면 안 되는 것이다.

포스트모더니즘의 진리 주장이 의미 있게 되기 위해서는 그 선험철학적 지평이 마련되지 않으면 안 된다. 이것은 물론 선험철학과 포스트모더니즘의 논의 가운데서 어떤 것이 보다 우월한가를 판가름하는 데서 찾아지지 않는다. 포스트모더니즘의 철학적 논의가 의미 있게 되려면 그러한 논의 자체를 가능하게 하기 위하여 필연적으로 전제되지 않으면 안 되는 선험철학적인 논의 조건들이 발굴되어야 하고, 그러한 발견 사실들을 토대로 하여 선험철학은 보다 발전된 형태를 이룩하게 된다. 따라서 이러한 연구가 선행적으로 이루어지지 않으면 선험철학과 포스트모더니즘의 논쟁은 피상적인 차원에 머무를 수밖에 없으며, 그 인과적 본질 규명에 접근하지 못하게 될 것이다. 그리하여 포스트모더니즘의 선험철학적 지평을 밝히는 작업은 가장 긴급하게 해결되지 않으면 안 될 과제로 부각되고 있다.

로버트 슈페만이 그의 논문 「현대성의 종말」에서 지적하고 있듯이 "모더니즘"이란 항상 고유한 현재성을 뜻하는 상대적인 개념으로서, "모더니즘의 종말"이 있는 것이 아니라 이전에 현대적이었던 옛것은 새로운 현대성에 의하여 해체될 뿐이다.[1] 지금 논의되고 있는 포스트모더니즘도 이러한 범주에서 크게 벗어나지 않는다는 것이 필자의 생각이다.

"해체"와 "구성"은 철학에 있어서의 내용과 목표가 아니라 수단과 방법에 지나지 않는다. 그렇기 때문에 해체주의는 포스트모더니즘만의 철학적 특징이 아니라 어떤 철학적 사유에서나 발견할 수 있는 방법적 기제인 것이다. 포스트모더니스트들이 비판의 대상으로 삼고 있는 칸트 역시 그 당시의 철학자들, 특히 모제스 멘델스존의 눈에는 모든 것을 파괴하는 사람으로 비춰졌다. 칸트의 해체 작업은 이성의 능력과 한계에 대한 비판적 반성 없이 사유 체계를 구성한 전통적인 형이상학을 겨냥하면서 확실성과 객관성에 기초한 이론적 학문의 가능성을 모색하기 위한 것이었다.

따라서 이 논문에서는 포스트모던적 해체주의가 어떤 특정한 진리 주장을 확보할 수 있기 위해서는 최소한의 토대 근거를 요구하지 않으면 안 되고, 이러한 근거들은 그들이 주장하는 것과는 반대로 절대적 확실성을 부여받게 된다는 사실을 보여줌으로써, 해체와 구성의 유의미성을 위한 가능성 조건을 탐색하려고 한다. 이와 같은 연구를 수행하기 위해서 필자는 칸트에서의 해체와 구성이 가지는 철학적 의미를 살펴보고 나서, 칸트의 선험철학적 지평 위에 서 있는 칼-오토 아펠과 그 적대자인 장 프랑수아 리오타르의 철학적 주장들을 비교 분석함으로써, 철학적으로 의미있는 주장을 하기 위해서는 최소한

---

1) Spaemann, Robert: *Ende der Modernität?* In: Peter Koslowski, Robert Spaemann, Reinhard Löw(Hrsg.), *Moderne oder Postmoderne*. Weinheim 1986, s. 19f.

의미있는 논의를 위한 가능성 조건들이 전제되어야 한다는 사실을 강조하고자 한다.

포스트모더니스트들 가운데서도 특히 리오타르를 선택한 것은 그가 여러 사실들에서 칸트를 원용하고 있으며, 심지어는 칸트를 "포스트모던의 선구자"로 해석하려는 경향이 엿보이기 때문이다. 그럼에도 불구하고 그는 칸트의 해체 작업이 보다 확실한 구성을 위한 예비 작업이라는 사실을 간과하고 있다. 리오타르보다 더 극단적인 해체론자인 데리다의 경우일지라도, 우리는 흄에 대한 칸트의 비판에서 이미 알 수 있듯이, 포스트모던적 진리 주장이 의미를 가질 수 있는 선험철학적 지평이 확보되지 않으면 수행적 자체모순에 빠질 수밖에 없다는 사실을 다시 확인하게 될 것이다.

다행스럽게도 이와 유사한 논의들은 아펠을 중심으로 한 선험화용론자들에 의하여 주도적으로 이루어지고 있기 때문에, 필자는 아펠과 리오타르의 철학적 주장들을 비교 분석함으로써 포스트모더니즘을 통한 선험철학의 계속적인 발전 가능성과 포스트모더니즘의 타당성 조건으로서 반드시 전제되지 않으면 안 되는 선험철학적 의미 지평을 밝히려고 할 것이다.

칸트 이후의 선험철학이나 그에 대한 비판적 대안으로 나타난 포스트모더니즘에 대한 연구는 독일과 프랑스를 중심으로 활발하게 전개되고 있다. 그리고 최근에는 선험철학과 포스트모더니즘 사이의 방법론 논쟁이 벌어지기도 했다. 이 가운데서도 특히 선험철학적 사유전통 속에서 의사소통의 철학과 보편화용론을 주장하는 하버마스, 그리고 선험화용론 및 담론윤리학을 체계화하고 있는 아펠에 대한 리오타르의 비판은 새로운 논쟁점으로 부각되기에 충분하다.[2]

물론 포스트모더니즘을 주창하는 푸코, 데리다, 리오타르 등의 철학자 이전에 이미 니체와 하이데거는 합리성과 주체 개념의 해체를 시도한 바 있다. 그리고 철학사적으로

---

2) Habermas, J.: *Die Moderue-ein unvollendetes Projekt*(1980), in: ders., *Kleine politische Schriften* I-IV, Frankfurt 1981, S. 444-464, danach in: ders., *Die Moderne-ein unvollendetes Projekt*, Leipzig 1995.
Lyotard J.-F.: *Grundlagenkrise*, in: *Argumntation in der Philosophie. Neue Hefte für Philosophie*. Heft 26, 1986. Abk: Gk.
Apel, K. O.: *Die Herausforderung der totalen Vernunftkritik und das Programm einer philosophischen Theorie der Rationalitätstypen*(Abk.: *HtV*), in: *Gethmann-Siefert, A.*(Hrsg.): *Philosophie und Poesie*. Otto Pöggeler zum 60. Geburtstag. Stuttgart 1988.
Frank. M.: *Die Grenzen der Verstandigung. Ein Geistergespräch zwischen Lyotard und Habermas*. Frankfurt 1988.

볼 때 해체의 역사는 훨씬 더 이전으로 소급될 수 있다. 생성론과 존재론, 회의주의와 독단주의, 이성론과 경험론, 현상학과 해석학은 각각 동시대적인 지평 위에서 상대방의 철학 체계를 해체하려는 시도였으며, 한 시대를 주도했던 철학일지라도 그 다음 시대에 이르게 되면 필연적으로 해체의 과정을 겪을 수밖에 없었던 것이 역사적 사실이다.

　지금까지의 유럽 철학계에서는 모든 시대 변화에 있어서 새로운 사조가 낡은 사조를 비판하듯이 포스트모더니즘이 의식 철학에 대하여 공격적 자세를 취하고 있었다. 그런 까닭에 국내에서도 포스트모더니즘이 새로운 유행 사조로 소개되기 시작했고, 이에 대한 연구가 활발하게 이루어지고 있는 것은 당연한 귀결일지 모른다.[3] 이 논문은 국내의 포스트모더니즘 논의에서 비교적 간과되고 있는 선험철학과 포스트모더니즘의 근본 관계를 규명하는데 천착하고자 한다. 다시 말하면 보편적 지식의 가능성 조건을 다루고 있는 선험철학의 근본 정신이 포스트모더니즘에도 필연적으로 전제되지 않으면 안 된다는 사실을 입증함으로써 새로운 정보 산업 사회에서의 의미있는 논의의 가능성 조건을 작업하게 될 것이다. 더 나아가서 우리는 포스트모더니즘의 철학적 주장의 진의를 파악하여 그것이 전통적인 의식 철학과 어떤 관계 속에 있으며, 앞으로 철학적 사유 방향을 어떻게 끌어갈 것인가를 예측할 수 있어야 한다. 그리고 특히 우리나라의 지적 전통에 있어서 그것이 어떤 의미를 가질 수 있는가를 진단하는 작업이 필요하다. 따라서 우리는 특별한 반성 작업 없이 유행되고 있는 포스트모더니즘의 인식 한계를 비판적으로 사유함으로써 우리 나름대로의 고유한 사유 체계를 발전시키는 계기로 삼아야 할 것이다.

2. 칸트에서 해체와 구성의 가능 조건

1) 칸트의 이성 비판: 새로운 구성을 위한 해체

칸트는 형이상학이 "모든 학문의 여왕"으로 군림하던 시대에 학문을 시작하였다. 그

---

3) 김욱동 편,『포스트모더니즘과 포스트구조주의』, 현암사, 1991.
　한정선,『현대와 후기 현대의 철학적 논쟁』, 서광사, 1991.
　이진우 편,『포스트모더니즘의 철학적 이해』, 서광사, 1993.
　하영석 외저,『칸트와 현대철학』, 형설출판사, 1995.
　김혜숙 편,『포스트모더니즘과 철학』, 이화여자대학교출판부, 1995.

리고 그는 형이상학에 대하여 갖은 모욕을 가하는 것이 시대의 유행이 되었던 시대에 새로운 철학을 수립하고자 하였다. 따라서 그는 필연적으로 기존의 형이상학을 해체하지 않으면 안될 철학적 운명을 타고 났던 것이다. 그런 의미에서 모제스 멘델스죈은 칸트를 "모든 것을 깨뜨린 파괴의 철학자"라고 평했다.

다른 한편 로크에 의하여 시도된 "인간 오성에 대한 일종의 생리학"은 형이상학의 가능성을 부정하고 결국에는 회의주의의 늪으로 몰아가는 듯 했다. 그리하여 극단적인 권태와 무관심에서 비롯된 혼란과 암흑으로부터 성숙한 판단력으로서의 이성 그 자신은 스스로의 영원불변한 법칙에 의하여 근거 없는 모든 월권과 독단적 전제주의를 타파할 수 있는 재판정을 세우라는 요구에 직면하게 되었다(*KdrV*, AVII-XII). 칸트의 순수 이성 비판은 기존의 모든 독단적 형이상학과 회의주의 체계를 해체하는 과정에서 필연적으로 요구되는 이성 그 자체의 비판 기능에 대한 정당화 작업이다.

따라서 칸트가 의도하는 이성 비판은 "이성이 모든 경험과 독립하여 추구할 수 있는 인식에 관한 이성 능력 일반의 비판, 형이상학 일반의 가능성과 불가능성의 결정 그리고 형이상학의 원천 및 범위와 한계의 확정"(*KdrV*, AXII)을 의미한다. 칸트는 이와 같은 작업을 성공적으로 수행하기 위하여 순수 오성 개념에 대한 "선험적 연역"을 시도하였고, 이론적 지식은 오성이 감성의 한계 안에서 종합 작용을 하는 경우에만 성립될 수 있다는 사실을 주장함으로써 그의 독자적인 "선험철학"을 수립하였다.

칸트는 객관적 타당성을 가진 이론적 지식(경험)이 성립될 수 있는 가능성 근거를 모색하는 가운데서, 우리의 인식은 감성과 오성이라는 심성의 두 가지 원천을 통하여 종합된다는 사실을 지적하였다. 표상을 받아들이는 직관 능력(인상의 수용성)과 그 표상을 통하여 대상을 인식하는 개념화 작용(개념의 자발성)은 경험을 가능하게 하는 필연적 조건들이다. 그러므로 만일 그 어떤 방식으로든 대응하는 직관이 없는 개념이나, 또는 개념이 없는 직관은 인식을 제공하지 못한다. 따라서 "감성이 없으면 어떤 대상도 우리에게 주어질 수 없고, 오성이 없으면 어떤 대상도 사고되지 않는다. 내용 없는 사유는 공허하고 개념없는 직관은 맹목이다"(*KdrV*, B75). 그리하여 칸트는 이론적 지식이 경험의 한계 안에서 "자연의 형이상학"으로서만 성립될 수 있으며, 그 이상의 초월적 영역에 대한 이성의 요구는 월권인 동시에 학문적인 논의의 대상이 될 수 없음을 분명히 하였다. 따라서 칸트가 전통적인 독단주의와 회의주의 철학 체계를 해체하고 그 대안으로서 구성한 새로운 이론철학은 바로 "자연의 형이상학"인 셈이다.

이렇게 볼 때 칸트의 이성 비판은 확실히 독단주의와 회의주의의 한계를 피하여 우리에게 객관적 타당성을 가진 경험 내용이 주어질 수 있는 가능한 길이 무엇인가를 밝히려는데 있었으며, 칸트는 그것이 직관과 오성의 종합 작용에 의하여 주어질 수 있다고 믿었다.

2) 선험철학의 아포리아

칸트의 선험철학은 전통철학의 문제를 해결하려는 하나의 대안으로 제시되었지만, 또 다시 새로운 철학적 문제들을 남겨줄 수밖에 없었다. 그것은 바로 선험철학에 대한 개념 정의 자체로부터 비롯된다. 칸트는 대상들 자체에 대한 이론, 즉 전통적인 존재론이 아니라, 대상들에 관한 인간의 인식 방식을 다루고자 하였다(*KdrV*, B25). 따라서 그의 선험철학에서는 전통적으로 존재론에서 다루어졌던 것들이 이성의 기능 체계 안에서 다루어진다. 그리하여 칸트의 선험철학에서는 인식 주체가 어떻게 대상과 필연적인 관계를 맺으며, 선험적 개념 또는 범주는 어떻게 객관적 실재성을 얻게 되는가가 중점적으로 논의되기에 이른다.

그러나 결국 칸트의 선험철학은 물자체와 인식 주체의 관계 설정, 그리고 선험적 연역을 통한 범주 사용의 정당성 확보의 문제를 노정하게 된다. 그것은 바로 칸트가 이미 1772년 2월 21일 헤르츠에게 보낸 편지에서 결정적으로 실토했던 순수오성의 대상에 대한 문제와 순수오성 그 자체에 관한 문제인 것이다.[4] 칸트는 "형이상학의 모든 비밀을 여는 열쇠"가 바로 "어떤 근거에서 우리가 표상이라고 부르는 것이 대상과 관계를 갖게 되는가?"(X, 130)라는 물음 속에 들어 있다고 보았다.

그리고 칸트는 계속해서 감성적 표상이 사물들을 나타나는 대로 표상하고, 오성적 표상이 사물들을 존재하는 그대로 표상한다고 할 경우에 제기될 수 있는 여러 가지 의문들에 대하여 곤혹스러워 하고 있다(X, 131). 칸트에게는 적어도 다음과 같은 문제들이 해결되지 않고 있다. 만일에 이러한 사물들이 우리를 촉발하는 그러한 방식을 통해 우리에게 주어지는 것이 아니고, 또한 그같은 오성적 표상이 우리의 내적인 활동에 근거

---

4) *Kants Brief an Marcus Herz vom 21. Febr. 1772*, in: Preussische Akademie der Wissenschaften zu Berlin(Hrsg.): *Kants Gesammelte Werke*, Bd. 10(X), S. 129-135.

하는 것이라면, 이러한 오성 표상이 기저에 할 대상들과의 일치는 어디에서 오는가? 그리고 이러한 대상들에 대한 순수 이성의 공리는 경험에 의한 이러한 일치의 도움없이 대상들과 일치할 수 있는가? 또한 동시에 우리에게 주어진 현상이 물자체와 대응하거나 일치한다는 근거를 어디에서 확보할 수 있는가?

여기에서 해명되지 않은 "어두움"으로서 칸트를 괴롭히고 있는 문제는 그 스스로『순수이성비판』서문에서 밝혔던 표상과 대상의 일치에 대한 물음과 순수오성 개념의 연역에 대한 문제였다(*KdrV*, AXVI). 표상과 대상의 일치 여부에 대한 칸트적인 아포리아는 결국 사물의 두 가지 존재 방식, 즉 있는 그대로의 사물(물자체)과 우리에게 나타난 사물(현상, 자연, 세계)이 어떤 관계에 있으며, 사물에 대한 현상을 표상으로 가진 주체가 그 대상에 어떻게 관계하고 있는가에 대한 물음이고, 선험적 연역에서의 아포리아는 그와 같은 인식 활동을 객관적이라고 보증할 수 있는 장치나 기구가 무엇인가에 대한 물음이다.

3) 물자체, 경험을 가능하게 하는 불가지론적 근거?

우선 현상과 물자체의 일치 가능성 여부에 대한 물음은 칸트철학의 내부에서 영원히 침묵할 수밖에 없는 특수한 상황에 처해 있다. 이 물음에 대한 계속적인 추궁은 곧바로 칸트철학 체계 자체의 위기를 불러 일으킨다. 물자체 문제는 칸트가 인식비판을 수행함에 있어서 처음부터 적극적인 입장 표명을 유보할 수밖에 없게 만들었던 어려운 측면이 있다. 칸트의 선험철학 체계 안에서 물자체 개념은 결코 적극적으로 다루어질 수 없다. 그것은 인과성의 법칙이 미치지 않는, 즉 이성 통치의 치외법권 지대에 있기 때문이다. 따라서 물자체 개념의 아포리아에서 필연적으로 제기되는 문제는 직관에 포착된 것들이나 그로부터 종합된 경험들(우리에게 가능한 모든 표상들)이 물자체와 일치하는가의 여부이다. 그러나 이것은 칸트철학에서는 결코 확인할 수 없는 문제에 속한다.

칸트는 우리의 인식이 "주어지는 표상들을 한 대상과 일정하게 관계지움"(*KdrV*, B137)으로써 성립된다고 보았다. 선험적 개념들의 "대상 관련성", 즉 "어떤 대상과 관련한 의식적 표상"(*KdrV*, A320 B376f)에 대한 칸트의 분석은 경험 가능성의 조건이란 결국 경험 대상의 가능성 조건과 같은 것이라는 결론을 도출하기에 이른다. 이와 같은 경험 대상은 우리에게 언제나 주어진 현상, 즉 "우리에 대한 대상"(*KdrV*, B123)으로서 나타난다. 바로 이러한 사실에서 칸트의 물자체와 현상의 관계에 대한 사람들의 서로 다른 입장이 개진될 수 있다.

선험화용론자들은 물자체 개념을 선험철학의 출발을 가능하게 하기 위한 필연적인 조건으로서 전제되지 않으면 안 되는 최후정초적 명제로 해석하였다.[5] 쿨만에 의하면 물자체 개념은 현상주의자들까지도 모든 현상의 현상성을 설명하기 위하여 필연적으로 인정하지 않으면 안 되는 실재성의 근거이며, 칸트의 선험철학을 가능하게 하는 필연적인 근거이자 토대적인 지주라고 말한다.

그러나 이와 반대로 칸트시대에 이미 반칸트학파적 입장을 취했던 학자들은 물자체 개념의 설정이 선험철학의 근본정신과 모순된다고 주장했다.[6] 특히 슐체는 물자체가 촉발의 원인이지만 인식할 수 없다는 칸트의 주장에 대해서 그것은 촉발의 원인이 아니거나 또는 인식할 수 없는 것이 아니어야 한다고 반박한다. 물자체가 촉발의 원인이라는 것과 인식할 수 없다는 두 가지 명제는 모순적이어서 동시에 주장될 수 없다는 것이다. 물자체가 우리에게 전적으로 알려질 수 없는 것이라고 한다면, 우리를 촉발하고 있는 것이 물자체라는 사실 역시 알 수 없을 것이기 때문이다.

필자는 칸트의 이론철학을 모순없는 체계로 세우기 위해서는 물자체 개념을 비롯한 몇 가지 철학적 이념들이 새롭게 요청되지 않으면 안 된다는 입장을 밝힌 바 있다.[7] 칸트의 선험철학 체계 안에서 물자체 개념을 주장하려고 할 경우에 불가지론적 근거를 확실성의 토대로 끌어들이는 오류를 범하게 될 것이다. 따라서 그것은 불가지론적인 것으로 설정되기보다는 어떤 특정한 정합성을 가진 세계 개념으로 이해되지 않으면 안 되는데, 이러한 요구가 칸트적인 사유체계 속에서 허용될 수 있는 유일한 방법은 요청 명제로서의 해석이다.

5) Kuhlmann, W.: *Zum Problem des Ding an sich. Kant, Peirce, transzendentalprogmatische Sinnkritik*, in: ders., Kant und Transzendentalpragmatik. Würzburg 1992, S.79-99.

6) Schulze, Gottlob Ernst: *Aenesidemus oder über die Fundamente der von dem Herrn Professor Reinhold in Jena gelieferten Elementar-Philosophie. Nebst einer Verheidigung des Skepticismus gegen die Anmassungen der Vernunftkritik*(1792). Besorgt von Dr. Arthur Liebert. Berlin 1911.

7) 김진, 「철학과 요청: 이론적 지식과 도덕적 실천, 그리고 종교적 일치의 가능성 조건들에 대한 철학적 탐구」, 울산대학교 출판부, 1992, 111쪽; 김진, 『칸트와 선험화용론』, 104쪽 이하 참조.

칸트철학에서 물자체의 문제는 선험철학을 작동하게 하는 출발점이 되지만, 그것은 동시에 선험철학이 결코 다룰 수 없는 어두움 속에 도사리고 있다. 따라서 우리가 알 수 없고 다룰 수 없는 불가지론적인 것이 객관적 타당성을 가진 경험을 가능하게 하는 자료가 된다는 주장은 사람들에 따라서 터무니없다는 생각을 불러 일으킬 수도 있다.

4) 선험적 연역: 새로운 독단주의?

다른 한편 오성 개념(범주)의 사용에 대한 정당성 확보를 위하여 시도되었던 선험적 연역의 물음에 있어서도 앞에서와 같은 어려움이 완전하게 해소되지 않고 있다. 칸트는 경험 가능성의 선천적 근거에 대한 작업을 시작하면서 "가능한 경험의 개념에 속하지도 않고 가능한 경험의 요소로 성립하는 것도 아닌 개념이 완전히 선천적으로 산출되면서 대상과 관계를 갖는다는 것은 전적으로 모순이며 있을 수 없다"(KdrV, A95)고 술회하고 있다. 어떤 경험적인 것도 포함되지 않은 순수한 선천적 개념은 "개념의 논리적 형식"에 지나지 않는다. 칸트는 이러한 선천적 개념, 그리고 특히 순수 오성 개념이 경험을 가능하게 하는 순수한 선천적 조건인 동시에 그 객관적 실재성의 유일한 조건이라고 주장한다. 그러나 우리에게 선천적으로 주어져 있는 개념의 기능들이 일관성과 통일성을 가지고 있지 않을 경우에는 그 활동의 결과를 객관적 지식으로 인정할 수 없을 것이다. 또한, 동시에 일관성과 통일성을 가진 의식 주체(칸트적인 의미에서는 오성)가 존재한다 할지라도, 그것이 한갓 고립된 주체일 경우에는 상호주관적 차원에서의 객관적 타당성을 주장할 수 없을 것이다.

첫번째 문제와 관련하여 칸트는 우리와 인식 과정에서 필연적으로 발생하는 세 가지 형태의 종합, 즉 직관에서의 포착(Apprehension), 구상에서의 재생(Reproduktion), 개념에서의 인지(Rekognition)를 통하여 객관적 타당성을 가진 경험을 산출한다고 생각하였다. 그리고 이러한 활동에 일관성과 통일성을 가진 주체 개념으로서 "오성", "통각", "자기의식" 등과 같은 개념들을 혼란스럽게 구사하였다. 결국 칸트에서 선험적 연역의 문제는 "선험적 통각"(transzendentale Apperzeption) 또는 "자기 의식"(Selbstbewusstsein)의 문제로 전개되면서, '나'(Ich)의 통일성이 어떻게 확보될 수 있는가라는 전통적인 형이상학의 논의 영역으로 복귀되기에 이른다. 그렇기 때문에 칸트가 심리적인 연상의 법칙과 친화성에 의한 다양한 것들의 결합으로 경험을 설명하는 흄의 철학을 효과적으로 극복했는가라는 물음도 여기에서 다시 제기될 수 있다. 의식 주체의 통일성을 담보하기 위하여 칸트가 제시했던 개념들 역시 과학적 탐구의 결과가 아니라 사변적 사유활동의 소산이라고 한다면, 그것은 오늘날 한스 알버트가 제시한 뮌히하우젠-트릴렘마 가운데서 절차단절에 해당될 수 있으며, 따라서 이 부분에 대한 흄의 설명은 여전히 구속력을 가질 수 있게 된다. 칸트에서 객관적 타당성을 가진 경험은 그것이 오성이든 자기의식이든, 그렇지 않으면 정신이든지에 관계없이 통일성을 가진 주체 개념이 확보되는 한에서만 성립될 수 있을 것이다. 이와 같은 주체 개념이 확보되지 않고서는 그 어떤 경우에도 객관적으로 타당한 경험에 대해서 말할 수 없다. 그런데 칸트는 전통 형이상학에서 "영혼론"(Psychologie)의 형태로 다루어졌던 이 문제를 스스로 "오류추리"라고 불렀다. 칸트에 의하면 의식의 통일성을 지지하고 있는 "영혼" 개념은 그 존재를 증명하거나 부정할 수 없는 이성의 대상 개념(이념)으로서 우리에게는 한갓 "가상" 개념에 지나지 않는다. 그것은 우리가 이론적으로 접근할 수 있는 성질의 것이 못되며, 따라서 칸트 철학 체계 안에서는 어떤 경우에도 이론적으로 그 존재를 증명할 수 없기 때문에 통일성을 가진 인식주체의 존재를 확보했다고 주장할 수 없게 된다.

통일성을 보증하는 인식주체의 존재 확보에 대한 물음은 앞에서 제기한 독아론적 주체와 상호주관적 주체 사이에서 생각될 수 있는 진리성의 문제와 긴밀한 관계를 가진다. 확실히 칸트의 선험철학에서 초월적 특성은 대상에 근거하는 것이 아니고 인간 자신에 근거한다. 따라서 칸트철학에서는 인간의 이성이 대상 인식의 가능 조건이고, 그런 점에서 이성은 경험의 객관적 타당성을 보증하는 마지막 근거인 동시에 최후정초적 명제이다. 칸트가 제시한 이성(좁은 의미에서는 오성) 개념은 확실히 그의 이론철학을 가능하게 하기 위하여 필연적으로 요구되지 않으면 안 되는 요청 개념이다. 그러나 칸트는 이 개념을 요청적 사유방법론에서 필연적으로 제기되는 변증론적 모순 구조를 통하여 도출하지 않고 독단주의적 절차단절의 방식으로 도입하였다. 그리고 현대의 칸트 해석가들, 특히 아펠을 중심으로 한 선험화용론자들은 이와 같은 칸트의 이성 개념이 독아론적 주체라고 비판한다. 이들이 비판하는대로 칸트의 이성이 독아론적 주체이든지 모든 인류에게 공통적으로 주어진 보편적 이성든지간에 칸트에서 이와 같은 이성의 체계와 그 활동은 객관성, 합리성, 진리성, 공통성 등을 산출할 수 있는 근거가 된다는 사실이다. 선험화용론자들은 전지구적으로 타당한 규범윤리학의 합리적 정초를 위하여 칸트의 독아론적 주체를 의사소통적 차원에서의 상호주관적 주체 개념으로 확장하고, 수행적 자체모순 없이는 부정할 수 없는 논의 상황과 논의 규칙이라는 더이상 물러설 수 없는 반성 구조를 제시함으로써 우리가 어떤 경우에도 이상적인 합의를 지향하는 의미있는 논의의 가능성 조건들을 확보하는 데 주력하였다. 이와 같은 노력은 바로 칸트가 선험적 연역을 시도했던 것과 같은 맥락에서 평가할 수 있을 것이다.

칸트의 이성비판은 물자체의 존재와 그로부터 우리에게 주어지는 감각적 질료가 물자체의 성분과 일치한다는 사실뿐만 아니라 객관적 질료가 오성의 원칙들 속에서 질서지워진다는 믿음이 전제되어 있다. 그러한 믿음 위에서 감성을 통하여 수용되는 외부적인 다양한 자료들이 오성의 형태로 우리에게 미리 주어져 있는 논리적인 틀에 의하여 통일성이 부여됨으로서 객관적 타당성을 가진 경험 내용이 산출된다고 생각하였다. 오늘날 합리성과 비합리성, 이성과 감성, 일치와 불일치, 합의와 분쟁 등의 개념쌍들을 중심으로 한 포스트모더니즘과 선험화용론의 대결은 사실상 칸트가 설정한 심성의 두 원천에 대한 우선성의 문제로부터 야기되고 있다.

3. 선험철학과 포스트모더니즘의 지평융합적 근거

1) 선험철학과 포스트모더니즘의 지평적 차이

우리는 칸트의 선험철학에서 제기된 철학적 최후정초의 문제로부터 출발하여 성립된 두 가지 서로 다른 철학적 사유 방향, 즉 리오타르를 중심으로 한 포스트모더니즘과 아펠을 중심으로 한 선험화용론의 주요 논제들을 비교해야 한다. 칸트가 당시 철학의 위기 상황으로부터 해체와 새로운 구성을 시도했던 것처럼 아펠과 리오타르 역시 현대철학의 위기 상황으로부터 독특한 해결 방안을 모색했다. 그리고 이러한 시도는 아펠과 리오타르가 각각 서있는 서로 다른 지평에서 이루어졌다. 아펠과 리오타르의 철학적 사유 지평은 칸트의 비판철학과 잇대어 있다. 리오타르가 칸트에서의 감성적 조건들, 즉 감각자료들과 원초적 느낌을 중시한 것과는 반대로 아펠은 칸트에서의 선험적 조건들을 보다 근본적인 것으로 파악하였다. 그러나 이와 같은 지평적 차이는 셸링이 일찌기 간파한 것처럼 결국 하나의 동일한 지평으로 융합되지 않으면 사유의 힘을 얻을 수 없다. 비판철학적 입장이 종국에는 독단주의에 도달하게 되고 독단주의적 단초 역시 마지막에는 비판주의에 이르게 됨으로써 동일철학이 출현할 수밖에 없었던 셸링의 경우와 마찬가지로 아펠과 리오타르의 철학적 사유 역시 서로 다른 대극점에서 시작되고 있으며, 따라서 그것들이 각각 의미있는 철학적 사유가 되기 위해서는 상대방의 철학적 지평을 수용해야 할 것이다.

포스트모더니즘의 철학적 해체와 관련된 진리 주장이 의미 있게 되기 위해서는 필연적으로 선험철학적 지평을 인정하지 않으면 안 된다. 포스트모더니즘의 논의 자체를 가능하게 하는 선험철학적 논의 조건들은 바로 논의자가 만일 그것을 부정하려 할 경우에는 수행적 자체모순에 직면하게 되는 더이상 뒤로 물러설 수 없는 최후정초적 상황들이다. 또한 반대로 아펠의 선험화용론이 의미있게 되기 위해서는 포스트모더니스트들이 중시했던 불일치와 침묵적 분쟁의 상황이 전제되지 않으면 안될 것이다. 이와 같은 지평적 차이에 유의하면서 우리는 리오타르와 아펠이 각각 강조하고 있는 해체와 구성의 가능 근거를 찾아내야 한다. 이것은 바로 우리가 이 글에서 다루어내려고 했던 핵심 주제인 동시에 두 유형의 철학적 사색이 안고 있는 한계 규명에 근본적으로 필요한 단초가 될 것이다.

앞서 말한 바와 같이 리오타르와 아펠의 시도는 칸트에서 출발한다. 다시 말하면 이 두 사람의 철학은 칸트가 경험적인 것과 선험적인 것의 종합을 통하여 객관적으로 타당성을 가진 이론적인 지식 체계를 수립하려고 했던 바로 그 자리에서부터 시작된다. 이질성과 불일치를 강조했던 리오타르는 칸트의 직관에 나타난 다양한 경험적인 것들을 우선적인 것으로 파악했고, 통일성과 합의를 추구했던 아펠은 칸트의 오성에 나타난 선험적인 것들을 일차적인 것으로 간주했다. 리오타르는 그의 대표적인 저서들, 즉『포스트모던적 지식』[8]과『분쟁』[9]에서 계몽주의와 역사철학과 같은 거대한 이야기들을 해체하고 수행성에 의한 연구의 정당화(*PW*, 135, 138, 157), 그리고 표현할 수 없는 느낌들로부터 비롯되는 이질성과 불일치를 바탕으로 현대의 지식이 갖고 있는 분쟁적 특성을 강화할 수 있었다(*PW*, 16, 173). 그와 반대로 아펠은 그의 주저인『철학의 변형』과 몇 가지

---

8) Lyotard, J.-F.: *Das postmoderne Wissen. Ein Bericht.* Wien 1994(Paris 1982). Abk.: *PW*.
9) Lyotard, J.-F.: *Der Widerstreit.* München 1989 (Paris 1983). Abk: *W*.

중요한 누뮤을 통하여[10] 철학적 최후정초의 불가능성에 직면한 현대철학의 위기를 로고스 망각의 역사적 산물로 진단하고, 수행적 자체모순에 빠지지 않고서는 부정할 수 없고 더이상 뒤로 물러설 수 없는 의사소통적 선험성의 여지를 확보함으로써 전지구적으로 타당한 보편적 규범윤리학의 가능성을 정초할 수 있었다. 이제 우리는 리오타르와 아펠이 각각 주장하고 있는 해체와 구성의 가능 근거를 그들 사이의 논쟁 과정 속에서 규명하고자 한다.

2) 선험적 구성과 포스트모던적 해체의 원초적 근거

객관적 타당성을 가진 경험(칸트)이나 의미있는 논의를 통한 이상적 합의(아펠)를 추구하는 선험철학적 구성 전략은 명증적인 거대한 주체나 과학적-규범적 합리성에 기초한 상호주관성을 필연적으로 전제하지 않으면 안 된다. 그와 반대로 분쟁적 느낌을 존중함으로써 다른 주체들과의 이질성을 강조하는 포스트모던적 해체 전략은 거대한 주체 개념으로 포섭되지 않는 개별적 특이성이나 과학적-규범적 합리성 이외의 다른 합리성 유형들, 즉 지금까지는 비합리적인 것으로 간주되어 왔던 담론들에 주의를 기울이고 있다. 이러한 차이는 바로 선험철학과 포스트모더니즘의 핵심적인 논쟁점을 구성한다.

리오타르는 아펠이 그의 선험화용론에서 의사소통적 선험성, 즉 우리에게 이미 주어져 있는 논의의 언어유희적 조건을 후천적으로 주어지는 감각소여보다 더 중요하게 여기는 점을 강력하게 비판한다. 이러한 비판은 아펠에게 필연적으로 극복하지 않으면 안 될 새로운 도전으로 받아들여진다. 그리고 이 문제는 경험적 사실과 선험적 절차 가운

---

10) Apel. K.-O.: *Transformation der Philosophie.* Frankfurt 1975, Abk.: *TP.*

———: *Diskurs und Verantwortung. Das Problem des Übergangs zur postkonventionellen Moral.* Frankfurt 1990. Abk: *DV.*

———: *Das Problem der philosophischen Letztbegründung im Lichte einertranszendentalen Sprachpragmatik.* in: Kanitscheider, B.(Hrsg.): *Sprache und Erkenntnis.* Innsbruck 1976.

———: *Fallibilismus, Konsenstheorie der Wahrheit und Letztbegründung,* in: Forum für Philosophie Bad Homburg(Hrsg.): *Philosophie und Begründung. Frankfurt* 1987.

———: *Die Herausforderung der totalen Vernunftkritik und das Programm einer philosophischen Theorie der Rationalitätstypen,* in: Gethmarm-Siefert, A.(Hrsg.): *Philosophie und Poesie.* Otto Pöggeler zum 60. Geburtstag. Stuttgart 1988.

데서 어떤 것을 보다 근원적인 것으로 받아들여야 하는가에 대한 전통철학적 물음과 같은 맥락 속에 있다.

그렇다면 우리의 의식은 어떻게 "실재" 또는 "외부"와 만나게 되는 것일까? 칸트와 아펠의 입장은 비교적 분명하다. 이들은 객관적 또는 상호주관적 타당성을 가진 경험 내용을 산출할 수 있기 위한 선험적인 근거를 전제하고 있으며, 이를 통하여 경험이나 합의가 가능하게 된다. 칸트의 학문적 사유는 인식에 있어서 이성의 절대적 강조에 기초한 합리론과 감각경험의 부분을 강조하는 경험론의 대립된 흐름 속에서 시도되었고, 칸트는 이러한 대립을 합리적인 사유의 타당성을 경험적으로 접근할 수 있는 영역에 한정함으로써 극복하고자 했다. 그리하여 칸트는, 오성은 가능한 경험 대상이 될 수 있는 영역에 한정됨으로써 그 타당성을 부여받을 수 있다는, 이른바 오성 사용의 규제적 원칙을 이론철학의 영역에 철저하게 적용함으로써 독단주의와 회의주의의 늪을 피하려고 시도했다. 아펠은 칸트의 시도를 상호주관적 의사소통적 차원으로 확장시켰다.

그러나 리오타르는 자신의 칸트 해석에서 감성우위론적 주장을 펴게 된다. 그는 과학이론가들이 아펠의 주장처럼 합리적인 정당화나 동일성을 추구하는 오성적 사유의 틀을 강조할 것이 아니라 오히려 감성적인 "주어짐"의 사실, 즉 주체의 밖으로부터 직접적으로 주어지는 것을 중시해야 한다고 생각하였다. 그는 퍼어스와 마찬가지로 아펠이 감성적인 지각 이전에 언제나 이미 논증의 토대가 있다는 사실을 강조하고 있음을 잘 알고 있었다. 그럼에도 불구하고 그는 아펠에 반대해서 현실과 관련된 모든 논증에서 "주어짐"의 계기들, 즉 "직관을 통하여 주어진 것"이 요구되어야 한다고 본다. 리오타르는 『포스트모던적 지식』에서 모든 인지적 절차에서 가장 결정적인 요소는 합의의 추구에 있는 것이 아니라 논의를 다시 살릴 수 있도록 이의를 제기하는 능력에 있다고 주장함으로써(*PW*, 16), 이성적인 최후정초가 논의적인 화용론의 조건에서 찾아질 수 있는 것이 아님을 분명히 하였다. 그에게는 동일성과 합의를 가능하게 하는 선험적 기제가 중요한 것이 아니라, 사람들이 서로 다른 생각을 하게 하는 이질성의 기제가 어디에 근거하고 있는가를 밝히는 것이 우선적인 과제로 생각되었다. 이처럼 서로 다른 요소들을 드러내고 다른 주장을 펼 수 있는 가능성을 그는 우리에게 공통적으로 주어져 있다고 생각되는 인식의 틀과 논의 구조 밖에서 주어지는 것들로부터 찾을 수밖에 없었다. 그리고 그는 이것을 자연과학자들이 새롭게 주어진 우발적 사건과 그 우연한 것을 찾아내는 "발명 정신"에 비유했다. 그리하여 리오타르는 자연과학자들이 아펠의 선험화용론보다는 오히려 경험화용론에 전념하고 있으며, 인식 주체와 논증 영역의 내부보다는 그 바깥쪽을 주의 깊게 관찰한다고 보았다(Gk, 10). 이러한 사실은 바로 리오타르의 다음과 같은 핵심적인 테제를 가능하게 한다;

> "포스트모던에 대한 나의 가설은 비판적이고 낭만적인 근대에 대한 토대를 제공하는 공간적 시간적 형식에 의하여 타자의 주어짐을 받아들이는 것, 즉 감성론이 쇠퇴하고 약화될 뿐만 아니라 사실상 우선권을 가진 과학적 −기술적이고 실용적인 시간− 공간의 수용에 대항하도록 강요받고 있는 것처럼 보이는데 있다."(Gk, 24)

리오타르는 이러한 자신의 강조가 칸트의 직관 개념, 즉 그의 경험 철학과 일치한다고 생각하였다. 그러나 이와 같은 리오타르의 비판은 현대의 자연과학자들이 다시 관찰의 이론 의존성을 중시하고 있다는 사실을 고려하지 않은 것이다. 모든 개별적인 지각 사실들은 연구자 공동체의 개념체계 앞에서 증명되고 또한 합리적으로 이해될 수 있어야 한다. 물론 그와 같은 이론적인 틀이나 체계 역시 가류적이라는 사실은 받아들여져야 한다. 그러나 개별적인 사실들로부터 빚어지는 차이성과 불일치성은 어떤 공통적인 지반이나 토대가 전제되어 있을 경우에만 비로소 의미를 가질 수 있게 된다는 사실도 염두에 두어야 한다. 칸트에서의 오성 체계와 아펠에서의 논의 가능성 조건과 같은 선험적 조건이 주어지지 않은 상태에서 가능적으로 주어지는 어떤 외적인 잡다성이 의미를 가질 수 있는가는 리오타르의 포스트모더니즘을 겨냥한 비판적 물음이 될 수 있기 때문이다.

3) 이성적 합의와 총체적 이성비판의 조건

리오타르는 이성적 합의를 추구하는 하버마스와 아펠과는 반대로 불일치와 이질성에 기초한 분쟁을 강조한다. 그러나 불일치가 드러날 수 있는 가능한 근거는 무엇인가? 선과 악, 빛과 어두움, 진리와 비진리, 동일성과 차이성의 대립은 상대적인 존재가 드러날 수 있는 존재론적 근거가 된다. 따라서 리오타르의 불일치에 대한 강조는 사실상 아펠이 추구하는 이성적 합의에 대한 선행 조건 또는 출발점이 될 수 있다. 바로 이런 사실에서 레제 쉐퍼는 리오타르적인 불일치의 요구가 아펠적인 합의 요구에 있어서도 인식의 발전을 가능하게 할 수 있다는 사실을 지적함으로써 두 철학자들 간의 간격을 해소하려고 시도한다.[11] 불일치에 대한 요구가 과학에 대한 인식의 발전과 관련되어 있다면 그것은 새로운 것에 대한 요구일 것이다. 아펠에서도 탐구과정에서 발견되는 것과 같은 그런 혁신적인 불일치가 예견될 수 있다. 그러나 여기에서 어떤 가능한 인식의 발전이나 논증자들의 공동체와 연관시키지 못할 경우에는 제도적으로 이미 주어져 있는 합의 형태들을 제거함으로써 그러한 불일치를 절대화할 위험은 있다. 그리하여 아펠은 "심지어 단지 미학적인 혹은 한담을 근거로 즐겨 사용되는 말놀이와 삶의 형태들조차도 다른 담론 형식들에서의 이해관계와 타당성 요구에 관한 합의를 위해 노력하지 않을 경우에는 더이상 자유롭게 전개될 수 없을 것"이라고 지적한다.[12] 그럼에도 불구하고 아펠은 총체적인 이성의 부정이나 전면적인 불일치 주장에 의한 합의의 거부는 결코 생각될 수 없으며, 따라서 포스트모던적 주장 역시 총체적인 이성 비판이라는 의미에서가 아니라, 언어적 의사소통적 전제들에 대하여 반성하지 못함으로써 로고스 망각에 사로잡힌 근대의 의식철학에 대한 비판이라는 의미에서만 가능할 수 있다. 이와 같은 이유에서 아펠은 "거대한 이야기"나 메타 이야기의 종말을 고하는 리오타르의 중심 테제를 "과도한 과장"이라고 생각했다.

또한 리오타르를 비롯한 포스트모던주의자들은 경험의 객관적 타당성을 구하는 칸트의 선험적 주체철학이 니체의 "권력에의 의지"의 전(前) 단계라고 해석할 뿐만 아니라, 합의와 일치를 구하는 선험철학적 시도를 "테러"를 동원한 진리 주장이라는 입장을 숨기지 않는다. 그러나 아펠은 칸트의 선험적 주체는 최소한 논증자가 폭력으로부터 자유롭게 실행해야 하는 보편적인 타당성 요구이기 때문에, 만약 그 주체를 동시에 권력에의 의지라고 해석할 경우에는 수행적 자체모순에 직면하게 된다고 지적한다. 그리하여 아펠은 기술적-과학적 인식관심에 은폐되어 있는 인간의 권력 의지적 차원과, 언제나 상호주관적인 이해와 합의 형성을 향하고 있는 진리 요구의 차원을 분석적으로 보다

---

11) Reese-Schäfer, W.: *Karl-Otto Apel zur Einführung*. Hamburg 1990, Abk.: *AE*, 106f.
12) Apel, K. O.: *Diskurs und Verantwortung. Das Problem des Übergangs zur postkonventionellen Moral*. Frankfurt 1990. Abk: *DV*. S. 176.

분명하게 구분하는 것이 필요하다고 강조한다(*HtV*, 41). 계속해서 아펠은 포스트모더니즘이 "총체적인 이성 비판"을 무리하게 시도하는 것보다는 "이성의 유형적 자체 구분"이라는 방법을 동하여 합의 과정의 단계적 전개에 따른 차이와 불일치를 구하는 것이 현명할 것이라고 제안한다(*HtV*, 43). 의미있는 논의에 언제나 이미 필연적으로 전제되지 않으면 안 되는 최후정초적 명제들에 대한 합의가 부정된다면 이성은 어떤 경우에도 그 자신에 대한 타당성 요구를 할 수 없기 때문이다. 이성적 합의 자체가 가능하기 위해서는 이질적 차이를 가진 다양한 담론들이 전제되어야 하는 동시에 각각의 담론이 갖고 있는 합리성을 유형적으로 비판할 수 있는 지평이 확보되지 않으면 안 된다. 그와 반대로 총체적인 비판이 의미를 가지려면 최소한 수행적 자체모순에 직면하는 일은 피해야 할 것이다.

4) 선험적 반성과 직관적 느낌

리오타르는 아펠이 그의 최후정초 논의에서 결정적인 요소로 생각하고 있는 '반성의 능력'(Reflexivität)을 비판하면서, 그것보다 선행할 수 있거나 평행 관계에 있는 담론 유형들을 제시한다. 아펠의 사유는 현대의 로고스 중심주의, 즉 언어적 이성 세계의 한계 안에 머무르고 있다(*Gk*, 12). 그와 반대로 리오타르는 반성의 동기는 외적인 것, 이질적인 것, 주어진 것, 직접적인 것, 그리고 반성 이전의 것에 있다고 본다. 그러나 우리의 사유는 필연적으로 하나의 논증 구조를 갖고 있으며 모든 "외부 세계" 자체가 사유 형식 속에서 다시 재생될 수 있기 때문에, 직접적으로 주어진 것에 천착하게 될 경우에는 자체 모순에 직면할 수 있다. 이처럼 로고스 중심주의자는 언제나 자신에 대한 비판을 물리칠 수 있는 준비가 되어 있으므로 아펠에 대한 리오타르의 비판 역시 거부될 수 있는 것이다.

리오타르는 아펠이 더이상 뒤로 물러설 수 없는 최후정초 명제를 기초로 하여 모든 가능한 논의에 적용되는 보편성과 상호주관성, 그리고 의사소통적 타당성을 도출하려는 사실을 비판한다. 리오타르는 아펠이 말하는 최후정초 명제가 여러 언어유희들 가운데 하나에 지나지 않으며, 따라서 그것은 모든 언어유희에 대하여 보편적인 의사소통적 타당성을 가질 수 없다고 주장한다. 예를 들면 느낌의 영역에서는 느낌에 충실한 논의들이 모순회피의 원리나 순환논리 금지의 원칙과 대립될 수도 있다. 그리고 이것은 이성의 원리가 바로 정감적 담론 속에도 전제되어 있다는 것을 증명한다. 만일 그렇지 않다면 느낌은 이성과 부딪칠 필요조차 없을 것이기 때문이다. 리오타르는 여기에서 소피스트적 역전의 논의, 즉 감정이 이성을 속임으로써, 결국 감성 이 이성을 인정하게 된다는 사실을 연상한다. 그것은 마치 무신론자가 신을 부정함으로써 결국 신을 인정하는 것과 같은 이치이다. 확신을 추구하는 데 있어서는 서로 결합될 수 없는 상이한 수많은 논증 방식이 존재하고, 따라서 인식의 담론 역시 순수 논증적이지 않고 오히려 일상언어와 유사성을 갖는다. 논증뿐만 아니라 설득, 제시, 승부욕과 같은 수많은 말놀이들이 인식의 담론(Erkenntisdiskurs)에 속한다. 담론적 합리성은 여러 말놀이들 중의 하나에 지나지 않으며, 따라서 그것을 절대적으로 여기라는 요구야말로 비합리적이다. 따라서 리오타르는 아펠이 "합리적"이라는 말을 담론적 합리성에만 제한적으로 사용하려고 할 경우에도 그가 그 이외의 모든 말놀이에 대해서 비합리적이라고 주장할 정당성을 갖지 못한다고 본다. 그는 오히려 아펠이 비합리적이라고 부르는 말놀이조차도 근본적인 의미에서 명백하게 합리적이라고 주장한다. 그리하여 리오타르는 논증적 합리성이 다른 수많은 합리성 가운데서 하나의 담론 유형에 지나지 않는다면, 그것을 다른 모든 합리성의 근거나 기준으로 확장하는 것은 비합리적이라고 주장한다. 그리고 아펠에서 헤겔적 경향에 접근할 경우에 모든 유희에 함축된 전제들을 합리적이라고 한다면, 비합리적인 유형이나 유희들도 동일한 의미에서 합리적일 것이다. 그러므로 리오타르는 정감적 담론, 즉 느낌도 합리성을 가질 뿐만 아니라 인지적 논증보다 더 직접적이라고 주장한다, 언제나 명시적으로 규정될 필요가 없는 맥락에서는 느낌과 직관에 대한 참조가 논증적인 기능을 가진다. 따라서 주체보다 앞서 있는 느낌과 취미와 같은 논증 기능은 비로소 주체 일반을 구성한다는 것이다.

리오타르는 『분쟁』에서 이미 언어, 즉 로고스의 바깥 영역을 조망하는 논의를 시도했다. 그에게 아우슈비츠는 단지 하나의 기호일 뿐이고 사실일 수 없는 "역사 안에서의 어떤 새것"(W, 106)으로서, 거기에는 부당함과 침묵, 그리고 감지할 수는 있지만 "표현할 수는 없는"(W, 107) 어떤 것에 대한 느낌이 깃들어 있다. 따라서 라오타르의 철학은 이질적인 것을 기리고 있으며(An-Denken), 이 점에서 그는 반성적 합리적 언어 구조를 중시하는 아펠의 논의 철학과 견해를 달리 한다. 그리하여 리오타르는 선험적인 말놀이가 모든 가능한 인간의 제도들보다 위에 있다는 아펠의 생각을 "체계적 연관에서 나온 전체주의"(*Gk*, 10)라고 비판한다. 이같은 사실에서 아펠의 합리성 개념은 그 전체성의 요구로 인하여 흔들리게 된다. 이와 같은 리오타르의 반박은 물론 논의 체계의 외부 사실을 중시하는 그의 관점과 맞물려 있다. 따라서 그에게는 합리적인 담화의 외부 영역, 즉 비합리적인 담화 유형들이 보다 중요하게 설정된다. 그러나 리오타르가 전통적인 "합리성"의 개념을 확장해서 사용하려고 한다면 그에 걸맞게 새로운 개념 규정을 시도해야 할 것이다. 예를 들면 느낌의 영역에 합리성 개념을 적용하려고 할 경우에도 그것이 담론적 합리성과 어떻게 다른가에 대한 합리적 설명을 해야 할 것이다.

또한 리오타르는 아펠이 이상적인 합의 도출을 위한 규제적 이념으로 제시하였던 이상적인 의사소통 공동체 대신에 각각의 주체에게 언표할 수 없는 것으로 다가오는 직접적인 느낌을 중시하는 새로운 공동체 개념을 제시한다. 리오타르는 칸트가 한편으로는 예술에 대한 지각 능력의 의미로서, 그리고 다른 한편으로는 감성적인 지각 능력의 의미로서 사용한 "애스테틱"(Ästhetik)은 바로 존재론적 수수께끼를 푸는 것과 밀접한 관련이 있는 것으로 해석하고, 여기에서 제시된 두 가지 의미의 한계선으로 다가선다. 감성론은 지각 능력의 밖에서 알려져 있지 않은 다양한 외적인 것으로부터 시작된다. 또한 동시에 취미판단은 논증적으로 반박하기가 어려울 뿐만 아니라 한 개인에서 다른 개인으로 옮겨지는 미감적 느낌 역시 합리적 논증에 의하여 설명될 수 없다. 그것은 예를 들면 침묵을 지키는 것처럼 매개를 통하지 않고서만 가능하다(*Gk*, 20). 그리하여 존재론의 비밀은 감성론에서의 형식들이 직접 미학적인 느낌으로 이행하는 데서 풀려질 수 있다. 이와 같은 사실을 바탕으로 리오타르는 아펠의 "이상적인 의사소통 공동체" 개념을 "이상적인 느낌의 공동체"(ideale Gefühlsgemeinschaft), "공동체의 유년성"(Kindheit der Gemeinschaft), 또는 "개인적 주체의 구성에 앞선 초주체성"(Transsubjektivität, die der Konstitution individueller Subjekte vorausgeht) 개념으로 대체한다(*Gk*, 19, 21). 그것은 바로 형태를 만드는 "원형질"(Plasma)로서(*Gk*, 13-23), 이로부터 비로소 칸트가 다루었던 매개, 논의, 비판적 논리성이 가능하게 된다. 취미판단에 대한 반성은 어떤 언어유희로도 파악되지 않는 절차의 마지막 상태, 즉 어떤 논증적 인지적 작용도 적용되지 않는 미학적 느낌이나 "출생지"로서의 원형질에만 수행된다.

그러나 레제-쉐퍼는 리오타르의 이 원형질 개념이 형이상학적이라고 다시 비판한다.[13] 리오타르에 의하면 비판적 이성의 기초는 논리학이나 화용론 또는 주관적 명증성에 있는 것이 아니고, 주어져 있는 사건을 근원적으로 수용할 수 있는 능력에 있다. 비판의 비밀이기도 한 이러한 타자의 수용 없이는 아무것도 사유될 수 없다는 것이다(*Gk*, 23). 따라서 이상적인 느낌의 공동체는 선-논증적 근원이 아니라 모든 문화 자체를 매우 자의적이고 모순에 가득찬 방식으로 드러내는 어떤 것이다. 여기서는 이론적으로는 그 타당성을 입증할 수 없는 경험적인 것 또는 언제나 일차적으로 산출된 것이 중요한 의미를 갖는다. 경험적으로 주어진 것, 그것은 바로 느낌이고, 창조가 시작되는 생성의 역사와 관련하여 볼 때 논의에 앞서 있는 최후적인 것 또는 근원적인 것이다.

4. 결론

칸트의 선험철학에서 발견되는 아포리아들은 대극적인 모습을 띠고 있다. 그것은 바로 인식 주체 안에서의 선험적 자기의식의 통일성을 확보하는 것과 인식 주체 밖에서 주어지는 물자체의 정당성에 대한 물음이었다. 독일관념론자들은 이러한 아포리아들을 심각한 것으로 생각하지 않고서 구성을 정당화하고 체계철학을 강화하는 방향으로 나아갔다. 그러나 결국 잠복된 바이러스는 허무주의를 도래하게 하였고 극단적인 가류주의와 포스트모던적 해체 전략을 출현하게 함으로써 결국 학문에서의 정초의 위기를 불러 일으켰다.

칸트의 선험철학으로부터 갈라선 리오타르의 포스트모더니즘과 아펠의 선험화용론은 해체와 구성을 위한 서로 다른 전략을 구사하였다. 따라서 칸트철학의 선험적 전통에 충실한 아펠의 선험화용론은 리오타르에게 해체의 대상으로 간주되고 그와 반대로 칸트철학의 경험적 전통에 충실한 리오타르의 포스트모더니즘은 아펠에게 새로운 구성의 대상으로 주어진다. 이제 우리는 두 철학자가 상정한 해체와 구성의 정당성 근거를 비판적으로 정리할 필요가 있다.

지금까지의 논의에서 밝히려고 시도했던 것처럼 리오타르를 비롯한 포스트모더니즘의 해체 전략은 최소한 아펠이 주장하고 있는 더이상 물러설 수 없는 반성적 최후정초

---

13) Reese-Schäfer, W.: *Lyotard zur Einführung*. Hamburg 1989, Abk.: *LE*, 84.

를 전제하지 않을 경우에 수행적 자체모순에 직면한다는 문제점을 안고 있다. 이미있는 논의를 하기 위해서는 누구든지 인정하고 전제하지 않으면 안 되는 논의의 윤리학과 논의 규칙들이 있다. 이것은 극단적인 회의주의자나 가류주의자, 그리고 심지어는 포스트모던주의자들까지도 지키지 않으면 안 된다.

그 반대로 아펠의 구성 전략은 포스트모더니즘의 해체 논의로부터 출발하고 있으며, 선험화용론이 비판적 합리주의와의 논쟁을 통하여 온건한 가류주의를 인정했던 것처럼 총체적 이성 비판을 주도하는 포스트모더니즘과의 논쟁에서도 "이성의 반성적 자체 구분"(HtV, 19) 또는 "이성의 위상학적 자체 구분"(HtV, 43)이라는 대안을 제시함으로써 그 직접적인 충돌을 극적으로 피할 수 있는 가능성을 마련하였다. 그리하여 선험화용론이 제시하는 더 이상 물러설 수 없는 논의의 윤리학은 의미 있는 논의를 진행하려는 사람이면 누구든지 언제나 이미 전제하지 않으면 안 되는, 그리고 수행적 자체모순에 직면하지 않고서는 그것을 논박할 수 없는 최후정초적 명제이다.

현실적인 의사소통 공동체에서 이루어지는 가능한 합의에 대해서 규제적 이념으로서 제시되고 있는 이상적 의사소통 공동체의 예견적 실현은 차이와 불일치의 존재 의미를 부정하는 것이 아니라 그것을 근본적으로 존중하고 있고, 분쟁으로부터 비롯되는 이질성을 폭력으로 통합하려는 어떤 시도도 이상적인 의사소통 공동체의 이념에 부합되지 않기 때문에, 리오타르의 철학적 이상이 아펠의 그것과 상반된다고 보기는 어렵다. 아펠의 구성 전략은 이미 리오타르의 해체 전략을 전제하고 있으나, 리오타르의 해체 전략은 아펠의 구성 전략을 부정하고 있다. 따라서 리오타르의 해체전략은 수행적 자체모순에 직면할 수밖에 없으며, 그의 해체 전략 자체가 의미 있는 논의가 되기 위해서는 필연적으로 아펠의 전략을 수용하지 않으면 안 될 것이다.

칸트의 이성비판과
리오타르의 포스트모더니즘

이현복(한양대)

칸트의 비판철학은 20세기말 전환기에 위세를 떨치고 있는 포스트모더니즘이라는 사조에 직접 혹은 간접으로 영향을 미치고 있다. 이는 칸트가 폭넓은 관심 속에서 다양한 분야에서 자신의 입장을 피력했기 때문이며, 따라서 포스트모더니즘은 이로부터 어떤 식으로든 수용 혹은 대결하지 않을 수 없었다는 것을 보여준다. 푸코·데리다·라캉·들뢰즈 등과 더불어 포스트구조주의 혹은 포스트모더니즘을 전개한 리오타르는 아마도 그들 중에서 가장 많이 칸트를 언급한 사람일 것이다.

리오타르는 스스로 자신의 철학적 주저라고 부른 「분쟁」(Le différend)에서 칸트철학의 해명에 상당한 지면을 할애하고 있다.[1] 칸트에 대한 리오타르의 이런 각별한 배려는 그의 포스트모던적 입장과 칸트의 비판철학은 밀접한 관계에 있다는 것을 암시하는 것이다. 더 나아가 칸트의 「판단력 비판」(Kritik der Urteilskreft)('제3 비판서')과 '역사-정치적 텍스트'(리오타르는 이것을 칸트의 '제4비판서'라고 부른다)에서 나타난 것과 비트겐슈타인의 「철학적 탐구」(Philosophische Untersuchungen)에서 보여진 사유방식이 자신의 입장 형성에 결정적인 역할을 했다고 리오타르는 인정하고 있다. 그에 따르면, 이 두 사유방식은 모더니티의 에필로그이자 동시에 '진정한'(honorable) 포스트모더니티의 프롤로그이며, 이는 칸트가 능력의 분리(séparation des facultés)와 능력들간의 갈등(conflit)을

---

[1] 리오타르는 Le différend(Minuit, 1983)에서 네 번 칸트에 대한 부설을 제시하고 있으며, 이것은 나중에 다시 L'enthousiasme: La critique kantienne de l'histoire (Galilée, 1986)에서 보완되어 출판된 바 있다.

노출시키고, 비트겐슈타인이 언어게임을 해체시킴(déintrication des jeux de langage)이 자신의 포스트모더니즘이 견지하는 -담론장르들(genres de discours) 혹은 이성들간의- 불일치(paralogie)·분쟁·분산(dispersion, diaspora)의 사유방식과 일치하기 때문이라는 것이다.[2] 따라서 '능력 비판'(critique de faculté)과 비트겐슈타인의 '언어 비판'(critique de langue)은 리오타르의 '계몽적(좁은 의미로서의 모던적)이고 단일한 이성의 비판'과 서로 어우러져 있다고 말할 수 있다.[3]

리오타르는 한 인터뷰에서 비이성주의자라는 비난에 관한 질문에 대해 자신은 결코 비이성주의자가 아니라고 강변하면서, 오히려 자신은 훨씬 더 이성주의자라고 주장하고 있다.[4] 다시 말해서, 자신이 이성 혹은 합의의 테러리즘을 비난했을 때 염두에 둔 것은 보편적이고 총체적인 이성, 즉 하나의 이성(la Raison)을 옹호하는 입장을 비난한 것이며, 다수의 이성이 존재한다는 것을 부인하지 않았다는 것이다. 이때 자신은 칸트의 입장과 전적으로 일치하고 있다고 리오타르는 덧붙이고 있다. 그에 따르면, 참과 거짓이 문제가 되는 '인지적 담론', 정의와 불의가 문제시되는 '정치적 담론', 선과 악이 문제시되는 '윤리적 담론' 그리고 미와 추가 문제시되는 '미학적 담론'은 각기 상이한 규칙체계(regime)에 종속되기 때문에 상호 이질적인 것이다. 규칙체계들이 전적으로 이질적이라 함은 다양한 문장들 혹은 언술행위들이 만족시켜야 하는 (선천적인) 조건들이 서로 동일하지 않다는 것이며, 이는 칸트가 '제1비판'에서 '제2비판'으로 이행할 때 보여준 것, 즉 이성의 이론적 사용과 실천적 사용은 완전히 상이한 것이라는 입장과 동일하다는 것이다. 따라서 하나의 이성(메타이성·초월적 이성·절대적 이성·사변적 이성) 혹은 하나의 담론(메타담론·초월적 담론·절대적 담론·사변적 담론)만을 고집하는 것은 '초월적 환상'(l'illusion trancendentale) 혹은 '문법적 환상'(l'illusion gramaticale)[5]에 근거한 이데올로기에 불과하다는 것이다. 그래서 리오타르는 이성들, 자기 고유의 규칙체계를 따르는 다양한 담론들이 존재한다는 것을 칸트와 비트겐슈타인으로부터 차용하고 있는 셈이다.

---

2) J-F., Lyotard, *Le différend*, pp. 11-12 참조.

3) J-F., Lyotard, "Wittgenstein, 〈aprés〉", in: *Tombeau de l'intellectuel et autres papiers*, Galilée 1984, pp. 59-66 참조.

4) Willem van Reijen/Dick Veerman Gespräch mit J-F., Lyotard, in: Walter Reese-Schäfer, *Lyotard zur Einführung*, Junius 1988, pp. 105-106 참조.

5) '초월적 환상'은 칸트에게서, '문법적 환상'은 비트겐슈타인에게서 리오타르가 차용한 개념이다. 이에 대해서는 J-F., Lyotard, "Wittgenstein, 〈aprés〉", 앞의 책, p. 61 참조.

여기서 우리의 주제는 칸트와 리오타르를 동시에 언급하는 것이다. 앞에서 말했듯이, 리오타르의 포스트모더니즘이 칸트의 비판철학을 수용하고 대결하면서 그 골격이 형성되었다면 이 주제는 그런대로 의미가 있을 것 같다. 그렇지만—두 사상가를 비교하는 주제가 항상 그렇듯이—어떤 방식으로 이 논의를 전개해 나갈 것인지는 여전히 문제가 많다. 지금 여기서 칸트의 광대한 철학 전반을 논의할 수도 없고, 또 리오타르의 포스트모던적 사유를 총체적으로 접근할 수도 없기 때문이다. 그래서 우리는 본 주제의 핵심에 접근하기 위한 전략으로 리오타르가 이해하고 수용하고 비판한 칸트의 모습만을 살펴보고, 이것을 토대로 리오타르의 포스트모더니즘의 특징이라고 말할 수 있는 차이의 철학 그리고—여타 포스트모더니스트들과는 구별되게—그가 정열적으로 개진하고 있는 포스트모던적 미학(숭고의 미학)을 중심으로 논의를 전개할 것이다.

1.

칸트의 비판서들 중에서 리오타르가 제일 많이 인용하는 것은 '제3 비판서' 즉 「판단력 비판」이다. 그 이유는 이 비판서에서 칸트가 추구하는 비판철학의 개요가 가장 분명하게 드러나 있고, 동시에 그의 미학이론이 상세히 다루어지고 있기 때문일 것이다. 달리 말해서, 리오타르 사상의 핵심을 이루고 있는 '차이'·'분산'·'분쟁' 및 숭고이론이 「판단력 비판」에서 가장 잘 나타나 있기 때문이다.

「판단력 비판」의 서문에서 칸트는 순수이성을 선천적 원리들에 의한 인식 능력으로 그리고 순수이성의 비판을 순수이성 일반의 가능성과 한계에 관한 연구로 규정하고 있다.[6] '제1 비판서'인 「순수이성비판」의 논의 대상은 사물을 선천적으로 인식하는 능력이기 때문에, 여기서는 선천적 원리들에 따르는 오성, 즉 이론적 사용에 있어서의 이성에 한정되어 연구되었던 반면, 제2 비판서인 「실천이성비판」에서는 실천적 사용에 있어서의 이성이 논의의 대상으로 등장한다. 사물의 '인식'에 대해 구성적인 선천적 인식원리를 갖고 있는 오성은 「순수이성비판」에서 자기 고유영역을 가지고 있다. 여기서는 단지 규제적인 능력으로 나타난 이성은 이제 「실천이성비판」에서 '욕구'에 대해 구성

---

6) I. Kant, *Kritik der Urteilskraft* (이하 KdU로 약칭), Vorrede III 참조.

적인 선천적 원리들을 갖고 있는 것으로 등장하여 그 고유영역이 설정된다. 인식능력 (Erkenntnisvermögen)과 욕구능력(Begehrungsvermögen)에 대해 각각 선천적으로 법칙을 부여하는 오성과 이성의 중간항(Mittelglied)을 이루고 있는 판단력이—인식능력 과 욕구능력의 중간항으로서의—쾌와 불쾌의 '감정'(Gefühl der Lust und Unlust)에 대 해 자신 고유의 선천적 원리들 갖고 있는지, 또 갖고 있다면 그 원리가 구성적인 것인지 아니면 규제적인 것인지를 고찰하는 것이 제3비판서인「판단력비판」의 과제라고 칸트 는 말하고 있다.[7]

칸트에 따르면, 철학은 자연철학으로서의 이론철학과 도덕철학으로서의 실천철학으 로 구분된다.[8] 그리고 모든 선천적 이론적 인식을 위한 근거는 자연개념(Naturbegriff) 속에 내포되어 있으며, 감성적으로 제약되지 않은 모든 선천적인 실천적 준칙을 위 한 근거는 자유개념(Freiheitsbegriff) 속에 내포되어 있다. 더 나아가 자연개념들에 의 한 입법은 오성에 의해서, 자유개념에 의한 입법은 이성에 의해서 수행된다. 오성과 이성은 내용상 각기 고유한 입법권을 갖고 있기 때문에, 양자는 서로 침해(Eintrag) 할 필요도 없고, 서로 제한하지(einschränken) 않으며, 하나가 되지 않는다(nicht eines ausmachen). 자연개념은 직관에 있어서 자신의 대상들을 표상하지만, 물자체로서가 아 니라 단지 현상으로서 표상하며, 자유개념은 객체에 있어서 물자체를 표상하지만, 직관 에 있어서 이것을 표상할 수 없기 때문이다.[9]

이런 자유개념의 감성적 영역과 자유개념의 초감성적 영역사이에는—마치 상이한 세 계적인 것처럼—'간과할 수 없는 심연'(unübersehbare Kluft) 혹은 '커다란 심연'(große Kluft)이 존재한다. 즉, 자유개념은 자연의 이론적 인식에 관해서는 아무 것도 규정하지 못하며, 자연개념 역시 자유의 실천적 법칙들에 관해서 아무 것도 규정하지 못한다. 이 런 한에서 이 두 영역 사이에 '다리'(Brücke)를 놓는다는 것은 불가능하다.[10] 그러나 이 때 칸트는 하나의 '이행'(Übergang)을 생각한다. "자연개념으로부터 자유개념에로의(따 라서 이성의 이론적 사용을 매개로 한) 어떠한 이행도 불가능하며, 마치 양 영역은 전자가 후자에 대해 어떤 영향도 미칠 수 없는 두 개의 상이한 세계인 것 같지만, 그러나 후자

---

7) I. Kant, KdU, Vorrede, V-VI 참조.
8) I. Kant, KdU, Einleitung, Ⅰ, XI-XVII 참조.
9) I. Kant, KdU, Einleitung, Ⅱ, XVII-XVIII 참조.
10) I. Kant, KdU, Einleitung, Ⅱ, XIX 참조.

는 전자에 어떤 영향을 미쳐야 한다. 즉, 자유개념은 자기의 법칙에 의해 부괴된 목적을 감성계에 있어서 실현해야 하며, 따라서 자연도 그의 형식의 합법칙성이 적어도 자유 (개념)의 법칙에 따라 자연에 있어서 실현되어야 할 목적들의 (실현)가능성과 합치하는 것으로 생각될 수 있어야 한다.—그러므로 자연의 근저에 놓여있는 초감성적인 것(das Übersinnliche)과 자유개념이 실천적으로 포유하고 있는 것과의 통일의 근거(Grund der Einheit)가 하나 있어야 한다. 그리고 그런 근거에 관한 개념은 비록 이론적으로냐 실천적으로냐 그 근거의 인식에 도달하지 못하며, 따라서 고유한 영역을 갖지 못하지 만, 그러나 한 쪽의 원리들에 따르는 사유방식(Denkungsart)으로부터 다른 쪽의 원리들 에 따르는 사유방식으로의 이행을 가능케하는 것이다."[11]

이론철학에서 실천철학으로의 이행, 순수이론이성에서 순수실천이성으로의 이 행, 오성의 자연개념의 영역에서 이성의 자유개념의 영역으로의 이행, 자연의 합법 칙성(Gesetzmäßigkeit)에서 자유의 궁극목적(Endzweck)으로의 이행은 판단력 혹은 판단력의 합목적성(Zweckmäßigkeit)이라는 '매개개념'(vermittelnder Begriff)에 의 해 가능하게 된다. 이것이 바로 "철학의 두 부분을 하나의 전체로 결합시키는 매개 (Verbindungsmittel)로서의 판단력 비판"이다.[12] 판단력이 이성과 오성의 중간항이 라면, 쾌와 불쾌의 감정은 인식능력과 욕구능력사이에 있는 것이다. 규정적 판단력 (bestimmende Urteilskraft)이—제I 비판서에서—논리적 사용에 있어 오성으로부터 이성 에로의 이행을 가능케 하는 것이라면, 오성의 합법칙성의 원리로부터 이성의 궁극목적 의 원리로의 이행은 반성적 판단력(reflektierende Urteilskraft)에 근원을 둔 자연 혹은 예술의 합목적성이라는 매개적인 원리에 의해 가능하게 된다.[13] "왜냐하면 자연에 있어

---

11) I. Kant, KdU, Einleitung, Ⅱ, XIX-XX 참조.
12) I. Kant, KdU, Einleitung, Ⅲ, XX-XXV 참조.
13) I. Kant, KdU, Einleitung, Ⅳ, XXVI-XXVIII 참조. 칸트에 있어 판단력 일반은 특수를 보 편 아래에 포함된 것으로 사유하는 능력이다. 이 판단력은 규정적 판단력과 반성적 판단력으 로 나누어진다. 전자는 보편(규칙, 법칙, 원리)이 주어져 있을 경우 특수를 이 보편아래에 '포섭하 는'(subsumierend) 판단력이며, 후자는 특수만이 주어져 있을 경우 특수에 대한 보편을 찾아내는 판단력이다. 이런 반성적 판단력이 요구되는 것은, 오성이 자연에 대해 지정하는 보편적인 자연 법칙들에 의해서는 다양하고 특수한 경험적 법칙들이 규정되지 않기 때문에, 이런 특수한 경험 적 법칙들은 '다양한 통일의 원리'(Prinzip der Einheit des Mannigfaltigen)에 의해 혹은 '보다 고차 적인 원리'(höher Prinzipien)에 의해 고찰되어야 하기 때문이다. 이 원리가 바로 자연이나 예 술의 합목적성의 원리이며, 이 원리는 규정적 판단력이 아니라 오직 반성적 판단력에 근원을 둔 특수한 선천적인 개념이다. 이 개념을 성립시키는 기연이 되는 것은 자연이나 예술의 대상에 대

서만, 그리고 자연의 법칙들과 조화됨으로써만 실현될 수 있는 궁극목적의 가능성은 이 매개적 개념에 의해서 인식되기 때문이다."[14]

그래서 리오타르가 칸트의 이성비판에서 주목하고 있는 것, 즉 이성의 다수성(이론적 이성·실천적 이성·미학적 이성) 및 이런 이성들이 각각 자기 고유의 역량을 펼치는 영역의 이질성은 칸트에 있어 분명히 나타나 있다. 그러나 칸트의 비판철학이 종국적으로 의도한 것은 능력들간의 불가공약성(l'incommensurabilité)이나 이질성(hétérogénéité)만을 보여주는 것이 아니라, 그들간의 '이행' 가능성이다. 이론과 실천, 자연과 자유의 조화가능성을 꿈꾸면서 이성의 건축술(Architektur der Vernuft) 혹은 이성의 체계적 통일(systematische Einheit)을 추구한 것이 칸트의 철학함이라면, 리오타르가 자신의 담론장르들 혹은 문장가족들(familles de phrase) 간의 분쟁이라는 테제를 칸트에 의해 정당화시킬려는 시도는 일단 성급한 것으로 간주되어야 한다.

리오타르는 '군도'(archipel) 라는 형상을 통해서 넓은 의미의 인식능력에 상응하는 대상을 이질적인 섬들(domaines)로 이루어진 '군도'로 간주한다. 따라서 저 인식능력의 한 부분인 판단력은 선주나 제독과 같은 사람인 바, 이 사람은 어떤 섬에서 발견한 것을 다른 섬에 현시할 목적을 지닌 발송물들을 이 섬에서 다른 섬으로 전달하는 사람이다. 전쟁이나 거래를 통한 이들의 조정력은 어떤 고유한 대상 혹은 어떤 고유의 섬을 갖고 있는 것이 아니라 단지 하나의 매개물로서 바다를 요구한다. 따라서 오성이나 이성과는 달리 판단력은 자기 고유의 영역 (domaine)이나 지반(territoire)을 갖지 않으며, 그것은 단지 능력들간의 이행을 보증하는 능력이며, 매개능력(la faculté du milieu)이라는 것이다.[15] "판단력은 매개능력이며, 이것에 의해 모든 정당성 구역이 평가된다. 더 나아가 판단력은 지반과 영역의 경계를 설정해주며 각 담론장르의 주권을 이에 상응하는 섬에 설정한다. 판단력은 자신이 담론장르들 사이에서 수행하는 거래와 전쟁을 통해서만 이것에 도달한다."[16] 비판적 판단으로서 판단력은 자신의 직무를 가지는 바, 어떤 섬에 도착했을 때 그는 다른 섬들의 대상들과 규칙들을 그 섬에 현시해주며, 또한 그 섬 고유의

한 미감적 판단이며, 이 판단은 쾌와 불쾌의 감정에 대해서는 규제적인 원리가 아니라 구성적인 원리이다. (Einleitung IX, LVI-VII 참조.)

14) I. Kant, KdU, Einleitung, IX, LV.

15) J-F., Lyotard, Le différend, pp. 190-191 참조.

16) 같은 책, p. 191.

대상성과 법칙성을 분명하게 의식하도록 도와주는 직책을 갖고 있다는 것이다.[17] 이러한 것들은 칸트가 이론철학에서 실천철학으로의 결합수단으로 판단력 비판을 소개한 것과 크게 다르지 않다. 그렇지만 리오타르가 '이행'이라는 칸트의 테제를 그 비판철학의 전반적인 구상에 국한해서 주목하고 있는 것은 아니다. 오히려 칸트가 세부적으로 시도하고 있는 '이행'을 나름대로 해석하고 있다. 그중에서도 대표적인 것이 「판단력 비판」속에서 전개되고 있는 "도덕성의 상징으로서의 미"(Schönheit als Symbol der Sittlichkeit)이라는 칸트의 테제이다.

칸트는 "도덕성의 상징으로서의 미"라는 항목에서—리오타르의 숭고의 미학에 영향을 미친—감성화로서의 일체의 '표현'에 대해 설명하고 있다.[18] 그에 따르면, 표현(Hypotypose)·현시(exhibitio; Darstellung)·가시화(subiectio sub adspectum)는 도식적(schematisch)이거나 상징적(symbolisch)이다. '도식적 현시'는 "오성이 파악하는 개념에 대해 그에 상응하는 직관이 선천적으로 주어지는"[19] 경우이며, '상징적 현시'는 "개념은 단지 이성만이 생각할 수 있고, 따라서 그러한 개념(이념)에는 어떠한 감성적 직관도 적합하지 않으며, 이 개념에 대해 주어지는 직관에 관한 판단력의 활동은 판단력이 도식화에 있어 준수하는 활동과 단지 유비적인(bloß analogisch) 것에 지나지 않는다. 다시 말해서 판단력의 활동은 이런 활동의 규칙에 관한 한 (이성의) 개념과 합치할 뿐, 직관 그 자체에 관해서 합치하는 것은 아니다. 따라서 단지 반성의 형식상 합치할 뿐이며, 내용상 합치하는 것은 아니다."[20] 그리고 상징적 표상방식과 도식적 표상방식은 모두 '직관적 표상방식'(intuitive Vorstellungsart)의 일종이기 때문에,[21] 모든 직관(Anschaung)은 도식적인 것(Schemate)이거나 상징적인 것(Symbole)이다. 도식적인 직관은 개념의 '직접적' 현시(direkte Darstellung)를, 상징적인 직관은 개념의 '간접적인' 현시(indirekte Darstellung)를 내용으로 하고 있다. 전자는 개념의 현시를 '증시에 의하여'(demonstrativ), 후자는 '유비를 통해서'(vermittelst einer Analogie) 행한다.[22] 이 유비

---

17) Wolfgang Welsch, "Vernunft im bvergang", in: Walter Reese-Schfer/Bernhard H.F. Tauereck(Hgg.), J-F. Lyotard, Junghans-Verlag Cuxhaven 1990. p.19 참조.
18) I. Kant, KdU, § 59 참조.
19) I. Kant, KdU, § 59, 255.
20) 같은 곳.
21) 같은 곳 참조.
22) I. Kant, KdU, § 59, 256 참조.

적 현시에 있어서 판단력은 이중적인 일을 수행하는 바, 첫째로 개념을 감성적 직관의 대상에 적용하고, 둘째로 그 직관에 관한 '반성의 규칙'(die blobe Regel der Reflexion)을 전혀 다른 어떤 대상에 적용한다. 이때 처음의 대상은 이 대상의 상징에 불과한 것이다. '맷돌'이나 '생명있는 신체'가 전제국가와 같은 정치체제의 상징으로 현시될 경우, 상징되는 것과 상징하는 것 사이에 어떤 유사성이 있는 것이 아니라 이 양자를 반성하는 규칙들 사이에 유사성이 있는 것이다. 그래서 유비에 의한 간접적인 현시 혹은 상징에 의해서 어떤 표현이 내포하는 것은 '개념에 대한 도식'(das eingentliche Schema für den Begriff)이 아니라, '반성에 대한 상징'(bloß ein Symbol für die Reflexion)일 뿐이다. 예컨대, '기초'(지주, 토대)·'의존한다'(위로부터 지지된다)·'유출한다'(결론이 나온다)·'실체'(담지자)와 같은 말들은 도식적 표현이 아니라 상징적 표현(symbolische Hypotypose)이며, 직접적 직관(direkte Anschauung)에 의해서가 아니라 단지 그런 직관적 표현과의 '유비'(Analogie)에 의해서 —직관의 대상에 관한 반성을 전혀 다른 개념으로 '전이'(Übertragung)함으로써 —개념들을 나타내는 표현이다.[23]

이런 예비적 고찰을 통해서 칸트는 "아름다운 것은 도덕적으로 선한 것의 상징이다"라고 주장한다. 그리고 그는 이런 관점을 '자연스러운' 그리고 '누구나가 다른 사람에게 의무로서 요구하는' 관점이라고 간주하고, 오직 이런 관점에서만 아름다운 것은 우리에게 만족을 주며, 다른 사람들의 동의를 요구할 수 있다고 생각한다.[24] 더 나아가 그에 따르면, "이때 우리의 심의는 동시에 감관의 인상에 의한 쾌의 한갓된 감수를 넘어서는 어떤 순화와 고양을 의식하며, 다른 사람들의 가치도 그들의 판단력의 비슷한 격률에 따라 평가하는 것이다. 이것이 바로 취미(Geschmack)가 지향하는 가상적인 것(das Intelligibele)이며 … 이 취미능력에 있어서 판단력은 경험적 판정에 있어서와는 달리 스스로가 경험적 법칙의 타율성에 종속되어 있다고 생각하지 않는다 … 판단력은 … 자연도 자유도 아니지만 그러나 자유의 근거, 즉 초감성적인 것과 결부되어 어떤 것에 스스로 관계하고 있음을 안다. 그리고 이 초감성적인 것에 있어 이론적 능력은 우리가 알지 못하는 어떤 공통적인 방식으로 실천적 능력과 결합되어 통일을 이룬다."[25] 그래서 반성적인 취미판단에 의한, 즉 아름다운 것과 도덕적으로 선한 것과의 유비는 그들간의

---

23) I. Kant, KdU, § 59, 256-257 참조.
24) I. Kant, KdU, § 59, 258 참조.
25) 같은 곳.

형식적인 공통점(직접성, 무관심성, 자유, 보편성)에 의해서 이루어진다. 이런 유비는 상식에게는 (dem gemeinem Verstande) 아주 일반적인 것이기 때문에, 우리는 도덕적 판정의 근거를 세우는 명칭들을 가지고 자연이나 예술의 아름다움을 명명할 수 있는 것이다. 예컨대, 어떤 색깔이 무후하고 겸손하며 귀엽다고 말할 때, 이는 이 색깔이 도덕적 판단에 의해 야기된 심의상태와 어떤 유사성을 갖고 있기 때문이다.[26] 그래서 "취미는 감각의 자극으로부터 습관적인 도덕적 관심에로의 이행을 폭력없는 비약 없이도(ohne einen zu gewaltsamen Sprung) 가능하게 하는 것이다."[27]

이와같이 취미의 기능을 근거로 감각의 자극으로부터 습관적인 도덕적 관심으로의 '폭력없는 이행' 가능성에 관한 칸트의 주장을 리오타르는 어떻게 이해하고 있는가? 리오타르는—칸트 역시 인정하고 있듯이—아름다움과 도덕적인 선함간의 공통적인 특징보다는 오히려 그 상이성에 주목한다. 반성이 미학적인 대상과 도덕적인 대상이 각각 야기하는 감정들(쾌와 존중)과 연관을 맺고 있고, 더 나아가 그것들은 대상의 반성규칙들인 직접성·무관심성·자유·보편성이라는 동일한 특징을 지닌다. 그러나 이 특징들 각각은 이 두 영역에서 각각 다른 연관 관계속에서 나타난다. 감정의 직접성을 요구하는 것은 미의 경우에서는 감성적인 것(le sensible)인 반면, 선의 경우에서는 개념(le concept)이며, 취미판단에서 자유는 개념과 일치하는 구상력의 자유에 있는 반면, 도덕적 판단에서는 자신과 일치하는 의지의 자유에 있다는 것이다. 그리고 미에 있어서는 '초감성적인 것'(le supra-sensible)이 문제로 되기 때문에 취미의 대상을 구성하기 위해서는 감성이나 오성만으로도 충분치 못하며, 또한 미의 경험에서 '감각'(sensation)이 존재한다면, 그것은 제1 비판의 선험적 감성론에서 설명된 것과는 다른 것이라는 칸트의 입장을 그대로 수용한다.[28]

리오타르에 따르면, 아름다운 것이 도덕적으로 선한 것을 상징화한다면, 이는 아름

---

26) I. Kant, KdU, § 59, 259-260 참조.

27) I. Kant, KdU, § 59, 260.

28) J-F., Lyotard, Le différend, pp.191-192 참조. 이때 리오타르는 칸트가 미와 선의 유비를 보여주기 위해 제시한 '맷돌'이나 '생명력 있는 신체'와 정치체제와의 유비가 적절치 못함을 지적하고 있다. 그에 따르면, '맷돌'이나 '생명력 있는 신체'는 '감성화'(Versinnlichung)를 통해서 혹은 오직 오성법칙의 기능과 일치하는 '감성'(Sinnlichkeit)을 통해서만 주어질 수 있는 반면에, 미의 경우는 그렇지 않다는 것이다. 왜냐하면 칸트는 감성과 오성만으로는 취미의 대상을 파악할 수 없다는 것을 강조한 최초의 사람이라고 리오타르는 생각하기 때문이다. (J-F., Lyotard, L'enthousiasme p.36 참조)

다운 것이 직접적으로 직관될 수 있는 현상이라서도 아니고 또한 다른 대상, 즉 우리가 어떠한 직관도 갖고 있지 않은 선으로 대체될 수 있는 현상이라서도 아니다. 아름다운 것과 선한 것의 유비는 오히려 그 반대이다. 즉, 아름다운 것에 대해서는 더 이상의 감성적 현시(non plus de présentation sensible)가 있을 수 없다는 의미에서 그것은 결코 경험의 대상이 아니다. 아름다운 것은 오히려—적정성, 무관심성, 자유, 보편성이라는 특징들에 따라—능력들의 배치를 통해서(par uncertain agencement des facultés) 규정될 수 있는 것이며, 이런 배치는 심의가 선한 것으로 눈을 돌렸을 때 동일한 그러나 다르게 적용된 저 특징들에 따라 발견된다. 그래서 미와 선에서 문제시되는 '상징'(symbolique) 대상들간의 대체가 아니라 '능력 내부 기제들간의 전이와 회전'(transfert et rotation d'un dispositif intrafacultaire)이다: "문장 형성규칙 집단(칸트에 의해서 고립된 네가지 특징들)은 변화되고 나서—쾌와 불쾌의 감정의 관할에서—직접적인 현시없이—욕구능력의 관할로 전이된다."[29] 그래서 이런 규칙집단들은 도덕적 문장 혹은 존중의 감정 속에서도 발견할 수 있으나, 그것들은 미적 평가에 있어서와 동일한 심급들에게 적용되는 것이 아니다. 다시 말해서 이때는 대상이 아니라(실천적 이성의 개념인) 법칙이 직접적으로 지각되는 것이다.[30] 즉, "수화자는 지시대상으로부터가 아니라 의미로부터 자극된다. 도덕적 명제의 발화자는 구상력이 아니라 의지이다. 그러므로 여기서 상징화는 대상들의 대체가 아니라 문장우주들 각각의 심급들을 교환함으로써 이루어진다 … 인접 섬들에로의 판단력의 발송들은 단지 경험적 소여성들만이 아니라 저 네 가지 선천적인 것과 같은 형성규칙들(문장가족들)이나 연쇄규칙들(담론장르들)을 상호 연결시키는 것이다."[31]

'언어적인 전환'(tournant langagier)[32]에 의한 이런 리오타르의 설명은 칸트의 입장에서 크게 벗어나는 것은 아니라고 할지라도, 그러나 한 가지 사실은 지적되어야 한다. 즉, 미적인 것에서 도덕적인 선으로의 이행이 '폭력없는 비약이 없이'도 가능하다는 칸트의 주장이 그것이다. 리오타르에 따르면, 유일하게 의심할 수 없는 것은 문장이다.[33]

29) 같은 곳.
30) 같은 책, pp.192-193 참조.
31) J-F., Lyotard, *Le différend*, p.100.
32) 대부분의 포스트모더니즘이 그러하듯이, 자신의 포스트모더니즘 역시 비엔나 논리실증주의 이래 20세기 철학을 특징지우는 '언어적 전환'에 의해 전개되고 있다고 리오타르 스스로 말하고 있다.(같은 책, p.11 참조)
33) 같은 책, p.9 참조.

문장은 규칙체계에 따라서 형성된다. 그리고 다수의 문장의 규칙체계득(누구, 기술, 이야기, 질문, 명령하는 것 등등)이 존재한다. 비동류적이고 이질적인 규칙체계에 의해 형성된 문장들은 상호 번역될 수 없다. 단지(대화와 같은) 담론장르에 의해 설정된 목적의 관점에서만 문장들은 연쇄(enchainer)될 수 있다.[34] 어떤 문장이 발생한다(une phrase arrive)면, 이 문장은 어떻게 해서 연쇄될 수 있는가?[35] 문장의 연쇄방식은 필연적으로 규정되어 있는 것이 아니라, 단지 우연적일 뿐이다.[36] 메타규칙(métarégle) 혹은 보편적 규칙(régle universelle)이 존재하지 않기 때문이다. 그렇지만 '마지막 문장'은 존재하지 않기 때문에, 어떤 방식으로든 연쇄해야만 한다. 이때 분쟁이 발생한다. 이 분쟁을 방치한다는 것은 처음부터 불가능하다. 한 문장에 어떤 문장이 연쇄된다면,―여전히 연쇄가능성을 지니고 었는 혹은 현실화될 수 있는 가능성을 지니고 있는―다른 문장은 배재되고 있으며, 이때 이 배제된 문장이 상처를 주는 것이다. 이것이 두 담론장르들간에 일어나는 분쟁이다. 이 분쟁을 해소할 수 있는 보편적인 판단규칙(régle universelle de jugement)이 존재하지 않기 때문에, 분쟁은 방지될 수 없다.[37]

「포스트모던적 조건」(*La condition postmoderne*)에서 리오타르는 미학적 담론과 도덕적 담론간의 불가공약성을 극단적으로 강조한 바 있다. 전자는 미와 추를, 후자는 선과 악을 그 기준으로 삼는 서로 다른 언어게임이기 때문이다. 전자의 관점에서 후자를, 후자의 관점에서 전자를 평가한다면, 그것은 테러행위와 다름이 아니다. 미에서 선으로의 이행가능성은 이때 극히 명시적으로 차단되어있다. 다시 말해서 미학적 언어게임과 윤리적 언어게임은 서로 다른 규칙에 따르는 이질적인 언어게임이다. 이때 테러의 방지는 각각 고유의 언어게임을 그것 자체로서 존중해주는 것이다.[38] 「분쟁」에서 리오타르는 담론장르들간의 연쇄가능성을 탐색하고 있지만, 여전히 이때도 폭력없는, 즉 부당성(tort)없는 연쇄는 불가능하다는 입장을 고수하고 있다.[39] 그래서 리오타르의 포스트모더니즘이 마지막으로 요구하는 것은 '반성적 책임'(la responsabilité réflexive)이다. '반성적 책임'이란 "분쟁을 확인하고, 이것을 존중하고 존중하도록 하는 것이며, 이질적인

---

34) 같은 책, p.10 참조.

35) 같은 곳 참조.

36) 같은 책, p.51 참조.

37) 같은 책, pp.10-11 참조.

38) 이에 대해서는 J-F., Lyotard, *La condition postmoderne*, Minuit 1979 참조.

39) J-F., Lyotard, *Le différend*, p.9.

문장가족들에 고유한 선험적인 요구들의 불가공약성을 확립하고, 현존하는 언어로 표현할 수 없는 것을 위해서 다른 언어를 발견하는 것이다.”[40] 분쟁의 경우를 식별하고, 분쟁의 어법(idiom)을 발견하는 것이 오늘날에 요구되는 책임이라는 리오타르의 입장은[41] 오늘날의 시대정신과 밀접하게 결부되어 있다.

「열광」(L'enthousiasme)에서 리오타르는 '군도의 형상'을 통해서 자신과 칸트를 구별한다. 리오타르에 따르면, 칸트는 '다양한 이성의 공존가능성'·'그것의 결합가능성'·'전체에로의 공속가능성'을 모색했다. 리오타르는 이런 칸트의 시도를 '하부능력적 기제의 회전'(rotation d'un dispositif intrafacultaire)·'능력상호간의 이행'(passages interfacultaires)·'이행들의 주항'(périple des passages)이라는 말로 표현하고 있다.[42] 다시 말해서 칸트에 있어 이성류의 차별화는 비판철학의 시작 단계에서 이루어지며, 결국 그 이질성을 넘어 '이질적인 것들의 공존'(coexistence de hétéronomes)·'공약성'(commensurnbilité)·'인력'(attraction), 더 나아가 '보편적인 상호작용'(interaction générale)이 거론되었다는 것이다.[43] 그러나 이런 것들은 오늘날에 일어나고 있는 '분열의 사건'(l'evénement de la fission)을 아주 심하게 약화시키는 것이라고 리오타르는 주장한다.[44] 이런 관점에서 리오타르는 '이질적인 언어게임들에로의 언어의 파열'을 오늘날의 시대적 요청으로 받아들인다.[45] 이런 '분열' 혹은 '파열'(l'éclatement)은 "이질성은 극복될 수 없다는 것, 결합이나 다리는 존재하지 않는다는 것"[46]을 의미한다. 그리고 이질성은 언어의 영역에 국한되는 것이 아니라 주체 혹은 이성의 파편화를 초래하기 때문에, 어떠한 이성적인 결합도 있을 수 없다. 이런 의미에서 파열은 진리에, 결합은 비진리에 속한다.[47] 이런 의미에서 리오타르가 칸트의 비판철학에서 이성의 다수성을 목격한 것은 부분적인 진리이다. 칸트에 있어 다양성은 물론 하나의 원리 일 뿐이고, 이것은 유사성과 통일성이라는 원리로부터 보완된다. 그러나 리오타르가 칸트에 대해 내린 해석이

---

40) J-F., Lyotard, L'enthousiasme, p.114.
41) 이것은 또한 리오타르가 「분쟁」에서 요구한 근본적인 입장이기도 하다.
42) J-F., Lyotard, L'enthousiasme, p.37, 102 참조.
43) 같은 책, p.112 참조.
44) 같은 곳 참조.
45) 같은 책, pp.112-113 참조.
46) Wolfgang Welsch, 앞의 글, p.21.
47) J-F., Lyotard, 앞의 책, p.113 및 Wolfgang Welsch, 같은 글 참조.

전적으로 부정확하다고 말할 수는 없다.[48] 그는 비트겐슈타인의 언어비판에서 이질적인 언어게임과 다양한 삶의 형식을 차용하듯이-칸트의 능력비판에서 단지 다수의 이성이 서로 다른 영역에서 그 고유한 역량을 발휘하고 있다는 것을 단지 패러디한 것이다. 그래서 몇몇 현대 독일 철학자들이 칸트에 있어 이성의 체계성에 주목하듯이, 리오타르는 그로부터 단지 이질성의 정신속에서 이성의 다수성을 끌어들이고 있을 뿐이다.

2.

리오타르는 "숭고와 아방가르드"(Das Erhabene und die Avangarde)라는 긴 논문에서 다음과 같이 말하고 있다: "기쁨과 고통, 즐거움과 두려움, 감정의 강화와 저하가 결합된 이 모순적 감정은 17세기와 18세기 유럽에서 숭고(Erhabene; sublime)라는 이름으로 사용되었다."[49] "비규정적인 것을 나타내고 동시에 사라지게 하는 이 모순된 감정은 17세기 말에서 18세기 말까지의 예술적 반성에서 주요쟁점이었다. 그리고 숭고는 근대를 특징지우는 예술적인 감성의 양식이다."[50] "숭고의 미학과 더불어 비규정적인 것이 존재한다는 것을 증언하는 것이 19세기와 20세기 미학의 과제로 되고 있다. 말하는 능력에 관한 버크의 고찰에서 암시되었던 회화에서의 패러독스는 이런 증언이 특정한 양식을 통해서만 제시될 수 있다는 것이다."[51] 숭고의 미학은 17세기 말에서(칸트와 버크) 주요 쟁점으로 등장한 이래, 우리 시대의 예술적 반성에서도(아방가르드의 미) 역시 시대적 반성을 위해 요청되는 핵심개념으로 사용되고 있다는 것이다. 그래서 리오타르는 '미의 미학'과는 다른 '숭고의 미학'을 비판적으로 검토하고, 이것의 단초를 칸트속에서 발견하고 있다.

---

48) Wolfgang Welsch에 따르면, 리오타르는 자신의 포스트모더니즘의 프롤로그로서 이성의 다수성이라는 측면에서- 칸트의 비판철학을 끌어들이고 있지만, 칸트에 있어 그 다수성이나 다양성은 하나의 단계일 뿐이며, 그래서 그에게 있어 진정 중요한 것은 그것을 넘어서서 체계성을 확보하는 것이기 때문에, 리오타르의 칸트해석은 잘못되었다는 것이다.

49) J-F., Lyotard, "Das Erhabene und die Avantgarde", in: PeterEngelmann(hrsg.), *Das Inhumane: Plaudereien über die Zeit*, Passagen 1989, pp.163-164.

50) 같은 책, p.166.

51) 같은 책, p.178.

칸트는 「판단력 비판」에서 '미의 분석론'을 마치고 '숭고의 분석론'을 시작하면서—미의 판정능력에서 숭고의 판정능력에로의 이행에서—미와 숭고의 공통점과 다른 점을 제시하고 있다. 미와 숭고는 그 자체로서 만족을 준다는 점, 그리고 양자는 모두 감관 판단이나 논리 -규정적 판단이 아니라 반성 판단(Reflexionsurteil)을 전제한다는 점에서 일치한다. 그래서 이때의 만족은 현시 혹은 현시능력(Vermögen der Darstellung)과 결합되고, 현시능력 혹은 구상력은 이성 혹은 오성의 개념능력(Vermögen der Begriffe)과 조화하는 것이다.[52] 그러나 미와 숭고간의 차이는 우선 미는 대상의 형식에 관계하는 반면, 숭고는 몰형식적(formlos) 대상과도 관계하면, 따라서 미는 비규정적인 오성 개념의 현시(Darstellung eines unbestimmten Verstandesbegritfs)지만, 숭고는 비규정적인 이성개념의 현시이다. 그래서 미는 생을 촉진하는 감정을 직접 지니고 있으며, 유동하는 구상력과 결합할 수 있는 반면, 숭고의 감정은 오직 간접적으로만 일어나는 쾌감이며, 이것은 생명력이 일순간 저지되었다가 뒤이어 한층 더 강력하게 피력된다는, 감정으로 인해 발생되는 것이다. 그래서 숭고의 감정은 적극적인 쾌감(postive Lust)보다는 감탄이나 경외를 내포하는 소극적인 쾌감(negative Lust)이다.[53] 그러나 미와 숭고간의 가장 중요하고 내면적인 차이는 자연미는 그 형식상 일종의 합목적성을 지니고 있고, 이 합목적성에 의해 대상이 판단력에 알맞도록 미리 규정 되어 있는 것처럼 보이는 반면, 숭고의 감정을 야기하는 것은 형식상 판단력에 대해서 '반목적적'(zweckwidrig) 이고, 현시능력에 대해서 '부적합'(unangemessen)하며, 구상력에 대해서 '난폭하게'(gewalttätig) 보이지만, 그러면 그럴수록 그것은 더 숭고한 것으로 판단된다.[54] 그래서 숭고는 감정적 형식에 포함될 수 있는 것이 아니라, 이성의 이념들(Ideen der Vernunft)에만 관계하는 것이며, 비록 이념에 적합한 현시가 불가능할지라도 바로 이 부적합성이 감성적으로 현시됨으로써 이성의 이념이 환기되고 소환되는 것이다.[55]

칸트는 숭고를 '수학적 숭고'와 '역학적 숭고'를 구별하고, 모든 비교를 넘어서서 '단적으로 큰 것'을 전자에 그리고 '강력한 것'을 후자에 귀속시킨다. 크기의 미감적 평가에 있어서 숭고의 감정은 구상력이 이성에 의한 평가에 부적합한 데에서 일어나는 불쾌의

---

52) I. Kant, KdU, § 23, 74 참조.
53) I. Kant, KdU, § 23, 75 참조.
54) I. Kant, KdU, § 23, 76 참조.
55) I. Kant, KdU, § 23, 77 참조.

감정임과 동시에, 또한 이성의 이념에 도달하려는 노력이 우리에 대해서 하나의 법칙인 한에 있어서 최대의 감성적 노력도 이 이념에 부적합하다는 판단이 이성이념들과 일치하는 데에서 일어나는 쾌감이다.[56] 강력한 것 혹은 위력은 장애를 압도하는 능력이다. 높이 솟아 방금이라도 내려 앉을듯한 험한 절벽, 파도가 치솟는 망망대해, 힘차게 흘러 내리는 높은 폭포와 같은 것들은 우리들의 저항하는 능력을 보잘것없이 만들어 버리지만, 그러나 우리가 안전한 곳에 있다면, 그 광경은 두려울수록 더욱 우리의 마음을 끌기 때문에 이런 대상들을 숭고하다고 부르는 것은, 그 대상들이 정신력을 일상적인 범용이상으로 고양시키며, 우리 내부에 있는 저항능력을 자연의 절대적인 힘에 도전할 수 있는 용기를 일으켜준다는 것을 알려주기 때문이다. 그래서 자연의 숭고함은 공포가 아니라 오히려 우리 내부의 힘을 불러 일으키기 때문이다.[57]

리오타르는 이러한 칸트의 입장을 전적으로 수용한다. 그리고 그가 특히 주목하는 칸트의 텍스트는 다음과 같다: "자연의 미에 관한 미감적 판단에 있어서 심의는 평정한 관조에 잠겨 있으나, 자연의 숭고의 표상에 있어서는 동요됨을 느낀다 … 미의 판정에 있어서는 구상력과 오성이 양자의 합치에 의해 심의력들의 주관적 합목적성을 산출하듯이, 숭고의 판정에 있어서는 구상력과 이성은 그들간의 충돌(Widerstreit)에 의해 심의력의 주관적 합목적성을 산출한다."[58] "우리는 감성적인 것에 관해서는 완전히 소극적인 이런 추상적 현시 방식(eine dergleichen abgezogene Darstellung) 때문에 숭고의 감정이 상실되지 않을까 염려할 필요는 없다. 왜냐하면 구상력은 … 자기의 제한을 제거함으로써 또한 자기가 무한함을 감지하기 때문이다. 따라서 그런 추상(Absonderung)은 무한한 것의 현시(Darstellung des Unendlichen)이고, 이 현시는 그래서 소극적 현시(blob negative Dartstellung)일 수밖에 없지만, 그럼에도 그것은 정신을 확장시키는 것이다. 아마도 다음과 같은 것이 유태인의 율법 서에서 가장 숭고한 구절일 것이다. '너를 위하여 새긴 우상을 만들지 말고, 또 하늘에 있는 것이나 땅에 있는 것이나 땅 아래 있는 것의 어떤 형상이든지 만들지 말라.'"[59] 첫 번째 인용문에서는 숭고의 감정은 능력들(구상력과 이성)간의 '충돌' 혹은 '분쟁'에 의해서 산출된다는 것이다. 리오타르가 사용하는 '분

---

56) I. Kant, KdU, § 27 참조.
57) I. Kant, KdU, § 28, 104 참조.
58) I. Kant, KdU, § 27, 99 참조.
59) I. Kant, KdU, § 29, 124 참조.

쟁'이라는 단어는 칸트의 '충돌' 개념에서 차용한 것으로 볼 수 있다. 또한 그는 두 번째 인용문에 담긴 내용을 자신의 글 속에서 칸트에 대해 언급하는 부분에서 그대로 보여주고 있다.[60]

리오타르는 칸트의 미학을 긍정적으로 바라보면서도, 칸트의 미학에 있어 예술의 본질은 숭고한 주체(erhabenes Subjekt)를 재현하는 데에 있다고 하면서 여전히 주체의 형이상학(Metaphysik des Subjekts)에 머물러 있는 칸트의 숭고의 미학을 비판한다. 리오타르가 보기 엔, 서간에 대한 문제 혹은 "일어나고 있는가?"(Geschieht es?)라는 문제가 칸트에게서 크게 중요시되고 있지 않다는 것이다.[61] 그래서 칸트가 경험적이고 생리학적인 사유양식에 빠져 있다고 비판한─「숭고와 미의 관념의 기원에 관한 철학적 탐구」(*Philosophical Enquiry into the Origin of our Ideas of the Sublime and Beautiful*)에서 개진된─버크의 입장을 리오타르는 오히려 선호한다. 왜냐하면 "칸트는 버크의 미학에서 중요하게 다루어진 것, 즉 숭고는 아무것도 더 이상 일어나지 않는다는 위협에 의해 발생된다는 논의를 제거"[62]해 버렸기 때문이다.

버크에 따르면, 미는 적극적이고 긍정적인 기쁨을 준다. 그러나 또 다른 종류의 기쁨이 있는 바, 이것은 만족보다 더 강력한 것, 즉 고통과 죽음에 대한 접근과 결부된 것이다. 고통속에서 신체는 영혼을 자극하고 또 영혼은 신체를 다시 자극하지만, 이는 영혼

---

60) 리오타르는 이런 칸트의 숭고이론을 다음과 같이 정리하고 있다: "칸트에 있어 미의 감정은─예술대상 혹은 자연대상에 관해서─이미지의 능력과 개념의 능력간의 자유로운 합치에서 나오는 기쁨이다. 숭고의 감정은 아주 비규정적인 것이다. 그것은 고통과 결합된 기쁨이며 고통으로부터 나오는 기쁨이다. 그것은 … 감성적 직관을 거침이 없이 오직 이성의 이념으로서 생각될 수 있는 대상이다. 현시능력인 구상력은 이런 이념에 적합한 표상을 제공하지 못한다. 이런 현시가 실패로 돌아감으로써 고통이, 즉 주체속에서 파악하는 것과 현시하는 것 간의 분열이 발생한다. 그러나 이런 고통은 곧 기쁨을, 그것도 이중적인 기쁨을 야기한다. 구상력 자신이 보여질 수 없는 것을 여전히 보이도록 함으로써 구상력은 자신의 대상을 이성의 대상과 조화시키려함이 바로 역으로 구상력의 무력함을 드러내주는 것이라는 사실에서 나오는 기쁨이다. 다른 한편으로는 이미지의 빈약함이 이념의 광대한 힘에 대해 하나의 부정적 징표라는 사실에서 나오는 기쁨이다. 이런 능력들간의 충돌은 정적인 미의 감정과는 달리 숭고의 파토스를 특징지우는 극도의 긴장(칸트에 따르면, 동요)을 유발시킨다. 이 간극에서 이념의 무한성 혹은 절대성은 칸트가 소극적 현시 혹은 비현시로 명명한 것 속에서 드러난다. 칸트는 소극적 현시의 좋은 예로서 유대인의 형상금지법을 들고 있다. 거의 무로 환원되어진 시각적 기쁨은 무한한 것에 대해 무한히 생각하게 해준다는 것이다"(J-F., Lyotard, 앞의 책, pp.172-174).
61) J-F., Lyotard, 앞의 책, p.174 참조.
62) 같은 곳.

이 의식되지 않은 관념을 고통스러운 상황들과 결부시킴으로써 이루어진다. 이런 원진한 정신적 정념이 공포이며, 공포는 박탈(privatio)과 연관되어 있다. 빛의 박탈은 암흑의 공포이고, 타자의 박탈은 고독의 공포이며, 생명의 박탈은 죽음의 공포이다. 공포스러운 것은 일어나고 있다는 것이 일어나지 않는것, 일어나기를 그만 두는 것이다. 이런 공포가 기쁨과 결합되고, 이것을 통해 숭고한 감정이 발생되기 위해서는 또한 공포를 야기하는 위협이 힘을 상실하고, 거리를 두고, 억제되어야 한다. 이런 긴장, 이런 위협이나 위험의 감소는 적극적인 만족에서 나오는 것이 아니라, 안심으로부터 나오는 기쁨이다. 이전이나 이후에는 박탈이 문제가 되지만, 이것은 두번째 단계의 박탈이다: 영혼은 빛·언어·생명의 박탈이라는 위협을 박탈당한다. 이 두 번째 단계의 박탈에서 나오는 쾌는 긍정적인 기쁨이 아니라 환희(delight)이다.[63] 리오타르는 버크의 입장을 이와 같이 해독하면서, 숭고한 감정을 다음과 같이 분석한다: "아주 광대하고, 아주 강력한 대상은 일어나고 있다는 것을 영혼으로부터 박탈하려고 위협하고, 영혼을 '놀라움' 속에 사로잡는다(정념의 정도가 약해지면, 경이·경외·존경이 영혼을 사로 잡는다). 영혼은 환희로부터 나오는 기쁨을 창출한다. 영혼은 예술의 도움으로 삶과 죽음간의 운동, 동요에로 돌아가게 되며, 이런 동요가 영혼의 건강이며 생명이다. 버크에 있어 숭고는 고양(아리스토텔레스가 비극의 특색을 나타내기 위해 사용한 범주)에 대한 문제가 아니라 긴장강화에 대한 문제이다."[64]

칸트와 버크의 숭고이론을 등을 업고서 리오타르는 아방가르드 속에서 진정한 숭고의 의미를 모색한다. 그는 뉴만의 그림과 그의 에세이 「숭고한 것은 지금이다」(The Sublime is Now)를 해독하면서, 숭고의 경험대상이 '여기와 지금'이라는 뉴만의 개념을 문제시한다. 리오타르에 따르면, 뉴만에 있어 '지금'은 아우구스티누스와 훗설 이래 의식에 의해 시간을 구성하는 사유적 전통에 따라 미래와 과거에 의해 흡수되는 현재의 순간이 아니라, 의식에 알려지지 않은 것 혹은 의식에 의해 구성될 수 없는 것이며, 더 나아가 그것은 의식을 분해시켜 즉위 해제시키는 것 혹은 의식이 자신을 구성하기 위해서 잊어버려야 하는 것이다. 그리고 의식이 구성할 수 없는 것이란 "무언가가 일어나고 있다"(daß etwas geschieht)는 것, 더 간단히 말해서 "일어나고 있다"(daß es geschieht)는 것, 즉 '발생'(occurence) 그 자체이다. 그래서 일어나고 있는 것의 의미(quid)가 아니

---

63) 같은 책, pp. 174-175 참조.
64) 같은 책, p. 175.

라, 일어나고 있다는 사태(quod) 그 자체가 문제시되고 있는 것이다. 왜냐하면 "일어 나고 있다는 것은 무엇이 일어나고 있는가라는 질문보다 항상 앞서는 것"[65]이기 때문이다. 이런 발생 혹은 일어남(Geschehnis)은 하이데거가 '사건'(Ereignis)이라고 명명한 것과 다르지 않으며, 이것은 무한히 단순한 것이며, 이런 단순성은 어떤 박탈을 통해서만 접근 가능한 것이다.[66]

숭고의 미학에서 본질적인 것은 "말해질 수 없는 것 혹은 표현(현시)될 수 없는 것을 암시하는 것"이라면, 그리고 뉴만이 '지금여기'에서 숭고성을 추구한다면, "표현될 수 없는 것은 저편에·다른 세계에·다른 시간에 존재하는 것이 아니라, 일어나고 있음·어떤 것이 일어나고 있음에 존재한다. 회화예술에서 비규정적인 것 혹은 일어나고 있음은 색, 그림이다. 색과 그림은 발생이고 사건인 바, 그것은 표현될 수 없는 것이고, 그것은 표현될 수 없는 것을 증언해야 한다."[67] 이런 맥락에서 리오타르는 뉴만의 "숭고한 것은 지금이다"를 "지금, 이것은 숭고한 것이다"(Nun, das ist das Erhabene)로 해독할 것을 요구하며,[68] 그래서 숭고한 것은 "다른 어떤 곳, 저기 혹은 거기, 이전 혹은 이후 혹은 다른 때에 존재하는 것이 아니라, 여기 지금 … 이 일어나고 있다는 것 그리고 이것은 이 그림이다 라는 것에 존재한다. 이 그림이 지금 여기에 존재한다는 것, 아무것도 존재하지 않는 것은 아니라는 것, 바로 이것이 숭고한 것이다."[69] 그리고 "숭고한 것을 파악하고자 하는 지성의 무능력·지성의 무장해제·이런 회화의 발생은 필연적인 것도 예견될 수 있는 것도 아니라는 것에 대한 인정·일어나고 있는가에 직면한 회화의 박탈·모든 방어나 예시나 주석들 '이전에' 발생들을 보호하는 것, '지금'의 보호아래 모든 주시(regarder)로부터 발생들을 보호하는 것"[70]이 바로 아방가르드가 추구하는 엄격함이다.

버크와 칸트에 의해서 숭고의 미학에 대한 작업이 예술적 경험의 가능적 세계를 열어 놓았고, 이 세계 속에서 아방가르드들이 자신의 길을 모색 할 수 있었지만, '일어나고 있는가라는 아방가르드들의 요구는 "버크와 칸트적인 의미에서 숭고이지만, 그것은 더

---

65) 같은 책, p.161.
66) 같은 책, pp.160-161 참조.
67) 같은 책, pp.164-165.
68) 같은 책, p.165 참조.
69) 같은 곳.
70) 같은 곳.

이는 그들의 숭고가 아니다."[71] 아방가르드들에게 문제시되는 것은 "모든 측면의 예술적 존재에 영향을 미치는 작품의 사명에 있어서 돌이킬 수 없는 이탈이다. 예술가는 사건을 가능하게 하는 결합을 시도한다. 예술애호가는 단순한 쾌락을 느끼거나, 예술작품과 접촉함으로써 윤리적인 이득을 얻으려하지 않는다. 그는 그것으로부터 감정능력 및 개념능력의 강화를 그리고 상반된 감정이 병존한다는 기쁨을 기대한다."[72] 그래서 아방가르드들의 예술작품은 "표현될 수 없는 것이 존재한다는 것을 표현하고자 한다. 그것은 자연을 모방하지 않으며, 자연은 하나의 미술품이며 환영일 뿐이다."[73] 이런 의미에서 아방가르드 화가에게 중요한 것은 "발생으로서 색채, 일어나고 있다(어떤 것, 색채가 일어나고 있다)는 놀라움, 적어도 어떤 것이 눈에 비치고 있다는 놀라움을 포착하고 표현하는 것이다."[74]

이런 아방가르드의 탐구는 전통적 예술에서 기본적인 것 혹은 근원적인 것으로 간주되어온 회화예술의 규칙과 구성요소들을 의문시하며, 이런 의미에서 그들의 해체성은 아도르노가 「부정의 변증법」(Negative Dialektik)에서 제시한 '미세학들'(Mikrologien)−형이상학의 몰락을 초래하는 사고는 미세학을 통해서만 수행될 수 있다고 한−과 비교될 수 있다고 리오타르는 생각한다. 아도르노의 미세학들이 형이상학의 파편이 아니고 또한 그것이 어떤 사상의 발생을 거대한 철학적 사고의 붕괴속에 그리고 사고 되지 않은 것을 앞으로 사고되어야 할 것으로 설정하듯이, 아방가르드의 작업은 지각할 수 있는 '지금'을 거대한 재현적 회화의 붕괴 속에 그리고 표현될 수 없는 '지금'을 앞으로 표현되어야 할 것으로 설정한다. 그래서 미세학과 마찬가지로 아방가르드는 '주체'에게 '무엇'이 일어나고 있는가가 아니라, '일어나고 있는가'에 관심을 두기 때문에 아방가르드의 미학이 진정한 숭고의 미학에 속하게 된다는 것이다.[75]

이런 숭고의 미학에 자극을 받은 예술은 이제 아름답기 만한 모델을 모방하는 것을 그만두고 강렬한 효과를 추구하고 비일상적이고 충격적인 결합을 시도할 수 있고 또 해야만 한다. '일어나고 있다'는 것, 아무 것도 일어나지 않는 것이 아니고 어떤 것

---

71) 같은 곳.
72) 같은 책, p.178.
73) 같은 곳.
74) 같은 책, p.180.
75) 같은 책, pp.181-182 참조.

이 일어나고 있다는 것, 박탈이 지연되고 있다는 것은 훌륭한 충격이기 때문이다.[76] 그러므로 '천재로서의 예술가'는 대중에게 즐거움을 주는 것이 아니라 놀라움을 주는 것이다. "숭고는 증명되거나 제시될 수 있는 것이 아니라 갑자기 다가와서 흔들어 놓고 느끼게하는 어떤 경이로운 것"[77]이기 때문에, 불완전성·취미혼란·추함조차도 이런 충격 효과에 기여할 수 있다. 그래서 숭고의 예술은 자연을 모방하는 것이 아니라, '간세계'(Zwischenwelt) 혹은 '옆세계'(Nebenwelt)를 창조하는 것이며, 이 세계속에서 어마어마한 것 혹은 비정형적인 것이 숭고한 것일 수 있다.[78] 이것이 바로 숭고의 미학과 더불어 '비규정적인 것'(Unbestimmtes)·'비현시적인 것'(l'impresentables)·'비표현적인 것'(Nicht-Darstellbares)·패러독스를 증언·암시 (Allusion)·가시화하는 포스트모던적 미학의 임무이다: "숭고회화의 미학 … 회화로서 그것은 어떤 것을 소극적으로만 표현한다. 그러므로 그것은 형상화나 재현화를 피할 것이고 … 볼 수 없도록 함으로써만 볼 수 있게 하며, 고통을 야기함으로써만 기쁨을 준다. 이런 것들로부터 우리는 회화적 아방가르드들의 공리를 알 수 있는 바, 그들은 가시적 표현을 통해서 표현될 수 없는 것을 암시하는 데 몰두한다."[79] 그래서 비현시적인 것의 '암시'는 숭고의 미학에 속하는 작품에게는 필수적인 표현법인 것이다.[80]

이런 연관속에서 리오타르는 모던적 미학과 포스트모던적 미학을 구별한다. "모던적 미학은 숭고의 미학이지만, 여전히 향수적인 것이다. 그것은 표현할 수 없는 것을 단지 결여된 내용으로 드러내주지만, 형식은 그 인식 가능한 일관성 덕택으로 독자나 관객에게 지속적으로 위안과 기쁨을 제공한다. 그러나 이런 감정들은 기쁨과 고통의 내적 결합인 진정한 숭고의 감정을 형성하지 못한다. 여기서 기쁨은 이성이 모든 표현을 넘어서고 있다는 데서, 고통은 구상력과 감성이 개념과 일치하지 않는 데서 생기는 것이다."[81] 그 반면에 포스트모던적 미학은 "모던 속에서 표현 그 자체속에서 표현할 수 없는

---

76) 같은 책, p.177 참조.

77) 이것은 부알로(Nicolas Boileau-Bespréaux)가 숭고에 대해 내린 정의이며, 리오타르는 이것을 적극 수용한다.(앞의 책, p.171).

78) 같은 곳 참조.

79) J-F., Lyotard, "Réponse à la qeuestion: Qu'est-ce que le postmoderne?" in: *Le postmoderne expliqué aux enfants*, p.27.

80) 같은 책, p.29 참조.

81) 같은 책, p.30.

깃을 드러내주는 것이다. 그것은 적립된 형 식으로부터 생기는 위안을 거부하고, 불가능한 것에 대한 향수를 공동적으로 느끼게 해주는 취미의 합의를 거부한다. 그것은 새로운 표현을 찾는다. 그렇지만 이런 것을 즐기기 위해서가 아니라, 표현할 수 없는 것이 존재한다는 것을 더욱 예민하게 느끼기 위해서이다.[82]

그래서 포스트모던적 예술가·작가·철학자는 근본적으로 기존의 규칙에 지배되지 않으며, 그들의 텍스트와 작품은 규정적 판단에 의해서 판단될 수 없다. 오히려 그들은 "아무런 규칙도 없이 그리고 만들어질 것(aura été fait)의 규칙들을 만들기 위해 작업 한다. 그래서 그들의 작품과 텍스트는 사건의 성격을 가지며, 그것들은 또한 그들에게 항상 너무 늦게 나타나며 혹은 같은 말이지만-그것들에 대한 작업은 항상 너무 일찍 시작된다. 따라서 포스트모던은 전(post)미래(modo)라는 패러독스로서 파악되어야 한다.[83] 그러므로 포스트모더니스트의 임무는 "현실을 제공하는 것에 있는 것이 아니라, 표현될 수 없지만 생각할 수 있는 것에 대한 암시들을 창안해내는 데에 있다.[84] 달리 말하자면, 포스트모더니스트의 과제는 "언어에 관한 것을 깊이 연구하고, 정조에 대한 얄팍한 생각을 비판하고, 언어자체 속에 있는 치유할 수 없는 불투명성을 드러내는 것이다. 언어는 의사소통의 도구가 아니라 다양한 규칙체계를 따르는 문장의 섬들로 형성된 복잡한 군도일 뿐이다. 그래서 어떤 규칙체계를 따르는 문장을 다른 규칙체계에 종속되는 문장으로 번역한다는 것은 불가능하다. … 지난 1세기 이래 과학적, 문학적, 예술적인 아방가르드의 모든 연구는 이런 방향으로 진행되고 있는 바, 이는 문장의 규칙체계들간에는 불가공약성이 있다는 것을 발견하는 것이다. 이런 관점에서 … 프로이트·뒤샹·보르헤스·제르트뤼드 스테인은 불가공약성을 증명해주는 패러독스를 강조하고 있다는 점에서 포스트모더니스트들이다.[85] 따라서 리오타르가 미학과 담론이라는 두가지 측면에서 제시한 포스트모더니즘 이념은 동일성(모방성, 재현성)이나 일치성(체계성, 공약성)이 아니라 이질성·불일치성·불가공약성·패러독스를 암시하고 가시화시키는 것이라는 것이 분명히 드러난다.

그런데 이런 포스트모더니즘의 이념은 오늘날에도 여전히 리얼리즘적인 환상에 젖

---

82) 같은 책, p.31.
83) 같은 곳.
84) 같은 책, p.32.
85) J-F., Lyotard, "Appendice svelte à la question postmoderne", in: *Tombeau de l'intellectuel et autres papiers*, pp.84-85.

은 정치적 권력 혹은 경제적 권력에 의해 위협받고 있다. 예술가와 작가들은 공동체의 품안으로 돌아가야 하며, 적어도 공동체가 병들어 있으면 이것을 치유해야 하는 역할을 해야 한다는 것이다. 따라서 아방가르드의 유산은 청산되어야 한다는 위협이 도처에 잔재하고 있다는 것이다.[86] 리오타르에 따르면, 정치적 권력은 실험적 아방가르드를 비방하고 금지함으로써, 자신들이 요구하고 확산시키고자하는 '적합한'(bon) 이미지, 서사, 형식을 선호한다. 이때의 미적 판단은 작품들이 미에 관한 기존의 규칙에 일치하는지 혹은 일치하지 않는지를 표명할 뿐이다. 그러므로 "작품을 예술적 대상으로 만드는 것이 무엇인지를 … 모색하는 대신에, 정치적 아카데미즘은 단번에 그리고 영구히 작품들과 청중을 선택하는 선천적인 미의 기준들만을 인정하고 강요한다. 그래서 미적 판단에서의 범주사용은 인지적 판단의 그것과 본성상 동일하게 된다. 이를 칸트식으로 표현하자면, 양자는 모두 규정적 판단에 속하게 된다: 표현은 오성속에서 '잘 구성된'(bien formée) 것이며, 그래서 이런 표현 아래에 포섭될 수 있는 '사례들'만이 경험속에 남아있게 된다."[87]

이런 정치적 권력보다도 오히려 경제적 권력이 아방가르드에 대해 가하는 테러는 더욱 은밀하다. 이는 자본주의와 아방가르드 간에 '밀약'이 이루어져 있기 때문이다.[88] 자본주의로부터도 회의주의의 힘과 파괴적인 힘이 작동되며, 이 힘에 자극되어 예술가들은 기존의 규칙을 거부하고 신뢰하지 않기 때문이다. 더 나아가 "이런 힘들은 표현수단, 문체 및 항상 새로운 재료를 가지고 실험하려는 의지를 자극"[89] 하기 때문이다. "이는 자본주의 경제 속에 있는 모종의 숭고한 것이다."[90] 그러나 리오타르는 이것을 '돈의 리얼리즘'으로 간주하고, 미적 기준의 부재 속에서 이윤에 따라 혹은 수행성의 기준에 따라 예술작품의 가치를 평가하는 것으로 거부한다.[91] 자본은 '맹목적으로 산술적인 이성'(raison aveuglément computrice)이기 때문이다.[92] 그래서 아방가르드는 대중의 취향에 알맞은 작품을 작성하라는 '문화정책'으로, 또 대중들의 눈에 쉽게 띄는 주제와 연

---

86) J-F., Lyotard, "Réponse à la question: Qu'est-ce que le postmoderne?", 앞의 책, p.17 참조.
87) 같은 책, p.21.
88) J-F., Lyotard, "Das Erhabene und die Avangtgarde", 앞의 책, p.184 참조.
89) 같은 곳.
90) 같은 곳.
91) J-F., Lyotard, "Réponse à la question: Qu'est-ce que le postmoderne?", 앞의 책, p.22 참조.
92) J-F., Lyotard, L'enthousiasme, p.114 참조.

관련 삭품을 쓰라는 네눌 모시 시정에 의해 위협을 받고 있기만,[93] 이런 위협은 아방가르드의 작업이 추구하는 '일어나고 있음' 혹은 사건(Ereignis)과는 다른 '새로움' 혹은 혁신(Innovation)을 요구할 뿐이다. 경제적 권력이 요구하는 것은 일종의 '냉소적인 절충주의'이며, 이런 것이 지배하는 시대정신은 단지 '시장의 시대정신'일 뿐이다. 이것 속에서 숭고는 더 이상 예술에 있는 것이 아니라, 예술에 대한 투기 속에 있는 것이다.[94] 그러나 이런 '자본의 형이상학' 속에서 "일어나고 있는가'라는 수수께끼는 풀리지 않고 있으며, 규정할 수 없는 어떤 것이 존재한다는 것 혹은 존재한다는 것 자체를 그리는 과제는 여전히 남아있다. 발생·사건은 혁신에 수반되는 값싼 스릴감·수지 타산적인 감정과는 아무런 관계가 없다. 혁신의 냉소주의 이면에는 더 이상 아무것도 일어나지 않는다는 실망감만이 숨겨져있다."[95]

그래서 정치적 권력이 "아방가르드들을 화형하고 살해하며 추방한다는 것, 그리고 경제적 권력이 그들을 소외하고 투기하며 문화산업으로 넘겨 준다는 것"[96]을 리오타르의 포스트모더니즘은 간과하지 않고 있다. 그러나 정치적 권력은 정권의 획득이나 유지라는 논리에 따라서, 경제적 권력은 지출/수입이라는 최고의 수행성이라는 논리에 따라서 다른 질서를 포섭하고 평가하는 것이라는 것도 분명히 인식하고 있다. 더 나아가 이런 동일적인 총체화의 요구가 '초월적 환상'으로부터 나왔다는 것 그리고 이 환상의 대가가 테러라는 것도 알고 있다. 그래서 리오타르는 하버마스를 염두에 둔 "질문에 대한 답변: 포스트모던이란 무엇인가?"의 마지막을 다음과 같은 유명한 문장으로 장식하고 있을 것이다: "19세기와 20세기는 우리에게 무수한 테러를 가했다. 우리는 전체와 일자에 대한 향수, 개념과 조화에 대한 향수, 투명하고 의사소통적인 경험에 대한 향수를 위해 충분한 대가를 치렀다. 이완과 진정화라는 전반적인 요구속에서 우리는 테러를 재개하려는 욕망, 현실을 포옹하려는 환상을 실행하고자 하는 욕망의 소리를 너무나 또렷하게 듣고 있다. 그러나 이에 대한 대답이 이것이다: 전체에 대항해서 전쟁을 하자. 표현할 수 없는 것의 증인이 되고, 분쟁들을 활성화하고 그 이름의 명예를 구하자."[97] 이런

---

93) J.-F., Lyotard, "Réponse à la question: Qu'est-ce que le postmoderne?", 앞의 책, p.22 참조.

94) J.-F., Lyotard, "Das Erhabene und die Avangtgarde", 앞의 책, pp.185-186 참조.

95) 같은 책, p.187.

96) J.-F., Lyotard, "Post-scriptum à la terreur et au sublime", in: *Le postmoderne expliqu aux enfants*, p.107.

97) J.-F., Lyotard, "Réponse à la question: Qu'est-ce que le postmoderne?", 앞의 책, p.32.

리오타르의 호소는 분명히 그의 포스트모더니즘의 핵심을 건드리고 있다. 그러나 칸트의 이성비판 철학과 연관해서 그의 포스트모더니즘을 더욱 분명하게 보여주는 대목은 아마도 다음의 것이리라: "나는 자본주의가 강요한 사이비 합리성(la pseudo-rationalité) 및 수행성에 대항해서 다양한 방식으로 투쟁해 왔다. 인식의 구성 과정에 있어 나는 공동체에서 이의(dissemtiment)의 요소를 강조해 왔다. 따라서 아방가르디즘을 강조했다. 이점에 있어 나는 아리스토텔레스와 칸트의 변증법에 근본적으로 충실하고 있다. … '하나의 이성'(la Raison)만을 내세우는 사람은 이성들간의 혼란(confusion)을 계속 조장할 뿐이다. … 그래서 우리는 현상들의 이성, 즉 어떤 정치체제를 정당화하는 이성, 어떤 사람으로 하여금 그의 고유성을 유지하도록 해주는 이성, 즉 어떤 작품을 훌륭한 것으로 만들어 주는 이성, 그리고 의무와 책무에 관한 이성을 신중히 구별해야한다. 아도르노는 이런 분리를 통해 미세학의 '정치'를 근거지운다. 이런 분리는 '전체주의'에 대항하는 저항노선을 드러내 주는 것이다."[98]

---

98) J-F., Lyotard, "Post-scriptum à la terreur et au sublime", 앞의 책, pp. 108-109.

책임 편집 이남원(부산대)
공동 저자 허재윤(경북대)   이남원(부산대)   하영석(경북대)
          강영안(계명대)   박중목(명지대)   김종국(고려대)
          이윤복(경북대)   문성학(경북대)   신옥희(이화여대)
          백승균(계명대)   최소인(영남대)·정제기(영남대)   한단석(전북대)
          이강조(경북대)   김석수(경북대)   한명수(경북대)
          손봉호(서울대)   황경식(서울대)   엄정식(서강대)
          김재권(미시간대)   김진(울산대)   이현복(한양대)

칸트철학과 『철학연구』

2023년 10월 5일 초판 1쇄 인쇄
2023년 10월 20일 초판 1쇄 발행

편저자   이남원
펴낸이   정창진
펴낸곳   다르샤나
출판등록   제2022-000005호
주소   서울시 종로구 인사동11길 16, 403호(관훈동)
전화번호   (02)871-0213
전송   0504-170-3297

ISBN   979-11-983586-0-8 93130
Email   yoerai@hanmail.net
blog   naver.com/yoerai

값은 뒤표지에 있습니다.